인공지능 시대의
품질경영

QUALITY MANAGEMENT

강금식

박영사

머리말

지금 세상은 놀랄 만큼 급속하게 변하고 있다. 4차 산업혁명이 힘차게 나아가면서 인공지능, 빅데이터, 사물인터넷, 예측적 분석론, 머신러닝 등 핵심기술들이 융합하여 우리 삶의 곳곳을 변형시키고 있다. 이러한 핵심기술들이 생산 · 운영관리를 혁명적으로 변형시키고 있다. 수요예측, 재고관리, 품질관리, 공급사슬관리, 제품 · 프로세스 설계, 예지보전 등에서 전통적 관리방식에서 벗어나 효율적이고 지능적이고 자율적으로 관리하는 방식으로 전환되고 있다.

우리나라는 스마트 공장의 수가 미국이나 중국 같은 앞서가는 나라들과는 비교할 수 없을 만큼 뒤처져 있는 것이 사실이다. 우리나라의 제조업이 GDP에서 차지하는 비율이 거의 30%로서 공업국가임은 틀림이 없지만 소프트웨어의 발전이 뒤떨어져 시급하게 인공지능 기술 발전을 위해 투자를 확대해야 한다.

본서는 품질경영에 새롭게 전개되는 첨단기법들의 일부나마 소개하여 학생들이나 기업의 실무자들이 공부할 수 있는 기회를 제공하고자 집필한 것이다. 사실 생산 프로세스 내에서 벌어지고 있는 어마어마한 변화는 과거에 상상할 수 없는 것들이다. 생산라인을 흐르는 부품을 고화질 카메라로 촬영하고 5G 네트워크와 AI를 통해 제품의 결함 여부를 실시간으로 판정한다. 다시 말하면, 컨베이어 벨트를 지나는 구성품을 여러 각도에서 촬영해 클라우드 서버로 전송하면 고성능 AI가 사진을 순식간에 판독해 품질을 감시하고 로봇이 양품과 불량품을 분류해 내는 세상으로 변해가고 있다. 이와 같이 공장에 품질관리 기사가 사라질 정도로 공장에서의 제조 프로세스에 변화가 상상도 못할 정도로 급속도로 초래되고 있다. 기존의 품질관리 방식에서 벗어나 정보통신기술(ICT)들을 적극적으로 활용하여 선제적, 능동적 품질관리 방식으로 개선하려는 노력들이 많이 일어나고 있다. 소위 스마트 품질경영은 ICT 융합을 통해 종전의 사후검사 및 보증에서 벗어나 사전에 수집 · 분석된 빅데이터를 활용하여 선제적 품질예측방식으로 진화하고 있다.

본서를 쓰는 데 미국에서 발간된 최신 품질경영 관련 도서들을 구입하여 공부하면서 참고하였음을 밝혀둔다. 이러한 많은 도서들의 저자들에게 심심한 사의를 표하는 바이다.

끝으로 본 개정판이 제때 출간될 수 있도록 물심양면으로 도와주신 도서출판 박영사의 안상준 대표께 정말로 고맙다는 인사의 말을 전하고자 한다. 매우 바쁜 상황 속에서도 편집노력을 성실하게 수행하여 보기 좋고 값진 책이 햇빛을 볼 수 있도록 협조하여 주신 전채린 차장께도 심심한 감사의 마음을 전하고자 한다.

2025.6.23.
青壕 姜金植

차 · 례

제 I 편 품질경영의 입문

제 II 편 4차 산업혁명 시대의 도래

제 Ⅲ 편 고객지향적 품질경영

제 Ⅳ 편 TQM, 6시그마 및 공급사슬 품질

제 V 편 지속적 품질개선

제Ⅵ편 사용품질의 평가

QUALITY MANAGEMENT

제 I 편

품질경영의 입문

제 1 장

품질경영의 기초

제품이나 서비스의 품질은 기업의 생존과 번영을 결정할 아주 중요한 요인이기 때문에 기업들은 시대의 변천에 따라서 새로운 기법이나 모델을 계속하여 개발하여 사용해 오고 있다. 지금 우리는 4차 산업혁명의 진행 속에서 살아가고 있다. 4차 산업혁명은 다방면에서 우리의 삶에 영향을 미칠 것이다. 4차 산업혁명은 기업의 생산 · 운영관리에, 특히 품질관리에 엄청난 변혁을 몰고 올 것이다.

4차 산업혁명은 인공지능, 빅데이터, 사물인터넷 등 핵심기술의 융합으로 생산 · 운영관리의 패러다임 전환을 선두하면서 최량의 도구와 기술로 프로세스를 능률화하고, 빠르고 정확한 의사결정을 고양하고, 운영의 효율성을 최적화하고, 비용을 절감하고, 고객경험을 향상시키고, 각 부문에서의 혁신을 추구하는 등 생산 · 운영관리와 품질관리 부문에 어마어마한 변화를 초래할 것이다.

특히 인공지능 기술을 활용하는 품질경영은 품질관리 프로세스를 최적화하고, 제품 품질을 향상시키고, 자원배분을 최적화함으로써 생산 · 운영관리를 혁명화시키고 있다. 인공지능 혁명(artificial intelligence revolution)은 제조업의 생산 · 운영관리뿐만 아니라 특히 품질경영을 근본적으로 변형시키고 있다.

생산라인을 따라 계속 흐르는 부품이나 구성품의 불량을 솎아내기 위하여 사용하는 랜덤 샘플링이나 생산라인의 마지막 프로세스에서 제품의 최종검사에 의존하는 전통적으로 사용하여 오고 있는 반응적 품질관리(reactive quality control)

가 아니라 생산라인의 곳곳 체크포인트로부터 또는 다양한 센서로부터 수집하는 생산 데이터를 실시간으로 분석하여 품질표준으로부터의 편차를 규명하고 수정조치를 취함으로써 불량품이 전혀 생산되지 않도록 하는 선제적 품질관리(proactive quality control)를 실시하는 것이다.

우리나라 기업의 대부분은 아직도 전통적인 품질관리 기법과 도구에 의존하고 있다. 인공지능 기술에 기반하는 첨단기법의 도입을 위해서는 스마트 팩토리(smart factory)로의 전환이 전제되어야 하는데 이의 전환을 위해서는 막대한 자본투자가 필요하기 때문에 상당한 시간이 지나야 할 것이다. 따라서 본서에서는 품질관리의 전통적인 기법과 새로운 환경에서 전개되는 현대적인 기법과 원리를 모두 공부하게 될 것이다. 특히 본장에서는 품질 및 품질경영에 대한 일반적인 내용을 우선 공부할 것이다.

1.1 품질과 품질향상의 정의

1. 품질의 정의

품질이란 무엇인가? 한마디로 품질을 정의하기란 쉽지 않다. 사람들은 주관적으로 품질을 보기 때문이다. 어떤 사람은 제품이나 서비스의 우수성이라고, 어떤 사람은 무결점이라고, 어떤 사람은 제품이나 서비스가 갖는 특성이나 그의 가격과의 관련성으로 품질을 정의한다. 한편 품질의 의미도 시대의 변천에 따라 계속 진보해 오고 있다. 이와 같이 모든 사람이 수긍하는 보편적인 정의는 있을 수 없다. 품질은 처한 시대의 상황이나 여건 그리고 다양한 관점에 따라 정의가 다를 수 있다. 그러나 오늘날 제품의 품질은 생산자가 아니라 고객이 결정한다고 인정한다. 품질 추구의 목적은 고객을 만족시키기 위함이다. 고객이 만족하지 않는 제품과 서비스의 품질은 좋다고 할 수 없다. 성공적인 기업이 되기 위해서는 고객 지향적 품질에 대한 이해가 필수적이다. 고객의 요구와 기대에 부응하는 제품과 서비스를 제공하는 기업만이 옛날이나 지금도 성공과 번영을 누릴 수 있는 것이다.

소비자의 입장에서 볼 때 품질은 가치(value)를 의미하기도 하고 용도에 대한 적합성(fitness for use)을 의미하기도 한다.[1] 품질은 소비자(고객)들이 기꺼이 지불하고자 하는 가격으로 제품이나 서비스가 의도하는 사용목적(기능)에 여하히 잘 부합하는가 하는 가치라고 정의할 수 있다. 가치가 있다고 인정하면 제품이나 서비스를 구매하기 위하여 가격을 지불한다. 만약에 경쟁제품이 제공하는 서비스는 비슷하지만 가격이 더 낮다면 소비자는 일반적으로 가격이 더 낮은 제품의 품질이 좋다고 생각하여 이 제품을 선택한다.

한편 용도에 대한 적합성이란 소비자가 제품을 사용함으로써 얻는 혜택이나 만족에 관련이 있다. 고객만족은 사람에 따라 다르며 시간의 경과에 따라 다른 상대적 개념이다. 즉 품질은 각자가 그의 기대(expectations)에 관련하여 특정 시점에 정의한다. 고객의 기대를 만족시키는 이상으로 고객을 감동시켜야 경쟁시장에서 이기게 된다. 용도에 대한 적합성은 Juran에 의하여 제안된 개념인데, 이는 제품이나 서비스에 설계되어야 할 품질수준을 결정하는 추진력이 바로 소비자라는 점을 강조하고 있다.

용도에 대한 적합성은 소비자가 그의 필요성에 유익하다고 인식하는 제품의 특성(characteristics), 예컨대 길이, 무게, 강도, 점도(viscosity), 맛, 냄새, 미, 기호, 적시, 수명, 상태, 보증, 신뢰도, 유지가능성 등에 의하여 결정된다. 이러한 정의에 의하면 제품이나 서비스에 설계할 품질수준을 결정할 원동력은 고객이다. 즉 이는 품질의 소비자적 측면, 나아가서 설계품질(quality of design)을 강조한다. 설계품질이란 제품이나 서비스에 품질특성이 설계되는 정도를 말한다.

생산자의 입장에서 볼 때 품질은 설계규격에의 적합(conformance to specification)이라고 정의할 수 있다. 예를 들어 제조 과정에서 한 부품의 설계규격이 0.123±0.004cm라면 목표치수는 0.123cm이고 허용오차(공차)는 0.004cm이다. 따라서 0.119cm에서 0.127cm 범위 내에서 부품이 만들어진다면 이는 시방서에 적합하다고 할 수 있다. 설계팀에서 고객의 기대와 요구를 만족시키기 위해 사전에 정한 제품의 설계규격에 어느 정도 접근하는지의 정도로 품질의 성과를 측정함으로써 품질수준이 결정된다. 이와 같이 품질을 설계규격에의 적합품질(quality of conformance)로 정의하면 품질에 대한 주관적 요소는 제거되고 오로지 객관적이고 수량적으로 품질수준을 측정할 수 있게 된다.

제품 생산자의 입장에서 볼 때 중요한 고려사항은 적절한 비용으로 적합품

---

1 용도란 소비자가 주관적으로 결정하는 요구, 기대, 필요, 기호 등을 토대로 결정하는 기능, 성능, 가격, 신뢰도 등을 의미하며 적합성이란 이러한 용도를 기술적 특성으로 표현했을 때 이에 얼마나 일치하는가의 정도를 말한다.

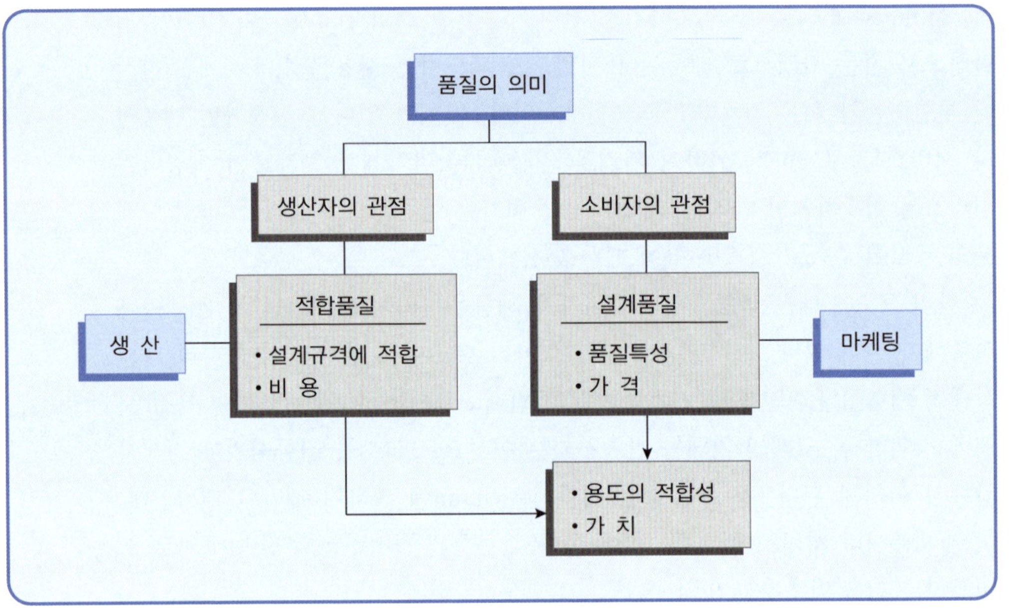

[그림 1-1] 품질의 의미

질을 달성하는 것이다. 제품비용은 중요한 설계규격이다. 고객이 기꺼이 지불하고자 하는 가격으로 생산할 수 있어야 한다. 그러나 설계규격에 맞게 제품을 생산하더라도 이 제품이 고객의 요구를 충족시키느냐 하는 것은 각 고객이 판단하게 된다.

[그림 1-1]은 위의 두 관점이 상호 의존되어 있음을 보여주고 있다. 제품설계가 고객의 기대를 만족시키기 위해 결정되지만 이를 생산하는 프로세스(process)를 고려하지 않으면 달성할 수 없다. 즉 고객지향적으로 이루어지는 제품설계도 생산 프로세스의 참여와 생산 없이는 불가능하게 된다.

Garvin은 다섯 가지의 서로 다른 방식으로 품질을 정의한다.[2]

- **초월적(transcendent) 관점:** 품질은 지고의 우수성(excellence)을 의미한다. 이는 경험을 통해서만 인식할 수 있을 뿐 분석할 수도 없고 측정할 수도 없는 특성을 갖는다. 우수성이란 추상적이고 주관적이어서 우수성의 표준도 소비자에 따라 아주 다르게 된다. Cadillac과 Rolls Royce 등의 자동차는 이 범주에 속한다.
- **제품(product-based) 관점:** 품질을 정확하게 측정가능한 변수로 취급한다.

2 David A. Garvin, "What Does Product Quality Really Mean?" *Sloan Management Review* (Fall 1984), p. 37.

이는 원하는 특성의 양을 측정하고 관리함으로써 품질을 측정하고 관리할 수 있다는 접근법이다. 따라서 제품은 그가 포함하는 속성(attribute)의 수에 따라 우수한 품질의 여부를 결정한다. 즉 제품 특성의 수가 증가할수록 품질은 높게 된다는 것을 의미한다. 예를 들면, 초콜릿 케이크에 함유된 코코아의 품질이 좋을수록 케이크의 품질은 높다고 할 수 있다(물론 다른 특성은 모든 구매자들이 바람직하다고 생각한다면). 여기서 품질은 가격과 관련이 있다고, 즉 가격이 비싸면 품질은 높다고 잘못 인식하기 쉽다. 소비자들이 품질제품이라고 생각하도록 그 제품이 비쌀 필요는 없다. 한편 제품 특성이라는 것도 소비자에 따라 달리 평가할 수 있다.

- **사용자(user-based) 관점:** 고객의 기대를 가장 잘 만족시키는 제품이 높은 품질을 갖는다고 본다. 즉 품질의 최종 판단은 소비자들이 한다는 것이다. 마케팅을 담당하는 사람들은 이 개념을 선호한다. 원래 이 개념은 Feigenbaum과 Juran 등이 주장하였다.

  소비자들은 서로 다른 원함, 니즈(needs), 품질표준을 갖는다. 품질은 사용에의 적합성으로 정의된다. 즉 제품이 의도된 기능을 어느 정도 잘 수행하는가에 따라 그 제품의 품질이 정의된다. 마케팅 담당자들은 제품이나 서비스의 인지품질(perceived quality)을 강조한다. 이는 엔지니어링에 기초한 적합품질에 반대되는 개념으로서 시장에서 고객이 지각한 품질을 말한다. 인지품질은 객관적 품질과는 다른 주관적 품질로서 디자인, 평판, 브랜드, 가성비 등에 의해 인식되는 것이다.

- **가치(value-based) 관점:** 품질을 가격과 만족 또는 유용성의 관계로 정의한다. 즉 값싸고 유용성이나 만족을 제공하는 제품은 비싼 제품보다 품질이 낫다고 간주한다. 그런데 품질과 가격과의 관계는 복잡하여 일치된 의견은 없다. 일본의 제조업자들은 품질향상을 위해 투입하는 자원보다 재작업, 폐기물, 고객불만 등의 감소로부터 오는 절약이 크기 때문에 품질과 비용의 관계는 반비례한다고 믿는 반면, 서구의 제조업자들은 품질과 비용의 관계는 비례한다고 믿는다. 다만 시장에서 구매자들은 가격과 품질을 동시에 고려해서 제품을 구매하는 것이 일반적이다. 고객에 가치(customer value)를 제공함으로써 전개하는 경쟁은 1990년대 이후 기업전략이 되었다.

  제품의 품질은 가치사슬(value chain)의 어떤 위치에서 일을 하느냐에 따라 품질은 달리 정의된다. [그림 1-2]는 제조 프로세스에서 있을 수 있는 품질에 관한 여러 관점을 통합할 수 있음을 보여주고 있다.

고객은 제품의 생산을 위한 원동력이다. 고객은 일반적으로 품질을 초월적 관점과 제품에 기초한 관점에서 평가한다. 생산 제품은 고객들의 니즈를 충족시켜야 한다. 고객들의 니즈가 무엇인지는 마케팅부서에서 결정하기 때문에 이들에게는 사용자에 기초한 품질의 정의가 적용된다.

고객의 요구와 기대가 결정되면 R&D와 제품설계 엔지니어들은 이들을 설계규격으로 변형시켜야 한다. 이때 성과와 비용을 균형시켜야 하기 때문에 설계 엔지니어들은 가치에 기초한 품질의 정의를 선호한다. 제조기능은 생산 프로세스에서 있을 수 있는 각종 변동을 줄이고 설계규격에 적합한 제품을 생산해야 한다. 따라서 생산부서에서는 제조에 기초한 관점을 갖게 된다. 생산된 제품은 배송시스템을 통하여 도매상과 소매상을 거쳐 고객들에게 이동하게 되는 것이다.

- **제조**(manufacturing-based) **관점:** 품질은 사전에 정한 디자인, 표준, 규격에의 적합이요, 제품을 시초에 잘 만드는 것(making it right the first time)을

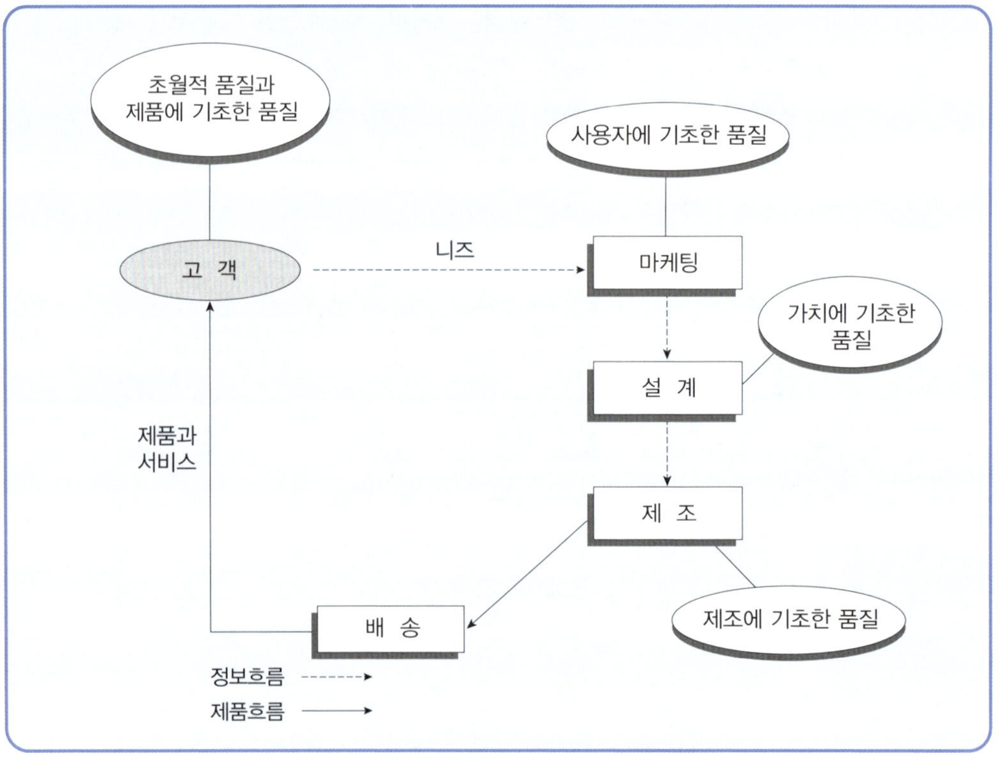

[그림 1-2] 가치사슬에서 품질 관점의 통합

의미한다. Crosby는 품질을 요구에의 적합성으로 정의한다.

설계규격은 제품의 설계 엔지니어가 결정하는데, 예를 들면, 10±0.01cm이다. 여기서 10cm는 목표치이고 허용오차는 0.01cm이다. 따라서 9.99(=10−0.01)cm와 10.01(=10+0.01)cm 사이에 들어가는 제품은 규격에 적합하다고 말할 수 있다. 설계규격에의 적합성은 서비스업에도 적용할 수 있다. 예를 들면, 항공기의 정시 도착인 경우 목표치는 스케줄상의 도착시간(정시)이고 약 15분 전 또는 15분 후 내의 도착이 용인된다고 할 때 15분은 허용오차가 된다.

요구에의 적합을 방해하는 요인은 프로세스와 설계에 있어서의 변동(variation)이다. 이러한 변동은 Crosby의 무결점 철학에 의하면 완전히 제거할 수 있지만 Deming과 Juran에 의하면 어떤 변동은 통제할 수 있지만 어떤 변동은 통제할 수 없다고 한다.

이러한 설계규격은 고객의 요구와 일치한다고 전제하기 때문에 설계규격에 맞는 제품은 고객을 만족시키고, 따라서 이는 우수한 품질이라고 할 수 있다.

- **고객기대(customer expectation) 관점**: C. Reeves가 주장하는 견해로서 고객의 기대를 능가하는 제품이 높은 품질을 갖는다는 것이다. 사용자의 관점과 가치의 관점으로부터 유래한 이 관점은 고객이 제품을 구매할 때 겪는 기대의 심리적 성격이나 경쟁제품과의 비교분석을 인정하는 것이다.

2. 품질향상의 정의

앞에서 설명한 품질의 정의는 전통적으로 인정되어 온 개념이다. 그러나 이러한 품질의 정의는 환경이 변하고 시대가 변하는 현대사회에서는 진일보하게 되었다.

품질관리 학자들이 보는 품질의 현대적 정의는 제품의 중요한 품질특성에서 변동(variability)이 감소하면 그 제품의 품질은 향상된다는 것이다. 그러면 변동은 왜 발생하는가? 같은 생산 프로세스에서 나오는 두 제품은 똑같을 수가 없다. 어떤 프로세스도 변동의 근원을 갖는다. 사용하는 같은 자재마다 강도, 두께, 습도 등에 있어 차이를 나타낸다. 제조하는 과정에서 도구가 마모하고 기계가 진동하기도 한다. 이러한 자재, 도구, 기계, 작업자, 환경 등에 의해서 복합적으로 변동이 발생한다.

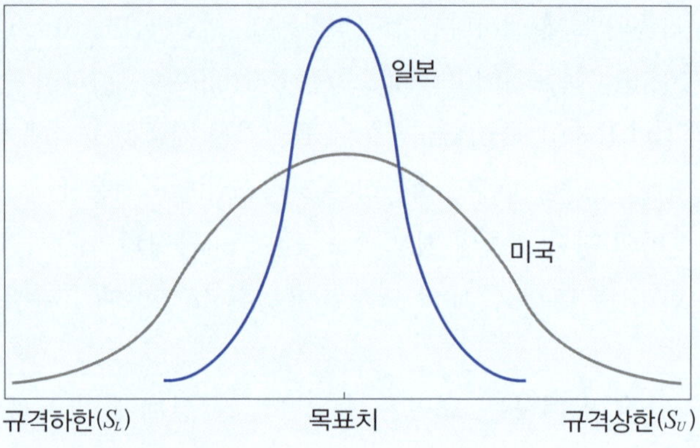

출처: Douglas C. Montgomery, *Statistical Quality Control*, 6th ed.(John Wiley & Sons, 2009), p. 7.

[그림 1-3] 전동장치의 중요한 품질특성의 분포

미국의 한 자동차 회사의 연구조사에 의하면 미국 회사의 전동장치에 대한 보증비용이 일본 회사에 비하여 월등히 많았고 그의 중요한 한 품질특성의 분포가 일본 제품에 비하여 목표치(target value)로부터 너무 떨어져(규격폭의 75%, 일본 제품은 25%) 부적합품의 양산을 초래하게 되었다. 이는 [그림 1-3]이 보여주고 있다.

일본 회사는 목표치로부터의 변동을 축소하여 보증비용의 감소를 초래하였다. 보증클레임도 적고 수리도 적어 재작업과 시간, 노력, 비용의 감소를 가져왔다. 폐기물도 적고 고가의 검사도 불필요하게 되며 제품 진부화에 따른 변동을 감소시킴으로써 제품의 신뢰도를 향상시킬 수 있었다. 특히 제품개발 기간이 단축되어 새로운 모델의 제품을 시장에 더 빨리 출하함으로써 시장을 선점할 수 있었다.

변동을 줄이면 모두가 혜택을 누리게 된다. 생산자는 검사할 필요성이 줄고 폐기물과 재작업이 감소하여 생산성이 향상된다. 소비자는 동일한 품질특성을 갖는 제품들을 소비할 수 있고, 특히 대량의 제품을 사용하는 다음 단계의 외부 회사(고객)에게는 이는 더할 나위 없이 중요한 사항이다.

일반적으로 변동을 줄이기 위해서는 프로세스의 기술, 예컨대 기계, 사람, 자재, 방법, 또는 측정시스템을 교체해야 한다.

품질개선/향상(quality improvement)이란 프로세스나 제품에서 변동을 감소시키는 활동을 말한다. 프로세스 성과에서 과도한 변동은 수리에 따르는 돈, 시간, 노력 등의 낭비를 초래한다. 따라서 품질향상이란 낭비의 감소라고 할 수 있다. 이와 같이 품질개선이란 품질, 효율성, 고객만족을 증진할 기회를 체계적으로 규명하는 지속적인 향상노력이라 할 수 있다. 이러한 개념은 특히 서비스 산업에 유효하다. 서비스 산업에서 품질문제란 잘못이나 실수이기 때문에 품질향상을 통해서 비용이나 노력을 줄일 수 있다.

적합품질의 관리목적은 결국 품질향상에 있다. 규격의 목표치로부터 벗어나는 변동의 축소 노력은 기업이 지속해야 할 막중한 일이다.

1.2 품질보증, 품질관리와 품질경영의 관계

품질의 3대 영역은 [그림 1-4]에서 보는 바와 같이 품질보증, 품질관리, 품질경영이다. 품질보증과 품질관리라는 개념은 1960년대부터 기업에서 사용하기 시작하였고, 품질경영은 1980년대부터 사용하기 시작하였다. 이들은 서로 중복되는 내용을 포함하고 있다.

품질보증(quality assurance: QA)이란 제품의 생산과정에서 또는 서비스의 제공과정에서 각 작업자가 표준에 부합하여 부적합이나 결함을 제거하는 모든 노력을 경주한 결과로 품질 좋은 제품을 자신 있게 제공함을 소비자에게 확인시켜 주는 시스템이다. 그런데 품질은 설계단계에서 보증된다. 물론 통계적 검사와

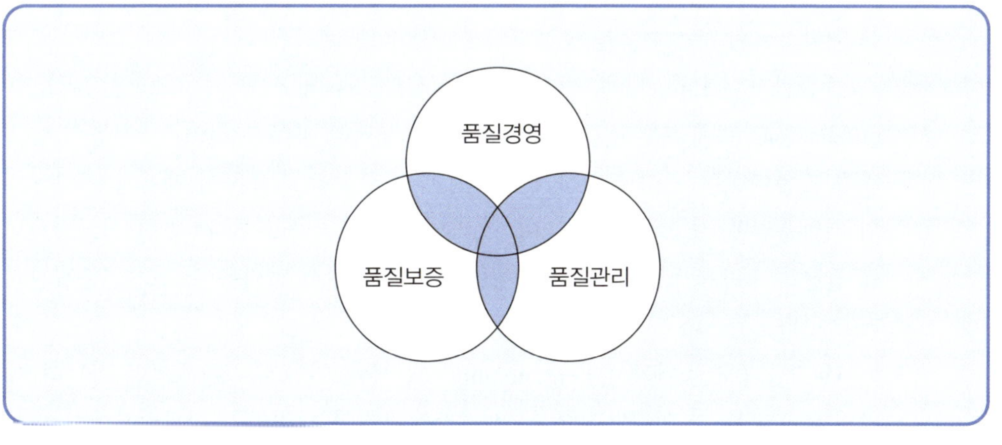

[그림 1-4] 품질의 세 영역

통계적 품질관리가 품질을 향상시키는 중요한 접근법이지만 반응적이므로 제품, 서비스, 프로세스의 설계를 통해서 높은 품질이 보증되어야 한다.

1960년대 이후 사회가 복잡하고 경쟁이 심화됨에 따라 통계적 품질관리 기법만으로는 소비자의 완전한 만족을 보장할 수 없게 되었다. 소비자의 품질에 대한 인식이 새로워졌고, 소비자의 권리에 대한 관심이 높아졌을 뿐만 아니라 기업이 제조물 책임과 소비자주의 운동에 관심이 높아졌기 때문에 오로지 우수한 품질의 제품만이 시장에 출하되어 소비자의 요구에 절대적으로 부응함을 나타내는 품질보증 제도가 확산되어 지금까지 사용되고 있다.

품질보증을 위한 과업은 다음과 같다.

- FMEA(고장모드와 영향분석)
- 콘커런트 엔지니어링
- 실험설계법
- 프로세스 향상
- 설계팀 구성과 관리
- 오프라인 실험
- 신뢰성/내구성 제품실험

품질관리(Quality Control: QC)란 제품/서비스 특성이 규정된 표준으로부터 편차가 발생하였을 때 그 특성에 대한 피드백을 통해서 또는 시정조치를 취함으로써 편차를 제거하여 요구되는 품질수준을 유지하는 시스템이라고 정의할 수 있다. 이와 같이 생산 프로세스가 사전에 설정한 품질표준에 따르는지 프로세스를 감시하고 검사와 테스트를 통해 불량이나 부적합성이 발견되면 시정조치를 취함으로써 품질수준을 향상시키려는 반응적 시스템이다.

품질관리는 Taguchi에 의해 온라인 품질관리(on-line QC)와 오프라인 품질관리(off-line QC)로 구분한다. 이는 제4장에서 자세히 공부할 것이다. 전통적 품질관리 활동에서는 관리도와 통계적 프로세스 관리를 활용하여 제품과 프로세스의 적합품질에 집중하였는데 이를 온라인 품질관리라고 한다. 반면 실험설계법을 활용하여 제품 및 프로세스 설계를 통한 품질개선 노력을 오프라인 품질관리라고 한다.

1960년대에 들어와서 Feigenbaum은 검사에 의한 수정활동뿐만 아니라 예방의 중요성을 강조하였고 특히 그는 품질관리의 책임이 품질관리부에만 있는 것이 아니라 전사, 전 부문, 전 계층에 있음을 강조하고 전 조직 구성원이 참여해야 함을 강조하였다. 이와 같이 품질은 전 조직에 영향을 미치는 개념으로 확대되었다. 이때부터 품질관리는 종합적 품질관리(total quality control: TQC)라고 부르기 시작하였다.

TQC는 다음과 같은 과업을 통해 성취된다.

- 프로세스 능력과 안정을 위한 모니터링
- 프로세스 성과의 측정
- 프로세스 변동의 감소
- 프로세스의 목표치로의 최적화
- 샘플링 검사의 실시
- 관리도의 사용

1970년대 말부터 일본 제품이 미국 시장을 침투하면서 미국의 경영자들은 품질의 전략적 중요성을 인식하기 시작하였다. 즉 미국 기업들은 제품의 품질이 그들의 생존을 좌우하는 전략적 무기라는 사실을 인식하면서 1989년부터 품질혁명이 미국 기업들에서 일어나기 시작하였다. 당시 일본 기업에서 사용하던 전사적 품질관리에 대응하여 미국 기업에서는 종합적 품질경영(total quality management: TQM)이라는 개념을 사용하기 시작하였다.

TQM은 고객만족을 위하여 전사적으로 구성원 전체가 참여하여 제품과 서비스의 품질향상 활동을 실행하고 관리하고 책임지는 전략이라고 정의할 수 있다. 따라서 이는 지금까지의 SQC, ZD(zero defect), QA, TQC 등 모든 품질개념을 포함하는 폭넓은 개념으로서 끝없는 품질개선 과정을 강조하는 경영방식이라고 할 수 있다.

TQM의 활동은 다음과 같이 요약할 수 있다.

- 품질개선/향상 계획
- 조직의 품질문화 조성
- 최고경영층의 리더십과 지원
- 종업원의 교육과 훈련
- 전 구성원의 인정과 참여
- 조직 내 커뮤니케이션의 조장

지금까지 설명한 품질의 영역의 프레임워크는 [그림 1-4]와 같다.

많은 품질 관련 활동이 위 프레임워크 내에서 동시에 발생할 수 있다. 이러한 활동들은 중복되기 때문에 서로 다른 활동을 수행하는 사람들 사이에서 벌어지는 커뮤니케이션이 아주 중요하다.

1.3 제품품질과 서비스품질

품질을 생각하는 하나의 방법은 제품이나 서비스의 어떤 성과가 고객의 기대를 충족시키는 정도를 평가하는 것이다. 만일 성과와 기대가 같으면 그들의 차이는 0이고 기대는 충족된 것이다. 그러나 성과가 기대에 못 미치면 기대는 충족되지 않는다. 반대로 성과가 기대를 넘치면 기대는 불만 없이 충족된다.

고객에 따라 제품 요구와 필요조건이 다르기 때문에 고객들은 서로 다른 기대를 갖는다. 고객의 기대는 제품이나 서비스의 품질을 판단하기 위하여 사용하는 차원, 즉 범주로 분류할 수 있다. 이러한 분류는 기업이 고객의 기대를 충족시키려는 노력을 하는 데 도움이 된다.

Garvin은 제품품질(product quality)의 개념을 여덟 가지의 요소로 분류하고 있다.

- **성능(performance)**: 제품이 의도한 기본적 기능이나 특성을 수행하는가?
- **신뢰성(reliability)**: 제품이 얼마나 자주 고장이 나는가?
- **내구성(durability)**: 제품의 수명은 언제까지인가?
- **실용성(serviceability)**: 제품의 수리는 쉬운가?
- **미관(aesthetices)**: 제품의 모습은 어떤가?
- **속성(features)**: 제품은 많은 속성을 가지고 있는가?
- **품질인식(perceived quality)**: 제품의 명성은 어떤가?
- **표준에의 일치성(conformance to standards)**: 제품은 설계자의 의도대로 만들어졌는가?

제품은 유형이고 종업원들과의 상호작용이 제품의 한 부분이 아니기 때문에 위의 차원들은 인적 요인은 포함하지 않고 주로 제품의 특정 특성에 집중하고 있다.

서비스품질(service quality)의 개념과 측정은 제조품질과는 사뭇 다르다. 서비스는 무형이고 고객과의 접촉을 유발한다. 서비스품질은 서비스를 제공하는 과정 동안에 평가된다. 제조품질의 측정은 객관적이지만 서비스품질은 주로 지각적이거나 주관적이다. 따라서 서비스품질의 차원은 제품품질의 것과 상당히 다르다고 할 수 있다.

Parasuraman 등은 고객이 서비스품질을 판단하는 데 사용하는 중요한 요소로 다음 다섯 가지를 순서대로 들고 있다.

- 신뢰성(reliability): 고객에게 약속한 서비스를 제때에 실수 없이(정확하게) 제공할 수 있는가?
- 신속성(responsiveness): 기다림 없이 재빠른 서비스를 제공할 준비가 되어 있는가?
- 자신감(assurance): 종업원들의 서비스에 대한 지식과 예의, 신용과 신뢰를 보증할 수 있는가?
- 접촉용이성(empathy): 종업원들은 고객에 붙임성이 있고 고객을 돌보고, 고객의 요구를 이해하려는 노력을 하는가?
- 유형성(tangibles): 시설, 장비, 사람, 책자 등 주위환경이 깨끗하고 정돈되어 있는가?

그들에 의하면 고객들이 서비스품질을 평가할 때 신뢰성을 가장 중요시한다는 것이다. 기업이 신뢰성을 상실하면 다른 요소들보다 더욱 쉽게 고객을 빼앗기게 된다는 것이다. 한편 고객들은 신속성과 접촉용이성에 유형성보다 더 높은 가치를 부여한다는 것이다.

1.4 품질의 세 측면

품질관리의 대상이 되는 제품의 품질은 그 제품의 설계로부터 여러 변환과정을 통과하여 제품으로 생산되어 소비자에게 인도된 후까지의 각 과정에 따라 다음과 같이 세 가지 측면으로 분류할 수 있다.

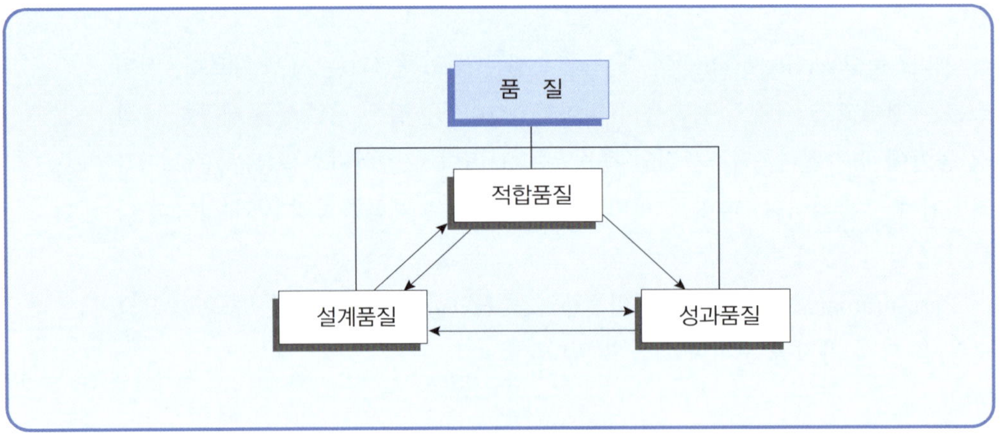

[그림 1-5] 품질의 세 측면

- 설계품질
- 적합품질(제조품질)
- 성과품질(사용품질)

이는 [그림 1-5]에서 보는 바와 같다.

1. 설계품질

설계품질(quality of design)은 제품이 생산되기 전에 설계와 관련된 마케팅부, 구매부, 생산부를 포함한 설계 · 디자인팀에서 제일 먼저 품질목표와 품질계획을 설정하고 소비자의 요구와 기호, 제조능력, 안전과 제조물 책임, 비용, 경쟁제품의 가격과 품질수준 등을 감안하여 크기, 형태, 외관, 성능, 기능, 수명, 신뢰도, 공간여유, 안락, 자재, 위치 등 제품이나 서비스의 특정 품질특성에 관하여 결정한다. 물론 서비스를 제공하는 조직에서의 설계품질은 서비스를 설계하기 위하여 함께 작업하는 마케팅부와 생산부가 담당한다. 설계는 제조가능해야 하기 때문에 장비, 시설, 기능 등 기업의 시설능력을 고려해야 한다.

설계품질은 고객의 요구를 만족시키기 위하여 제품이나 서비스가 최소한 갖추어야 할 엄격한 조건과 관계가 있다. 예를 들면, TV를 생산하고자 할 때 크기, 형태, 채널 수, 소재와 같은 결정이 품질설계 단계에서 결정된다. 일반적으로 말하면, 설계는 고객의 기대를 만족시키면서 단순하고 저렴해야 한다. 설계

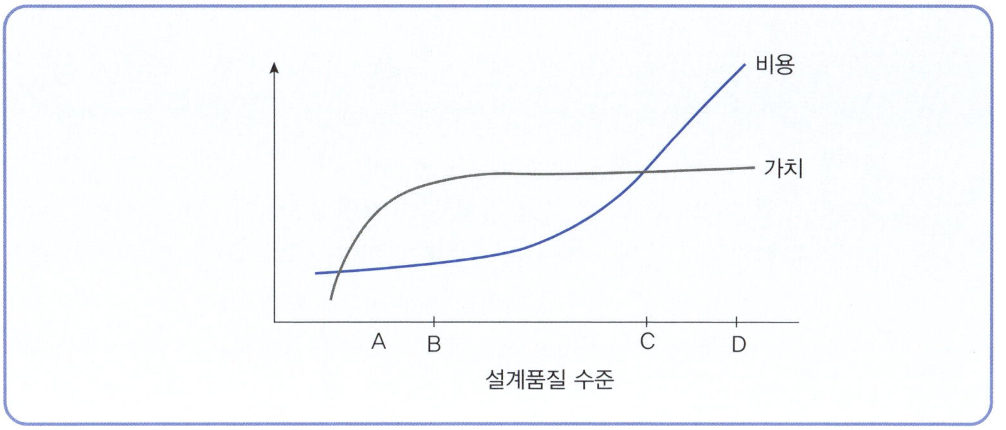

[그림 1-6] 설계품질 수준의 함수로서의 가치와 비용

품질은 제품의 형태, 비용, 기업의 이윤정책, 제품에 대한 수요, 부품과 자재의 유무, 제품의 안전성 등의 요인에 의하여 영향을 받는다.

모든 제품과 서비스는 설계품질에 있어서 차이가 있다. 이러한 차이는 의도된 것이다. 예를 들면, 자동차는 형태에 따라 크기, 외관, 성능, 내장 등에 있어 설계상의 차이를 갖는다. 이러한 설계상의 차이는 사용하는 자재, 구성품의 설계규격, 신뢰성, 악세서리 등을 포함한다.

설계품질은 시장조사, 설계개념 및 설계표준에 의해서 결정된다.[3] 시장조사(market research)는 고객의 요구가 무엇인지를 알고자 수행된다. 소비자의 요구를 충족시킬 방도는 많기 때문에 특정 설계개념(design concept)이 개발되어야 한다. 예컨대 가격이 저렴하고 개스를 덜 사용하는 자동차를 만들기 위해서도 각 회사는 크기, 모양, 성능, 등급 등 상이한 설계개념을 사용한다.

일단 설계개념이 설정되면 프로세스 능력과 자재의 유용성 및 비용을 고려한 후 이는 청사진이나 자재명세서 같은 제품의 기술적인 규격(시방)으로 표현된다.

일반적으로 설계품질의 수준은 제품의 생산비용과 제품의 가치를 고려하여 결정한다. 설계품질 수준이 증가하면 그의 비용은 지수함수적으로 증가한다. 그러나 제품의 가치는 점차 감소하는 비율로 증가하는데 일정한 품질수준을 넘으면 증가율은 0에 접근한다.

3 표준(standard)은 규격(specification)과 규정으로 분류할 수 있는데, 규격은 재료, 부품, 제품, 기계, 공구 등과 같은 유형물에 대한 기술표준이고 규정은 방법, 절차, 순서, 책임, 권한 등과 같은 관리표준이다.

[그림 1-6]은 설계품질의 수준이 제품이나 서비스의 비용과 가치에 미치는 영향을 보여주고 있다. 가끔 최소한의 고객 요구사항을 A에서 충족시키면서 가치와 비용의 차이를 최대로 하는 설계품질 수준을 B로 결정하는 것이 바람직스럽지만 이는 투자수익률(return on investment: ROI)을 최대화함으로써 가능하다. 그림을 보면 품질수준 C에서 비용과 가치는 같게 된다. 그러나 그보다 더 좋은 품질수준 D에서는 비용이 가치를 초과하게 된다. 이와 같이 적절한 설계품질 수준의 결정을 위해서는 비용과 가치를 동시에 고려해야 한다.

본서의 제Ⅲ편은 고객지향적 품질경영으로서 설계품질의 관리에 관한 내용을 설명하고 있다.

2. 적합품질

적합품질(quality of conformance) 또는 제조품질(quality of manufacturing)은 설계단계에서 결정된 설계규격(design specification)에 일치하도록, 나아가서 그의 목표치에 접근하도록 제품이나 서비스를 생산하는 것을 말한다. 따라서 설계품질은 적합품질에 영향을 미친다. Crosby는 "품질은 필요한 설계규격에 대한 적합성이다"라고 말함으로써 품질을 적합품질로 정의하였다. 제조품질은 생산자의 입장에서 볼 때 품질관리의 주된 관심사이고 품질경영의 핵심내용이다. 즉 생산자는 설계규격에 적합한 제품이나 서비스를 생산해야 한다.

제조의 경우 이 단계는 원자재의 획득으로부터 완제품의 출하 때까지의 품질이 관리되는 정도와 관련이 있다. 제조품질은 원자재의 품질상태, 제조 프로세스의 선정, 기계와 설비의 상태, 작업자의 훈련 및 감독, 품질보증시스템(프로세스 관리, 테스트, 검사행위 등)의 형태, 작업자의 품질향상을 위한 동기 등 여러 가지 요인에 의하여 영향을 받는다.

이 단계는 불량예방, 불량발견, 불량분석 및 수정을 주된 내용으로 한다. 불량예방이란 통계적 프로세스 관리기법을 사용하여 불량품의 발생을 방지하는 것을 말한다. 불량발견은 검사, 테스트, 프로세스로부터 수집하는 데이터의 통계적 분석 등을 통하여 행해진다. 끝으로 불량의 존재 이유를 조사하여 시정조치를 취한다. 이와 같이 품질관리는 적합품질 향상의 주된 도구가 된다. 품질관리(quality control: QC)란 생산 프로세스가 사전에 설정한 품질표준에 따르는지 프로세스를 감시하고 불량을 발견하는 모든 활동, 예건대 검사, 테스트, 불량이나 부적합성 발견을 수행하고 필요하면 시정조치(corrective action)를 취함으로써 피드백과 조정을 통해 지속적으로 품질을 향상시키는 것 등을 포함한다.

적합품질은 설계품질과 함께 사용품질의 수준을 결정한다. 그러나 적합품질이 아무리 우수하다고 해도 제품품질의 최종평가는 소비자가 행한다. 소비자의 요구와 기대는 자주 변하기 때문에 기업은 제조품질이 고객의 요구변화를 만족시키고 있는지 계속 확인하여야 한다. 고객의 요구를 만족시킬 적합품질의 제품을 생산하는 것이 생산관리자의 임무이지만 여기에 만족하지 않고 품질변동을 꾸준히 감소시키려는 노력을 지속함으로써 더 높은 품질의 제품을 생산토록 해야 한다.

본서의 제Ⅴ편은 지속적 개선으로서 적합품질 개선의 원리와 기법을 설명할 것이다.

3. 성과품질

소비자는 원하는 기대와 요구를 만족시켜 주는 제품이나 서비스를 선호하여 구매하려 한다. 즉 제품의 품질은 시장에서 그 제품이나 서비스가 주어진 기능을 여하히 수행하는가에 의하여 결정되기 때문에 그 제품의 소비자가 품질을 최종적으로 결정한다. Deming과 Juran은 품질을 사용품질로 본다. 생산자의 입장에서 볼 때 품질은 적합품질을 의미하지만 소비자의 입장에서 볼 때 품질은 사용품질을 의미한다.

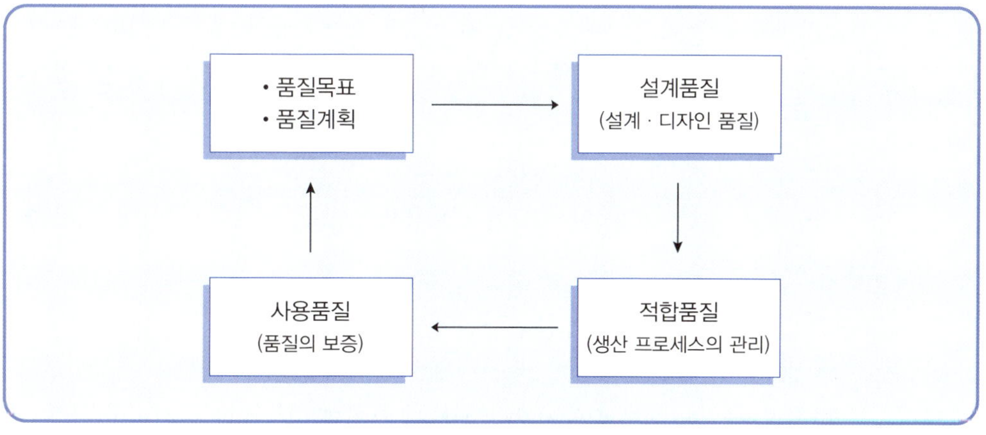

[그림 1-7] 품질개선의 과정

사용품질 혹은 성과품질(quality of performance)은 소비자가 실제로 사용하고 적용하고 소비한 후 그 제품으로부터 기본적 요구의 충족, 판매 후 서비스, 보전(maintenance), 신뢰도(reliability) 등에 대한 인지품질(perceived quality)과 사전의 기대품질(expected quality)을 비교한 후 만족감이나 불만족감을 인식함으로써 결정된다. 적합품질은 상대적으로 비교할 수 없는 절대성을 갖는 반면, 사용품질은 절대적인 개념이 아니고 소비자마다 다를 수 있는 상대적인 개념이다. 따라서 소비자의 만족도를 높여야 하는데, 이렇게 하기 위해서는 생산자측의 부담이 커진다. 반대로 제품의 사용품질을 낮추면 생산자측의 비용은 감소하지만 소비자측의 부담은 증가한다. 만일 제품이 소비자들의 기대에 부응하지 않을 때에는 설계단계 또는 제조단계에서의 수정이 필요하다.

지금까지 설명한 제품의 품질개선을 위한 과정을 그림으로 나타내면 [그림 1-7]과 같다.

본서의 제Ⅵ편은 사용품질의 평가로서 신뢰도에 관한 내용을 설명할 것이다. 사실 신뢰도는 소비자가 장기간 제품사용 기간 동안 그의 기대와 요구가 만족되고 있는지를 예측하는 기법이지만 제품의 설계단계에서 이를 향상시키기 위한 조치들이 고려된다. 그러나 편의상 신뢰도 문제는 제Ⅵ편에서 공부할 것이다.

1.5 품질관리의 역사

품질은 예로부터 진행되어 온 복잡하고 영원히 불변하는 개념이다. 과학과 기술이 발전하여 온 역사과정을 볼 때 산업혁명은 그동안 네 번 발생하여 왔다. 이러한 산업혁명이 발생할 때마다 새롭고 효과적인 생산시스템이 출현하였는데 이러한 변화에 따라 품질 패러다임이 꾸준히 진보하여 왔다. 역사적으로 각 산업혁명은 품질경영에 막대한 영향을 끼쳐온 것이 사실이다.

다음에서 품질이 그동안의 모든 산업혁명을 통해 진보해 온 내용을 간략히 설명하고자 한다.

작업자 품질관리 시대

인류가 제품을 생산하기 시작할 때부터 품질관리에 대한 인식은 있었다. 중세기 동안 도제제도와 길드(guild)가 발전하였다. 숙련된 장인(craftman)이 생산과 검사 등 생산과정 모두를 담당하고 책임을 졌다. 그들은 그들의 제품과 고객을 알고 있으며 고객의 요구에 따라 제품에 품질을 주입하였다(build quality into product). 그들은 자기들이 하는 작업에 열정을 갖고 타인으로 하여금 좋은 제품을 만들도록 훈련하는 데 또한 자부심을 가졌다. 그러나 이는 노동집약적이고, 비용은 높고, 효율성은 낮은 생산방식이었다.

1차 산업혁명 전 1800년대 말까지 제품을 제조하는 책임은 한 명 또는 몇 명의 작업자가 지고 있었다. 한 명의 작업자(장인)가 그가 생산하는 맞춤 소량의 제품에 대한 설계-생산 프로세스-최종 검사-품질보증까지 전적으로 책임지므로 작업자 품질관리(operator quality control) 시대라 할 수 있다.

작업반장 품질관리 시대

영국의 1차 산업혁명 기간에 노동의 분업과 전문화, 기계화, 표준화라는 개념이 도입된 결과 한 제품을 생산하는 데 관련된 작업자의 수가 늘어나게 되었다. 가내 공업으로부터 발전한 근대적 공장의 설립으로 동일한 과업을 수행하는 여러 작업자를 하나의 그룹으로 구성하여 이들을 통제하고 이들의 작업에 대한 품질을 책임지는 작업반장이라는 새로운 제도가 필요하게 되었다. 또한 대량생산으로 인한 공식적인 검사가 필요하게 되었다. 20세기 초기의 이러한 품질관리를 작업반장 품질관리(foreman quality control)라 한다.

검사 품질관리 시대

그러나 작업반장 품질관리도 새로운 환경의 변화에 의하여 검사에 의존하는 품질관리로 변모되었다. 미국에서 발생한 2차 산업혁명으로 조립라인을 통해 표준품을 대량으로 생산하는 대량생산시스템(mass production system)이 출현하였다. 또한 제1차 세계대전 중 제조시스템이 복잡하게 되고 오로지 효율성을 위한 대량생산체제의 컨베이어 시스템의 도입 등 작업이 더욱 전문화되어 감에 따라 하나의 작업반장이 거느리는 작업자의 수가 증가하게 되었고, 군수물자의 생산량이 대량으로 증가함에 따라 제품이 제조된 후 불량품을 솎아내는 검사를 담당할 전문적인 검사자가 필요하게 되어 검사 품질관리(inspection quality control)가 수행되었다. 이 당시에는 통계적인 기법은 사용되지 않았고 주로 표준에 맞는지 검사와 테스트가 불량품을 제거하기 위한 수단으로 사용되었다.

공장 내에서의 모든 일거리는 실제로 생산하는 부분과 효율성을 증진하려는 부분으로 분리되었고, 이에 따라 품질관리업무는 품질부서에 속하는 검사자의 손으로 넘어가게 되었다. 이와 같이 제품의 품질책임은 전적으로 품질부에 귀속되었다. 20세기 초 과학적 관리의 Taylor 시스템에서도 검사자가 작업의 품질을 책임지도록 하였다.

∷ 통계적 품질관리 시대

천문학, 물리학, 생물학, 사회과학 등에 응용되어 오던 통계학이 1920년대에 들어와서 품질관리에도 효과적으로 응용되기 시작하였다. 대량생산체제에서 쏟아져 나오는 제품을 100% 검사한다는 것은 불가능하기 때문에 구입원자재의 표본을 추출하고, 생산 프로세스의 경우 주기적으로 표본을 추출하고 검사하여 불량 로트(lot)의 여부를 결정하는 새로운 품질관리 기법이 필요하였다.

1924년 '벨 전화연구소'(Bell Telephone Laboratories)에 근무하던 품질보증(quality assurance)의 초기 개척자인 Walter A. Shewhart가 품질관리 문제에 통계적 방법을 최초로 적용하여 제조 프로세스에서 발생하는 품질의 변동이 우연원인에 의한 것인지, 또는 이상원인에 의한 것인지 밝히고 이들 변동의 원인을 규명하고 제거함으로써 품질의 일관성을 보장하려는 통계적 기법으로 관리도(control chart)를 고안해 냈다. 이것이 통계적 품질관리(statistical quality control: SQC)의 효시가 되었다. Shewhart와 그 후 1950년대 활약한 Deming과 Juran의 업적으로 현대 품질경영 시스템(modern quality system) 시대가 전개되었다.

그 이후 통계적 품질관리에 대하여는 꾸준한 연구가 계속되어 H. F. Dodge와 H. G. Romig에 의하여 샘플링검사법(acceptance sampling)이라는 새로운 기법이 고안되어 종전의 100% 제품검사방법을 대체하게 되었다. 그러나 이러한 통계적 기법은 제2차 세계대전이 발발한 이후에 산업계에서 적극적으로 응용하기 시작하였다. 미 육군에서는 대량의 군수물자를 조달하는 과정에서 엄격한 군수품 표준(military standards)을 적용하여 이들 물자의 품질수준에 영향을 미치기 시작하였다. 즉 통계적 프로세스 관리(statistical process control: SPC)의 시대가 전개되었다.

∷ 종합적 품질관리 시대

1950년대 들어서면서 Deming과 Juran은 일본에 품질경영 기법을 전수하였다. 2차 산업혁명이 진행되는 1950년대 도요타 생산시스템이 출현하여 효율성에 영향을 미치지 않으면서도 생산의 융통성과 제품의 다양성을 더욱 증진하게 되었다. 이후 일본은 품질관리에 많은 영향을 미쳐왔다. 1951년 Armand V. Feigenbaum은 그의 저서 *Total Quality Control*을 발간하여 설계로부터 판매에 이르기까지 기업의 모든 분야에 품질관리의 개념을 적용하는 데 기여하였다.

이는 1960년대에 들어와서 정착한 종합적 품질관리(total quality control: TQC)의 계기가 되었다. 이때까지만 해도 품질노력은 검사에 의한 수정활동에만 국한되었지 예방에는 관심이 없었다. 따라서 Feigenbaum은 품질관리의 책임이 품질관리부에만 있는 것이 아니라 전사, 전 부문, 전 계층에 있음을 강조하고 전원참가활동이 아니면 안 된다고 역설하였다. 이와 같이 품질은 전 조직에 영향을 미치는 개념으로 확대되었다. 품질관리는 기업 내의 여러 기능부서를 포함하는 품질경영으로 확대되었다. 결과적으로 품질은 제품의 품질뿐만 아니라 경영 프로세스의 품질로 확대 · 발전하였다.

품질관리기능에 조직의 모든 구성원을 포함시키고자 한 다른 개념은 이 당시 확산되기 시작한 무결점(zero defects: ZD) 운동이었다. Martin Marietta Corporation은 1961년 미사일 건조에 불량 부품의 근절을 위하여 작업자의 품질에 대한 동기부여, 사고방식, 인식 등을 제고하고 이들의 적극적인 참여를 통한 무결점 운동을 성공적으로 수행하였다.

사회가 복잡하고 경쟁이 심화됨에 따라 통계적 품질관리만으로는 소비자의 완전한 만족을 보장할 수 없게 되었다. 따라서 소비자에 대한 고려가 품질계획과 관리에서 가장 중요한 요소로 되었다. 이러한 발전은 소비자의 품질에 관한 인식이 새로워졌고, 소비자의 권리는 물론 제조물 책임(product liability)에 대한 관심이 높아졌기 때문이다. 또한 기업이 제조물 책임과 소비자주의(consumerism) 운동에 관심이 높아졌기 때문에 오로지 우수한 품질의 제품만이 시장에 출하되어 소비자의 요구에 절대적으로 부응함을 나타내는 품질보증(quality assurance: QA)제도가 확산되었다.

종합적 품질경영 시대

종합적 품질관리 시대에는 조직의 모든 기능의 참여를 강조하고 관리자로 하여금 무결점을 적극적으로 추구토록 강조하였다. 그러나 품질은 기업의 경쟁우위를 확보하는 데 꼭 필요한 것이라고 생각하기보다는 이를 소홀하면 불량으로 인한 손실이나 기업 이미지를 해칠 수 있는 것이라고 생각할 정도였다. 이러한 견해는 3차 산업혁명이 진행되는 1970년대 말부터 변하기 시작하였는데, 이때부터 관리자들이 품질의 전략적 중요성을 인식하기 시작하였다. 따라서 세계적 경쟁위기에 직면하여 품질관리/경영이 기업의 경쟁력을 강화시키고 경쟁우위를 제공하는 기초임을 인식함으로써 품질관리에의 접근법을 변경하게 되었다. 이러한 품질관리 시대를 전략적 품질경영(strategic quality management) 시대라고 부르게 되었다.

미국 기업의 최고경영층이 품질을 전략적 무기로 인식하게 된 것은, 첫째 불량 제품에 대해 수백만 달러에 이르는 제조물 책임 소송이 발생하여 낮은 품질과 수익성의 감소 사이에는 연관성이 있다는 사실을 체험하게 되었고, 둘째 결함 있는 제품에 대한 회수(product recall)를 허용하는 정부로부터의 압력이 가중되고 있으며, 셋째 특히 일본으로부터의 시장잠식이 점증하기 때문이었다.

1970년대까지만 해도 일본 제품은 미국 소비자들로부터 불량하다는 이유로 무시를 당해 왔지만, 1970년대 말부터 우수한 제품품질로 인하여 미국 시장은 물론 세계 시장을 잠식하기 시작하였다. 사실 일본은 1950년대부터 도요타의 린 생산시스템을 창안하여 낭비를 배격하고 효율을 중시하는 고유한 생산시스템을 정착시켰다. 이때부터 미국 기업들은 제품의 품질이 그들의 생존을 좌우하는 중요한 전략적 요소라는 것을 인식하기 시작하였다. 정부의 각종 품질향상을 위한 시책과 1989년부터 시작한 Malcolm Baldrige National Award로 인한 품질혁명(quality revolution)이 미국 기업들에서 일어나기 시작하였다.

Ishikawa와 Imai 등이 Feigenbaum의 종합적 품질관리의 개념을 받아들여 일본의 품질관리를 전사적 품질관리(company-wide quality control)라고 하는 데 대해 미국 기업의 관리자들은 오늘날 이와 유사한 종합적 품질경영(total quality management: TQM)이라는 개념을 사용한다. 이는 전략적 경영과정으로 시작하여 제품설계, 제조, 마케팅, 재무 등으로 확대된다. 따라서 이는 지금까지의 SQC, ZD, QA, TQC 등 모든 품질개념을 포함하고 나아가서 끝없는 품질개선 과정을 강조하는 경영방식이라고 할 수 있다. 즉 TQM은 고객만족(customer satisfaction)을 위하여 전사적으로 구성원 전체가 참여하여 제품이나 서비스의 품질향상 활동을 실행하고 관리하고 책임지는 전략이라고 정의할 수 있다. 이때부터 현대적 품질경영(modern quality management) 시대라고 한다.

이 당시는 3차 산업혁명이 한창 진행되면서 디지털 컴퓨터와 관련 정보기술이 확산되어 제조업의 프로세스에 혁신을 초래하기 시작하였다.

6시그마 시대

3차 산업혁명이 진행되면서 디지털 컴퓨터와 센서(sensor)와 탐지기(detector)와 같은 관련 정보기술의 사용이 특히 제조업의 생산 프로세스에 막대한 영향을 미치기 시작하였다. 제품설계의 품질과 스피드를 향상시키기 위하여 컴퓨터 지원 설계(computer-aided design(CAD))와 컴퓨터 지원 제조(computer-aided manufacturing(CAM))가 널리 사용되었다. 한편 컴퓨터 능력의 진보로 과학적 모델, 통계분석, 신속한 컴퓨팅을 통해 SPC와 같은 품질 도구와 실험설계법(design of experiments(DOE)) 등을 더욱 단순화시켰다.

1988년부터 미국의 Motorola 회사에서 폐기물과 불량률을 획기적으로 줄이려는 품질혁신 프로그램의 일환으로 6시그마 계획을 성공적으로 실천하면서 GE, IBM, SONY, TI 등 많은 기업에서 이를 도입하였다.

6시그마(σ) 프로그램은 경영의 전반적인 프로세스를 혁신하고 불량률을 3.4PPM(parts per million)까지 낮춤으로써 품질비용과 시간을 절감하고 고객만족을 증진시켜 기업의 수익성을 높이고 경쟁력을 강화시키려는 전략이다. 6시그마는 수년 동안 사용해 왔던 전통적인 품질향상 도구와 기법을 사용하여 기업의 전반적인 향상노력을 뒷받침할 고객중심적이고 결과지향적인 접근법이다.

TQM에 있어서 핵심은 고객중심의 고객만족이지만 6시그마에 있어서 품질은 고객만족을 넘어 고객과 기업의 가치부여(value entitlement)를 동시에 실현함으로써 기업의 수익성을 증진하려는 것으로 보고 있다. 6시그마는 최근 도요타 생산시스템에서 발전한 린(lean) 도구들과 접목하여 품질문제뿐만 아니라 비용 감축과 효율성 같은 기업문제의 향상을 위해 발전해 가고 있다. 6시그마에 관해서는 제7장에서 자세히 공부할 것이다.

인공지능에 의한 품질예측시대

20세기 말경 세계화(globalization)와 공급사슬이 보편화됨에 따라 기업은 공급사슬 최적화, 로지스틱스 경영, 글로벌 소싱 등에 관심을 갖기 시작하여 공급업자들과의 협력을 강화하고, 리드타임을 줄이고, 전체 공급사슬 네트워크의 효율화에 집중하였다.

그러다가 21세기에 들어와 디지털 기술, 자동화, 데이터 분석론(data analytics)의 출현으로 새로운 생산관리 시대가 전개되고 있다.

2016년부터 시작한 4차 산업혁명 시대의 도래로 생산관리 분야, 특히 품실

관리, 시설관리, 자원관리, 재고관리, 공급사슬관리 등의 광범위한 분야에서 엄청난 변화가 휘몰아치고 있다. 이러한 변혁은 4차 산업혁명의 원천기술인 빅데이터, 인공지능, 사물인터넷 등의 융합에 의하여 진행되고 있다.

인공지능(artificial intelligence: AI)은 생산관리의 뼈대를 새롭게 변형시키고 비즈니스의 심장에 탁월한 정확성, 민첩성, 지능을 도입하는 게임 체인저요, 혁명이라고 여겨진다. 인공지능은 생산 · 운영관리자로 하여금 더욱 빠르고 정확한 의사결정을 할 수 있도록 데이터 기반 통찰력을 제공하는 한편 시장 조건의 흐름에 민첩하게 대응할 수 있도록 돕는다.

전통적인 제조기업에서의 생산된 제품에 대한 품질은 마지막 프로세스에서

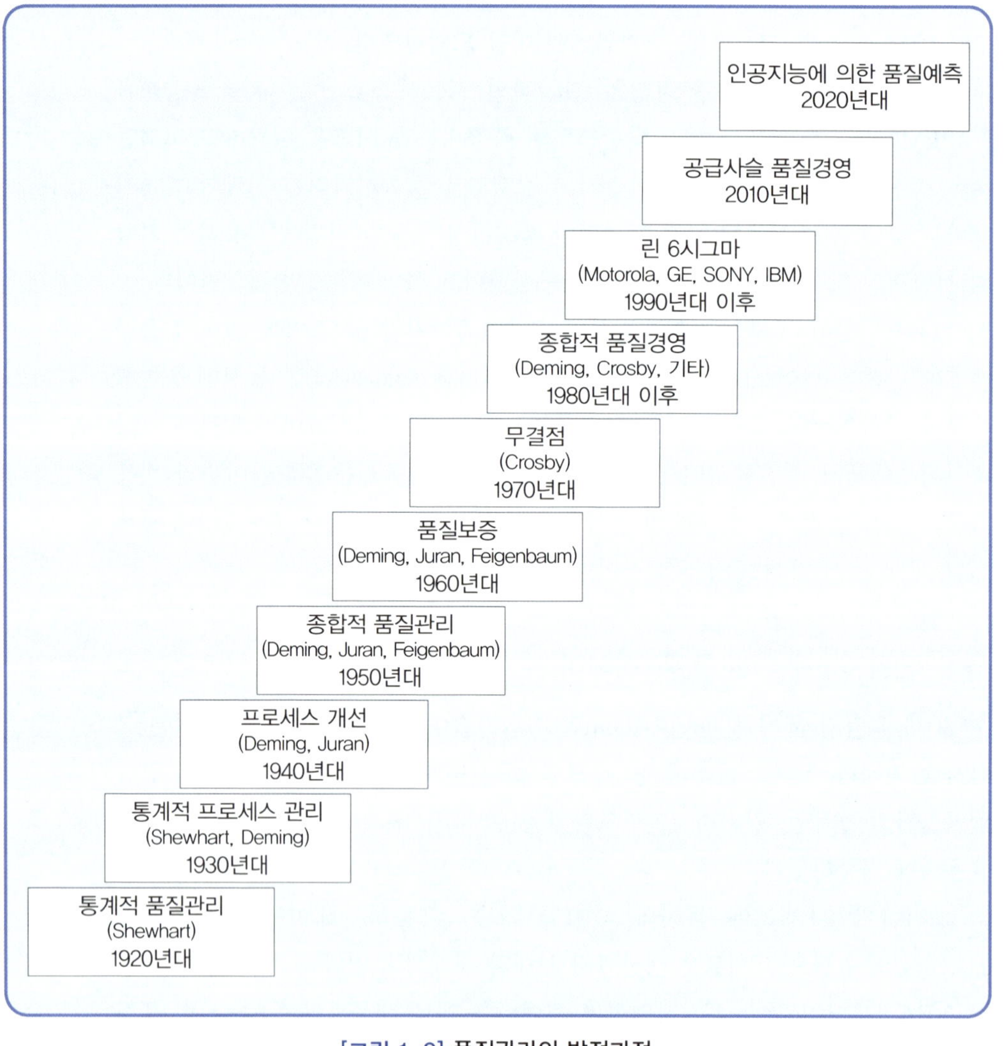

[그림 1-8] 품질관리의 발전과정

품질 합부 판정을 하는 최종검사에 의한다. 품질관리 기사가 수작업으로 전수 검사를 하거나 몇 개를 추출하여 샘플링 검사를 하거나 때로는 초음파, 레이저를 통한 온라인 검사를 수행한다. 이러한 방법들은 이미 생산된 제품에 대한 불량을 발견하기 때문에 품질개선에 도움이 되지 않는다는 결점을 갖는다.

이를 극복하기 위해서는 생산 프로세스에서 발생할 수 있는 품질문제의 요소를 사전에 제거하도록 품질예측 기술이 필요한 것이다. 스마트 팩토리(smart factory)에서는 생산라인을 계속 모니터해서 결점이나 이상을 찾아낼 수 있다. 높은 품질수준을 만족하는 제품만이 생산라인을 흐르도록 하여 제품의 전반적인 품질수준을 높이고 재작업과 폐기물을 감소시킨다.

생산현장에서 자재, 설비, 기계, 프로세스 등 각종 물리적 사물들에 센서와 통신기능을 내장하고 Internet에 연결하여 서로 소통하고 실시간으로 생성 수집되는 방대한 양의 프로세스 데이터를 인공지능 기술로 분석하여 품질상의 이상 징후를 선제적으로 예측함으로써 불량발생을 사전에 방지하여 제품의 품질을 최상으로 유지할 수 있는 것이다. 품질문제의 근원인 프로세스 조건의 변동을 제어하고 예측함으로써 불량의 발생을 미연에 방지하고자 한다. 이와 같이 인공지능 기술을 활용하여 예측적 품질(predictive quality)이 가능한 시대로 패러다임이 바뀌어 가고 있다.

이와 같이 인공지능 기술을 활용한 선제적 품질관리 방식의 채택이 진행되고 있다. 이러한 품질경영 시스템은 TQM 및 6시그마 등 기존 품질관리 기법과 사물인터넷과 인공지능에 의한 빅데이터 분석기술 등이 결합된 신개념 품질관리 개념으로 진화하고 있다.

지금까지 간단히 설명한 품질관리의 발전과정은 [그림 1-8]에서 보여주고 있다.

1.6 품질전략과 경쟁전략

1. 경쟁전략의 내용

생산·운영관리자는 고객이 원하는 품질 좋은 제품이나 서비스를 값싸게, 그리고 제때에 공급하려는 일을 담당한다. 이렇게만 할 수 있다면 경쟁제품에 비하여 더욱 많이 판매할 수 있는 것이다. 따라서 기업에서 생산하는 제품이나 서비스에 대해 가격, 품질, 시간, 유연성을 바탕으로 경쟁기업과 판매경쟁을 계속하는 것이다.

물론 기업이 이 네 가지 경쟁능력을 동시에 추구할 수 있다면 더할 나위 없이 좋지만 현실은 그렇지 못하다. 즉 기업은 이러한 네 가지 목표를 추구하고 싶지만 실제로는 기업이 세우는 사업전략에 따라 이들의 우선순위가 결정된다.

가격(비용)

저렴한 비용(cost)으로 자원을 투입하여 제품이나 서비스를 생산하려는 목표이다. 비용을 목표로 경쟁한다는 것은 경쟁자보다 저렴한 비용, 즉 저렴한 가격으로 프로세스나 공급사슬(supply chain)의 제품을 공급하겠다는 것을 뜻한다. 저가전략은 낮은 마진의 이익을 초래한다. 저가라고 해서 낮은 품질을 의미하지는 않는다. 저가가 가능하려면 노무비, 자재비, 시설비 등 비용을 절감하고 시스템에서의 가치를 부가하지 않는 모든 낭비, 재작업, 폐기물, 검사 등을 제거해야 한다. 생산성을 증대시키기 위하여 작업자 훈련이 필요하고 자동화시설과 정보시스템에 투자를 해야 한다. 일반적으로 저가를 목표로 하는 기업에서는 제품특성의 수가 적은 몇 가지 표준화된 제품을 대량으로 생산하기 때문에 프로세스의 효율을 강조하게 된다.

일부 기업들이 생산설비를 동남아 등 세계 각지로 글로벌화하는 이유는 저렴한 임금이나 수송비의 절감을 통하여 가격경쟁력을 높이려는 의도이다.

품 질

품질(quality)은 고객이 제품에 대해 느끼는 가치를 의미한다. 이러한 개념은 규격에의 적합도뿐만 아니라 제품의 설계도 포함한다.

경쟁 우선순위로서의 품질은 첫째, 고급의 특성, 작은 오차 허용, 높은 내구성, 우수한 대고객 서비스 등과 같은 최고급 품질(top quality)을 의미한다. 둘째, 꾸준히 설계규격(design specification)을 준수하는 제품이나 서비스를 생산하는 일관된 품질(consistent quality)을 의미한다, 예를 들면, McDonald 햄버거는 세계 어느 곳에서든 똑같다. 품질을 목표로 경쟁을 하기 위해서는 고객의 요구를 충족시킬 제품설계, 프로세스 설계, 작업자 훈련 등 행동이나 정책을 통하여 고객이 원하는 제품이나 서비스를 공급하도록 해야 한다.

시 간

시간(time) 또는 속도(speed)는 오늘날 중요한 경쟁 우선순위이다. 고객이 원하는 제품을 때와 장소에 맞추어서 빠른 기간 내에 납품해야 한다(delivery speed). 이를 위해서는 재작업, 폐기물, 검사, 기타 가치를 부가하지 않는 활동을 제거함으로써 생산과정에서 낭비되는 시간을 단축하는 품질향상이 이루어져야 한다. 이 외에 기계 교체시간을 단축한다든가, 자재의 흐름을 원활하게 한다든가, 빠른 생산을 위한 제품이나 서비스의 재설계를 추가한다든가 등을 통하여 시간 자체를 공략해야 한다. 계획생산의 경우 품절의 가능성을 줄여야 하고 주문생산의 경우 약속된 납기일을 꼭 지키도록 해야 한다(on-time delivery).

다음에는 아이디어 창출로부터 최종설계에 이르는 새로운 제품 및 서비스의 개발속도(development speed)는 특히 제품의 수명주기가 짧은 경우에는 매우 중요하다. 시장에서의 빠르고 다양한 고객요구를 효과적으로 충족시켜 주기 위해서는 신속하게 신제품을 출시하도록 해야 한다.

유연성

유연성(flexibility)이란 환경의 변화, 예컨대 고객 수요의 변화가 있을 때 설계변경과 생산변화에 효율적으로 대응할 수 있는 능력을 말한다.

제품이나 서비스의 설계를 변경하여 각 고객이 원하는 고유한 특성을 만족시키는 맞춤생산(customization production)이 가능해야 한다.

고객의 요구와 같은 환경이 급변하면 이를 빨리 수용할 유연성이 필요하다. 다양한 종류의 제품과 서비스를 적기에 생산하는 것을 제품 유연성(product flexibility)이라고 한다. 유연생산시스템을 사용하면 새로운 제품을 쉽게 추가할 수 있다. 한편 수요의 변화를 수용하기 위하여 생산량을 증감하는 수량 유연성(volume flexibility)도 필요하다.

즉 새로운 제품이나 새로운 생산방법의 도입이 효율적으로 이루어질 수 있으려면 유연성이 높은 생산시스템의 설계가 이루어져야 한다. 이를 위해서는 설비와 기계의 유연성뿐만 아니라 작업자의 유연성도 필요하다.

2. 경쟁 우선순위의 절충관계

기업에서 사업전략(business strategy)이 수립되면 경쟁우위를 지원할 생산 · 운영전략을 수립한다. 생산 · 운영전략은 기업에 경쟁우위를 제공할 생산 · 운영의 특정 경쟁능력(competitive capabilities)에 중점을 두어야 한다. 예를 들면, 어떤 기업은 사업전략에 맞추어 값싸고 품질 좋은 제품이나 서비스를 제공하는 능력을 중시할 것이고, 다른 기업은 경쟁기업보다 신속하게 납품한다든지, 신제품을 빨리 시장에 출하하는 능력을 중시할 수 있다. 이들 능력들은 고객이 제품이나 서비스로부터 원하는 것이므로 시장점유를 위한 경쟁도구로 사용할 수 있다.

기업은 품질, 가격, 시간, 유연성 등 생산관리 목표를 가지고 경쟁하지만 사업전략에 따라 우선순위를 부여하고 추구하기 때문에 경쟁 우선순위(competitive priorities)라고도 한다.

절충이론

위에서 설명한 목표들의 관계는 어떠한가? 이러한 경쟁능력을 동시에 모두 추구할 수 있는가? 가장 이상적인 생산활동은 저가, 고품질, 빠른 납품 및 높은 유연성을 동시에 달성하려는 것이다. 왜냐하면, 이들은 기업경쟁력을 향상시키는 기본적인 요소이기 때문이다. 그러나 일반적으로 한 제품이나 서비스에 대하여 네 가지 생산목표를 모두 동시에 최적화하기는 어렵다고 할 수 있다. 왜냐하면, 이러한 목표들은 서로 충돌하는 경우가 있기 때문이다. 따라서 기업에서는 특정 우선순위에 집중하게 되고 이에 많은 자원을 투입하게 된다. 생산 · 운영전략은 사업전략을 지원하는 우선순위에 초점을 맞추어야 한다. 이렇게 하면 기업의 목표 고객에 가장 큰 가치를 부여하게 된다.

이와 같이 모든 목표를 한 제품이나 서비스에 대하여 동시에 최적화할 수가 없기 때문에 제품에 따라서는 적어도 단기적으로는 사업전략에 따라 이러한 목표들의 절충(trade-off) 또는 상대적 우선순위를 결정하는 것이 전통적 관행이었다.

예를 들면, 제품의 높은 품질의 부품에 입각하여 경쟁하는 회사는 부품의 높은 품질 때문에 아주 낮은 가격으로 제품을 판매할 수 없다. 따라서 이러한 경우에 기업은 품질과 비용 사이에 절충을 시도하게 된다. 경우에 따라서는 낮은 비용이라는 목표는 제품을 주문생산하는 데 필요한 유연성을 위해서 희생되거나, 제품을 가장 빠른 기간 내에 납품하기 위하여 희생될 수도 있는 것이다. 심지어는 품질도 빠른 기간 내에 제품을 공급받기를 원하는 고객에게는 희생될 수도 있는 것이다.

그러나 근래에는 정보기술의 발달로 경쟁 우선순위 사이의 절충보다는 이들의 몇몇을 동시에 달성하려는 노력이 가능하게 되었다. 예를 들면, 일본의 가전제품과 자동차는 높은 품질과 낮은 원가를 동시에 달성하기도 한다.

주문 자격자 특성과 주문 승리자 특성

기업에서 어떤 경쟁 우선순위에 집중할 것인가를 결정하는 데 도움이 되는 개념이 Terry Hill이 개발한 주문 자격자 특성과 주문 승리자 특성의 구분이다.[4]

주문 자격자(order qualifier) 특성이란 기업이 특정 시장에서 사업을 하기를 원한다면 최소한 충족시켜야 하는 경쟁 우선순위를 뜻한다. 즉 고객이 이 정도면 구매해도 될 자격이 있다고 생각하는 제품이나 서비스의 최소 한도의 특성(characteristic), 또는 기준을 말한다. 이는 시장에 진입하여 경쟁하는 필수조건이다. 그러나 이는 잠재고객으로 하여금 실제 구매토록 하는 데는 충분치 않다.

한편 주문 승리자(order winner) 특성이란 시장에서 경쟁제품보다 낫다고 생각되어 고객으로부터 실제로 주문을 획득하는 제품이나 서비스의 우선순위를 말한다. 예컨대 휴대폰을 구매할 때 고객은 우선 가격범위를 정하고 이 가격범위 안에 드는 제품들 가운데서 어떤 특색 있는 성능을 가진 제품을 골라 구매하게 된다면 이때 가격은 주문 자격자 특성이고 품질은 주문 승리자 특성이다.

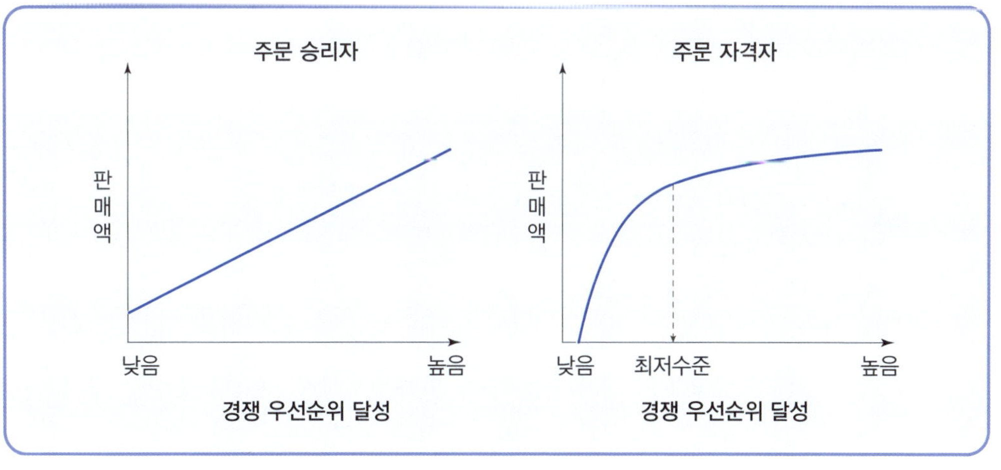

[그림 1-9] 주문 자격자와 주문 승리자의 경쟁 우선순위와의 관계

4 Terry Hill, *Manufacturing Strategy*(Palgrave, N.Y., 2000).

[그림 1-9]는 주문 자격자와 주문 승리자가 기업의 경쟁 우선순위의 달성과 어떻게 관련되어 있는가를 보여주고 있다. 예를 들면, 주문 자격자 특성이 품질이라고 할 때 최저수준의 품질을 유지하지 못하면 아무리 값이 저렴하더라도 시장에서 탈락 가능성이 높다. 그러나 이 수준을 넘어 투자에 의해 꾸준한 품질을 유지하면 낮은 비율로 증가하는 추가 판매액을 획득할 수 있다. 이에 반해 품질이라는 주문 자격자 특성이 충분히 달성되는 경우에는 저가라는 주문 승리자 특성을 꾸준히 낮출수록 판매액과 시장점유는 폭증하게 된다.

특정 시장에서 자기회사 제품에 대한 주문 자격자 특성과 주문 승리자 특성을 안다는 것은 옳은 경쟁 우선순위에 집중하는 데 아주 중요하다. 그런데 주문 자격자 특성과 주문 승리자 특성은 기업의 사업전략에 맞추어 결정된다. 예를 들면, 사업전략이 성숙하고 가격에 예민한 시장에서 표준품을 판매하는 제품 모방전략(product imitater strategy)일 경우 비용/가격이 지배적인 주문 승리자 특성이 되고 나머지인 유연성, 품질, 배송은 주문 자격자 특성이 된다. 이들 주문 자격자 특성은 주문을 잃지 않고 받을 수 있는 최소 한도의 수준을 유지하면 된다. 한편 사업전략이 신상품을 도입하는 제품 혁신전략(product innovation strategy)일 경우 주문 승리자 특성은 고급 제품을 빨리 효과적으로 도입할 수 있는 유연성이 된다. 따라서 비용, 품질, 배송은 주문 자격자 특성이 된다.

주문 자격자 특성과 주문 승리자 특성은 시간이 흐름에 따라 핵심역량이 바뀌듯 발전한다. 주문 자격자 특성이었던 것이 주문 승리자 특성이 되고, 반대로 주문 승리자 특성이 주문 자격자 특성으로 바뀐다. 예를 들면, 1970년대 전까지 미국 자동차 산업에서 주문 승리자 기준은 가격이었는데, 그 후 일본 자동차 제조업자들이 적정가격으로 품질을 내세워 시장을 잠식하기 시작하였다. 이에 따라 품질이 새로운 주문 승리자 특성이 되고 가격은 주문 자격자 특성으로 바뀌었다. 그러자 1980년대에는 미국의 자동차 제조업자들이 품질수준을 향상시켜 일본 자동차와 경쟁할 수 있게 되었다. 따라서 자동차 판매에서 품질은 이제 주문 자격자 특성이 되었다.

기업은 자기 제품의 주문 자격자 특성과 주문 승리자 특성을 결정하고 각 특성의 상대적 중요성도 평가해야 한다. 마케팅부서가 이러한 결정을 내리고 생산 · 운영부서와 의사소통해야 한다. 다시 말하면, 마케팅전략과 생산 · 운영전략은 서로 연계되어야 한다.

샌드콘 이론

경쟁 우선순위들 간의 관계에 대해서 지금까지 특정 경쟁 우선순위에 집중하기 위해서는 다른 경쟁 우선순위를 희생해야 한다는 절충관계이론과, 시장에 참여하기 위해 필수조건으로 갖추어야 하는 경쟁 우선순위와 경쟁우위에 필요한 부차적인 경쟁 우선순위가 존재한다고 보는 주문 자격자 특성-주문 승리자 특성 이론을 설명하였다.

단일한 차원의 경쟁 우선순위만을 중점적으로 추구하는 절충관계이론에 도전하여 품질, 배송, 신뢰성, 생산 스피드, 유연성 등 성과목표는 일정한 순서로 차례차례 쌓아져야 한다는 샌드콘 이론(sand cone theory)을 Ferdows 등이 발표하였다.

그들은 이들 차원의 향상은 나아가 비용이라는 성과목표의 향상을 마지막에 초래한다고 주장하였다.

한편 그들은 핵심적인 경쟁능력을 우선해서 순서대로 누적적으로 개발해 가는 노력이 효과적이라는 누적이론(cumulative theory)을 제안하였다.

향상을 위한 누적이론의 출발은 품질의 향상이고 이것이 어느 정도 달성되면 품질과 신뢰성을 동시에 향상시키려는 노력이 필요하다. 품질, 신뢰성, 스피드, 유연성을 순서대로 누적하여 향상시키면 결국 마지막에 비용을 단축시키려는 노력을 하게 된다. 이와 같이 기업에서는 품질경쟁력을 최우선으로 강화하

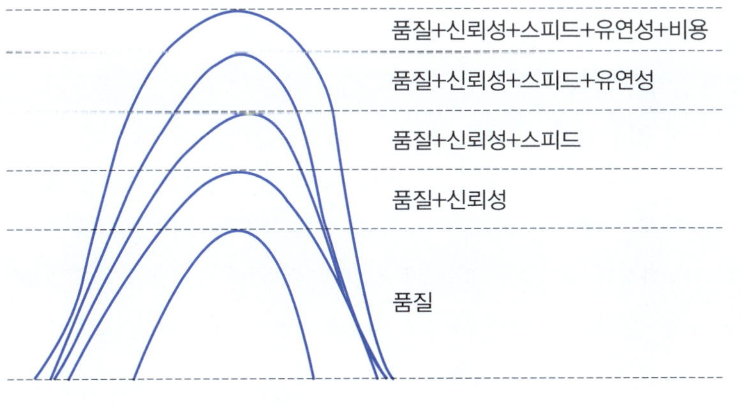

자료: K. Ferdows and De Meyer, "Lasting Improvements in Manufacturing Performance: In Search of a New Theory," *Journal of Operations Management*, 9(1990), pp. 168~184.

[그림 1-10] 샌드콘 모델

려고 한다.

품질향상을 위한 순서는 다음과 같다.

- 품질
- 품질+신뢰성
- 품질+신뢰성+스피드
- 품질+신뢰성+스피드+유연성
- 품질+신뢰성+스피드+유연성+비용

이상에서 설명한 샌드콘 모델은 [그림 1-10]에서 보는 바와 같다.

1.7 품질경영과 기업경쟁력

왜 품질은 기업에서 중요한 성공요인으로 인식되고 있는가? 한마디로 말하면, 품질이 없으면 판매가 없고 판매가 없으면 이윤이 없으며 이윤이 없으면 일자리가 없기 때문이다. 꾸준한 품질개선만이 급변하는 세계경제 속에서 고객만족과 시장점유율의 증대를 통하여 판매액을 증가시키고 원가절감과 생산성 향상을 통하여 수익성을 증대시킴으로써 기업의 경쟁우위(competitive advantage)를 강화시키는 유일한 길이다. 사실 좋은 제품과 양질의 서비스는 기업의 경쟁력을 강화시켜주고 기업 이미지를 높여준다. 이와 같이 뛰어난 품질은 그 자체로 경쟁우위를 부여한다.

사실 기업에서 수익성(profitability)을 결정하는 요인은 생산성, 비용, 품질이다. 이 중에서 기업의 장기적 성패를 결정하는 가장 중요한 요인은 품질이다.

시장에서 제품의 가치는 그의 품질수준에 영향을 받는다. 품질수준의 향상은 경쟁제품과 차별화가 가능하고 브랜드에 대한 명성이 높게 되어 제품의 가치가 높게 인식된다. 한편 이러한 차별화는 경쟁제품보다 더 높은 가격을 요구할 수 있으며 시장점유율을 확보하여 수익을 증대할 수 있다. 예를 들면, 미국 시장에서 팔리고 있는 일본의 Toyota 자동차는 고품질이라는 소비자들의 인식으로 품질이 비슷한 한국산 제품에 비하여 높은 가격을 받고 있다. 이것은 품질에 대한 소비자들의 인식이 판매가격을 결정한다는 것을 의미한다. 따라서 품질혁

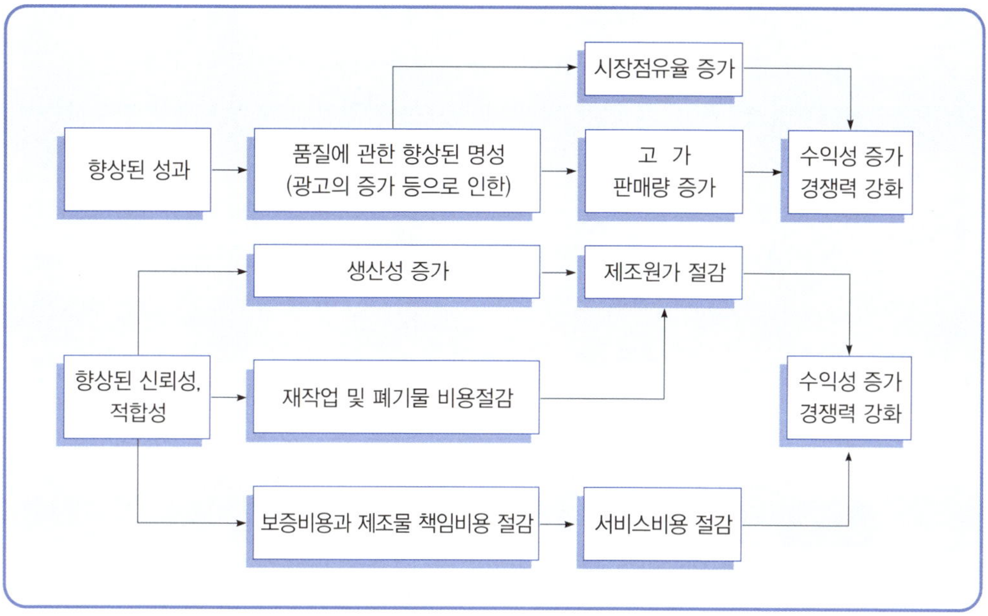

[그림 1-11] 품질과 수익성 및 기업경쟁력의 관계

신을 통한 고품질의 제품을 시장에 내놓으면 브랜드 인지도가 높아져 높은 가격을 받을 수 있게 된다.

품질향상은 적어도 장기적으로 비용절감을 초래한다. 나쁜 품질의 제품을 제조 · 판매하게 되면 재작업 및 폐기비용, 보증비용, 판매 후 수리비용, 검사비용 등을 지불해야 한다. 그렇다고 기업의 품질개선 노력이 불량품 제거에 국한되는 것은 아니다. 불량품 제거는 기본적인 전제조건이다. 소비자 보호운동의 전개로 제조물 책임에 따르는 법적 비용이 막대하다. 한편 이러한 측정가능한 비용 이외에 불만족한 고객의 이탈률로 인한 기회비용은 엄청난 것이 현실이다. 장기적 비용의 절감은 제품의 판매가격을 낮추는 데 도움이 된다.

품질향상은 생산성을 증대시키는 데 기여한다. 나쁜 품질의 장비 및 도구는 불량품과 사고의 원인이 될 수 있고 이러한 불량품은 재작업 또는 폐기되어야 하기 때문에 바로 사용할 수 있는 양품의 양을 감소시킴으로써 생산성을 저하시킨다. 따라서 지속적인 품질향상은 생산성 향상과 생산비용의 절감에 긍정적 효과를 초래한다.

품질향상이 이룩되면 자재의 교체가 줄어들고 조정을 위한 기계의 중단이 줄어들고 완제품의 검사를 위한 노력이 줄어들기 때문에 에너지 및 작업시간이 단축된다. 따라서 부품과 중간조립품의 리드타임(lead time)이 감소되어 고객에 대한 납기예정일을 단축하는 효과를 가져올 수 있다.

[그림 1-11]은 품질향상이 판매량 확대와 비용감소를 통해서 수익성이 증가하는 과정을 나타내고 있다. 판매량 확대는 기업이 고객의 요구에 반응하는 속도가 빨라지고, 규모의 경제를 통한 가격의 절감, 품질제품에 대한 명성이 높아져 달성된다.

높은 품질의 제품을 저렴한 가격으로 판매할 때 시장점유율이 증대되고 수익성이 확대되어 기업에 경쟁우위를 제공한다. 따라서 국경이 없는 경쟁에서 살아남기 위해서는 고품질과 저가를 경쟁전략으로 삼지 않으면 안 되었다.

1.8 품질경영과 지속가능성

근래 지구의 온난화(global warming)와 오염 등 환경의 급격한 변화(자연재해와 인재)로 국가, 산업, 기업은 장기적으로 국민과 사업체의 건강을 고려하지 않으면 안 되었다. 이러한 환경보호의 차원에서 기업이 사회로부터 심한 압력을 받는 중요한 주제의 하나는 지속가능성이다. 오늘날 기업은 기술적 규격을 준수해야 하지만 환경의 영향을 최소화하고 윤리적 관행을 실천하고 사회적 가치를 창출함으로써 품질을 보증하도록 해야 한다. 달리 표현하면, 지속가능성이란 미래 세대가 그들의 자원 필요를 충족시킬 능력을 저해하지 않으면서 현재 세대의 자원 필요를 충족시키는 능력을 말한다.

지속가능성(sustainability)이란 한마디로 표현하면, 기업경영을 함에 있어 인체에 도움이 되는 생태학적 시스템을 해치지 않도록 자원을 사용함으로써 환경적 나쁜 영향을 제거 또는 최소화하자는 것이다. 이는 그린경영(green operation)이라고도 한다. 기업은 공기와 물의 품질, 폐기물 처리, 포장, 물과 에너지 사용, 사용한 장비의 재판매와 재활용, 지구 온난화, 이산화탄소 배출 등 환경적 이슈에 관심을 갖도록 사회로부터 심한 압력을 받고 있다.

사회가 지속적으로 발전할 수 있도록 기업이 해야 하는 활동과 책임을 나타내는 지속가능성은 세 관점에 따라 다음과 같이 분류할 수 있다.

- **환경적 지속가능성**(environmental sustainability): 환경적 책무로서 환경보호를 위해 최선을 다해야 한다. 기업은 환경의 장기적 품질에 관심을 가져

야 한다. 예를 들면, 에너지 소비, 재활용 등 자원보전, 공기 방출, 위험물 폐기율 등을 측정한다. 기업은 제품/프로세스 설계 시 환경을 고려하지만 환경적 지속가능성에도 관심을 가져야 한다.

- **사회적 지속가능성**(social sustainability): 사회적 책임으로서 종업원, 지역 공동체, 이해관계자의 이득을 추구해야 한다. 삶의 질을 향상시키기 위하여 건강한 사회와 공동체를 유지한다. 예를 들면, 소비자 안전, 작업장 안전, 지역사회 관계, 기업윤리와 지배구조 등을 조사한다.
- **경제적 지속가능성**(economic sustainability): 경제적 차원에서 기업은 이득을 확보해야 한다. 즉 경제적 번영을 추구해야 한다. 장기적으로 기업을 경영하고 시장을 확장하고 일자리를 제공하는 것은 국가경제에 필수적이다. 예를 들면, 재무감사 결과, 규제준수, 시민단체에의 기부금, 환경위반에 따른 벌금 등을 측정한다.

기업 이익, 환경 지속성, 사회적 책임이라는 세 가지 기준으로 기업 실적을 측정하여 기업의 지속가능성을 평가해야 한다는 것이다.

지속가능성은 사람(people), 지구(planet), 이윤(profit)이라고 하는 3핵심 축(triple bottom line: TBL, 3P)을 지원하는 시스템이다.

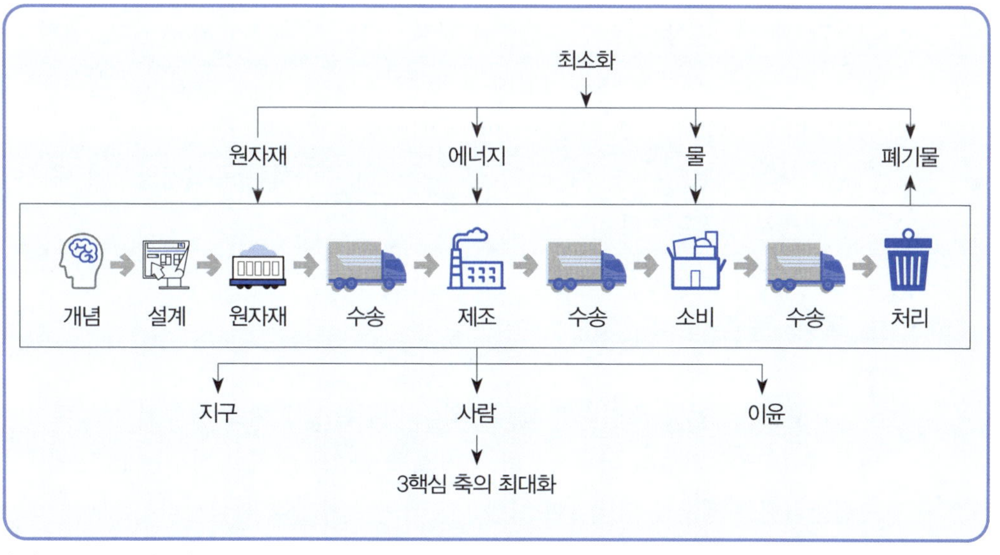

출처: J. Heizer 외 2인, *Operations Management*, 13th ed.(Pearson, U.S.A.) 2020, p. 227.

[그림 1-12] 지속가능성에 의한 세 핵심 축의 증진

지속가능성은 기업의 모든 분야에 영향을 미치고 있다. 가장 큰 영향을 받는 분야는 제품과 서비스의 설계, 프로세스 설계, 구매, 제조, 완제품 수송, 소비자 교육 프로그램, 재난 예방과 대응, 공급사슬 폐기물 관리, 아웃소싱 결정 등이다.

기업은 종업원과 고객은 물론 지역사회 주민들에게 나쁜 영향을 미치는 의사결정을 해서는 안 된다. 예를 들면, 기업은 물론 공급사슬에 걸쳐 작업환경에서의 안전이 보장되어야 한다. 또한 위험한 화학 폐기물을 처리할 때 종업원과 지역사회에 해를 끼치지 않도록 해야 한다.

경영자들은 지구 환경에 미치는 영향을 줄이기 위하여 희소자원을 보존하고 환경친화적 기업경영을 영위하여야 한다. 예를 들면, 이산화탄소 배출량을 줄이도록 노력해야 한다.

경제적 번영이 보장되어야 한다. [그림 1-12]는 지속가능성이 가능하기 위해서 최대화해야 할 3핵심 축과 최소화해야 할 부문을 나타내고 있다.

1.9 품질경영상

최근 많은 나라에서는 품질향상에 공헌을 한 개인이나 기업에 품질경영상을 수여하고 있다. 이러한 상은 기업으로 하여금 품질의 중요성을 일깨우고 품질개선과 생산성 향상을 통해 경쟁력을 강화시키는 자극제가 되고 있다. 한편 이러한 상을 받은 기업은 다른 기업에 품질개선노력의 지침을 제공하고 상을 받기 위한 기업이 노력해야 할 품질수준에 대한 기준을 제공한다.

본서에서는 우리나라, 미국, 일본, 유럽에서 수여하는 품질경영상에 대하여 간단히 공부하고자 한다.

1. 국가 품질상

급변하는 국가경제 여건과 대내 · 외의 기업환경 변화에 능동적으로 대처해 나갈 수 있도록 기업의 국제경쟁력 강화의 필요성을 인식한 정부는 1975년부터 품질관리대상 제도를 채택하여 기업으로 하여금 종합적 품질관리시스템을 체질화하도록 유도하여 왔다.

1993년 품질경영촉진법을 제정하면서 품질경영상으로 이름을 바꾸고 품질경

| 표 1-1 | 우리나라 국가품질상의 변천과정

연 도	변경 내용
1975년	제1회 전국품질관리대회 개최 국무총리 명의로 포상: 품질관리대상, 분임조상
1977년	신설: 공업표준화상
1989년	신설: 생산혁신상, 가치혁신상, 종합설비관리상, 문헌상 명칭변경: 공업표준화상을 우수KS업체대상으로
1991년	신설: 품질명장제도
1992년	포상격상: 국무총리상을 대통령상으로
1993년	명칭변경: 품질관리대상을 품질경영상으로
1994년	신설: 한국품질대상, 물류혁신상, 제안상(기업 · 개인부문) 명칭변경: 생산혁신상을 공장혁신상으로 종합설비관리상을 설비관리상으로 우수KS업체대상을 산업표준화상으로
1995년	신설: 100PPM상
1996년	폐지: 제안우수기업상 이관: 100PPM상 신설: 소비자보호우수기업상
1997년	신설: 품질경영우수추진본부상
1998년	신설: 환경경영우수기업상 폐지: 물류혁신상, 문헌상 명칭변경: 소비자보호우수기업상을 소비자만족경영우수기업상으로
1999년	명칭변경: 소비자만족경영우수기업상을 소비자만족우수기업상으로
2000년	명칭변경: 품질경영상을 국가품질상으로 전국품질경영대회를 국가품질경영대회로 환경경영우수기업상을 환경경영우수상으로 소비자만족우수기업상을 고객만족우수상으로 신설: 6시그마혁신상
2001년	기업체부문 종합상에 6개 부문상 신설 명칭변경: 기업체부문 부문상을 전문상으로 환경경영우수상을 환경경영상으로 이관: 산업표준화상
2002년	폐지: 부문상 신설: 소비자만족상, 서비스혁신상
2003년	신설: 제품안전경영상
2008년	폐지: 제품안전경영상 신설: 글로벌인재경영상

영활동을 효율적으로 추진하여 체질개선은 물론 품질향상, 원가절감 및 생산성 향상에 현저한 성과를 올린 기업에 수여하고 있다.

정부는 1994년부터 한국품질대상을 신설하여 품질경영상 수상 후 3년 이상 품질경영활동을 지속적으로 추진하여 최상의 품질과 완벽한 품질경영시스템을 확립함으로써 기업의 체질강화와 고객만족 및 사회적 책임수행에 모범적인 기업을 선정하여 포상하였다. 그 후 각 분야별로 시상하는 품질상이 새롭게 신설되고 또한 변경되는 과정을 거쳐오고 있다. 2000년에는 시상 주관업무가 한국표준협회로 통합되고 지식경제부가 시행하는 국가품질상으로 품질경영상의 명칭이 변경되었다. 〈표 1-1〉은 우리나라 품질상의 변천과정을 정리한 것이다.

2. Malcolm Baldridge Award

미국 상무성은 1987년 공법 100-107을 제정하여 1988년부터 제조업, 서비스업, 중소기업 등 세 분야로 구분해서 각 분야별로 두 기업까지 매년 Malcolm Baldridge Award를 수여하고 있다. 이 상의 목적은 미국 회사로 하여금 품질향상을 위한 노력을 하도록 자극하고 회사로 하여금 품질개선노력을 평가할 기준

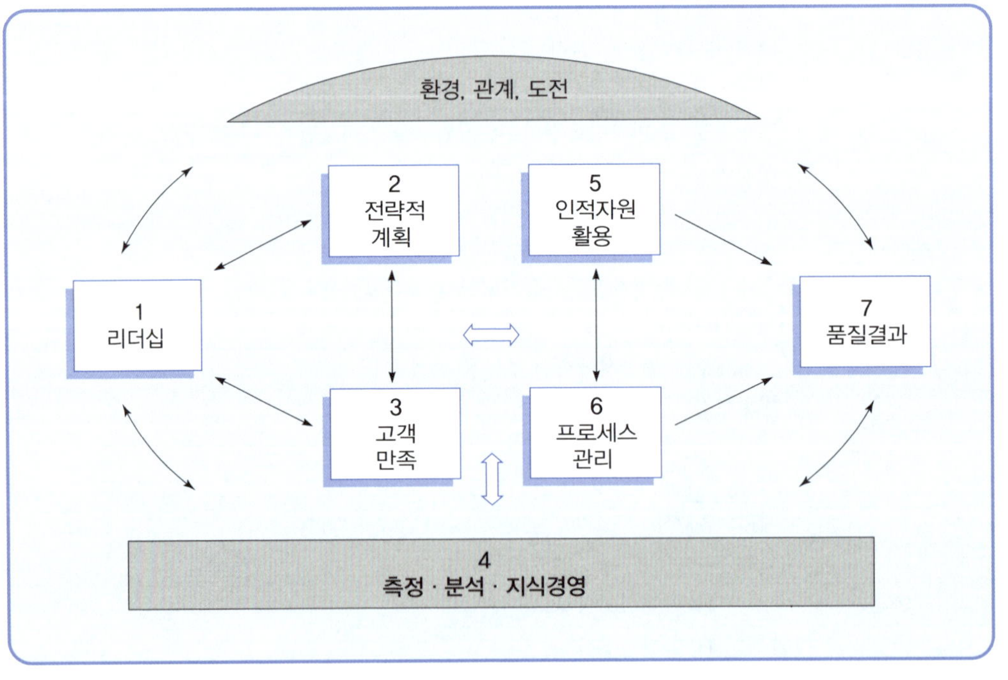

[그림 1-13] Malcolm Baldridge Award 심사기준

을 제공하고 널리 유포시킴으로써 성공적인 품질전략을 보급하는 것이다.

이 상을 수상하기 위한 경쟁이 치열하여 상을 타기 위해 참여한 기업은 물론 참여하지 않은 기업에 대해서도 품질개선 필요성을 자극하는 데 큰 영향을 미치고 있다. 심지어 이미 상을 수상한 기업은 자기의 협력업체로 하여금 이 상을 수상하기 위한 경쟁에 참여할 것을 요구하기도 한다.

이 상의 심사기준은 [그림 1-13]에서 보는 바와 같이 리더십, 전략적 품질계획, 고객만족, 측정 · 분석 · 지식경영, 인적자원 활용, 프로세스 관리, 품질결과 등 7개 분야이다.

3. Deming Prize

W. Edwards Deming이 일본 산업계에 통계적 품질관리 기법을 전파시킨 공적을 기리기 위하여 1951년부터 Deming Prize를 제정하여 전사적 품질관리의 수행에 뛰어난 성과를 이룩한 기업에 수여하고 있다. 이 상은 매년 일정한 표준을 충족한 기업에 수여하는데, 권위가 인정되어 치열한 경쟁을 이겨야 한다.

이 상은 3개 분야에 수여하는데 이들은

- 통계적 품질관리 이론과 응용에 있어 괄목할 공헌을 한 일본에 체류하는 개인
- 품질관리를 통해 뛰어난 성과향상을 기록한 일본 내 기업
- 일본 기업에 적용한 똑같은 기준을 충족한 외국기업

등이다.

4. European Quality Award

종합적 품질경영 활동에서 최고의 성과를 거둔 유럽 기업에 수여하기 위하여 1992년부터 이 상을 제정하여 유럽품질경영재단(Europe Foundation for Quality Management)에서 관리한다.

심사항목으로는 회사정책 및 전략, 리더십, 종업원 관리, 자원, 종업원 만족도, 고객만족도, 사회기여도, 활동성과 등을 들 수 있다.

연·습·문·제

1. 품질은 왜 중요한가?
2. 품질과 수익성 및 기업경쟁력과의 관계를 설명하라.
3. 품질과 품질향상을 정의하라.
4. 품질보증, 품질관리, 품질경영의 관계를 설명하라.
5. Garvin은 어떻게 품질을 정의하는가?
6. 제품품질과 서비스품질의 차이를 설명하라.
7. 고객중심의 품질개념을 설명하라.
8. 설계품질을 설명하라.
9. 적합품질을 설명하라.
10. 성과품질을 설명하라.
11. 품질관리의 역사를 간단히 설명하라.
12. 경쟁 우선순위의 개념을 설명하라.
13. 주문 자격자 특성과 주문 승리자 특성의 차이를 설명하라.
14. 품질경영과 지속가능성에 관해 간단히 설명하라.
15. 각국의 품질경영상 제도를 설명하라.

제2장

품질비용

품질비용의 개념이 맨 처음 도입된 것은 A. V. Feigenbaum이 1961년 *Total Quality Control*이라는 저서를 발간한 이후부터이다. 품질비용의 측정과 통제는 오늘날 기업이 시장에서 경쟁우위를 확보하기 위하여 사용하는 전략결정의 중요한 요소의 하나가 되었다. 품질비용은 오늘날 기술개발로 인하여 제조제품의 복잡성이 심화되어 더욱 증가하게 되고 제품 수명주기 비용 예컨대 유지비, 노무비, 보유부품비, 실패비용 등에 대한 의식이 증가함에 따라 품질비용은 경영성과의 한 측정도구로 등장하게 되었다.

품질비용은 매출액의 15~25%에 이를 뿐만 아니라 이는 이윤 마진의 2~3배가 되기 때문에 이윤을 증대시키기 위해서는 품질혁신을 통해 품질비용을 절감시킬 수 있는 방안을 실천해야 한다. 품질비용은 잘 노력만 하면 제품의 품질을 향상시키면서 판매액의 3~5%까지로 감축이 가능하다고 한다. 기업의 수익을 증가시키는 길은 품질비용의 절감 외에도 품질 불만족 때문에 초래되는 고객 이탈률의 증가로 인한 기회손실비용의 발생을 감소시키는 것이다. 예컨대 고객 이탈률을 5% 감소시키면 기업의 수익은 업종에 따라 25~85%까지 증가한다는 보고가 있었다. 이는 즉 고객 이탈률이 기업의 수익을 결정하는 주요 요인이라는 것을 의미한다.

지금까지도 높은 품질은 높은 비용을 투입해야만 가능하다고 여겨 왔다. 따라서 어느 정도의 불량품을 인정할 수밖에 없고 작업장에서의 낮은 품질은 어쩔 수 없다고 여겨 왔다. 그러나 사실은 높은 품질은 오히려 비용을 절감시킨다는 주장이 설득력을 얻고 있다. 제품을 생산하는 현장에서 애초부터 잘 만들면 그렇지 않기 때문에 발생하는 비용, 예컨대 불량품의 검사비용과 재작업, 폐기물, 생산현장에서의 실패에 따르는 모든 비용보다 적게 비용이 발생한다는 것이다. 다시 말하면, 품질비용은 적게 들이고도 품질수준을 높일 수 있는 방법은 최초부터 올바르게 하는 것이다.

본장에서는 품질비용의 분석과 함께 품질향상과 품질비용과의 관계 등을 공부하고자 한다.

2.1 품질비용의 분류

품질비용(quality cost)이란 제품을 애초부터 잘 만들지 않음으로써 발생하는 비용, 즉 제품규격을 지키지 않음으로써 발생하는 부적합비용(cost of nonconformance)이라고 할 수 있다. 따라서 제품 그 자체의 제조원가인 재료비와 직접노무비 등은 이에 포함되지 않고 다만 불량품의 생산, 예방, 검사, 수리 등과 관련된 저품질비용(cost of poor quality)만을 포함한다. 이와 같이 품질비용은 Crosby가 말한 것처럼 고객을 만족시키고 불량이 없는 제품을 생산하는 데 소요되는 제비용을 말한다. 그런데 이러한 품질비용의 데이터는 지금까지 생산자에 의해서 사용되어 왔으며 그들은 공장중심의 품질과 관련한 운영비(operating quality cost)의 측정에 관심을 가져왔다. 그러나 사실 품질비용은 마케팅－설계－제조－검사－출하의 과정에서만 발생하는 것이 아니고 제품의 전체 수명주기에 걸쳐 발생한다.

따라서 품질비용의 발생은 생산자뿐만 아니라 소비자와 관련되어 있다. 그러므로 앞으로의 품질비용 이론은 불만족으로 생기는 사용자 품질비용을 포함하여 제품 수명주기 중심의 비용측정으로 발전될 것으로 예상된다.

공장에서 발생하는 생산자 품질비용은 통제비용(cost of control)과 통제의 실패비용(cost of failure)으로 구성된다. 통제비용은 미리 설정된 규격에 맞추어 제품을 생산하고자 할 때 필요한 예방적인 관리비용으로서 품질의 정의, 생성(creation), 통제와 관련된 비용뿐만 아니라 품질, 신뢰성, 안전조건 등에의 일치

<table>
<tr><td rowspan="4">총품질비용</td><td rowspan="2">통제비용</td><td>예방비용</td></tr>
<tr><td>평가비용</td></tr>
<tr><td rowspan="2">실패비용</td><td>내적 실패비용</td></tr>
<tr><td>외적 실패비용</td></tr>
</table>

[그림 2-1] 품질비용의 분류

여부를 평가하고 피드백하는 데 따르는 제반 비용을 포함한다.

한편 실패비용은 제품이 설계규격에 미달할 때 발생하는 비용으로서 공장 내의 제조 프로세스상에, 그리고 소비자의 사용 중 요구조건을 충족하지 못하는 데 따른 비용을 포함한다.

통제비용은 예방비용(prevention cost)과 평가비용(appraisal cost)으로 분류할 수 있으며 실패비용은 내적 실패비용(internal failure cost)과 외적 실패비용(external failure cost)으로 분류할 수 있다. [그림 2-1]은 이와 같은 품질비용의 구성을 나타내고 있다.

2.2 통제비용

통제비용이란 생산흐름으로부터 불량품을 제거하는 활동과 관련된 비용인데, 관리자의 의사에 따라 결정된다. 품질표준이나 요구사항을 충족시키는 데 소요되는 적합비용(price of conformance)인 통제비용은 예방비용과 평가비용으로 구분할 수 있다.

실제로 생산이 진행되기 전에 또는 서비스가 공급되기 전에 부적합한 제품이 소비자에게 도달하지 못하도록 불량품질의 발생을 미연에 제거하기 위하여 지불되는 것이 예방비용이다. 여기에는 품질계획, 품질교육과 훈련, 품질 데이터의 수집, 프로세스 계획, 정보시스템 비용, 프로세스 개선, 협력업체 평가, 예방정비, 신제품설계의 검토 등의 활동에 소요되는 비용이 포함된다. 이는 P코스트라고도 한다.

생산이 완료되었지만 아직 고객에 출하하지 않은 제품 가운데서 불량품을 제거하기 위하여 검사하는 데 소요되는 비용이 평가비용이다. 즉 부적합을 감지하는 데이터를 측정하거나 분석하는 데 소요되는 비용이다. 여기에는 원자재의 수입검사, 프로세스 검사, 재공품과 완제품검사, 관련 장비의 보전, 계측기 관리, 품질연구실 운영 등에 관련된 비용이 포함된다. 이는 A코스트라고도 한다.

예방비용의 내용을 좀 더 자세히 설명하면 다음과 같다.

- **품질계획:** 품질시스템을 계획하는 데 관련된 비용과 제품설계와 고객요구를 정해진 방법과 절차를 통해 자재, 프로세스, 제품에 대한 품질관리로 전환시키는 데 따르는 비용
- **프로세스 통제:** 통제수단을 설정하고 현재의 프로세스 능력을 개선하기 위하여 제조 프로세스를 분석하는 데 따르는 비용
- **품질정보장비의 설계와 개발:** 제품과 프로세스의 품질측정, 데이터, 통제 및 관련 장비의 설계와 개발에 따르는 비용으로서 장비구입비 및 감가상각비는 포함하지 않는다.
- **품질훈련과 교육:** 품질, 신뢰성, 안전의 관리를 위한 프로그램과 기법을 이해하기 위한 근로자의 교육 및 훈련과 관련된 비용
- **제품설계의 인증:** 설계상의 품질, 신뢰성, 안전 등을 인증하기 위해 생산 전 제품을 평가하는 데 따르는 비용
- **시스템 개발과 경영:** 품질시스템의 개발을 위한 지원과 그의 경영에 관련된 비용
- **협력업체 지도 및 품질평가:** 협력업체의 품질활동을 평가하고 계약기간 동안 활동을 감사하는 데 따르는 비용
- **기타 예방비용:** 품질조직비용 등의 행정비용

평가비용을 항목별로 좀 더 자세히 설명하면 다음과 같다.

- **구입 원자재의 검사와 테스트:** 구입 원자재의 품질을 평가하기 위하여 검사하고 시험하는 데 소요되는 비용
- **실험실에서의 시험:** 구입 원자재의 품질을 평가하기 위하여 실험실에서

실시하는 테스트와 관련된 비용

- **검사**: 프로세스에서 생산하는 제품의 품질을 평가하기 위하여 검사하는 데 소요되는 비용
- **시험**: 프로세스에서 생산하는 제품의 기술적 성능을 평가하기 위하여 시험하는 데 소요되는 비용
- **완제품검사**: 작업자가 품질계획대로 제품을 생산하였는지 그의 품질을 검사하고 품질요구를 충족하지 않은 불량 로트(lot)를 구분하는 데 따르는 비용
- **테스트 및 검사준비**: 기능적 검사를 실시하기 위하여 제품과 장비를 준비하는 데 소요되는 비용
- **품질감사(quality audit)**: 제품의 품질을 평가하기 위하여 프로세스 혹은 시장에서 표본을 추출하여 시험을 실시하고 소비자의 만족을 얻을 수 있도록 품질을 향상시키는 감사와 관련된 비용
- **검사 및 시험기기의 보전**: 품질정보시험과 검사장비의 보전에 소요되는 비용
- **제품출하시 품질검토**: 제품출하 시 시험 및 검사 데이터를 검토하는 데 소

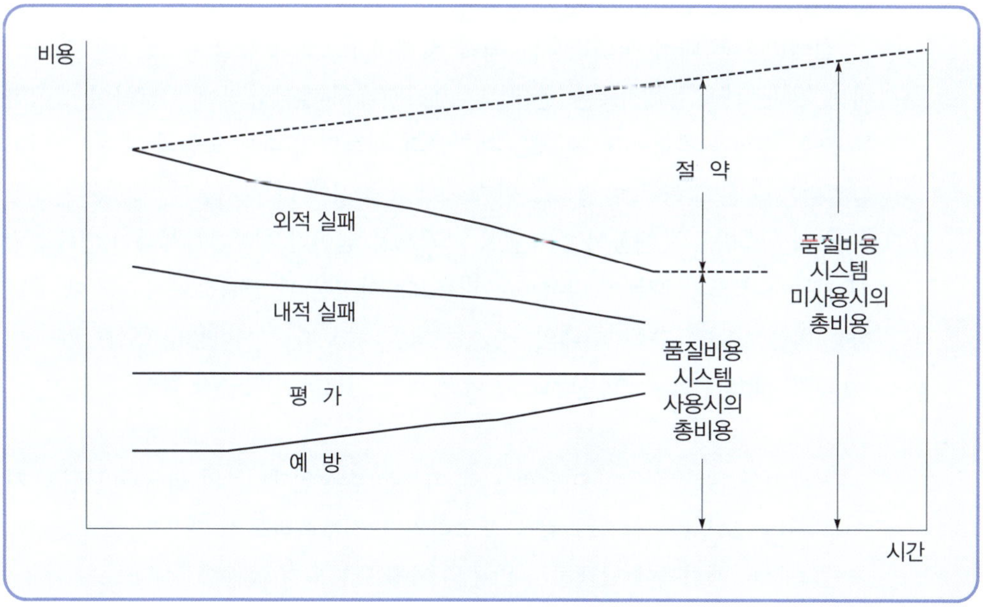

[그림 2-2] 품질비용의 분류

요되는 비용

- **현지시험:** 고객이 원하는 현지에서 제품을 시험하는 데 소요되는 비용과 여행비용

[그림 2-2]는 총품질비용을 시간의 경과에 따라 네 가지 비용으로 분류한 것이다. 그림에서 보는 바와 같이 예방비용은 품질비용시스템의 도입으로 점점 증가하고 총비용에서 큰 비율을 점하고 있다. 예방비용의 증가율은 시간에 따라 감소하지만 총비용의 감소에 큰 영향을 미친다. 한편 평가비용은 시간의 경과에 따라 정상적으로 감소하는데, 이는 예방비용의 증가로 불량품 발생의 기회가 예방되기 때문이다.

2.3 실패비용

부적합비용(price of noncomformance)인 실패비용은 제품이 사전에 정한 품질 표준에 미달함으로써 발생하는 비용으로서 예를 들면, 불합격품, 등외품, 반품, 클레임(claim) 등의 발생과 관련이 있다.

실패비용은 내적 실패비용과 외적 실패비용으로 분류할 수 있음은 전술한 바와 같다. 내적 실패비용은 생산 프로세스상에서 설계규격에 미달하여 발생하는 모든 손실을 말하는데, 이에는 폐기물과 재작업에 따른 노동과 재료, 그리고 간접비는 물론 불량품 발생으로 인한 기계의 중지에 따른 비용이 포함된다.

외적 실패비용은 제품의 소유권이 고객으로 넘어간 이후 그 제품이 만족스럽게 기능하지 않기 때문에 발생하는 비용으로서 반품과 양품으로의 교체에 수반하는 비용, 보증수수료, 클레임, 제조물 책임 등에 따르는 비용을 포함한다.

내적 실패비용을 각 항목별로 좀 더 자세히 설명하면 다음과 같다.

- **폐기물:** 품질수준이 미달하는 데 따르는 손실인데, 그의 생산과 관련된 자재비, 노무비, 간접비 등을 포함하지만 진부화라든가 제품의 설계변경에 따르는 폐기물에 발생하는 비용은 이에 포함되지 않는다.
- **재작업:** 불량품을 양품으로 만드는 활동과 관련된 비용으로 자재비, 노무

비, 간접비 등을 포함하지만 설계변경에 의한 재작업에 따르는 비용은 포함되지 않는다.

- 고장발견 및 불량분석: 불량품 발생의 원인을 결정하는 데 소요되는 교정비용
- 등외품: 할인가격으로 판매하는 데서 발생하는 판매가격과의 차이
- 피할 수 있는 프로세스 손실: 양품을 정량 이상으로 고객에 공급함으로써 발생하는 손실
- 기계정지: 협력업체로부터 불량 원자재가 공급되어 제조 프로세스 중에 규격에 미달하는 불량품의 발생으로 생산시설이 정지하는 데 따르는 비용

한편 외적 실패비용을 각 항목별로 좀 더 자세히 설명하면 다음과 같다.

- 보증수리: 고객의 불만이 정당할 때 불량품의 조사, 수리, 양품으로의 교체 등에 따르는 비용으로 보증기간 내에 또는 만료 후에 발생하는 불량품에 수반하는 비용
- 제조물 책임: 소비자가 제품설계상에 또는 설계규격에 미달하는 결함이 있는 제품을 사용 중에 사고가 발생하였을 경우 제조기업이 이를 책임지는 데 따르는 비용
- 반품: 불량품이 소비자의 손에 넘어갔을 경우 이들을 회수하는 데 소요되는 비용

내적 실패비용과 외적 실패비용은 [그림 2-2]에서 보는 바와 같이 품질시스템이 잘 운용되면 시간이 경과함에 따라 점차 감소한다. 이러한 실패비용은 예방비용의 증가에 따른 불량품의 발생이 감소하기 때문인데, 이는 총비용의 감소에 영향을 미친다.

실패비용 중에는 측정하기 어려워 파악하지 않는 숨겨진 품질비용(hidden quality cost)도 있다. 예를 들면, 설비의 유휴시간, 직원 사기 저하, 생산성 저하, 고객의 불만족 시간, 경영층의 낭비 시간, 취소된 주문, 불량으로 인한 기업 이미지 실추 등이다. 기업이 이러한 숨겨진 비용까지 측정할 수 있다면 품질비용은 상당히 증가하게 될 것이다.

2.4 품질수준과 품질비용의 관계

품질수준과 품질비용과의 관계는 무엇인가? 품질이 향상되면 오히려 비용이 감소하는가, 아니면 더 많은 비용을 필요로 하는가? 품질과 비용 사이에서 균형을 이루어야 할 절충관계(trade-offs)가 존재하는가?

총품질비용이 최소인 점에서 적합품질의 최적수준이 결정되고 이때 어느 정도의 불량률을 피할 수 없기 때문에 불량률을 최적수준 이상으로 더욱 줄이고자 하는 품질개선 노력은 오히려 총비용을 증가시킬 뿐이라는 Juran의 전통적 견해에 대하여 반론을 제기하면서 P. B. Crosby가 1979년 *Quality is Free*라는 저서를 발간한 이후 품질과 비용과의 관계에 관한 논쟁이 진행되었다. 논쟁의 요지는 총품질비용과 제품의 품질수준, 즉 불량률과의 관계이다.

제품의 품질수준은 작업자와 장비로 구성되는 작업시스템을 근본적으로 개조하지 않고는 향상될 수 없다고 Juran과 같은 전통적 품질관리 지지자는 주장한다.

품질향상을 위해 더 좋은 자재, 검사를 위한 자동화 시설, 작업자들의 훈련, 로봇(robot) 등과 같은 새로운 기술 등으로 현재의 시스템을 변경하기 위해서는 막대한 비용이 소요된다는 것이다. 장비와 시설에의 자본투자는 이러한 새로운 시설로 만드는 제품의 품질수준과 정의 상관관계에 있다고 주장한다.

[그림 2-3] (a)에서 보는 바와 같이 품질수준이 향상되면 실패비용은 감소하

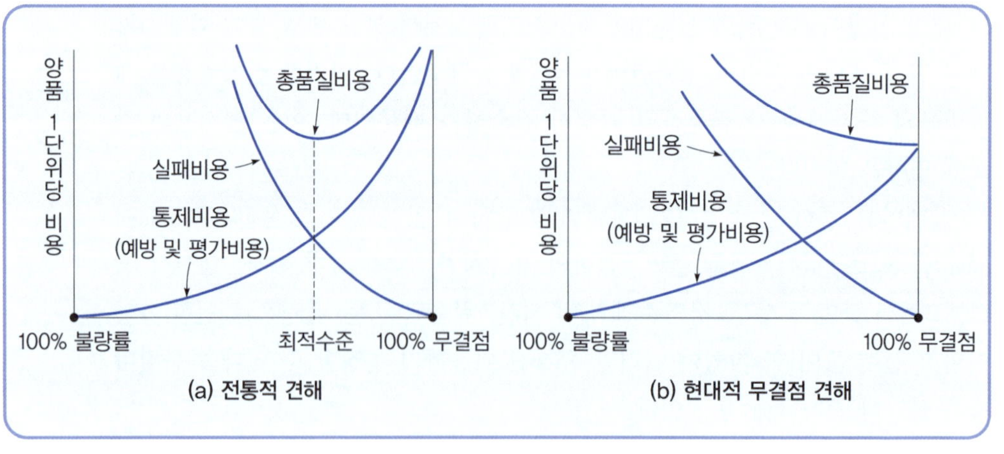

[그림 2-3] 적합품질 수준의 결정

여 무결점 수준에서는 0이 된다. 하지만 통제비용은 100% 불량률에서는 0이지만 품질수준이 향상됨에 따라 증가한다. 이와 같이 통제비용과 실패비용 사이에는 절충관계가 성립한다는 것이 전통적 견해이다. 그런데 평가를 담당하는 사람은 실수를 하게 마련이라서 일정한 비용으로 무결점을 이룰 수가 없다는 것이다.

따라서 통제비용은 품질이 완전무결하게 될수록 무한대로 증가하고 결과적으로 총비용 또한 무한대로 증가한다. 총비용이 최소인 품질의 최적수준에서는 예방을 위한 추가투자가 있게 되면 똑같은 양의 실패비용 감소를 초래한다. 그 수준의 왼쪽에서는 예방투자의 효과가 실패비용의 감소보다 더욱 크지만, 오른쪽에서는 추가투자가 그에 상응하는 불량률의 감소(실패비용의 감소)를 수반하지 못하여 경제적으로 정당화되지 못한다. 따라서 무결점 수준에 미달하는 어느 정도의 불량률 수준에서 총비용이 최소가 되는 것이다. 이와 같이 어느 정도의 불량품 생산을 경제적으로 정당화하는 것이 적합품질의 최적수준이라는 것이다.

이상에서 설명한 Juran의 전통적 경제모델에서 실패비용은 품질이 완벽하게 되면 0으로 떨어진다고 하는 점에서 실패비용의 설명은 옳다고 할 수 있다. 그러나 이 모델의 문제점은 품질이 완전무결하게 될수록 통제비용이 무한대로 커진다는 통제비용곡선의 움직임에 있다. 무결점 주창자들은 이 점을 인정하지 않는다. 품질이 개선되면 오히려 비용이 감소한다는 것이다.

Crosby는 제품을 애초부터 좋게 만드는 데 따르는 비용감소를 주장한다. 그는 노동시간과 기계시간의 증가, 빈번한 기계고장, 초과재고의 보유, 진부하된 재고의 보유, 고객에의 납기지연, 미래판매의 상실, 이미지 상실, 품질보증비용의 증가 등과 같은 나쁜 품질의 제품생산과 관련한 숨겨진 비용(hidden cost)을 강조한다. 이러한 비용은 높은 품질을 달성하고자 하려는 환경을 조성하는 데 필요한 기계, 자재, 훈련의 비용보다 훨씬 크다고 믿는다. 즉 품질향상의 결과는 이에 필요한 비용을 상쇄하고도 남는다는 것이다.

품질향상은 기술개발보다도 오히려 교육 · 훈련, 작업자 태도, 관리 등 지속적 향상(continual improvement)노력에 크게 의존한다. 제품생산 시초부터 품질을 제품에 주입하게 되면 불량률과 폐기물을 감소시키고 검사의 필요성을 없앨 수 있어 품질관리 기사의 수를 줄일 수 있게 된다. Crosby는 무결점 수준에서 품질은 무료(quality is free)이며 이 수준에서 제품을 생산하는 총품질비용이 최소가 됨을 강조한다. [그림 2-3] (b)는 Crosby의 현대적 모델이다.

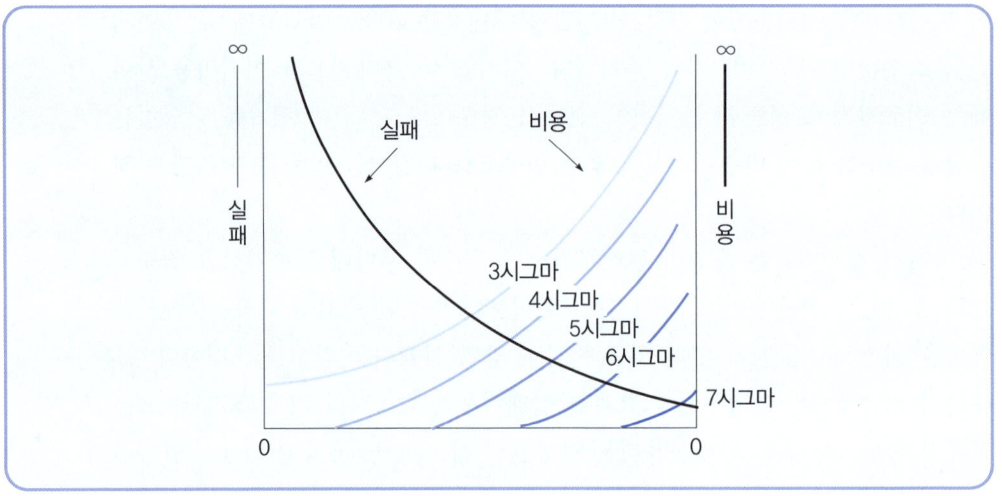

[그림 2-4] **품질향상과 비용의 관계**

현대적 경제모델이 모든 경우에 적용되는 것은 물론 아니다. 자동화 시설 등이 구비된 환경에서 논의가능한 모델이다. 그런데 품질수준이 무결점 수준으로 개선될수록 총비용은 감소하고 또한 최소가 된다는 것을 보여주는 세계 수준의 기업들이 출현하고 있다.

예를 들면, Motorola와 GE는 6시그마 경영혁신 전략을 도입하여 품질비용을 획기적으로 감소시키고 극적인 수익의 증가를 가져오는 데 성공하였다. [그림 2-4]는 품질향상과 비용의 관계를 보여주고 있다.

2.5 품질비용 분석의 목적

경영층은 품질비용의 분석을 사용하여 품질개선, 고객만족, 시장점유, 그리고 이익증대를 추구하려 한다. 품질비용이 너무 과대하면 경영의 부실을 암시하고 경쟁력이 약화됨을 뜻한다. 품질비용 분석의 목적은 효과적인 품질 개선 시스템의 도입을 통하여 품질개선과 비용절감을 이룩하는 의사결정을 함에 있어 기본적으로 건전한 도구를 제공하려는 것이다. 따라서 품질비용에 관한 데이터 수집 및 분석은 효율적인 품질 개선시스템의 도입 및 운영을 위한 전제조건이 될 수 있다.

구체적인 품질비용 분석의 목적을 열거하면 다음과 같다.

- 품질비용은 투자의 정당성을 측정하는 도구로 사용된다. 투자의 정당성은 실패비용과 평가비용의 절감으로 측정할 수 있다. 따라서 기업에서 사용 가능한 자원을 합리적으로 배분할 수 있는 도구로 사용될 수 있다. 품질비용은 세분할 수 있기 때문에 각 품질개선활동에의 성과측정이 가능하다. 따라서 품질비용은 기업경영의 성과측정 기준으로도 사용된다.
- 품질비용은 품질개선을 촉진시킨다. 품질관리 현황을 금액으로 표시함으로써 최고경영층의 관심을 집중시키고 품질은 품질관리부의 관심일 뿐만 아니라 모든 작업자에 영향을 받는다는 사실을 인식시킬 수 있다.
- 품질비용의 추세분석과 파레토분석을 통하여 중요한 문제 분야를 밝히고 품질개선 활동의 우선순위 설정이 가능하다.
- 품질비용은 예산설정과 비용통제의 도구로 사용된다. 달성하고자 하는 품질관리 프로그램을 위해 필요한 지출을 책정하는 도구이다.
- 품질비용은 기업의 모든 부문에서 동기유발 수단으로 사용될 수 있다. 비용은 최고경영층으로 하여금 품질에 관심을 갖도록 하고 이의 개선노력에 참여토록 동기유발한다. 작업자들로 하여금 품질의 중요성을 인식시키기 위하여 폐기물의 발생현황 및 추이를 관련 작업장에 게시할 수 있다.

2.6 품질비용 분석의 절차

1. 품질비용 데이터의 수집

품질비용의 측정은 본질적으로 회계부의 기능이지만 비용 데이터의 수집을 위해서는 품질관리부와의 긴밀한 협조가 요구된다. 비용 데이터는 부서의 비용규정(cost code)에 따라 상당부분 수집할 수 있다.

품질비용의 측정은 품질관리시스템에 의하여 감시해야 하고 이에 따르는 회계절차가 설정되어 비용추산을 현실적으로 하도록 해야 한다.

수집하는 데 가장 어려움을 겪는 품질비용은 두 부서와 관련된 비용이다. 예를 들면, 품질관리 책임자가 폐기와 재작업의 필요성을 제시하고 선반공이 이 품목을 재가공하기 위하여 추가로 작업하게 되면 품질비용은 두 부서와 관련되어 있다. 이럴 경우 폐기물 및 재작업비용은 품질관리 기사가 분석함으로써 불량원인과 책임부서를 가리도록 해야 한다.

비서가 편지를 다시 타자하는 것과 같은 하찮은 비용은 결정하기도 어려워 간과하기 쉽다. 그러나 중요한 비용도 종종 묻혀버리는 수가 있는데, 이는 회계시스템이 이들 비용을 취급하도록 설계되어 있지 않기 때문이다. 그러나 중요한 모든 활동은 누락되어서는 안 된다.

품질비용은 대개 제품별, 부품별, 프로세스별, 기간별, 제품라인별, 프로젝트별, 부서별, 작업자별, 작업장별로 수집하는데, 불량원인, 불량의 유형과 특성 등에 관한 데이터도 수집해야 한다.

품질개선노력을 함에 있어서 가장 우선순위를 두어야 할 분야를 골라내기 위하여 주요 제품라인별로, 프로세스별로 총품질비용을 네 개의 비용으로 분류하는 작업이 필요하다.

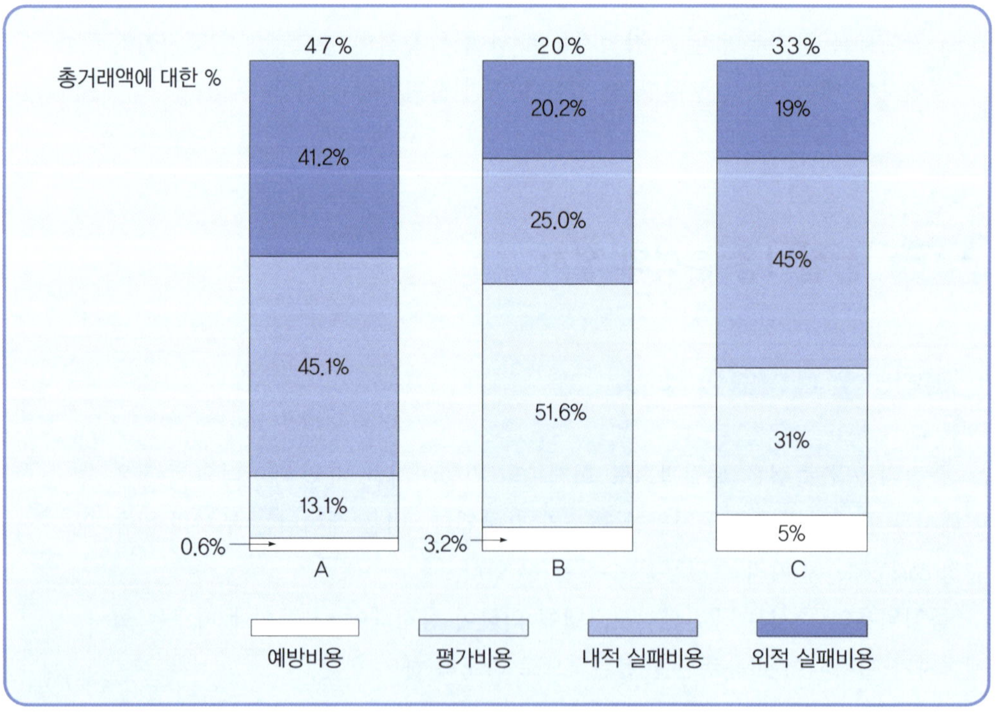

[그림 2-5] 제품라인별 품질비용의 분류

[그림 2-5]는 세 개의 제품라인 A, B, C에 대한 각 품질비용의 비율을 나타내고 있다. 제품라인 A의 경우 예방비용과 평가비용은 너무 적고 실패비용은 이에 비해 터무니 없이 많은 비율을 보이고 있다. 제품라인 B는 평가비용이 비교적 높은 비율을 나타내고 있으며 제품라인 C는 예방비용이 조금 높지만 내적 실패비용이 아직도 높은 상태이다. 이는 예방비용을 더욱 증가하여 내적 실패

예방비용 ₩(000)	금월	연초부터 지금까지		평가비용 ₩(000)	금월	연초부터 지금까지	
		금월	작년			금월	작년
마케팅/고객				제품/서비스개발			
제품/서비스개발				구 매			
구 매				프로세스			
프로세스				외적 평가비용			
관리비용							
합 계				합 계			
내적 실패비용 ₩(000)	금월	연초부터 지금까지		외적 실패비용 ₩(000)	금월	연초부터 지금까지	
		금월	작년			금월	작년
제품/서비스설계				고객불평			
구 매				반 품			
프로세스(소계)				개장비용			
자재검토				보증수수료			
재작업				책임비용			
수 리				벌 금			
재평가				고객 영업신용권			
별도의 작업							
폐기물							
합 계				합 계			
비교근거자료 ₩(000)	금월	연초부터 지금까지		품질비용비율(%)	금월	연초부터 지금까지	
		금월	작년			금월	작년
순매출액				외적 실패비용/순매출액			
직접노동시간				프로세스 실패비용/생산비			
제조원가				프로세스 평가비용/생산비			
설계비용				구매품질비용/자재비			
				설계품질비용/설계비용			

[그림 2-6] 품질비용 보고서

비용을 절감시킬 필요가 있음을 의미한다.

회계부에 의해서 월별, 분기별, 연별 등 정기적으로 발표되는 품질비용 보고서는 비용을 관리하는 도구로 이용된다. [그림 2-6]은 품질비용 보고서의 한 양식이다.

비용관리의 목적으로 금월의 비용과 과거의 비용을 비교하도록 한다. 각 비용항목에 대하여 예산을 책정하게 되면 이 예산과 실제비용을 비교함으로써 바람직한 변동인지 아니면 바람직하지 않은 변동인지 알 수 있다.

2. 품질비용 분석

품질비용의 분석기법에는 여러 가지가 있지만 가장 널리 이용되는 기법은 품질지수(quality index), 추세분석 또는 경향분석(trend analysis)과 파레토분석(Pareto analysis)이다. 이러한 기법의 목적은 품질비용 보고서에 나타난 정보를 이용해서 품질개선의 기회를 포착하기 위한 것이다.

품질비용 그 자체는 분석을 위한 충분한 데이터를 공급하지 않는다. 따라서 각 비용항목을 다른 항목과 비교한다든지 또는 총비용과 비교해야 한다. 이를 위해서는 기간별 비교가 좋은데, 예컨대 어느 달의 비용을 지난 수개월의 비용과 비교하는 것이다. 이러한 비교는 한 기간의 품질비용과 전형적인 근거로서의 노동시간, 제조원가, 매출액, 생산단위 등을 관련시킬 때 의미가 있는 것이다. 이러한 근거들과 품질비용을 비교할 때 값 있는 품질지수를 얻는다.

노동시간과의 비교: 노동지수

직접노동의 시간당 품질비용은 흔히 사용하는 노동지수(labor index)이다. 직접노동시간은 회계부로부터 입수가 가능하므로 이러한 지수를 계산하기는 아주 용이하다. 그러나 이 지수는 단기적 목적으로 사용되어야 하는 한계를 가지고 있다. 왜냐하면, 장기적으로 볼 때 자동화가 직접노동에 큰 영향을 미치기 때문이다.

직접노동시간 대신에 직접노무비를 사용하는 지수를 사용하기도 하는데, 이런 지수는 시간의 경과에 따른 인플레이션의 영향을 제거하는 장점을 갖고 있다. 따라서 중간 및 하위경영층에게는 이 지수가 많이 이용된다.

∷ 제조원가와의 비교: 비용지수

제조원가에 대한 품질비용의 비교도 널리 이용되는 비용지수(cost index)이다. 제조원가는 직접노무비, 직접재료비, 그리고 경상비로 구성된다. 제조원가에 대한 데이터도 회계부로부터 쉽게 입수할 수 있다. 이 지수는 앞에서 설명한 노동시간지수보다 안정적인데, 이는 세 가지 비용이 포함되므로 재료비의 변동이나 자동화의 진전에 별로 영향을 받지 않기 때문이다. 따라서 중간경영층이 선호하는 지수이다. 제조원가 대신에 설계비, 마케팅비, 구매비 등이 사용되는 경우도 있다.

예제 2-1

다음은 한국중공업의 202A년부터 202D년까지 4년 동안의 품질비용과 매출액 및 제조비용의 데이터이다.

	202A	202B	202C	202D
품질비용	812	830	641	555
예 방	28	42	75	123
평 가	156	123	114	107
내적 실패	386	469	348	219
외적 실패	242	196	104	106
매 출 액	4,360	4,450	5,050	5,190
제조비용	1,760	1,810	1,880	1,890

① 연도별 매출액지수와 비용지수를 구하라.

② 총품질비용은 점점 감소해 가는데 그 이유는?

해 답

①

연 도	매출액지수	비용지수
202A	$\frac{812}{4,360}=0.19$	$\frac{812}{1,760}=0.46$
202B	0.19	0.46
202C	0.13	0.34
202D	0.11	0.29

② 예방비용이 매년 증가해 가는데 이는 실패비용을 더욱 감소시키기 때문이다.

∷ 매출액과의 비교: 매출액지수

순매출액에 대한 품질비용의 지수는 최고경영층의 장기적 전략 결정에 많이 이용된다. 이 매출액지수(sales index)는 단기적 분석용으로는 적합하지 않은데 왜냐하면, 판매가 생산과 시차가 있고 계절에 따라 변동이 있기 때문이다. 더욱 판매가격의 변동도 이 지수에 영향을 미친다.

∷ 생산단위와의 비교: 생산지수

생산단위당 품질비용은 한 기업의 제품라인이 비슷한 경우에 널리 이용되는데, 이것이 생산지수(production index)이다. 단위란 예컨대 상자의 경우 개수, 알루미늄의 경우 kg, 옷감의 경우 m 등이다. 그러나 제품라인이 비슷하지 않은

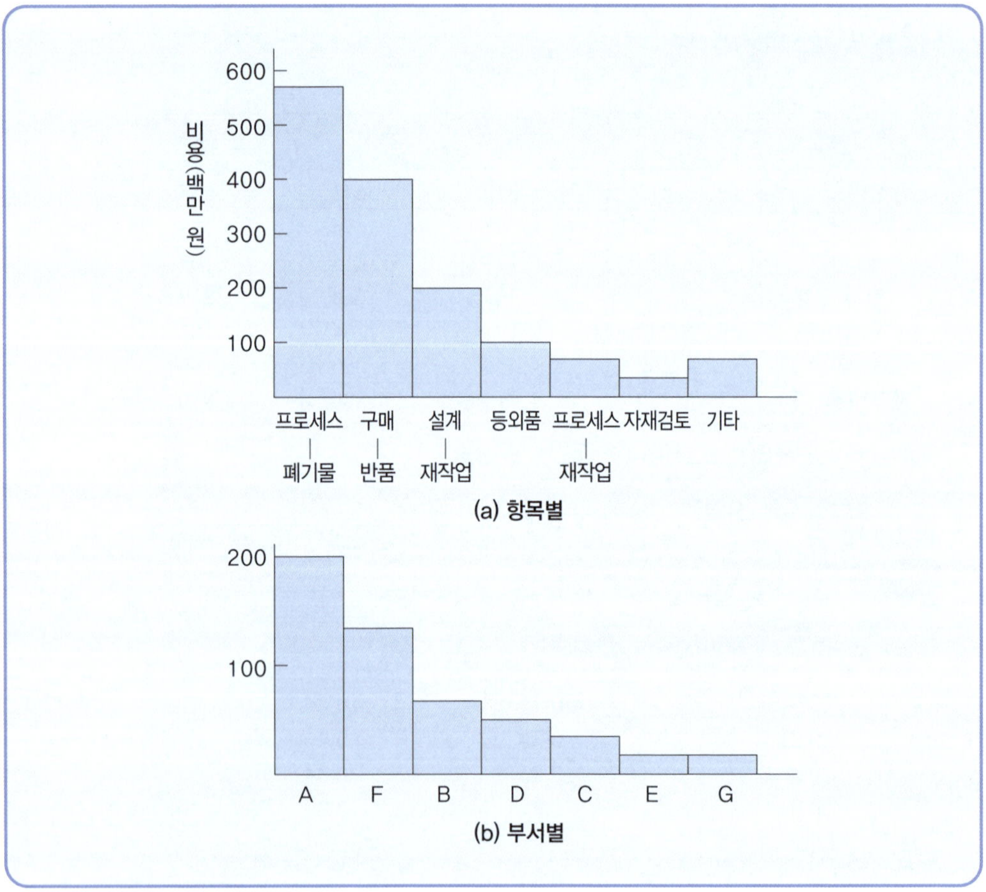

[그림 2-7] 내적 실패비용의 파레토도

경우에는 비교가 어려운 결점이 있다. 예컨대 냉장고, 세탁기, 건조기, 개스오븐 등을 생산하는 기업의 경우에는 이 지수를 계산하기가 아주 곤란하다.

이상에서 설명한 모든 지수가 각기 약점을 갖고 있기 때문에 노동시간, 제조원가, 매출액을 근거로 한 세 개의 지수를 함께 사용하는 것이 일반적 관행이다.

비용분석을 위한 도구로 널리 사용되는 것이 파레토 분석(Pareto analysis)이다. 내적 실패비용의 항목에 대한 파레토도의 한 예가 [그림 2-7] (a)이다. 그림에서 가장 큰 값을 갖는 항목을 왼쪽에 놓고 이로부터 시작하여 가장 작은 값을 갖는 항목을 오른쪽에 놓는다. 이렇게 하면 전체 비용 중에서 거의 대부분을 차지하는 몇 개의 항목(중요한 소수: vital few)이 그림의 왼쪽에 위치하고 전체의 극소수를 차지하는 다수의 항목(하찮은 다수: trivial many)이 오른쪽에 위치한다. 파레토도는 작업자별, 기계별, 부서별, 제품라인별, 비용항목별 품질비용에 대하여 작성된다.

일단 중요한 몇 개의 항목이 확인되면 그들의 비용을 절감시킬 프로젝트를 고안할 수 있다.

[그림 2-7] (b)는 파레토도를 부서별로 작성한 것이다. 이 그림은 [그림 2-7] (a)의 내적 실패비용 항목의 파레토도에서 중요한 소수의 하나인 프로세스-폐기물을 각 부서별로 고찰한 것이다. 이 그림을 볼 때 부서 A의 내적 실패비용을 절감하는 것이 품질개선 프로그램의 핵심이 되어야 함을 알 수 있다.

2.7 품질비용 절감전략

각 실패에는 근본 원인이 있고 원인은 예방할 수 있으며 예방하는 것이 비용을 적게 소요한다는 기본적 개념에 입각하여 다음과 같은 전략을 수립할 수 있다.

- 예방활동에의 투자
- 실패비용의 절감
- 평가비용의 절감
- 예방노력의 평가 및 새로운 노력의 설정

1. 프로젝트 팀의 구성

분석기법을 통하여 문제의 분야가 결정되면 이를 해결할 프로젝트 팀을 구성할 수 있다. 한 부서가 외부의 도움 없이 자체 내의 노력으로 해결할 수 있는 문제는 전체의 15% 정도 되는데, 이를 위해서 정교한 시스템을 필요로 하는 것은 아니다. 다만 작업자, 감독자, 품질관리기사, 보전감독자, 기타 책임 있는 자들로 팀을 구성하게 된다.

그러나 품질문제의 약 85%는 부서 간의 문제인데, 이들은 더 많은 비용을 소요하며 해결하기도 어렵기 때문에 정교한 시스템을 구성해야 한다. 이의 해결을 위한 프로젝트 팀은 생산, 품질, 설계, 마케팅, 구매, 기타 필요한 부서의 사람들로 구성한다.

팀은 품질향상회의(quality improvement council) 등과 같은 기구로부터 위임을 받고 예산을 할당받아 활동의 스케줄을 준비하여야 한다.

2. 예방비용의 절감

비용을 투입하여 문제를 해결하기보다 그런 문제를 사전에 예방하는 것이 훨씬 유익하다. 예방활동은 작업자의 태도와 이런 문제를 제거할 공식적인 기법과 관련이 있다.

작업자의 태도는 최고경영층이 품질에 공약하고 품질향상 프로그램에 양자가 참여하느냐에 따라 결정된다. 이러한 공약과 참여를 유도할 제안으로는 다음과 같은 것들을 들 수 있다.

- 프로젝트 팀의 구성원으로 양자를 포함한다.
- 품질향상회의를 구성하여 각 기능부서의 관리자를 구성원으로 한다.
- 매년 작성하는 품질향상 프로그램에 작업자를 참여시킨다.
- 작업자가 품질향상 제안을 제출할 시스템을 구성한다.
- 품질 기대를 작업자에게 전달한다.

품질문제를 예방하기 위해 사용할 수 있는 공식적인 기법의 예를 들면, 다음과 같다.

- 포괄적인 검토를 요하는 신제품 검증 프로그램
- 설계시초에 관련 부서가 참여하는 설계검토 프로그램
- 실패비용 절감을 위한 신뢰도 테스트
- 작업자의 철저한 교육과 훈련

3. 실패비용의 절감

대부분의 품질향상 프로젝트는 실패비용의 절감을 목적으로 한다. 실패는 프로세스의 초기단계에서 발견할 때 비용이 적게 소요되기 때문에 외적 실패는 품질향상 프로그램의 대상이 된다.

프로젝트 팀은 문제의 근본 원인을 찾는 데 중점을 두어야 한다. 따라서 구매, 설계 혹은 마케팅 과정에 있는 잠재적 원인을 추적할 필요가 있다. 일단 원인이 결정되면 팀은 이 문제를 제거할 시정조치를 강구하지 않으면 안 된다. 필요하다면 후속조치도 강구함으로써 그 시정조치가 문제해결에 효과적이 되도록 해야 한다.

4. 평가비용의 절감

실패비용이 감소하면 평가활동의 필요성 또한 감소한다. 평가활동 프로그램은 총비용에 지대한 영향을 미치므로 정기적으로 프로젝트 팀은 전체 평가활동을 점검할 필요가 있다.

프로젝트 팀이 연구할 전형적인 질문은 다음과 같다.

- 100% 검사가 필요한가?
- 검사장소가 통합, 재배치, 혹은 제거되어야 하는가?
- 검사방법은 가장 효과적인가?
- 검사 및 테스트 활동이 자동화되었는가?
- 컴퓨터를 이용하여 데이터를 수집 · 보고 · 분석하는가?
- 통계적 프로세스 관리를 사용해야 하는가?
- 작업자가 검사책임을 지는가?
- 예방 대신에 평가가 이용되는가?

연·습·문·제

1. 품질비용을 정의하고 이의 감축노력의 중요성을 설명하라.

2. 통제비용을 분류하고 이들의 내용을 설명하라.

3. 실패비용을 분류하고 이들의 내용을 설명하라.

4. 품질비용의 최적수준에 대해 설명하라.

5. 품질비용 분석의 목적을 설명하라.

6. 품질비용 분석의 절차를 설명하라.

7. 적합품질 수준의 결정에 관한 Juran과 Crosby의 주장을 요약하라.

8. 품질비용 분석을 위한 도구로서의 파레토 분석을 설명하라.

9. 품질비용 절감전략에 관하여 설명하라. 이 프로그램은 항상 성공적인가?

10. 예방비용의 증가는 평가비용과 실패비용의 감소를 초래한다. 그 이유를 설명하라.

11. 품질비용 분석을 위해 사용하는 품질지수를 설명하라.

12. 종로건설회사의 설계부가 실행한 다음과 같은 품질비용의 분석을 위해 파레토도를 작성하라.

항 목	비용(억 원)
진도검토	5
지원활동	3
자격테스트	2
시정조치	15
재작업	50
폐기물	25
섭외	2

13. 다음 데이터를 사용하여 품질-매출액지수와 품질-비용지수를 계산하라.

(A)

	(단위: 백만 원)
품질비용	150.0
예 방	119.6
평 가	132.1
내적 실패	165.2
외적 실패	566.9
매 출 액	3,880.7
제조비용	435.5

(B)

	(단위: 백만 원)
매 출 액	1,500
제 조 원 가	1,200
예 방 비 용	50
평 가 비 용	100
내적 실패비용	150
외적 실패비용	80
총 품 질 비 용	380

14. 다음과 같은 데이터를 사용하여 예방비용, 평가비용, 내적 실패비용, 외적 실패비용을 계산하라.

구입자재의 검사	30만 원	폐기물	15만 원
종업원 훈련	40	품질실험실	25
보 증	45	재작업	35
프로세스 계획	20	클레임	40

15. 다음과 같은 인쇄회사의 데이터를 사용하여 예방비용, 평가비용, 내적 실패비용, 외적 실패비용을 계산하라.

항목	금액	항목	금액
고객불평에 의한 재작업	228,000원	문장 교정	500,000
인쇄도 교정	228,000	품질계획	7,000
품질개선 프로젝트	14,000	프레스 고장	285,000
기타 쓰레기	39,000	제본 중 쓰레기	53,000
인쇄상 실수의 시정	210,000	검 사	42,000

16. 다음 데이터를 이용하여 예방비용, 평가비용, 내적 실패비용, 외적 실패비용을 계산하라.

항목	금액	항목	금액
품질계획	100	재작업	250
폐기물	350	간접비	70
수입자재의 검사	200	제조물책임비용	300
훈 련	25	제품검사 및 테스트	125
프로세스 관리	150	품질자료 구입 및 분석	170
테스트장비 정확성 유지	50	제품/프로세스 설계	130
자재 및 서비스 소비	75	불만조정	170
보증비용	70	제품/자재 반송	140
재검사	90	불량품 분석	40
수율 상실	225	비가동시간	60
신제품 검토	35	성능테스트	15

17. 다음 데이터를 이용하여 예방비용, 평가비용, 내적 실패비용, 외적 실패비용을 계산하라.

항목	금액	항목	금액
폐기물	250	불평조정	125
품질계획 및 엔지니어링	100	제품검사 및 테스트	75
재작업	150	연속(재)테스트	105
신제품 검토	50	간접비용	55
보증비용	175	자재 및 서비스 소비	85
제품/자재 반품	125	수입자재의 검사	50
품질자료 수집 및 분석	50	훈 련	45
프로세스 관리	200	제품/프로세스 설계	75
책임비용	150	실패분석	50
작업중지시간	100	시험장비의 정확성 유지	75

QUALITY MANAGEMENT

제 II 편

4차 산업혁명 시대의 도래

제3장 4차 산업혁명 시대의 품질관리

제3장

4차 산업혁명 시대의 품질관리

산업혁명이란 획기적 생산성 증가로 국민들의 생활과 삶이 윤택하고 풍족하여 삶의 질이 크게 향상되고 경제, 사회, 문화, 고용, 노동 시스템의 구조가 근본적으로 개조되는 결과를 초래하는 대변혁을 일컫는다. 우리는 그동안 세 차례의 산업혁명을 겪어 왔고 이제는 4차 산업혁명 속에서 거침 없는 많은 변화를 맞이하고 있다.

4차 산업혁명은 제조업에 정보통신기술을 접목하여 생산 프로세스와 생산시스템의 자동화 · 지능화 · 최적화를 이루려는 생산혁명이다. 따라서 4차 산업혁명이 진행되면서 제조 기업이든 서비스 기업이든 전 산업의 구조가 개선되는 엄청난 변화와 혁신이 끊이지 않고 일어날 것이다. 4차 산업혁명 시대에 승자가 되기 위해서는 제조업 혁신을 통해 제조업 강국이 되는 것이다. 이와 같이 4차 산업혁명은 생산 · 운영관리뿐만 아니라 품질경영에 지대한 영향을 끼칠 것으로 전망된다.

4차 산업혁명이 진행되면서 전통 기업들은 디지털화의 압력을 받고 있다. 기업으로서 살아남기 위해서는 디지털 전환은 필연적 대세가 될 것이다. 디지털 혁신을 받아들이는 기업에게는 4차 산업혁명의 축복이 돌아갈 것이지만 이를 거역하거나 외면하는 기업에게는 큰 재앙이 될 것이다. 컴팩, 코닥, 블록버스터 등은 시대의 흐름을 거부하면서 기존 방식을 고집하다가 역사의 뒤안길로 도태된 예이다.

전통 기업들은 제조업이든 서비스업이든 전기차와 같은 새로운 혁신적인 제품이나 서비스를 개발하든지 지멘스, 아디다스, LS 산전처럼 프로세스 혁신을 통해 스마트 팩토리로 변신하여야 한다. 주로 서비스업에서는 우버, 에어비앤비, 아마존 같은 새로운 모델의 플랫폼 기업이 등장하여 산업 생태계를 뒤흔들어 놓고 판도를 새롭게 정립하고 있다.

과거 전통 기업에 적용되었던 생산 · 운영관리와 품질관리의 방식과 내용이 크게 바뀌고 있다. 본장에서는 4차 산업혁명이 제조업 및 품질경영에 미치는 영향에 관해서 공부할 것이다.

3.1 산업혁명의 역사

인류가 살아오면서 세 번 산업혁명을 겪었고 이제 네 번째 산업혁명이 착착 진행하고 있다. 이와 같이 인류의 역사는 산업혁명의 역사라고도 말할 수 있다. 인류의 발전과 성장을 견인한 것은 새롭고 실용적이고 파괴적인 기술과 혁신이었다.

각각의 산업혁명마다 기술혁신이 생산성 증가와 물질적 풍요로움을 가져왔고 그 과정은 사회적 구조와 기업과 산업의 구조 등 사회적 패러다임의 변화를 유발하였으며 개인의 삶과 행동양식을 크고 빠르게 변화시켰다.

1차 산업혁명은 1760년부터 1840년까지 영국에서 진행된 농업 위주의 산업에서 공업 중심의 기술혁신과 새로운 제조 프로세스의 전환으로 촉발된 사회적 · 경제적 대변혁을 일컫는다. 철도건설과 증기기관 및 방직기 등 노동력을 대체한 기계의 발명으로 가내 수공업이 대량생산의 기계공업으로 제조업의 패러다임을 바꾼 기계혁명이 발생한 것이다.

2차 산업혁명은 1870년대부터 1914년까지 전기와 석유를 활용한 자동화된 생산 조립라인이 생산현장에 도입되어 대량생산체제가 확산되기 시작하였다. 이때 포드주의(Fordism)적 생산방식으로 불리는 컨베이어 벨트 시스템이 본격적으로 정착하여 그동안 사용된 수공업적 소품종 소량생산방식에서 탈피해 표준화된 소품종 대량생산방식으로 탈바꿈하게 되어 획기적으로 생산성이 향상되는 생산혁명이 일어난 것이다. 포드주의란 부품의 표준화, 컨베이어 벨트를 이용한

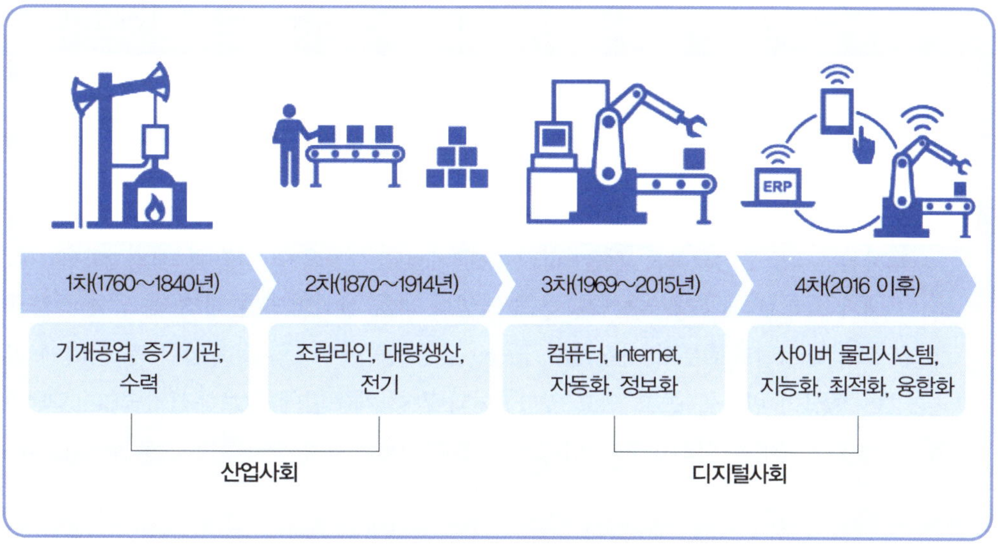

[그림 3-1] 네 번의 산업혁명 특징

이동식 생산공정을 도입하여 결합한 생산방식이라고 할 수 있다.[1] 1차, 2차 산업혁명은 오프라인(offline) 혁명이었다.

3차 산업혁명은 1969년대부터 2015년까지 컴퓨터의 대중화와 Internet의 확산 및 정보통신기술의 발전이 일으킨 정보혁명(디지털 혁명이라고도 함)을 일컫는다. 정보혁명이라는 용어를 대중화시킨 사람은 Alvin Toffler로서 제3의 물결은 정보혁명이라고 주장하였다. 3차 산업혁명은 디지털화를 통한 온라인(online) 혁명이었다.

전 산업부문에서 컴퓨터 및 통신기술로 생산, 소비, 유통의 전 과정이 기계화, 자동화되었고 제조 프로세스의 대부분이 디지털화되어 기계가 제품을 생산하게 되어 노동력이 크게 줄어들고 생산성이 획기적으로 증가하게 되었다. 제조업의 디지털화가 촉진되고 고객들의 다양하고 고급스런 요구를 충족시키고자 개인별 대량 맞춤생산(mass customization production) 현상이 일반화되었다.

3차 산업혁명의 연장선상에서 지금 한창 진행되고 있는 제4의 물결이라고 하는 4차 산업혁명은 2016년 세계경제포럼(World Economic Forum: WEF)에서 Klaus Schwab 회장이 처음 언급한 이래 미국, 일본, 독일, 한국, 중국 등 제조업 강국을 중심으로 기술 경쟁이 치열하게 진행되고 있다. 1차, 2차, 3차 산업

1 포드주의란 부품의 표준화, 컨베이어 벨트를 이용한 이동식 생산 프로세스를 도입하여 결합한 생산방식이라고 할 수 있다.

혁명을 촉발하였던 혁신기술들은 실제로 경제사회에 적용하고 영향을 미치는 데 긴 기간이 소요되었다. 그러나 4차 산업혁명은 속도, 범위, 파급력에서 3차 산업혁명과는 비교가 되지 않는다.

3차 산업혁명 기간에는 인간이 컴퓨터를 통해서 자동화 기계와 제품생산 등 생산현장의 제어 및 통제를 담당하였지만 4차 산업혁명 시대에는 인공지능과 사물인터넷 등 스마트 기술(smart technology) 사용으로 인간의 개입 없이도 기계가 스스로 제품생산을 담당하게 되었다. 4차 산업혁명은 제조 및 생산 프로세스의 디지털화로부터 시작해서 금융 · 유통 등 서비스업을 포함한 전 산업에 있어 혁신의 변화를 몰고 오고 있다. 이와 같이 제조업에 정보통신기술(ICT)과 데이터 기술이 융합되어 제조업체의 ICT 기업화가 4차 산업혁명의 본질이다. 4차 산업혁명은 지능혁명으로서 제조업의 스마트화로부터 시작하였다.

그동안 우리나라는 정보기술(IT)과 제조업 부문 등 두 분야에서 그런대로 글로벌 강자로 군림해 왔다. 주요 제조업으로는 자동차, 조선, 철강, 반도체, 디스플레이, 기계, 스마트폰, 석유화학 등이다. 다시 말하면, 하드웨어 부문은 충분하다고 할 수 있다. 다만 소프트파워(soft power: 정보통신과학 기술, 문화, 예술 등의 영향력) 부문이 부족한 것이 문제이다. 이제 하드웨어는 큰 의미가 없다. 소프트웨어와 인공지능 등 핵심원천기술을 융합하고 통합해야 한다. 즉 아주 취약한 4차 산업혁명의 핵심원천기술 분야를 적극 육성해야 한다.

지금까지 설명한 네 번의 산업혁명의 특징을 요약하면 [그림 3-1]과 같다.

3.2 4차 산업혁명의 핵심기술

3차 산업혁명의 정보혁명을 촉발시킨 핵심기술은 컴퓨터와 Internet을 기반으로 하는 정보기술(information technology: IT), 또는 여기에 통신기술을 추가한 정보통신기술(ICT)이라고 하는데 여기에는 사물인터넷(I), 클라우드 컴퓨팅(C), 빅데이터(B), 모바일(M) 등 소위 ICBM이 포함된다.

4차 산업혁명은 디지털 혁명으로서 그의 핵심기술은 인공지능(A), 로봇공학, 5G, 3D 프린터, 증강현실/ 가상현실, 블록체인 등이다. 그런데 이러한 많은 기술 중에서 4차 산업혁명의 핵심원천기술(디지털 기술)은 ICBA 등 네 가지

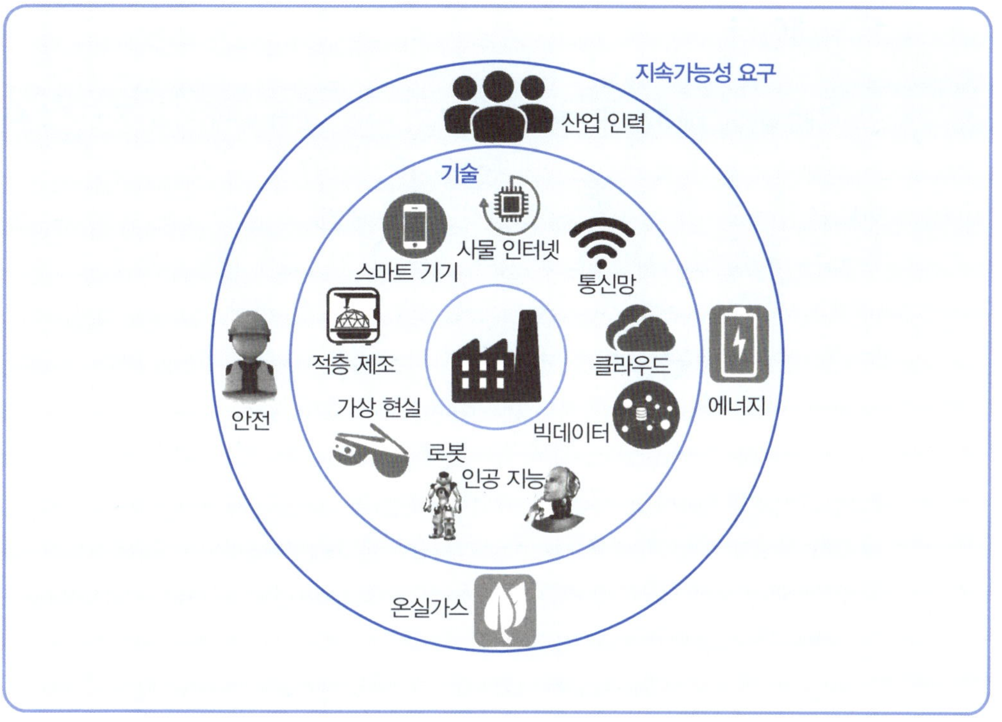

출처: 박한구 외 4인, 4차 산업혁명, 새로운 제조업의 시대, 호이테북스(2017), p. 63.

[그림 3-2] 4차 산업혁명 시대의 제조업에 영향을 미칠 요소들

로 압축할 수 있다. 이러한 첨단 지능정보기술이 기존 산업과 서비스에 융합되어 새로운 제품 및 서비스 그리고 전혀 새로운 비즈니스 모델을 창출하는 혁신적인 변화를 일으키고 있다.

4차 산업혁명 시대에는 ICBA 기술의 비약적 발전에 힘입어 사물이나 기계까지 폭넓은 연결의 확장을 이뤄내는 기술 간 융합으로 제조혁신을 세차게 몰고 오고 있다. 인공지능(AI)과 사물인터넷(IoT)의 융합을 통해 모든 사물의 데이터를 수집하고 클라우드상에서 이를 저장 · 보관 · 관리한 후 빅데이터나 AI 기술로 그 방대한 데이터를 분석 · 인지 · 학습 · 추론 등에 활용하는 AI 혁명의 길이 열리고 있다.

4차 산업혁명 시대에 다양한 기술의 발전으로 특히 제조업은 엄청난 변화와 혁신의 소용돌이에 휘말릴 것으로 전망된다. [그림 3-2]에서 보는 바와 같이 제조업에 영향을 미칠 요소들은 많지만 그 중에서 아주 중요한 몇 가지만 공부하고자 한다.

1. 빅데이터

빅데이터(big data)란 데이터의 생성규모, 주기, 형식 등이 기존 데이터에 비해 엄청나게 크기 때문에 기존에 사용되었던 데이터베이스 관리 도구인 Excel이나 소프트웨어의 데이터 수집 · 처리 · 저장 · 관리 및 분석 기법으로는 감당할 수 있는 범위를 초과하는 규모의 정형, 비정형, 반정형의 다양한 형태로서 엄청나게 빠른 속도로 전송되어 축적되는 특성을 지닌 정보자산이라고 정의할 수 있다. 빅데이터의 특징은 다양성(variety), 규모(volume: 수십 페타바이트), 신속성(velocity: 처리, 분석, 전송), 신뢰성(veracity: 정확성) 등이다.

오늘날 빅데이터는 사물인터넷의 확산, 스마트 팩토리와 같은 생산 프로세스의 디지털화, 모바일, 스마트 기기의 확산 및 소셜 네트워크 서비스(SNS)의 활성화 등으로 폭증하고 있다. 이런 디지털 환경에서 생성되는 빅데이터를 분석해 데이터 속에 숨어 있는 정보나 패턴을 찾아내는 데 인공지능 기법(머신러닝, 딥러닝, 인공신경망 등)이 사용된다.

과거에는 다량의 데이터를 저장하는 데 기술적으로나 비용상으로 어려움이 많았다. 그러나 오늘날 정보통신기술의 향상으로 저장 및 처리 기술과 이들의 비용은 별로 문제가 되지 않는다. 이러한 엄청난 빅데이터에 인공지능 기법 외에 통계분석 등 여러 가지 분석기법을 적용할 때 무한한 가치창출이 가능하고 좋은 의사결정을 위한 통찰력(insight)을 얻을 수 있는 것이다. 빅데이터는 다변화된 현대사회를 더욱 정확하게 예측(prediction)하고 또한 효율적으로 작동케 하는 중요한 정보이다. 따라서 빅데이터는 경제, 정치, 사회, 과학기술 등 다방면에 걸쳐 사회와 인류에 가치 있는 정보를 제공한다. 이제 데이터는 쌓일수록 예측은 더욱 정확해질 것이고 미래의 결과를 미리 알 수 있게 된다.

과거 인간계의 빅데이터에 대해서는 모델을 기반으로 데이터 분석을 하였지만 센서(sensor)를 통한 인공지능계 빅데이터는 패턴을 기반으로 데이터를 해석함으로써 데이터의 취급방법이 변화된다. 빅데이터의 가공과 분석에 따라 개별 고객관리, 고객의 구매행태 분석, 맞춤형 서비스 제공, 상황인식, 문제해결, 미래 전망 및 예측이 가능해져서 이제 빅데이터가 정보통신분야의 새로운 패러다임이자 신성장동력으로 급부상하면서 산업과 기업 경쟁력의 척도로 인정받고 있는 것이다. 따라서 21세기의 원유라고 하는 빅데이터를 더 많이, 더 효율적으로 관리하는 기업 또는 국가가 4차 산업혁명 시대에 최후의 승자가 될 것이라고

출처: 윤경배 외 17인, 전게서, p. 86.

[그림 3-3] 빅데이터를 활용한 미래 산업

확신하는 것이다. 2차 산업혁명이 석유라는 물질에 근거해 인류에 물질적 풍요를 안겨주었음에 비하여 4차 산업혁명은 빅데이터라는 무형의 정보에 근거해 인류에 정신적 풍요를 안겨줄 것이다. [그림 3-3]은 데이터를 활용하는 미래의 다양한 산업을 보여주고 있다.

빅데이터는 4차 산업혁명에서 혁신과 경쟁력 강화, 생산성 향상을 위한 중요한 자산으로 데이터 자본주의 시대를 이끌어갈 것이다. 4차 산업혁명의 기본 인프라는 사물인터넷과 인공지능인데 이 인공지능을 개발하기 위해서는 빅데이터가 필수적으로 필요하다.

2. 인공지능

4차 산업혁명에서 가장 영향력 있는 기술혁신 중의 하나가 인공지능이다.

인공지능(artificial intelligence: AI)이란 인간의 지능으로 할 수 있는 학습능력, 추론능력, 지각능력, 자기개발, 자연어 이해능력 등 지적 능력을 컴퓨터가 소프트웨어 기술을 이용하여 인간의 개입 없이 스스로 인간처럼 일할 수 있도록 인간의 두뇌를 모방하는 정보기술을 말한다. 인공지능을 한마디로 표현한다면,

기억, 지각, 이해, 학습, 연상, 추론 등 인간의 지성을 통한 행동을 컴퓨터를 이용해 실현하고자 하는 기술이다. 인공지능은 스스로 데이터와 경험을 축적하여 사람처럼 생각하고 판단한다. 인공지능 기법을 활용하여 컴퓨터의 반복 학습을 통해 빅데이터 속의 패턴(pattern)을 탐구하고 패턴의 인과관계를 통해 미래를 예측(prediction)한다.

이와 같이 인공지능이 제대로 역할을 하려면 빅데이터와 기계 스스로가 학습할 수 있는 딥러닝이라는 알고리즘의 개발이 꼭 있어야 의사결정에 유용한 가치와 통찰력을 추출할 수 있다. 인공지능은 빅데이터를 기반으로 학습을 하고 데이터를 기반으로 정보를 제공한다. 빅데이터 입장에서 보면 데이터를 가치 있는 보물로 만들어주는 프로세스가 인공지능이고 인공지능 입장에서 보면 빅데이터의 학습과정을 통해 값을 예측하거나 데이터를 분류하기도 한다. 인공지능은 빅데이터를 먹고 성장하기 때문에 빅데이터야말로 인공지능의 보양식이라고 할 수 있다. 달리 표현하면, 인공지능이 자동차 엔진이라면 빅데이터는 그의 연료인 휘발유라고 할 수 있다.

따라서 양질의 인공지능은 신뢰할 수 있는 정확한 빅데이터와 우수한 알고리즘이 만든다. 여기서 알고리즘(algorithm)이란 머신러닝과 딥러닝을 일컫는다.

인공지능의 핵심은 예측(시간의 최적화)과 맞춤(인간과 공간의 최적화)을 통한 가치창출인데 이는 인공지능이 사물인터넷, 클라우드 컴퓨팅, 빅데이터 등이 서로 융합된 융합기술(convergence technology) 덕택이다. 사물인터넷을 통해 다양한 데이터를 수집하고, 이들 데이터를 클라우드를 통해 저장하며, 인공지능으로 분석하여 빅데이터의 가치를 높이는 것이다. 한편 인공지능은 다양한 핵심기술과 융합을 통하여 온라인과 오프라인이 융합하는 O2O(online-to-offline) 세상을 선도하고 있다. 예를 들면, 스마트 팩토리는 인공지능 기반의 사이버 물리시스템(cyber-physical system: CPS)을 통해 생산성과 효율성을 높이고 있다.

인공지능이 근래 폭발적인 성장을 하고 있는데 이는 컴퓨팅 파워의 급속한 개선, 엄청난 양의 디지털 데이터의 축적, 인공신경망을 바탕으로 한 딥러닝 알고리즘의 발전 덕택이라고 할 수 있다. 인공지능 기술은 새로운 경제성장 동력으로 전 산업부문에서 경제적 가치를 창출해 낼 것이다. 특히 자율주행자동차, 지능형 로봇, 스마트 팩토리 등 제조업과 유통, 교통, 교육, 금융, 의료, 보안, 건설, 재생 에너지 등 다방면에서 기존 산업을 혁신시켜 고부가가치를 창출해 내고 있다. 인공지능 기술이 그 어떤 기술보다 강력한 혁신과 성장의 발판이 되기 때문에 글로벌 기업들의 대규모 투자와 인재확보 경쟁이 치열하게 진행되고

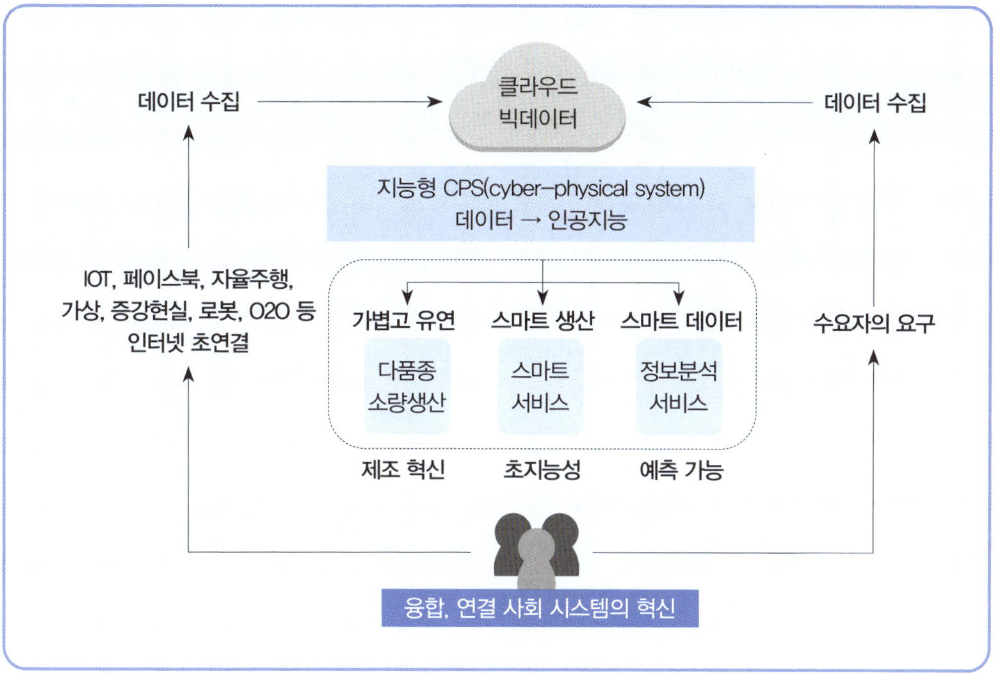

출처: 이철환, 인공지능과 미래 경제, 다락방(2018), p. 27.

[그림 3-4] 인공지능의 개념도

있는 것이다.

1950년대 중반 인공지능이 등장한 이래 발전 속도는 가속화되어 향후 폭발적인 성장을 할 것이다. 2045년경에는 인공지능이 인간의 지능을 완전히 능가할 특이점(singularity)이 도래할 것으로 예상하는 사람도 있다. [그림 3-4]는 인공지능의 개념도이다.

머신러닝과 딥러닝

머신러닝 알고리즘과 딥러닝 알고리즘은 앞절에서 공부한 인간의 학습과정을 모방하는 인공지능의 중요한 분야로서 데이터 마이닝과 비즈니스 분석론의 핵심적 기능이다. 머신러닝의 분야는 인공지능을 수반하는 기계에 적용할 수 있다. 인간만이 가졌던 지능을 컴퓨터도 갖게 된 것은 머신러닝이라는 방법을 통해서이다.

인간은 어떤 과업을 수행하는 과정에서 수많은 경험을 통해 학습한다. 인간이 과거의 많은 경험을 통해 어떤 사안에 대해 판단하듯 인공지능도 빅데이터의 학습과정을 통해 데이터를 분류하거나 값을 예측하기도 한다. 즉 데이터 그 자체로부터 의미 있는 통찰력을 추출하고자 한다. 이와 같이 머신러닝 알고리즘은 수많은 모델을 개발하는데 각 모델이 한 경험에 해당한다.

학습은 두 가지의 그룹으로 분류할 수 있는데 지식획득(knowledge acquisition)과 기능연마이다. 지식획득은 경영학에서 개념을 공부하는 것과 같고 기능연마는 피아노나 테니스를 계속 연습해서 배우는 것과 같다. 머신러닝 알고리즘은 지식획득과 기능연마 과정을 모방하는 것이다. 인간이 계속해서 학습을 통해 발전해 가듯이 컴퓨터 프로그램도 수많은 학습과정을 거쳐 점차 성능을 개선해 간다. 머신러닝은 알고리즘을 통해서 인간의 관여 없이 스스로 배울 수 있다. 이러한 컴퓨터의 학습능력을 머신러닝이라고 한다.

머신러닝(machine learning: 기계학습)이란 인간이 다양한 경험과 시행착오를 겪으면서 지식을 배우 듯 기계(컴퓨터)에 빅데이터를 주고 학습을 통해 그 속에서 어떤 패턴과 관계를 찾아내게 하는 뛰어난 알고리즘(algorithm)과 기술을 개발하는 분야이다. 인간은 패턴을 인지하는 능력이 있지만 컴퓨터에는 이러한 능력이 있을 수 없다. 따라서 컴퓨터에는 이러한 패턴 인지능력을 심어주기 위해서는 빅데이터(예컨대 고양이 사진)를 입력하여 컴퓨터 스스로 학습을 통해 원하는 패턴(예컨대 고양이 얼굴의 패턴)을 찾아내도록 해야 한다. 머신러닝에서는 새로 들어오는 데이터를 사용하여 컴퓨터 프로그램이 학습을 통하여 분석 모델의 성능을 개선토록 한다. 학습하는 과정에서 틀리면 인간이 바로 잡아 주면서 컴퓨터의 인식률이 높아지도록 하는 기술이 머신러닝이다. 이와 같이 머신러닝은 훈련을 통해 성능이 나아지는 기능을 수행한다.

그러므로 미신러닝의 목적은 컴퓨터로 하여금 데이터 속에 있는 패턴이나 역사적 관계와 트렌드를 자동적으로 배워서 데이터 기반 의사결정을 할 수 있도록 하는 것이다. 이와 같이 머신러닝은 통계방법, 다양한 확률이론, 수학적 최적화 기법, 컴퓨터 사이언스, 예측적 분석론에 기반을 두고 있다.

예를 들면, 컴퓨터로 하여금 개와 고양이 사진을 보고 학습해서 사람이 하는 것처럼 개와 고양이를 구분할 수 있도록 하는 기술이 머신러닝이다. 이와 같이 인공지능과 제휴하는 기계는 입력된 데이터를 학습하여 예측, 진단, 인식 등 과업을 수행한다.

미신러닝은 사용된 데이터로부터 유용한 규칙, 지식표현 혹은 판단기준 등을 추출한다는 의미에서 데이터 마이닝과 깊은 관련을 갖는다.

머신러닝의 하나의 기술인 인공신경망(artificial neural networks) 분야에서의 괄목할 만한 발전에 힘입어 딥러닝이 탄생하였다. 딥러닝(deep learning: 심층학습)은 머신러닝의 하위 개념으로 뇌를 모방하는 인공신경망의 원리에 기반을 두고 있다. 즉 인간 뇌의 뉴런(neuron)과 시냅스(synapse)의 연결을 프로그램으로 재현함으로써 데이터의 분류 및 데이터 간 상관관계를 규명하는 것이다.

딥러닝은 사물이나 데이터를 군집화(clustering)하거나 분류(classification)하는 데 사용하는 기술이다. 인간은 사진만 보아도 개와 고양이를 쉽게 구분할 수 있지만 컴퓨터는 구분할 수 없다. 따라서 컴퓨터가 이들을 구분할 수 있도록 머신러닝이 고안되었다. 빅데이터를 컴퓨터에 입력하고 비슷한 것끼리 분류하고 저장된 그림(예: 개 사진)과 비슷한 그림이 입력되면 이를 그 그림(예: 개 사진)이라고 컴퓨터가 스스로 분류하도록 하는 기술이다.

딥러닝의 핵심은 분류를 통한 예측능력이다. 따라서 예측적 분석론의 핵심능력은 딥러닝이다.

머신러닝 및 딥러닝의 응용분야를 요약하면 컴퓨터 시각(문자인식, 물체인식, 얼굴인식), 자연어 처리(자동번역, 대화분석), 음성인식 및 필기인식, 정보검색 및 검색엔진(텍스트 마이닝, 추천시스템, 추출 및 요약), 생물정보학(유전자 분석, 질병진 단), 컴퓨터 그래픽 및 게임(애니메이션), 로보틱스(무인 자동차) 등 다양하다.

3. 사물인터넷

사물인터넷은 인공지능과 함께 4차 산업혁명의 기본 인프라이다. 사물인터넷은 이를 통해 다양한 빅데이터를 수집하고 클라우드를 통해 저장하며 인공지능 기술을 통해 분석, 해석, 판단, 자율제어 등을 수행하여 빅데이터의 가치를 높이고 초지능적인 제품과 서비스를 생산하는 역할을 하기 때문에 아주 중요하다.

사물인터넷(internet of things: IoT)이란 작업자를 포함한 자재, 제품, 설비, 장비, 시설, 치공구, 다양한 작업장 공간, 프로세스 등 각종 물리적 사물들에 다양한 센서(sensor)와 통신기능을 내장하고 이들을 Internet에 초연결하여 거대한 네트워크 속에서 인간의 직접적인 개입 없이 세상의 만물들끼리 서로 연결하여 소통하고 정보와 데이터를 실시간으로 주고받아 가치와 경험을 창출하는 기술이다.

사물과 생산 현장의 각종 설비에 부착된 센서를 통해 실시간으로 생성 · 수집한 빅데이터는 다양한 분석기술에 의해 가공 · 처리 · 분석하여 이를 새로운 사실과 예측 정보를 확보하고 최적 의사결정에 활용하면 부가가치를 만들 수 있는 것이다. 예를 들면, 가정의 에어컨, 냉장고, 자동차 등에 사물인터넷을 설치해 놓으면 이들이 주인의 스마트폰에 연결됨으로써 원거리에서도 이들을 통제할 수 있는 것이다. 한편 공장에서는 생산라인에서 이상 징후를 미리 발견하여 시정조치를 취할 수 있는 품질관리에 사용된다. 사물인터넷은 인공지능과 융합하여 실제적 환경(예: 온도, 습도, 장비 성능, 에너지 소비 등)은 물론 생산현장에서 여러 사물에 부착된 센서를 통해 수집되는 데이터를 실시간으로 분석하여 환경적 영향과 에너지 비용을 감축하는 외에 불량발생의 징후를 미리 예측하여 기계의 보전이나 조정을 적시에 함으로써 장비의 수명을 연장하고 생산되는 제품의 품질을 표준에 맞추어 고객에 전달하게 한다.

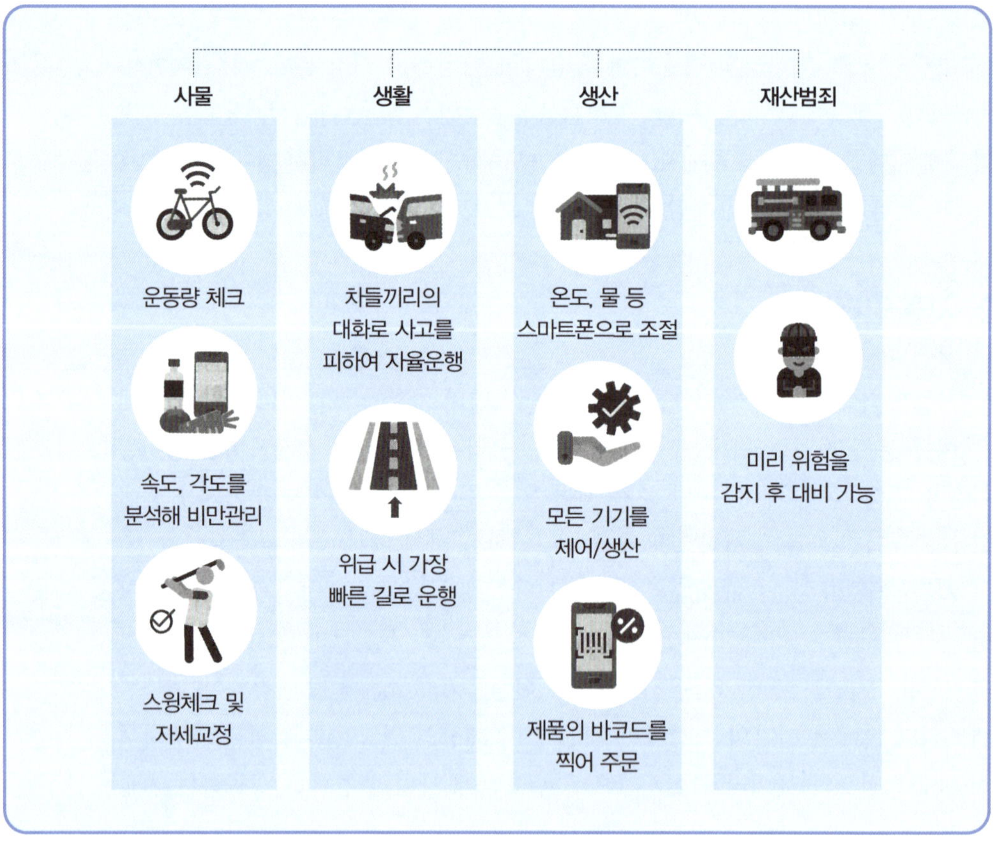

출처: 윤경배 외 17인, 전게서, p. 82.

[그림 3-5] 다양한 곳에 활용되는 사물인터넷

사물인터넷의 가장 큰 특징은 현실의 세계에 존재하는 물리적인 사물들과 정보를 다루는 사이버 세상에 존재하는 가상의 사물들을 완벽하게 결합하여 상호작용하도록 할 수 있는 것이다. 센서를 통해 물리적 세상에서 만들어진 정보가 가상의 세상에서 처리되고 다시 물리적 세상에서 이용되는 것이다.

사물인터넷은 인공지능과 융합되어야 제구실을 한다. 수많은 센서 네트워크를 기반으로 사물들이 Internet으로 연결되고 이 센서 네트워크를 통해 생산 프로세스에서 생성 · 수집된 방대한 양의 정보를 네트워크를 통해 전송하고 이러한 정보를 처리하기 위해서는 빅데이터 분석기술, 클라우드 컴퓨팅, 인공지능 기술의 융합이 있어야 한다.

사물인터넷은 여러 분야에 긍정적 영향을 미치는 그야말로 4차 산업혁명의 원천기술이다. 사물인터넷의 대표적인 응용분야는 개인(건강, 질병관리), 가정(스마트 홈), 도시, 교통 및 운송, 산업, 공공분야, 에너지 및 의료, 제조업 등 중에서도 스마트 팩토리, 자율주행자동차 등이다. 생산 · 운영 분야에서 사물인터넷은 제품설계와 개발, 헬스케어, 재고관리, 예지보전 등 폭넓게 사용된다([그림 3-5] 참조).

한편 사물인터넷 기술의 보급으로 공급자 위주의 제품 중심에서 수요자 위주의 서비스 중심으로 시장이 변화되어 고객 수요에 부응하기 위한 다양한 서비스산업이 성장할 것이다.

4. 클라우드 컴퓨팅

인공지능을 위해서는 빅데이터가 필수적으로 필요하고 빅데이터를 관리하고 처리하기 위해서는 고성능의 컴퓨팅 인프라가 없어서는 안 된다. 그런데 IT 인프라의 초기 투자비용에 대한 부담, 유지보수를 위한 운영비용 부담 등 IT 혁신을 위한 비용절감의 필요성에서 클라우드 컴퓨팅 서비스가 요구되는 것이다. 즉 Internet을 이용해 다른 컴퓨터가 만든 자원(IT자원)을 빌려 쓸 필요가 발생한다.

클라우드 컴퓨팅(cloud computing)이란 Internet 기술을 활용하여 정보기술(IT) 자원을 제공받는 컴퓨팅으로 사용자는 이러한 빅데이터 서비스를 제공하는 기업(예: Amazon, IBM, Google)으로부터 IT 자원(컴퓨팅 파워, 소프트웨어, 스토리지, 서버, 네트워크, 데이터베이스)을 필요한 때에 필요한 만큼 실시간으로 빌려 사용하고 사용한 만큼 비용을 지불하는 컴퓨팅 서비스를 말한다. 빅데이터가 가

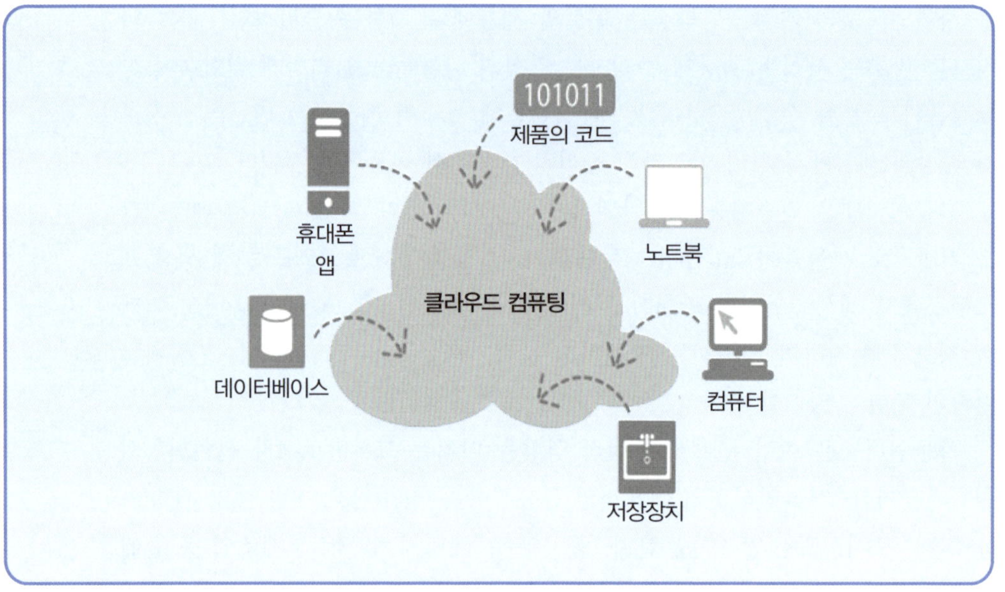

출처: 김기홍, 제4차 산업혁명, 법문사(2020), p. 165.

[그림 3-6] 클라우드 컴퓨터의 개념도

치를 추출해내는 정보 자체인 소프트웨어라고 한다면 클라우드는 이 대량의 정보를 담는(저장하는) 그릇인 하드웨어라고 할 수 있다.

사물인터넷 센서를 통해 현실세계의 데이터(예: 고객의 구매 정보)를 수집하여 가상세계의 클라우드 서버에 계속 업로드하여 저장하고 이렇게 쌓인 빅데이터를 인공지능으로 분석하여 예측(예: 예상구매 물품)을 함으로써 가치창출을 이룩하고 결과적으로 발주 전 배송 서비스를 향상시키거나 유통과 물류비용 등을 감소시키게 되어 현실세계의 최적화를 달성하게 된다. [그림 3-6]은 클라우드 컴퓨팅의 개념도이다.

클라우드 컴퓨팅 서비스가 크게 성장하는 이유는 업무의 효율성 제고 때문이다. 동영상, 사진, 문서 등 대용량의 파일이나 데이터를 클라우드 컴퓨팅 서비스(거대한 데이터 센터)에 저장해 놓기 때문에 Internet 단말기만 있으면 언제 어디서든 업무, 오락, 통신 등 모든 컴퓨터 기능을 수행할 수 있다.

클라우드 컴퓨팅은 공급사슬관리에 없어서는 안 될 중요한 기술이다.

5. 3D 프린터

기술혁신이 많은 산업에서 제조방식을 변경시켰는데 그중 하나가 3D 프린팅 기술이다. 이는 컴퓨터 지원 설계(CAD)를 사용하여 제어하는 산업용 로봇의 일종이다. 3D 프린터는 디지털로 제작된 3차원 설계도 파일을 통해 모든 제품이나 부품을 적층제조(additive manufacturing) 방식으로, 입체적으로 찍어내는 기계이다. 즉 프린터로 3차원의 다양한 물체를 빠르게 뽑아내는 기술을 말한다. 지금까지 전통적으로 산업 사회의 제품생산방식은 감량(빼기)제조(subtractive manufacturing) 방식이었다. 원재료 중 불필요한 부분을 선반을 통해서 깎아내고, 갈고, 굽히고, 절단하고, 밀링한 후 원하는 부품을 얻고 이들을 조합하여 제품을 만드는 방식이었다. [그림 3-7]은 적층방식과 감량방식을 보여주고 있다.

그러나 3D 프린터는 원재료를 증가시켜 각양각색의 재료를 한층 한층 뽑아낸 후 원하는 제품의 재료(소재)를 조금씩 순서대로 쌓아나가는 증량(더하기)제조 방식이다. 이는 변화된 제품생산의 프로세스를 통해 생산과정을 단순화시킨다. 따라서 노동력, 툴링(tooling), 재공품 재고비용 등을 감소시키고 시장에 출하하는 시간을 단축시킨다. 앞으로는 지금까지 보지 못한 다양한 예술성 디자인이 적용된 제품이 출시될 것이다.

감량제조에서는 자투리를 낭비하였지만 3D 프린터에서는 필요한 만큼의 원재료를 사용하기 때문에 자투리가 발생하지 않아 자재사용 감소를 통한 원가절감에 큰 도움이 된다. 증량제조에서는 제품의 데이터 모델 모양대로 뽑어져 나오므로 가공이 필요없다. 제조 과정이 복잡한 제품도 제조할 수 있다. 특히 디

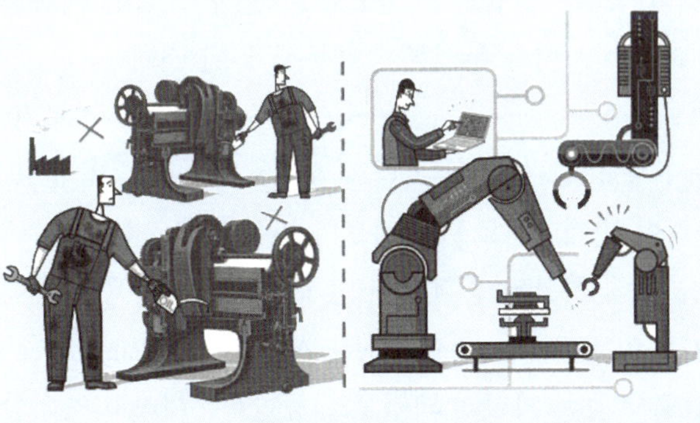

출처: www.economist.com

[그림 3-7] 감량방식과 적층방식

자인을 보기 위한 시제품 제작기간도 아주 짧다. 예를 들면, 미국의 록히드 마틴은 매우 복잡한 항공기 제조 구성품을 생산하는 데 적층방식을 사용하여 필요한 원자재를 절약하고 있다. 과거에 기업들은 제품을 개발하기 위해 많은 돈과 시간을 투자해야 했지만 3D 프린터를 사용하면 개인도 원하는 제품(예: 비행기)을 만들 수 있다. 이제는 자본과 기술이 없어도 컴퓨터와 3D 프린터만 있으면 제조업을 시작할 수 있는 시대가 되었다.

3D 프린터는 품질 좋고 효율적인 제품을 큰 비용 부담 없이 크거나 형태에 상관 없이 취향에 맞는 개인별 맞춤형 제품생산이 가능하다. 따라서 과거의 표준화된 대량생산, 대량소비 체계가 소비자 개인의 다양한 요구와 주문에 기반하는 다품종 소량생산과 소비 체계로 변화할 소지가 크다. 예를 들면, 노키아는 모바일 폰의 맞춤형 케이스를 독특하게 만들기 위하여 3D프린팅을 도입하였다. 이는 소비자의 요구를 충족시키면서 낭비가 없는 효율적인 새로운 생산방식으로 거듭 발전할 것이다.

6. 예측적 분석론

과거에 데이터의 분석은 기업의 과거에 발생한 제한된 데이터를 이용하여 현재 상태를 분석하는 정도였지만 오늘날에는 쏟아지는 빅데이터와 수학적 도구를 활용할 수 있게 되어 새로운 수준의 분석으로 변화하게 되었다.

치열한 글로벌 경쟁에서 이기기 위한 효율적 기업경영을 위하여 폭증하는 데이터에 수리적 모델을 사용하여 정보와 지식으로 변형시키는 정교한 의사결정 과정이 필요하여 2000년대 이후 비즈니스 분석론이란 새로운 분야가 탄생하였다. 빅데이터로부터 유용한 정보를 추출하기 위한 자동화된 도구가 절실히 필요하게 되어 비즈니스 분석론이 태동하게 된 것이다:

비즈니스 분석론(business analytics)이란 빅데이터에 정보기술, 통계분석, 경영과학(management science), 컴퓨터 과학 등 기법과 수리적 또는 컴퓨터 기반 모델을 사용하여 빅데이터로부터 정보와 지식을 추출함으로써 경영자들로 하여금 기업경영에 관해 향상된 통찰력을 얻게 하고 경험, 육감 등에 의존하지 않고 사실(근거) 기반 의사결정(fact-based decision making, data-driven decision making)을 내릴 수 있도록 돕는 과학적 과정으로 융합학문이라고 정의할 수 있다.

기업에서 비즈니스 분석론을 시작할 때는 [그림 3-8]에서 보는 바와 같이 기(서)술적 분석론으로부터 시작해서 예측적 분석론으로, 마지막으로 규범적 분석

	기술적 분석론	예측적 분석론	규범적 분석론
질문	과거에 무엇이 발생하였는가? 무엇이 현재 발생하고 있는가?	미래에 무엇이 발생할 것인가? 왜 발생할 것인가?	무엇을 해야 하는가? 해야 하는 가장 최선은 무엇인가?
사용기법	비즈니스 보고 대쉬보드 스코어 카드 데이터 웨어하우징	데이터 마이닝 텍스트 마이닝 통계분석 예측	최적화 시뮬레이션 결정 모델링 전문가 시스템
결과물	잘 정의된 비즈니스 문제와 기회	미래 사상과 결과의 정확한 예측	가능한 최선의 비즈니스 결정과 조치

[그림 3-8] 비즈니스 분석론의 분류

론으로 진화해 간다.

기술적 분석론(descriptive analytics)은 기업에서 과거와 현재의 데이터를 이용해서 "무엇이 발생하였으며 무슨 일이 벌어지고 있는가?"에 대답하기 위하여 사용하는 분석기법이다.

예측적 분석론(predictive analytics)은 "앞으로 무슨 일이 발생할 것인가?"에 대한 대답을 구하는 단계로서 과거의 데이터를 사용하여 모델을 만들어 미래를 예측하거나 독립변수의 종속변수에 미치는 영향을 평가하는 분석기법이다.

규범적 분석론(prescriptive analytics)은 기술적, 예측적 분석론에서 생성한 여러 대안들 중에서 최선의 대안을 선정한다. 따라서 여기서는 "무엇을 어떻게 해야만 하는가?"에 대한 질문에 대답하는 것을 목표로 한다.

오늘날 모든 기업은 어마어마한 양의 데이터와 정보에 접속할 수 있다. 오늘날의 데이터는 과거와 달리 디지털 혁명으로 규모(volume)가 클 뿐만 아니라 형태(variety)에 있어서도 정형과 비정형 등 다양하고 수집 · 가공 · 전송되는 스피드(velocity) 또한 엄청나 빅데이터(big data)라고 부른다.

생산 · 운영관리에 있어서 데이터는 경영성과, 품질, 주문 정확성, 고객 만족, 배송, 비용, 환경 순응 등을 평가하거나 제품의 수요를 예측하는 데 사용된다. 빅데이터는 소매점의 경우 창고에 적시에 옳은 품목을 쌓도록 하는 최적 재고 결정을 내리도록 돕는다. 소셜미디어 트렌드, 구매 패턴, 시장 변화는 어떤 제품을 어디에 쌓아둘 필요가 있는지 예측하는 데 도움을 준다. 한편 빅데이터는 제조, 프로세스 흐름, 품질, 예지보전을 향상시키는 데 도움을 준다.

예측적 분석론은 생산 · 운영관리뿐만 아니라 품질관리분야에서도 이용하여 미래의 사상을 예측한다. 예측적 분석론은 역사적 데이터 속에 있는 패턴과 트렌드를 분석하여 기계고장, 재고부족, 수요변동 등을 예측한다. 예측적 분석론은 예지보전(predictive maintenance), 재고관리, 공급사슬관리, 고객관계 등을 위해 사용된다.

3.3 디지털 전환

지금 한창 진행하고 있는 4차 산업혁명(the fourth industrial revolution)이 인공지능(artificial intelligence: AI)과 연동되어 산업계에 엄청난 변화를 몰고 올 것으로 예상된다. 차세대 이동통신인 5G와 인공지능이 주도하는 자동화와 지능화는 수십 년 동안 계속적으로 경제를 변화시키면서 일자리와 노동력에 엄청난 충격을 초래할 것이다.

3차 산업혁명은 정보화(informatization) 사회, 또는 지식기반 사회로서 정보와 지식이 핵심 자산이었고 핵심기술로 컴퓨터, 모바일, 초고속 통신망, 클라우드(cloud), 사물인터넷(internet of things: IoT), 빅데이터(big data), 소셜 미디어 같은 정보기술(information technology: IT) 등을 사용하였다. 정보화 시대에는 데이터를 기반으로 해서 온라인과 컴퓨터를 잘 활용해 제조업, 병원, 의류산업 등 전 산업을 운영하는 데 사용하였다.

그러나 4차 산업혁명은 디지털화(digitalization) 사회 또는 지능 기반 사회로서 물체와 가상과 지능의 결합이 핵심 자산이고 핵심기술로 위 정보기술을 포함한 인공지능, 로봇, 5G, 3D 프린터, 증강현실/가상현실, 바이오와 같은 디지털 기술(digital technology: DT)이 사용된다. 4차 산업혁명은 알고리즘(algorithm) 기반으로 실체(예: 제품, 장소, 사물)에 가상(예: AI, 로봇)을 융합하여 혁신을 추구한다.

이러한 디지털 기술을 사용해서 전통 기업을 디지털 기업으로 혁신적 대전환하는 것을 디지털화(digitalization) 또는 디지털 전환(digital transformation)이라고 부른다. 다시 말하면, 디지털 전환이란 기업 등의 업무와 사회, 주변 환경,

고객 등 사회 전반에 통신기술을 비롯한 디지털 기술을 적용하여 실체와 가상을 연결하는 초연결 기업으로 만들고, 관리와 프로세스 등 전통적인 일하는 운영 방식이나 비즈니스 모델의 변환 및 제품의 혁신을 추구하면서 사회 경제구조를 완전하게 개조하는 것을 말한다.

전통 기업은 디지털 기술을 활용해서 업무 프로세스를 혁신하고 신제품이나 서비스를 공급해서 고객의 새로운 니즈를 만족시켜야만 존속할 수 있는 것이다. 디지털 전환의 궁극적인 목표는 완전히 새로운 비즈니스 모델을 개발하려는 것이다. 디지털 전환은

- **새로운 제품 및 서비스 개발:** 예를 들면, 오프라인 서점인 교보문고는 2009년부터 Internet을 통해 바로드림 서비스를 시작하였다.
- **프로세스 혁신:** 예를 들면, 새로운 생산 프로세스를 적용하는 스마트 팩토리(smart factory)이다.
- **신규 비즈니스 창출:** 예를 들면, 아마존은 온라인 서점으로 시작하였지만 그 후 이용자들이 수많은 제품과 서비스를 효율적으로 교환할 수 있는 플랫폼 기업으로 변신하였다.

등 세 가지 유형으로 추진된다. 기업이 어떠한 유형을 선택할 것인지는 외부 환경과 내부 역량 분석을 통해서 기업의 목표를 가장 효율적으로 달성할 수 있는가에 달려 있다.

전 산업에 걸쳐 디지털 전환이 되면 산업과 산업이 융합하고 제품과 제품이 융합하여 모든 것이 연결되는 새로운 세상으로 바뀌게 된다. 디지털 기업으로 전환하게 되면 전략, 제품, 프로세스, 비즈니스 모델, 조직 구조, 부가가치를 만들어내는 업무 과정, 일하는 방식, 제도, 인사, 협력업체, 고객, 문화, 의식까지 모든 것을 바꾸게 되어 새로운 기업형태가 된다. 기업이 속한 생태계 전체가 영향을 받는다. 이렇게 되면 디지털 기술을 전 분야의 비즈니스 속으로 통합하여 비즈니스 운영방법과 고객에게 가치를 전달하는 방법에 있어 근본적인 변화가 초래된다. 특히 인공지능의 등장으로 제품이나 서비스의 공급자뿐만 아니라 기업의 운영이나 절차의 개선으로 효율성이 높아지고 새로운 비즈니스 기회가 창출된다.

따라서 기업들은 이러한 새로운 시대로의 변화에 서둘러 준비하는 노력을 해야 살아남는다는 것이다. 4차 산업혁명이 진행되면서 제조 기업이든 서비스

기업이든 디지털 혁신이라는 변화의 물결에 동참하는 기업은 살아남게 되고 이러한 변화를 외면하고 기존 방식을 고집하면 몰락의 운명에 처하게 된다.

디지털화가 기업에 미치는 변화의 잠재력을 외면하거나 거역하면 역사의 뒤안길로 사라지게 된다. 예를 들면, 컴팩, 코닥, 블록버스터 등 사라진 기업들은 부지기수이다. 기업의 디지털화는 선택이 아니라 살아남기 위한 필수조건이 되었다.

3.4 4차 산업혁명의 제조업 영향

4차 산업혁명은 생산수단과 생산방식만이 아니라 인간 사회 전체에 엄청난 변화를 몰고 올 것이다. 4차 산업혁명은 특히 전통적인 제조업에 정보통신기술(information and communication technology: ICT)을 접목하여 소프트웨어와 빅데이터 기반의 지능 디지털 기술 변환(intelligent digital technology transformation)을 촉발하고 인간을 중심으로 가상과 현실이 융합되는 사회로 변모시킬 것이다.

4차 산업혁명은 제조업 혁명이다. 제조업의 기술에 첨단기술을 접목하여 기술혁신이 이루어진다. 그래서 앞으로 제조업에서는 큰 변화와 혁신이 계속 일어날 것이다. 4차 산업혁명은 제조 및 생산 프로세스의 디지털화로 시작해서 의료, 유통, 금융 등 서비스업을 위시한 전 산업을 대상으로 혁신적인 기술변화를 몰고 오고 있다. 4차 산업혁명과 인공지능 시대의 도래로 특히 제조업과 생산관리의 패러다임이 엄청나게 변하고 있다.

2차 산업혁명의 결과로 생겨난 조립라인을 통한 대량생산방식이 3차 산업혁명 시대에는 생산 과정에 Internet과 정보기술(IT)이 접목된 생산의 기계화 · 자동화가 이루어졌다. 그러함에도 불구하고 아직도 전통 기업에서는 원자재 조달 → 제품생산 → 유통이라는 생산활동이 하나의 기업 내에서 일괄적으로 이루어지는 생산방식이 보편화되었다. 그런데 4차 산업혁명이 진행하면서 사물인터넷, 빅데이터, 인공지능과 로봇 등 각종 정보통신기술이 접목되어 스마트 팩토리에서 생산의 디지털화(digitalization)라는 새로운 생산방식이 출현하고 있다. 제조업체가 전통적인 틀에서 벗어나 생산 프로세스와 전체 시스템에 ICT를 접목하여 ICT 기업이 되고 기계와 제품이 지능화, 최적화, 자율화되는 것이 바로 4차 산업혁명의 본질이다.

이러한 생산방식의 변화는 소품종 대량생산과 대량공급이라는 생산자 중심의 자동화 공장에서 소비자들의 개별 취향에 맞는 맞춤형 대량생산의 지능화 공장으로의 변신을 가능케 한다. 소비자들은 단순히 제품의 소비자가 아니라 그 제품의 기획단계에서부터 자신의 요구를 반영시켜 소비자들의 다양한 요구를 만족시키면서 기업은 비용 상승 없이 생산할 수 있는 유연한 생산구조로 전환할 수 있다.

최근에는 생산의 디지털이 생산의 자동화 · 지능화 및 3D 프린팅의 확대와 결합하여 개인이 기업을 통하지 않고서도 다양한 아이디어 신제품을 만들어내는 개인 제조업(personal manufacturing)이 가능하게 되었다. 대량생산방식을 대신할 새로운 생산방식이 자리잡게 될 날도 멀지 않다고 본다. 이렇게 되면 생산의 주도권이 공장의 생산자로부터 소비자로 이동하게 될 것이다.

4차 산업혁명은 생산방식 외에도 생산 프로세스도 혁신시키고 있다. 사람과 협업이 가능한 로봇의 활약으로 프로세스상의 안전성과 효율성이 크게 향상되면서 근로자들의 산업재해 발생 가능성도 아주 낮출 수 있게 되었다. 한편 공장 내 모든 기계설비와 장치에 사물인터넷 센서와 카메라를 부착하여 수집한 정보를 컴퓨터가 기록해서 빅데이터를 수집하고 인공지능 기술로 실시간 분석하여 모든 프로세스 사이를 연계시킴으로써 생산 프로세스의 최적화, 지능화를 기하고 품질관리 시스템이 불량품 발생의 원인을 확인하고 이상 징후가 보이는 설비는 어느 것인지 파악함으로써 공장 내 전체적인 프로세스를 제어할 수 있게 된다.

이제 과거의 단위 프로세스의 자동화를 넘어 전체 프로세스, 나아가 전체 공장의 자동화 · 지능화 · 자율화가 가능하게 되었다. 또한 인공지능 기능을 장착한 생산설비와 기계는 돌발고장을 미연에 예측하여 방지할 수 있으므로 공장이 멈추는 일이 발생할 수 없다. 이와 같이 사후 문제해결이 아니라 예측적 분석론과 인공지능 알고리즘을 통해 사전에 이상 징후를 예측하고 제어한다. 한편 불량품을 극도로 낮추고 기업 가치사슬 전반에서 비용절감과 생산성을 획기적으로 향상할 수 있는 것이다. 품질관리 기사가 격감하므로 인건비 걱정이 사라진다.

과거 글로벌 기업들은 단위당 생산원가의 비교우위를 갖기 위하여 대규모의 공장이라는 규모의 경제(economy of scale)를 추구하여 왔다. 그러나 4차 산업혁명 이후에는 Internet, 3D 프린팅 등 ICT 기기의 보급으로 인건비와 생산비용을 절감할 수 있게 되었다. 따라서 낮은 인건비를 찾아 동남아시아 국가 등에 건립한 대규모의 공장을 유지할 필요가 없게 되었다. 이와 같이 본국으로 U턴하는 현상을 리쇼어링(reshoring)이라고 한다. 예를 들면, 독일의 Adidas와

Siemens는 23년 만에 중국으로부터 본국으로 회귀하였다. Adidas에서는 1년 동안 운동화 50만 켤레를 만드는 일을 작업자 10명(과거에는 600명), 로봇, 3D 프린터가 담당하고 불량률은 0.00011%로 낮춤으로써 이제 인건비는 글로벌 입지에 결정적 요인이 되지 않는다. 따라서 적정한 규모의 생산시설로 맞춤생산을 위해 본국의 소비시장 부근에 입지할 수 있게 되었다.

3.5 스마트 팩토리

제조업 강국인 독일에서 인더스트리 4.0은 제조업의 기존 생산시설에 온라인 신기술인 ICT 시스템을 총동원하는 스마트 제조방식을 통해 생산 프로세스 및 전체 생산시스템을 자동화 · 지능화 · 최적화하여 최소의 비용 및 시간으로 제품을 생산하는 스마트 팩토리의 구현에 초점을 맞추었다. 따라서 인더스트리 4.0을 제조업의 혁명 또는 생산 공장의 혁명이라고 부르기도 한다.

4차 산업혁명의 모든 첨단핵심기술을 융합 · 사용하여 공장 내는 물론 공급사슬 전반에서 데이터를 수집하여 모든 프로세스를 디지털화하는 스마트 제조(smart manufacturing) 개념을 구현하는 스마트 팩토리(smart factory)란 제품의 기획 · 설계 · 개발로부터 제조 · 유통 · 물류 · 공급사슬에 이르는 공장의 설비 및 모든 사물들을 사물인터넷으로 연결하여 서로 소통하고 발생하는 생산 관련 빅데이터를 인공지능이 효율적으로 관리함으로써 공장 내 모든 프로세스에서의 생산 및 운영이 최적화 · 지능화(자율화, 스마트화)되어 높은 제품 품질, 생산성 및 고객 만족도를 추구하는 탈탄소의 친환경적이고 친인간적인 똑똑한 공장이라고 정의할 수 있다.[2]

4차 산업혁명의 특징 중 하나가 초연결(super connectivity)이다. 사물인터넷과 통신기술의 발달로 공장 내 사물과 사람, 사물과 사물, 기계, 설비, 유통 등 모든 것이 IoT 센서를 통해 네트워크로 연결되고, 생산 관련 모든 디지털 데이터 및 정보가 실시간으로 수집 공유되고 인공지능의 분석을 통해 가치를 창출하고 분석된 정보를 실시간으로 네트워크를 통해 전체 프로세스로 전달하여 제조

---

2 제조 가치사슬 전반에서 발생하는 탄소배출량을 규제하는 방안이 EU를 중심으로 2026년부터 시행될 것으로 예상된다. 인공지능 팩토리는 탄소관리의 한 방안이 될 수 있다. 탄소량이 일정 수준을 넘으면 유럽으로 수출이 불가능해진다.

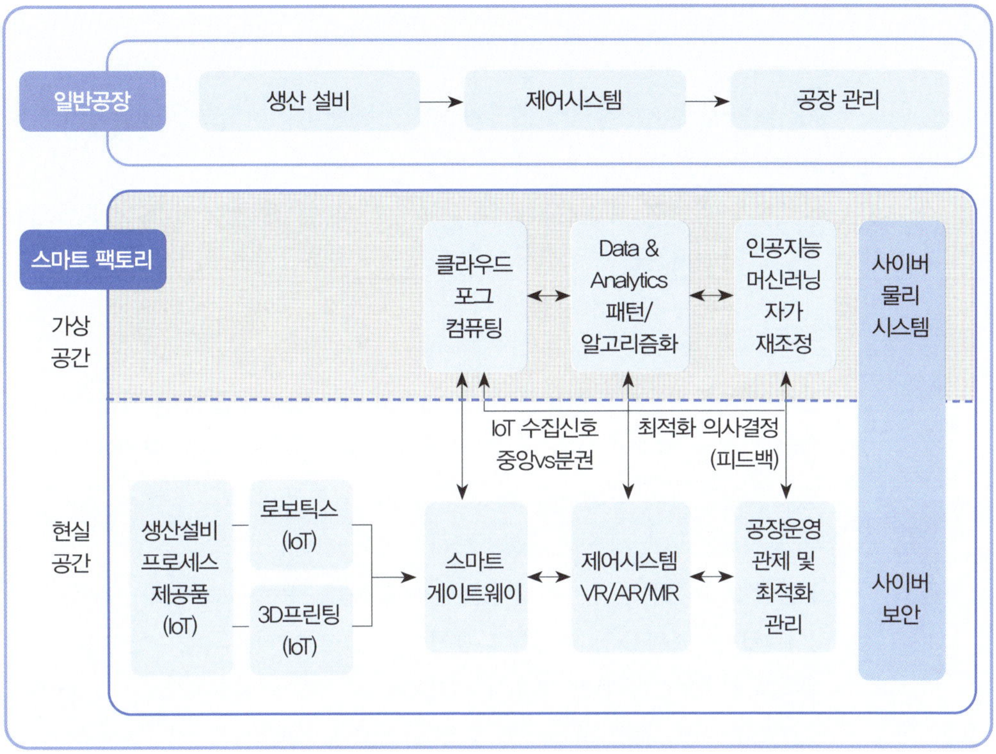

[그림 3-9] 스마트 팩토리 개념도

프로세스의 제어 및 효율화와 운영의 최적화를 추구하는 것이다.

이와 같이 스마트 팩토리가 구축되면 과거 규모의 경제에 입각한 소품종 대량생산이라는 생산자 위주의 자동화 공장에서 탈피하여 디자인 등 소비자의 다양한 개인별 요구에 맞는 맞춤형 다품종 대량생산이 가능토록 유연한 지능화 공장으로의 탈바꿈이 가능하게 된다. 스마트 팩토리는 수요의 변경에 따라 모든 생산라인을 자유롭게 바꿔가면서 소비자의 수요 변화에 맞춘 대규모 맞춤생산이 가능하게 되었다. [그림 3-9]는 스마트 팩토리의 개념도이다.

3.6 인공지능 기술을 이용한 품질경영

품질경영은 기업이 고객의 니즈를 지속적으로 만족시키는 제품이나 서비스를 공급하고 성과의 우수성, 효율성, 경쟁력을 달성하는 데 필요한 요소이다.

품질경영은 기업의 성공과 장기적 유지가능성을 달성하는 데 아주 기본적인 분야이다.

4차 산업혁명이 진행하면서 인공지능을 비롯한 혁신기술들이 융합되어 기업의 품질경영을 획기적으로 혁신하는 현상이 가능해지고 있다. 다시 말하면, 인공지능 기술을 활용한 품질경영은 품질관리 프로세스를 강화하고, 제품품질을 향상시키고, 자원배분을 최적화함으로써 생산 · 운영관리를 혁명화시키고 있다. 이를 위해 사용하는 수단은 다음과 같다.

- **검사의 자동화:** 컴퓨터 비전 시스템(computer vision system)을 이용하여 생산하고 있는 제품의 이미지 또는 비디오 흐름을 분석하여 불량이나 이상 징후를 발견하여 능동적인 조치를 취하여 불량품이 고객에 넘어가지 않도록 품질검사 프로세스를 자동화한다.
- **불량발견과 분류:** 이미지 분석, 센서 데이터, 프로세스 파라미터를 통해 실시간으로 불량을 발견하고 분류하여 품질향상 노력을 경주한다.
- **예측적 분석론:** 품질의 예측적 분석론을 통하여 역사적 프로세스 데이터, 프로세스 파라미터, 환경요인 등을 분석함으로써 이상 징후 등 가능한 품질문제를 사전에 예측한다.
- **통계적 프로세스 관리:** 머신러닝 알고리즘을 이용해 관리한계로부터의 벗어남, 프로세스 변동의 패턴, 트렌드, 이동을 발견하여 프로세스 안정과 제품품질을 유지하기 위하여 즉시 시정조치를 취한다.
- **협력적 품질경영:** 생산관리자, 품질 엔지니어, 일선 관리자 사이에 품질 목표와 통찰력을 공유하고 품질향상 노력을 위해 협력한다.
- **근본 원인 분석:** 생산 데이터를 분석하여 품질이슈 또는 불량을 유발하는 근본적 요인을 발견하여 시정조치를 건의한다.
- **품질예측:** 역사적 데이터, 프로세스 파라미터, 외부요인 등을 기반으로 미래 품질수준을 예측한다. 머신러닝 알고리즘을 이용하여 품질지표, 결점률, 스크랩 수준 등을 예측하여 선제적 품질경영전략을 수립하고 재원배분 결정을 최적화할 수 있다.

이와 같이 전통적으로 사용해오고 있는 품질경영에 AI 기술을 적용함으로써 제품품질을 향상시키고, 불량품 생산을 감소시키고, 전반적인 운영의 우수성을 달성하는 것이다.

3.7 품질관리 기법의 진화

1. 전통적 품질관리

전통적인 제조기업의 생산시스템은 투입물-변환 프로세스-산출물이라는 제품제조 과정이 파이프라인처럼 순차적으로 이루어진다. 이러한 과정에서 품질검사는 세 군데에서 이루어진다. 이는 [그림 3-10]에서 보는 바와 같다.

제조기업에서 수행하는 품질관리의 양대 축은 샘플링 검사와 관리도이다. 검사란 제품과 서비스를 정해진 표준과 비교하는 평가활동이다.

검사는 일반적으로 생산 전에, 생산하는 동안에, 그리고 생산 후에 실시한다. 생산 전의 검사는 원자재, 부품, 완제품에 대한 수입검사이고 생산 후의 검사는 생산된 제품을 고객에 출하하기 전에 실시하는 최종검사인데 이때 사용하는 방법이 샘플링 검사법과 전수검사이다. 생산하는 동안의 프로세스는 관리도와 같은 통계적 프로세스 관리에 의해 행한다. 샘플링 검사는(sampling inspection)는 원자재나 완제품의 로트(lot)로부터 미리 정해진 수의 표본을 랜덤으로 추출하여 이를 검사하고 이 검사결과를 정해진 표준과 비교하여 그 로트의 수락 또는 거부를 결정하는 방법이다.

한편 변환 프로세스의 품질관리는 제품이나 서비스의 제조과정에서 관리도(control chart)를 사용하여 이상원인(assignable cause)에 의한 품질변동이 발생하고 있는지 결정하여 만일 이상원인이 발견되면 그의 원인을 규명하여 시정조치를 취함으로써 프로세스를 안정된 상태로 유지하려는 것이다.

검사는 프로세스와 제품의 결함과 불량을 시정할 수 없기 때문에 제조 프로

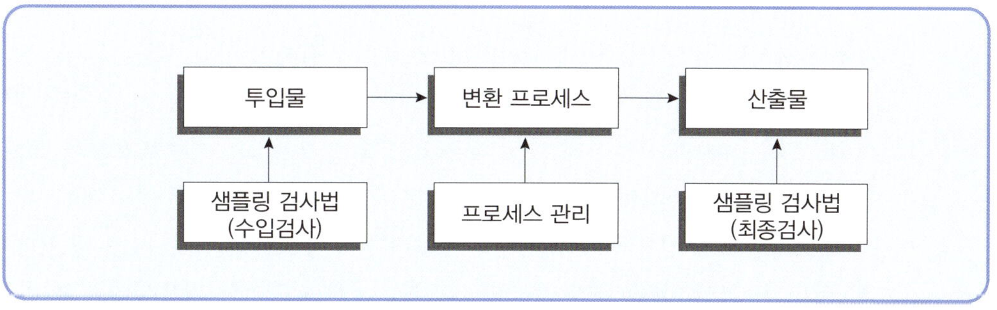

[그림 3-10] 제품제조 과정에 따른 품질관리

세스의 개선을 통한 품질향상에 도움이 되지 않는다. 검사는 다만 불량품을 솎아내어 양품만을 고객에 출하하겠다는 의도는 인정하지만 검사비용은 상당하고 특히 검사는 제품의 부가가치에 아무런 도움이 되지 않는다.

그러함에도 불구하고 전통적 제조기업에서는 아직도 마지막 프로세스에서 생산된 제품의 최종검사를 통해 품질의 합격 여부를 판정한다. 이때 사람이 수작업으로 전수검사를 하거나 몇 개만 채취하여 샘플링 검사를 하거나 심지어 초음파나 레이저 또는 컴퓨터 비전(computer vision) 등을 통하여 온라인 검사를 하기도 한다. 그런데 이러한 방법들은 많은 인력과 시간을 요하지만 품질개선에는 별로 도움이 되지 않는다.

품질관리는 생산라인의 끝에서 이루어지는 검사가 아니다. 생산과정의 모든 단계에서 이루어져야 한다.

전통적인 품질경영시스템(quality management system: QMS)은 제품의 품질표준을 준수하는 적합품질을 추구한다는 측면에서는 어느 정도 효과적이지만 불량 같은 품질문제가 발생한 경우에 이의 시정조치를 강구하는 사후적 반응적 접근법(reactive approach)을 사용한다는 점에서는 문제로 지적되고 있다.

2. 현대적 품질관리

지금 4차 산업혁명이 한창 진행되고 있다. 이에 따라 전통적인 기업들이 디지털 전환을 통해 스마트 팩토리로 변신해 가고 있다. 전통적으로는 품질상태 확인을 위해 주기적으로는 품질검사를 실시하고 품질문제가 발생한 이후 이의 시정조치를 취하던 반응적 방식(reactive method)으로부터 스마트 팩토리에서는 정보통신기술들의 융합을 통해 품질상태를 실시간 예측함으로써 선제적 능동적 방식(proactive method)으로의 품질경영의 패러다임이 바뀌고 있다.

생산현장에서 자재, 설비, 기계, 프로세스 등 각종 물리적 사물들에 사물인터넷의 센서와 통신기능을 내장하고 Internet에 연결하여 서로 소통하고 실시간으로 생성 수집되는 방대한 양의 프로세스 데이터를 인공지능 기술과 예측적 분석론으로 분석하여 품질상의 이상 징후(불량)를 선제적으로 예측함으로써 불량 발생을 사전에 방지하여 제품의 품질을 최상으로 유지할 수 있는 것이다.

제조기업에서 생산되는 제품의 품질관리에 영향을 미치는 분야는 생산, 설비, 에너지, 환경, 물류 부문 등이다. 각 부문에서 고장이나 정상상태를 벗어나는 이상 징후를 사전에 예측하여 미리 제거할 수 있으면 프로세스에서 생산되는 제품은 우량의 품질을 유지할 것이다.

스마트 팩토리에서는 여러 가지 모든 설비에 부착된 센서를 통해 설비 관련 여러 가지 데이터를 체계적으로 정리한 후 인공지능 기술과 예측적 분석론으로 분석하여 생산설비의 상태를 실시간 진단하여 고장나기 전에 미연에 방지하고 설비의 상태에 따라 고장 발생 시점(설비의 잔여수명)을 미연에 예측하여 고장발생 직전에 선행 보전활동(유지 보수)을 실행하여 유지보수비용과 고장 발생을 미연에 방지함에 따른 기회손실비용을 최소화할 수 있는 것이다. 이와 같은 예지보전(predictive maintenance)을 실시하여 투입되는 재료나 에너지가 낭비 없이 적정하게 사용될 수 있도록 최적화한다.

스마트 팩토리에서 제조 프로세스에서의 품질관리와 제품 검사는 실시간으로 3D 스캐닝(3D scanning)과 컴퓨터 비전 시스템(computer vision system: MVS)에 의해서 이루어진다. 3D 스캐닝 기술은 실물의 형상을 취하여 3차원 화면에 디지털 표현을 함으로써 품질관리와 검사를 실시한다. 한편 MVS는 AI의 눈으로서 카메라와 이미지 처리 소프트웨어를 사용하여 조립라인을 따라 흐르는 부품을 촬영해 채취한 데이터, 이미지, 비디오 등을 클라우드 서버로 5G 통신기술을 활용해 전송하면 인공지능이 사진을 순식 간에 판독해 불량을 발견하고 자동적으로 프로세스를 감시하여 결함 여부를 판정함으로써 제품품질과 신뢰성을 향상시킨다.

예측적 품질(predictive quality)은 4차 산업혁명이 진행되면서 인공지능, 머신러닝, 사물인터넷 외에 예측적 분석론(predictive analytics) 기술을 융합하여 품질 문제가 발생하기 전에 예측하여 조치를 강구할 수 있도록 돕는 능동적 도구이다. 이를 위해서는 생산 프로세스로부터 기계, 센서를 이용해 얻는 데이터는 물론 공급업자 정보, 환경조건, 시장 트렌드 등으로부터 얻는 데이터를 지속적으로 수집하고, 모니터링하고, 분석하게 된다. 이 외에도 예측적 품질은 제조업, 헬스케어, 소매, 금융, 정보기술 등 다방면에서 사용될 때 능동적 의사결정, 프로세스의 최적화, 고객만족, 효율화, 수익성 등을 보장할 수 있는 게임 체인저로 떠오르고 있다.

연·습·문·제

1. 산업혁명의 역사를 간단히 설명하라.

2. 4차 산업혁명의 핵심기술은 무엇인가?

3. 빅데이터는 품질관리에서 왜 중요한가?

4. 인공지능 기술, 사물인터넷, 예측적 분석론, 머신러닝이 품질관리에서 왜 중요한가?

5. 비즈니스 분석론의 분류를 설명하라.

6. 예측적 분석론이 비즈니스 분석론 중에서 가장 중요한 이유는 무엇인가?

7. 디지털 전환이란 무엇인가?

8. 4차 산업혁명이 제조업에 미치는 영향을 설명하라.

9. 스마트 팩토리를 정의하라.

10. 인공지능 기술을 이용한 품질경영을 요약 설명하라.

11. 전통적 품질관리 기법과 현대적 품질관리 기법을 비교 설명하라.

QUALITY MANAGEMENT

제 Ⅲ 편

고객지향적 품질경영

제4장

설계품질의 관리

기업의 성공 여부는 그 기업이 제공하는 제품 또는 서비스의 고객이 결정한다. 고객은 제품 또는 서비스를 구입할 때 기대, 요구, 선호 등을 갖는다. 이를 고객의 목소리(voice of the customer)라고 한다. 기업은 비용을 절감하면서 고객의 다양한 요구조건을 반영하는 제품의 품질향상을 동시에 추구할 것을 강요당하고 있다. 소비자가 원하는 기대와 요구사항이 제품사용 시 만족되면 그 제품을 계속해서 구입할 뿐만 아니라 주위의 잠재적 고객에게 구입을 권유하게 된다. 따라서 기업은 고객의 만족과 감동을 얻기 위하여 제품과 서비스를 설계할 때, 그리고 나아가 이들을 생산할 프로세스를 설계할 때 고객의 목소리를 반영할 여러 가지 활동을 수행한다. 우수한 제품개발과 제품설계는 제품 생산의 제반 비용을 절감시킬 뿐만 아니라 제품의 품질을 향상시킨다.

기업은 고객의 기대, 요구, 필요, 기호 등을 만족시킬 제품을 생산해야 한다. 그러나 1970년대 초 Bridgestone Tire Corp.와 Mitsubishi Heavy Industries Ltd.가 처음으로 품질기능전개(quality function deployment: QFD)라는 기법을 사용하기 전에는 고객의 요구를 제품의 설계과정에 반영할 시스템의 개발이 없었다. 고객의 요구를 비록 판매부에서 알고 있을지라도 이를 제품개발과 설계과정에 반영시킬 방도가 없기 때문에 많은 새로운 제품이 생산된 후 고객의 기대에 부응하지 못하는 경우에는 재설계를 하지 않을 수 없었다. 오늘날 제품(what) 개발과 그의 생산 프로세스(how)의 설계는 거의 동시에 진행되는데 이는 글로벌 경쟁에서 성공적 전략수립의 중요한 요소가 되었다. 제품과 프로세스의 설계는 고객만족, 제품품질, 생산비용 등에 직접적으로 영향을 미치기 때문이다.

본장에서는 고객의 의미를 살펴본 후 제품 및 생산 프로세스의 설계단계에서 발생하는 품질변동의 개선에 관심을 두는 기법으로서 품질기능전개와 Taguchi법을 설명하고자 한다.

4.1 고객의 의미

고객요구를 이해하기 위해서는 기업의 고객이 누구인지를 먼저 밝혀야 한다. 고객이 누구이고 그들의 요구가 무엇인지를 이해하는 것은 고객만족을 달성하는 기본 조건이다. 고객 없이는 비즈니스도 없기 때문이다. 고객이 제품과 서비스의 최종 품질을 결정하는 주체이다. 고객의 만족과 충성도를 이끌어내는 제품과 서비스의 모든 속성을 이해하고 있어야 한다. 한편으로는 지속적으로 고객관계를 향상시키도록 노력해야 한다.

고객이라 하면 소비자, 외부고객, 내부고객, 공중 등을 의미한다. 소비자(consumer)란 제품이나 서비스의 최종 구매자를 뜻한다. 예를 들면, 개인용도로 자동차를 구입하는 사람이나 이발소에서 이발을 하는 사람은 소비자이다. 분명히 이러한 소비자들의 기대를 충족시키는 것은 모든 기업의 최종 목표이기도 하다.

그러나 제품이 소비자에게 이르기 전에 제품은 가치를 부가하면서 많은 기업이나 부서를 흐르게 된다. 예를 들어 자동차의 엔진공장은 제철회사로부터 강철을 구매하여 엔진을 생산하고 이를 외부의 조립공장에 판매한다고 할 때 제철회사의 고객은 엔진공장이고 엔진공장의 고객은 조립공장이라고 볼 수 있다. 이와 같이 기업과 소비자 사이에 존재하는 고객을 외부고객(external customer)이라고 한다.

한편 내부고객(internal customer)이란 기업 내에서 공급자로부터 반제품이나 서비스를 받는 고객을 의미하는데 예를 들면, 조립부는 조립품을 생산하는 기계부의 내부고객이다. 기업은 개인, 부서, 기능 등을 통하여 고객-공급자 관계인 많은 고객의 고리를 갖는다. 내부고객의 기대와 요구에 부응하지 못하면 불

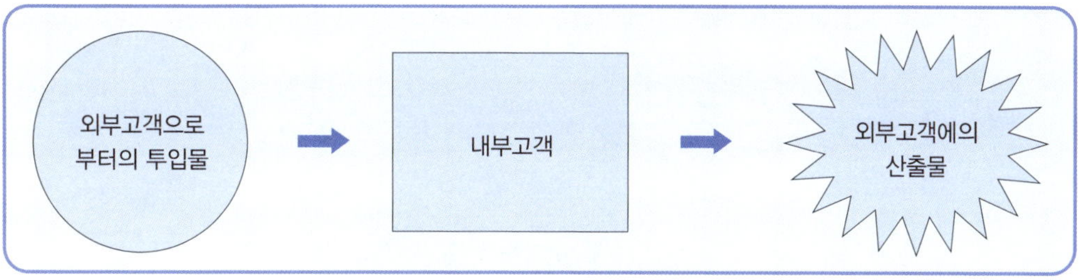

[그림 4-1] 고객-공급자 고리

량품을 생산하게 된다. 따라서 기업의 모든 종업원은 특정 내부고객은 물론 외부고객의 요구를 만족시키도록 해야 한다.

모든 프로세스는 내부 또는 외부고객이 사용할 산출물을 생산하고 내부 또는 외부 공급자가 제공하는 투입물을 필요로 한다. 각 공급자는 다른 고객이 사용할 제품이나 서비스를 생산하는 일을 수행한다. [그림 4-1]에서 보는 바와 같이 각 고리는 외부 공급자로부터 시작하여 외부 고객으로 끝나는 고객-공급자 고리를 형성한다. 기업의 각 작업자는 내부고객과 공급자 고리의 한 부분을 담당한다.

공중도 또한 기업의 중요한 고객이다. 기업은 공중의 관심을 예상해야 하고 제품, 서비스, 운영에 미치는 영향을 평가해야 한다. 기업윤리, 환경문제, 안전 등은 중요한 사회적 이슈이다. 공중은 기업의 이에 대한 공헌을 평가하고 나아가 그 기업의 판매액과 수익에 영향을 미친다.

4.2 고객만족과 충성심의 중요성

어떤 기업에서도 가장 중요한 자산은 그의 고객이다. 따라서 기업의 성공은 그 기업이 얼마나 많은 고객들을 보유하고 있는가, 고객의 이탈률을 낮추기 위한 노력은 하는가? 그들이 자주 얼마나 구매하는가에 달려 있다. 고객이 만족을 느끼면 자주 많이 재구매하게 된다. 시장점유율이 향상되고 경쟁력이 강화되고 수익성이 증가하는 것은 고객만족(customer satisfaction), 고객이탈률과 높은 상관관계가 있다. 예를 들면, 일본의 도요타 자동차회사가 생산하는 렉서스는 전체 매출액 비중은 2%에 불과하지만 고객만족에 따른 이탈률이 아주 낮기 때문에

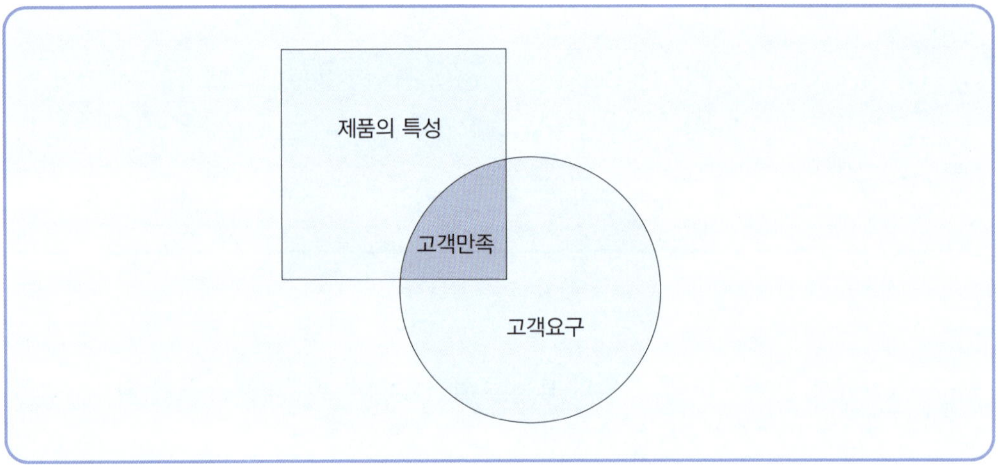

자료: James Teboul, *Managing Quality Dynamics*, Prentice Hall, 1991.

[그림 4-2] 고객만족 모델

총수익은 33%를 차지한다는 보고가 있었다. 기업들은 일반적으로 기존 고객으로부터 매출액의 65% 정도를 얻으며 신규 고객을 유치하기 위해서는 기존 고객을 유지하는 비용보다 5배 이상이 소요된다는 보고가 있었다. 따라서 고객만족은 고객을 유지하고 비즈니스를 성장시키는 요인이 되기 때문에 기업의 기본적인 목적이 되고 있다. 일반적으로 불만족을 느끼는 고객은 친구 등 주위 사람에게 좋은 경험을 말하는 것보다 두 배 이상으로 나쁜 경험이나 불평을 늘어놓는다는 보고도 있었다.

제조업체든 서비스업체든 고객만족을 품질의 측정으로 사용한다. 각국에서 수여하는 품질상의 경우 고객만족도가 총점의 약 30%를 차지할 정도이다.

고객만족의 정의는 [그림 4-2]에서 보는 바와 같은 Teboul 모델로 설명할 수 있다. 고객이 원하는 것(needs or wants)은 원으로 나타내고 기업이 제공하는 제품이나 서비스의 특성은 사각형으로 나타낸다. 총만족은 원이 사각형과 완전히 겹치게 될 때 가능하다. 즉 고객이 만족을 느끼기 위해서는 제품을 사용한 결과(actual quality: 실제품질) 당초의 기대(expected quality: 기대품질)를 충분히 만족할 만한 경험 또는 지각이 발현되어야 한다. 실제품질과 기대품질이 같게 되면 인식품질(perceived quality)은 영(零)이 되지만 실제품질이 기대품질보다 크면 인식품질은 정(正)이 되어 고객만족을 초래하게 된다.

기대를 초과하기 위해서는 충분한 가치를 고객에 제공해야 한다. 고객은 단순히 가격만 보고 구매하지는 않는다. 기업이 제공하는 제품이나 서비스로부터 얻는 혜택, 즉 소비자 복리 패키지(consumer benefit package)와 가격 및 경쟁업체가 제공하는 모든 것과 비교하여 구매결정하게 된다. 이러한 소비자 복리 패키지가 인식품질에 영향을 미친다. 만일 경쟁업체가 같은 값에 더 많은 것을 제공한다면 소비자는 이러한 높은 인식품질을 제공하는 제품을 구매하게 된다.

한편 경쟁업체가 낮은 가격으로 동일한 품질 패키지의 제품이나 서비스를 제공한다면 소비자들은 기꺼이 낮은 가격의 제품을 구매하려 할 것이다. 그러나 낮은 가격이 가능하려면 운영상 비용절감이 선행되어야 한다. 이와 같이 고객이 무엇을 원하고 가치를 어떻게 인식하는지를 이해하는 것은 경쟁에서 이기는 데 아주 중요하다. 기업은 꾸준히 소비자 복리 패키지를 향상시킴과 동시에 내부 운영의 품질을 향상시키는 데 노력을 경주해야 한다. 한편 만족과 충성심은 가치에 의해서도 영향을 받지만 서비스 품질이라든가 고객과의 관계개선에 의해서도 영향을 받는다.

고객만족이 기업성공에 아주 중요하기는 하지만 이것으로 충분한 것은 아니다. 고객충성심(customer loyalty)이 뒤따라야 한다. 기업이 이익을 남기고 시장점유율을 확대하기 위해서는 충성스런 고객들이 있어야 한다. 만족과 충성심은 차이가 있다. 만족은 태도(attitude)를 의미하지만 충성심은 행위(behavior)를 의미한다. 단순히 만족한 고객은 편리성, 판매촉진활동, 기타 요인에 의해 경쟁제품을 구입하게 되지만 충성스런 고객은 특정 기업과의 거래를 고집하기 때문에 더 많이 구매하고 높은 가격에도 기꺼이 지불하고 새로운 고객을 끌어오기도 한다. 예를 들면, Cadillac은 미국에서 높은 고객만족도지수를 나타내지만, 추후 이 차를 구매하도록 큰 영향을 미치지 않는다는 보고가 있었다. 기업은 우선 만족스런 고객을 만들지 않고는 충성스런 고객을 창출할 수 없다. 제품과 서비스의 불만족에 따른 고객의 이탈률을 줄이고 충성스런 고객은 늘려야 한다.

고객만족은 주관적 개념이기 때문에 측정하기는 무척 어려운게 사실이다. 사람에 따라 변동이 있을 수 있고 같은 사람이더라도 때에 따라서 느끼는 바가 다르다. 그러나 미국에서는 고객만족도지수(customer satisfaction index: CSI)를 개발하여 사용하고 있다. CSI 측정의 목적은 물론 품질에 대한 소비자들의 인식과 이해를 높이고 고객만족도를 제고하기 위한 개선활동의 시행이다. CSI를 측정하기 위해서는 핵심적인 질문사항과 설문 대상자의 선정이 매우 중요하다.

4.3 제품개발 · 설계의 전략적 중요성

기업이 성장 · 발전하기 위해서는 꾸준히 신제품을 개발하고 설계한 후 생산할 프로세스의 설계를 통해 빨리 제조하여 경쟁제품에 비하여 일찍 시장에 출하토록 하여야 한다. 이러한 제품설계(product design)와 프로세스 설계(process design)는 엔지니어들이 담당한다.

여기서 제품개발 프로세스(product development process)란 전략을 수립하고, 조직화하고, 컨셉트(concept)를 개발하고, 제품계획 · 마케팅계획을 수립하고 평가하며, 신제품을 시장에 상업화하는 전반적인 과정을 말한다.

제품설계 프로세스는 컨셉 개발부터 최종설계와 출시까지의 과정을 의미하는데 이는 [그림 4-3]에서 보는 바와 같이

- 아이디어 창출
- 타당성 검토
- 예비설계
- 원형개발
- 최종설계
- 출시

등의 여섯 단계를 전통적인 기업에서는 순차적으로 거치게 된다. 품질은 설계단계에서 보증되기 때문에 제품설계는 아주 중요하다.

한편 제품설계(product design)란 고객의 요구사항을 만족시킬 능력을 결정하는 제품이나 서비스의 특성 또는 특징을 말한다. 이러한 특성은 외관, 사용되는 자재 및 장비, 제조방법, 치수와 허용오차, 성과표준 등을 의미한다.

오늘날 환경의 변화 속에서 기업이 신속하게 우수한 품질을 갖는 혁신적인 제품과 서비스를 개발하고 설계하는 목적은 변화하는 고객의 요구와 기대를 만족시켜 시장점유율을 선점하려는 것인데, 이는 기업의 경쟁력을 제고하고 기업성장과 이윤증가를 도모하는 길이기도 하다. 신제품을 신속하게 시장에 내놓는 기업은 그렇지 못한 기업에 비하여 프리미엄 가격을 청구하여 독점이익을 누릴 수 있고, 경쟁자의 신제품 도입에 빨리 대응할 수 있고, 산업의 표준설정(특히 혁명적인 제품의 경우)이 되는 등 경쟁우위를 갖는다. 이는 설계 및 제품개발 리드타임 축소를 통한 스피드, 즉 시간경쟁(time-based competition)에서 이기기 때

문이다.

이와 같이 신제품의 개발뿐만 아니라 기존 제품의 개선은 시장에서의 경쟁우위를 통한 시장점유율을 확대하고 새로운 수요를 창출하며 생산시설능력을 효율적으로 이용하기 위하여 필요하다.

기업이 어떤 신제품을 개발할 것인가를 결정하는 요인은 시장과 기술이다. 비록 기업의 기술력이 부족하더라도 시장에서의 고객요구가 있으면 판매가능하기 때문에 기업은 이를 만족시킬 신제품을 생산해야 한다. 이는 시장지향적 전략(market-pull strategy)이라고 한다. 한편 시장수요가 충분치 않더라도 기업은 보유하고 있는 기술우위를 활용하여 생산가능한 고급제품과 기술을 개발하는 전략을 구사할 수 있다. 이는 기술지향적 전략(technology-push strategy)이라고 한다. 그렇지만 시장수요에 맞고 기술우위도 갖는 신제품의 개발 · 설계전략을 성공적으로 수행하기 위해서는 기업의 모든 기능 간 통합적 협력이 절대로 필요하다.

제품설계와 프로세스의 설계는 고객만족, 제품품질, 생산비용 등에 직접적 영향을 미친다. 그러함에도 불구하고 전통적으로는 제품설계와 프로세스 설계가 독립적으로 그리고 순차적으로 진행되었다. 오늘날 세계적 일류기업에서는 연구 · 개발, 마케팅, 생산, 재무 등을 담당하는 엔지니어들과 매니저들로 구성된 자율적 작업팀(cross-functional team)으로 하여금 제품과 생산 프로세스의 개발과 설계를 거의 동시에 진행토록 함으로써 우수한 품질과 저렴한 가격의 신제품을 시장에 출시하는 데 막대한 시간과 비용을 절감하도록 한다.

사실 과거에는 기업에서 신제품을 개발하고 설계할 때 설계, 마케팅, 제조, 재무 등 관련 부서 사이에 장벽이 놓여 의사소통이 되지 않고 부문별 이기주의가 팽배하여 여러 가지 폐단이 있을 뿐만 아니라 출시까지의 시간이 지연되어 시장점유에 어려움이 있어 왔던 것이 사실이다. 그러나 오늘날에는 고객의 요구와 필요를 충족시키기 위한 신제품의 개발과 설계의 새로운 기법들이 널리 사용되고 있다. 이때 사용되는 기법 중 하나가 콘커런트 엔지니어링인데 이에 대해서는 다음 절에서 공부할 것이다.

4.4 전통적 신제품 개발과정: 제품개발 엔지니어링

제품설계는 제품이나 서비스의 품질에 절대적인 영향을 미친다. 따라서 제품설계 시 고객요구를 만족시킬 특성을 갖도록 하고, 빠른 시간 내에 저렴한 비용으로 생산할 수 있어야 하며, 자주 변경하는 일이 없도록 해야 한다.

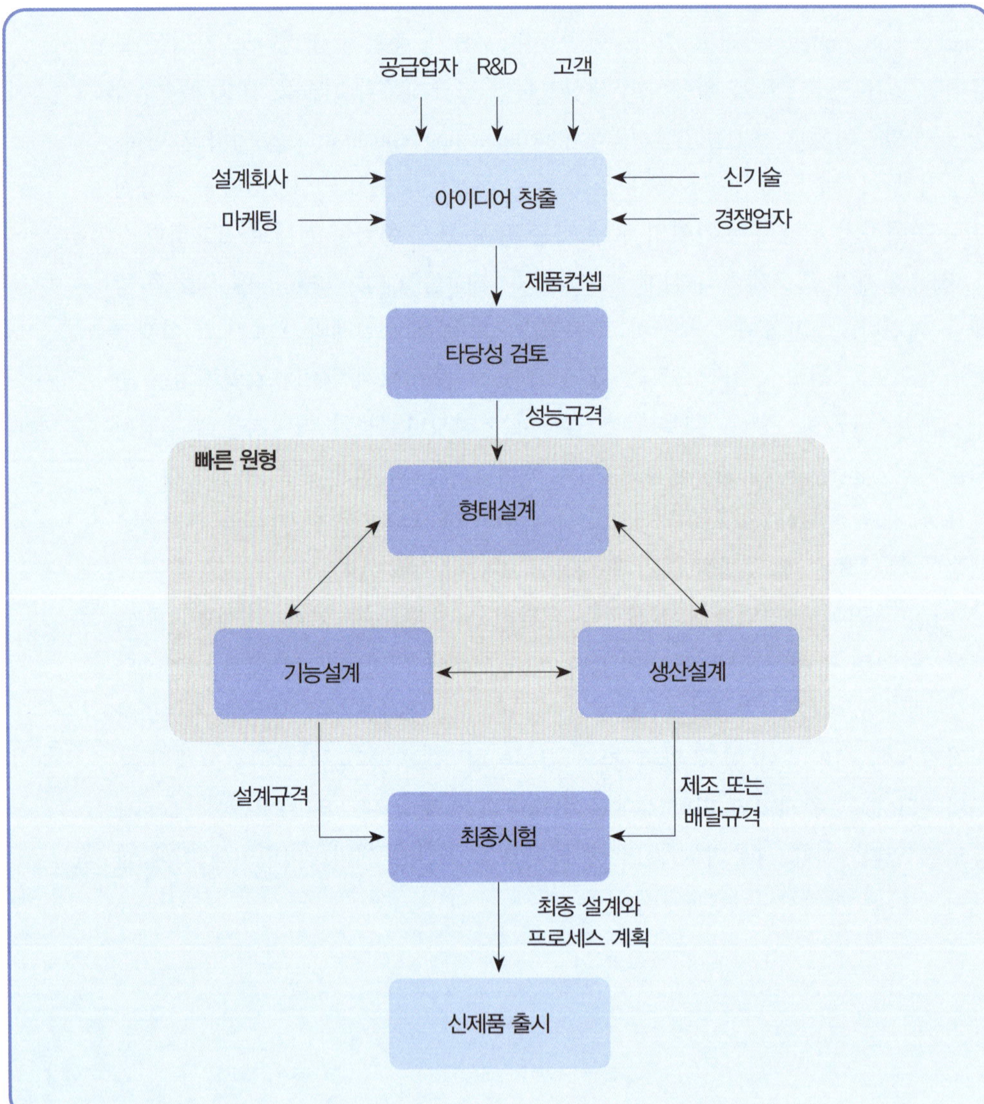

출처: Russell & Taylor, *Operations & Supply Chain Management*, 10th ed.(Wiley), 2019, p. 160.

[그림 4-3] 전통적인 신제품 개발과정

제품설계는 제품의 외관을 결정하고, 성능의 표준을 설정하고, 사용할 자재를 명시하고, 치수와 오차를 결정한다.

새로운 제품개발은 고객이 누구이며 이들의 요구는 무엇인지 이해하는 것으로부터 시작한다. 이를 위해 전통적 제품개발 과정은 아이디어 창출로부터 시작하여 기업 내의 개별 부서에서 순차적으로 기획, 개발 · 설계, 생산준비, 제조 등 여러 과정을 거쳐 진행되었다. 많은 아이디어로부터 새로운 제품이 선정되고 설계 및 프로세스가 결정되어 제품의 상업화가 이루어지는데 이러한 과정을 [그림 4-3]이 보여주고 있다.

1. 신제품 아이디어 창출

신제품 개발의 첫 단계는 아이디어 창출(idea generation)이다. 신제품이나 기존제품의 개선을 위한 아이디어는 고객의 불평이나 제안, 시장조사, 판매원, R&D, 공급업자, 경쟁자, 새로운 기술개발 등으로부터 나온다.

고객의 구매패턴과 취향의 변화를 연구한다든지 고객들을 상대로 직접 시장조사를 함으로써 아이디어를 얻을 수 있다. 즉 고객의 목소리(voice of customers)를 제품개발 단계부터 반영하여야 한다. 스마트 제조 환경에서는 사이버 물리 시스템(CPS) 기술과 빅데이터 등을 이용하여 소비자의 요구 변화에 최적화된 제품 아이디어를 분석하고 오픈 소싱(open sourcing: 제품 개발자가 오픈 소싱 사이트를 통해 불특정 다수로부터 제품 개발에 대한 아이디어를 입수하는 것)을 통해 소비자가 직접 참여함으로써 최적의 제품 아이디어를 찾아낸다. 한편 근래 빅데이터 분석이 마케팅뿐만 아니라 사회적 변화를 예측하는 도구로 사용되고 있다. 마케팅 분석을 위해 빅데이터 분석기법을 사용하면 특정 분야의 제품들에 대한 소비자의 구매 패턴, 관심, 분석, 선호도 등을 찾아내어 신제품 개발의 단서를 발견할 수 있다.

시장지향적인 아이디어는 시장에서 팔 수 있다고 여기는 고객의 요구로부터 유발된다. 예를 들면, 영양가 있고 먹기 편리한 새로운 아침식사거리에 대한 요구가 있을 수 있다. 맞벌이 부부가 증가함에 따라 세탁서비스, 어린이 돌보기에 필요한 제품수요가 늘어나고 있다.

아이디어는 새로운 기술로부터 창출한다. 나일론, 플라스틱, 반도체, 컴퓨터, 전자레인지의 출현은 수많은 제품 아이디어의 원천이다.

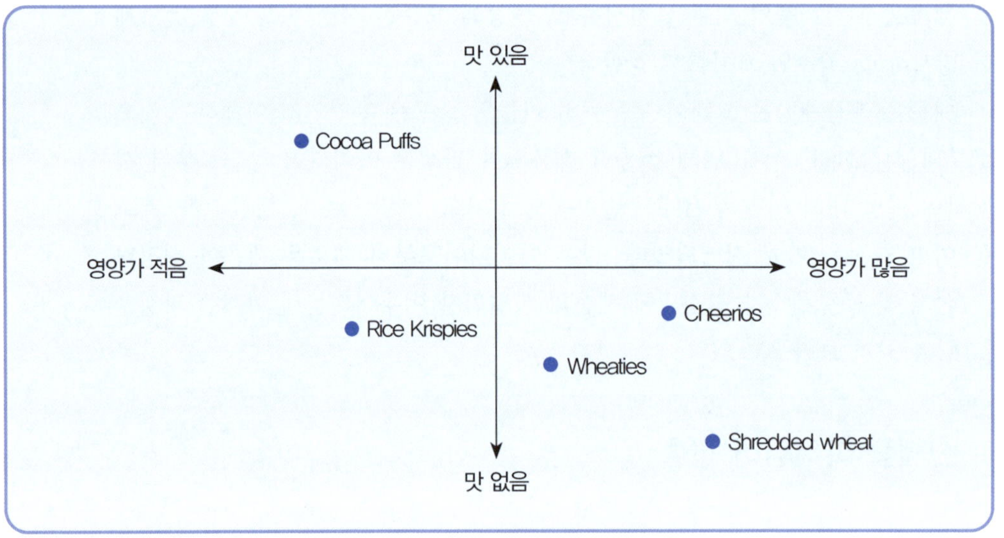

[그림 4-4] 시리얼의 인식도

경쟁제품 또한 아이디어의 원천이다. 인식도, 벤치마킹, 리버스 엔지니어링 등은 경쟁자로부터 배우는 데 이용되는 방법이다. 인식도(perceptual map)는 자기 회사의 제품과 경쟁회사의 제품에 대해 고객이 인식하는 것을 비교하기 위하여 사용되는 그림이다. [그림 4-4]는 맛과 영양의 관점에서 본 아침식사용 시리얼(cereal)의 인식도이다. [그림 4-4]에서 맛있고 영양가 많은 시리얼의 개발이 요구됨을 알 수 있다.

벤치마킹(benchmarking)은 자신의 기업과 직접적 경쟁관계에 있는 기업의 프로세스, 품질, 디자인, 가격책정, 원가관리, 제조와 판매 등 모든 부문에 대하여 비교 · 분석하여 개선의 아이디어를 찾아내는 과정이다. 미국의 Zerox는 일본의 Cannon을 벤치마킹 대상업체로 선정하여 잠식당한 시장을 회복하는 데 성공한 바 있다. 이 외에도 Toyota는 프로세스로, Intel은 디자인으로, 싱가폴 항공은 서비스로, Honda는 신속한 제품개발로 벤치마크가 되고 있다.

리버스 엔지니어링(reverse engineering, 역전공학)이란 경쟁제품을 조심스럽게 분해하고 검사하여 발전한 우수한 설계특성을 자기 회사 제품에 반영하는 방법을 말한다. Ford는 Toyota, BMW, Audi 등의 설계특성을 받아들여 Taurus를 설계하는 데 이러한 방법을 이용하였다.

공급업자도 제품설계 아이디어의 공급원이 될 수 있다. 따라서 제품설계의 초기 단계에 공급업자도 참여시켜야 한다.

신제품 아이디어의 또 다른 원천은 기업의 연구 · 개발(research and development: R&D)시스템이다. 연구 · 개발활동은 기술 진보가 근래 급격히 이루어지기 때문에 더욱 중요시되고 있다.

2. 타당성 검토: 제품선정

새로운 제품개발을 위한 다수의 아이디어가 창출되었을 때 이에 대해 마케팅부서는 제품 컨셉(product concept)[1]을 개략적으로 정의하고 이의 성공 가능성을 검토하는 심사(screening) 과정을 적용하여 선별한다. 이러한 아이디어의 사업성 분석(business analysis)을 타당성 검토(feasibility study)라고 한다.

타당성 검토는 시장분석, 경제분석, 기술분석을 포함한다. 시장분석(market analysis)은 제품개발을 위해 투자할 가치가 있는지 알기 위하여 개발되는 제품에 대한 충분한 수요가 있을지 시장 잠재력을 평가하는 것을 말한다.

경제분석(economic analysis)은 수요 잠재력이 있을 때 제품개발과 생산에 따르는 비용을 추산하고 이를 수요예측과 비교함으로써 이익 잠재력을 평가하는

| 표 4-1 | 신제품 아이디어 체크리스트

제품 특성	중요성 (가중치)	상대적 평점			평가
		수(3)	미(2)	가(1)	
현 제품라인에의 적합성	0.05	V			0.15
현 프로세스, 기계에의 적합성	0.10		V		0.20
기대되는 수명주기	0.05			V	0.05
현 유통채널과의 일치성	0.10			V	0.10
판매량 예측	0.17	V			0.51
특허 가능성	0.03			V	0.03
크기, 형태, 무게의 고려	0.05		V		0.10
수요의 변동	0.10	V			0.30
장기자금 소요량	0.15		V		0.30
이익마진의 잠재력	0.20	V			0.60
합계	1.00				2.34

1 제품 컨셉이란 소비자들이 중시하는 제품의 대략적인 형태, 기능, 무게, 사이즈, 안전도, 유용성, 보전성, 특성 등을 기술하는 것을 말한다. 예를 들면, 초기 휴대폰은 부피가 컸기 때문에 소형화 · 경량화라는 컨셉을 개발하고 이를 달성하기 위해서 반도체 기술과 통신 기술을 적용하여 소형화되었다. 제품 컨셉의 원천은 기술 발전 또는 소비자의 요구일 수 있다.

것이다. 이를 위해서는 여러 가지 계량적 기법이 사용된다.

기술 및 전략분석(technical analysis and strategic analysis)이란 새로운 제품은 새로운 기술을 요하는가, 위험 또는 자본투자가 지나친 것은 아닌가, 충분한 노동력과 관리기술을 보유하고 있는가, 생산시설능력은 충분한가, 새로운 제품생산은 경쟁우위를 제공할 것인가, 기업의 핵심 사업에 부합하는가? 등을 기술적 측면에서 생산 가능성을 분석하는 것을 말한다.

타당성 검토를 통과하여 개발하기로 결정된 제품 컨셉에 대해서는 성과시방(performance specification)을 작성하는데 이는 고객의 요구를 만족시키기 위해서 무엇을 해야 하는가 하는 제품의 기능을 기술하는 것이다.

제품 선정(product selection) 분석을 위한 기법에는 여러 가지가 있으나 체크리스트가 자주 이용된다. 체크리스트(checklist)는 [표 4-1]처럼 일련의 제품 특성을 정하고, 그들 상호 간의 상대적 중요성에 따른 가중치를 부여한 다음, 특정 아이디어를 제품 특성별로 평점을 주어 종합한 누적평균치를 그 아이디어의 총점으로 산정하는 것이다. 만일 총점이 사전에 기업이 결정한 하한선보다 낮으면 이 아이디어는 더 이상 고려할 필요 없이 제거한 후 남은 아이디어 가운데서 제품개발 대상으로 선정한다.

3. 예비설계

일단 제품 컨셉이 타당성 검토과정을 통과하여 제품으로 선정이 결정되면 설계부서에서는 개념적 특성(conceptual features)을 충족시킬 몇 가지 설계안을 개발하는 예비설계(preliminary design)로 들어간다. 이 단계에서 설계 엔지니어들은 전반적인 성과시방을 기술시방(technical specification)을 갖는 유형의 제품이나 서비스로 변형시킨다. 예컨대 냉장고 제조업자가 냉동실을 제조한다고 할 때 스타일, 저장용량, 모터의 크기 등의 문제에 부닥친다. 즉 예비설계는 규모, 색상, 에너지 소요, 수명 등에 관한 제품의 개략적인 특성을 설계하는 것이다.

제품설계와 동시에 프로세스 예비설계가 이루어져야 한다. 즉 제품의 최종 설계가 이루어진 이후에 프로세스를 설계해서는 안 된다. 두 설계를 동시에 하게 되면 제품에 있을 수 있는 변경을 마침으로써 생산 프로세스를 촉진할 수 있다.

4. 디자인, 원형 개발 및 테스트

일단 기술시방이 결정되면 제품의 디자인(design)을 결정하고, 원형(prototype)을 제작하고, 여러 가지 조건에서 테스트하고 분석하고 수정한다. 제품의 디자인은 제품의 성능 사양을 실현하기 위한 외양, 모양, 크기, 색상 등 기술적, 물리적 사양의 결정을 말한다. 원형은 설계안의 성능과 내구성을 평가하기 위하여 제조되는데 시장에서의 성공 가능성을 평가하기 위하여 시험시장(test market)에 출시하거나, 실험실에서 실험을 통하여 물질적 특성, 행동적 결과 및 전반적인 결함 등을 기술적인 관점에서 검토한다.

예를 들면, 모든 새로운 전투기는 원형을 사용하여 시험한다. 결함이 발견되면 원형설계는 수정된다. 이러한 과정은 최종제품의 성능을 보장할 때까지 계속된다. 이러한 과정에서 원가, 품질 및 성능 등의 절충(trade-offs)이 이루어진다.

5. 최종설계

세부설계 또는 최종설계(final design) 단계에서는 제품의 완전한 시방(규격), 그의 구성품 및 절차(설계도), 정책 등이 확정된다. 제품의 최종설계와 동시에 프로세스의 최종설계가 이루어져야 함은 말할 필요가 없다. 세부설계는 제품의 기능, 형태 및 생산설계로 이루어진다. 기능설계는 제품의 성능, 형태설계는 제품의 외관, 생산설계는 생산의 비용에 관심을 갖는다.

기능설계

기능설계(functional design)는 제품의 성능에 관심을 둔다. 이는 고객이 용도의 적합성을 위한 성과시방을 만족시키려는 것이다. 이 과정에서 고려하는 특성은 신뢰성, 보전성, 사용 가능성(usability)이다.

형태설계

형태설계(form design)는 제품의 외관이나 모양에 관심을 둔다. 형태는 기능을 따르지만 미적 특징은 기능과는 아무런 관련이 없어도 최종제품의 형태에 영향을 미친다. 소비자에게는 기능보다 색상, 크기, 스타일 및 패션이 더욱 중요한 경우가 있다.

생산설계

생산설계(production design)는 낮은 비용으로 높은 품질의 제품을 생산하는 가장 경제적인 생산방법에 관심을 둔다. 비용 한도 내에서의 생산 가능성과 생산 용이성에 관심을 둔다. 비용에 영향을 미치는 영역은 자재선정, 부품결합 방법, 허용오차, 제품복합성 및 제품가변성 등을 들 수 있다.

제품단순화, 제품다양화, 표준화, 모듈화, 제조를 위한 설계 및 가격분석 등은 생산설계에서 고려해야 할 중요한 개념이다.

6. 제품의 출시

제품이 개발 및 설계과정을 성공적으로 마치면 최종제품의 생산이 진행되면서 광고도 하고 시장에 출시되어 고객을 맞이하게 된다. 한편 기업은 제품에 대한 고객들의 반응을 세밀하게 평가하여 후속 조치를 취할 수 있게 된다.

4.5 현대적 신제품 개발과정: 콘커런트 엔지니어링

1. 개념

오늘날 격심한 경쟁에서 이기기 위해 기업은 제품개발 스피드와 시장에의 신속한 출하기간에 기초한 시간경쟁(time-based competition)에 몰두하고 있다. 제품개발 주기를 줄여 신제품을 빠르게 시장에 출하해야 한다. 이러한 목적 외에 제품설계를 생산으로 원활하게 전환하려는 목적을 달성하는 현대적 제품개발 과정이 동시공학이다.

모든 부서는 제품의 설계과정에 중요한 역할을 수행한다. 설계사, 제조 엔지니어, 마케팅부서, 재무부서, 구매부서, 생산부서 등 모든 기능부서는 제품에 관심을 갖는다. 따라서 모두 함께 제품개발 · 설계와 생산 프로세스 개발에 참여해야 한다.

그럼에도 불구하고 앞절에서 공부한 바와 같이 전통적인 제품개발 과정은 관련 기능별 부서 사이의 장벽으로 인하여 서로 협조 없이 수행되어 왔다. 많은

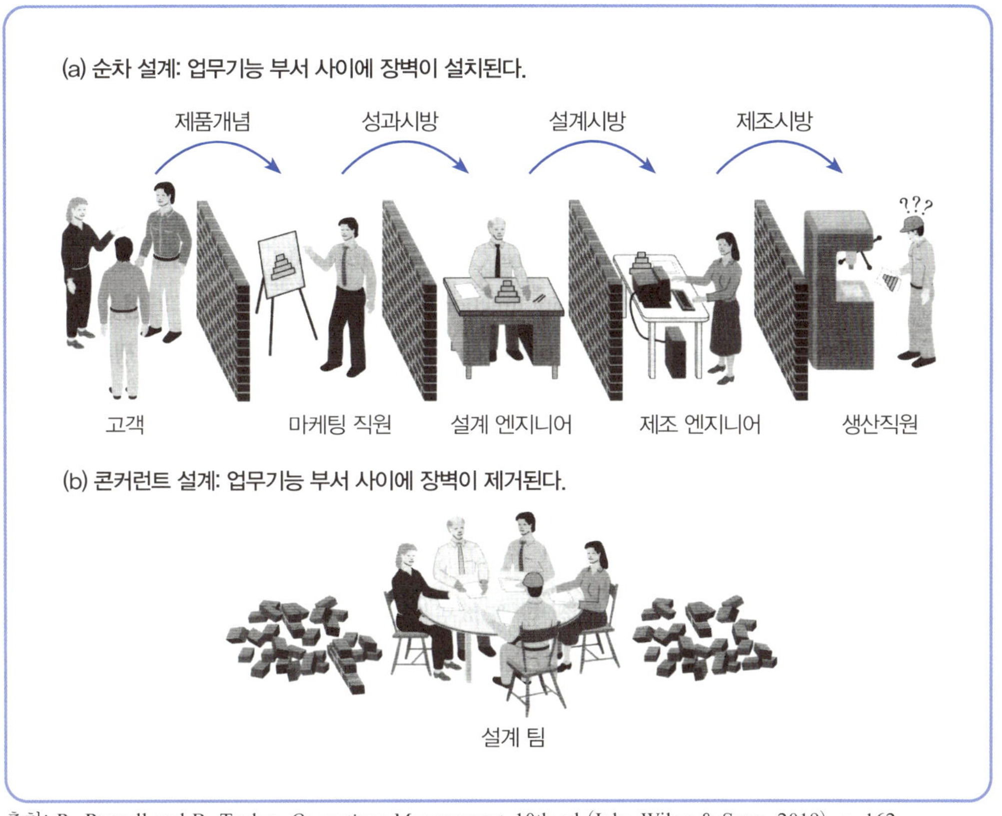

출처: R. Russell and B. Taylor, *Operations Management,* 10th ed.(John Wiley & Sons, 2019), p. 162.

[그림 4-5] 제품개발 흐름도

기업에서 제품개발은 설계부서에서 수행하는 제품의 설계가 생산부서에 넘어온 후 생산부서에서 수행하는 생산 프로세스의 설계가 별개의 활동으로 연속적·순차적·직렬식 과정으로 진행되었다. 이러한 접근방식은 잦은 설계변경으로 제품개발 시간을 길게 소요하고 생산담당자가 설계에 대한 의견 제시 전에 과도한 생산비용이 책정될 수도 있으며 또한 시장에 출하될 때 최상의 제품이 아닐 가능성이 있게 된다. [그림 4-5]의 윗부분은 전통적인 순차공학(sequential engineering: SE)을 보여주고 있다. 각 단계는 선행단계의 작업이 완료되어야 시작할 수 있다. 변화, 수정, 품질개선을 위한 제안이 있으면 각 부서를 한 번 더 통과해야 한다.

2. 콘커런트 엔지니어링의 의미

연속 엔지니어링은 분업에 의한 효율화와 전문화를 추구한 결과 관련자 간 상호작용의 부족으로 인해 의사소통의 문제를 야기하고 제품 개발기간이 길어지게 된다. 왜냐하면, 제품설계 과정에서 각 부서들을 장벽으로 분리시켜 하나씩 독립적으로 수행하며 문제가 발생하면 프로젝트를 해당 분야에 되돌려 과정을 처음부터 시작하기 때문이다.

이러한 문제를 완화하기 위하여 사용되는 방법이 동시공학 또는 콘커런트 엔지니어링(concurrent engineering: CE)이다. CE는 제품개념부터 판매에 이르는 제품개발 과정에 관련되는 모든 주요 업무기능 부서로부터 전문가가 동시에 처음부터 참여하여 구성한 자율적 작업팀에 의한 제품설계, 생산방법, 프로세스 설계, 생산계획 등 설계의 통합화를 통해 한 번에 수행토록 함으로써 제품이 고객의 요구와 기대를 완전히 만족시키도록 하는 방법이다. [그림 4-5]의 아랫부분은 병렬식 콘커런트 엔지니어링을 나타내고 있다.

콘커런트 엔지니어링은 여러 가지 혜택을 제공한다. 제품개발 사이클이 짧아지고 시행착오로 인한 재설계작업을 크게 줄일 수 있다. 한편 품질이 향상되면서 비용은 오히려 감소하게 된다. 중요한 도구가 필요한 경우 조기에는 설계 또는 구매할 기회를 갖는다. 특정 설계의 기술적 타당성을 일찍 고려할 수 있다. 동시공학을 실천하고 위해서 업무기능이 다른 사람들이 원할하게 의사소통할 수 있는 품질도구가 다음 절에서 공부할 품질기능전개이다.

4.6 현대적 신제품 개발과정: 품질기능전개

1. 개념

1970년대 초 Bridgestone Tire Corp.와 Mitsubishi Heavy Industries Ltd.가 처음으로 품질기능전개(quality function deployment: QFD)라는 기법을 사용하기 전에는 고객의 목소리(voice of the customer)를 신제품의 설계 및 생산과정에 반영할 시스템의 개발이 없었다. 여기서 고객의 목소리란 요구와 니즈를 포함하는 고객의 요구사항을 뜻한다.

QFD는 다소 추상적인 고객의 요구, 필요성, 기호, 기대 등 고객의 목소리를 신제품 개념정립→설계→부품계획→프로세스 계획→생산계획→판매에 이르는 모든 단계에 반영토록 마케팅, 설계, 제조 등 제품개발과 설계 및 생산에 관련되는 사람들이 자율적으로 작업팀을 구성하여 밀접하게 협조관계를 유지함으로써 고객만족을 실현하려는 현대적 신제품 개발기법이라고 할 수 있다. 즉 QFD는 고객의 요구를 기반으로 종합적 품질경영(TQM) 원칙을 따르는 제품을 개발하기 위한 행렬 기반의 체계적이고 시각적인 방법이라고 할 수 있다. QFD를 사용하는 이유는 설계의 초기 단계에서 시간이 좀 걸리더라도 고객 요구를 충분히 반영하면 향후에 발생할 시행착오를 줄일 수 있으므로 더욱 효과적이기 때문이다. 오늘날 QFD는 자동차, 전자, 가전, 의류, 생산설비 등 다방면에서 사용되고 있다.

2. 품질의 집 건설

QFD는 고객의 요구사항을 엔지니어의 설계 및 생산에 이용될 수 있는 기술적 설계특성(features)으로 변형시킴에 있어서 품질의 집(house of quality)이라는 잘 짜여진 행렬(matrix)을 이용한다. 품질의 집은 [그림 4-6]에서 보는 바와 같이

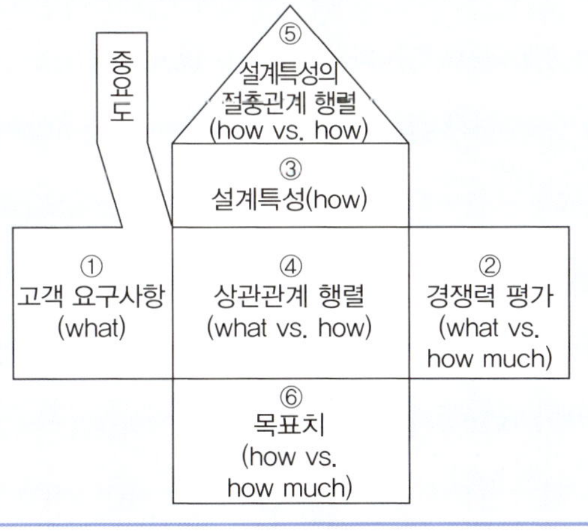

[그림 4-6] 품질의 집

- 고객 요구사항(customer requirements)
- 경쟁력 평가(competitive assessment)
- 설계특성(design characteristics)
- 고객요구와 기술특성의 관계 행렬(relationship matrix)
- 설계특성의 상관관계 행렬(correlation matrix)
- 기술특성의 목표치(target values)

의 여섯 개 부문으로 구성되어 있다.

이제 품질의 집을 건설하는 절차를 자동차 문의 설계문제를 예로 들어 설명하고자 한다.[2]

고객 요구와 그의 중요도

품질의 집은 설계에 반영할 고객의 요구사항 또는 제품의 중요한 고객 특성(customer attributes: CA)이 무엇인지를 규명하는 것으로부터 시작한다. 이는 설문조사, 개별면담, 시장조사, 그룹인터뷰 등을 통하여 결정하는 잠재적 고객의 목소리(voice of the customer: VOC)로서 [그림 4-6]에서 집의 왼쪽 편에 있는 'what'으로 나타내는 방(room)에 나열된다.

자동차 문의 경우 예를 들면, "쉽게 닫혀야 한다", "언덕에서 문을 열 때 열린 상태로 있어야 한다", "빗물이 새지 않아야 한다" 등의 특성을 표현한다.

나열된 각 고객 요구에 대해서는 고객의 견해에 따라 상대적 중요도(relative importance)가 1부터 10까지의 수치로 주어지는데 높은 수치가 더욱 중요한 요구를 의미한다. 이러한 중요도는 제품의 품질개선을 필요로 하는 분야의 우선순위를 결정하는 데 도움이 된다.

경쟁력 평가

경쟁에서 이기고자 하는 기업은 경쟁기업과의 상대적 위치를 알아서 차별화해야 한다. 집의 오른편에 나열된 각 고객요구 사항에 관해 자사제품을 포함한 경쟁제품에 대해서 1부터 5까지 무엇(what)이 얼마만큼(how much) 충족되고 있는가의 평가결과를 나열한다. 이러한 각 고객요구에 대한 경쟁력 평가(competitive

---

2 John, R. Hauser and D. Clausing, "The House of Quality," Harvard Business Review(May-June 1988), pp. 63~73.

assessment)는 고객에 대한 서베이를 통해서 실시한다.

경쟁제품과의 인지도 비교는 시장에서 자사제품이 갖는 절대적 강점과 약점을 나타내기 때문에 품질개선의 우선순위를 제시한다. [그림 4-7]에서 자사제품은 "달릴 때 소음이 없어야 함"에서 경쟁제품보다 강점을 갖지만 "밖에서 문 닫기가 용이함"에서는 약점으로 보인다.

설계특성

고객의 요구사항(what)이나 기대를 어떻게 하여(how) 측정 가능한 설계특성(design characteristics)으로 전환해야 할 것인가를 결정해야 한다. 각각의 고객요구에 대응되는 설계특성, 즉 기술특성(technical feature)은 엔지니어의 목소리(voice of engineers)로서 설계팀에 의하여 작성되는데 [그림 4-6]에서 보는 바와 같이 집의 지붕 밑에 있는 'how'라는 방에 나열한다. 여기서 고객요구란 고객만족이나 기쁨을 줄 수 있는 중요한 품질특성(critical to quality characteristic: CTQ)을 말한다.

이러한 기술특성은 고객요구의 하나 또는 둘 이상에 영향을 미친다. 고객의 요구는 애매하고 추상적인 용어로 표현되지만 기술 요구는 측정 가능한 기술적 용어로 표현되어야 한다. 왜냐하면, 이는 객관적 목표치와 비교할 수 있어야 하기 때문이다. 설계 프로세스에서 고객의 목소리를 반영해야 하는 기술특성의 예를 들면, 자재의 유형과 양, 부품의 크기와 형태, 강도, 서비스 절차 등에 관한 것이다.

고객요구와 기술특성의 관계행렬

일단 고객의 요구(what)와 이에 대응하는 기술특성(how)이 나열되면 각 기술특성이 각 고객요구에 어떻게 관련이 있는지를 나타내는 관계행렬(relationship matrix)을 집의 몸체에 [그림 4-6]과 같이 작성한다. 이러한 관계는 기술자의 경험, 고객의 반응, 통계적 연구 등을 통해서 평가된다. 그런데 각 기술특성은 하나 이상의 고객요구에 영향을 미칠 수 있고, 또한 어떤 고객요구에 대응하는 기술특성이 다른 고객요구에는 역효과를 나타낼 수가 있기 때문에 이러한 상관관계는 매우 복잡하다고 할 수 있다.

고객요구와 기술특성 사이에는 서로 다른 정도의 상관관계가 존재하므로 일련의 부호를 사용하여 관계의 상도를 표시한다. 관계가 비례적이면 ∨, 반비례적이면 ×를 표시하고 관계가 아주 강하면 ○를 사용한다. 이러한 관계행렬을 작성함으로써 고객의 요구 혹은 기대를 충분히 반영시킬 기술특성이 있는지를 밝힐 수 있다. 이때 두 요구 간 강한 상관관계가 존재하지 않는다는 것은 최종 설계에서 고객 요구를 수용할 수 있는 기술특성이 없다는 것을 의미한다.

설계특성의 상호관계 행렬

일단 모든 기술특성이 나열되면 그들 사이의 상호관계, 즉 어떻게(how)와 어떻게(how)의 상호관계를 [그림 4-6]에서 보는 바와 같이 집의 지붕(roof)에 표시한다. 이러한 상호관계표는 각 기술특성이 다른 기술특성(들)에 어떻게 영향을 미치는가를 보여 준다. 이러한 상호작용은 설계대안을 고려할 때 꼭 필요하다. 상호관계가 아주 강하면 ●을, 약하면 △을 사용한다.

예를 들면, '문 닫는 데 필요한 에너지'는 '문의 밀폐저항력'과 '주행 시 소음 감소'와 반비례적 관계에 있다. 이러한 상호관계에 관한 정보는 '문 닫는 데 필요한 에너지'의 목표치를 결정할 때 고려된다. 두 특성 간에 반비례가 존재하면 이들 사이에 절충이 벌어지게 된다.

기술특성의 목표치

일단 팀이 고객의 목소리를 규명하고 이를 기술특성에 연관을 지은 후에는 각 기술특성에 대한 객관적 측정치(objective value)를 [그림 4-6]에서와 같이 관계행렬 밑에 추가한다. 이 부분은 어떻게(how)를 얼마만큼(how much) 충족시킬 것인가를 나타낸다. 여기에는 자사제품뿐만 아니라 경쟁제품의 측정치도 포함하여 서로 비교한다.

목표치를 설정하기 위해서는 [그림 4-7]과 같이 객관적 측정치, 고객의 경쟁력 평가(자사 제품의 강점과 약점), 예상비용과 기술적 난이도(technical difficulty)에 대한 정보 등을 고려하여 팀은 최종적으로 각 기술특성에 대한 이상적인 목표치(target value)와 허용오차(tolerance)를 설정한다.

예컨대 자사제품의 문을 여는 데 필요한 에너지는 '7.5피트-파운드'로 설정할 수 있는데 이는 경쟁제품보다 훨씬 우수한 목표이기 때문에 밖에서 문 닫기가 용이해야 하는 고객의 요구를 충분히 만족시킬 수 있고 따라서 경쟁제품과 차별화할 수 있게 된다. 이러한 목표치는 기술규격(technical specification)으로 사용된다.

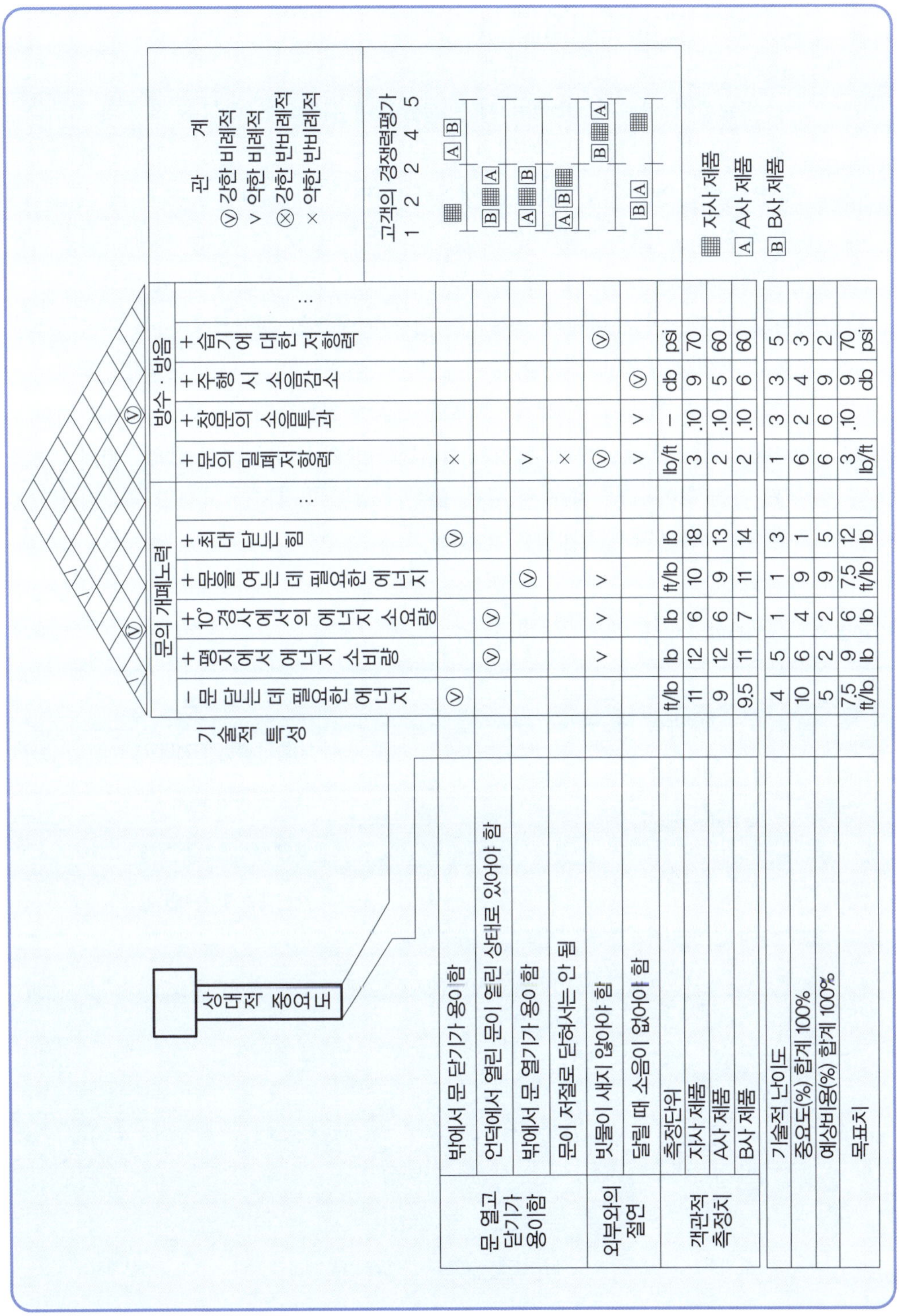

[그림 4-7] 완전한 품질의 집

3. QFD 원리의 연장

지금까지 설명한 QFD의 기본 개념은 고객의 요구사항을 제품의 기술특성으로 변환하고 이를 부품특성과 프로세스 특성, 나아가 생산에서의 사양과 활동으로까지 연장해서 변환하는 것이다. 이러한 QFD 원리는 제조기능과 고객만족 사이의 분명한 관계를 설정하는 노력에 적용할 수 있다. 쉽게 닫히는 문이 고객의 중요한 요구이고 이에 대응하는 기술특성이 문 닫히는 데 필요한 에너지라고 할 때, 이 에너지의 목표치는 단순히 목적일 뿐이므로 더욱 의미 있도록 하기 위해서 문을 만드는 과정과 연결이 되어야 한다. 다시 말하면, 고객이 원하는 제품을 만들기 위해서는 적절한 부품이 필요하며, 그 부품 제조를 위한 프로세스 계획과 생산계획, 나아가 각 프로세스에서의 적절한 작업방법이 필요하다. 이를 위해 [그림 4-8]과 같은 품질의 집이 연장되어 고객의 목소리가 생산활동과 제품에까지 전개되는 것이다.

| 표 4-2 | QFD원리의 연장

		고객요구와 필요
제품계획	→	
		기술적 특성(설계필요)
부품설계	→	
		중요 부품의 특성
프로세스 계획	→	
		주요 프로세스의 설계
생산계획	→	
		생산계획 및 통제방법

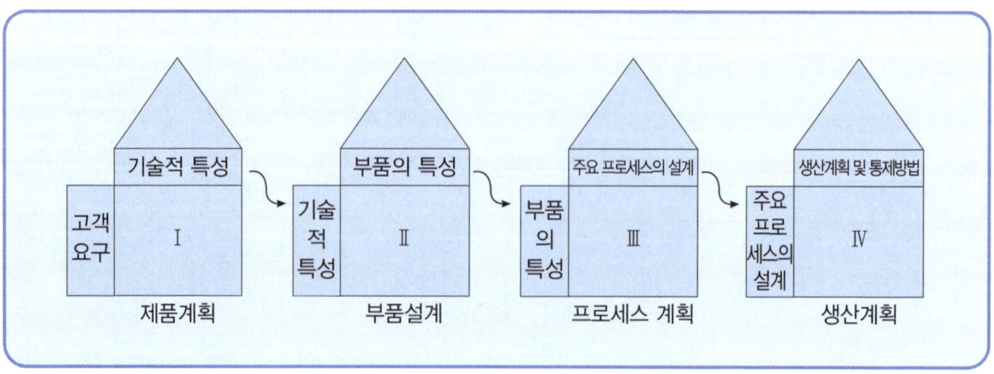

[그림 4-8] QFD원리의 연장

문을 만들기 위해서는 프레임(frame), 문틈마개, 돌쩌귀, 판금 등 올바른 부품(right part), 이들 부품을 제조하고 제품을 조립할 올바른 프로세스(right process), 그리고 제품을 제조할 올바른 생산계획(right production plan)이 필요하다.

한 품질의 집의 'what'에 대응하는 'how'는 이제 다른 집의 'what'이 되어야 한다. 예컨대 제품계획(product planning) 단계에서의 열(column)에 나열된 'how'의 하나인 '문닫는 데 필요한 에너지(피트-파운드)'는 부품설계 단계에서는 'what'이 되어 행(row)에 나열된다. 이때 문틈마개의 굵기와 같은 부품의 특성은 이 집의 열에 나열된다.

부품설계의 집에서 'how'인 문틈마개의 굵기는 이제 프로세스 계획의 집에서는 'what'이 된다. 한 단계의 'how'는 다음 단계의 'what'이 되는데, 이러한 과정은 생산계획을 수립할 때까지 계속된다. 이러한 과정을 〈표 4-2〉와 [그림 4-8]에서 요약하고 있다. 서로 연결된 네 개의 집을 통해 암암리에 고객의 목소리를 제조단계까지 전달한다. 설계, 제조, 마케팅 분야 등의 전문가로 구성된 팀이 QFD의 적용에 적극 참여해야 하는 이유가 여기에 있다.

4. QFD의 효과

QFD는 초기의 계획단계에서 많은 작업을 필요로 한다. QFD는 일단 그의 프로젝트가 진행되면 방향을 바꾸기가 무척 어렵다. 왜냐하면, 시스템의 모든 상호 관련된 요소들을 수정해야 하기 때문이다. 예컨대 개발과 생산과정에서 변화가 발생할 때 제품/프로세스 변화를 이미 작성한 QFD 서류에 어떻게 반영할 것인가는 하나의 문제점이다.

그러나 이러한 문제점에도 불구하고 QFD는 많은 장점을 가지고 있다.

- 설계변경의 횟수를 줄이는 데 기여한다. 이는 고객요구를 더 잘 이해하고 제조부문이 일찍 관여하게 되며 설계과정에서 문제예방에 중점을 두기 때문이다. [그림 4-9]는 QFD를 사용한 일본의 Mazda 자동차회사와 이를 사용하지 않은 미국의 Ford 자동차회사의 경우 설계변경의 횟수와 기간을 비교한 것이다. 일본 업체는 미국 업체보다 설계변경의 횟수가 상당히 적을 뿐만 아니라 생산의 초기 단계에서 설계변경이 이루어진다.
- 생산준비비용(start-up and preproduction cost)을 절감시킨다. 일본의 Toyota 자동차회사는 QFD를 사용하지 않은 1977년보다 이를 사용한

1984년에 61%의 생산준비비용 감소를 초래하였다.

- 제품개발기간을 단축시킨다. 새로운 제품을 도입하는 데 소요되는 기간을 1/3 내지 1/2만큼 단축시킬 수 있다. 이는 설계변경이 줄어들었기 때문이다.
- 부서 사이의 협조와 팀워크를 증진시킨다. 설계, 제조, 마케팅 등 모든 기능부서가 대표되고 함께 작업하므로 다른 부서의 업무에 대해 이해를 증진하고 문제해결에 협조정신을 갖게 된다.
- 보증클레임 수가 감소한다. 이는 설계가 향상되고 제조통제가 강화되기 때문이다.
- 고객만족이 증진된다. 상상하지 못한 고객의 희망을 규명하고 이들을 기쁘게 함으로써 제품혁신이 고안된다.

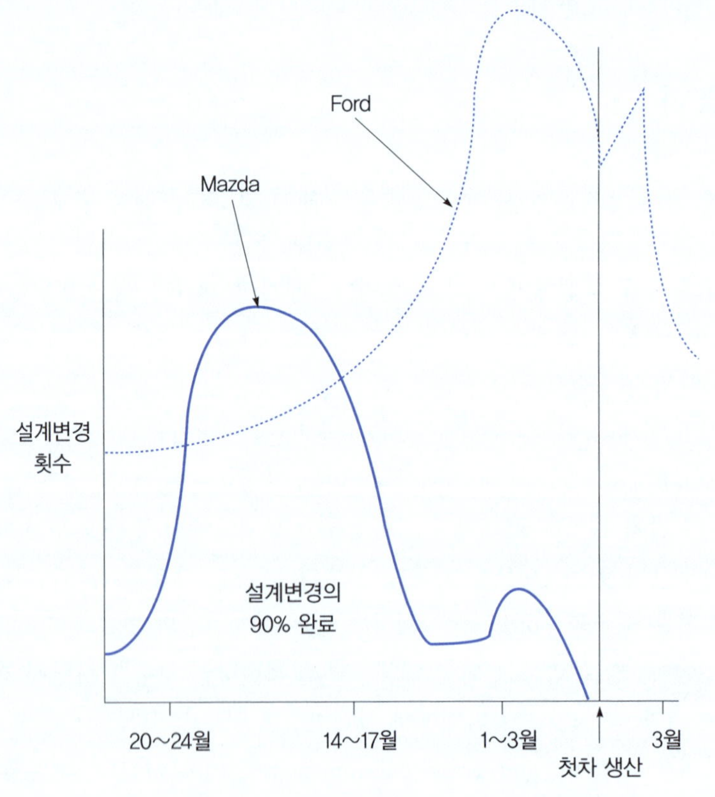

[그림 4-9] 일본과 미국 기업의 설계변경 비교

- 품질, 비용, 시간 사이의 절충이 필요 없게 된다. 전통적으로는 이들 특성 사이에는 상충관계가 존재하여 다른 특성의 희생 없이는 한 특성을 달성할 수 없다고 믿어 왔다.

5. Kano 모델

Kano 모델은 품질과 설계와의 관계를 설명한다. Kano 모델은 품질은 고객의 요구조건을 충족시키고 또한 높은 수준의 만족을 제공하는 것의 함수라는 사실을 제시하고 있다. 이와 같이 Kano 모델은 고객 요구사항의 충족 정도와 고객만족과의 관계를 설명하고 있다.

고객 요구조건에 대한 Kano 모델은 Herzberg의 동기–위생이론(motivation-hygiene theory)과 유사한 점이 있다. Herzberg에 의하면 인간에게는 성장하고자 하는 욕구와 고통을 회피하고자 하는 두 종류의 욕구를 충족시키고자 한다.

- 위생요인(hygiene factor): 고통을 피하려고 하는 욕구이며 일 그 자체보다는 직무에 관한 환경요소, 즉 봉급, 작업조건, 지위, 개인 상호 간의 관계, 조직의 방침 · 관리 · 감독, 그리고 안정 등과 직접 관련되어 있다. 이는 직무에 대한 불만족요인(dissatisfier)이라고도 부른다.
- 동기요인(motivator factor): 심리적 성장을 추구하는 요인이다. 동기요인은 직무내용, 즉 성취, 인정 그리고 직무 그 자체와 관련되어 있다. 또한 이 요인들은 조직 구성원들에게 만족을 주기 때문에 직무에 대한 만족요인(satisfier)이라고도 한다.

그는 조직 구성원들에게 직무의 만족과 불만족을 주는 요인이 다르다고 주장하였다. 즉 동기요인이 충족되면 만족을 느끼지만 충족되지 않으면 만족이 사라진다. 반면에 위생요인이 충족되며 불만족이 사라지지만 충족되지 못하면 불만족을 느끼게 된다. 이와 같이 두 요인을 상대적 개념으로 인간의 욕구를 구분하였다.

이와 같은 동기-위생이론의 개념을 제품이나 서비스의 만족에 영향을 미치는 품질에 적용하여 설계이론을 제시한 사람이 일본의 Kano 박사로서 품질의 특성(예건대 TV의 화질, 화면, 무게)을 다음 다섯 가지로 구분하였다.

- **당연적 품질특성**(must-be quality attribute, M): 위생요인에 대응되는 특성으로서 고객이 기대하는 기본적으로 갖추어져야 하는 불만족 요소이다. 예컨대 자동차의 라디오나 히터처럼 당연히 있어야만 만족을 느끼기 때문에 갖추어졌다고 하더라고 별다른 만족감을 느끼지 않지만 충족되지 않는 경우에는 불편과 불만족을 일으키게 된다. 당연적 니즈가 충족되면 더 이상의 노력은 추구하지 않아도 된다.
- **일원적 품질특성**(one-dimensional quality attribute, O): 충족되면 만족을 느끼고 충족되지 않으면 불만족을 느끼는 가장 일반적인 품질요소이다. 예컨대 스마트폰의 배터리 용량처럼 충족도가 올라갈수록 만족도도 올라가는 품질요소이다. 일원적 품질특성의 경우 비용-효익분석(cost-benefit analysis)을 실시하여 효익이 비용보다 크면 이러한 특성을 추가할 수 있다.
- **매력적 품질특성**(attractive quality attribute, A): 동기요인에 대응되는 특성으로서 고객의 기대수준을 뛰어넘기 때문에 충족되면 기쁨과 만족감을 주지만 충족되지 않더라도 불만족을 느끼지 않는다. 왜냐하면, 고객은 일반적으로 이러한 품질특성이 있는지도 기대하지 않기 때문에 충족이 되지 않는다고 해서 불만을 느끼지 않는다. 따라서 경제적 타당성이 있는 한 이러한 특성을 조금만 증가해도 고객만족과 브랜드 충성도는 모르거나 급속히 상승한다. 예를 들면, 호텔에서 들어오는 투숙객에게 고급 초콜릿 쿠키를 무료로 주는 경우 기쁨을 느끼게 된다.

  [그림 4-10](a)는 품질특성 충족의 정도에 따라 고객만족 또는 불만족에 영향을 미치는 품질의 세 차원을 보여주고 있다. 이러한 세 가지 주요한 품질특성 외에도 다음과 같은 두 가지 특성이 존재한다.
- **무관심 품질특성**(indiffernet quality attribute, I): 충족 여부가 만족과 불만족에 영향을 미치지 않는 특성을 말한다. 예컨대 기업 웹사이트 외에 추가로 제공되는 블로그는 무관심 품질특성이라고 여길 수 있다.
- **역 품질특성**(reverse quality attribute, R): 충족되면 불만족을 느끼고 충족되지 않으면 만족을 느끼는 특성을 말한다.

시간이 경과함에 따라 기술이 발전하여 품질특성은 진부화해 간다. 말하자면, 매력적 특성은 일원적 특성으로, 일원적 특성은 당연적 특성으로 변해간다. 예를 들면, 내비게이션 시스템은 처음 출시되었을 때 감동적인 특성이었지만 오늘날에는 고객들이 당연히 있는 것으로 생각하고 있다. 따라서 경쟁우위를

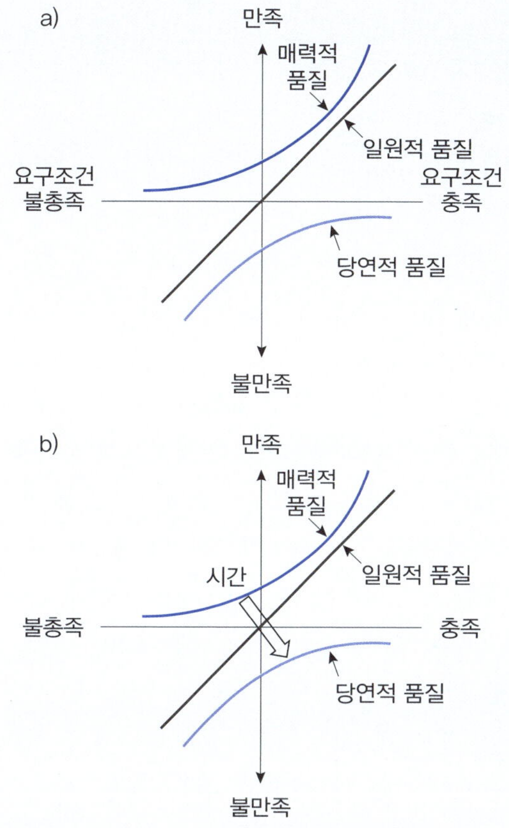

[그림 4-10] Kano 모델

유지하고 지속가능한 성장을 위해서는 새로운 매력적 특성을 꾸준히 발굴하고 일원적 특성의 충족 정도를 높이기 위한 노력을 게을리 해서는 안 된다. 이는 [그림 4-10](b)에서 보는 바와 같다.

Kano 품질모델은 다양한 소비자 니즈의 중요성의 우선순위를 결정하는 데 이용될 수 있다. 따라서 Kano 모델을 QFD에서 소비자 요구사항의 중요도 평가에 이용할 수 있으며 6시그마 프로젝트에도 활용할 수 있다.

4.7 CAD/CAM

오늘날 생산자동화를 추구함에 있어 가장 중요한 추세는 제품을 설계하고 제조하는 데 컴퓨터를 사용하는 것이다.

컴퓨터 지원 설계(computer-aided design: CAD)라는 용어는 원래 엔지니어들이 디자인 기능을 컴퓨터의 도움으로 처리하는 데 주로 사용하여 왔다. 이는 새로운 제품을 설계하기 위하여 컴퓨터 그래픽을 이용하는 시스템이다. 컴퓨터와 그래픽 소프트웨어가 결합하여 컴퓨터 스크린상에 도면을 그리고 이를 사방으로 조작하여 어떤 방향에서도 볼 수 있게 만든다. CAD는 설계 프로세스의 스피드와 신축성을 상당히 증가시킬 수 있다.

CAD를 이용하기 위한 최초의 도면 입력은 컴퓨터 터미널이나 제품 디자인이 화면에서 처리될 수 있도록 고안된 특별한 장치를 통해 이루어졌다. CAD는 제품의 개발 사이클을 단축하여 시간과 비용을 절약하기 위하여 3차원 도면을 이용한다.

디자인된 각 부품의 형상은 컴퓨터 데이터베이스에 저장되어 필요할 때 제조부문과 연결함으로써 각종 도면 정보 및 회로 디자인 정보 등을 전해 주도록 되어 있다. 이와 같이 CAD는 제조시설과 연결되어 사용하기도 하지만, 때로는 단독으로 각종 공학적 설계도면의 작성과 수정을 위해 사용된다.

이상과 같이 현재의 CAD는 자동도면 작성기의 의미를 넘어서 디자인과 관련한 계산, 부품분류, 제조시설의 연계성에 더 접근되어 있다.

- **디자인 관련 계산:** 일단 부품형상이 기억되면 부품에 대한 강도, 온도 등 공학적 특성을 계산할 수 있기 때문에 현재 행해지고 있는 제품원형을 제조함으로써 발생하는 여러 가지 비용상의 문제나 공학적인 결함을 해결할 수 있다.
- **부품의 분류:** 제조에 사용되는 각종 부품의 코드화는 데이터베이스에 데이터를 축적하기 위한 필수적 단계이다. 코드체계는 부품형상이나 기능에 따라 현재 사용하고 있는 코드를 이용할 수 있다. 이와 같이 각종 부품을 분류해서 데이터베이스에 저장해 놓으면 새로운 제품이나 기능을 설계할 때 이미 준비된 데이터베이스를 검색함으로써 제품설계에 도움을 받을 수 있다.

- 제조 프로세스와의 연계성: 제품을 생산하는 데는 부품설계가 우선 이루어지고, 다음으로 제조 프로세스를 설계한다. 이것은 제품생산설비에서 이용되는 도구나 기계의 적절한 형태를 선택하는 과정인데, 제품의 설계 규격(specification)이 데이터베이스에 저장되어 있다면 간단히 해결할 수 있다.

이와 같이 종합적 CAD의 사용은 디자인 부문과 제조 부문을 연결할 때 그의 효율성이 증대되는 한편, 다양한 프로세스상 운영에 대한 많은 대안을 시뮬레이션할 수 있을 뿐만 아니라 비용의 절약도 가져올 수 있다.

CAD의 다른 장점은 제조와 연결될 수 있다는 것이다. CAD를 통해서 제품설계를 프로세스 선정에 연결할 수 있다.

컴퓨터 지원 제조(computer-aided manufacturing: CAM)는 디스크(disk), 플로피디스크(floppy disk), 자기테이프(magnetic tape), 마이크로 프로세서(micro processor) 등의 장치에 기억된 제조 지시를 컴퓨터 프로그램에 의해 작동시키는 NC(numerical control) 기계와 로봇 등에 전달시켜 그 기계들을 작동하게 함으로써 제조 프로세스를 자동화하는 것이다. 이와 같이 CAM은 컴퓨터 프로그램을 통해 제조 장비를 통제하고 지시하는 프로세스이다. CAM은 제조장비를 지휘하고 통제하는 데 특수 컴퓨터 프로그램을 사용한다.

CAM 시스템을 구성하는 NC 기계에는 개별 기계들이 각각의 컴퓨터를 가지고 있는 컴퓨터화된 수치조자(computerized numerical control: CNC)과 한 대의 컴퓨터가 여러 대의 수치제어기계를 통제하는 직접수치조작(direct numerical control: DNC)방법이 있다.

CAM은 대형 컴퓨터에 프로세스 계획, 생산예측, 재고관리, 생산계획, 스케줄링 등을 입력시켜 데이터베이스화시켜 놓은 다음 이러한 생산 정보를 다음 생산지시를 위해 하부의 제어 컴퓨터에 연결시켜 생산을 통제한다.

CAM을 사용하게 되면 라인제조 프로세스에서 얻을 수 있는 이점을 배취제조 시스템에 적용시킬 수 있다. 즉 주문생산형태일지라도 생산의 유연성과 효율성을 높일 수 있는 이점을 준다. 다품종 소량생산형태가 지니고 있는 단점인 소량의 생산, 생산품의 다양화, 자재흐름의 어려움, 생산계획의 빈번한 변경 등의 비효율성을 컴퓨터의 통제로 제거시켜 획기적인 생산성 향상을 기대할 수 있다.

최근 CAM은 CAD와 연결되어 제조 프로세스와 제품설계 사이의 커뮤니케이션을 극대화시켜 통합된 컴퓨터 제어시스템으로 생산 프로세스의 자동화를 추진하여 효율성을 증진한다. 불량품 생산을 억제하고 적은 재작업과 낮은 재고수준을 가능케 한다. 한편 4차 산업혁명이 진행되면서 제3장에서 공부한 3D 프린팅이라고 하는 적층제조(additive manufacturing) 방식은 CAD 기술을 이용하여 자재를 한층 한층 순서대로 쌓아나감으로써 제품을 생산한다.

4.8 가치분석

경쟁에서 이기기 위해서는 제품이나 서비스를 꾸준히 향상시킬 필요가 있다. 혁신은 이러한 일을 하는 데 기본적인 필수요건이다. 제품과 서비스의 가치를 향상시키기 위하여 혁신을 조직적으로 하는 편리한 방법이 가치분석(value analysis) 또는 가치공학(value engineering)이다.

가치분석은 비용을 발생시키는 어느 것이라도 제거시키는 이념이기 때문에 제품이나 서비스의 가치 또는 기능에 공헌하지는 못한다. 그것은 가능한 가장 낮은 비용으로 제품의 요구되는 성능과 고객의 요구를 만족시키는 데 목적이 있다. 가치분석은 절차와 기법을 사용하여 제품이나 서비스를 분석하는 체계적이고 조직적인 방법이다.

가치는 고객의 요구를 가장 낮은 비용으로 만족시키는 것이다. 이와 같이 제품의 가치는 같은 비용으로 고객의 유용성을 증가시킴으로써 또는 비용을 절감하여 같은 유용성을 제공함으로써 향상된다. 더 좋은 가치는 비용을 증가시키지 않고서도 기능을 향상시킴으로써 또는 기능을 해치지 않고 비용을 절감함으로써 얻어진다. 가치는 비용뿐 아니라 기능에 강조를 둔다. 따라서 가치는 비용과 기능의 비율로서 다음과 같이 표현할 수 있다.

$$\text{가치} = \frac{\text{기능}}{\text{비용}}$$

전형적인 가치분석은 일련의 질문을 통하여 진행된다. 그것이 무엇인가? 그것의 기능은? 비용은 얼마인가? 그것의 가치는 무엇인가? 다른 어떤 것이 그 기능을 수행할 수 있는가? 그것은 단순화될 수 있는가? 그것은 꼭 필요한가? 이러한 방법은 대체, 제거, 표준화, 결합 또는 단순화 등을 통하여 개선의 여지를 찾는 것이다.

4.9 제조를 위한 설계

좋은 설계의 중요한 측면은 설계된 제품이 쉽게 그리고 적은 비용으로 생산할 수 있어야 한다는 것이다. 제조를 위한 설계(design for manufacture: DFM)란 제품을 보다 경제적이고 용이하게 생산 가능하도록 제품을 설계하는 방법을 뜻한다. 제품설계 단계에서 기업의 생산 설비능력과 인적자원의 한계 내에서 제품을 쉽고 비용절약적으로 생산할 수 있도록 설계해야 한다는 것이다. 이를 위해 제품설계시 설계단순화와 설계표준화 같은 지침을 따라야 한다.

기업이 제조를 위한 설계의 결과는 제품설계의 품질을 향상시키고 제품설계에 수반되는 비용과 시간을 감소시킨다는 것이다. 효과적인 제조를 위한 설계의 결과는 제품설계의 품질을 향상시키고 제품설계에 수반되는 비용과 시간을 감소시킨다는 것이다.

제조를 위한 설계 외에도 기업에서는 조립을 위한 설계, 보전을 위한 설계, 로지스틱스를 위한 설계, 환경을 위한 설계 등을 고려한다.

좋은 제품설계란 제품을 어떻게 제조할 것인가는 물론 어떻게 조립할 것인가도 고려해야 한다. 조립을 위한 설계(design for assembly: DFA)는 조립할 때 부품의 수를 줄이고 조립방법과 조립순서에 관심을 갖는다. 제품을 쉽게 제조하고 조립하는 의미로 제조 가능성(manufacturability)이라는 말을 사용한다.

보전을 위한 설계((design for maintainability: DFM)란 제품의 서비스 가능성(serviceability)을 증진하기 위하여 설계 · 개발과정에서 제품의 예상 수명주기 동안 얼마나 쉽게 보전 가능성(maintainability)을 확보할 수 있는지 체계적으로 고려하는 방법을 말한다.

로지스틱스를 위한 설계(design for logistics: DFL)란 운송과 관련된 비용을 고려하는 제품설계 방법이다.

4.10 환경을 고려한 설계

환경보호에 대한 관심이 고조되면서 환경을 고려한 설계에 대한 압력이 점증하고 있다. 환경을 위한 설계(design for environment: DFE)란 제품설계 시 환

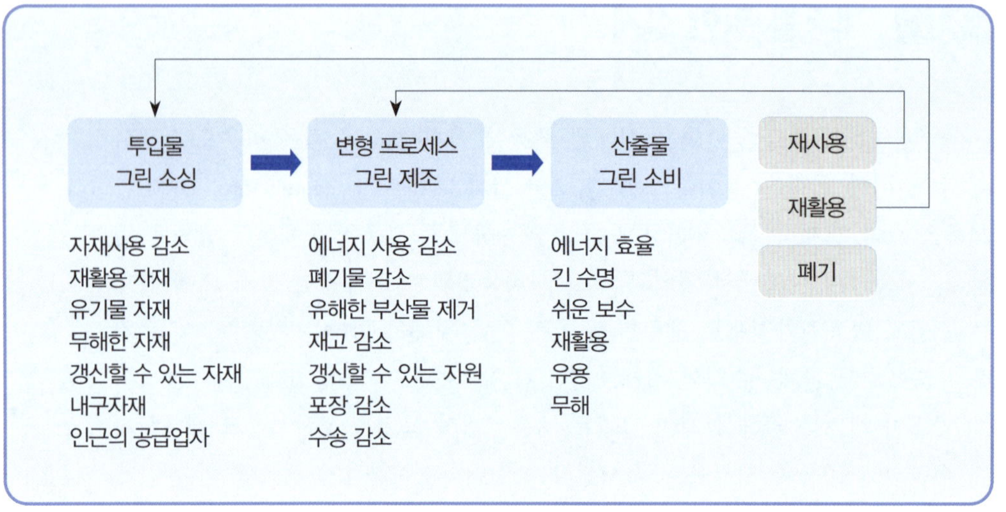

[그림 4-11] 환경친화적 설계방안

경, 안전, 건강 등의 문제를 고려하는 방법이다. 이는 법적 채무의 가능성을 줄여야 한다든지 규제조건에 따라야 하는 기업의 경우에는 아주 중요한 개념이다. 여기에는 제조 프로세스(에너지 보전 등), 포장(재사용, 낭비감소), 처분, 재활용 등에 관심을 갖는 것이 포함된다. 예를 들면, 이산화탄소의 배출량을 아주 줄이고, 에너지 사용과 위험한 자재의 사용을 최소로 하기 위해 자재와 포장방법을 제대로 선택하고 나아가서 제품의 재사용과 재활용을 최대로 하는 방안을 강구해야 한다.

환경을 위한 설계로서는 재활용된 자재를 사용하여 제품을 설계한다든지, 위험한 화학약품의 사용을 줄이고, 수명이 다한 이후에 재활용할 수 있는 자재 또는 구성품을 사용하고, 버리기보다는 수리해서 사용할 수 있도록 하고, 불필요한 포장은 최소화하는 등 여러 가지 측면을 고려할 필요가 있다. [그림 4-11]은 제품의 수명주기 동안 환경친화적 설계방안을 제시하고 있다.

4.11 품질과 설계규격

전통적으로 생산자의 입장에서 품질을 설계규격에의 적합(conformance to the design specification)이라고 정의하여 왔다. 설계단계에서 결정한 부품의 규격을

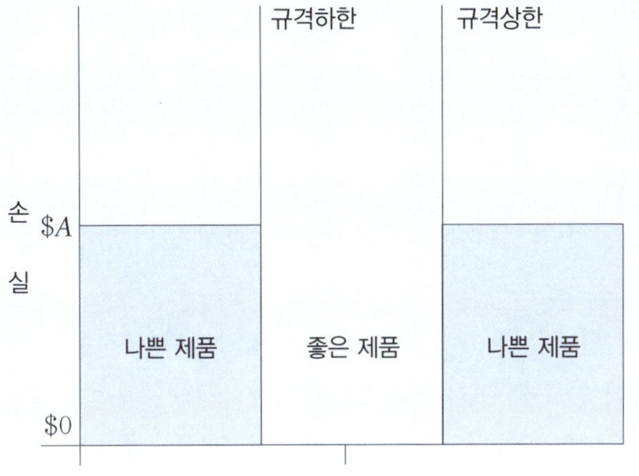

[그림 4-12] 전통적 손실함수

준수하면 그 부품은 규정된 표준을 준수하게 되고 요구되는 기능을 제대로 수행한다고 보는 것이다. 그러나 이러한 규격을 준수하지 못하면 이 부품은 불량품으로 판정이 된다.

전통적 견해에 의하면 목표치로부터 떨어진 거리에 상관 없이 규격한계 내에 놓이는 모든 부품은 똑같이 좋고(양품이고), 규격한계 밖에 놓이는 모든 부품은 똑같이 나쁘다고(불량품이라고) 판정한다. 즉 부품의 품질특성이 규격한계 내에 들어오면 아무런 비용(손실)이 발생하지 않으나 규격한계 밖에 나가면 이 부품을 양품으로 대체해야 하므로 비용이 발생한다는 것이다. [그림 4-12]는 이러한 전통적 손실함수(loss function)를 나타내고 있다. 그림에서 부품이 일단 규격한계를 벗어나면 목표치로부터 아무리 멀리 떨어지더라도 일정한 손실이 발생함을 볼 수 있다. 이는 축구경기에서 골대 안으로 공이 들어가면 점수로 인정하는 것과 같으므로 골대(goal post) 모델이라고도 한다.

이와 같이 전통적 손실함수는

- 고객은 규격한계 내에서는 똑같이 만족하고 규격한계를 벗어나면 만족하지 않는다.
- 품질특성의 실제치가 규격한계 내에 들어오는 한 비용은 이러한 품질특성에 의존해서 발생하지는 않는다

는 가정에 입각한다.

이러한 전통적 손실함수는 재작업과 폐기물의 비용에는 적용될 수 있지만 그렇지 않은 많은 경우에는 적용할 수 없다. 목표치에 일치하는 부품과 규격 상 · 하한 내에 겨우 들어오는 부품은 성능면에서 똑같을 수 없으며 또한 부품의 품질특성이 규격한계를 겨우 벗어난다고 해서 비용이 껑충 뛰는 것도, 그리고 규격한계를 일단 벗어나면 그의 정도에 관계 없이 일정하다고 하는 것도 정당화할 수 없다.

따라서 설계규격을 가지고 품질을 평가한다는 것은 소용 없는 일이다. 목표치로부터의 변동(벗어남)을 최소화하려는 노력이 최선일 뿐이다.

만일 규격한계가 품질평가의 기준이 될 수 없다면 버려야 하는가? 그것은 물론 아니다. 규격한계는 제품이 일단 만들어진 이후에 이 제품을 출하할 것인가 아니면 폐기할 것인가를 결정하는 검사도구로서 사용할 수 있다.

[그림 4-13]에서 보는 바와 같이 제품이 일단 만들어진 이후에 그 제품의 품질특성이 규격한계 내에 들어 있으면 그 제품을 출하할 것이며 (그렇다고 이러한 제품을 생산하는 것이 바람직하다는 것을 의미하지 않지만), 규격한계를 벗어나면 그 제품을 폐기해야 한다. 물론 생산의 목적은 지속적 개선을 통해 목표치에 근접한 제품을 생산하는 것임은 말할 필요 없다.

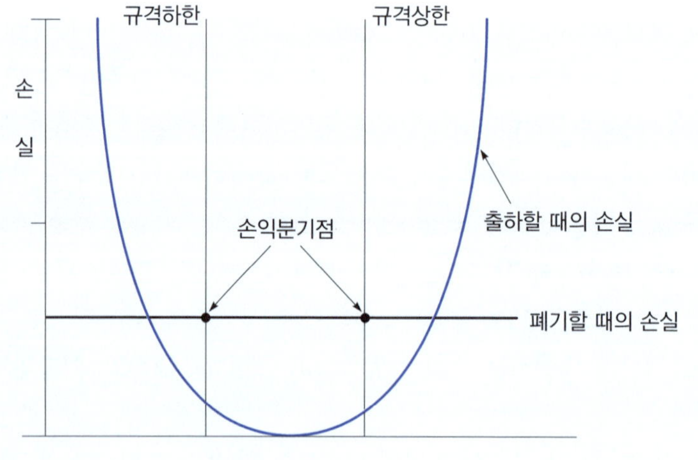

[그림 4-13] 규격한계와 손실함수

4.12 Taguchi의 철학

1. Taguchi의 품질개념

일본의 통계학자이면서 엔지니어였던 Genichi Taguchi의 품질개선 방법은 Deming의 접근법이나 Ishikawa의 TQC처럼 비교될 정도로 널리 사용되고 있다. 사실 Taguchi의 방법은 Shewhart의 통계적 품질관리에 기반한 품질향상 기법이나 Deming의 품질향상 기법을 이어받는 연장선상에 위치한다고 볼 수 있다.

Taguchi 방법이 추구하는 목적은 다음과 같다.

- 제품이나 서비스의 통제가능 설계요인과 프로세스의 결과 사이의 함수적 관계 규명
- 통제가능변수의 최적화를 통한 프로세스 평균의 조정방법
- 프로세스의 랜덤 노이즈와 제품이나 서비스의 변동 사이의 관계 규명

Taguchi 방법 중 독특한 측면은 품질의 정의, 품질 손실함수, 로버스트 설계이다.

앞절에서 설명한 바와 같이 허용된 규격범위 속에 들어가는 모든 부품은 똑같이 좋고 그 범위를 벗어나는 모든 부품은 똑같이 나쁘다고 하는 전통적 품질개념에 정면으로 도전하였다. 그는 품질이란 규격에의 적합이라는 전통적 품질정의에 동의하지 않았다. 다시 말하면, 그는 적합품질이라는 전통적 견해에 맞서 이상적 품질(ideal quality)이라는 용어를 사용함으로써 제품이나 서비스의 품질수준은 목표치에서 결정되어야 함을 강조하였다.

Taguchi는 품질을 제품이 출하될 때부터 사회에 부과하는 손실 또는 비용이라고 정의한다. Taguchi에 의하면 제품의 품질특성이 정확하게 그의 목표치(target value)와 일치하면 아무런 비용이 발생하지 않고 품질이 좋아지지만 품질특성이 그의 목표치로부터 떨어질수록 비용은 증가하고 품질은 나빠진다는 것이다. 이는 다음 절에서 설명할 그의 손실함수로 설명할 수 있다. [그림 4-14]는 전통적 손실함수와 Taguchi 손실함수를 비교하는 그림이다.

품질의 정의에서 사용하는 사회란 생산자, 고객 및 공중을 의미한다. 품질개선은 사회가 지불하는 비용보다 더 많은 자원을 절약하기 때문에 품질개선을 위

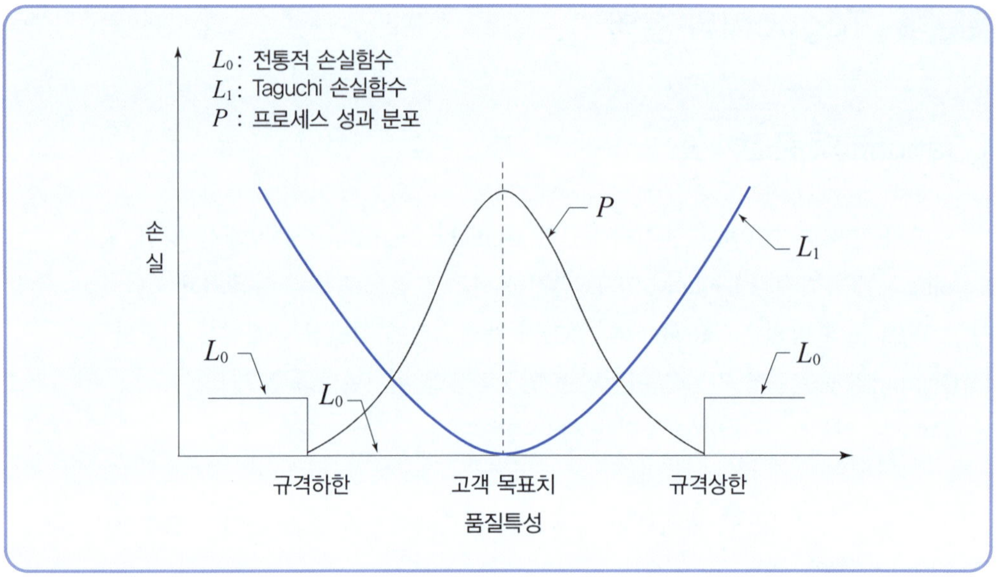

[그림 4-14] 전통적 손실함수와 Taguchi 손실함수의 비교

한 투자는 제품이 출하할 당시부터 사회에 대한 손실을 감소시키는 한 권장되어야 한다. 여기서 손실이란 규격을 지키지 못하는 데서 발생하는 낭비, 손해, 비용(폐기, 수리) 등을 말한다.

어떤 파라미터의 주어진 값을 갖는 제품을 사회에 출하하는 데 따르는 사회적 총비용은

- 그 제품의 생산자에 대한 생산비용
- 그 제품생산으로 인한 고객과 공중에의 불량품질 비용

을 포함한다. 사회에의 손실에는 제조과정에서 발생하는 검사비용, 재작업과 폐기물 등 낭비, 제품이 고객의 요구사항을 만족시키지 못하는 데 따르는 수많은 직접적이고 간접적인 비용(낭비, 검사비용, 폐기물, 재작업), 제품이나 서비스를 생산하는 데 소모한 원자재와 노동력, 환경오염의 비용, 성능 수행의 실패에 따른 서비스비용의 발생과 제조업자 이미지 실추, 제품사용으로 인한 위험한 부작용 등이 포함된다. 품질개선의 목적은 사회가 장기적으로 부담하는 비용보다 더욱 절약할 수 있는 제품과 프로세스의 혁신적 설계방식을 찾아내는 것이다.

2. 품질손실함수

사회에의 총비용을 나타내는 $L(y)$곡선은 망목특성의 경우 [그림 4-15]가 보여주고 있다. 그림에서 사회에의 총비용 $L(y)$가 $y=m$에서, 즉 품질 특성치=목표치일 때 0(최소)이지만 목표치 m으로부터 벗어나는 순간부터 사회에의 비용은 2차 함수적으로 증가하기 시작한다.

제조제품의 품질과 비용은 제품과 프로세스의 설계에 의해 영향을 받는다. 온도, 습도, 제조변동(노이즈 요인) 같은 통제불능요인에 덜 민감한 제품 및 프로세스 설계(다음 절에서 설명할 로버스트 설계)에 집중함으로써 Taguchi 개념은 노이즈의 영향을 제거하려는 노력이 아니고 감소시키려는 것이다. 왜냐하면, 노이즈 요인을 제거하려면 막대한 비용이 소요되기 때문이다. 제조변동은 수입 원자재가 변동을 내재하기 때문에 완전히 제거할 수는 없는 것이다. 노이즈 요인의 영향을 둔하게 하고 바람직한 품질특성은 목표치에 근접하도록 강요하는 통제가능변수의 최적수준을 결정함으로써 제품과 프로세스의 로버스트 설계는 완성되는 것이다.

Taguchi는 제품과 프로세스의 시스템 설계, 파라미터 설계, 허용오차 설계에 있어서 관련 파라미터의 목표치와 허용오차를 결정하는 3단계 설계과정을

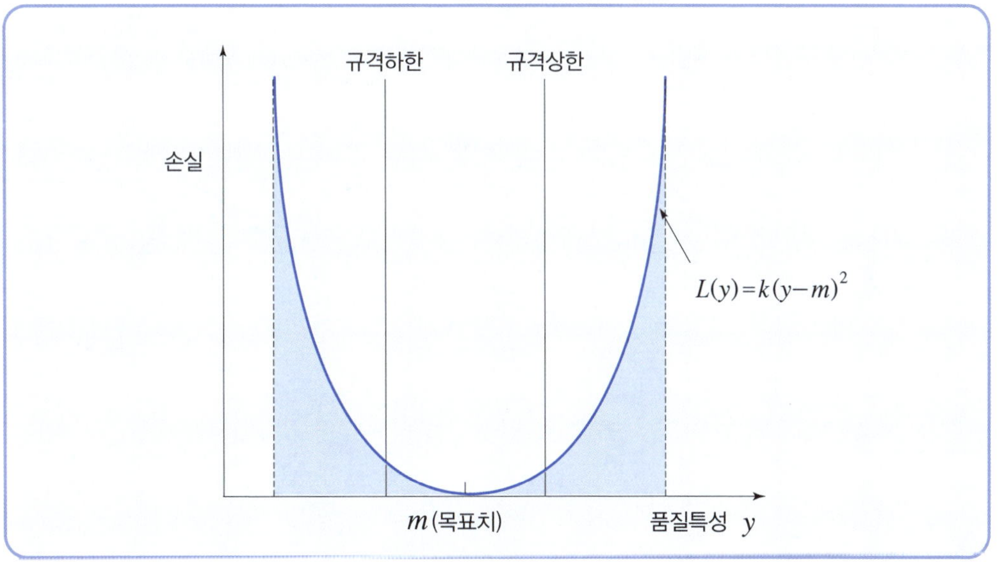

[그림 4-15] Taguchi의 품질손실함수

제안하였다. 이들에 관한 설명은 다음 절에서 공부할 것이다.

3. Taguchi의 손실함수

Taguchi의 손실함수는 품질특성의 성격에 따라 [그림 4-16]에서 보는 바와 같이 세 가지 유형으로 분류할 수 있다.

- **망목특성**(target is test): 제품의 길이, 두께, 직경, 점도 등처럼 그의 품질특성치가 목표치에 근접할수록 좋은 품질특성을 말한다. [그림 4-16](a)에서 보는 바와 같다. 망목특성 중에서 손실의 방향에 따라 그의 크기가 다른 특성을 비대칭 망목특성이라 한다. 이는 [그림 4-16](b)에서 보는 바와 같다.
- **망대특성**(larger is better): 접착강도, 사용수명, 인장강도, 내구성, 효율 등과 같이 품질특성치가 크면 클수록 좋은 품질특성을 말한다. 이는 [그림 4-16](c)에서 보는 바와 같다.
- **망소특성**(smaller is better): 소음, 불순물, 처리시간, 배기개스, 마모, 균형 등과 같이 품질특성치가 작으면 작을수록 좋은 특성을 말한다. 이는 [그림 4-16](d)에서 보는 바와 같다.

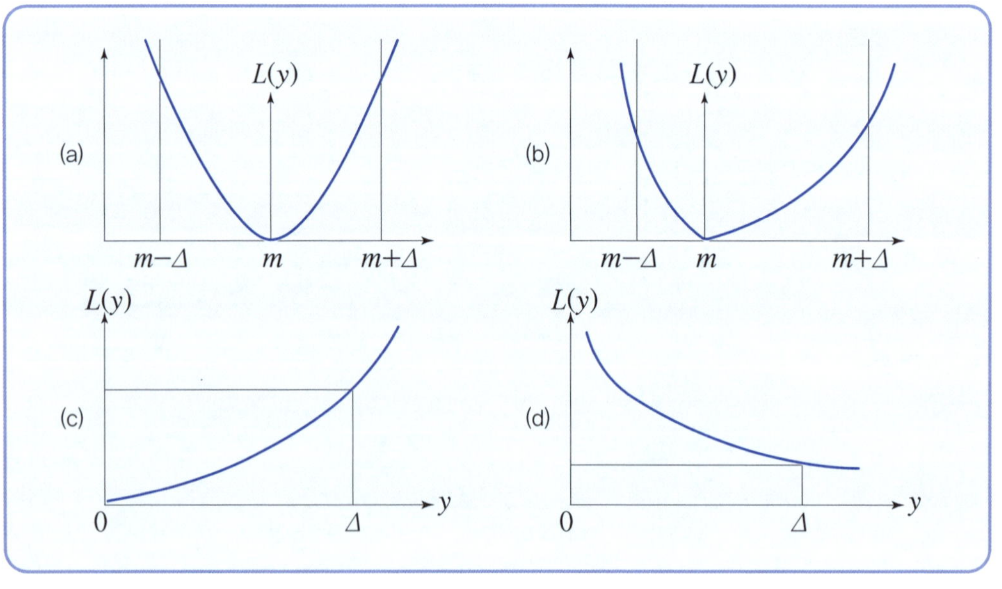

[그림 4-16] Taguchi 손실함수의 유형

[그림 4-17]과 같은 망목특성의 경우 Taguchi 손실함수는 다음과 같은 식으로 표현할 수 있다.

$$L(y)=k(y-m)^2 \qquad (4.1)$$

$L(y)$: 손실의 크기

k: 품질손실계수(상수)

m: 품질특성의 목표치

y: 품질특성의 실제치

이는 손실(사회에의 총비용)의 크기 $L(y)$는 품질특성이 목표치를 벗어난 편차 $(y-m)$의 제곱에 비례한다는 것을 의미한다.

상수 k의 값을 결정하기 위하여 [그림 4-17]에서 보는 바와 같이 품질특성의 기능적 허용한계가 $(m+\varDelta)$와 $(m-\varDelta)$라고 하자. 그러면 $\varDelta$은 허용오차가 된다. 이는 평균적 제품이 기능할 수 있는 최대허용변동이다. 품질특성이 소비자의 기능적 허용한계 $m\pm\varDelta$에서 소비자의 평균손실이 $\$A$라고 한다면 $A=k\varDelta^2$이 성립하여 $k=A/\varDelta^2$이 된다.

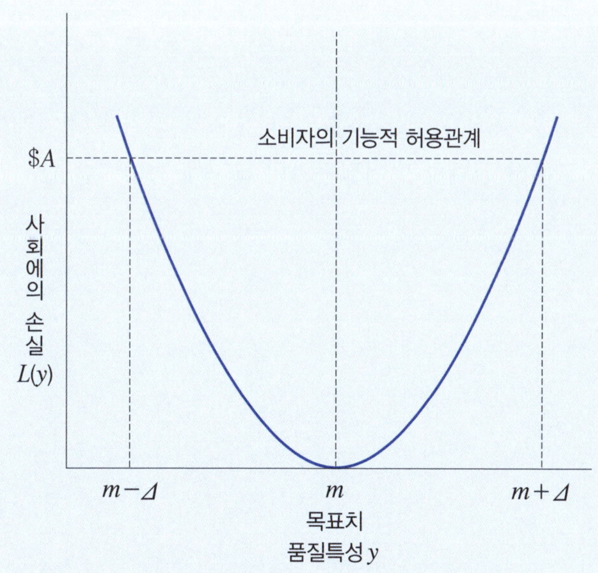

[그림 4-17] 손실함수: 망목특성의 경우

따라서 식 (4. 1)은 다음과 같이 된다.

$$L(y) = (A/\Delta^2)(y-m)^2 \qquad (4.\ 2)$$

많은 제품에 대한 기대손실(expected loss) L은 품질특성 y의 분포가 주어지면 계산 가능한데, $E(y)=\mu$ 이고 $Var(y)=\sigma^2$이 된다. 즉

$$\begin{aligned} E[L(y)] &= E[k(y-m)^2] \\ &= k(y\text{의 분산} + y\text{의 제곱편차}) \\ &= k[Var(y) + (\mu - m)^2] \\ &= k(MSD) \end{aligned}$$

m: 품질특성 y의 분포의 평균(목표치)

$Var(y)$: 품질특성 y의 분포의 분산

MSD: 원하는 목표치로부터의 평균제곱편차(mean squared deviation)

표본으로 얻은 측정 데이터 y_1, y_2, ⋯, y_n이 있을 때 품질특성 y의 MSD는 다음 식을 이용하여 추정한다.

$$MSD = \sum_{i=1}^{n} (y_i - m)^2 / n$$

기대손실은 품질특성 분포에 있어 산포의 크기에 정비례하고, 또한 평균치가 목표치로부터 얼마나 떨어졌는가의 크기에 정비례한다.

예제 4-1

어떤 부품의 직경에 대한 소비자의 허용한계는 2.5±0.02cm이다. 이 한계를 벗어나는 제품을 구입했을 때 소비자가 이를 고치는 데는 5,000원을 지불한다고 한다. 10개의 제품을 랜덤하게 추출하여 그들의 직경을 측정하여 보니 2.53, 2.49, 2.50, 2.49, 2.48, 2.52, 2.54, 2.53, 2.51, 2.52이었다.

① 제품의 단위당 평균손실을 구하라.

② 제조업자는 제품의 변동을 줄이고자 생산 프로세스를 변경하려 한다. 새로운 프로세스에 대한 추가비용은 단위당 550원이라고 한다. 연간 생산량은 30,000개이다. 새로운 프로세스로부터 8개의 제품을 랜덤하게 추출하여 직경을 측정하니 2.51, 2.50, 2.49, 2.52, 2.52, 2.50, 2.48, 2.51이라고 가정할 때 연간 절약은 얼마인가?

해 답

① $k = A/\varDelta^2 = 5,000/(0.02)^2 = 12,500,000$

$L(y) = 12,500,000(y-2.5)^2$

$E[L(y)] = 12,500,000\,E(y-2.5)^2$

$$\frac{\sum_{i=1}^{10}(y_i-2.5)^2}{10} = \frac{1}{10}[(2.53-2.5)^2+(2.49-2.5)^2+\cdots+(2.52-2.5)^2]$$
$$= \frac{1}{10}(0.0049)$$
$$= 0.00049$$

단위당 평균손실 $= 12,500,000(0.00049) = 6,125$원

② $L(y) = 12,500,000(y-2.5)^2$

$$\frac{\sum_{i=1}^{10}(y_i-2.5)^2}{8} = \frac{1}{8}[(2.51-2.5)^2+\cdots+(2.51-2.5)^2]$$
$$= 0.0001875$$

새로운 프로세스에서의 단위당 기대손실 $L(y) = 12,500,000(0.0001875) = 2,343.75$원

새로운 프로세스의 사용에 따른 단위당 순절약 $= 6,125 - 2,343.75 - 550$

$= 3,231.25$원

연간 순절약 $= 30,000(3,231.25) = 96,937,500$원

예제 4-2

어떤 제품의 한 품질특성의 규격은 0.50±0.02라고 한다. 만일 특성치가 이 규격을 벗어나면 제품은 보증기간 동안 고장이 나고 수리하는 데 50원이 소요된다고 한다.

① 손실함수를 구하라.

② 만일 변동이 목표치로부터 0.01이라고 한다면 기대손실은 얼마인가?

③ A와 B 두 프로세스의 규격은 0.50±0.020이고 품질특성의 분포가 다음과 같다고 가정하자. ①에서 구한 손실함수를 사용할 때 각 프로세스의 기대손실은 얼마인지 계산하라. 프로세스 A에서 생산하는 제품은 모두 규격을 지키는 양품이지만 목표치를 중심으로 고르게 분포되어 있는 반면, 프로세스 B에서 생산하는 제품은 불량품을 포함하지만 그의 규격은 목표치에 집중되어 있다.

특성치	프로세스 A 확률	프로세스 B 확률
0.47	0	0.02
0.48	0.20	0.03
0.49	0.20	0.15
0.50	0.20	0.60
0.51	0.20	0.15
0.52	0.20	0.03
0.53	0	0.02

해 답

① $50 = k(0.02)^2$

$k = 50/0.0004 = 125{,}000$

손실함수 $L(y) = 125{,}000(y-m)^2$

② 변동이 0.01일 때의

기대손실 $= L(0.01) = 125{,}000(0.01)^2 = 12.50$원

③ 손실함수 $L(y) = 125{,}000(y-0.50)^2$

각 프로세스의 기대손실은 다음과 같다.

특성치(y)	손 실(L)	프로세스 A의 확률	가중손실	프로세스 B의 확률	가중손실
0.47	112.5	0.00	0	0.02	2.25
0.48	50.0	0.20	10	0.03	1.50
0.49	012.5	0.20	2.5	0.15	1.875
0.50	0.0	0.20	0	0.60	0
0.51	012.5	0.20	2.5	0.15	1.875
0.52	50.0	0.20	10	0.03	1.50
0.53	112.5	0.00	0	0.02	2.25
		기대손실	25.0		11.25

프로세스 B에서 생산되는 일부 제품이 규격을 벗어나더라도 프로세스 B의 기대 손실은 양품만을 생산하는 프로세스 A보다 오히려 적다. 이와 같이 기대손실은 제품의 규격과는 관련이 없다. 기대손실은 목표치로부터의 변동에 따르는 손실을 측정하기 때문에 이는 규격에 적합한 제품을 생산하려는 현상유지를 탈피하고 목표치로부터의 변동을 최소화하려는 지속적인 품질향상 노력이 필요함을 강조한다.

4. Taguchi의 손실함수와 규격한계의 관계

Taguchi는 전통적 손실함수보다 자신의 손실함수가 소비자에 미치는 손실면에서 유리함을 증명하기 위하여 [그림 4-18]을 이용하였다. 그림은 TV 색상밀도의 분포와 규격한계를 나타내고 있다. 색상밀도가 정규분포를 따르는 A분포는 Sony의 일본 도쿄 공장을 나타내고 균등분포(uniform distribution)를 따르는 B분포는 미국 샌디에고 공장을 나타내고 있다.

일본에서 생산된 제품은 목표치를 중심으로 밀접하게 집중되어 있지만 제품의 일부가 규격한계를 벗어난 불량품이었다. 이에 반하여 미국에서 생산된 제품은 규격한계 내에서 넓게 분포되어 있어 불량품은 없었다.

여기서 소비자들은 미국 제품을 일본 제품에 비해 더욱 선호하였을까? 소비자에게 미치는 손실이 적었을까? 소비자들은 일본 제품을 더 선호하였다고 한다. 이는 규격한계만을 지키면 손실이 전무하다고 하는 전통적 손실함수보다 일부 불량품 생산이 있더라도 대부분의 제품이 목표치 주위로 집중할 때에 손실이 적다고 하는 Taguchi 손실함수가 유리하다는 것을 말해주고 있다. 이와 같이 전통적 손실함수는 규격준수를 강조하지만 Taguchi의 손실함수는 목표치와

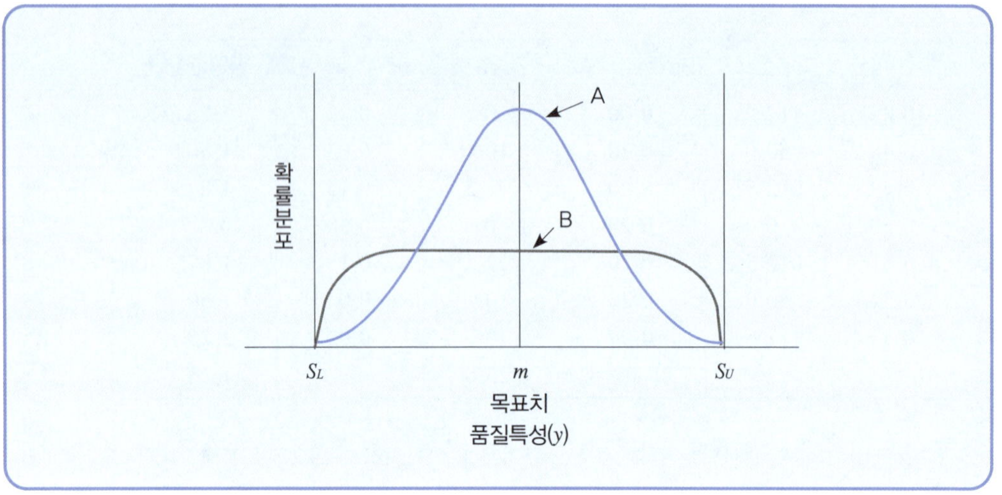

[그림 4-18] 품질특성의 확률분포

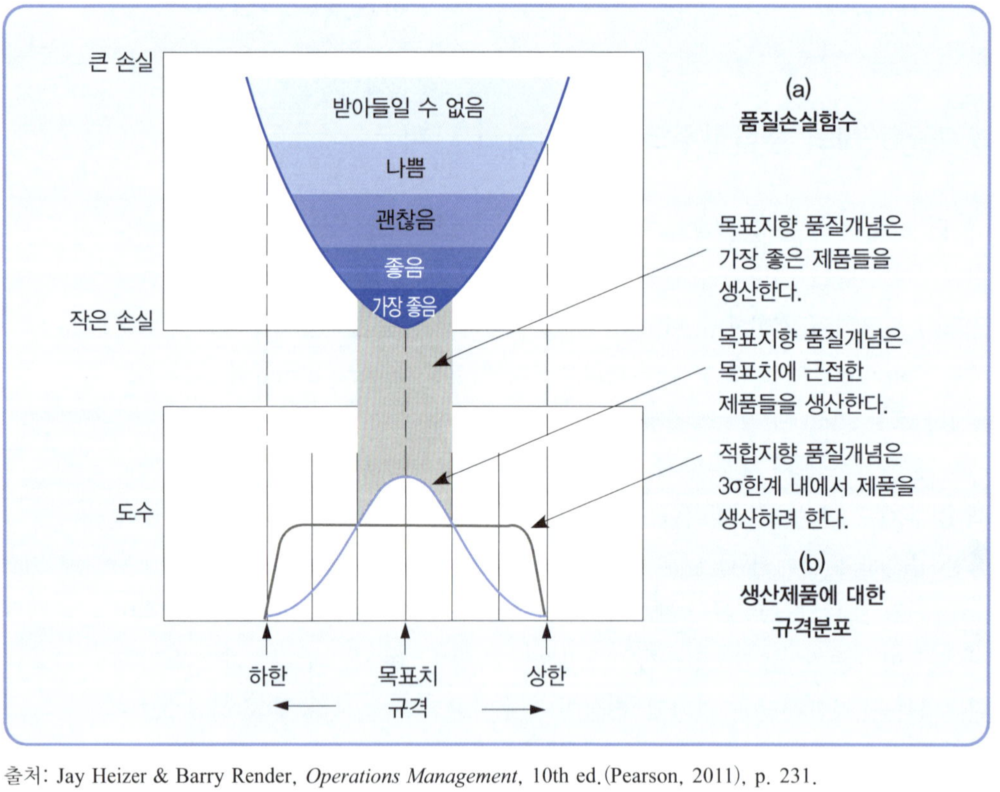

출처: Jay Heizer & Barry Render, *Operations Management*, 10th ed.(Pearson, 2011), p. 231.

[그림 4-19] 품질손실함수와 규격분포의 관계

의 일치를 강조하는 개념이다.

[그림 4-19]는 품질손실함수와 생산제품의 규격분포와의 관계를 보여주고 있다. Taguchi는 품질특성이 규격한계 내에 들어오면 그 제품은 좋다고 하는 전통적 적합지향 규격(traditional conformance-oriented specification)이론을 배격한다. [그림 4-19](b)에서 보는 바와 같이 적합지향 품질개념은 목표치로부터 멀리 떨어진 제품을 생산하더라도 규격한계 내에 들어오는 모든 제품은 받아들인다. 이럴 경우 [그림 4-19](a)에서 보는 바와 같이 고객불만족 같은 사회적 손실은 높은 것이다.

반면 Taguchi가 주장하는 목표지향 품질개념은 목표치에 근접한 좋은 제품을 생산할 것을 권장한다. 목표지향 품질개념은 목표치에 꼭 일치하는 제품을 생산하고자 하는 지속적 품질향상의 철학이다.

결론적으로 말하면, 품질특성이 규격한계 내에만 들어가면 손실이 전무하다고 간주하는 전통적 손실함수의 개념보다 규격한계 내에 들어가더라도 목표치와 완전히 일치하지 않으면 손실이 발생한다고 주장하는 Taguchi의 견해가 더욱 실제적이라는 것이다.

5. 실험설계법

실험설계법의 의의

품질관리 기법 중 가장 널리 사용되는 관리도(control chart) 및 통계적 프로세스 관리(statistical process control: SPC) 기법은 온라인(on-line) QC기법으로서 현재 진행 중인 제조 프로세스로부터 데이터를 수집 · 분석하여 불량품의 발생을 미연에 방지하는 등 프로세스에 어떤 변화를 가하여 적합품질의 목적을 달성하려고 한다. 반면 오프라인(off-line) QC는 제품의 개발 · 설계단계와 원형제품 테스트 단계에서 제품과 프로세스의 파라미터의 최적수준을 결정함으로써 비용을 감축시키고 품질은 향상시키고자 한다. 이렇게 제품 및 프로세스의 설계품질을 미리 강조함으로써 제조 프로세스에서 발생할 수 있는 나쁜 영향을 최소화하려고 한다. 이와 같이 품질은 제품 속에 설계되어야 하고 제품 전체의 품질개선을 위해서는 오프라인 QC와 온라인 QC를 함께 사용해야 한다.

SPC에 있어서는 프로세스에 유용한 변화를 가할 수 있는 정보를 프로세스가 제공한다는 의미에서 수동적 방법이 사용되지만 실험설계법에 있어서는 프로세스에 실시한 시험, 인자에의 변화, 반응결과의 관찰 등에 입각하여 프로세스 개선을 위한 정보를 추출한다는 의미에서 능동적 방법이 사용된다고 볼 수 있다.

실험설계법(design of experiment: DOE)이란 제품의 품질특성에 영향을 미치는 인자(factor)에 변화를 가하여 이들 인자가 제품의 특성에 어떤 영향을 미치는지 실험하여 제품의 품질을 향상시킬 수 있는 프로세스 파라미터의 최적반응 조건을 찾아내고자 하는 계획된 방법을 말한다.

실험설계는 제품생산에 필요한 통제가능변수들의 최적결합을 규명하는 데 사용될 뿐만 아니라 프로세스를 최적화하고, 프로세스 변수 사이의 상호작용을 규명하고, 프로세스에서의 변동을 감소하는 데 사용되는 도구이다. 따라서 실험설계법은 오래전부터 제품설계와 프로세스 성과를 향상시키는 데 사용되어 왔다.

실험설계의 중요 용어

실험계획법에서 사용하는 중요한 용어들을 미리 이해하는 것이 좋을 것이다.

실험(experiment)이란 가정된 믿음을 지지하거나 거부한다든지 제품, 프로세스, 서비스에 대한 새로운 정보를 찾아내기 위하여 실시하는 계획적인 연구방법이다. 실험은 어떤 통제가능 파라미터의 효과를 결정하기 위해 반응을 유도하게 된다. 여기서 통제가능 파라미터를 인자라 한다.

인자(factor)란 변화가 가능하고 그의 결과를 측정할 수 있는, 예컨대 시간, 오븐의 온도, 첨가제의 양, 작업자, 납품업자 등과 같은 통제가능한 독립변수를 말한다. 제품의 품질특성에 영향을 미치는 많은 원인 중에서 실험의 대상으로 취한 원인을 인자 또는 요인이라 한다. 인자는 계량적 인자와 질적 인자로 구분할 수 있다.

양적 인자의 경우 값의 범위, 측정방법, 제어할 수 있는 수준 등을 결정해야 한다. 수준(level)이란 인자를 변화시키기 위하여 부여하는 값을 말한다. 예컨대 어떤 약품의 합성반응에서 합성수율에 대한 가열온도의 영향을 조사하기 위하여 가열온도로서 70도, 80도, 90도를 실험한다면 가열온도는 인자이고 70도는 인자의 한 수준이며, 이때 수준의 수는 3개라고 할 수 있다. 이 경우 반응변수(response variable)는 합성수율(%)로서 종속변수가 된다. 납품업자와 같은 질적 인자의 경우에는 별개의 수준을 나타내기 위하여 임의로 코드를 사용한다.

종속변수에 영향을 미치는 독립변수는 여러 개가 있을 수 있는데, 우리가 관심을 갖는 통제가능한 독립변수를 제외한 나머지 외부적인 요인들을 외생변수(extraneous variable)라고 한다. 이는 습도 또는 온도 등과 같은 환경변수(environmental variable)로서 통제불능변수 또는 노이즈 변수(noise variable)라고도 한다.

처리(treatment)란 반응변수에 영향을 미치는 인자의 수준 간 어떤 조합을 말한다. 예로서 합성수율에 영향을 미치는 인자로서 가열온도(70도, 80도, 90도)와 원료의 납품업자(A, B)를 고려한다고 하자. 선정된 납품업자는 질적 인자이다. 그러면 가열온도 70도와 납품업자 A는 하나의 특별한 처리이다. 이 경우 처리는 모두 $3 \times 2 = 6$개이다. 그러나 보통 인자의 여러 다른 수준 각각을 처리라고도 한다. 실험에서 적용할 수준들의 결합조건을 설정하는 것을 처리조건(treatment condition)이라 한다.

반복(replication)이란 실험에서 어떤 처리조건에 대해 반복실시하는 것을 말한다. 실험을 1회 실시하는 것보다 반복하여 몇 회 실시할 때 신뢰도를 높일 수 있다.

랜덤화(randomization)란 같은 조건에서 미리 예견할 수 없는 실험오차(experimental error)를 없애기 위해 실험순서를 랜덤으로 결정하는 것을 말한다. 처리 및 실험순서의 랜덤화로 실험오차 간 독립성을 보장하고 통제불능인자의 영향을 평균화시킨다. 이렇게 함으로써 편의(bias)를 제거하고 특정한 처리가 선호되는 것을 막을 수 있다.

인자는 실험의 결과에 영향을 미치는데, 그 정도를 효과(effect)라고 한다. 효과에는 다른 인자의 존재는 고려하지 않아도 되는 주효과(main effect)와 인자 2개 이상이 서로 상승작용을 일으키는 경우 이러한 조합된 효과를 말하는 상호작용 효과(interaction effect)가 있다.

∷ 실험계획법의 중요성

우리는 어떤 현상의 결과와 그 결과에 영향을 미치는 여러 요인들의 관계를 분석하는 경우가 있다. 이때 실험을 통하여 통계적 기법을 적용하면 더욱 효과적인 결과를 얻을 수 있다. 생산 프로세스에도 여러 가지 투입물을 변환하여 산출물을 생산한다. 이때 투입변수에 의도적인 변화를 가하여 산출변수에 어떤 변화반응이 오는지 실험할 수 있다. 실험설계법은 통제가능 투입변수들이 반응변수에 미치는 영향을 결정하고자 할 때 사용할 수 있다.

예를 들면, 페인트회사는 여러 가지 첨가물이 건조시간에 미치는 영향을 실험하여 가장 빠른 건조시간을 가져오는 특정 첨가물을 선정할 수 있다.

프로세스 변수(process variable)는 통제가능변수(설계변수)와 통제불능변수(노이즈 변수)로 구분할 수 있다. 실험계획은 통제가능변수를 체계적으로 변화시켜 이 변화가 프로세스의 결과에 어떤 영향을 끼치는가를 분석하여 통제가능변수들의 값(프로세스 파라미터의 값)을 최적화하여 프로세스와 제품의 품질을 향상시키고 품질특성에 발생하는 변동을 최소화하려고 한다. 즉 실험계획은 프로세스에 영향을 미치는 통제가능변수들을 체계적으로 조작하여 프로세스의 변동을 최소화하려는 강력한 통계적 기법이다.

실험계획법은 기본적으로 다음과 같은 목적을 수행하기 위하여 실시한다.

- 반응(response)에 가장 큰 유의한 영향을 미치는 인자는 무엇이며 그의 크기는 얼마인지를 결정하기 위하여(검정과 추정)
- 가장 바람직한 반응(결과)을 얻기 위한 인자들의 조건을 결정하기 위하여(최적반응결정)
- 통제할 수 없는 표본오차 및 측정오차의 크기를 최소로 하기 위한 인자들의 변화를 결정하기 위하여(오차항 측정)
- 통제불능변수들의 영향을 최소로 하기 위한 인자들의 크기를 결정하기 위하여

이와 같이 실험계획은 프로세스 개발이나, 프로세스 성과를 향상시키기 위해 프로세스상에서 문제를 제거하거나 프로세스 변동의 외부적 원천(external sources of variability)에 로버스트(robust) 또는 덜 민감한 프로세스를 얻기 위하여 사용된다.

프로세스의 향상과 최적화를 위해서는 통계적 프로세스 관리방법(SPC)과 실험계획법(DOE)이 사용된다.

SPC는 제조 프로세스의 통계적 안정을 추구하기 위하여 데이터를 사용하는데, 프로세스가 안정되면 어떤 유용한 정보도 제공하지 못한다. 이에 비하여 실험계획법은 프로세스가 비록 안정되었지만 프로세스 능력(process capability)이 부족하면 변동을 감소시킬 수 있다. 또한 DOE는 프로세스나 시스템에 실험을

실시하여 프로세스 개선에 필요한 정보를 얻을 수 있다.

비록 DOE가 제품과 프로세스의 설계단계에서 최적 파라미터의 값을 구하는 데 사용되지만 프로세스의 통계적 안정을 추구할 경우에도 사용된다. 예를 들면, 관리도가 프로세스가 불안정함을 나타내고 프로세스의 여러 통제가능변수 가운데 어느 것이 더욱 중요한지 알 수 없는 경우에는 DOE를 사용하여 이러한 영향력 있는 프로세스 변수를 찾아낼 수 있는 것이다. 이와 같이 DOE는 현재의 제품 또는 제조 프로세스를 개선한다든지 새로운 제품 또는 프로세스를 개발 하는 데에 사용되는 매우 중요한 도구이다.

DOE의 장점은 다음과 같다.

- 프로세스를 안정화시키고 향상시키는 데 중요한 프로세스 변수를 규명한다.
- 변동을 감소시키고 목표치에 일치하도록 돕는다.
- 역사적 데이터가 없는 새로운 프로세스의 개발에 있어 결과를 최대화하고 전반적인 비용과 시간을 절감시킬 중요한 요인과 그들의 수준을 결정해 준다.

Taguchi방법은 제품이나 서비스를 생산하는 데 필요한 투입물의 최적결합을 결정하는 표준화된 방법이다. 이는 DOE를 통해서 프로세스 파라미터의 최적수준을 결정한다. Taguchi는 환경변수에 덜 민감한 제품과 프로세스를 설계하고 목표치(target value) 주위로 변동을 최소화하기 위하여 DOE를 사용하였다.

한편 DOE는 6시그마 설계(DFSS)를 위해서도 널리 사용된다.

6. 품질공학

Taguchi의 품질에 대한 접근법 뒤에 숨은 철학은 비용을 줄이면서 동시에 높은 품질의 제품을 생산할 수 있다는 것이다. 그는 이를 품질공학(quality engineering)이라고 한다. 품질공학은 제품설계와 제조 프로세스를 최적화함으로써 비용감소와 품질의 향상을 기하기 위하여 공학적 방법과 통계적 방법을 결합한다.

품질공학은 이와 같이 모든 제품과 이에 필요한 모든 프로세스에 품질을 설계하는 것을 목적으로 한다. 이는 제조 프로세스로부터 설계단계로, 즉 상향으로 품질개선 노력을 진행한다.

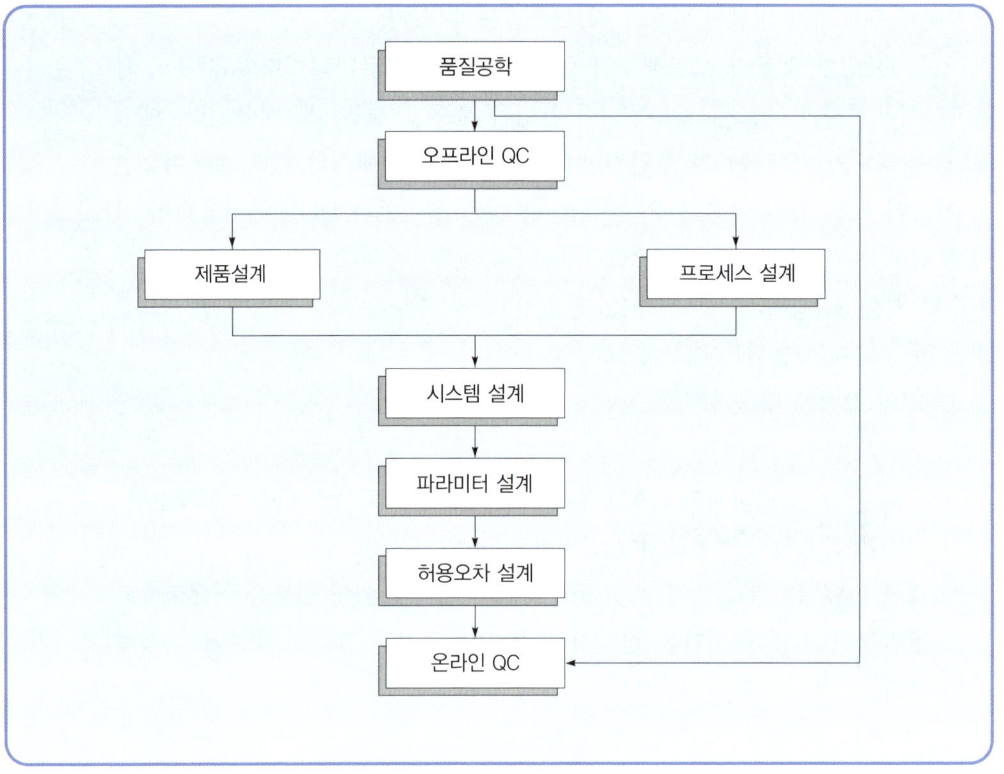

[그림 4-20] 품질공학시스템

전통적 품질관리 활동에서는 관리도와 통계적 프로세스 관리를 활용하여 제품관리와 프로세스 관리에 집중하였는데, 이를 온라인 품질관리(on-line QC)라 한다. 반면 실험설계법을 활용하여 제품 및 프로세스 설계를 통한 품질개선 노력을 오프라인 품질관리(off-line QC)라 한다. 오프라인 QC는 품질개선과 비용절감을 동시에 추구하는 효과적인 방법이다. 오프라인 QC는 제품 제조 가능성을 향상시키고 제품개발 비용과 평생 동안의 비용을 절감시킨다.

Taguchi의 품질공학시스템은 [그림 4-20]과 같이 오프라인 QC와 온라인 QC를 포함하는 품질손실을 최소화하기 위한 전체적인 품질관리 활동의 체계이다. Taguchi의 오프라인 QC는 로버스트 설계를 위한 시스템 설계, 파라미터 설계, 허용오차 설계를 포함하는데, 제품과 프로세스 설계에 있어 관련 파라미터의 목표치와 허용오차를 결정하기 위하여 이러한 3단계의 과정을 거친다.

7. 로버스트 설계

제품이 환경적 조건과 작동하는 조건에 취약하면 품질상 문제가 있다고 한다. 제품이 제대로 작동하지 못하게 하는 조건은 통제가능요인과 통제불능요인으로 구분할 수 있다.

품질의 변동(variation), 즉 품질특성의 목표치로부터의 편차를 유발하고 비용을 발생시키는 요인은 온도, 조명, 습도, 진동, 먼지, 사용기간, 유지보수 등 통제불능요인(uncontrollable factor)인데, 이는 잡음 또는 노이즈(noise)라고도 한다. 노이즈는 다음과 같이 세 가지 형태로 구분할 수 있다.

- **외부 노이즈:** 온도, 기압, 습도, 진동 등과 같은 환경적 조건에 의한 제품 특성의 변동
- **내부 노이즈:** 제품사용으로 발생하는 마모나 열화 같은 제품 특성의 변동
- **제품 간 노이즈:** 작업자, 재료, 작업조건 등 제조상의 문제 때문에 발생하는 제품 특성의 제조 변동

사실 전통적으로 제품에 품질변동을 일으키는 노이즈가 발견되면 그 노이즈를 제거하기 위해 막대한 비용을 들여 생산 프로세스를 재설계하는 것이 일반적이었다. 그런데 이러한 통제불능요인은 제거하기가 거의 불가능하고 막대한 비용이 소요되므로 일본의 산업공학자인 Taguchi 방법에 있어서는 그들의 영향을 최소화하려는 노력을 경주한다. 중요한 통제가능요인의 최적수준(optional level)을 결정함으로써 다시 말하면, 제품이나 프로세스를 처음에 설계할 때 환경변화에 따라 영향을 덜 받도록 하자는 것이다. 이렇게 하면 환경상의 변동요인들을 생산 프로세스에서 직접 통제하는 것보다 훨씬 비용절약적이다.

로버스트 설계는 생산과정에서뿐만 아니라 제품을 실제로 사용할 때에 환경변화에 따른 품질변동을 감소시켜 사용품질을 향상시키기 위해 제품을 설계할 때도 사용된다. 사실 제품 수명주기 동안 실제로 사용할 때 환경변화에 따른 성능변동을 줄이는 것이 아주 중요하다.

이를 위해서 로버스트 설계(robust design)라는 개념을 사용하는데, 이에 입각하여 중요한 통제가능요인(controllable factor: 예컨대 자재, 크기, 길이, 반경 등 부품의 치수, 가공형태)의 설계변수에 대한 최적수준을 결정해야 한다. 즉 모든 통제불능요인에 둔감한, 즉 이에 영향을 받지 않고(insensitive) 동시에 중요한 통

제가능요인에 대한 최적수준을 설정하여 품질특성이 이러한 최적수준에 이르도록 강요함으로써 효과적이고 비용절약적인 제품/프로세스의 로버스트 설계를 실시하는 것이다.

이와 같이 제조상의 변동이나 환경상의 변동에 둔감하도록 제품이나 프로세스 설계단계에서 파라미터들에 대한 최적수준을 추구하면 추후 생산 중에 품질변동을 통제하는 것보다 비용이 훨씬 적게 든다.

통제불능요인에 둔감한 로버스트 설계는 다음과 같은 3단계 절차를 거쳐 완성된다.

시스템 설계(system design)

고객요구를 만족시킬 기본적 설계대안을 개발 · 선정하기 위하여 이 단계에서는 기능적 요구를 수행할 시제품(prototype product: 제품원형)을 고안하고 동시에 이를 제조할 자재, 기계, 도구, 기술 및 프로세스와 같은 잠정적인 제품 및 프로세스 파라미터를 선정하고 고안하기 위하여 과학적 · 공학적 원리와 경험을 사용한다. 즉 제품의 기능적 설계(functional design)를 생성하는 단계로서 원자재와 구성품이 규명되고 제품제조 과정에서 거치는 프로세스의 순서 등이 제안된다.

이 단계에서는 기본적 개념설계(concept design)가 고정되는데, 예컨대 펌프를 설계함에 있어 펌프를 작동할 원리를 결정한다. 펌프는 피스톤과 밸브를 사용할 것인가, 액체를 어떻게 끌어올릴 것인가 등을 먼저 결정해야 한다.

시스템 설계단계에서는 부품의 수와 기능이 결정된다. 그러므로 이 단계에서는 통계적 절차는 사용되지 않는다.

파라미터 설계(parameter design)

이는 Taguchi 방법의 핵심적인 부분이다.

최종제품의 기능 변동폭을 최소로 하기 위하여 환경적 요인, 제품진부화, 제조변동(manufacturing variation)에 의하여 발생하는 변동에 덜 영향을 받도록 중요한 제품과 프로세스의 파라미터에 대한 특정 목표치(nominal value)를 결정한다. 파라미터는 어떤 제품성능에 영향을 미치는 통제가능요인(controllable factor), 예를 들면, 크기, 길이, 반경 등 부품의 치수를 의미하는데, 파라미터 설계란 이러한 요인들의 최적수준을 정하여 주는 것을 말한다. 즉 파라미터 설계에서는 제품의 품질변동이 노이즈(noise)에 무감각하면서 목표품질을 가질 수 있도록 통제가능한 설계변수(design variable)들의 최적수준을 결정하게 된다.

파라미터 설계는 통계적 실험설계법(experimental design)을 이용하여 실시한다. 이를 위해서는 통제가능요인과 통제불능요인을 구분하고 다음에는 이러한 통제불능요인에도 불구하고 높은 성능을 발휘할 수 있도록 통제가능요인인 설계파라미터의 최적수준을 결정해야 한다.

파라미터 설계에서 고려되는 설계변수들의 최적수준을 결정하기 위해서는 많은 실험을 반복하여야 한다. 예를 들어 설계변수의 수가 4개이고 각 변수에 3개의 수준을 고려한다면 설계변수의 최적수준을 결정하기 위해 필요한 실험의 횟수는 81($=3^4$)이다.

실험설계법에서는 실험의 횟수를 줄이면서 최적조합을 구하기 위하여 직교배열(orthogonal array)을 이용한다. 설계변수의 최적조합 결정을 위해서는 다음과 같은 SN비(signal-to-noise ratio)를 계산한다.

$$\text{SN비} = \frac{\text{신호입력이 출력에 전달된 힘}}{\text{노이즈가 출력에 전달된 힘}} = \frac{\text{신호의 힘}}{\text{노이즈의 힘}}$$

노이즈의 영향력이 감소할수록 SN비가 증가하므로 로버스트 설계는 성공적이다.

허용오차 설계(tolerance design)

설계엔지니어들은 파라미터 설계단계에서 제품과 프로세스의 파라미터에 대한 목표치를 결정하면 다음에는 목표치에 대한 허용오차의 크기를 설정한다. 이러한 허용오차의 크기는 넓은 허용오차 때문에 증가하는 사회적 손실과 좁은 허용오차 때문에 증가하는 제조비용을 균형화하는 수준으로 결정한다.

파라미터 설계를 통해 환경적 변수와 제품진부화의 영향을 성공적으로 줄일 수 없을 때는 허용오차 설계에 의존할 수밖에 없다. 파라미터 설계를 통해 성능변동을 줄이는 것이 비용면에서 유리하기 때문에 이는 허용오차 설계보다 먼저 실시한다.

허용오차를 설정한다고 해서 지속적 품질개선 철학에 위배되는 것은 아니다. 엔지니어들은 변동을 줄일 목표치 설정노력을 끊임 없이 수행할 것이고 생산작업자들은 변동을 줄이기 위하여 목표치 달성노력을 끊임 없이 계속할 것이기 때문이다.

연·습·문·제

1. 고객을 정의하라.

2. 고객만족과 고객충성심이 중요한 이유는 무엇인가?

3. QFD의 개념을 설명하라.

4. QFD가 맨 먼저 일본 기업에서 적용하게 된 이유는 무엇인가?

5. 품질의 집의 구성요소를 설명하라.

6. 고객의 요구가 중요한 이유를 설명하라.

7. 고객의 요구에 대하여 경쟁제품과 비교하는 이유는 무엇인가?

8. 고객의 욕구를 기술특성으로 전환하기 위해서는 어떻게 해야 하는가?

9. 기술특성 간에 존재하는 절충관계를 설명하라.

10. 고객의 요구와 기술특성 간에 존재하는 관계행렬에 대하여 설명하라.

11. 각 기술특성에 대하여 목표치를 어떻게 결정하는가?

12. QFD의 원리가 제품계획, 부품설계, 프로세스 계획, 생산계획에 어떻게 연장 이용되는가?

13. QFD의 효과를 설명하라.

14. 콘커런트 엔지니어링과 순차공학을 비교하라.

15. 품질과 설계규격과의 관계를 설명하라.

16. Taguchi의 철학을 설명하라.

17. Taguchi의 손실함수를 설명하라.

18. Taguchi의 품질공학의 개념을 설명하라.

19. 오프라인 품질관리와 온라인 품질관리를 비교 설명하라.

20. 자기 테이프를 생산하는 삼천리㈜는 테이프에 입히는 코팅의 두께의 변동을 줄이고자 한다. 두께가 0.003±0.0004mm를 벗어나면 고객의 손실은 릴(reel)당 1,000원이다. 각 릴은 200m이다. 표본크기 10개를 랜덤하게 추출하여 두께(mm)를 측정하였더니 0.0028, 0.0033, 0.0031, 0.0031, 0.0032, 0.0029, 0.0031, 0.0027, 0.0034, 0.0032 이었다.

(1) 릴당 평균손실을 계산하라.

(2) 삼천리㈜는 코팅 두께의 변동을 줄이고자 새로운 프로세스의 도입을 고려 중이다. 새로운 프로세스의 추가비용은 m당 3원이고 연간 생산량은 20,000릴이다. 새로운 프로세스로부터 8개의 표본을 랜덤하게 추출하여 두께를 측정하였더니 0.0031, 0.0028, 0.0029, 0.0032, 0.0032, 0.0031, 0.0030, 0.0029라고 가정할 때 새로운 프로세스를 사용하는 것이 비용절약적인가? 연간 절약은 얼마인가?

21. TV의 이상적인 색상밀도의 규격은 m±10이라고 하자. 현대전자에서 생산하는 TV의 색상밀도는 평균이 m이고 표준편차가 2인 정규분포를 따른다고 하자. 그런데 TV가 규격을 벗어나면 40,000원의 재작업비용이 발생한다고 할 때 제품 단위당 기대손실은 얼마인가?

22. 카세트 테이프의 바람직한 속도는 초당 1.875인치이다. 이 목표치로부터의 변동은 불량품을 유발한다. 보증계약에 따라 한 고객이 데이프의 속도를 조정해 줄 것을 요구하는 경우에는 20,000원의 비용이 소요된다. 회사는 과거의 경험에 의하여 테이프의 속도가 목표치로부터 초당 0.15인치 벗어나면 고객들은 수리해 줄 것을 요구하는 사실을 알고 있다. 손실함수를 구하라.

23. 어떤 전자부품의 한 품질특성의 규격은 150±5ohm이다. 이 부품을 폐기물로 처리하게 되면 10,000원의 손실을 초래한다.

(1) Taguchi 손실함수를 구하라.

(2) 프로세스에서 생산되는 제품들의 중심은 규격의 목표치이지만 표준편차는 2ohm이라고 한다. 단위당 기대손실은 얼마인가?

24. 자동차 엔진 냉각기의 수리비용은 300,000원이라고 한다. 이때 한 물질특성의 규격은 6±0.5mm이고 목표치로부터의 평균제곱편차는 $(\frac{1}{6})^2$이라고 할 때 목표치로부터의 편차 발생으로 인한 품질손실은 단위당 얼마인가?

25. VCR의 한 구성품의 수리비용은 50달러이고 그의 규격은 10±0.25mm라고 한다. 한편 목포치로부터의 평균제곱편차는 $\frac{1}{2}$이라고 알려져 있다. 목표치로부터의 편차가 발생하는 데 따르는 손실을 위한 품질함수를 구하라.

26. 어떤 구성품에 대한 측정치가 다음과 같다.

2.03	2.05	2.03	2.04
1.96	1.97	1.95	1.96
2.03	2.04	2.02	2.03
2.02	2.03	2.01	2.02
1.99	2.00	1.98	1.99

규격이 2.00±0.05이고 한 구성품의 수리비용이 200달러라고 할 때 이 구성품에 대한 단위당 기대손실을 구하라.

QUALITY MANAGEMENT

제 Ⅳ 편

TQM, 6시그마 및 공급사슬 품질

제5장

TQM의 이해

품질의 역사는 인류가 제품을 생산하기 시작할 때부터 진보하여 왔지만 실제적으로는 영국에서 발생한 산업혁명 이후부터라고 할 수 있다. 그 전에는 생산량이 소량이므로 작업자 자신이 품질관리를 담당하였다. 그러나 산업혁명 이후부터 노동의 분업과 전문화를 통해 대량생산체제로 자리매김하면서 품질관리도 체계적이고 점진적으로 발전하여 왔다.

Feigenbaum은 품질의 발전과정을

- 작업자에 의한 품질관리
- 작업반장에 의한 품질관리
- 검사에 의한 품질관리
- 통계적 품질관리
- TQC
- TQM

등 여섯 가지로 구분하였다. 그러나 1990년대 초부터는 6시그마 프로그램과 일본에서 발전한 린시스템(lean system)을 결합한 린 6시그마를 통하여 고객만족을 넘어 고객과 기업의 가치부여를 동시에 실현함으로써 기업의 수익성을 증진하는 방향으로 발전하여 오고 있다.

이러한 품질역사의 발전과정에서 많은 품질관리 지도자들의 철학과 이념이 산업발전에 지대한 영향을 끼치게 되었다. 이러한 품질관리 지도자들의 공헌으로 기업에서는 품질의 전략적 중요성을 인식하고 품질향상 프로그램에 전념한 결과 기업들은 글로벌 시장에서 품질을 바탕으로 경쟁하기에 이르렀다.

따라서 본장에서는 품질관리 지도자들이 강조한 철학을 공부하고 그 다음에는 TQM의 발전과정, TQM의 기본적 요소, 품질향상을 위한 최고경영층의 리더십에 관하여 공부할 것이다.

5.1 품질경영의 의의와 혜택

품질관리라는 용어는 지금도 기업에서 널리 사용되지만 원래 초창기 품질관리의 핵심은 제품 및 생산과정에서 품질을 담당하는 품질부서 또는 품질관리 기사가 불량품과 불량을 제거하고 양품만을 생산하도록 하는 것이었다.

품질관리(quality control: QC)는 품질특성이 규정된 표준으로부터 이탈하는 경우 시정조치를 취함으로써 제품의 바람직한 품질수준을 유지하고자 하는 시스템을 말한다. 이를 위한 품질관리 활동에는 제품설계와 프로세스 설계 단계에서 행하는 오프라인 품질관리 절차, 통계적 프로세스 관리, 샘플링 계획 등이 포함된다.

품질관리가 단순히 불량을 제거하기 위한 품질관리 기사와 품질부의 책임을 넘어 기업 내 여러 부서의 공동책임으로 확대하게 되었다.

미국의 Feigenbaum은 1951년 *Total Quality Control*이라는 저서를 발간하면서 TQC의 개념을 맨 처음 주장하였는데 제품 품질의 책임은 조직 구성원 모두에게 있다는 아이디어는 일본의 전사적 품질관리(company-wide quality control: CWQC)라는 새로운 프로그램의 등장에 막대한 영향을 끼쳤다.

그 후 미국의 기업들은 일본 기업들의 제품 품질 우수성을 인정하고 품질의 전략적 중요성을 깨우치기 시작하였다. 품질도 가격과 같이 경쟁무기로 사용될 수 있음을 일본 기업으로부터 배우면서 1980년대 초부터 품질경영(QM)으로부터 확대된 종합적 품질경영(total quality management: TQM)이라는 새로운 품질관리 접근법을 사용하기 시작하였다.

QM 또는 TQM은 조직의 전 구성원이 참여하여 고객의 기대에 부응하는 제품이나 서비스를 생산할 것을 강조하는 철학이요 방법론이다. TQM은 도구도 아니고 기법도 아니다. TQM은 비즈니스의 모든 부문에서 우수성을 달성하기 위하여 공급업자와 고객을 포함하는 조직의 모든 구성원들이 적극적으로 참여할 것을 강조하는 방법이다. 특히 TQM에 있어서 최고경영층의 리더십 역할이 중요하다. 기업성과에 영향을 미치는 구입, 설계, 제조, 운영, 배송, 대고객 서비스, 공급사슬관리, 재고관리 등 모든 분야의 품질에 대한 최종적인 책임을 져야 한다. 조직의 모든 구성원들이 자발적으로 참여할 수 있도록 기업문화를 바꾸도록 해야 한다. TQM은 절대로 최종 제품에 국한한 것이 아니고 제품 생산의 모든 단계에 주입되어야 한다는 신념에 기반을 두고 있다.

TQM을 실행하는 기업은 여러 가지 혜택을 향유한다.

- **고양된 고객 만족:** 고객의 기대를 넘치는 제품과 서비스를 제공하므로 높은 고객 만족과 충성심을 고양시킨다.
- **향상된 제품/서비스 품질:** 프로세스의 모든 단계에서 지속적인 개선과 품질향상으로 무결점 제품을 고객에 제공할 수 있다.
- **증가하는 효율성과 생산성:** 가치를 부가하지 않는 활동을 배격하고 작업흐름을 최적화함으로써 비용절감과 자원사용을 증진시킨다.
- **종업원들의 임파워먼트:** 종업원들의 의사결정에의 참여와 임파워먼트로 작업성과를 높인다.
- **더 나은 의사결정:** 신뢰할 수 있는 데이터 기반 의사결정이 가능하여 결정의 실수를 저지를 위험성을 감소시킨다.
- **경쟁우위:** 경쟁기업보다 더 우수한 제품/서비스를 지속적으로 제공함으로써 경쟁우위를 향유할 수 있다.
- **강화된 공급업자와의 관계:** 투입물의 지속적인 품질로 공급사슬 파트너와의 협력과 관계가 공고화된다.
- **향상된 혁신과 적응능력:** 시장의 환경변화에 능동적으로 적응할 수 있고 혁신에 앞장 설 수 있게 된다.

5.2 TQM의 발전과정

일본 산업계는 제2차 세계대전에서 패망한 이후 국가 산업을 부흥하기 위하여 품질을 바탕으로 한 기업경쟁력을 강화하기로 전략을 수립한 후 미국의 유명한 품질관리 지도자인 Deming과 Juran을 1950년대 초부터 초빙하였다. 그들은 강연회와 세미나 등을 통하여 일본 관리자와 작업자들에게 통계적 품질관리 기법을 소개하면서 품질의 중요성을 강조하였다. 일본의 고위 관리자들에게 품질향상만이 새로운 세계 시장을 침투할 수 있고 국가가 생존하는 데 필수적임을 깨우쳐 주었다.

그 후 20여 년 동안 일본은 자동차, 가전제품, 카메라, 오토바이, 기계, 에어컨, 농기구, 세탁기 및 냉장고 등에 있어 높은 품질과 저렴한 가격의 제품을 설계하고 생산하여 왔지만 미국의 산업계는 품질의 중요성을 인식하지 못하고 품질향상 노력을 소홀히 하였다. 사실 1870년부터 1970년까지 100년 동안 미국의 생산성은 10배나 증가하였다. 제2차 세계대전 이후 미국은 공업국가의 맹주로서 생산품에 있어서 경쟁자가 전혀 나타나지 않은 상황에서 대량생산 · 대량소비를 구가하게 되었다. 미국의 산업계는 제품을 생산하는 대로 모두 판매하므로 생산문제가 모두 해결된 것으로 간주하여 관심의 초점을 생산으로부터 마케팅부문으로 옮기게 되었다. 1950년대부터 마케팅전략이 기업전략의 중심이 되었다.

1950~1960년대에 있었던 치열한 판매경쟁으로 몰락하는 기업이 속출하게 되었고, 재무구조가 좋은 기업은 이러한 몰락기업을 인수하는 현상이 발생하였다. 즉 1970년대 기업합병의 시대가 전개되어 재무전략에 관심이 집중되었다.

이와 같이 1960~1970년대 미국의 제조기업은 품질, 비용, 고객 서비스, 기술혁신 및 프로세스의 효율화 등에 관한 생산전략의 수립을 소홀히 한 결과 세계 시장 및 국내 시장에서 경쟁력 상실에 직면하게 되었다.

1970년대 말과 1980년대 초에 미국의 기업들은 일본의 기업들에 의해 시장점유를 잠식당하기 시작하였다. 이에 미국의 경영자들은 미국 제품이 일본 제품에 비하여 경쟁력이 떨어지는 것을 목격하고 그의 원인을 찾기 시작하였다. 그들은 일본 제품에 비하여 품질은 물론 비용이나 신제품개발에 있어 격차가 있음을 발견하였다. 이때부터 미국 기업의 경영자들은 품질의 전략적 중요성을 인식하기 시작하였다. 즉 품질을 기업경쟁력 확보의 전략적 무기로 인식하게 되었다. 이에 따라 1980년대 초부터 미국의 기업들은 종합적 품질경영(total quality management: TQM)이라는 새로운 품질관리 접근법을 사용하기 시작하였다.

미국의 Feigenbaum은 이미 1951년 *Total Quality Control*이라는 저서를 발간하면서 TQC의 개념을 맨 처음 주장하였다. TQC의 개념은 품질의 책임이 품질부에 있는 것이 아니라 조직 구성원 모두에게 있다는 것이다. 즉 최고경영층으로부터 말단 작업자에 이르기까지, 제품설계로부터 판매 후 서비스에 이르는 모든 기능이 제품품질에 책임을 져야 한다는 것이다. 일본의 기업들은 1968년부터 TQC와 차별하기 위하여 일본의 품질관리를 전사적 품질관리(company-wide quality control: CWQC)라고 부르기 시작하였다.

TQM의 기본 원리는 Shewhart, Deming, 그리고 Juran과 같은 품질관리 지도자들의 철학에 바탕을 두고 TQC와 CWQC의 기본적인 원리들을 계승하고 있다. TQM은 조직의 모든 부문에 걸쳐서 품질향상 활동을 실행하고 관리하는 전략이요, 철학이다. 기업에서는 전략을 수립할 때 품질의 장기적 목표를 세우고 그의 달성을 위해 필요한 자원을 배분하고 그의 진척상황을 점검하기 위해 통제와 평가절차를 수행한다.

| 표 5-1 | 전통적 품질경영, TQM, STQM의 비교

품질의 원리	전통적 품질경영	TQM	STQM
정 의	제품이 주도	고객이 주도	고객과 환경이 주도
우선순위	제품과 비용 강조	결과 강조, 품질은 수단	전반적인 품질 강조
결 정	단기적 목표	단기 · 장기적 목표	친환경적, 단기 · 장기적 목표
목 표	결점발견	결점예방	결점예방, 친환경적 · 사회적 책임
비 용	품질은 비용증가	품질은 비용감소, 생산성 향상	품질은 비용감소, 생산성과 기업 이미지 향상
불량발생 원인	작업자 실수와 비효율	최고경영층의 경영실패	무책임한 경영결정, 환경문제의 무관심
품질에 대한 책임	품질관리부	기업의 모든 구성원	기업의 모든 구성원, 최고경영층의 사회적 책임
기업문화	수량적 목표, 실수를 한 작업자 색출	지속적 개선 강조, 팀워크 활동	지속적 개선 강조, 작업자에 필요한 도구 공급
조직구조와 정보흐름	상 · 하향식 접근법 정보흐름의 왜곡	수평적 접근법, 실시간 정보제공	수평적 · 수직적 접근법, 이해관계자의 품질결정 참여
의사결정	하향식 접근법	팀 접근법	팀 접근법

자료: Victor Sower, "Essentials of Quality,"(John Wiley & Sons, Inc., 2011), pp. 26~27.

TQM은 고객의 요구를 만족시키기 위해 제품이나 서비스를 생산할 때 전사적으로 모든 구성원들이 참여하여 지속적인 품질개선을 추구하려는 기업의 전략적인 철학이요, 원리이다. 이와 같이 TQM에 있어서 품질은 고객만족을 의미한다. 고객을 만족시키지 못하는 제품이나 서비스는 품질이 좋지 않기 때문이다. 이와 같이 품질경영은 원리, 프로세스, 실행이 고객기대와 품질표준을 능가하도록 추구하는 체계적 접근법이다.

따라서 품질의 전략적 중요성을 인정하는 기업에서는 경영전략을 수립할 때 품질을 포함하고 있다. Garbin이 1988년 그의 저서 *Managing Quality: the Strategic and Competitive Edge*를 발간한 이후 전략적 품질경영(strategic quality management: SQM)이라는 개념이 TQM보다 진보한 개념으로 사용되었다. Juran은 SQM을 최고경영층이 품질경영에 적극적으로 참여하여 체계적으로 품질목표를 달성하려는 접근법이라고 정의하고 있다.

그 후 1993년 Madu[1] 등은 전략적 TQM(strategic total quality management: STQM)이라는 개념을 사용하기 시작하였다. 이 개념은 TQM의 연장으로서 품질을 기업의 생존과 경쟁력의 원동력으로 간주한다. 이러한 의미로 볼 때 품질은 제품이나 서비스의 범주를 넘어 이제는 기업이 하는 모든 일의 품질로 범위가 확대되었다.

전통적 품질경영, TQM, 전략적 TQM을 비교하면 〈표 5-1〉과 같다.

5.3 TQM의 요소

모든 TQM이 성공하기 위해서는 갖추어야 할 세 가지의 기본적 요소가 있다.

- 고객중심과 고객만족
- 종업원 참여와 임파워먼트
- 지속적 개선

등이다.

1 Madu, C. & C. Kuei, "Introducing Quality Management," *Long Range Planning* 26(6), 1993, pp. 121~131.

1. 고객중심과 고객만족

고객지향적 품질(customer-driven quality)의 현대적 정의는 고객기대(customer expectation)의 충족 내지는 초과만족에 모아지고 있다. 이를 위해서는 고객의 니즈, 기대, 선호를 이해하고 고객의 요구를 들어줌으로써 고객만족을 최우선적으로 제공해야 한다. 이와 같이 고객이 품질을 평가하는 주체라는 것이다. Deming과 Juran은 이러한 고객중심(customer focus)을 강조하고 있다. 각국에서 수여하는 품질 관련 상에서도 고객만족에 큰 비중을 두고 있다.

어떤 기업도 다음 네 가지 목적을 가지고 있다.

- 고객을 만족시킨다.
- 경쟁자보다 더 높은 고객만족을 달성한다.
- 오래도록 고객으로 남게 한다.
- 시장점유를 확대한다.

이러한 목적을 달성하기 위해서 기업은 그의 고객에 점증하는 가치와 신뢰성을 제공해야 한다. 고객에 가치를 제공함으로써 경쟁우위를 달성할 수단으로 품질을 이해해야 한다. 가치는 가격에 비한 품질을 의미한다. 고객은 가격만 보고 제품을 구입하지는 않는다.

고객으로 하여금 가치와 만족을 인식하도록 하기 위해서는 단순히 규격을 지키고, 불량과 실수를 줄이고, 불평을 줄이는 것을 넘어 고객을 감동시킬 제품을 설계하고 변화하는 고객과 시장의 요구에 민첩하게 대응할 태세를 갖추어야 한다. 즉 고객의 요구에 부응하는 설계가 우선해야 하고 다음에 이 설계규격에 일치하는 품질을 보증하도록 해야 한다. 고객이 무엇을 원하는지를 조사하고 고객의 요구와 가치를 이해하기 위해서 기업은 고객의 의견조사나 포커스 그룹(focus group) 같은 여러 가지 수단을 이용해야 한다.

고객의 목소리(voice of the customer)를 설계규격에 반영하는 설계품질에 대해서는 제Ⅲ편에서 자세히 공부하였다.

2. 종업원 참여와 임파워먼트

조직 내 모든 계층과 부문에서 일하는 종업원의 참여(employee involvement) 또한 TQM을 성공적으로 실행하는 데 필요한 중요한 요소이다. 그들의 작업에 영향을 미치는 의사결정 과정에 모든 종업원을 포함함으로써 경영층은 문제해결에 필요한 투입요소를 획득하여 좋은 결정을 내릴 수 있게 된다. 종업원 참여를 통하여 종업원이 갖고 있는 지식과 기능을 이용할 수 있다.

일본이 오늘날 높은 품질의 제품을 생산하게 된 이유의 하나는 전 종업원의 지식과 창의력을 활용한 덕분이라고 Juran은 주장한다. 종업원에게 좋은 결정을 내릴 도구와 공헌을 할 자유와 용기를 줄 때 동기부여하고 책임과 권한을 행사토록 해주면 품질 좋은 제품을 생산하게 된다. 어떤 조직에서도 자기의 과업을 가장 잘 이해하고 제품과 프로세스를 개선하는 방법을 아는 사람은 바로 이를 수행하는 사람이다. 따라서 종업원들로 하여금 수행한 과업과 제품의 품질에 대한 소유권을 인정해야 한다. 종업원으로 하여금 혁신과 창의적 문제해결을 발휘토록 하고 좋은 제안에 대해 보상을 하게 되면 충성심과 신뢰감이 쌓이게 된다.

종업원 참여에 있어서 중요한 요소는 각 작업자가 자기가 수행하는 작업 또는 제품의 품질을 검사할 책임을 갖는다는 것이다. 불량품이 발생하면 생산현장에서 이를 만든 작업자가 바로 시정해야 한다. 이는 원천적 품질관리(quality at the source)로서 이러한 철학은 작업자를 넘어 작업자 그룹, 모든 부서, 협력업체에게까지 확대 적용되어야 한다.

TQM의 또 다른 요소는 팀워크(teamwork)인데, 이는 고객/공급자관계를 강조하고 전 종업원의 참여를 조장하여 기능부서 간의 장벽을 무너뜨리는 역할을 한다. 전통적으로 조직은 수직적 구조를 이루어 기능부서 간 의사소통이 두절되었으나 TQM에서는 부서 간 수평적 상호작용을 강조하여 부서 간 팀의 구성을 필수요소로 하고 있다. 예를 들면, 설계, 엔지니어링, 제조, 판매 등을 담당하는 사람들이 하나의 팀을 이루어 고객의 요구를 설계와 제조과정에 반영토록 해야 한다.

종업원의 참여에 대해서는 제6장에서 자세히 공부할 것이다.

3. 지속적 품질개선

지속적 개선/향상(continuous improvement: CI)은 제품과 프로세스(process)의 개선에 있어서 점진적 작은 성과를 달성하는 끝없는 과정이요, 이를 위한 경영 철학이라고 할 수 있다. 특히 지속적 품질개선은 기계, 자재, 노동의 전문화, 생산방법 등에 있어서의 개선을 추구한다. 지속적 개선은 프로세스를 향상시키고, 비효율성을 제거하고, 이노베이션을 촉진한다. 기업은 지속적 개선노력을 통해 변화하는 시장조건에 부응하고, 고객의 니즈를 만족시키고, 경쟁우위를 유지한다.

원래 지속적 개선을 위한 프로그램은 20세기 초 F. Taylor의 과학적 관리법 이후 미국 기업에서 생성 · 발전되어 왔으나, 이 철학은 일본의 생산관리의 초석이 되었다. 일본 기업이 취한 지속적 개선은 큰 성과를 한 번에 달성하는 기술적 혁신(innovation)에 의존하는 전통적 미국 기업의 접근법과 비교된다. 일본 기업은 자원이 부족한 상황에서 제조 프로세스를 개선하고 비용을 줄이는 수단으로 이러한 소규모적, 점진적 개선(kaizen)방법을 채택하게 되었다.

지속적 개선은 TQM을 실행하는 기업에서 채택하는 필수적인 과정이다. 개선은 다음과 같은 형태를 취한다.

- 새로이 개선된 제품과 서비스를 통해 고객에 더 많은 가치를 부여한다.
- 실수, 불량, 낭비 등을 감소시킨다.
- 자원을 생산적이고 효과적으로 사용한다.
- 신제품 도입과 같은 프로세스에서 반응시간(response time)을 단축한다.

이와 같이 개선은 생산의 모든 분야와 계층의 활동에 관한 내용이지만 좁게는 프로세스의 개선을 의미하기도 한다. 프로세스에서의 품질개선은 품질변동을 감소시키고 불량품 생산을 억제하려는 활동과 관련이 있다.

오늘날 4차 산업혁명이 진행되면서 인공지능(AI) 기술이 지속적 품질개선에 적용되어 프로세스를 최적화하고, 품질을 향상시키고, 전반적 운영의 우수성을 달성하고 있다.

지속적 품질개선을 위해 AI 기술을 적용하는 방법을 요약하면 다음과 같다.

- **데이터 기반 통찰력:** 생산 프로세스, 품질관리시스템, 고객 피드백과 같은 다양한 소스로부터 수집하는 빅데이터에서 패턴, 트렌드, 상관관계를 규명하여 프로세스 성과, 품질이슈, 향상기회를 위해 값진 통찰력을 이용한다.
- **근본 원인 분석:** 역사적 데이터, 프로세스 파라미터, 환경조건 등을 분석하여 품질이슈와 프로세스 편차의 근본 원인(root course)을 찾아 시정조치를 취하도록 한다.
- **예측적 분석론:** 역사적 데이터와 프로세스 파라미터를 분석하여 품질결과를 미리 예측하여 선제적으로 예방조치를 강구한다.
- **최적화 알고리즘:** 알고리즘을 사용하여 프로세스, 자원배분, 의사결정을 최적화한다.
- **지속적 모니터링과 패드백:** 센서 등 다양한 소스로부터 수집하는 데이터를 분석하여 프로세스 성과, 품질지표, 고객 피드백을 실시간으로 모니터링한다.

프로세스의 지속적 품질개선을 위한 기법으로는 PDSA 사이클과 벤치마킹 등을 들 수 있는데 이들에 관해서는 제9장에서 공부할 것이다.

5.4 품질관리 지도자들의 철학

1. Shewhart의 철학

Walter A. Shewhart는 1920년대 미국의 벨 연구소에 근무한 통계학자로서 맨 처음으로 품질관리에 통계이론을 활용하기 시작함으로써 통계적 품질관리의 아버지로 불리게 되었다. 그는 *The Economic Control of Quality of Manufactured Products*라는 저서를 발간하여 생산제품의 품질을 개선하기 위하여 생산 프로세스에서 발생하는 변동(variation)을 관리하는 통계적 프로세스 관리(statistical process control: SPC)의 개념을 도입하였다.

프로세스의 변동을 우연변동과 이상변동으로 구별하고 이상변동이 발생하는 경우에는 프로세스를 중단시켜 이의 원인을 제거하는 시정조치를 취하여 제조 프로세스가 언제나 안정상태로 유지될 수 있도록 SPC의 주요 도구로서 관리도(control chart)의 사용을 맨 먼저 주장하였다.

한편 Shewhart는 지속적인 품질개선을 위해서 Plan(계획), Do(실행), Check(검토), Act(조치)를 계속해서 사용하는 Shewhart 사이클, 즉 PDCA를 창시하였다. 이 개념은 1950년대 일본인들에 의해서 Deming 사이클, 즉 PDSA로 개명되었다.

Shewhart의 통계적 품질관리라는 개척자적 업적은 그 후 Deming과 Juran에 막대한 영향을 미쳤다.

2. Deming의 철학

산업혁명의 제3의 물결의 창시자라고 불리는 Deming은 20세기 후반 일본 산업성공의 원동력이 되었다. 그의 방법의 성공적 실행은 품질과 신뢰성, 그리고 그로 인한 산업성공에 대한 일본의 높은 명성에 절대적 공헌을 하였다.

1950년 일본의 JUSE(Union of Japanese Scientists and Engineers: JUSE)의 초청으로 Deming은 그들의 산업계 지도자들에게 연설하면서 당시 일본 제품품질의 나쁜 이미지를 불식하고 세계 시장을 개척하기 위해서는 품질과 생산 프로세스를 꾸준히 지속적으로 향상시키는 길밖에 없음을 강조하였다.

오늘날 일본 경제가 이렇게 부흥하게 된 것은 지난 60여 년 동안 꾸준하게 Deming이 철학과 아이디어를 실천하여 왔기 때문이다. JUSE는 Deming의 일본 경제에의 공헌을 기념하기 위하여 매년 품질향상에 큰 공헌을 한 기업에 상을 주는 Deming Prize를 1951년부터 수여하기 시작하였다.

Deming의 철학은 품질은 모든 사람이 할 일이지만 이러한 노력을 이끌어가야 할 경영층의 역할과 책임에 중심을 둔다. 산업에서 발생하는 품질문제의 약 85%는 경영층이 관리할 수 있는 것인데, 이는 생산시스템의 변화를 통해서 가능한 것이지 작업현장에서 작업자들에 의해 영향을 받는 것이 아니다. 작업자들은 다만 그 시스템에 관해 가지고 있는 정보를 경영층에 전달할 책임만 지게 된다. 품질문제의 전적인 책임은 경영층에 있고 따라서 품질문제의 해결은 경영층이 해야지 작업자가 할 수는 없다는 것이 Deming의 기본 신념이다.

Deming의 철학은 경영스타일의 변화와 기업문화의 변화를 요구한다. 관리자는 지시자가 아니라 리더가 되어야 한다. 관리자는 작업자가 달성해야 할 목

| 표 5-2 | Deming의 품질경영원칙

7가지 치명적 병폐
1. 일관된 목적의식(장기적 전략)의 결여
2. 단기적 이익만을 추구
3. 성과평가, 근무평가 또는 연간 업적평가에 집착
4. 관리자의 잦은 이동
5. 가시적 수치에 의존
6. 과도한 의료비 지원
7. 과도한 제조물 책임 비용
14 경영지침
1. 제품과 서비스를 향상시킬 목표를 꾸준히 세운다.
2. 모든 구성원들이 새로운 철학을 배운다.
3. 검사에 의존하는 것을 피한다.
4. 가격에만 치중하는 관례를 없앤다.
5. 생산 및 서비스 시스템을 없앤다.
6. 기술습득을 위한 훈련을 실시한다.
7. 리더십을 함양한다.
8. 두려움을 없앤다.
9. 부서 사이의 장벽을 허문다.
10. 근로자에게 슬로건이나 수치적 목표를 강권하지 말라.
11. 쿼터, 작업표준, 목표에 의한 관리(management by objectives: MBO)를 없앤다.
12. 장인정신과 같은 자부심을 저해하는 장벽을 제거한다.
13. 모든 구성원들을 위한 교육과 자기개발을 장려한다.
14. 이러한 변혁을 이루기 위해 구성원들로 하여금 필요한 행동을 실행에 옮기도록 한다.

표를 설정하는 수동적 역할이 아니라 품질을 개선할 시스템의 조성이라는 능동적 역할을 수행해야 한다.

Deming은 종합적 품질 프로그램과 생산 프로세스의 품질개선 과정에서의 끝없는 노력을 강조한다. 프로세스에서의 지속적인 품질개선을 위해서 Deming은 PDSA 사이클(실행 → 계획 → 고찰 → 조치)의 개념을 사용할 것을 주장하였는데, 이에 대해서는 후술할 것이다.

그의 주요 철학적 아이디어의 하나는 품질향상 → 비용감소 → 실수와 지연감소 → 자원의 효율적 사용 → 생산성 증가 → 시장점유율 확대 → 사업 확대 → 일자리 창출 등으로 이어지는 연쇄반응(chain reaction) 효과를 통한 품질의 중요성을 강조하였다. 품질향상은 재작업, 실수, 지체 등의 감소를 가져오고 또한 시간과 자재의 효율적 사용을 통해 결국 비용감소로 이어진다. 비용이 감소되면 자원을 보다 능률적으로 사용하게 되어 생산성이 향상된다. 높은 품질과 저렴한 가격은 고객의 요구충족을 통해 시장점유율을 증가시킨다. 시장점유율의 확대는 기업 성장을 초래하여 결국 많은 일자리를 창출하게 된다.

Deming 철학은 설계 및 제조 프로세스에서 불확실성과 변동을 줄임으로써 제품품질을 개선하고자 하는 것이다. Deming은 규격에의 일치를 달성하고 프로세스에서 발생하는 변동(variation)의 감소를 위해서 Shewhart가 맨 처음 창안한 통계적 프로세스 관리(statistical process control: SPC)의 실시를 주장하였다. 그가 주장하는 통계적 방법의 사용 목적은 문제의 근본 원인을 발견해 근원적으로 개선하고자 한 것이었다. 한편 Deming은 불량품을 효과적으로 감소시키기 위하여 행하는 최종검사의 적극적 사용을 부정하였다. 그의 철학은 경영을 위한 14 경영지침(fourteen points)과 7가지 치명적 병폐(seven deadly diseases)에 요약되어 있다. 이는 〈표 5-2〉에서 보는 바와 같다.

3. Juran의 철학

Deming과 같이 Juran도 1950년대 초 일본에 건너가 품질에 관한 세미나와 강의를 담당하였고 컨설턴트로서 일본의 산업계와 정부기관 등을 도왔다. 1951년 그는 품질관리 핸드북(quality control handbook)을 출간하여 큰 명성을 얻었다.

Juran은 Deming과 달리 조직에서의 문화적 변화를 주창하지는 않았다. Juran은 통계적 분석도구의 지원에 의해 불량품의 제거를 통한 규격에의 일치를 강조함으로써 현존 시스템 내에서 품질을 개선할 것을 주장하였다.

Juran은 품질을 용도에의 적합성으로 정의함으로써 품질은 고객이 무엇을 원하는가에 의하여 결정된다는 사용자에 기초한 개념을 강조한다.

Juran은 1960년대에 각광을 받기 시작한 ZD 운동의 비판가이기도 하다. Juran에 의하면 ZD 운동의 결점은 대부분의 품질문제의 발생원인은 작업자이기 때문에 적당한 동기부여로 작업자들은 성과개선을 위해 자극을 받을 수 있다는 가정에 입각한다는 것이다. 이러한 가정은 대부분의 품질개선은 경영층의 손에 달렸다고 주장하는 그와 Deming의 신념에 대립되는 것이다.

1980년대 초 Juran은 품질위기(quality crisis)가 구미 산업계에 확산하고 있음을 인식하고 이를 극복하기 위해서는 품질향상과 비용감소를 위한 연간 목표

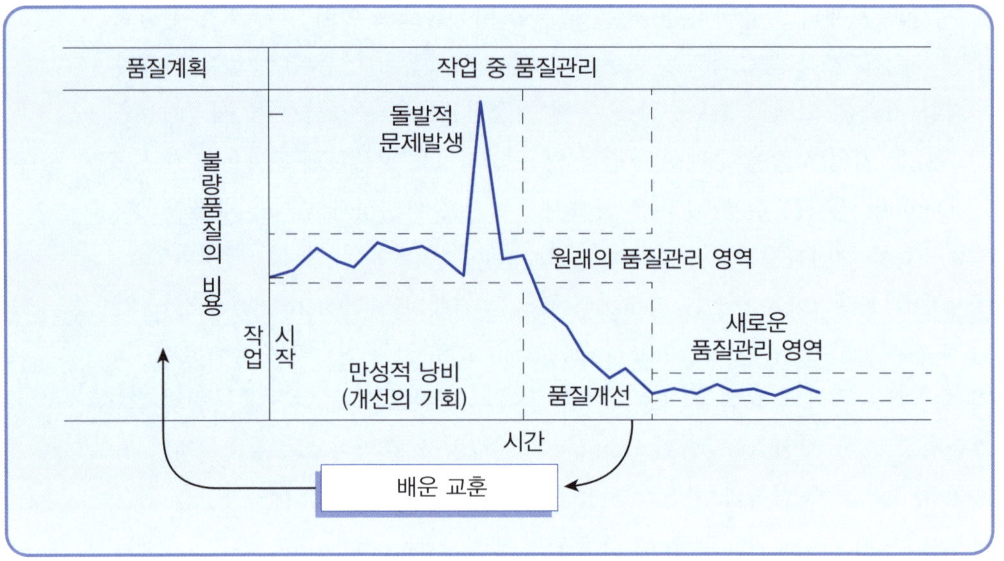

[그림 5-1] 품질삼분법

를 설정하고 이를 달성하려는 노력을 습관화하여야 하며, 최고경영층은 품질계획과 품질조직을 필요로 함을 강조하였다. 전사적 캠페인, 슬로건, 권고 등을 통한 품질의식 고취노력은 품질에 대한 기업문화를 변혁할 수 없다는 것이다.

또한 Juran은 품질불량의 80%는 경영층이 통제할 수 있는 요인들에 의하여 발생하는데, 이의 해결을 위해서는 건전한 품질경영을 통해 꾸준한 향상을 기해야 한다고 강조하였다. 이에 따라 Juran은 품질계획, 품질관리, 품질개선으로 구성되는 품질삼분법(quality trilogy)을 제안하였다. 품질삼분법을 도식화한 것이 [그림 5-1]이다.

Juran이 말한 품질삼분법의 요점은 다음과 같다.

품질계획(quality planning)

고객이 누구이며 그들의 니즈는 무엇인가를 밝힌 후 품질 목표를 수립한다. 고객 니즈에 부합하는 제품특성과 프로세스 특성을 개발하고 이들을 생산할 프로세스를 개발한다. 이는 품질 목표 달성을 위한 준비과정이다.

품질관리(quality control)

설계요구에 부합하는 제품을 만들기 위해 통제해야 할 제품특성을 선정한다. 생산한 제품의 실제 성과를 평가하고 원래 세운 제품 목적과 비교한 후 차이가 발견되면 시정조치를 취한다.

품질개선(quality improvement)

제품이나 서비스의 품질이 지속적으로 개선되도록 개선과제를 규명하고 이를 담당할 작업자들에게 자원을 공급하고 훈련을 실시하여 과제의 원인을 진단하고 시정토록 한다.

[그림 5-1]에서 작업을 시작하면 20%의 불량품이 발생하는데 이는 곧 만성적인 문제가 되어 이는 품질개선에 의해 해결된다. 다시 말하면, 품질개선의 대상은 만성적인 문제가 되며, 이는 그의 근본적인 원인을 규명하여 해결토록 한다.

4. Crosby의 철학

1979년 *Quality is Free*라는 저서를 발간한 이후 유명하게 된 Philip B. Crosby는 "품질은 공짜다," "제품을 애초부터 잘 만들어라"(do it right the first time)라는 개념과 품질의 목표로서 무결점(zero defect: ZD)의 개념을 처음으로 제창하였다. 그의 무결점은 작업자 책임, 권고, 슬로건 등을 강조하지만 프로세스의 기술직 측면은 강조하지 않는다.

당시 전통적으로 각 품질수준은 대가를 지불해야 한다고 여겨왔다. 즉 품질수준을 높일수록 거기에는 높은 비용을 수반한다. 이는 고성능 기계를 구입하고, 고급 자재를 사용하여야 하고, 고급 기능공을 채용해야 하기 때문이다.

그러나 Crosby는 이에 동의하지 않는다. 오히려 작업을 애초부터 잘 수행하는 데 따르는 비용절감을 지적한다. 즉 부적합 품질로 인한 숨겨진 비용(hidden cost)의 막대함을 강조한다. 나쁜 품질로 인하여 작업 및 기계시간이 증가하고, 기계고장과 작업중단 시간이 증가하고, 고객에의 납기가 지연되고, 미래판매를 상실하며, 보증비용이 증가하게 된다. Crosby는 이러한 비용은 높은 품질의 달성을 조장하는 환경을 조성하기 위해 필요한 기계, 자재 및 훈련의 비용보다 훨씬 크다고 믿는다. 숨겨진 비용감소로 인한 절약이 환경조성에 필요한 비용을 상쇄한다는 것이다. 품질개선은 비용절감과 이익증대로 이어지기 때문에 개선비용의 확대를 주장하였다.

Crosby는 품질을 요구조건에의 적합성(conformance to requirement)이라고 정의하고 품질의 목표로 무결점(zero defect)을 제창한다. 품질목표로서 전통적으로 자주 사용되는 수치는 샘플링검사에서 사용하는 합격품질수준(acceptable quality level: AQL)인데, 이는 어느 정도의 불량품 생산을 허용하는 것과 다름이 없다는 것이다. AQL은 시작도 하기 전에 어느 정도의 불량품을 생산하겠다는 약속과도 같다. 어느 정도의 불량품 생산이 경제적으로 타당하다고 주장하는 Juran의 전통적 품질-비용 모델은 로트 속의 불량품을 솎아내기 위하여 필연적으로 최종검사의 중요성을 강조한다. Crosby는 이는 표준도, 목표도 될 수 없음을 강조한다.

Crosby에 의하면 불량품을 발생시키는 결함은 지식의 결여와 주의와 관심의 부족으로 발생하는데, 지식의 결여는 통계적 수단을 이용하면 해결할 수 있고 주의의 부족은 개인에 의하여 변경할 수 있는 태도의 문제라는 것이다. 특히 기업이 무결점을 달성하려는 의지가 확고하면 이러한 작업자 태도의 변화는 얼마든지 가능하다는 것이다. 이와 같이 기업문화와 태도의 변화를 추구하기 위해서는 통계적 기법과 개선을 위한 방법론보다는 행동과학적 접근방법의 사용을 강조하였다. 이는 Juran과 같지만 Deming과는 달리 그의 방법은 현존 조직구조에 알맞은 방법이라고 할 수 있다.

그는 품질에 대한 관점을 품질경영의 다음과 같은 4대 절대조건(absolutes)으로 설명하고 있다.

1. 품질은 요구조건에의 적합성이다.
2. 품질은 결함의 예방으로부터 온다.
3. 품질의 성과표준은 무결점이다.
4. 품질의 측정은 부적합 비용이다.

5. Feigenbaum의 철학

Armand V. Feigenbaum은 *Total Quality Control*이라는 저서를 1951년에 발간하면서(사실 1951년에는 다른 이름으로 발간하였음) TQC의 개념을 맨 처음 주창하였다. Feigenbaum의 아이디어는 품질에 대한 책임은 품질부에만 있는 것이 아니고 조직 내 전 부문, 전 계층에 속한 구성원 모두에게 있다는 것이다. 즉 제품설계로부터 경영관리, 마케팅, 엔지니어링, 제조, 노사관계, 판매 후 서비스에 이르는 모든 전사적 기능이 제품 품질에 책임을 져야 한다는 것이다. 그의

TQC는 후에 일본의 전사적 품질관리 개념에 영향을 끼쳤다.

TQC는 품질문제를 작업현장에서 작업자에 의해 규명하고 해결하되 가급적 생산 프로세스의 초기단계부터 실천해야 한다는 원천적 품질관리(quality at the source)에 기초를 두고 있다. 이러한 원천적 품질관리를 달성하기 위해서 품질문제가 발견되는 즉시 생산라인을 중지시키고 해당 작업자가 이 문제를 해결토록 함으로써 불량품의 흐름을 근본적으로 차단시키도록 한다.

그는 소방활동(fire-fighting)보다는 예방활동에, 검사보다는 설계단계에서의 품질의 고려에 중점을 두고 있다. 그는 기업의 모든 사람이 관계를 맺고 헌신할 고객중심적이고, 비용효과적인 품질경영 프로그램을 실시할 것을 주장하였다. 이와 같이 그는 인간관계와 종업원 참여를 강조하였다.

Feigenbaum은 TQC를 채택하는 혜택을 계량화하는 수단으로 품질비용(cost of quality)이라는 개념을 맨 먼저 주창하였다. 그는 실패비용, 평가비용, 예방비용이라는 세 개의 중요한 항목을 명시하였다. 그의 아이디어는 품질계획과 예방활동에의 투자는 상당한 실패비용(폐기물, 재작업, 소방활동 등)과 평가비용(검사, 감사 등)의 감소를 초래한다는 것이다.

6. Ishikawa의 철학

Deming과 Juran 등과 같이 세계적 명성을 떨치지는 못하지만 일본에서 유명한 Kaoru Ishikawa는 품질관리 발전에 큰 공헌을 하였다. 그는 품질관리 분임조(quality control circle)의 개념과 실행을 창안하였을 뿐만 아니라 특성요인도(cause and effect diagram)와 같은 품질관리 도구의 개척자이었다([그림 5-2] 참조).

그는 미국의 Feigenbaum이 주창한 TQC와 차별하기 위하여 1968년부터 일본의 품질관리를 전사적 품질관리(company-wide quality control: CWQC)라고 부르기 시작하였다. CWQC는 품질, 비용, 납기준수 등 기업의 목적을 달성하는 활동에 모든 종업원과 부서를 참여시킨다. 완제품은 물론 경영 및 판매 후 서비스 등의 품질을 관리하고 향상시키는 모든 노력을 최고경영층으로부터 말단 작업자에 이르기까지 해야 한다는 것이다.

품질개선 과정에 작업자와 감독자들을 참여시킬 수단으로 Ishikawa는 품질분임조의 활용을 제안하였다. 품질분임조는 품질개선을 위해 제안을 하는 종업원의 그룹을 말하는데, 이러한 분임조는 경영층이 개선을 위한 그들의 아이디어를 받아들이고 이를 적극적으로 실행할 때만 제대로 기능을 발휘할 수 있다.

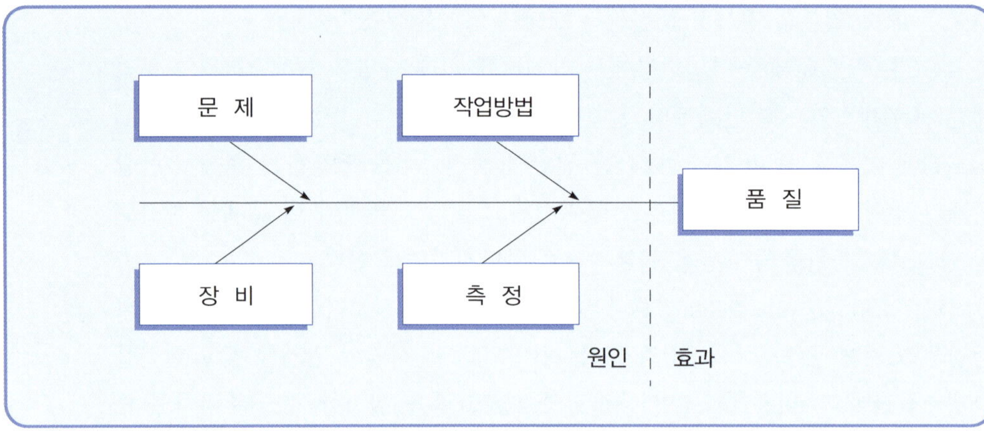

[그림 5-2] 특성요인도

분임조는 끝없는 품질개선을 위한 교육과 훈련을 받아야 하는데, 특히 품질 변동의 원인과 이들의 관계에 관한 데이터 수집과 이용을 위한 간단한 통계적 기법의 훈련에 중점을 두었다. 이러한 간단한 기법의 하나로서 특성요인도를 널리 이용하게 되었다. 이러한 기법의 효과적인 응용을 위해서는 그룹 내 공개적인 의사소통과 참여가 절대적으로 필요하다.

Ishikawa에 의하면 일본의 관리자들은 조직 내에서 다음 프로세스는 나의 고객이라는 내부의 고객 지향성(internal customer orientation)을 취하여 프로세스 중심의 방법을 더욱 강화한다는 것이다.

5.5 TQM을 위한 리더십

1. 리더십의 정의와 기능

리딩(leading)은 조직 구성원들이 자발적으로 조화스럽게 목표를 달성하도록 행동을 유도하고 영향을 미치는 과정이다. 다른 사람들을 움직이도록 리드할 수 있는 능력, 즉 리더십(leadership)은 현대사회에 있어서는 사람들을 일하도록 또는 협조하도록 강제하기가 어려우므로 특히 중요하다.

리더십은 조직 구성원의 만족, 모티베이션 및 성과에 영향을 미치며 조직의 목적을 효과적으로 달성하는 데 중요한 역할을 하고 있다. 리더는 집단 및 조직의 성과에 상당한 영향을 미친다.

따라서 리더십을 이해하고 리더십의 유효성(효과성)을 증진시키는 것이 중요하다. 리더십은 조직 구성원의 불분명한 임무나 활동을 상황에 따라 유연하게 규정하며 조정하는 등 불완전한 조직구조나 과정을 보충하는 기능을 한다. 또한 리더십에 대한 연구는 경영자들로 하여금 자신의 리더십의 유효성을 개선할 수 있는 방법을 제시한다.

어떤 면에서 리더십은 사랑이란 용어와 비슷하다. 모든 사람들이 느낄 수는 있지만 정의하기가 어렵기 때문이다. 여러 학자들의 정의를 통해 리더십의 특징을 정리해 보면 다음과 같다.

- 리더십은 집단 목표달성을 위해 자발적으로 노력하도록 개인들에게 영향력을 행사하는 활동이며
- 리더십은 구체적인 목표를 달성하기 위하여 의사전달 과정을 통해 개인에게 영향력을 행사하는 과정이고
- 리더십은 집단 목표를 달성하기 위하여 집단 구성원의 활동을 지도 · 조정하는 데 비강제적인 영향력을 행사하는 것이다.

따라서 리더십은 집단 목표를 효율적으로 달성하기 위하여 리더가 개인 또는 집단의 활동에 의도적으로 영향력을 행사하는 과정으로 정의할 수 있다.

리더십은 다음과 같은 기능을 수행한다.

- 모든 조직 구성원들의 활동을 고려할 수 있는 완벽한 조직을 설계하는 것은 불가능하기 때문에 조직 구성원들의 바람직한 행위를 형성하고 이를 과업지향적으로 통합하는 기능을 수행한다.
- 조직으로 하여금 변화하는 환경조건에 신속히 적응하게 함으로써 급변하는 환경 속에서 조직의 안정성을 유지하는 데 도움을 준다.
- 조직이 성장하거나 변화하는 시기에 다양한 조직 단위를 내부적으로 통합하는 등의 완충 기능을 수행한다.
- 개인들이 욕구를 충족하고 목표를 획득하는 것을 촉진시킴으로써 노동력의 안정성을 유지시키는 데 중요한 역할을 한다.

2. 리더와 관리자(경영자)의 차이

TQM은 관리(management)와 리더십(leadership) 기술을 동시에 요하는 전략적 과정이다. TQM을 실행할 때 경영층은 몇 가지 기본적인 활동을 달성해야 한다. 경영층은 기업의 성공에 최종적인 책임을 지며 그들의 위치를 이용하여 나아갈 방향을 설정하고, 정책을 수립하고, 자원을 배분하며, 참여할 시장을 결정할 권한을 갖는다.

따라서 리더(leader)란 어떤 목적을 달성하도록 그의 추종자들에게 영향을 미치는 사람이다. 추종자는 상관, 동료 또는 부하일 수 있다. 그러나 리더십은 강제, 강압, 지배 등을 통한 영향력 행사가 아니라 타인의 자발적인 추종이나 자발적인 영향력 수용을 전제로 한다. 이와 같이 리더십이 제대로 발휘되면 조직 구성원들 간의 상호협력과 의사소통이 원만하여 목표달성이 가능하고 조직 부서 간 또는 구성원 간 있을 수 있는 불화와 마찰의 감소를 유도한다.

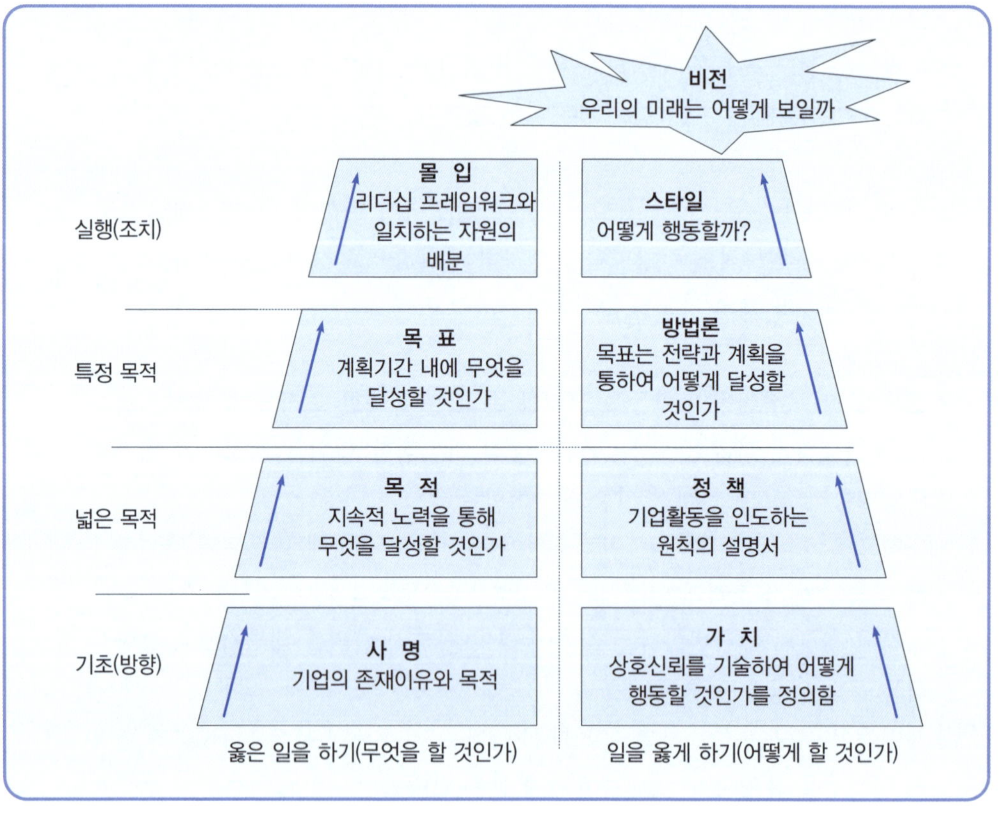

[그림 5-3] 리더십 프레임워크

TQM은 리더십과 관리의 기술을 동시에 요한다. 그런데 리더는 옳은 일을 하려는(do the right thing) 사람이고, 관리자(manager)는 일을 옳게(보다 효율적으로) 하려는(do things right) 사람이다. 리더는 공식적인 권한이 없기 때문에 타인으로 하여금 목적을 달성하도록 영향을 미치는 데 반하여, 관리자는 그의 공식적인 지위와 역할을 통하여 타인으로 하여금 목적을 달성하도록 지휘하거나 명령할 권리를 갖는다. Deming은 관리자(경영자)란 작업자들에 대한 지시자가 아니라 리더가 되는 경영스타일의 변화를 요구하고, 한편 관리자는 작업자가 달성해야 할 목표를 설정하는 수동적 역할이 아니라 품질을 개선할 시스템의 조성이라는 능동적 역할을 수행하는 기업문화의 변화를 요구하였다.

[그림 5-3]은 리더와 관리자가 취해야 할 조치들을 나타내는 리더십 프레임워크(framework)이고 [그림 5-4]는 리더십과 관리를 구별한 것이다.

리더와 관리자의 기본적인 차이는 다음과 같이 요약할 수 있다.

- 경영자는 일을 옳게 하는 데에 관심이 있기 때문에 "우리가 이미 하고 있는 일을 어떻게 하면 더 잘할 수 있는가?"를 항상 생각한다. 즉 생산성과 효율성에 집중한다. 리더는 옳은 일을 하는 데에 관심이 있기 때문에 "우리는 무엇을 할 것인가?"를 생각한다. 즉 비전, 사명, 목적, 목표에 집중한다.
- 경영자는 안정과 질서를 강조하는 현상유지(status quo)에 만족하지만, 리

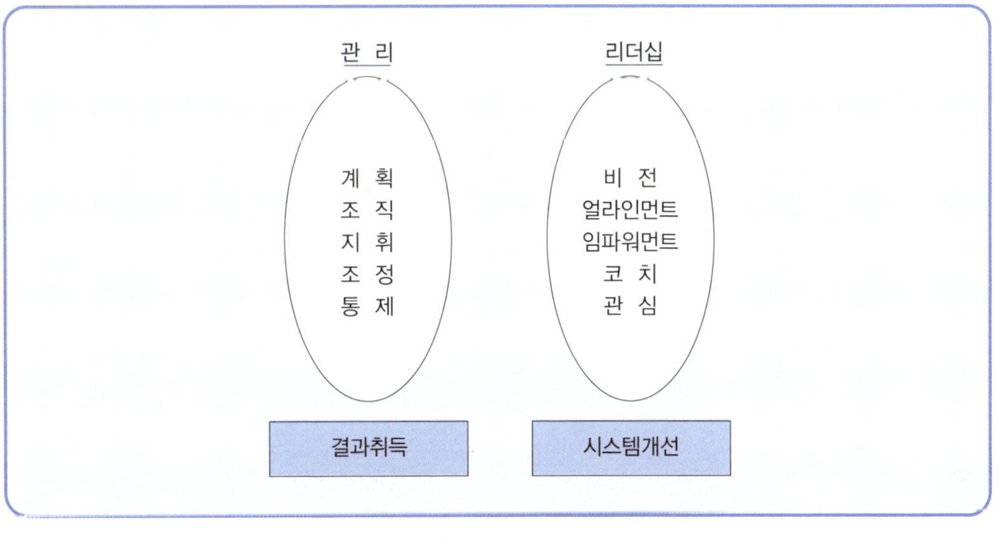

[그림 5-4] 관리와 리더십의 차이

더는 변화와 도전을 추구하여 창의력과 위험감수를 조장한다.

- 경영자는 단기적 이익추구에 집중하지만, 리더는 장기적 안목에서 경영성과를 추구한다.
- 경영자는 일을 어떻게 수행할 것인가라는 수단(means)에 관심이 있고, 리더는 무엇을 하였는가라는 결과(ends)에 관심이 있다.
- 경영자는 통제와 다른 사람들의 선택을 제한하는 데 관심이 있는 반면, 리더는 다른 사람들의 선택과 옵션의 확대에 관심이 있다.
- 경영자는 조직 구성원이 일하는 과정에서 발생하는 문제를 해결하려고 하지만, 리더는 그들 스스로 해결책을 찾도록 고무하고 모티베이트한다.

3. 최고경영층의 역할

1980년대 중반부터 미국의 기업들은 생산부문의 경쟁력 강화를 위해 장기계획과 생산전략 및 품질전략을 수립하기 시작하였다. 글로벌 시장에서 경쟁적 지위를 유지하기 위해서 기업은 장기계획을 수립한다. 이 장기계획은 기업전략 또는 사업전략이라고도 한다. 이러한 계획은 최고경영층이 수립하게 되는데, 기업의 장기적 목표, 시장의 이해, 경쟁기업과 차별화하는 방법 등을 포함한다.

전략(strategy)이란 바로 기업의 사명과 목적을 달성하기 위한 활동계획이다. 전략을 수립하는 목적은 기업이 추구하는 가치, 욕망, 목적을 구성원들에게 알려줌으로써 모든 구성원들로 하여금 일관성 있는 의사결정이 이루어지도록 하려는 것이다. 이와 같이 전략은 기업이 장기적으로 나아가는 방향과 범위를 제시한다. 이렇게 함으로써 전략은 기업에서 수행하는 모든 활동과 결정을 조정하고 제약하는 역할을 수행한다.

기업은 사업전략(business strategy)을 수립하는데, 이는 특정 사업단위(business unit)가 어떤 방법(차별적 능력)과 강점으로 시장에서 경쟁하여야 하고(시장분석) 시장의 고객들에게 어떻게 가치를 제공할 것이며, 또 이 사업단위가 어디로 나아가야 할지 방향을 결정하게 된다.

사업전략으로부터 생산전략(operations strategy)이 수립되는데, 생산전략의 핵심은 차별적 능력(distinctive capability), 즉 핵심역량(core competence)이다. 이러한 핵심역량으로 독특한 특성이나 능력을 보유하여 다른 기업과 차별화하게 된다. 이러한 차별화전략의 수단으로 널리 품질을 이용하게 되었다. 이렇게 해서 나온 개념이 품질전략이요, TQM이다.

이제 기업들은 최대의 경쟁무기로서 품질전략(quality strategy)을 수립하게 되었다. 오늘날 품질전략은 기업의 존립을 결정할 중요한 철학이다. Deming도 일찍이 기업은 품질목표를 세우고 이를 달성할 전략수립의 필요성을 강조한 바 있다. 품질전략이 제대로 수립되면 모든 조직 구성원들은 품질에 대한 목적과 사명을 이해함으로써 지속적인 품질향상 노력을 경주하게 되고 이에 필요한 조직문화, 가치관, 조직구조, 구성원 평가제도 등을 갖추게 된다.

그런데 작업자들이 아무리 지속적으로 품질향상 노력을 경주한다고 해도 생산 프로세스에서는 품질문제가 발생하게 된다. 이때 이의 책임은 누구에게 있는 것일까? 이에 대한 주장은 품질 지도자들 사이에 차이가 있다. Crosby는 모든 작업자들이 애초부터 잘 만들도록 함으로써 무결점 제품생산에 기여할 수 있음을 강조하였다. 즉 작업자들이 오류를 사전에 예방하고 모티베이션(motivation)을 통해 오류를 줄이는 노력을 할 때 무결점 제품은 가능하다는 것이다.

이에 대해 Juran은 무결점운동의 비판자로서 품질문제의 80% 이상이 작업자가 아닌 관리자에 의해서만 통제할 수 있으며 모티베이션만으로는 오류를 감소시킬 수 없다고 주장하였다. 한편 Deming도 Juran과 같은 생각으로서 품질문제의 전적인 책임은 경영층에 있지 작업자에 있는 것이 아니라는 것이다. 품질문제의 85%는 경영층에 의한 생산시스템의 변화를 통해서만 가능하다는 주장이다.

4. 권력, 권한 및 리더십

개인의 리더십 스타일이 어떻든지 간에 효과적인 리더십의 중요한 구성요소는 리더가 다른 사람들의 행위에 영향을 미치고 어떤 방식으로 행동하도록 하는 권력(power)에서 찾을 수 있다. 이러한 권력을 행사하는 사람은 리더십을 갖게 되고 그룹이나 조직의 목적달성을 위해 그의 구성원들의 행동 변화에 영향력을 미친다.

리더는 그가 차지하는 지위와 개인적 능력으로부터 권력을 획득한다. 이는 [그림 5-5]에서 보는 바와 같다. 전자를 직위권력(position power)이라고 하고 후자를 개인권력(personal power)이라고 한다. 기업에서 지위가 높을수록 다른 사람에게 더 많은 영향력을 행사할 수 있다. 다른 사람들로 하여금 일을 하게 하는

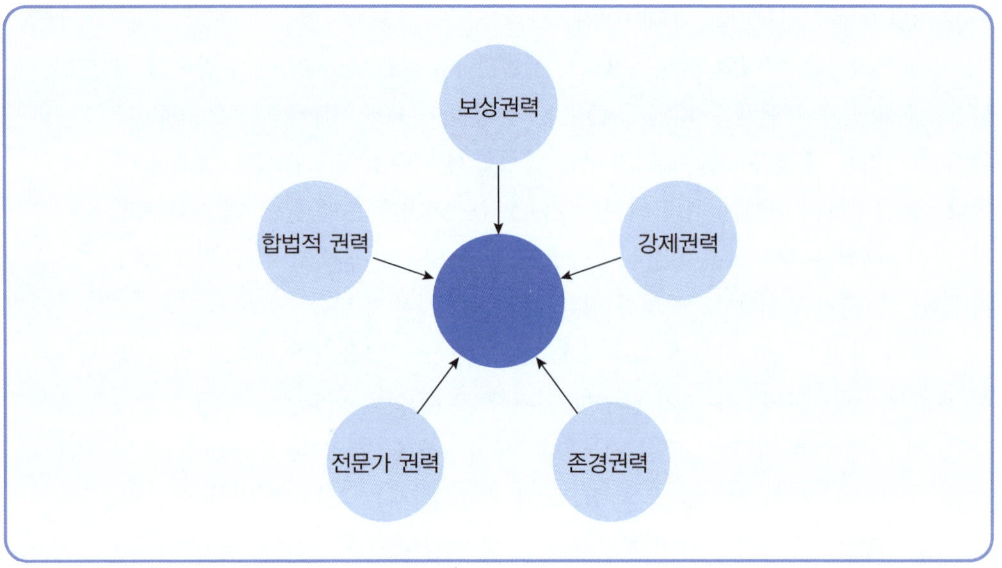

[그림 5-5] 권력의 원천

것은 직위권력에서 나온다고 할 수 있다. 개인권력은 리더의 개인 행동에 근거하여 추종자(follower)로부터 나온다. 카리스마적 리더는 개인권력을 가진다.

직위권력

직위권력을 세분하면 다음과 같다.

- 합법적 권력(legitimate power): 조직에서 차지하는 지위와 권한을 통하여 부하 직원들에게 통제력을 행사할 권리이다.
- 보상권력(reward power): 부하 직원들의 행동에 영향을 미칠 수단으로 보상을 사용할 능력이다. 보상에는 봉급인상, 보너스, 승진, 휴가, 업무할당 등이 포함된다.
- 강제권력(coercive power): 부하 직원들의 행동에 영향을 미칠 수단으로 두려움과 처벌을 사용할 능력이다. 처벌에는 감봉, 좌천, 강등, 경고서한 등이 포함된다.

개인권력

개인권력을 세분하면 다음과 같다.

- 전문가권력(expert power): 지식과 기술 같은 전문성을 통하여 부하 직원의 행동에 영향력을 행사할 능력이다.

- **존경권력**(referent power): 리더의 개인 성품, 카리스마, 명망 등 부하직원들의 개인적인 인정을 통하여 그들의 행동에 영향력을 행사하는 능력이다.

권한(authority)은 명령을 내리고 자원을 사용할 권리를 말하는데 권력보다는 좁은 개념이다. 경영자가 가지는 권한의 양은 조직 계층에서 차지하는 지위의 함수이다. 높은 지위에 있을수록 더 많은 지위권력을 갖는다.

개인은 공식적인 권한을 갖지 않고서도 개인권력을 가질 수 있다. 경영자의 권한은 지위에서 강제권력과 보상권력이 감소하면 따라서 감소할 수 있다.

리더십이란 지도자를 기꺼이 추종하고 결정에 따르도록 다른 사람들에 영향력을 행사할 능력을 말한다. 리더는 그룹의 행동에 영향을 미치기 위하여 권력을 사용한다. 예를 들면, 정치적 리더는 종종 존경권력을 사용한다. 조직에서 비공식적 리더는 존경권력과 전문가권력을 결합하여 사용한다. 어떤 경영자는 단지 권한에만 의존하지만 다른 경영자는 권력들을 사용한다.

연·습·문·제

1. 품질관리의 발전과정을 설명하라.
2. TQC의 생성과정을 설명하라.
3. TQM은 TQC와 근본적으로 다른 개념인가?
4. 1970년대 말경 미국 기업들이 일본 기업들에 밀린 이유는 무엇인가?
5. TQM이 추구하는 기본 원리와 목적은 무엇인가?
6. TQM의 요소를 간단히 설명하라.
7. Shewhart의 철학을 설명하라.
8. Deming의 철학을 설명하라.
9. Juran의 철학을 설명하라.
10. Deming과 Juran의 철학에 있어서 차이는 무엇인가?
11. Crosby의 철학을 설명하라.
12. Feigenbaum의 철학을 설명하라.
13. Ishikawa의 철학을 설명하라.
14. 리더와 관리자의 차이는 무엇인가?
15. 품질문제의 발생 책임은 누구에게 있는가?

제6장

조직 구성원 참여

얼마 전까지만 하더라도 작업자들에게는 생산과정에서의 품질과 프로세스 개선 등에 있어 권한부여와 참여의 기회가 주어지지 않았다. 작업자들은 교육과 훈련의 기회도 없어 미숙련공으로서 단순하고 육체적으로 수행하는 과업에 전념하였다.

또한 관리자들은 작업자들의 작업성과에 영향을 미치는 자극제로서 금전적 대가를 이용하였다. 이러한 환경에서 관리자는 생산을 증대하기 위하여 효율만을 강조하였다.

제품과 서비스의 품질은 종업원에 의하여 고객을 위해 창조된다. 오늘날 경쟁이 심한 경제환경에서는 고객의 품질요구와 규격을 충족시키는 것만으로 끝나지 않는다. 고객으로 하여금 제품을 구매토록 흥분시켜야 한다. 생산성과 품질향상을 기하기 위해서는 기업의 전 종업원을 이렇게 하고자 하는 동기를 유발하고 최고경영층은 리더십을 발휘해야 한다.

기업은 고객을 만족시키기 전에 기업의 모든 인적자원을 만족시켜야 한다. 종업원 만족과 고객만족 사이에는 높은 상관관계가 있다는 것은 이미 밝혀진 사실이다. 종업원의 만족과 몰입(engagement)은 고객만족과 충성도에 긍정적 효과를 초래한다.

품질수준은 제품을 생산하는 작업자의 행태에 크게 의존한다는 사실에 입각하여 작업자에게 많은 권한을 부여하고 작업자에게 품질개선을 위한 동기를 부여해야 하며, 조직 내의 모든 계층에서 이루어지는 의사결정 과정에 참여하도록 유도해야 한다는 주장이 근래에 실천되고 있다.

전원참여(total involvement)는 TQM의 핵심적 개념이다. 모든 조직 구성원의 적극적인 참여는 관리자, 작업자, 공급업체의 노력을 통합하고 서로 협력하도록 해 준다.

본장에서는 전 종업원의 참여와 권한부여, 종업원 참여의 형태인 팀워크, 품질개선을 위한 모티베이션 프로그램인 품질분임조와 무결점운동 등에 관하여 설명하고자 한다.

6.1 품질향상을 위한 몰입과 모티베이션

1. 조직 구성원의 몰입

기업에서 고객만족보다 우선해야 할 것은 종업원의 만족이다. 종업원이 하는 일에 만족을 느끼면 일에 몰입하게 된다. 결국 종업원의 만족과 몰입은 고객만족을 유발하고 충성심을 자극하여 생산성과 수익성을 증가시키고 직장 안정성에도 긍정적 영향을 끼친다.

몰입(engagement)이란 종업원이 일에서 개인적인 의미와 동기부여를 찾고, 조직에 대해 강한 정서적인 유대관계를 맺으며, 일에 적극적으로 관여하고 헌신하며, 자신이 맡은 일에 자부심을 느끼며, 자신의 의견과 아이디어가 가치가 있다는 것을 인지하고, 조직의 이익을 위해 당면한 직무책임 이상을 하는 것을 의미한다.

종업원들이 직무를 수행할 때 관리자로부터 인정을 받고 긍지와 즐거움을 느끼면 더욱 헌신적으로 신명나게 일을 하게 되어 결국 조직의 성과를 향상시키게 된다.

2. 종업원의 모티베이션

기계는 설계 · 제조되어 사람에 의하여 운전되지만 사람은 자격과 동기부여(motivation)에 따라 행동한다. 제품과 서비스의 품질은 결국 작업자와 일선관리자의 능력뿐만 아니라 능력을 발휘코자 하는 자발적인 의욕에 크게 의존한다.

우수한 품질의 제품을 생산하기 위해서는

- 기술을 개발함으로써 고객요구를 충족시킬 제품과 프로세스를 개선하도록 해야 한다.
- 기업 전체에서 품질을 최우선 목적으로 삼는 품질문화(quality culture)를 조성해야 한다.

품질문화란 품질에 관한 인간의 습관, 신뢰행태의 패턴(pattern)이라고 정의할 수 있다.

품질향상을 위한 품질문화를 조성하기 위해서는 작업자로 하여금 품질에 대한 태도를 변경시켜 품질목표를 달성하고 품질에 관한 책임을 완수하도록 유도하기 위하여 필요한 자극을 적용해야 한다. 이를 모티베이션(동기부여)이라고 한다.

작업자에 대한 모티베이션은 단순히 고의적인 잘못을 감소시키는 목적 외에도

- 관리계획의 준수 및 설정된 표준의 이행
- 작업방법 훈련의 참가
- 신기술의 수용
- 품질향상을 위한 프로젝트에 대한 참여
- 관리자에게 발생된 문제의 보고

등을 포함한다.

일본 기업이 품질관리에서 성공한 이유는 작업자의 모티베이션과 조직에 대한 그들의 긍정적 태도라고 한다. 작업자가 옳은 일을 하도록 모티베이트되지 않는 한 조직이 아무리 좋은 정책, 절차, 지침 등을 갖는다 해도 이는 종이쪽지 위의 말에 불과할 뿐이다.

품질을 생각하는 생산적인 작업자를 만드는 길은 그들을 조직의 일부분으로 인정하는 것이다. 조직의 성공에 자신이 절대적이라고 믿는 작업자들은 몰입을 통해 그들의 기여가 지속적이고 신뢰할 수 있음을 기꺼이 보이고자 한다.

모든 조직은 모티베이션의 기회를 제공한다. 모티베이트 요인(motivating factors)으로는 다음을 들 수 있다.

- 사기진작
- 작업기술 개선
- 커뮤니케이션의 원활화
- 안전한 작업환경
- 알맞은 관리기술의 적용
- 직업안정
- 커뮤니케이션 시스템의 개발

감독관은 모티베이션에 있어 중요한 역할을 수행한다. 그들은 작업을 흥미있게 할 수 있으며 각 작업이 조직의 성공에 중요함을 강조한다. 그들은 인정과 보상을 통하여 작업자들로 하여금 모티베이트하게 한다. 작업자 참여는 조직에 있어 큰 자산이다. 작업자의 제안이 채택되고 보상이 이루어지면 작업자는 모티베이트된다.

6.2 모티베이션 이론

F. W. Taylor의 과학적 관리법에서는 작업자들에 대한 모티베이션의 수단으로 임금 인센티브(wage incentive) 제도의 채택을 주장하였다.

그 이후 행동과학이론이 등장하면서 작업자들을 모티베이트시키는 요인을 욕구(needs)라고 보면서 이러한 욕구들을 규명하는 데 진력하였다.

욕구단계설

A. H. Maslow는 작업자에게 동기를 부여하는 욕구가 계층을 이루어 한 단계의 욕구가 충족되어 모티베이션의 역할을 수행하지 못하면 다음 단계의 욕구가 어떤 행위에 모티베이션의 요인으로 작용한다는 욕구단계설을 주장하였다.

〈표 6-1〉은 Maslow의 인간 욕구의 계층과 이와 관련된 품질을 위한 모티베

| 표 6-1 | 인간 욕구의 계층과 품질 모티베이션의 형태

인간 욕구		품질 모티베이션의 형태
① 생리적 욕구	• 음식, 의복, 집에 대한 기초적인 욕구	• 생산실적의 보너스로 인한 소득증대 기회
② 안전욕구	• 신체적인 위험과 기초적인 생리적 욕구의 박탈로부터 자유로워지려는 욕구	• 직업안전: 품질은 판매를 증대시키고 판매는 직업을 창출함
③ 소속감과 애정욕구	• 집단에 소속하고 동료와 친교를 나누고 이성 간에 결혼하고자 하는 욕구	• 팀의 일원으로서 가입할 것을 종업원에 간청
④ 존경욕구	• 자존심과 존경 · 인정을 받고자 하는 욕구	• 기술의 자존심 보상과 명성을 통한 인식
⑤ 자아실현욕구	• 자기발전을 위해 자신의 잠재력을 극대화하려는 욕구	• 창의적 아이디어를 제안할 기회

이션의 형태를 나타낸다.

직무만족과 불만족

F. Herzberg는 작업자에게 불만족을 주는 직무요인과 만족을 주는 직무요인이 전혀 별개의 차원이라는 이요인이론(dual factor theory)을 주장하였다. 그에 의하면 직무불만족은 봉급수준이 낮다든가, 작업조건이 열악하다든가, 상사가 좀 불쾌하다든가 하는 환경 때문에 발생하는데 회사의 정책과 관리, 감독, 작업조건, 개인 상호 간의 관계, 임금 · 보수 · 승진 · 지위 · 안전 등의 위생요인(hygiene factors)이 충족된다 하더라도 불만족의 감소만을 기져올 뿐 만족과 행대에의 모티베이션을 가져오지는 않는다고 한다.

한편 직무만족은 직무 그 자체와 관련을 갖고 있어서 성취감, 안정감, 도전감, 책임감, 성장과 발전, 자아실현 등 동기요인(motivators)이 충족되면 작업자로 하여금 보다 나은 만족과 성과를 가져오도록 모티베이션하는 데 효과적이라고 한다.

X이론과 Y이론

D. McGregor는 인간중심의 행동과학자로서 작업자의 작업태도에 관해 서로 상반된 X이론과 Y이론을 주장하였다.

X이론에 의하면 작업자들은 게으르고 비협조적이고, 지시받기를 좋아하고, 책임을 지지 않으려고 하며 무엇보다도 안정을 원한다. 즉 자기들이 하는 일에 기본적으로 무관심하기 때문에 작업성과를 올리기 위한 모티베이션이 불가능하다고 보는 것이다.

따라서 관리자들은 작업을 엄격하게 감시하고, 엄격한 품질관리를 수행하고, 나아가서 작업성과에 따라 인센티브를 주거나 처벌을 실시하는 소위 당근과 채찍을 적절히 사용함으로써 작업자 모티베이션의 감퇴를 막아야 한다는 것이다. F. Taylor의 과학적 관리법에서는 이러한 작업자의 태도를 반영하고 있다.

한편 Y이론에서는 작업자의 본성에 관한 가정들이 옳지 않으며, 이에 근거한 경영방식도 조직의 목표를 달성토록 하는 모티베이션에 하등의 도움이 되지 않는다고 주장한다.

Y이론은 작업자들이 원래 게으르거나 신뢰할 수 없는 것이 아니고 또한 모티베이션만 주어진다면 작업자들은 창의력을 발휘하고 자기통제가 가능하다고 보는 것이다. 작업자들은 오늘날 교육과 기술을 습득할 기회를 가지며 따라서 더 많은 책임을 갖고자 하며 자기가 수행하는 작업에 도전하고자 한다. 따라서 관리자는 작업자들의 잠재력을 개발시키는 일을 주요 업무로 삼아야 한다.

6.3 무결점운동

품질비용을 줄이기 위하여 예방을 강조하는 접근방법이 무결점운동(zero defect movement: ZD)이다. 높은 품질을 달성하기 위하여 당시 관행으로 실시하여 왔던 대량검사방법을 탈피하고 처음부터 작업을 올바르게 수행함으로써 무결점 제품을 생산하려는 것이다.

무결점운동은 맨 먼저 1961~1962년에 미국의 Martin사에서 미국 육군을 위해 Pershing미사일을 제작하면서 시도하였다. 회사는 작업자들로 하여금 불량률을 낮추도록 인센티브를 제공하였고, 미사일 제작에 아무런 결함이 없도록 하여 인도 후 10일 내에 모든 장비를 설치하여 완전히 작동할 수 있도록 하였다. 이 프로그램은 작업자에게 동기를 부여하여 그의 작업태도를 변경시킴으로써 무결점 미사일을 제작하는 데 성공하였다.

이러한 무결점 프로그램은

- 모티베이션적 측면으로서 작업자로 하여금 오류를 줄이도록 자극하며
- 예방적 측면을 가지고 작업자로 하여금 통제 가능한 오류를 사전에 예방토록 한다.

ZD 운동의 목적은 불량을 제거하는 것이다. 불량 혹은 작업자 실수는 다음의 원인으로 발생한다.

- 작업수행을 옳게 할 줄 모르기 때문이다.
- 작업수행을 옳게 할 시설을 갖추지 않았기 때문이다.
- 작업수행을 옳게 하는 데 충분한 주의를 기울이지 않기 때문이다.

위의 첫 번째, 두 번째 원인은 훈련과 도구교체를 통해 바로잡을 수 있지만, 마지막 원인은 작업자의 태도에 관한 것이기 때문에 모든 ZD 프로그램의 핵심은 작업자의 태도변화를 통해서 완전무결한 제품을 생산하는 것이다. 따라서 ZD 프로그램의 성패는 이러한 변화를 얼마나 달성하느냐에 달려 있다.

무결점운동이 완전무결에 대한 작업자의 인식제고의 중요성을 너무 강조하지만 Martin사는 어느 정도의 불량률을 인정하는 합격품질수준(AQL)이면 충분히 괜찮다고 하는 전통적 가정에 정면 도전하였다. 당시 그 회사에 근무하였던 P. B. Crosby는 *Quality is Free*(1979)와 *Quality Without Tears*(1984)라는 저서를 발간하여 모든 작업자들이 애초부터 잘 만들도록 함으로써(do it right the first time) 무결점 제품생산에 기여하도록 주장하였다.

오늘날 경쟁이 심한 환경에서 Juran이 주장하는 비용–품질의 균형이론의 결과인 AQL 개념은 진부화되었을 뿐만 아니라 작업자들이 애초부터 작업을 잘하라는 ZD 개념까지도 충분하다고 볼 수는 없는 것이다. 설계규격이 비록 옳게 작성되었다 하더라도 실제로는 양품과 불량품을 구분하는 규격 내에서 규격의 중심인 목표치(target value)를 벗어나는 변동을 최소화시키고자 하는 지속적 개선노력을 경주해야 한다.

이러한 ZD 운동에 대하여 회의적인 견해도 있다. 무결점운동이 작업자의 오류가 품질문제의 근원이라는 가정에 입각하지만

- 결점의 80% 이상이 작업자에 의해서 통제할 수 없고 관리에 의해서만 통제할 수 있는 것이고
- 작업자에 의해서 통제할 수 있는 오류에도 복합적인 요인이 있어 모티베이션만으로는 감소시킬 수 없다

는 것이다.

무결점운동의 실천결과에 대해서는 부정적인 주장도 있지만 안전, 제안제도, 노사관계, 그리고 품질관리에 좋은 결과를 가져왔다. 미국의 Martin사에서는 무결점운동 실시 2년 동안 1.65백만 달러를 절약하였고, 결점의 54%가 감소되었다. 한편 General Electric에서는 2년 동안 21백만 달러에 해당하는 폐기물과 재작업을 줄이는 데 성공하였다.

6.4 조직 구성원 참여

1970년~1980년대에 들어오면서 일본 제품의 품질개선과 생산성 향상의 밑바탕에는 종업원들이 업무와 관련된 의사결정과 개선활동에 참여토록 하는 종업원 참여(employee involvement)라는 경영기법이 있었음을 알게 되었다. 그 후 우리나라는 물론 미국 등 많은 나라의 기업에서 이에 관심을 갖고 실천하여 품질, 생산성, 종업원 사기 등에 있어 성공적 결과를 나타내는 사례가 있었다. 원래 종업원 참여는 종업원들의 창의적인 아이디어를 고무시키며 동기부여를 향상시킬 목적으로 시작하게 되었지만 결과는 고무적이었다.

전통적으로 관리자는 작업자들이 프로세스와 시스템을 개선하고자 하는 의욕과 능력을 갖고 있다고 보지 않았다. 즉 그러한 시스템을 개선하려 한다기보다는 그 시스템을 유지하려 한다고 믿어 왔다. 이러한 환경에서는 종업원의 참여란 있을 수 없다.

오늘날 종업원 참여를 통한 문제점의 파악과 지속적인 개선만이 무한경쟁을 이기고 초일류기업이 되는 첩경임을 인정하게 되었다. 종업원 참여는 품질분임조와 작업자 팀과 같이 작업자가 참가해서 행하는 활동 이상의 것이다. 팀은 종

업원 참여의 중요한 구성요인일 뿐 그 팀의 전부는 아니다.

종업원 참여란 조직의 모든 종업원이 작업 관련 문제를 해결하고 품질개선을 하는 데 창의적 에너지를 사용하도록 조직 전체의 분위기를 변환해 가는 과정이라고 할 수 있다. 예를 들면, 작업개선을 위한 제안을 위해 감독자와 매주 모임을 갖는 것이 한 예이다. 이러한 제안 시스템(suggestion system)은 비용을 줄이고 품질을 향상시키기 위한 종업원들의 참여 유인책이 될 수 있다. 종업원들이 제안한 아이디어를 평가하고 실행하는 경우에는 보상(reward)과 인정(recognition)을 베풀어야 참여의식이 고취되고 더욱 동기부여된다.

종업원 참여를 효과적으로 유도하기 위해서는 종업원들이 시스템 개선을 위해 무엇인가를 하고 있음을 관리자들이 기대함과 동시에 종업원들이 이를 인식해야 한다. 또한 시간과 자원에 상당한 투자를 함으로써 지속적 개선을 위한 분위기를 제도화해야 한다. 종업원들은 새로운 기법을 배우고 훈련하여 이를 사용하도록 권장해야 한다. 지원과 지도가 보장되어야 한다. 교육과 훈련, 모임 같은 팀 활동에 많은 시간이 할애되어야 한다.

종업원 참여는 조직 구성원의 능력을 무한히 발휘시켜 조직 전체의 유연성을 증대시키며 생산성 향상과 사기진작을 극대화하는 데 큰 도움을 준다. 또한 이는 시장, 고객요구, 경쟁, 정부규제 등의 변화에 신축적 대응을 가능케 한다. 작업자들은 새롭게 태어날 수 있는 자원이며, 새로운 장비나 기술보다 오히려 더욱 융통성이 있는 것이다. 결국 작업자들을 계속해서 교육과 훈련을 통해 능력과 기술을 향상시키고 계발시킴으로써 품질향상을 도모하도록 해야 한다.

종업원 참여는 전통적 관리시스템에 비하여 많은 장점을 갖는데, 이를 요약하면 다음과 같다.

- 노사 간의 적대관계가 무너지고 신뢰, 협조, 공동목표가 조성된다.
- 사명감과 자신감을 고취하여 자기관리와 리더십 기술을 향상함으로써 개인의 능력개발을 가능케 한다.
- 종업원의 사기와 의욕을 진작시킨다.
- 창의력과 혁신을 조장한다.
- 품질원리를 이해하고 이를 기업문화에 스며들게 한다.
- 현장에서 즉시 문제를 해결토록 한다.
- 품질과 생산성을 향상시킨다.

• 문제를 해결할 때 다수의 노력이 낫다는 생각을 갖게 한다.
• 초일류기업이 사용하는 조직모델이다.

이상과 같은 많은 장점을 가지고 있다고 해서 종업원 참여가 만병통치약은 아니다. 또한 이것이 목적일 수도 없다. 종업원 참여는 조직이 고객에 제공하는 가치를 증진하는 방향으로 체계적 노력을 할 때만이 의미가 있음은 두말할 나위가 없다.

6.5 종업원 참여의 조직형태

종업원 참여는 작업팀, 직무충실화(job enrichment), 품질분임조, 태스크 포스(task force), 노사관계팀(labor-management action team) 등 여러 가지 형태를 취하고 있으나 본서에서는 팀, 품질분임조와 자율관리팀에 대해서만 공부하고자 한다.

1. 팀

오늘날 모든 조직은 그의 사명을 달성할 기초적인 조직구조로서 팀(team)을 보유하고 있다. 팀은 종업원은 물론 공급자와 고객이 조직의 공통 목적을 달성하고 문제를 해결하기 위하여 조직한 모임이다. 한 작업자가 작업 프로세스의 모든 측면을 이해하기에는 지식과 경험이 부족하므로 팀을 구성해서 서로 협력하고 의사소통하면서 공동으로 대응하자는 것이다. 이러한 팀은 문제를 해결하기 위하여 이의 근본 원인을 규명하고, 가설을 검정할 데이터를 수집하고, 해결책을 제안하며 이를 테스트하고, 이러한 해결책을 실행하여 그의 효과성을 증명하게 된다.

과거에는 기업의 문제를 해결하기 위해서는 관련자 한두 명이 관여했지만 오늘날 TQM을 실현하기 위해서는 팀 구성원들의 지식, 기술, 능력 등을 통합하여 함께 작업하고 작업과 책임을 분담하게 된다.

팀워크는 부서 사이에 존재하는 장벽을 허물고 의사소통을 원활히 하며 정보에의 접근을 향상시킨다. 팀에의 참여는 어디까지나 자발적이어야 한다.

팀에는 부문별 팀(functional team)과 기능별 팀(cross-functional team) 등 두 가지 형태가 있다.

부문별 팀은 동일한 부서 또는 작업장에서 근무하는 사람들로 구성된다. 이러한 팀은 주로 특정 문제의 해결이나 프로세스 향상을 위해 존재한다. 가장 전형적인 부문별 팀으로는 품질분임조와 자율관리팀을 들 수 있다.

기능별 팀은 기업의 여러 부서 또는 기능분야에 근무하는 사람들을 차출하여 구성된다. 이러한 팀은 task team 또는 task force라고도 부른다. 기능별 팀은 특정 기간 내에 비교적 좁은 범위의 목적을 달성하기 위하여 구성된다. 이러한 팀의 예를 들면, 관리자팀, 문제해결팀, 프로젝트팀 등이다.

2. 품질분임조

오늘날 일본, 미국, 한국 등 많은 나라에서 생산성과 품질향상을 실천하는 모티베이션적 프로그램이 품질분임조 또는 QC 서클(quality control circle)이다. QC 서클은 같은 부서 또는 작업장에서 근무하는 보통 6~12명이 생산과 관련된 문제, 예컨대 품질, 프로세스, 생산성, 원가절감, 안전, 재작업 및 폐기물 감소, 기타 작업환경 등의 문제를 분석하고 상호 해결하기 위하여 정기적으로 모임을 갖는 소집단을 말한다. QC 서클은 작업자들로 하여금 작업 관련 문제를 공유하고 조직의 성과 향상을 위한 해결책을 공유하도록 모티베이트한다. 또한 QC 서클은 작업자들과 경영층 간의 의사소통을 증진하기 위하여 구성되기도 한다.

QC 서클은 작업자의 의사결정 참여를 허용한다. QC 서클에의 참여는 어디까지나 강제적이 아니고 자발적이다. QC 서클의 리더는 감독자 또는 선임작업자가 된다.

구성원들은 보통 1주일에 1시간 정도 근무시간 내에 모임을 갖고 문제를 상의하고 분석하여 이의 해결책을 경영층에 제안하기도 하며, 문제해결에 재정적 지원이 필요하면 이를 받아내기도 한다. QC 서클에서 취급할 수 있는 문제는 어디까지나 작업과 관련된 문제이다. 따라서 임금, 복지, 공급업체 선정, 새로운 모델 설계, 판매정책, 인사정책 등에 관해서는 접근할 수 없다.

QC 서클의 구성원은 기본적인 문제해결기법, 각종 측정기법, 통계적 기법, 필요한 데이터 수집 및 이의 분석방법 등의 교육 및 훈련을 통하여 문제를 같이

| 표 6-2 | QC 서클의 혜택

의사소통 향상	1
작업만족감	2
사기진작	2
생산성 향상(비용절감 제외)	3
품질향상	3
비용절감	4

해결하도록 한다. 또한 QC 서클은 작업자의 자기계발과 작업조건의 향상을 통하여 작업자의 사기 및 모티베이션의 향상, 팀워크의 자극, 작업자의 성취감 고취를 도모한다.

〈표 6-2〉는 QC 서클을 성공적으로 실시하고 있는 24개 회사를 대상으로 QC 서클의 혜택을 조사한 결과이다. 이에 의하면 비용절감보다 작업자에 미치는 혜택이 더욱 큰 것으로 나타났다.

1960년대 초 일본의 K. Ishikawa에 의하여 TQC의 일환으로 전개된 QC 서클 활동은 공장과 기업의 문제를 조직화된 방식으로 해결해 나가는 성격을 갖는다. 이러한 과정을 통해서 QC 서클은 비용감소라는 금전적 혜택을 수반하지만 더욱 중요한 것은 〈표 6-2〉에서 보는 바와 같이 작업자의 태도와 행태에 미치는 영향이다.

QC 서클은 다음과 같이 여러 가지 긍정적인 영향을 미친다.

- 개인적 능력을 증진시키고, 자존심을 북돋우는 등 작업자의 성격에 좋은 영향을 미친다.
- 감독자와 경영층의 작업자 존중과 작업자의 감독자 어려움 이해 등 대인관계 개선에 긍정적 영향을 미친다.
- 작업자의 부정적 태도를 고치게 하고, 작업환경에서 발생하는 충돌을 감소시키며, 제품품질의 중요성을 인식시키는 등 작업자의 회사에 대해 갖는 태도에 영향을 미친다.

3. 자율관리팀

작업팀(work team)은 예컨대 조립라인과 관련된 작업과 같은 특정 작업이 아니고 전체 작업을 수행하도록 구성된 팀이다. 작업팀이 일상적으로 행하는 일을 스스로 관리하고 감독하도록 책임과 권한을 부여받는 경우에는 이를 자율관리팀(self-managed team: SMT)이라고 부른다. 팀 구성원들은 함께 일하면서 그들의 작업을 개선하고 업무상의 문제점을 함께 해결하며 작업을 계획하고 통제함에 있어 필요한 정보에 바로 접근할 수 있는 등 스스로 관리책임을 갖는다.

원래 자율팀의 개념은 1950년대 영국과 스웨덴에서 도입되었지만 미국에서는 1980년대에 적극적으로 활용하기 시작하였다. 이러한 자율관리팀의 도입으로 품질, 생산성, 종업원 참여, 고객만족, 원가 등에서 괄목할 만한 개선을 초래하였다.

6.6 종업원 임파워먼트

교육수준이 높고, 자질이 풍부하며, 모티베이트된 종업원들로 하여금 품질과 생산성을 향상시키도록 유도하는 하나의 아이디어가 권한부여(empowerment)이다. 이는 1980년대 중반부터 대두된 개념으로서 아직도 더 많은 연구를 필요로 하는데, 이는 무력감에 사로잡힌 종업원들로부터 활기차고 신명나게 작업에 임하도록 하는 하나의 개념이다.

임파워먼트란 조직원들에게 자신이 조직을 위해서 많은 중요한 일을 할 수 있는 권력, 힘, 능력 등을 갖고 있다는 확신을 심어주는 과정이라고 정의할 수 있다. 이러한 확신을 조직원들에게 심어주기 위해서는 능력과 의지를 키우고, 공식적 권한을 위임하며, 또한 실제 의사결정 과정에 깊이 참여토록 하고 많은 의사결정 책임을 하향식으로 위양함으로써 자신의 영향력을 체험토록 해야 한다. 예를 들면, 생산라인에서 품질문제가 발생하면 생산라인을 중지시키고 문제를 해결토록 한다.

조직원들에 더 많은 권한을 위임하는 임파워먼트의 몇 가지 전략을 요약하면 다음과 같다.

- 종업원들이 능력에 자신감을 갖도록 하고 이를 인정한다.
- 종업원들을 의사결정 과정에 적극 참여시킨다.
- 종업원들에게 업무수행에 필요한 자유와 자율권을 보장한다.
- 종업원들에게 미래지향적인 관리목표를 제시한다.
- 종업원들에게 강압적인 권력을 사용하는 것을 자제한다.
- 품질향상에 공헌하는 종업원들에게 보상을 한다.

F. Herzberg 등은 1950~1960년대에 직무확대와 직무충실화의 아이디어를 개발하였는데, 직무확대(job enlargement)는 작업자들에 더 많은 과업을 부과하는 수평적 확대를 의미하는 반면에, 직무충실화(job enrichment)는 직무수행에 더 많은 권한을 부여하는 수직적 부하를 의미한다.

종업원 참여는 직무확대와 같은 개념이고 임파워먼트는 직무충실화와 같은 개념이다. 임파워먼트의 예를 들면, 작업자가 품질문제가 발생하였을 때 조립라인을 정지한다든가, 웨이트레스(waitress)의 잘못으로 손님의 불평을 살 경우에 청구서를 끊지 않는다든가 하는 것 등이다.

6.7 커뮤니케이션

1. 커뮤니케이션의 개념

커뮤니케이션(communication)이란 사람들 사이에 정보를 공유하는 과정이다. 커뮤니케이션은 다분히 기예(art)적인 측면이 있다. 자신을 표현하고 아이디어를 교환하는 방식들이 경영자마다 상당한 차이가 있다. 커뮤니케이션은 계획을 논의하고, 작업을 지시하며, 결과를 설명하는 등 조직 내의 정보를 전파하는 과정이다.

커뮤니케이션은 두 가지 이유에서 어렵다. 첫째는 사람들은 자신의 생각이나 원하는 바를 정확히 표현하는 것-말, 문자, 심볼 또는 몸짓 등을 통하여-을 어려워하고 있다. 커뮤니케이션은 기예이므로 아무도 완전하게 표현할 수는 없다.

둘째는 커뮤니케이션에는 상당한 주의 집중이 요구되므로 많은 문제가 발생한다. 기계소음, 전화벨 그리고 타인의 움직임 등 주의 집중을 흩뜨리는 요소들은 경영자들 자신이 원하는 것을 표현하는 것을 어렵게 만든다.

조직은 커뮤니케이션을 통하여 정보를 교환하고 의사결정을 하며 집단의 목표를 추구하게 된다. 경영자가 기업의 목표를 달성하기 위하여 모든 관리기능을 조정하고 통합할 때 커뮤니케이션이 원만하게 이루어져야 한다. 이 외에도 집단과 집단, 개인과 개인, 기업의 내부와 외부의 모든 상황을 연결시켜 주는 수단으로 역할을 한다. 따라서 커뮤니케이션이 원활하게 이루어지지 않으면 조직의 효율성에 직접적인 영향을 미친다.

결론적으로 말하자면, 커뮤니케이션이란 송신자와 수신자가 어떤 유형의 정보(메시지)를 교환하고 공유하려는 과정이다. 즉 커뮤니케이션은 사람들 간에 정보, 아이디어, 이해 또는 느낌을 전달하고 교환하는 것이다. 커뮤니케이션은 송신자(개인, 집단, 조직)가 수신자(개인, 집단, 조직)에게 어떤 유형의 정보를 전달할 뿐만 아니라 정보나 아이디어, 감정 등 어떤 의미를 송신자와 수신자 간에 피드백을 통하여 교환하거나 공유하는 것이다

2. 커뮤니케이션의 기능

커뮤니케이션은 조직을 관리하는 데 중요한 요소로 작용한다. 조직 내에서의 커뮤니케이션은 다양한 기능을 하지만 그 중에서 커뮤니케이션의 핵심적인 기능으로는

- 정보전달 기능
- 동기유발 기능
- 통제기능
- 정서기능

의 네 가지가 있다.

- **정보전달 기능:** 개인과 집단 또는 조직에 정보를 전달해 주는 기능을 함으로써 의사결정의 촉매제 역할을 한다.
- **모티베이션 기능:** 조직 구성원들의 동기유발(motivation)을 촉진시키는 데

사용된다. 조직 구성원이 해야 할 일, 직무성과를 개선하고 달성하기 위해서 어떻게 해야 하는지, 다른 구성원들과 어떻게 협동해야 하는지 등을 구체적으로 알려 주는 매개체 역할을 한다.

- 통제기능: 조직 구성원의 행동이 특정한 방향으로 움직이도록 조정, 통제하는 기능을 한다.
- 정서기능: 조직 구성원들이 자신의 감정(emotion)을 표현하고 사회적 욕구를 충족시켜 주는 역할을 한다. 구성원들은 자신이 속한 집단이나 조직에서 이루어지는 자신의 고충이나 기쁨, 만족감이나 불쾌감 등을 토로하게 된다.

3. 조직 내 커뮤니케이션의 분류

조직 내의 커뮤니케이션 기본 프로세스는 개인 간 커뮤니케이션을 기본으로 한다. 조직 내의 커뮤니케이션은 조직 내의 공식적인 구조 혹은 명령계통을 통하여 이루어지는 공식 커뮤니케이션과 구성원들 사이에 자연발생적인 형태로 이루어지는 비공식 커뮤니케이션으로 분류된다(〈그림 6-1참조〉).

공식 커뮤니케이션

공식 커뮤니케이션(formal communication)은 하향적, 상향적 그리고 수평적 방향 등 세 가지 방향으로 이루어진다.

- 하향적 커뮤니케이션(downward communication): 조직의 위계(hierarchy) 또는 명령 계통에 따라 상위 계층으로부터 하위 계층으로 조직의 방침, 명령, 지시 등의 커뮤니케이션이 이루어지는 것을 말한다.
- 상향적 커뮤니케이션(upward communication): 하위 계층으로부터 상위 계층으로 의견이나 정보는 물론 성과보고 등의 커뮤니케이션이 이루어지는 것을 말한다. 상향적 커뮤니케이션은 개인 고충의 토로로부터 조직의 발전을 위한 제안까지 매우 광범위하게 이루어진다.
- 수평적 커뮤니케이션(horizontal communication): 조직 계층상 동일한 수준의 지위에 있는 구성원이나 부서 간에 이루어지는 커뮤니케이션을 의미하는 것으로 상호작용 커뮤니케이션(interactive communication)이라고도 한다.

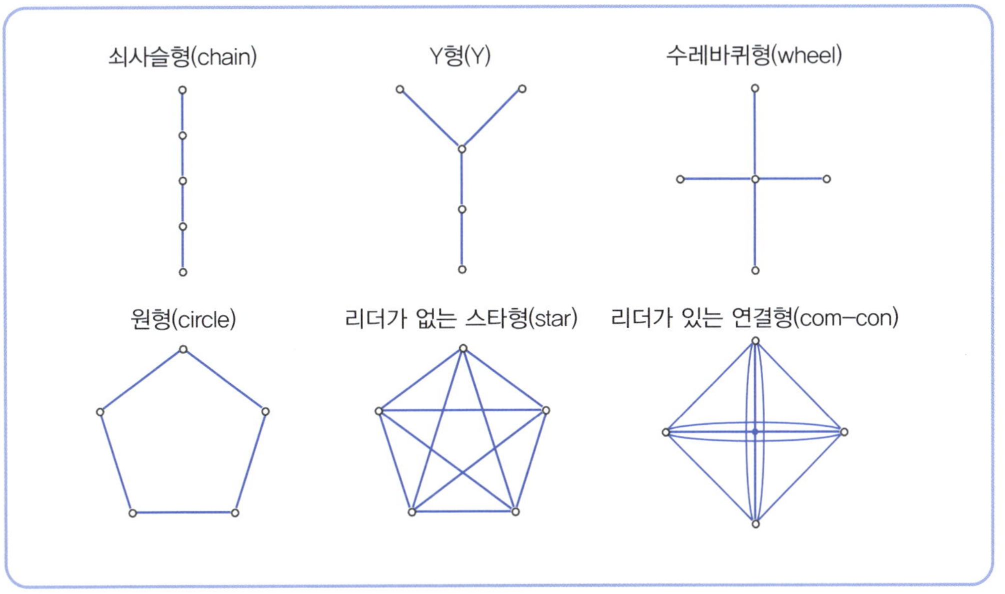

[그림 6-1] 커뮤니케이션 네트워크 유형

비공식 커뮤니케이션

사전에 결정된 통로로만 커뮤니케이션을 흐르게 할 수는 없다. 조직 구성원들은 여러 가지 필요에 의해 직종과 계층을 넘어 인간적인 관계를 갖고 커뮤니케이션을 하려고 한다. 조직에서는 공식적인 커뮤니케이션 체계 외에 자연발생적으로 형성된 비공식 커뮤니케이션(informal communication) 체계가 형성된다.

이러한 비공식 커뮤니케이션 체계를 흔히 바인(grape vine)이라고 부르기도 한다. 그레이프 바인이라는 말의 유래는 미국 남북전쟁 당시 나무들 사이에 걸쳐 있는 전신줄 모양이 포도넝쿨처럼 복잡하게 엉켜 있다고 해서 붙여진 이름이다.

연 · 습 · 문 · 제

1. 조직 구성원 전원참여란 무엇이며 왜 중요한가?

2. 품질향상을 위한 종업원의 모티베이션이란 무엇인가?

3. 욕구단계설의 내용을 설명하라.

4. 이요인이론을 설명하라.

5. X이론과 Y이론의 차이점을 설명하라.

6. 무결점운동의 목적을 설명하라.

7. 종업원 참여의 목적과 장점을 설명하라.

8. 품질분임조의 개념과 혜택을 설명하라.

9. 자율관리팀의 내용을 설명하라.

10. 종업원 임파워먼트란 무엇인가?

11. 조직 내 커뮤니케이션이 왜 중요한가?

제7장

6시그마 품질

6(six)시그마 프로그램은 일본의 품질에 대항하기 위하여 1987년 Motorola에 의해서 처음 적용한 이후 괄목할 만한 품질향상의 효과를 가져왔다. 그런데 6시그마가 전 세계적으로 확산하기 시작한 것은 1995년 GE의 Jack Welch가 이를 도입하면서부터이다.

6시그마는 품질의 변동(산포)을 줄여 다음과 같은 과정을 거쳐 경영성과를 극대화할 수 있다.

- **비용절감:** 폐기물과 재작업을 줄일 수 있다.
- **리드타임 단축:** 양품의 출하로 시장에의 리드타임이 단축되고 수요변화에 신속하게 대응할 수 있다.
- **자본의 유용성 증대:** 필요한 설비, 원자재, 인원만으로 운영이 가능하다.
- **차별화된 서비스 제공:** 경쟁제품보다 우월한 서비스를 제공하여 시장점유를 확대할 수 있다.

1996년 Jack Welch는 6시그마에 일본의 린 시스템을 결합한 린 6시그마를 실행하기 시작하였다. 이는 프로세스에서의 변동을 감소하고 프로세스에서의 리드타임을 축소함으로써 품질향상과 스피드를 동시에 추구하려는 목적을 갖는다.

이와 같이 6시그마는 고객 서비스를 향상시키고, 생산성을 증가시키고, 더욱 효율적 운영이 가능토록 돕기 때문에 6시그마가 제대로 실행만 된다면 모든 프로세스에서 거의 불량품 제거를 기할 수 있을 것이다.

본장에서는 6시그마 프로그램, 6시그마 설계, 린 생산시스템, 린 6시그마 프로그램 등에 관해서 공부할 것이다.

7.1 6시그마 사용

1. 개념

품질이 우수한 일본 제품이 미국 제품을 압도하기 시작한 1980년대 이후 미국은 정부 차원에서뿐만 아니라 기업들도 품질향상을 위한 노력에 몰두하기 시작하였다. 이러한 시대적 배경에서 대두한 개념이 6시그마(σ)이다.

6시그마(six sigma)라는 용어는 1980년대 미국의 반도체 회사인 Motorola회사가 제품과 프로세스의 결함을 제거하여 높은 수준의 품질을 달성하기 위하여 처음 사용한 후 지금까지 수많은 기업들이 성공적으로 사용하여 오고 있다.

6시그마의 목적을 달성하기 위하여 Motorola는 회사의 모든 부문에서 품질에 관심을 가지고 노력하였다. 제품이 설계되기 전에 마케팅부서에서는 고객이 원하는 것을 제품특성으로 결정하고 생산부서에서는 제품설계, 제조 프로세스, 자재사용을 통해 제품특성을 정확하게 달성하려 하였다.

GE, Lockheed Martin, American Express, Texas Instrument와 같은 많은 기업에서 Motorola의 리더십을 따르고 6시그마 개념을 실현하였다. 이와 같이 6시그마 품질표준은 많은 산업에서 벤치마크(benchmark)가 되었다. 1990년대 이후 미국 경제가 되살아나고 경쟁력을 회복하는 데 크게 기여한 강력한 무기 중 하나가 바로 6시그마 계획의 실행이었다.

6시그마의 이념적 원리는 Deming과 Juran의 품질철학에 기반을 두고 있다. 그 후 수많은 기업에서 6시그마 방법론을 사용하여 엄청난 비용절감과 이익증가 등을 이룩하였다. 결과적으로 오늘날 6시그마는 가장 인기 있는 품질경영시스템의 하나가 되었다. 6시그마는 제조업과 서비스업에서 제품과 서비스를 제조하고 공급하는 모든 프로세스에서 결함과 오류의 원인을 찾아 제거하려고 노력하는 기업개선 접근법이라고 볼 수 있다. 6시그마는 모든 프로세스로부터 고객에 이르기까지 높은 수준의 품질 제품을 공급하는 시스템이다. 6시그마는 린처럼 낭비를 제거하는 목적을 갖지만 통계적 방법에 의해서 변화를 추구한다. 6시그마라는 용어는 백만 기회당 3.4 이하의 오류 혹은 결함을 허용할 수 있다는 통계분야의 측정치에 기반하여 만들어진 것이다.

6시그마는 통계적 의미와 프로그램이라는 두 의미를 갖는다. 통계적 의미로 6시그마는 프로세스, 제품, 서비스에 있어 99.9997%의 높은 프로세스 능력을 보인다는 것이다.

기본적으로 6시그마는 프로세스에 내포된 변동의 부정적 효과를 제거하는 개선을 위한 기술적 도구와 전문지식을 제공하는 시스템이다. 6시그마는 계량적 데이터를 사용하는 기술적 도구에 크게 의존한다. 이러한 프로세스 변동의 감소를 통한 성과의 증진은 거의 0에 가까운 불량률 감소, 제품품질과 서비스품질의 향상, 근로자 사기, 이익의 증가를 유도한다. 6시그마는 고객의 목소리(voice of customer)라는 개념과 통계적 프로세스 관리기법을 활용해서 품질문제를 해결하는 방법을 제공한다. 이와 같이 6시그마의 최종 목표는 모든 제품과 서비스의 무결점(zero defects)이다.

원래 motorola에서 6시그마 방법론을 도입할 당시에는 제조업에서 품질문제를 해결하는 것을 목적으로 하였다. 품질은 단순히 규격에의 적합(conformance to specification)을 의미하였기 때문에 규격하한(lower specification limit: S_L)과 규격상한(Upper Specification Limit: S_U) 사이의 규격한계를 만족시키는 제품은 양품으로 인정하는 상황이었다. 이와 같이 프로세스의 변동을 감소시키는 것이 6시그마 프로젝트의 핵심 목표이기는 하였지만 6시그마 개념이 발전한 오늘날에는 고객 불만족을 유발하는 그 어느 것도 결함으로 여기게 되었다. 따라서 오늘날 6시그마는 프로세스를 개선함으로써 고객만족과 수익성을 향상시키는 것을 목적으로 하는 구조적 문제해결 방법론이라고 정의하고 있다. 오늘날 6시그마는 제조업 분야를 넘어 헬스케어, 재무, 소프트웨어 개발, 식료품 가공, 보험, 텔레콤 등 다방면에서 프로세스 개선을 위해 사용되고 있다. 이와 같이 6시그마 프로젝트의 범위는 제조업에서 구성품의 실패율을 감소시키는 것으로부터 다방면에서의 고객만족과 수익성을 증진시키는 것으로 확대되었다.

나아가 6시그마는 불량품의 수를 줄이는 제조전략은 물론 시장점유율과 수익성 향상을 위한 비즈니스 전략으로 사용될 수 있다.

2. 통계적 기초

시그마(σ)란 프로세스의 표준편차를 의미한다. 즉 프로세스의 정규분포에서 평균 주위로 흩어진 특정 품질특성의 산포의 정도를 측정한다.

6σ 계획이란 정규분포를 하는 프로세스에서 생산되는 품질특성치의 프로세스 평균(프로세스 중심)이 목표치에 위치하고 있다는 가정하에 품질분포의 프로세스 평균 μ로부터 $\pm 6\sigma$의 거리에 규격한계 S_L과 S_U가 있게 함으로써 양쪽으로 각각 0.001ppm이 발생하여 결국 10억 개의 부품 중 오직 2개(2 parts per billion: 2ppb)의 불량품만을 허용하겠다는 것을 의미한다. 이는 [그림 7-1]과 〈표 7-1〉이 보여주고 있다.

6시그마 품질의 아이디어란 제13장에서 공부할 프로세스 능력비율(process capability ratio: PCR)을 나타내는 C_p지수가 적어도 2보다 클 때까지 프로세스의 변동(σ)을 줄여야 한다는 것이다. 이를 반대로 말하면, 6시그마 품질이 달성되려면 프로세스 변동이 규격폭(허용차)의 1/2 이하이어야 한다는 것이다.

$$6\text{시그마 품질: } C_p = \frac{S_U - S_L}{6\sigma} \geq 2$$

여기서 S_U : 규격상한

S_L : 규격하한

〈표 7-1〉에서 규격폭이 12σ일 때 C_p=2임을 알 수 있다. 프로세스 평균이 목표치와 일치하는 정규분포라면 이는 2ppb를 의미한다.

한편 [그림 7-1]로부터 프로세스의 표준편차는 σ이고 설계 허용차는 12σ이므로 다음 식이 성립함을 알 수 있다.

| 표 7-1 | 규격한계와 불량품 수의 관계: 프로세스 평균과 목표치가 일치하는 경우

규격한계	양품률(%)	불량률(ppm)	C_p
$\pm\sigma$	68.27	317,300	0.33
$\pm 2\sigma$	95.45	45,500	0.67
$\pm 3\sigma$	99.73	2,700	1.00
$\pm 4\sigma$	99.9937	63	1.33
$\pm 5\sigma$	99.999943	0.57	1.67
$\pm 6\sigma$	99.9999998	0.002	2.00

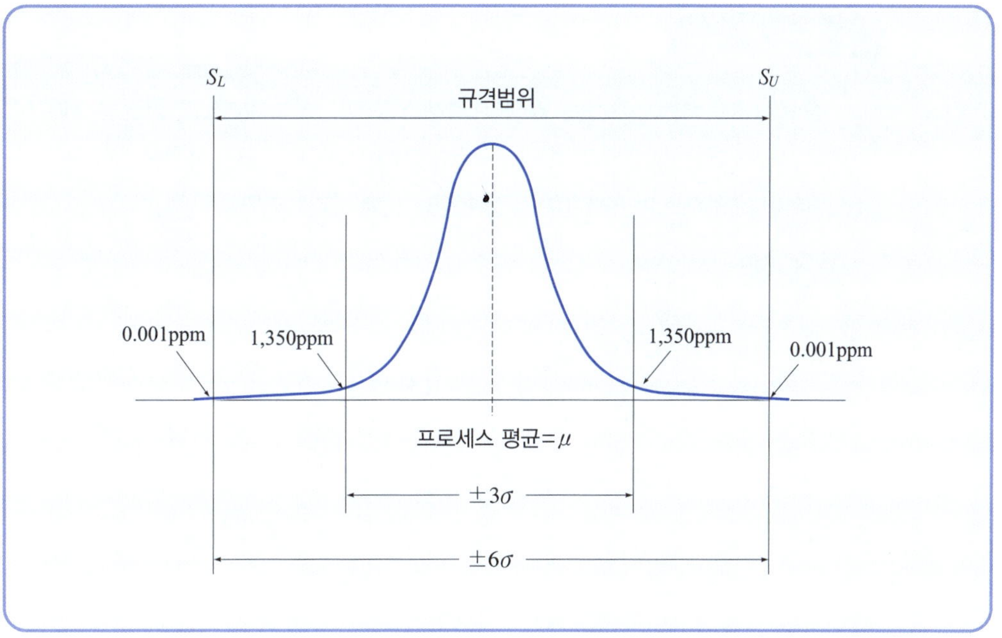

[그림 7-1] 6시그마의 불량률

$$k \times \text{프로세스의 표준편차} = \frac{\text{허용차}}{2}$$

$$k\sigma = \frac{12\sigma}{2}$$

따라서 품질수준은 $k=6$이다.

한편 Excel 함수를 사용하여 시그마 수준에 해당하는 ppm을 구할 수 있다.
=(1-NORM.DIST(시그마 수준, 1.5, 1, True))*1000000

반대로 Excel 함수를 사용하여 ppm에 해당하는 시그마 수준을 구할 수 있다.
=NORM.S.INV(1-ppm/1000000)+1.5

예제 7-1

종로직물주식회사에서는 염색 프로세스를 이용하는데, 그의 평균은 140° 이고 표준편차는 1.5°라고 한다. 규격상한은 149°이고, 규격하한은 131°라고 할 때 이 프로세스는 6시그마 품질수준을 만족시키는가?

해 답

$$C_p = \frac{S_U - S_L}{6\sigma} = \frac{149 - 131}{6(1.5)} = 2$$

$C_p = 2$이므로 프로세스는 6시그마 품질수준을 만족시킨다.

한편 $k \times 1.5 = \dfrac{149 - 131}{2}$

따라서 $k = 6$이고 품질수준은 6σ이다.

Motorola의 6σ관리는 규격이 $\pm 6\sigma$로 좁혀져 프로세스 평균과 목표치가 일치할 때는 불량률이 0.002ppm, 즉 99.9999998%의 제품이나 서비스는 규격 내에 드는 양품이 됨을 의미하지만 실제적으로 재료, 작업자, 방법, 환경, 측정 등 여러 가지 요인으로 인하여 어떤 프로세스도 완벽하게 통제될 수 없기 때문에 프로세스 평균이 목표치로부터 $\pm 1.5\sigma$까지 벗어나는 경우가 일반적인데, 이 때 6σ관리는 〈표 7-2〉에서 보는 바와 같이 불량률이 3.4ppm으로 증가함을 의미한다. 즉 평균이 $\pm 1.5\sigma$를 벗어나더라도 불량품은 3.4ppm으로서 아주 작은 값이다. 따라서 6시그마 수준의 품질수준은 평균이 목표에서 1.5σ만큼 이동하는 것을 허용할 수 있음을 의미하며 설계규격의 절반에 해당하는 프로세스 변동과 같은 의미이다.

[그림 7-2]는 $\mu = \dfrac{S_L + S_U}{2} \pm 1.5\sigma$인 경우를 보여주고 있다.

이와 같이 프로세스 평균이 목표치로부터 오른쪽으로 1.5σ 이동하는 경우 규격상한을 벗어나는 불량률은 다음과 같이 계산한다.

| 표 7-2 | 규격한계와 불량품 수의 관계: 프로세스 평균이 목표치로부터 1.5σ 벗어난 경우

규격한계	양품률(%)	불량률(ppm)	C_{pk}
$\pm\sigma$	30.23	697,700	−0.167
$\pm2\sigma$	69.13	308,700	0.167
$\pm3\sigma$	93.32	66,810	0.500
$\pm4\sigma$	99.3790	6,210	0.834
$\pm5\sigma$	99.97670	233	1.167
$\pm6\sigma$	99.999660	3.4	1.500

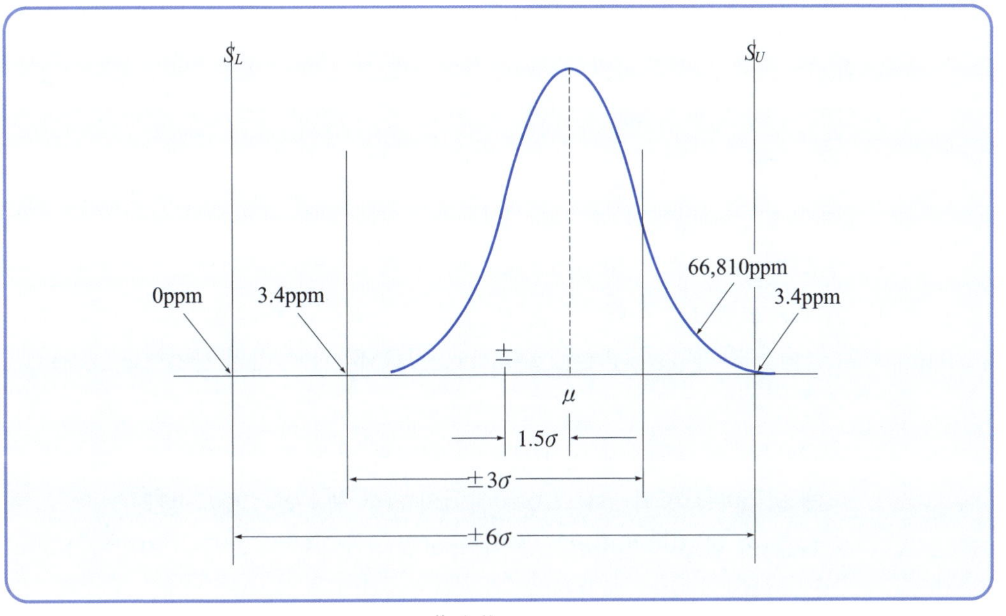

[그림 7-2] $\mu = \frac{S_L + S_U}{2} + 1.5\sigma$인 경우의 ppm

$$P(x > S_U) = P\left(Z > \frac{S_U - \mu}{\sigma}\right) = P\left(Z > \frac{S_U - \left\{\frac{S_U + S_L}{2} + 1.5\sigma\right\}}{\sigma}\right)$$

$$= P\left(Z > \frac{\frac{S_U + S_L}{2} - 1.5\sigma}{\sigma}\right) = P\left(Z > \frac{6\sigma - 1.5\sigma}{\sigma}\right)$$

$$= P(Z > 4.5) = 0.00000340$$

7.2 6시그마와 TQM의 관계

6시그마는 종합적 품질시스템을 실행하는 데 필요한 청사진을 제공한다. 6시그마는 TQM이라고 하는 많은 기본적 개념들을 실현하는 것이다. 6시그마는 지난 20여 년 동안 GE 같은 큰 기업에서 성공을 거두었지만 새로운 개념은 아니다. 6시그마는 사실에 기초한 경영환경에서 폭넓게 사용되어 온 기본적이고 정교한 품질향상 및 관리 도구를 사용한다. 6시그마 방법론은 TQM 철학과 지속적 품질향상 도구를 이용한다. 즉 6시그마는 개선에 필요한 인적 요소와 프로세스 요소를 통합한다. 여기서 인적 요소에는 경영층 리더십, 결과와 고객에의 초점, 팀 프로세스, 문화변화 등이 포함되고 프로세스 요소에는 프로세스 관리 기법의 사용, 변동분석과 통계적 방법의 사용, 정교한 문제해결 기법의 사용 등이 포함된다.

그러나 6시그마는 전통적인 TQM 같은 접근법을 재포장하는 것이 아니다. 6시그마라는 용어는 3.4ppm이라는 통계적 측정치에 기초한다. 기업에서 6시그마 철학을 채택하는 기본적인 이유는 모든 핵심적인 프로세스에서 6시그마 수준의 능력을 가지려는 것이다. 6시그마는 TQM과 근본적인 차이점을 갖는다.[1]

- TQM이 작업자들에 대한 권한의 위임과 같은 임파워먼트와 팀워크에 크게 의존하는 반면, 6시그마는 기업의 리더 챔피언이 주도한다.
- TQM의 활동은 일반적으로 기업 내 기능 부서, 프로세스, 작업장과 관련이 있지만, 6시그마 과제는 다기능적 대상에 초점을 둔다. TQM은 관리적 접근법이다. 즉 전 조직이 고객이 중요시하는 모든 품질분야에서 아주 우수성을 갖도록 관리된다. 6시그마는 뒤에 설명할 현존 프로세스 향상 기법인 DMAIC와 새로운 프로세스/제품개발 노력인 DMADV를 이끌 특정 프로세스를 갖는다.
- TQM 훈련은 일반적으로 단순한 향상 도구와 개념에 국한되어 있지만, 6시그마는 매우 정교한 고급 통계방법과 DMAIC와 같은 문제해결 방법론에 집중한다.
- TQM은 재무적 성과에는 큰 관심을 두고 있지 않고 오로지 개선에 초점을

---

1 James R. Evans & Lindsay William M., *The Management and Control of Quality*, 8th ed.(South-Western), p. 135.

두고 있지만, 6시그마는 높은 투자수익률을 추구하고 현장에서의 성과실현을 목표로 한다.

이러한 차이가 있음에도 불구하고 6시그마는 TQM의 기본적인 개념들을 통해 개선을 위한 인간적 측면과 프로세스적 측면의 통합을 통해 실현하고 있다. 여기서 인간적 요소란 관리자의 리더십, 결과와 고객에 대한 초점, 문화의 변화 등을 포함하고 프로세스적 요소란 통계적 기법을 통한 문제 해결 시도, 사실에 기초한 관리 등을 포함한다. 6시그마는 품질개선을 위해 통계학을 사용하고 통계적 사고의 중요성을 강조하면서 훈련을 통해 문제를 해결하려는 효과적인 접근법이다.

기업에서 품질문제의 90%는 TQM이 강조하는 기본적인 품질도구를 사용하여 해결할 수 있지만 나머지인 거의 10%는 6시그마 방법과 같은 높은 훈련을 받은 전문가들이 분석기법을 사용하여 해결해야 한다. 기업 내에 전문가가 없어 해결할 수 없는 약간의 문제들은 외부전문가에 의뢰하여야 한다. 이러한 내용은 [그림 7-3]에서 보는 바와 같다.

전문가 훈련과 프로젝트 해결에 집중해야 하기 때문에 재무적 자원이 많이 소요되는 관계로 6시그마 방법론은 주로 대기업에서 채택되고 있다. 그럼에도 불구하고 6시그마 아이디어와 개념은 크기나 형태에 관계 없이 모든 산업체에 적용할 필요가 있다고 본다.

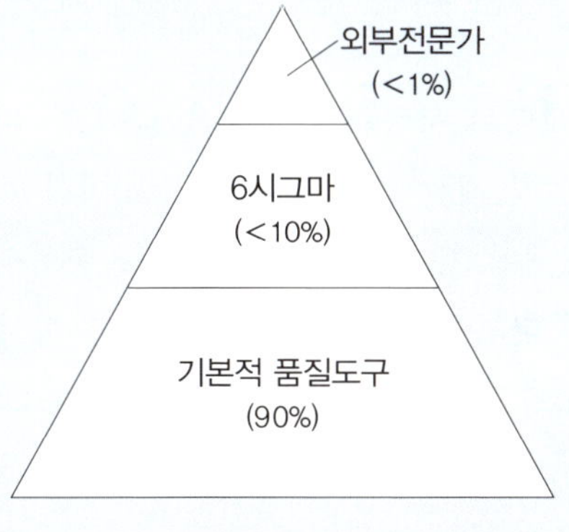

[그림 7-3] 6시그마 효과성

7.3 6시그마 프로그램

프로세스 향상을 위한 방법론으로서 6시그마는 넓은 의미를 갖는다. Motorola는 6시그마 방법론을 다음과 같은 사항에 관해 집중하는 향상 방법론이라고 정의하고 있다.

- 고객요구(customer requirements)의 이해와 관리
- 이러한 요구를 달성하기 위한 핵심 프로세스의 협조
- 프로세스에서의 변동을 최소화하기 위한 데이터 분석기법의 활용
- 지속적인 프로세스 향상 노력의 추진

처음 두 개의 사항은 프로세스 향상 노력은 고객의 니즈에 의해서 추진되어야 함을 강조한다. 여기서 고객이란 조직 내 · 외의 고객을 의미한다. 세 번째 사항은 데이터 분석도구를 사용하여 사실에 기초한 건의가 이루어져야 함을 강조한다. 네 번째 사항은 이러한 노력을 효율적이고 적시에 수행할 장치가 마련되어 있어야 함을 의미한다.

6시그마 방법론은 프로젝트 팀이 추구하는 특정 과정을 갖는다. 따라서 여기서는 6시그마의 기술적 측면과 인적 측면을 설명하고자 한다.

6시그마 개념을 도입하는 데는 두 가지 측면이 있다. 첫째는 품질문제를 규명하고, 둘째는 그의 원인을 제거하는 데에 기술적 도구를 사용한다는 것이다. 사실 6시그마 개념은 계량적 데이터를 사용한다. 이러한 기술적 도구에는 통계적 품질관리(statistical quality control: SQC)와 문제해결도구(problem-solving tools)를 포함한다.

개념적으로 6시그마는 불량품의 발생을 줄이고, 비용과 시간을 줄이며, 고객만족을 증진시키고자 하는 프로그램(program)이라고 할 수 있다. 6시그마 방법론을 사용하면 고객에 가치를 제공할 능력을 향상시킨다. 즉 프로세스 흐름을 촉진하여 사이클 타임을 단축시키고 생산성을 향상시키고 제품이나 서비스의 신뢰도(reliability)를 제고시킨다. 이러한 변화들로 고객에게는 가치를 증진하고 기업에는 재무성과를 호전시킨다. 이러한 목적을 달성하기 위해서 여러 가지 도구와 기법을 사용한다.

[그림 7-4] DMAIC의 단계

6시그마 프로그램은 원래 품질향상을 위한 기법으로 출발하였지만 지금은 설계, 생산, 고객 서비스, 재고관리, 배송 등에 폭넓게 적용되어 저비용, 시간 절약, 고객만족을 유도하고 수익성을 증진하여 궁극적으로 기업의 경쟁력을 강화하는 수단으로 사용되고 있다. 이와 같이 6시그마는 경영의 모든 부문에서 결점예방을 위한 전략으로 발전되어 왔다.

[표 7-3] 6시그마 문제해결 절차

Define, Measure, Analyze(Plan)
1. 핵심 품질특성인 주요 프로세스 출력변수를 선정한다. 2. 시간의 경과에 따라 이들 변수를 어떻게 추적할 것인가를 결정한다. 3. 프로젝트 또는 프로세스의 현재 성과를 결정한다. 현재의 프로세스 능력을 계산한다. 4. 출력변수를 이끄는 주요 프로세스 입력변수를 찾아낸다. 5. 변동의 원천을 규명한다. 6. 출력변수에 긍정적 영향을 미칠 입력변수의 필요한 변화를 결정한다. 성과의 목표를 정의한다. 7. 변화를 추구한다. 8. 변화가 출력변수에 긍정적 영향을 미쳤는지 결정한다. 새로운 프로세스 능력을 평가한다. 9. 변화가 성과향상에 긍정적 결과를 가져오면 입력변수의 관리를 새로운 수준에서 시행한다. 성과향 상을 가져오지 않으면 절차 5로 돌아간다. 10. 프로세스 통제를 시행한다.

출처: Donna Summers, *Quality Management*, 2nd ed.(Pearson, 2009), p. 71.

다시 말하면, 6시그마 프로그램의 기술적 측면은 현행 프로세스의 성과를 개선하고, 프로세스 변동을 줄이며, 통계적 방법을 사용하고 DMAIC라고 하는 프로세스 개선모델(process improvement model)을 사용하는 것이다. 이러한 방법은 [표 7-3]에서 보는 바와 같이 Deming의 PDSA 사이클과 아주 흡사하다.

DMAIC란 [그림 7-4]와 같은 다섯 단계를 거친다.

① 향상활동 목적의 정의(define)

6시그마 프로세스를 개선할 프로젝트를 우선 선정하고 그의 목표와 범위를 결정한다. 프로젝트는 문제의 증상에 따라 선정된다. 프로젝트가 선정되면 문제를 분명히 정의해야 한다. 예를 들면, 무엇이 문제인가? 문제의 규모가 어느 정도인가? 언제, 어디서, 어떤 상황에서 발생하는가? 등을 밝혀야 한다.

정의 단계에서 고객이 누구이며 그들의 요구사항이 무엇인지, 그리고 제품이나 서비스의 성과에 큰 영향을 미치는 핵심품질특성(critical-to-quality characteristics: CTQ)를 규명해야 한다. 여기서 CTQ에 영향을 미치는 중요 프로세스를 찾아내고 개선토록 해야 한다.

② 현존 프로세스의 측정(measure)

프로세스 결과를 정의하기 위해서는 프로세스 지도를 사용한다. 프로세스 지도를 사용하는 목적은 가치를 부가하지 않는 활동을 찾아내려는 것이다. 측정 단계에서 하는 주요 내용은 지도를 통해 찾은 개선대상 프로세스의 CTQ를 나타내는 종속변수 Y와 이에 영향을 미치는 주요 투입변수인 독립변수 X의 함수관계를 다음과 같이 표현하려는 것이다.

$$Y = f(X)$$

이 함수적 관계를 나타내기 위해서는 신뢰할 만한 측정시스템을 이용하여 생산 프로세스로부터 측정이나 관찰을 통해 데이터를 수집해야 한다.

③ 프로세스의 분석(analyze)

불량, 실수, 과도한 변동이 왜 프로세스에서 발생하였는지 근본 원인(root

cause)을 찾기 위하여 5왜, 브레인스토밍, 특성요인도, 계통도 같은 기법을 사용하여 분석한다.

잠재적인 소수의 핵심인자를 추출하면 실험을 실시하여 이들이 옳게 추출되었는지 확인하기 위하여 데이터를 수집 · 분석하고 가설검정 같은 통계분석을 실시한다.

④ 프로세스의 개선(improve)

문제의 근본 원인이 규명되면 이를 해결하고 프로세스와 CTQ를 개선할 아이디어를 찾아 실행해야 한다. 개선방안을 강구하기 위해서는 브레인스토밍, 체크리스트, 창의적 문제해결 기법, 벤치마킹 등과 같은 방법을 활용할 수 있다.

잠재적 해결방안이 제안되면 CTQ와 핵심 프로세스 변수에 긍정적 영향을 미치는 가장 효율적인 개선방안을 선택하고 이들 변수의 최대허용 범위를 설정한다. 주요 변수의 불규칙한 변동이 이 범위 내에 들어가도록 프로세스를 변경한다.

⑤ 새로운 프로세스의 통제(control)

6시그마를 통해 개선된 프로세스를 유지하고 관리하기 위해 개선사항을 표준화하고 절차를 수립하고, 작업자들을 훈련하도록 한다. 한편 주기적으로 모니터링을 통해 개선안의 이행방법과 개선된 상태의 유지를 확인해야 한다.

처음 세 단계는 현행 프로세스의 고찰을 의미하고, 마지막 두 단계는 프로세스의 변화를 추구한다. 모든 단계는 프로세스 성과를 측정하고 프로세스 문제의 근본 원인을 분석하는 데 계량적 도구를 사용한다. PDSA 사이클처럼 DMAIC의 모든 단계는 끊임 없이 진행하는 순환과정이다. [그림 7-5]는 6시그마의 프로세스 개선과정을 보여주고 있다.

위에서 설명한 6시그마 방법론과 DMAIC 접근법은 현존 프로세스의 개선을 위해 사용된다. 6시그마 방법론 중에는 완전히 새로운 제품이나 프로세스를 개발하는 데 사용되는 DMADV 접근법도 있다. DMADV 접근법은 DMAIC 접근법과 같이 팀으로 하여금 데이터 분석기법을 사용하도록 강조한다.

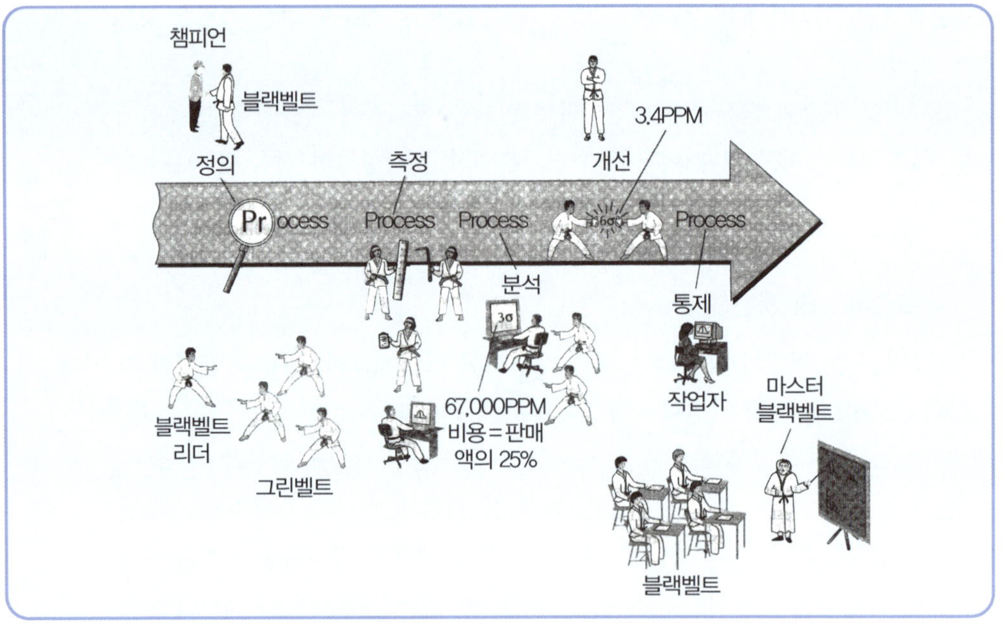

출처: R. Russell & B. Taylor, *Operations & Supply Chain Management*, 10th ed. (Wiley, 2020), p. 76.

[그림 7-5] 6시그마 프로그램의 개선과정

⑥ 프로젝트 목적의 정의(define)

새로운 제품이나 프로세스를 개발하기 위한 팀은 그러한 노력이 적시에 효율적으로 수행되도록 프로젝트의 범위를 정해야 한다. 어떤 제품이나 서비스를 누구에게 제공하려는가?

⑦ 고객 니즈와 규격의 측정(measure) 및 결정

목표고객(targeted customers)들이 원하는 품질수준, 운송, 비용, 기타 관심사항을 측정한다. 이때 시장조사기법이나 품질기능전개(QFD)와 같은 기법이 사용된다.

⑧ 고객 니즈를 달성할 제품 또는 프로세스들의 분석(analyze)

고객요구를 만족시킬 수 있는 여러 가지 옵션을 분석한다.

⑨ 제품 또는 프로세스의 설계(design)

고객요구를 만족시킬 가장 알맞은 옵션을 선정하여 실제로 설계단계로 들어간다.

⑩ 새로운 제품 또는 프로세스의 실증(verify)

팀은 결과를 입증해야 한다. 제품이나 프로세스가 원하는 대로 수행하는가? 목표고객의 니즈를 만족시키는가?

1. 인적 측면

6시그마 프로그램의 인적 측면은 기업의 모든 구성원의 참여를 의미한다. 모든 종업원들은 기술적 도구를 사용하는 방법을 훈련받고 품질문제를 발본색원할 책임을 갖는다.

6시그마를 효과적으로 이끌기 위해서는 전문가가 필요한데, 이들은 조직에서 우수한 사람들에게 수여하는 벨트 인증을 받아야 한다. 6시그마 전문가로는 챔피언(champion), 마스터 블랙벨트(master black belt), 블랙벨트(black belt), 그린벨트(green belt), 화이트벨트(white belt) 등이 있다.

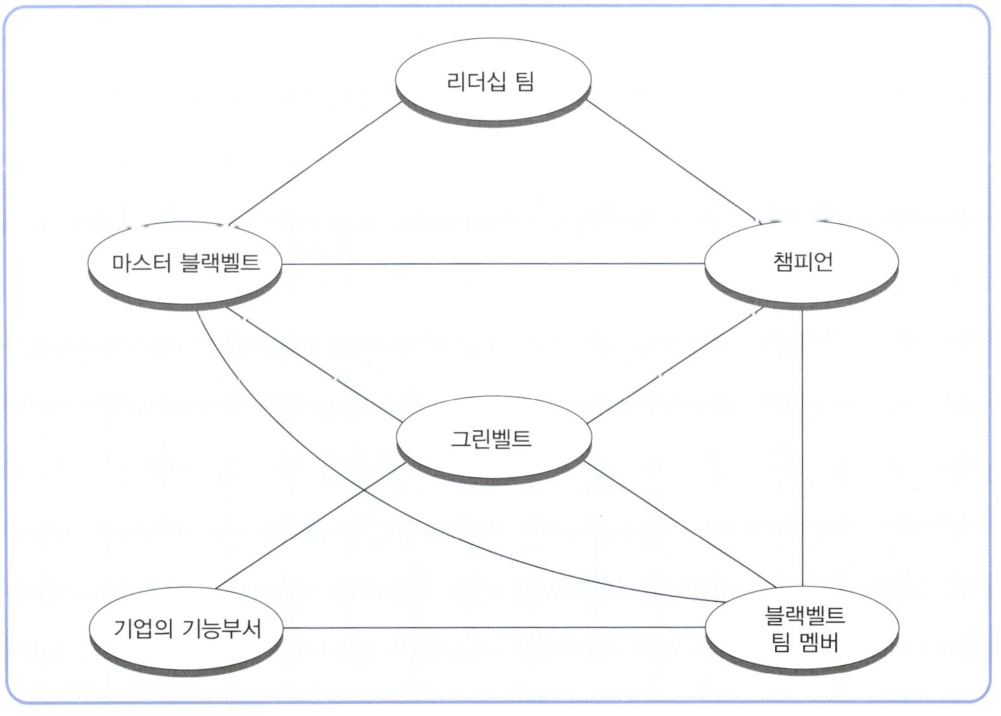

출처: Montgomery, Jenmings & Pfund, 전게서, p. 49.

[그림 7-6] 6시그마 조직의 구조

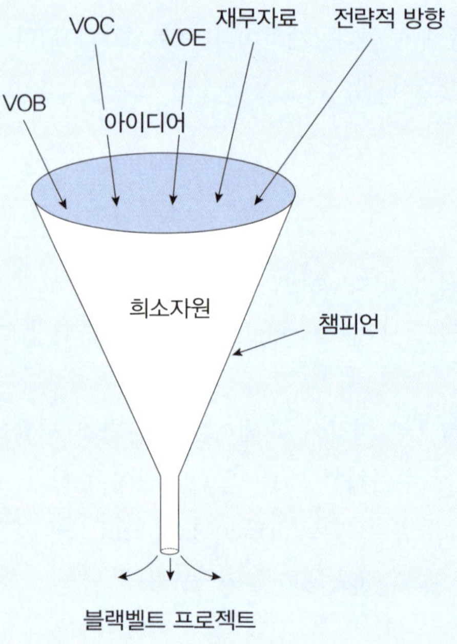

[그림 7-7] 챔피언 의사결정

6시그마 조직의 구조는 [그림 7-6]에서 보는 바와 같다.

- **리더십 팀:** 기업의 경영층으로서 6시그마 팀이 수행할 프로젝트를 승인할 전적인 책임을 갖는다.
- **챔피언:** 전문가 중에서 가장 직위가 높은 최종책임자로서 6시그마 활동을 총괄한다. 6시그마 프로젝트(과제)를 선정하고 경영혁신문화를 이끌 추진력과 창의력을 갖추어야 한다. 프로젝트 아이디어를 분석하기 위해서는 기업의 목소리(voice of the business: VOB), 고객의 목소리(voice of the customer: VOC), 종업원의 목소리(voice of the employee: VOE) 등으로부터 정보를 입수해야 한다. 이는 [그림 7-7]에서 보는 바와 같다. 프로젝트 수행에 필요한 블랙벨트와 다른 팀 멤버를 구성하고 필요한 자원을 조달하는 일을 한다. 또한 프로젝트가 스케줄대로 진행하도록 통제하는 역할을 수행한다.
- **마스터 블랙벨트:** 선임 블랙벨트로서 6시그마 활동을 통합 · 조정하고 블랙벨트와 화이트벨트의 교육과 훈련을 담당한다. 기술적 리더로서 챔피언이나 리더십 팀과 함께 일을 하면서 프로젝트 선정, 검토, 컨설팅을 담당

한다.

- **블랙벨트:** 프로젝트 팀의 리더로서 문제해결능력과 통계적 분석능력을 겸비해야 한다. 그린벨트와 화이트벨트의 교육과 훈련을 담당한다.
- **그린벨트:** 6시그마 활동의 필요에 따라 참여한다. 블랙벨트로부터 지시, 교육, 훈련을 받는다.
- **화이트벨트:** 가장 초보적인 벨트를 인증받고 6시그마 활동의 필요에 따라 참여한다.

7.4 6시그마 설계

6시그마 설계는 1997년 GE에서 처음 6시그마의 연장으로 도입하였는데, 신제품과 프로세스를 개발하고 설계할 때 설계과정에 6시그마의 변동감소와 프로세스 향상의 철학을 주입하려는 방법이다. 넓은 의미로 6시그마 설계는 신제품, 서비스, 프로세스를 만들어 내는 기술의 효율적인 상업화를 위한 체계적인 방법론이다.

6시그마 설계는 고객의 요구를 규명하는 것으로부터 최종 제품이나 서비스의 출하 때까지 전 개발과정을 커버한다. 고객이 무엇을 원하는지, 그의 우선순위는 무엇인지, 이익을 남길 경쟁가격으로 그를 달성할 수 있는지는 고객의 목소리를 통해 결정한다. 이와 같이 고객의 목소리를 들으려는 목적은 제품이나 서비스의 핵심품질요구(critical-to-quality requirements)를 개발하려는 것이다.

전통적으로 6시그마는 현행 프로세스의 문제를 찾아 개선함으로써 운영의 우수함을 추구하려 하였지만 6시그마 설계는 새로운 제품과 서비스의 판매수입을 증가시켜 기업의 가치를 향상시키고 기존 제품에 대한 새로운 적용이나 기회를 찾으려는 것이다. 6시그마 설계는 새로운 기술을 상업화할 때까지의 주기시간(cycle time)을 감축시키고 이를 이용한 새로운 제품을 시장에 출하하는 데 소요되는 전체 개발 리드타임의 단축을 초래한다. 이렇게 함으로써 DFSS(design for six sigma)는 기업에 가치를 증가시키는 데 초점을 두고 있다.

6시그마 경영에 사용된 많은 도구가 그대로 6시그마 설계에도 사용되지만 어떤 기업에서는 DMAIC 과정과 약간 다른 DMADV(Define, Measure, Analyze, Design, Verify)를 선호한다. DMADV는 로버스트하고, 자원 효율적이고, 높은 수율을 달성할 수 있고 핵심품질특성에 전념함으로써 고객요구를 만족

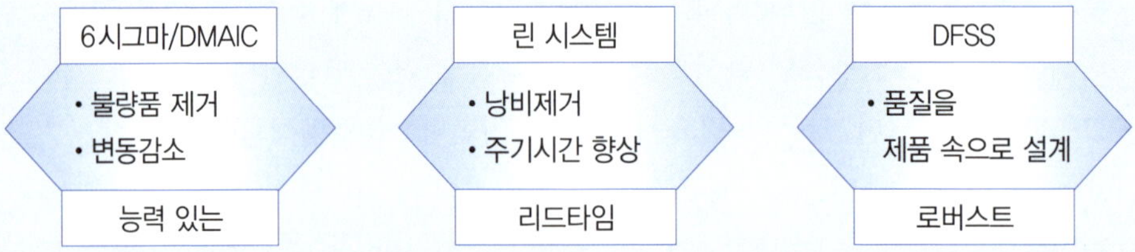

변동감소	린	6시그마 설계
• 예측가능성 • 타당성 • 효율성 • 능 력 • 정확성	• 흐름측량 • 낭비제거 • 주기시간 • 재공품 감축 • 운영과 설계	• 요구의 할당 • 능력평가 • 로버스트 설계 • 예측가능한 제품품질

출처: Montgomery, Jenmings & Pfund, *Managing, Controlling, and Improving Quality*(Johh Wiley & Sons, Inc., 2011), p. 54.

[그림 7-8] 6시그마/DMAIC, 린 시스템, DFSS의 관계

시킬 수 있는 새로운 제품/서비스 설계를 추구하려고 한다.

비용, 제조가능성, 제품의 성능은 설계단계에서 결정된다. 특히 고객의 요구와 생산시스템의 능력이 설계의 각 단계에서 꼭 일치가 되도록 조치를 강구한다.

6시그마/DMAIC, DFSS, 린 시스템은 기업에서 동시에 조화롭게 사용함으로써 프로세스 성과와 기업향상에 있어 괄목한 결과를 가져온다. 이러한 이유로 이러한 기법들을 기업에서 TQM보다 더욱 성공적으로 사용하는 것이다.

[그림 7-8]은 6시그마/DMAIC, DFSS, 린 시스템의 많은 보완적 측면을 보여주고 있다.

어떤 기업에서는 제품이나 서비스의 설계에 직접적으로 반영할 고객의 목소리를 듣기 위하여 품질기능전개(QFD)라는 기법을 사용한다. 이는 1970년대 초에 일본에서 처음 개발되었는데, 신제품이나 서비스의 설계에 널리 이용되고 있음은 이미 제4장에서 설명한 바와 같다.

설계과정에서 제품의 원가, 제조 가능성, 성과 등이 결정된다. 제품이 일단 설계되어 제조부로 넘어오면 더 이상 설계를 개선할 수 없다. DFSS는 프로세스 능력(capability)과 함께 고객(설계)요구를 반영하도록 해야 한다. 설계과정의 각 단계에서 이들이 조화를 이루어야 하지만 만일 불일치하게 되면 설계변경이 이루어지든지 아니면 생산능력을 바꾸든지 해야 한다.

DFSS의 전 과정을 통해 다음과 같은 사항을 염두에 두어야 한다.[2]

- 제품개념이 제대로 규명되었는가?
- 진짜 고객인가?
- 고객들이 이 제품을 구매할 것인가?
- 이 제품을 경쟁가격으로 만들 수 있는가?
- 재무결과는 괜찮을 것인가?
- 이 제품은 회사의 전반적인 전략과 어울리는가?
- 위험평가는 괜찮을 것인가?
- 이 제품은 경쟁제품보다 우수한가?
- 제품 신뢰성과 유지가능성 목표는 달성될 것인가?

그런데 오늘날에는 린 6시그마 방법이 보편화되면서 신제품이나 서비스의 설계를 위해서는 린 6시그마 설계(design for lean six sigma: DLSS)라는 기법이 사용되고 있다. DLSS의 목적도 DFSS의 목적과 차이가 있는 것은 아니고 더욱 설계과정의 스피드와 제품원가의 절하를 추구하고 있다. 설계과정의 스피드는 결국 시장에의 출하기간을 단축시켜 경쟁자보다 빨리 시장을 점유하여 높은 가격과 수입의 증가를 꾀할 수 있게 한다. 오늘날 DLSS를 적용하는 기업에서는 제품개발과정을 단축시킴으로써 시장 출하기간을 단축시키고 고객 니즈를 잘 이해하고 혁신을 증진시키고 원가의 절감 등을 통하여 제품품질을 전반적으로 향상시키는 데 도움을 받고 있다.

많은 기법이 DLSS에 사용되지만 그 중에서 가장 중요한 세 가지 기법은, 무엇을 해결해야 할 것인지 알려주는 품질기능전개, 어떻게 해결해야 할 것인지를 알려주는 창의적 문제해결 이론(theory of inventive problem solving: TRIZ), 설계를 최적화하는 로버스트 설계 및 Taguchi 방법 등이다.

---

2 Douglas C. Montgomery, Cheryl L. Jenmings & Michele E. Pfund, *Managing, Controlling, and Improving Quality*(John Wiley & Sons, 2011), p. 50.

7.5 린 생산시스템

1. 린 생산시스템의 개념

린 생산시스템(lean production system)은 시스템으로부터 모든 낭비를 제거하고 더욱 적은 재고, 작업자, 공간 등을 사용하여 더욱 많은 것을 만들어 낸다는 의미로서 지금 세계에서 가장 효율적이라고 인정하는 도요타 생산시스템보다 더욱 넓은 의미를 갖는다. 린이라는 용어는 모든 형태의 낭비를 제거함을 강조하려는 것이다.

도요타 생산시스템은 적시(just-in-time: JIT) 생산시스템으로 알려져 있는데, 이는 재고감소와 자재의 원활한 흐름을 통하여 자재가 적시에, 적소에, 적량으로 도착하고 필요한 것을 필요한 때에 생산하도록 한다. 이와 같이 JIT는 완벽한 품질의 자재로 낭비 없이 수요를 즉시에 만족시키려 한다. 이렇게 되면 만일의 사태에 대비하려는 안전재고가 전혀 필요치 않게 된다.

린 생산시스템은 소량생산을 반복하는 시스템으로서 대량생산을 통한 비용절감을 추구하려는 전통적인 방법과 다르다. 린 시스템은 전체 공급사슬에 걸쳐 가치를 부가하지 않는 활동을 제거하려는 시스템이라는 점에서 JIT와 다르다.

린 생산시스템에서는 전 공급사슬에 걸쳐 생산활동에서 가치를 부가하지 않는 활동, 자재, 운영 등에서 있을 수 있는 모든 낭비의 원천을 근본적으로 제거하여 모든 자원을 효율적으로 사용하고 공급사슬을 통해 자재와 정보의 원활한 흐름을 조장함으로써 생산비용을 절감시키고, 프로세스 개선을 통한 제품품질의 향상을 기하며, 재공품 및 완성품의 재고감소를 통한 비용 및 생산 리드타임(manufacturing lead time)의 단축으로 고객의 수요변화에 빨리 대응토록 해 준다. 이러한 결과로 이익과 투자수익률이 증대하여 경쟁력이 강화된다.

2. 린 생산시스템의 원리

린 생산시스템의 근본적 원리는 다음과 같이 세 가지로 요약할 수 있다.

- 낭비와 비효율의 제거
- 유연한 자원
- 지속적 향상

∷ 낭비와 비효율의 제거

린 생산시스템은 생산 프로세스에서 발생하는 비능률과 비생산적 요소를 제거하고 작업자 능력의 최대한 이용을 추구한다. 이를 위해 모든 낭비의 제거를 통해 품질개선과 비용감소를 추구하고 생산성 향상, 수익성 증진, 고객가치의 부가를 목표로 한다.

린 생산시스템에서 배격하려는 7가지 형태의 낭비는 [그림 7-9]에서 보는

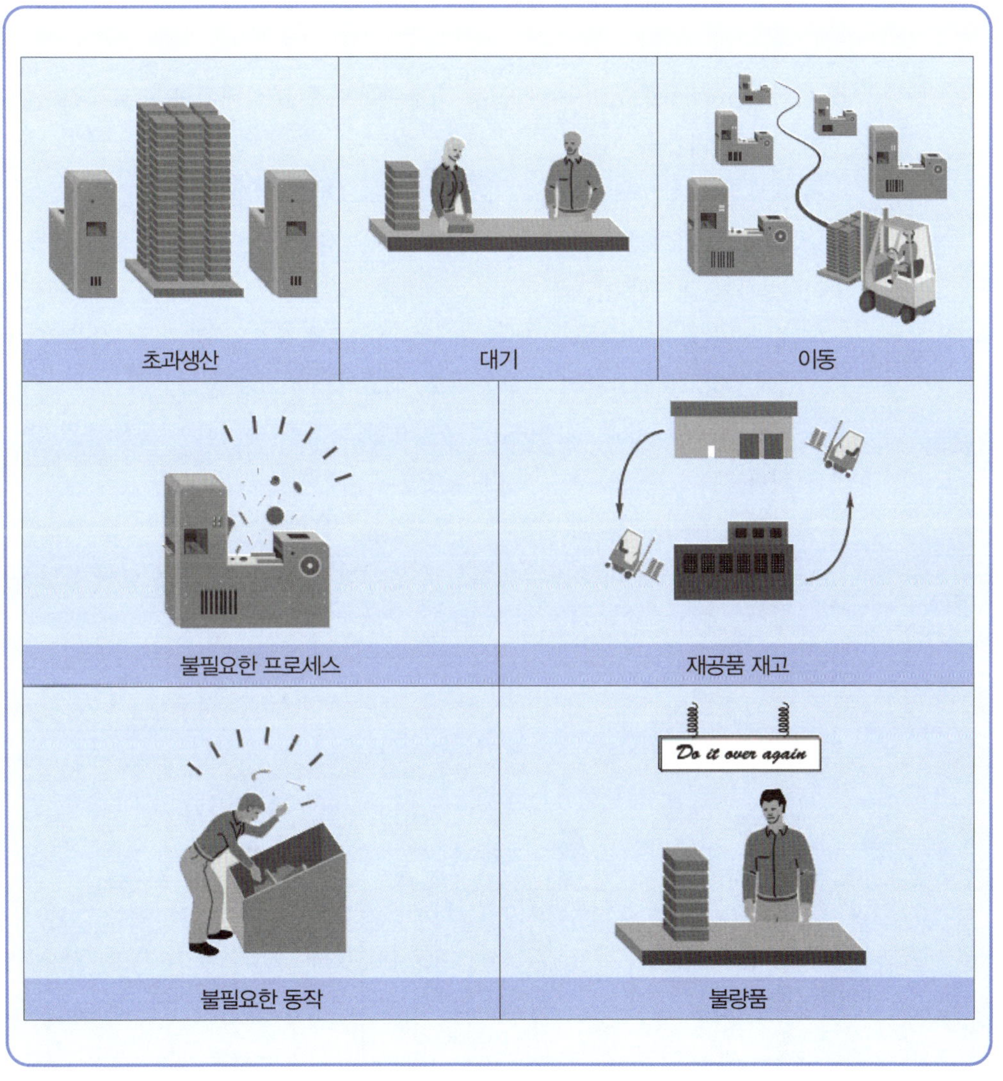

출처: Russell & Taylor, *Operations & Supply Chain Management*, 10th, ed. (Wiley, 2019), p. 719.

[그림 7-9] 7가지 낭비

바와 같다.

- **초과생산(overproduction):** 꼭 필요한 때에 필요한 수요량만큼만 생산한다. 필요 이상의 생산과 미리 생산하는 것은 초과재고를 유발하고 공간을 차지한다. 따라서 지금 필요한 양만큼 생산한다.
- **대기(waiting):** 고객 주문, 재고, 완제품, 고객이 다음 프로세스를 위해 대기하는 것은 가치를 부가하지 않고 금융비용만 유발하기 때문에 프로세스 사이의 자재흐름을 조정하고 유연한 작업자와 장비를 사용하여 부하의 불균형을 완화한다.
- **이동(transportation):** 자재취급을 최소화하도록 시설배치와 프로세스 설계를 실시한다.
- **불필요한 생산(unneeded production):** 불필요한 생산행위를 근절한다.
- **프로세스:** 가치를 부가하지 않거나 비용을 유발하는 프로세스상의 불필요한 절차를 제거한다.
- **재공품(work-in-process: WIP) 재고:** 생산준비시간의 감소, 생산율의 증가, 작업장 간 생산율의 조정을 통한 재고감소를 추구한다.
- **동작과 노력(motion and effort):** 불필요한 동작을 제거하여 생산성을 향상시킨다.
- **불량품(defective product)과 폐기물(scrap):** 불량품은 재고, 노동, 능력을 낭비하기 때문에 비용을 유발하므로 완전한 제품을 생산함으로써 불량품, 재작업, 폐기물의 발생을 방지한다.

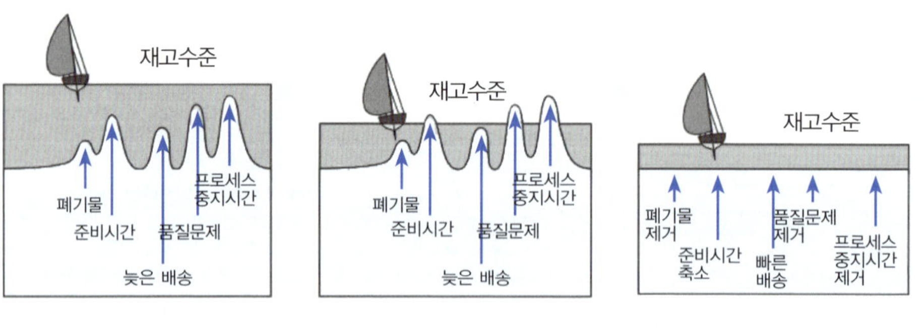

[그림 7-10] 재고수준과 품질문제

린 생산시스템을 사용하는 제조업에 있어서는 필요 이상의 부품, 원자재, 재공품 및 완제품 등은 공간을 차지하고 돈을 낭비하는 놀고 있는 자원이기 때문에 그 자체가 악일 뿐만 아니라 이들은 품질문제를 덮어두기 때문에 더욱 나쁜 것이다. [그림 7-10]은 재고수준과 품질문제의 관계를 나타내고 있다. 그림 (a)는 재고수준이 높아 문제를 감추고 있는 경우이고, (b)는 재고수준이 낮아 문제가 노출되는 경우이고, (c)는 재고수준을 완전히 낮추고 문제를 제거하는 경우이다.

유연한 자원

린 생산시스템은 낭비를 제거하는 것 외에 작업자들을 의사결정 과정에 적극 참여시키려고 한다. 작업자들은 매일 프로세스에서 작업하기 때문에 누구보다도 프로세스를 잘 알고 있다. 이와 같은 프로세스에 관한 지식과 재능으로 낭비를 제거할 수 있는 것이다.

다기능 작업자(multifunctional worker)와 공급업자(supplier)는 린 생산시스템에서 다음 생산 프로세스를 지원하기 위하여 적시에 품질 좋은 부품을 생산할 책임을 갖는다. 만일 이러한 책임을 준수할 수 없으면 생산 프로세스를 중단하고 이를 고친다든지 협조를 구해야 한다.

작업자들은 다기능 보유자로서 U자형 시설배치에서 3~4대의 기계를 운전하고 범용기계를 사용할 수 있도록 교육과 훈련을 받는다.

린 생산시스템에서 작업자와 공급업사의 능력이 최대한 발휘되도록 그들은 많은 책임과 권한을 갖는다. 린 생산시스템에서 작업자들은 전통적인 시스템에서 보다 더욱 큰 품질에 대한 권리와 책임을 갖는다. 한편 작업자들은 꾸준한 향상 또는 개선(kaizen)을 위해서 통계적 프로세스 관리, 품질향상, 문제해결을 위한 강도 높은 훈련과 교육을 받는다.

지속적 향상

지속적 향상(continuous improvement)이란 프로세스의 품질향상뿐만 아니라 재고의 감소, 생산준비비용과 시간의 감소, 생산율의 증가, 낭비와 비효율의 제거, 스피드와 대응능력의 향상, 더욱 생산적인 능력과 시설 등을 의미한다.

지속적 개선은 어떤 부서나 개인이 해야 하는 일이 아니다. 모든 부서, 모든 계층에 있는 작업자들이 참여해야 한다. 린 생산시스템이 성공하기 위해서는 작업자들이 품질문제를 찾아내고, 필요하면 생산(라인)을 중단하고, 개선을 위한 아이디어를 생각해 내고, 프로세스를 분석하고, 다른 기능을 수행하고자 하는 향상의 의지가 있어야 한다.

3. 린 생산시스템의 기본 요소

린 생산시스템의 기본 요소는 다음과 같이 세 부문으로 그룹화할 수 있다.

적시제조

- 공장부하의 균일화
- 풀 시스템
- 칸반 생산
- 빠른 생산준비와 작은 로트크기
- 시설배치

종합적 품질경영

- 원천적 품질관리
- 예지보전

인간존중

- 생산 근로자의 역할
- 종신고용
- 경영층의 역할
- 공급업자와의 관계

(1) 적시제조

적시(just-in-time: JIT) 생산시스템은 원자재, 재공품, 완제품의 재고감소와 자재의 원활한 흐름을 통하여 자재가 필요한 때 적시에 적량으로 생산현장에 도착할 것을 강조한다.

즉 모든 품목을 필요한 때에 적시 · 적량으로 공급 · 생산함으로써 만일의 경우에 대비하려는 안전재고를 배격한다. 적시제조가 가능하도록 다음과 같은 기법이 사용된다.

① 균일한 생산수준

안정된 스케줄과 생산의 평준화를 통해 매일 매일 최종 조립라인을 지원하는 각 작업장에 대한 부하가 비교적 균일하면 JIT는 성공적이다. 균일한 부하(uniform load)는 각 모델의 일정한 생산량을 매일 반복함으로써 가능하다.

② 풀 시스템

푸쉬 시스템(push system)에서 선행 작업장은 생산한 자재를 후속 작업장에서 이를 즉시 필요로 하지 않더라도 후속 작업장에 밀어낸다. 이러면 후속 작업장에서는 재고가 쌓이게 된다.

풀 시스템(pull system)은 적시생산시스템에서 사용하는 방법인데, 후속 작업장에서 필요한 때에 필요한 수량을 선행 작업장에 요구하면 그때부터 원하는 만큼만 생산한다. 따라서 후속 작업장에서는 필요한 자재를 선행 작업장으로부터 끌어간다. 후속 작업장에서 자재를 끌어가면서 새로운 자재의 생산을 요구할 때에만 선행 작업장에서는 생산을 시작하기 때문에 불필요한 자재는 두 프로세스 사이에 쌓이게 되지 않는다.

③ 칸 반

칸반(kanban)은 일본어로 카드를 의미한다. 칸반 시스템은 풀 방법을 사용하는 수단이다. 각 칸반은 부품이름, 컨테이너당 수량, 선행 및 후속 작업장 등의 정보를 제공한다. 칸반은 풀 시스템을 통해 자재의 생산과 이동을 허가해 주기 때문에 이것 없이 생산이 이루어지지는 않는다. 칸반에는 이동용 칸반과 생산용 칸반의 두 가지가 있다.

④ 작은 로트크기

작은 로트(lot)생산은 좁은 공간을 요하고 자본투자를 요구하지 않는다. 한 번에 소량을 생산하기 때문에 프로세스 사이의 간격이 좁혀질 수 있고 이들 사이의 이동이 단순화된다. 소량생산을 하게 되면 작업자들이 범하는 품질문제를 쉽게 발견할 수 있고 불량부품을 후속 작업장에 전달할 가능성이 줄어든다.

⑤ 빠른 생산준비

린 생산시스템에서 작은 로트크기를 생산하기 위해서는 빠른 생산준비 시간이 필수적이다. 작은 로트를 반복해서 자주 생산하기 때문에 그때마다 준비하는 데 긴 시간이 걸린다면 노동자와 장비 등 자원의 비능률을 초래하게 되어 린 시스템은 성공할 수 없다. 생산준비 시간의 단축은 가용생산능력을 증가시키고 일반 계획변화에 대처할 유연성을 증가시키는 한편, 재고를 줄이기 때문에 아주 중요하다.

⑥ 설비배치 및 집중화 공장

린 생산시스템이 가능하게 하기 위해서 일본 기업은 전문화할 수 있는 소규모의 집중화 공장을 건설한다.

집중화 공장(focused factory)이란 제한된 수의 생산 프로세스로 제한된 수의 몇몇 제품을 전문적으로 생산하는 공장을 말한다. 유연성(flexibility)이 중요시되는 린 생산시스템에서 집중화 공장이 정당화되기 위해서는 한 가지 제품 또는 똑같은 생산요구를 갖는 제품그룹에 대한 충분하고도 꾸준한 수요가 있어야 한다.

린 시스템에서 설비배치는 생산준비의 빈도를 줄여 낭비를 제거하기 위하여 라인흐름이 설계된다. 특정 제품의 생산량이 충분하면 기계와 작업자의 그룹이 라인흐름 배치로 조직된다.

(2) 종합적 품질경영

제품의 품질에 대한 책임과 소유권은 이를 만드는 작업자의 몫이다. 따라서 작업자에게는 많은 권한과 책임이 부여된다. 작업자는 불량부품을 절대로 다음 작업자에게 넘겨서는 안 된다. 불량품질을 원천적으로 봉쇄한다. 품질문제의 근본 원인을 규명하고 원천적으로 해결함으로써 품질완벽주의를 추구한다.

① 원천적 품질관리

린 생산시스템이 제대로 작동하려면 품질은 극도로 우수해야 한다. 불량품을 대비한 재고는 하나도 없기 때문이다. 불량품을 생산하고 재작업하는 일은 낭비이기 때문에 절대로 허용되지 않는다. 린 생산시스템이 원활하게 작용하기 위해서는 작업자가 동시에 원천적으로 품질관리도 담당해야 한다.

② 예지보전과 작업장 정비

린 생산시스템에서는 재공품 재고가 거의 없기 때문에 장비에 고장이 나면 큰 일이 발생한다. 이러한 고장을 최소화하기 위하여 기업은 예지보전(preventive maintenance) 프로그램을 실시한다. 고장이 발생하면 생산량이 감소하고, 납기를 맞출 수 없고, 작업 스케줄에 차질이 오고, 고객의 불만을 유발하게 된다. 이를 방지하기 위하여 예지보전활동을 일상적으로 수행한다.

(3) 인간존중

인간존중(respect for people)이 린 생산시스템의 중요한 요소이다. 작업자들의 관여도 린 생산시스템의 핵심이다. 기업에 종사하는 모든 사람들이 동등하게 중요하고 평등하게 참여한다. 린 시스템에서는 모든 기능이 공동으로 일하여 고객의 요구를 충족시켜야 한다. 경영층도 행정적인 일만 하면서 고립되어 있는 것은 아니고 생산현장에서 시간을 보내야 한다.

린 생산시스템은 사람을 회사의 가장 귀중한 자원이라고 생각한다. 작업자들을 존경으로 대하고, 직장안정을 보장하고, 우수한 업무성과에 대해서는 상당한 보상을 서슴지 않는다.

관리자의 역할은 전통적인 명령과 통제의 방식으로부터 벗어나 촉진자 내지 코치로서 작업자들이 자발적으로 목표를 설정하고 수행할 과업을 결정하고 결과를 측정할 환경을 조성하는 방식으로 바뀌었다.

7.6 린 6시그마 방법론

오늘날 많은 기업에서는 린 시스템과 6시그마 프로그램을 결합한 린 6시그마(lean 6 sigma)라는 방법론을 사용하여 큰 성공을 거두고 있다. 비록 대부분의 기업에서 처음에는 린과 6시그마 프로그램을 별개의 개념으로 시작하는 것이 일반적이지만 오늘날에는 두 프로그램이 경쟁관계가 아닌 상호 보완관계임을 인식하고 동시에 시작하고 있다.

사실 린 시스템과 6시그마 사이에는 차이점도 있다.

첫째, 그들은 다른 형태의 문제를 공격한다. 린 시스템은 재고, 자재흐름, 안전 등과 같은 가시적인 문제를 대상으로 하면서 낭비를 줄이고 프로세스 흐름을 향상시키는 등 효율성(efficiency)에 관심을 둔다. 반면에 6시그마는 성과에 있어서 변동과 같은 덜 가시적인 문제를 대상으로 하면서 실수와 결함을 줄이는

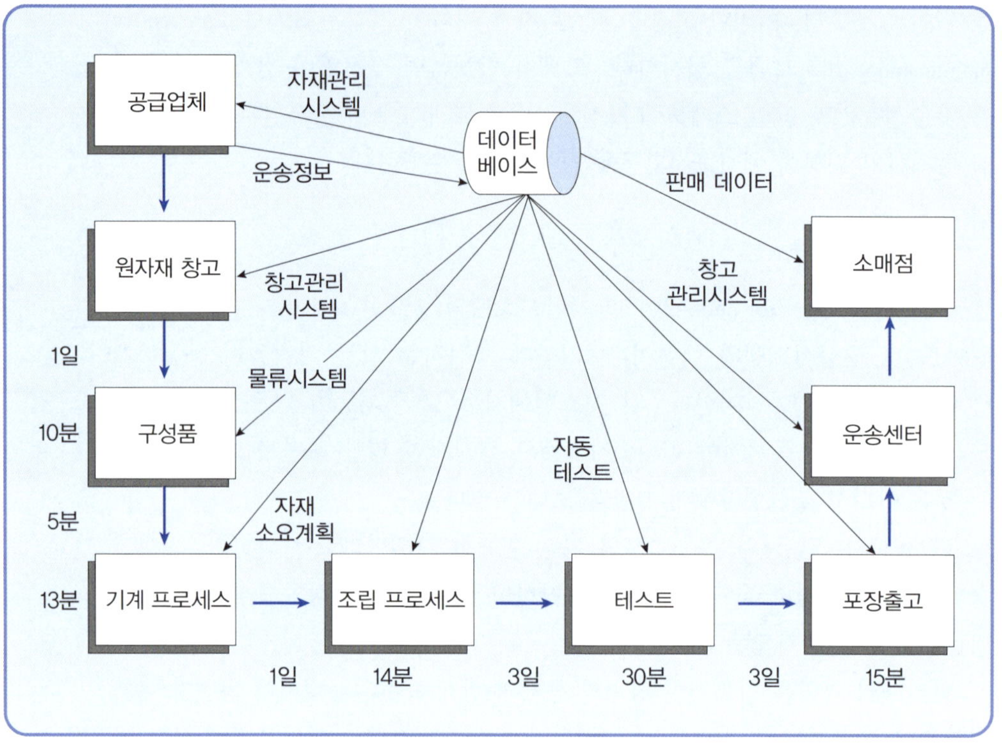

[그림 7-11] 가치흐름 지도

등 효과성(effectiveness)에 관심을 둔다.

둘째, 그들은 서로 다른 도구를 사용한다. 린 시스템에서 사용하는 도구는 더욱 직관적이라서 작업장에서 그 누구나 쉽게 사용할 수 있다. 반면에 6시그마 도구는 고도의 통계적 훈련과 재능이 필요하여 블랙벨트 이상의 전문가를 필요로 한다.

이러한 두 시스템의 성격상 차이로 인하여 기본적인 린 시스템으로 시작하여 정교한 6시그마 방법론으로 발전하는 것이 바람직스럽지만 기업의 성과향상이라는 공통 목적을 가진 이들을 통합하는 것이 중요하다고 하겠다.

린 6시그마 프로그램은 린 생산시스템의 장점과 6시그마 프로그램의 장점을 결합하여 시너지 효과를 기하려는 목적을 갖는다. 린 생산시스템의 목표는 각종 낭비를 제거하고 불필요한 일체의 재공품 재고를 축소하며 프로세스 및 제조의 리드타임을 단축하고 프로세스에서 가치를 부가하지 않는 일체의 활동을 제외시킴으로써 궁극적으로는 전체 공급사슬 내에서 자재와 제품의 흐름속도를 높여 고객들에게 적시에 공급하고 고객가치를 높이자는 것이다. [그림 7-11]은 어떤 프로세스에서 가치가 흐르는 지도를 나타낸 것이다. 이 그림은 정보흐름, 프로세스 단계, 단계 사이에 소요되는 평균시간을 나타낸다.

6시그마에서 사용하는 방법이나 도구는 스피드에는 별로 관심이 없고 오로지 프로세스 변동을 줄이고 불량(defects)을 제거하는 데에만 초점을 맞추려 한다. 1996년 GE의 Jack Welch는 6시그마에 의존해서는 고객들이 원하는 배송날짜를 맞출 수 없음을 알고 프로세스에서의 리드타임과 고객에의 배송날짜를 단축하는 것 또한 품질에 있어 변동을 단축하는 것 이상으로 중요하다는 사실을 인정하게 되었다. 그래서 2000년경 GE는 리드타임의 단축을 새로운 목표로 삼게 되었다. 즉 신속하고 신뢰할 수 있도록 프로세스 리드타임을 단축하고 경상비용과 재고비용을 단축하기 위해서는 린 시스템이라고 하는 새로운 원칙과 도구를 사용하는 길이 있음을 실천하기 시작하였다.

이와 같이 린 6시그마는 프로세스에서 품질변동을 축소하고 불량을 제거하려는 목적을 갖는 6시그마 프로그램과 각종 낭비와 불필요한 비용을 제거하고 운영의 효율성과 리드타임의 축소를 통한 스피드의 강화를 목적으로 하는 린 시스템을 결합하여 시너지 효과를 극대화하려는 방법론이라고 요약할 수 있다. 이와 같이 린 6시그마의 목표는 품질, 스피드, 효율이라는 세 마리의 토끼를 동시에 잡으려는 것이다.

기업에서 높은 품질, 빠른 속도(speed), 낮은 비용이라는 목적을 달성하려면 린 6시그마 프로그램을 실천해야 한다. 린 6시그마는 고객만족, 비용, 품질, 프로세스 스피드, 자본투자, 효율적 운영 등에 있어서 빠른 향상을 가져와 결국 투자자들의 가치를 극대화하는 방법론이라고 말할 수 있다. 린 6시그마는 작업자라든가 기계를 속도화하는 것이 아니라 가치를 부가하는 프로세스 사이에서의 불필요한 대기시간을 단축함으로써 목적을 달성하려 한다. 이와 같이 린 6시그마의 결합이 필요한 이유는 린 시스템에 의해서는 프로세스를 통계적 관리하에 놓을 수 없고 6시그마 프로그램에 의해서는 프로세스 스피드의 향상과 투자자본의 감축을 획기적으로 실현할 수 없기 때문이다.

이와 같이 린 생산시스템이나 6시그마는 기업의 성과향상이라는 공통 목표를 달성하기 위하여 결합함으로써 린 6시그마가 탄생하였다. 그러나 두 분야의 목표달성을 향한 방법론에는 차이가 있다.

- 전혀 다른 문제를 해결하려고 한다. 린 생산은 재고문제라든지 공급사슬 사이의 자재 흐름문제와 같이 프로세스의 가시적인 문제를 개선하려 한다. 즉 린 생산은 낭비의 제거와 프로세스 간 원활한 흐름을 통한 효율성

증진이 목표이다. 이에 반하여 6시그마는 성과의 변동에 대한 문제와 같은 덜 가시적인 문제를 취급한다. 이와 같이 6시그마는 결함이나 오류를 줄임으로써 효과성을 증진하는 목표를 갖는다.

- 사용하는 도구들에 차이가 있다. 린 생산은 작업현장에서 챔피언이나 사용하기에 좀 더 용이하고 직관적이다. 그러나 6시그마는 블랙벨트와 같이 상당한 훈련이 필요하고 통계기법을 이해하는 수준이 필요하다. 이러한 차이가 있기 때문에 처음 시작하는 기업은 기본적인 린 생산방식을 먼저 시작하고 다음에 조금 복잡한 6시그마 접근법을 실행하는 것이 순서일 것이다.

이와 같이 품질경영을 위한 린 6시그마 방법론의 실행에서 얻을 수 있는 혜택은 다음과 같이 요약할 수 있다.

- 불량품 수의 감소
- 프로세스 사이클 타임의 단축
- 생산능력의 증가
- 보관비용의 감소
- 고객 만족의 향상
- 이익 마진의 증가
- 임원 사기의 진작

7.7 디지털 린

가장 효율적인 린 생산방식을 사용하는 기업이 디지털 기술을 도입하여

- 비용 절감
- 낭비 요소 제거
- 생산의 최적화 추구

등을 통하여 생산성을 획기적으로 향상시켜 경쟁력을 더욱 강화시키는 것을 디지털 린(digital lean)이라고 한다.[3]

3 Meffert & A. Swaminathan, 고영태 역, 디지털 대전환의 조건, 청림출판, 2020, p. 214.

정확한 수요예측을 통해 주문생산을 하기 때문에 재고비용이 줄어들고 예방적 유지관리와 에너지 소비의 감축, 그리고 자동화 수송 시스템을 위해 로봇의 사용으로 비용을 더욱 감축할 수 있다. 예방적 유지관리를 통해 가동 중단 사태를 미연에 방지하고 장비 고장을 줄이고 쓰레기와 폐기물 등 낭비 요소를 줄임으로써 생산성을 높이는 것이다. 디지털 린 생산방식은 과거와 같은 목표를 추구하지만 데이터 분석, 로봇의 활용, 3D 프린팅과 같은 디지털 기술의 활용으로 생산성은 과거보다 크게 향상될 것이다. 연구 보고에 의하면 디지털화는 생산을 15~20% 효율화시키는 잠재력을 갖고 있다고 한다.

디지털화는 업무 과정과 도구 같은 기술 시스템, 조직과 성과관리 같은 관리 시스템, 기술과 직원 태도 같은 인적자원 시스템이라는 세 분야를 중심으로 진행된다.

연 · 습 · 문 · 제

1. 6시그마가 경영성과를 극대화하기 위하여 거치는 과정을 설명하라.

2. 6시그마 프로그램이 발전되어 가는 과정을 요약하라.

3. 6시그마의 의미를 간략하게 설명하라.

4. 6시그마와 TQM을 비교 설명하라.

5. DMAIC의 개념을 설명하라.

6. DMAIC와 DMADV의 차이점은 무엇인가?

7. 린 생산시스템을 정의하라.

8. 린 생산시스템의 기본적 원리는 무엇인가?

9. 린 6시그마 방법론이 추구하려는 목적은 무엇인가?

10. 6시그마 설계를 정의하라.

11. DFSS와 DLSS의 차이점은 무엇인가?

제8장

공급사슬 품질

1970년대에는 품질경영이 기업의 주된 전략적 관심이었고 1980년대에는 일본의 린 생산시스템이 글로벌 시장에서 경쟁우위를 확보할 수단으로 여겨 왔었다.

그런데 기업은 원자재와 부품 등을 구매하여 제품이나 서비스를 생산하여 이를 필요로 하는 소비자에 판매한다. 이러한 과정에서 자재, 자금, 정보가 흐르게 되고 재고가 쌓이는 현상이 발생하여 대 고객 서비스가 나빠지는 등 관리 부실로 인한 경쟁력 상실을 경험하게 된다. 따라서 효과적으로 공급사슬을 관리하면 품질 좋은 자재의 공급, 낮은 재고와 원가, 높은 생산성과 이익, 짧은 리드타임, 수요 변동에의 대응능력 향상 등 많은 혜택을 제공한다.

최근에는 4차 산업혁명의 핵심원천기술을 결합하여 지능형 공급사슬관리로 발전하고 있다. 과거에는 재고관리와 비용절감에 초점이 맞춰졌지만 지금은 나아가 수요에 공급을 맞춰 재고수준을 낮추며 배송 서비스를 향상시키고 고객에 대한 대응능력을 높여 고객 만족도를 고양시키고자 한다. 특히 예측적 분석론(predictive analytics)을 사용하여 공급자의 이슈와 수송 지연 같은 있을 수 있는 혼란을 예측하여 공급사슬 내 최적화를 기하도록 한다. 복잡하고 글로벌화된 공급사슬 환경에서 차질의 발생에 대해 미연에 대처함으로써 위험을 완화하고 고객 서비스를 증진토록 한다.

본장에서는 공급사슬과 공급사슬관리의 개념과 필요성을 살펴보고 공급사슬 전략 및 공급업체 선정과정 등을 공부할 것이다.

8.1 공급사슬의 의의와 구성요소

1. 의 의

한 기업이 제품을 생산하기 위해서는 제1차 공급업자, 제2차 공급업자 등을 거치면서 만들어진 원자재, 부품, 구성품 등을 구입하여 완제품을 제조 또는 조립한 후 창고회사, 도매점, 소매점 등 유통업자들을 거쳐 최종 소비자들에게 이를 판매하게 된다. 이와 같이 최초의 공급업체로부터 자재를 구입하여 이를 중간재와 최종재로 변형시키고 이들 완제품을 최종 소비자에게 공급하는 데 관련된 모든 활동의 네트워크를 공급사슬(supply chain)이라고 정의할 수 있다. 즉 공급사슬이란 원자재와 부품의 공급업자, 제조업자, 운송업체, 창고업체, 유통업체, 도매상, 소매상, 최종 소비자 사이의 물류체계를 총칭한다. 공급사슬은 제품이나 서비스가 사슬을 통해 진행할 때 가치가 부가한다는 가치사슬(value chain)과 동의어로 사용된다.

공급사슬관리(supply chain management: SCM)란 공급업자들로부터 고객들에 이르는 제품과 서비스의 소싱, 구매, 생산, 물류, 분배 등과 관련된 모든 활동들의 전략적 조정과 통합을 의미한다.

공급사슬관리는 이러한 모든 활동들을 조정하고 관리함으로써 고객에게 저가의 품질 좋은 제품을 제공하게 된다. 성공적인 공급사슬관리는 기업에 경쟁우위를 제공하고 낭비는 줄이며 최종 고객에 가치를 최대화하게 된다. 제조업체의 공급사슬관리는

- 공급업자, 제조업자, 운송업자, 최종 고객에 이르는 공급사슬을 통한 제품의 흐름을 조정한다.
- 판매예측, 판매 데이터, 판촉 캠페인 등 관련 정보를 파트너 간에 공유한다.

공급사슬에는 기본적으로 세 가지의 흐름이 존재한다. 공급사슬의 시작(최초

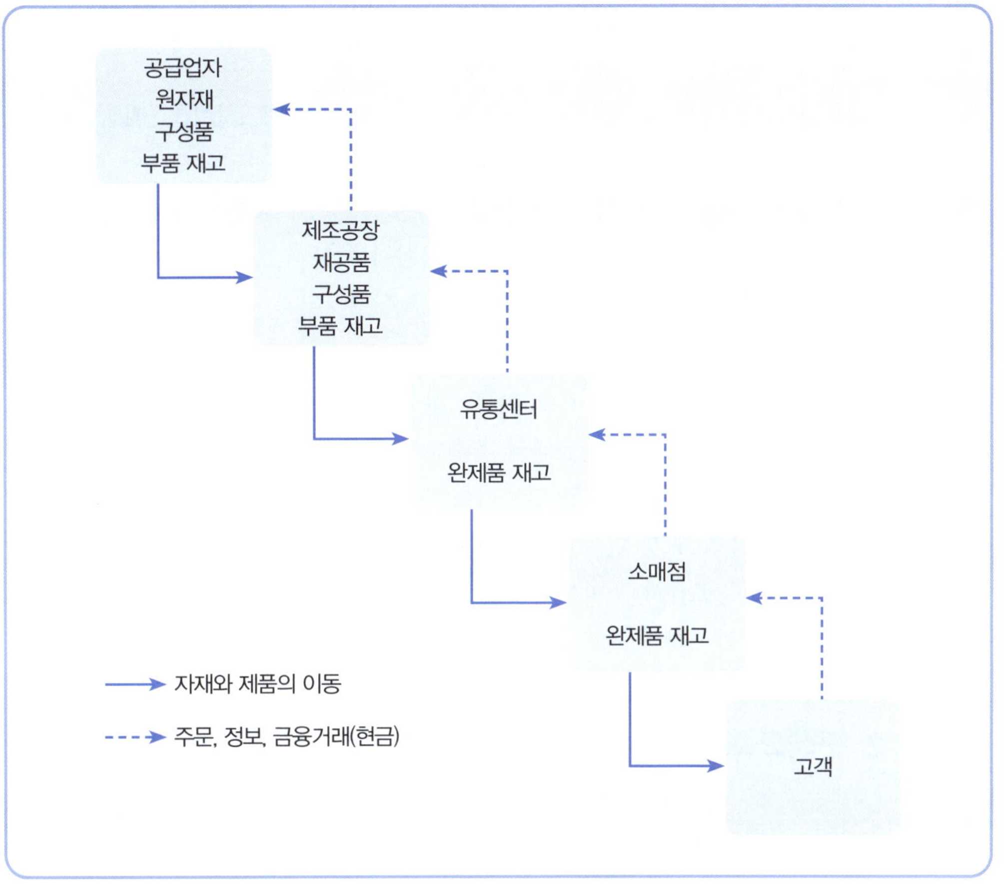

출처: David A. Collier & James R. Evans, *Operations & Supply Chain Management*, 2nd ed.(Cengage Learning, USA, 2020), p. 19.

[그림 8-1] **제조업체 공급사슬 구조**

의 공급업자)으로부터 제조 프로세스를 거쳐 사슬의 끝(최종 소비자)을 향한 자재, 제품, 서비스의 이동과 공급사슬의 역방향으로 흐르는 현금의 흐름 그리고 사슬의 각 부분 사이에서 양방향으로 흐르는 정보의 교환이다. 이는 [그림 8-1]이 보여 주고 있다. 여기서 제조업과 관련된 자재의 흐름이란 원자재, 구성품, 조립품, 소모품의 구매, 저장, 이동, 가공을 의미한다.

현금의 흐름 속에는 신용조건, 자금 지불, 위탁판매 등이 포함되고, 정보의 흐름 속에는 판매예측 및 판매 데이터의 공유, 주문발송, 화물의 추적, 주문상태의 갱신 등이 포함된다. 오늘날 정보기술의 발달로 이러한 흐름을 효율적으로 관리할 수 있게 되었다. 정보 송 · 수신에 따른 비용의 절감과 통신의 스피드로 말미암아 공급사슬 활동을 조정 · 통합하고 적시결정의 능력이 크게 향상되었다.

공급사슬관리에 있어서는 공급사슬을 통과하는 자재, 서비스, 자금, 정보의 흐름을 전체 시스템의 관점(total systems approach)에서 관리함으로써 흐름을 효과적, 효율적으로 관리하고 불확실성과 위험을 줄임으로써 재고수준은 낮추고 리드타임과 대 고객 서비스 수준은 향상시키려고 하는 목적을 갖는다.

공급사슬관리의 목적은 공급사슬에 속한 공급부문과 수요부문을 연결함으로써 전 사슬에 걸쳐 시장수요를 효율적으로 충족시켜 공급사슬 가치를 극대화하려는 것이다. 즉 공급업체, 제조, 물류, 유통업체 등 전체 유통 공급사슬에 속하는 기업들이 정보기술을 활용하여 불확실성을 감소시키고, 재고수준을 최적화하고, 리드타임을 대폭적으로 단축하여 양질의 제품과 서비스를 고객에게 적시에 제공함으로써 고객 만족도를 높이고 고객 가치를 극대화하려는 것이다. 이렇게 함으로써 공급사슬 파트너들은 경쟁업체에 대해 지속적인 경쟁우위를 유지할 수 있는 것이다.

2. 구성요소

모든 제조업체의 공급사슬 구조는

- 외부 공급업자
- 내부 생산기능
- 외부 유통업자

라는 세 개의 구성요소를 갖는다.

공급사슬 구조는 [그림 8-2]에서 보는 바와 같이 한 기업의 여러 분야를 포함하는 내부 공급사슬(internal supply chain)을 중심으로 왼쪽으로 외부 공급업자(external suppliers)와 오른쪽으로 외부 유통업자(external distributors)를 포함한다. 여기서 외부 공급업자와 외부 유통업자를 합치면 외부 공급사슬이 된다.

공급사슬에 속한 각 기업은 공급부문과 수요부문을 갖는다. 공급부문은 사슬의 맨 앞에서 시작하여 기업의 내부운영(생산)에서 끝난다. 이는 외부 공급업자라고 한다. 특히 제조업체의 내부 공급사슬 기능은 구매, 창고, 검사, 자재취

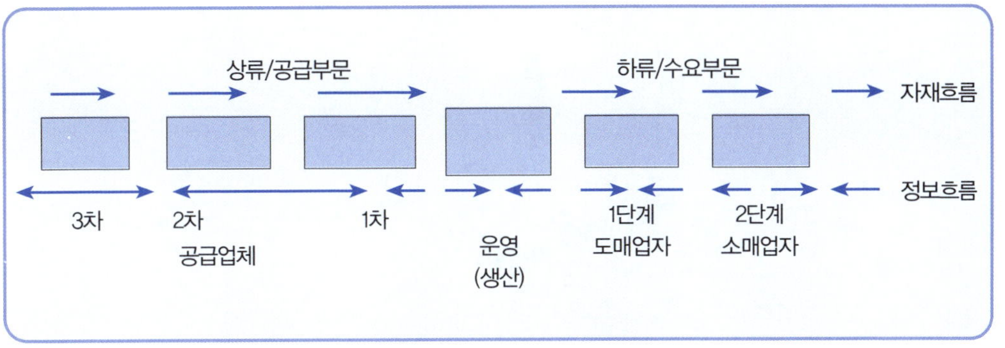

[그림 8-2] 외부 공급사슬

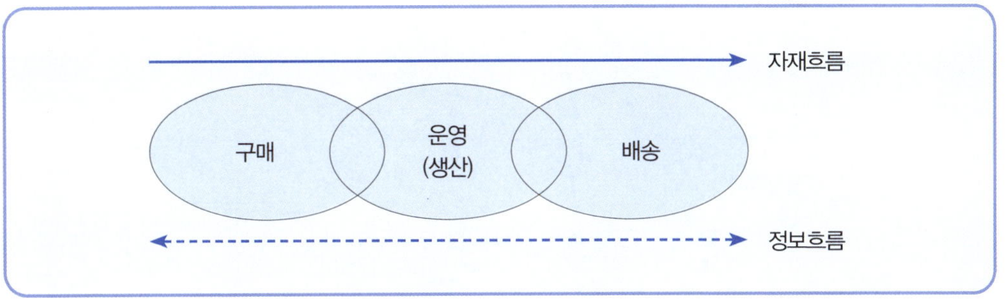

[그림 8-3] 내부 공급사슬

급, 프로세싱, 생산계획 및 통제, 품질관리, 스케줄링, 출하, 배송 등을 포함한다. 이는 [그림 8-3]에서 보는 바와 같다.

제조업체는 외부로부터 제품생산에 필요한 원자재 또는 부품을 공급받는다. 예를 들어 유제품 가공 및 포장회사는 [그림 8-4]에서 보는 바와 같이 많은 회사로부터 원료를 공급받는다. 특히 가공시설에 자재를 직접 공급하는 업자를 1차 공급업체(tier one supplier)라고 한다. 그림에서 우유 농장, 판지 용기 제조업자, 플라스틱 용기 제조업자, 레이블(label) 회사 등이다.

종이 공장과 화학 공장은 1차 공급업체에 직접 판지와 화학제품을 공급하기 때문에 2차 공급업체(tier two supplier)라고 한다. 목재회사와 화학추출공장은 3차 공급업체(tier three supplier)이다.

기업은 공급업자 관리에 많은 신경을 쓰는데 이는 자재비가 판매가의 50~60%를 차지하기 때문이다.

유제품 생산업체의 기능은 다음과 같은 내용을 포함한다.

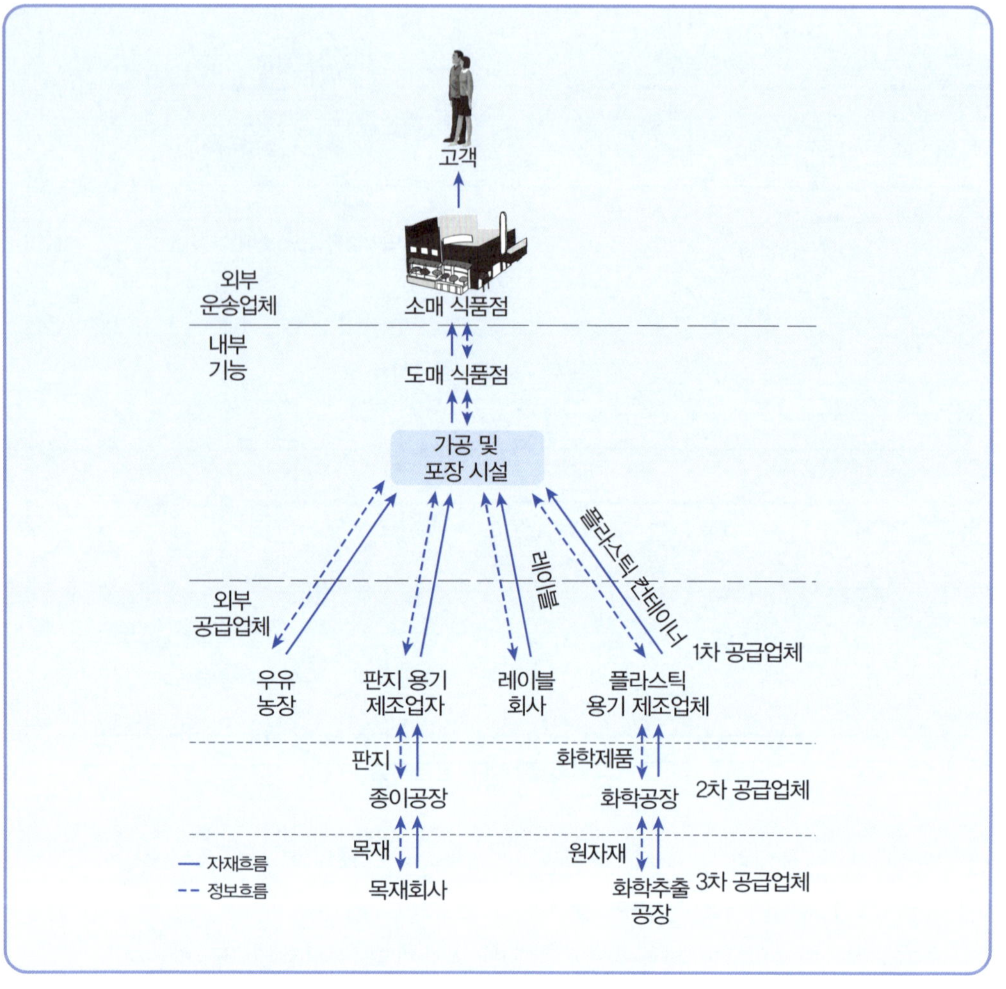

출처: R. Reid & N. Sanders, *Operations Management*, 8th ed.(Wiley, 2023), p. 96.

[그림 8-4] 유제품의 공급사슬

- 우유를 유제품으로 가공하고 포장하여 소매업체에 유통시킨다
- 좋은 관계를 유지할 공급업자를 선정하고 구매한다.
- 우유를 유제품으로 가공할 생산계획과 통제를 실시한다.
- 유제품의 품질관리를 실시한다.
- 유제품의 품질을 보증한다.

이와 같이 내부 생산기능은 구매, 프로세싱, 생산계획 및 통제, 품질관리, 출하 등을 포함한다.

외부 유통업체는 완제품을 최종 소비자에게 판매할 수 있도록 필요한 장소로 수송하는 일을 담당한다. 물류관리자는 유통관리를 하면서 제품이 장소 사이를 흐르도록 한다. [그림 8-4]에서 1차 고객(tier one customer)은 도매 식품점, 2차 고객(tier two customer)은 소매 식품점, 3차 고객(tier three customer)은 최종 소비자이다.

8.2 공급업체 개발의 중요성

오늘날 어떤 기업도 제품의 품질개선 프로그램을 진행하기 위해서는 공급업체의 품질과 생산성의 개선에 관심을 기울이지 않을 수 없다.

한편 발주업체의 경쟁력을 유지 또는 강화하는 데 공급업체의 개발이 중요한 요소가 되는데, 그 이유는 다음과 같다.[1]

첫째, 기술 및 경쟁의 압력으로 전문화의 정도가 심화된다. 제조 프로세스 등에 있어서의 최근의 기술진보는 이에 필요한 각종 신기술을 자체 보유할 수 없게 만들 뿐만 아니라 국제 간의 무한경쟁은 공급업체로 하여금 전문화된 능력을 개발토록 강요하고 있다. 전문화가 심화될수록 외부로부터 구매하는 부품의 수도 증가한다. 따라서 신제품 개발과정에 공급업체를 참여시키는 것은 절대적으로 필요하게 되었다.

둘째, 경쟁 자체가 변하고 있다. 즉 오늘날 국제경쟁은 가격을 기초로 한 제품의 경쟁뿐만 아니라 종합적 품질시스템을 실행하는 기술의 경쟁도 포함한다. 따라서 공급업체의 기술과 능력을 최대한 이용할 수 있는 발주업체야말로 경쟁우위를 확보할 수 있는 지름길이다.

셋째, 적시(just-in-time) 재고개념하에서 공급업체의 품질은 발주업체의 재고감소에 절대적이다. 공급업체로부터 생산에 필요한 시기와 양을 공급받기 때문에 안전재고를 보유할 필요가 없다. 따라서 공급된 부품에 품질문제가 발생하면 생산 프로세스가 중단되어 생산에 차질이 발생한다. 따라서 공급업체는 공

---

1 D. M. Lascelles and B. G. Dale, "Product Quality Improvement Through Supplier Development," Chapter 18 of *Managing Quality*, edited by B. G. Dale and J. J. Plunkett(London: Philip Allan, 1990), p. 257.
J. M. Juran and F. M. Gryna, *Quality Planning and Analysis*, 3rd ed.(New York, N.Y.: McGraw-Hill, 1993), p. 313.

급부품의 품질요구를 절대적으로 준수해야 한다.

8.3 발주업체와 공급업체와의 관계

오늘날 발주업체와 공급업체의 상호 의존성은 상당히 증진되어 상호 신뢰를 바탕으로 한 파트너 관계가 유지되고 있으나, 과거에는 자기 이익만을 추구하는 적대관계에 놓였었다.

전통적으로 공급업체와의 흥정은 가격을 기초로 이루어졌기 때문에 많은 공급업체들은 서로 낮은 가격을 제시하여 경쟁을 하였다. 한편 발주업체와 공급업체의 관계는 상대방의 희생하에 자기의 몫을 최대로 하는 제로-섬 게임(zero-sum game)이었다.

이러한 적대관계에서 발주업체는 주도권을 잡기 위하여 다수 공급원, 공급원의 빈번한 교체, 큰 공급기지(supplier base)를 보유하게 되었다.

발주업체와 공급업체의 관계가 죽느냐, 사느냐의 관계이었으므로 아이디어, 정보기술, 프로세스 개선 등의 공유가 불가능하였을 뿐만 아니라 불신, 두려움, 정직하지 못함, 좌절이 가로놓여 있었다. 이러한 환경에서는 장기적인 품질개선이란 기대할 수 없었다.

그러나 오늘날 이들의 관계는 권위주의적 스타일로부터 상호 이익을 증진하는 파트너의 관계로 전환하지 않을 수 없게 되었다. 꾸준한 품질개선을 위해서는 공급업체를 참여시켜야 하는데, 이를 위해서는 공급업체에 대한 명령과 지시를 바탕으로 하는 권위주의적 관리방식이 아니라 참여, 의사소통의 원활화, 기술의 통합 등을 통해야 한다. 공동의 목적, 상호 신뢰, 협동을 바탕으로 장기적 파트너십을 형성하였다. 각자의 이익을 추구하기 위한 노력보다 협조를 통한 상호 이익의 추구가 모두에게 유익하다는 사실을 인식하였다. 또한 제품가격보다 총비용의 관점에서 구매결정이 이루어져야 함을 인식하였다. 제조기업이 초일류기업이 되기 위해서는 그의 공급업체 또한 초일류기업이 되어야 한다. 적대관계로부터 파트너 관계로의 전환은 필연적인 기업문화의 변화이다.

발주업체와 공급업체 사이의 새로운 관계를 조성하기 위해서는 쌍방의 태도에 변화가 있어야 한다. 발주업체는 공급업체와 협조할 계획과 절차를 수립하고 실천하여야 하며 공급업체는 완벽한 품질의 부품을 공급할 책임을 완수하는 것이다.

예컨대 공급업체와 파트너십을 유지하는 한 전자회사는 전통적 적대관계를 유지하는 다른 전자회사에 비하여 짧은 공급기간, 납기일의 준수, 일정계획의 준수, 낮은 재고수준, 설계의 빠른 변경, 불량품의 감소, 가격의 안정 등에 있어서 효과를 보고 있음이 밝혀졌다.[2]

8.4 공급사슬 파트너들의 조정과 협력

공급사슬관리는 [그림 8-5]에서 보는 바와 같이 모든 공급사슬 내의 파트너 간 여러 가지 활동을 조정(coordination)하고 협력(collaboration)하는 것을 의미한다. 즉 공급사슬을 흐르는 자재, 제품, 서비스, 자금, 정보의 흐름을 총비용은 낮추면서 고객의 요구를 만족시키도록 관리하고 조정하는 것이다. 이와 같이 SCM은 기업의 물류비용, 재고비용, 생산비용 등 제조에서 유통에 이르는 모든 가치사슬에서 많은 효율성을 제고한다. 전통적으로는 공급사슬의 각 부분이 자신의 목적과 이익만을 달성하기 위하여 따로따로 품질관리도 하고 재고관리도 하였지만 오늘날에는 글로벌 시장에서 경쟁하기 위해서는 모든 파트너들이 전체 공급사슬의 이익을 위해 공동으로 노력을 해야 한다. 다시 말하면, 공급사슬 파트너들은 거래관계로 서로 연관되어 있을 뿐 각자가 추구하는 목표는 상이하다. 따라서 각 공급사슬 단계의 파트너가 자신의 목표와 이익만을 추구하는 부분최적화(local optimization)가 아니라 공급사슬 전체의 목표와 이익을 추구하는 전체최적화(global optimization)를 우선해야 하는 것이다.

발주업자와 그의 고객들은 서로 협조하고 협력하면서 정보를 공유하고 커뮤니케이션을 원활히 해야 한다. 오늘날 공급사슬관리의 특징은 공급업자, 생산자(발주업자), 유통업자, 고객 사이에 정보가 신속하게 흐르는 것이다. 공급사슬 내에서 정보의 왜곡은 뒤에서 공부할 채찍효과와 같은 나쁜 현상이 발생할 수 있다. 공급사슬의 매 단계마다 파트너들의 목표가 상충하거나 공급사슬 간의 정보가 왜곡되면 공급사슬의 조정이 어렵게 된다.

---

2 R. J. Masson, "User-Vendor Relationships in the Scottish Electronics Industries," *International Journal of Quality and Reliability Management*, vol. 3(1986), pp. 51~55.

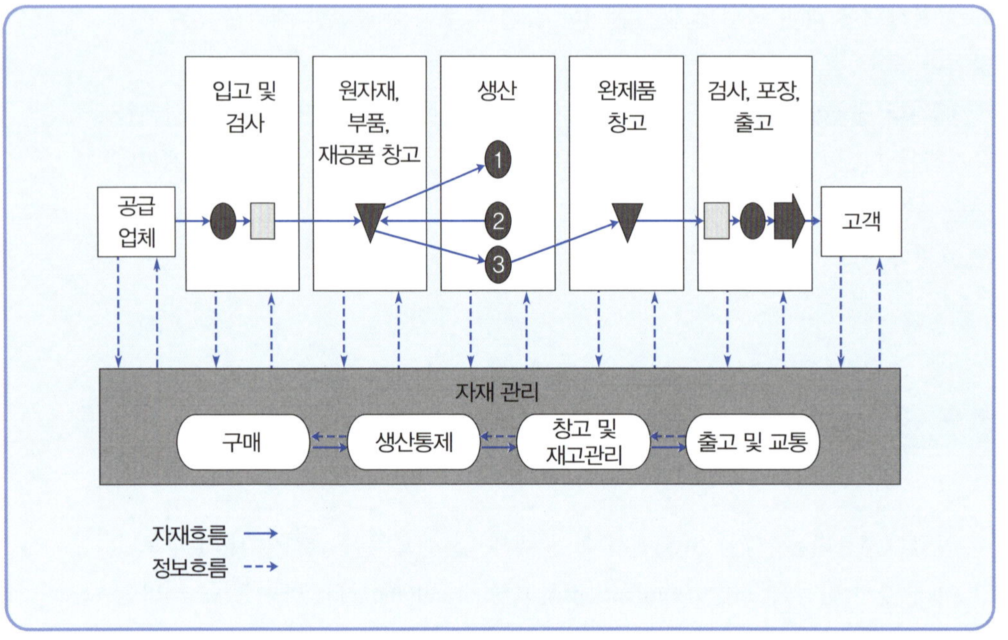

[그림 8-5] 공급사슬 활동

발주업자와 그의 고객들은 동일한 목적을 가져야 한다. 서로 신뢰하여야 한다. 고객(발주업체)은 공급업자가 제공하는 제품과 서비스의 품질을 믿어야 한다. 특히 공급업자와 고객은 공급사슬의 설계에 동참함으로써 목적을 공유하고 커뮤니케이션과 정보의 흐름을 증진하도록 해야 한다.

인공지능 기술은 공급사슬 네트워크의 프로세스를 최적화하고, 효율을 증진하고, 빠르고 정확한 의사결정을 가능케 함으로써 다음과 같은 분야에서 공급사슬관리를 변혁시키고 있다.

- **수요예측:** 역사적 판매 데이터, 시장 트렌드, 외부요인(예: 기후, 전쟁 등) 등을 분석하여 미래 수요예측(demand forecasting)을 정확하게 함으로써 재고수준, 생산 스케줄, 구매결정 등을 최적화할 수 있다.
- **재고관리:** 수요 패턴과 리드타임 등을 분석하고 재주문점, 안전재고 수준, 주문량 등을 조정함으로써 재고보유비용을 최소화할 수 있다.
- **공급사슬 계획과 최적화:** 공급사슬 네트워크의 생산계획, 수송루트, 분배 네트워크 디자인과 같은 공급사슬 프로세스를 최적화한다.

이 외에도 창고관리, 공급자 관리, 수송관리, 고객 서비스의 분야에 AI 기술을 적용할 수 있다.

4차 산업혁명이 진행됨에 따라 인공지능, 사물인터넷, 로봇 등이 융합되어 스마트 팩토리가 출현하게 되어 과거와 같이 단편적이고 간헐적으로 연결된 공급사슬이 상호 복잡하게 연계된 네트워크 공장으로 발전될 것이다. 디지털 기술을 통해 실시간으로 수집·분석된 데이터를 전체 네트워크에서 공유함으로써 미래 상태의 예측, 고장예측, 수요예측 등의 정확도를 높일 수 있다. 이렇게 되면 스마트 SCM 시스템 내에서 최적화가 진행되고 최적 의사결정이 가능하게 된다. 디지털 기술은 공장뿐만 아니라 네트워크를 통해 구매, 생산, 유통, 물류 등이 온라인으로 연결이 가능하게 되었다. 이제 전체 공급사슬 파트너들이 하나의 거대한 디지털 세상으로 연결되고 있다.

이처럼 공급사슬 전반의 데이터가 연계되는 첨단 제조업이 제대로 작동하려면 대기업은 물론 중견·중소기업까지 AI 기술을 접목시키는 대전환이 필수적이다.

8.5 공급사슬관리의 필요성

과거에는 모든 기업이 공급사슬을 관리하는 데 관심이 적었다. 대신 자신의 생산운영과 직전 공급업체(immediate supplier)에만 강조하였다. 이제는 기존의 제품 브랜드 파워와 품질개선 전략만으로는 경쟁업체와의 경쟁에 한계를 느낄 수밖에 없다. 오늘날에는 다음과 같은 여러 가지 요인으로 기업은 공급사슬관리를 적극적으로 수행할 필요성을 갖는다.

- **운영의 향상:** 그동안 많은 기업에서는 린 생산시스템(lean production system)과 종합적 품질경영(TQM)을 채택하여 원가를 낮추면서 품질향상을 달성할 수 있었다. 그러나 지금도 구매, 유통, 물류면에서 향상의 기회는 상존한다.
- **아웃소싱의 증가:** 기업은 제품이나 서비스를 외주하는 아웃소싱(outsourcing)의 수준을 증가함으로써 대신 분류, 포장, 짐 싣기와 부리기, 이동 등 많은 시간과 비용을 투입하게 된다. 그러나 공급사슬관리를 잘하

면 이런 시간과 비용의 상당부분을 감축할 수 있다.

- **운송비의 증가:** 운송비는 증가하는데 이를 잘 관리할 필요가 있다.
- **경쟁압력:** 신제품 수의 증가, 제품개발 사이클의 단축, 맞춤에 대한 수요 증가 등에 대한 경쟁압력이 증가하고 있다. 이러한 압력에 대해 공급사슬 관리는 효과적으로 대응할 수 있다.
- **글로벌화:** 글로벌화의 증가로 공급사슬의 길이가 확대된다. 모든 기업이 글로벌 환경에서 영업하는 것은 아니지만 기술과 운송으로 국제적으로 영역을 넓히는 다국적 공급사슬을 개발하는 것이 어렵지 않게 되었다. 다국적 기업은 비용은 줄이면서 이익과 고객만족은 증대시키기 위하여 존재한다.
- **전자 상거래의 증가:** 기업이 구매와 판매에 있어 전자 상거래를 이용하는데 이는 기업에 새로운 차원과 도전을 제공한다.
- **공급사슬의 복잡성:** 공급사슬은 복잡하고 불확실성을 내포한다. 불확실한 예측, 늦은 배달, 장비고장, 주문의 취소 및 변경 등 불확실성을 완화해야 한다.
- **재고관리의 필요성:** 공급사슬에 걸쳐 재고수준을 조정할 필요가 있다. 재고의 과다 및 부족은 막대한 비용과 생산상의 차질을 가져올 수 있다.

특히 비용이 막대한 과다재고의 보유 없이 고객수요의 불확실성(uncertainty)에 대비해야 한다. 공급사슬에서 불확실성과 변동을 유발하는 요소들은 다음 절 채찍효과에서 설명할 것이다.

수요의 불확실성과 변동은 주문이 늦게 또는 불완전하게 도착하게 하여 제품과 서비스의 흐름을 지연시켜 대 고객 서비스를 훼손시키는 결과를 초래한다.

공급사슬 파트너들은 불확실성의 부정적 영향을 최소화하고 공급업자들로부터 최종 소비자들 사이에 제품과 서비스가 원활히 흐를 수 있도록 안전재고(buffer inventory)를 보유하려고 한다. 한편 기업들은 주문비와 수송비를 절약하기 위하여, 또는 수량할인을 받기 위해서 대량으로 구입하여 재고를 쌓아두기도 한다. 이러한 재고는 공급사슬관리를 제대로 하면 최소수준으로 낮출 수 있게 된다.

8.6 공급사슬 설계의 결정

운영관리자는 글로벌 공급사슬을 설계할 때 수많은 결정을 내려야 한다. 이러한 결정의 대부분은 전략적 성격을 띠게 되는데 기업의 전략, 사명, 경쟁능력을 지원하는 내용이어야 한다. 이들 결정을 요약하면 다음과 같다.

- **전략:** 공급사슬은 기업의 전략, 목적, 경쟁능력을 지원해야 한다. 따라서 공급사슬의 유형도 이에 맞추어야 한다.
- **통제:** 중앙 집중적으로 할 것인가 또는 지방 분산적으로 통제할 것인가를 결정해야 한다. Walmart는 구매와 유통에 집중하지만 중앙에서 통제하고 GE는 다양한 사업을 영위하기 때문에 글로벌로 분산해서 통제한다.
- **입지:** 공급사슬의 시설의 위치는 비용이나 고객 서비스에 영향을 미치기 때문에 신중히 결정해야 한다.
- **지속가능성:** 공급사슬을 설계할 때 환경적, 사회적, 경제적 지속가능성(sustainability)을 고려해야 한다.
- **기술:** 지적자산 문제는 다국적 기업에는 중요한 이슈이다. 외국 기업에 기술을 면허하는 것은 위험한 일이다. 특허를 보호하는 것도 중요하다.
- **디지털 콘텐츠:** 자동차와 스마트폰 등은 사물인터넷(internet of things: IoT)을 수단으로 디지털 콘텐츠를 포함함으로써 성능이 향상된다.
- **소싱:** 구매를 위한 공급업체 선정 시 하나로 할 것이냐 또는 다수로 할 것이냐는 위치 결정과 함께 중요한 것이다.
- **운송과 물류:** 글로벌 공급사슬에서는 운송 수단으로 항공이나 선적을 고려해야 한다. 수송 인프라가 질 갖추어져 있어야 한다.
- **아웃소싱:** 많은 기업은 제조, 물류와 수송, 정보시스템 같은 활동을 아웃소싱한다.
- **리스크 관리:** 글로벌 공급사슬의 경우에는 리스크가 따를 수 있기 때문에 리스크 관리 전략과 계획을 수립해야 한다.

8.7 공급사슬의 유형

기업은 제공하는 제품이나 서비스의 성격에 따라 이들 수요를 만족시키도록 공급사슬을 설계해야 한다. 패션제품이나 기술 같은 일부 제품그룹은 혁신적인 성격을 띠어 수요예측이 쉽지 않아 고객의 취향이 변화한다든지 수요가 변동할 때 이에 신속하게 대처해야 한다. 반면 자동차나 전자제품 같은 표준품은 수요 예측이 가능하여 생산운영에 있어서 효율(efficiency)이 강조된다.

이와 같이 기업이 생산하는 제품의 수요 성격에 따라 구성하는 공급사슬의 형태도 차이가 있게 된다. 제품의 성격에 따른 경쟁 우선순위를 유연성에 두느냐 또는 효율성에 두느냐에 따라 공급사슬도 반응적 공급사슬과 효율적 공급사슬로 구분할 수 있다.

한편 공급사슬은 푸쉬 시스템과 풀 시스템으로 구분할 수 있다.

1. 반응적 공급사슬과 효율적 공급사슬

제품 수명주기가 짧고 고객의 취향이 쉽게 변하는 패션제품의 경우와 같이 신제품의 도입과 시장수요의 변화에 민감하게 반응하도록 설계된 공급사슬을 반응적 공급사슬(responsive supply chain)이라고 하는데 혁신적 공급사슬(innovative supply chain)이라고도 한다.

반응적 공급사슬의 파트너들은 신제품이 도입되고 수요가 변할 때 신속하게 반응하기 위하여 신제품 도입에 따른 고객 반응에 관한 정보와 고객이 미래 제품에 대해 기대하는 것에 관한 정보를 서로 교환하도록 해야 한다. 반응적 공급사슬의 파트너가 되기 위해서는 속도와 유연성, 시장정보를 전송할 능력을 갖추어야 한다. 반응적 공급사슬의 파트너들은 개발속도, 빠른 배송, 맞춤, 다양성, 수량 유연성, 높은 품질과 같은 경쟁 우선순위를 갖추어야 한다. 기업은 고객이 주문할 때까지 어떤 제품을 공급해야 할지 모른다. 반응적 공급사슬의 초점은 값비싼 재고를 피할 수 있도록 반응시간을 짧게 유지하려는 것이다.

긴 제품 수명주기와 안정적이고 예측 가능한 수요를 갖는 제품을 대량으로 생산하는 기업은 비용을 절감하기 위해 효율적 운영을 강조하는 효율적 공급사슬(efficient supply chain)을 설계해야 한다. 효율적 공급사슬의 파트너가 되기 위해서는 비용을 절감하고 재고수준을 최소화하는 능력을 갖추어야 한다. 이러한 파트너는 제품을 계획생산하기 때문에 신제품을 자주 도입할 필요도 없고 다양성이 요구되지도 않는다. 효율적 공급사슬의 파트너들은 저가, 지속적 품질, 적시배송과 같은 경쟁 우선순위를 갖추어야 한다. 효율적 공급사슬의 초점은 재고수준은 최하수준으로 유지하면서 서비스, 자재, 돈, 정보의 흐름을 효율적으로 관리하려는 것이다.

[표 8-1]은 반응적 공급사슬과 효율적 공급사슬의 설계특성을 비교하고 있다. 또한 [그림 8-6]은 잡샵과 배취 프로세스를 갖는 기업에는 반응적 공급 사슬이 알맞고 라인이나 흐름 프로세스를 갖는 기업에는 효율적 공급사슬이 알맞음을 보여 주고 있다.

| 표 8-1 | 공급사슬의 유형에 따른 설계특성

요인	반응적 공급사슬	효율적 공급사슬
생산운영전략	조립생산, 주문생산, 설계생산, 맞춤생산, 다양성 강조	계획생산, 표준품, 대량생산
여유능력	높음	낮음
재고투자	빠른 배송기간에 필요한 재고	낮음, 높은 재고회전
리드타임	매우 짧음	짧음
공급업자 선정	빠른 배송시간, 맞춤, 다양성, 수량 유연성 등 강조	저가, 꾸준한 품질, 적시배송 등 강조

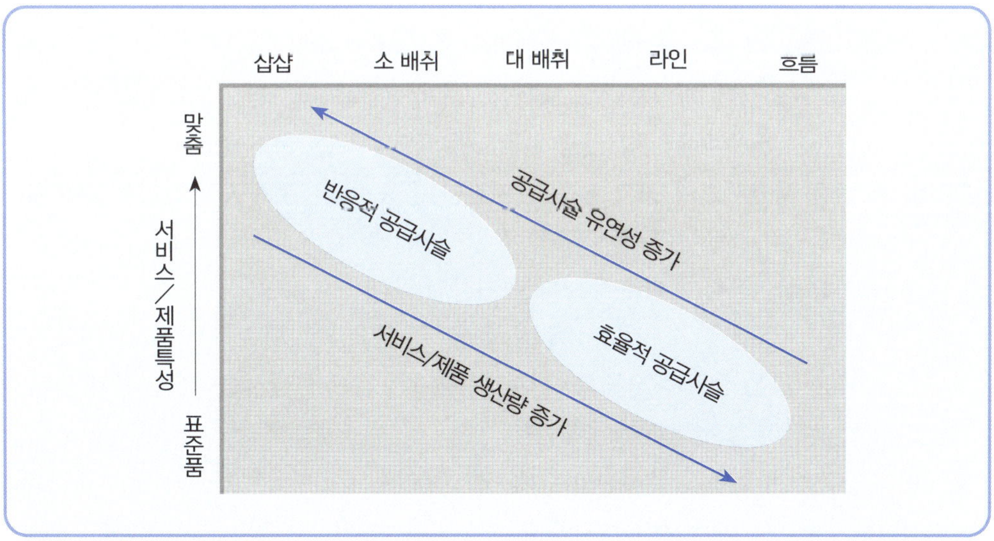

출처: L. Kraijewski, L. Ritzman & M. Malhotra, *Operations Management*, 13th ed., (Pearson, 2022), p. 540.

[그림 8-6] 프로세스와 공급사슬 유형의 관계

2. 푸쉬 시스템과 풀 시스템

공급사슬은 자재, 정보, 제품이 공급업자로부터 고객으로, 즉 왼쪽 상류로부터 오른쪽 하류로 이동하거나 밀어내게 되면 푸쉬 시스템이라고 한다. 푸쉬 시스템(push system)은 하류로부터 판매예측에 따른 고객 수요가 있기 전에 제품을 미리 생산해서 공급사슬을 따라 완성재 재고로 쌓아두는 판매지점(point of sales)으로 이동시키는 시스템이다. 푸쉬 시스템은 주로 소매점이나 백화점에서 볼 수 있다.

푸쉬 시스템은 고객의 수요에 바로 제품을 공급하는 한편 유통센터에 트럭 가득히 제품을 실어가므로 운송비를 절감할 수 있는 장점을 가진다. 반면에 고객 수요가 심히 변동하는 경우에는 예측이 어려워 과잉재고 아니면 재고부족 현상이 발생하여 높은 재고비용이 발생할 수 있는 단점도 갖는다. 따라서 푸쉬 시스템은 판매가 비교적 고르고 유통센터에 쌓아 둘 제품의 수가 적은 경우에 사용된다.

반면에 공급사슬의 오른쪽으로부터 왼쪽으로, 즉 수요를 상류 프로세스로 옮기는(상류 프로세스에 수요가 발생한 것처럼) 경우는 풀 시스템이라고 한다.

풀 시스템(pull system)은 공급사슬의 하류로부터 고객 수요의 시그널이 있을 때 상류에서 필요한(요구된) 만큼 생산하는 시스템이다. 공급사슬의 각 단계에서 고객 수요에 의해서 제품이 하류로 끌려간다. 이때 제품이 팔리는 수량만큼만 생산한다. 따라서 재고비용과 생산비용이 최소화된다.

풀 시스템은 과잉재고를 보유할 가능성은 낮지만 고객 수요가 갑자기 증가한다든지 스케줄에 이상이 생기게 되면 재고부족 현상이 발생할 수 있다. 풀 시스템은 생산시설이 많고 유통의 지점이 많고, 많은 제품을 생산하는 경우에는 효과적인 시스템이다. 풀 시스템은 클라우드 컴퓨팅(cloud computing)과 같은 정보기술을 이용하기 때문에 보다 쉬워지고 있다.

풀 시스템을 사용하는 예를 들면, 주문생산에 의존하는 Dell 컴퓨터와 Boeing 같은 항공기 제조회사이다. 실제로는 많은 공급사슬에서는 풀 시스템과 푸쉬 시스템을 결합해서 사용한다.

[그림 8-7]은 공급사슬의 형태 예를 보여주고 있다.

푸쉬 시스템과 풀 시스템을 분리하는 공급사슬의 지점을 푸쉬-풀 경계(push-pull boundary)라고 한다. [그림 8-7](a)에서 푸쉬-풀 경계는 공급업자들이 재고

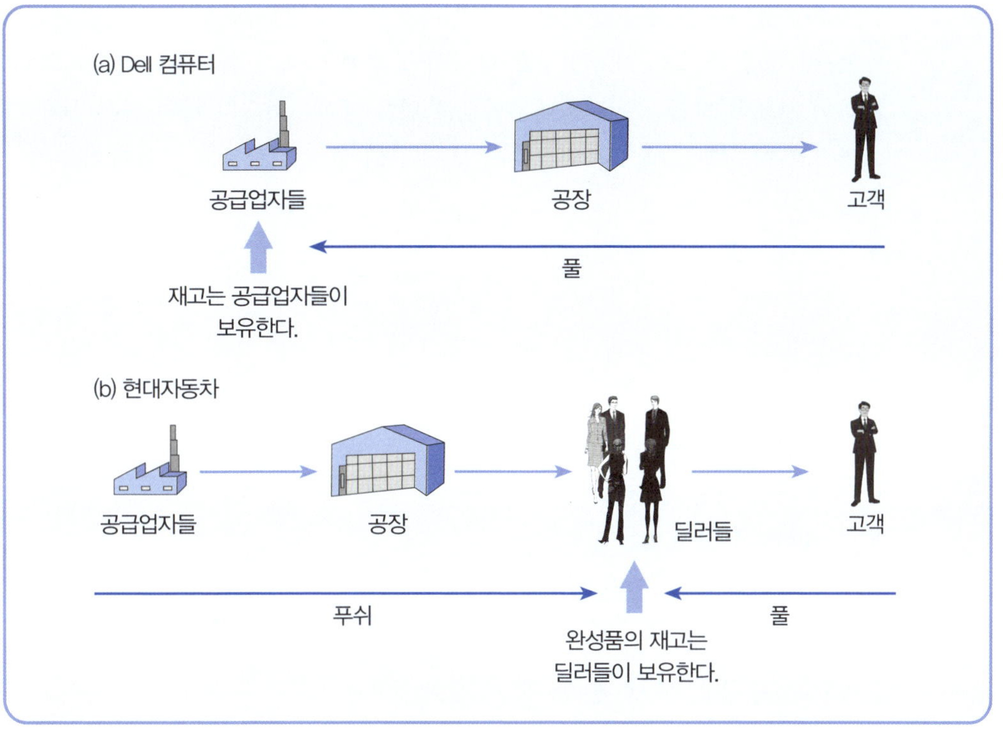

[그림 8-7] 공급사슬의 형태 예

를 보유하다가 Dell 회사 공장으로 자주 배송하는 공급사슬의 맨 앞에 있게 된다. Dell 회사는 유통센터나 소매점을 거치지 않고 바로 고객에 컴퓨터를 배송한다. 현대자동차는 완성차를 공장으로부터 딜러 샵에 밀어내고 고객들은 딜러 샵으로부터 자동차를 끌어간다. 그래서 현대자동차의 경우 푸쉬-풀 경계는 딜러 샵이 된다.

8.8 공급사슬 전략

공급사슬관리는 오늘날 품질 좋은 제품이나 서비스를 저가로 적시에 공급해야 하는 기업에서 전략적 고려의 대상으로 부상하였다. 첫째, 자재가 모든 공급사슬을 흐르는 데는 보통 6개월 이상이 소요된다. 이와 같이 자재가 재고로 기다리는 시간이 길기 때문에 공급사슬 주기시간을 단축함으로써 재고를 줄이고 유연성을 높이며 비용을 줄이면서 빨리 배송할 수 있기 때문이다.

둘째, 많은 기업이 내부업무를 향상시킨 후에 이제는 외부의 공급업자와 고객과의 관계를 파악함으로써 내부업무를 더욱 향상시키고자 하기 때문이다. 마지막으로 시스템적 사고를 적용하여 부서 간의 장벽을 허물고 기업의 내부적인 통합을 추구하면서 기업 내·외의 가치창출 활동과정을 관리하고자 하기 때문이다.

한 기업(발주업체)이 자재를 구매할 때 공급사슬전략을 결정해야 한다. 보통 기업이 취할 수 있는 전략으로서는 다음의 네 가지이다.

- 공급업체의 수
- 수직적 결합
- 케이렛수 네트워크
- 가상회사

1. 다수 공급업체와 소수 공급업체

기업이 공급업체를 선정할 때 고려하는 중요한 기준은 가격, 품질, 배송 역사적 성과 등이다. 그런데 기업이 공급업체와 유지하는 관계의 성격도 그 기업이 구입하는 제품과 서비스의 가격, 품질, 적시에 영향을 미친다.

공급업체의 선정은 그 품목을 구매할 것인가 또는 제조할 것인가의 결정으로 시작한다. 이러한 결정을 위해서는 기술과 시설, 공장능력이 충분한가, 납기를 준수할 능력은 있는가, 비용의 비교는 어떤가 등을 분석하여야 한다.

구매하기로 결정이 난 후에는 각 품목에 대해 공급업체와 그의 수를 결정해야 한다. 공급업체는 기본적으로 첫째, 품질·납기·비용 등을 개선할 능력이 있는가 둘째, 초일류기업이 되고자 하는 의지가 있는가 등을 검토해야 한다. 이외에도 다음과 같은 요소들을 고려해야 한다.[3]

- 초일류를 달성하고자 사명, 비전, 목적, 정책, 계획 등 기업경영의 리더십은 있는가?

3 S. M. Ray, "Building World-Class Suppliers," Chapter 14 of *Total Quality: An Executive Guide for the 1990s*, edited by the Ernst & Yound Quality Improvement Consulting Group(Dow Jones-Irwin, 1990), pp. 211~213.

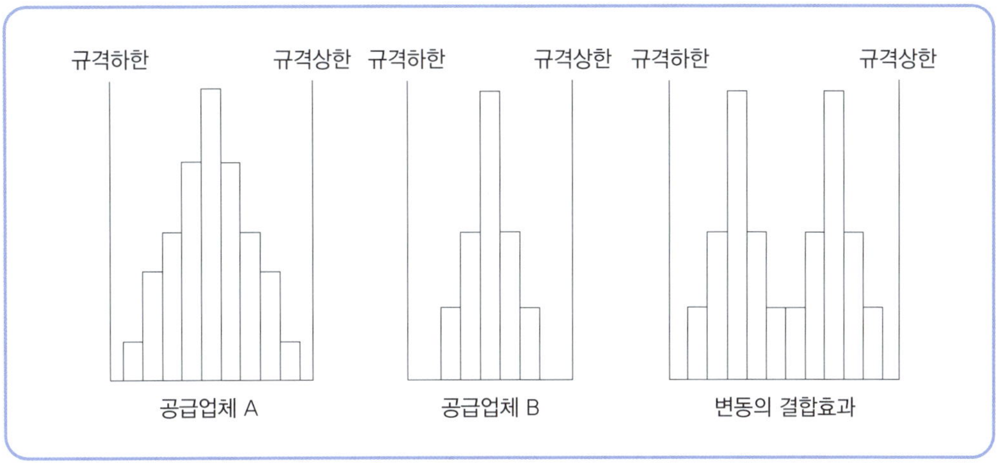

[그림 8-8] 다수 공급원의 변동효과

- 고객요구와 고객만족을 측정할 수 있는 고객중심 기업인가?
- 품질기능전개, 실험설계, 프로세스 통제 등 품질측정을 위해 분석도구와 기법을 사용하는가?
- 종업원이 각종 개선활동에 참여하는 제도가 있는가?
- 재고와 생산준비시간의 감축을 위한 적시생산시스템을 실시하고 있는가?
- 기업의 이익, 투자수익, 각종 재무비율은 어떤가?
- 설계 및 기술적 능력은 어떤가?
- 품질비용, 납기준수, 생산주기시간 등의 과거 실적은 어떤가?

근래 인공지능 기술이 공급업체 평가와 선정을 위한 강력한 도구로 등장하였다. 공급업자의 생산능력, 재무건전성, 운영 신뢰도, 표준준수, 적시 배달률, 생산 리드타임 등 역사적 성과 데이터를 분석하여 공급업체의 미래 능력을 예측하여 선정하게 된다.

이상의 여러 가지 기준을 통과한 업체가 둘 이상일 때 각 품목에 대해 다수 공급원으로 할 것이냐 또는 단일 공급원으로 해야 하느냐를 결정해야 한다.

다수 공급원은 품질, 비용, 서비스에 있어서 경쟁을 유발함으로써 발주업체에 유리할 뿐만 아니라 파업으로 인한 공급의 중단을 예방할 수 있다.

단일 공급원의 경우에는 계약규모가 커 공급업체가 이 계약에 모든 성의를 다하게 되며 의사소통이 단순하게 되고 많은 시간을 공급업체에 할애할 수 있는 이점을 갖는다.

최근의 경향은 공급원의 수를 격감하는 것이다. 공급원의 감소는 발주업체에게는 품질변동의 감소, 공급업체의 노력, 자원의 합리적 사용 등 이점을 가져다 준다. 이것을 좀 더 구체적으로 설명하면 다음과 같다.

첫째, 제품의 품질특성에 있어 변동폭을 줄일 수 있다. [그림 8-8]에서 보는 바와 같이 공급업체 A의 제품은 규격을 준수하고 있지만 큰 변동을 나타내는 반면, 공급업체 B의 제품은 다른 값을 중심으로 작은 변동을 나타내고 있다. 이들 두 업체를 결합하였을 때 서로 다른 값을 중심으로 거의 같은 변동을 보이고 있다. 그러나 결합효과는 더욱 큰 변동폭을 나타내는 것이다. 따라서 변동폭을 더욱 감소시키기 위해서는 공급업체의 수를 줄이는 것이다.

둘째, 장기적 계약관계의 유지를 통하여 공급업체는 대량판매와 규모의 경제라는 이점을 갖게 되어 품질개선에 투자를 하는 등 발주업체의 요구를 만족시키는 데 최선의 노력을 기울이게 된다.

셋째, 다수의 공급업체를 유지 · 관리하는 데는 많은 비용과 시간을 요한다. 공급업체의 수를 줄임으로써 검사비용, 서류처리비용 등 비생산적 비용과 시간을 절감할 수 있다.

2. 수직적 통합

모든 기업은 그의 생산 프로세스에 필요한 투입물로서 원자재, 부품, 또는 서비스를 다른 제조업체로부터 구매한다. 수직적 통합(vertical integration)이란 전에는 구매하던 제품이나 서비스를 생산할 능력을 갖추거나 아예 공급업체와 유통업체를 실제로 소유 · 경영하는 것을 의미한다.

한 기업이 공급사슬에 있는 더 많은 프로세스를 스스로 수행하면 더욱 수직적으로 결합되고 반대로 어떤 프로세스들을 스스로 수행하지 않으면 아웃소싱(outsourcing)에 의존하여 공급업체나 유통업체로 하여금 이러한 프로세스를 수행토록 하여 필요한 서비스 또는 자재를 구매하게 된다. 이와 같이 수직적 결합과 아웃소싱은 동전의 양면과 같다. 이러한 결정은 제조 또는 구매(make or buy) 결정이라고도 한다. 제조결정은 많은 통합을 의미하고 구매결정은 많은 아웃소싱을 의미한다. 기업은 무엇을 구매하고 무엇을 제조할 것인가를 결정한 이후에는 모든 프로세스와 공급사슬을 조정하고 통합하도록 해야 한다.

오늘날 많은 기업에서는 자체 내에서 제조하기보다 아웃소싱에 의존하는 경우가 증가하고 있다. 예를 들면, PC 회사는 컴퓨터에 필요한 거의 모든 부품을 공급업체에서 구매하고 단순히 컴퓨터를 조립하여 판매한다. 서비스도 아웃소싱에 의존하기도 한다. 예를 들면, 데이터 처리, 보수, 음식 서비스 등이다.

기업은 여러 가지 이유로 아웃소싱을 선호한다. 외부의 공급업체가 규모의 경제를 누려 자재, 부품, 서비스 등을 더욱 값싸고 더욱 좋게 만들어 공급할 수 있다면 구태여 스스로 제조할 필요가 없는 것이다. 외부 공급업체가 전문기술이나 지식 또는 특허를 보유하고 있는 경우에는 더욱 아웃소싱에 의존하게 된다.

한편 아웃소싱은 기업에 유연성을 증가시킨다. 기업이 다운사이징(downsizing)할 때 아웃소싱은 증가한다. 기업이 핵심활동에 전념하고자 할 때 다른 활동들은 다른 기업에 하청을 줄 수 있다.

아웃소싱은 혜택도 주지만 위험도 따른다. 아웃소싱에 의존하면 통제의 권한을 행사할 수 없고 공급업체에 너무 의존하게 된다. 따라서 기업이 아웃소싱을 결정하기 위해서는 다음과 같은 요인들을 고려해야 한다.

- 제조가격과 구매가격
- 수요의 안정성과 가능한 계절성
- 품질상의 차이
- 운영에 통제를 유지하고자 하는 욕망
- 기업 내의 유휴능력
- 리드타임
- 전문기술 또는 특허의 소유
- 기술의 안정성
- 기업전략

3. 케이렛수 네트워크

일본에서 대부분의 제조업 대기업들은 소수의 공급업체로부터 구매하는 것과 수직적 결합을 취하는 것의 중간형태를 선호한다. 이러한 제조업체들은 소유 또는 대출을 통하여 공급업체에게 재정적 지원을 제공한다. 공급업체는 케이렛수(keiretsu)라고 하는 기업연합(company coalition)의 한 멤버가 된다.

기업연합의 멤버가 되면 장기적 관계를 맺어 제조업체에 전문기술과 안정된 품질 생산을 제공한다. 케이렛수의 멤버는 다시 제2, 또는 제3의 기업연합의 멤버를 가질 수 있다.

4. 가상회사

가상회사(virtual company)는 종업원이나 빌딩도 없이 컴퓨터와 Internet을 이용하여, 제품이나 서비스를 생산하는 회사이다.[4] 이는 설계, 생산, 유통 등을 수행하는 회사들을 조정하기 위하여 존재한다. 가상회사는 쉽게 파트너십을 형성하지만 필요치 않으면 이를 해체한다.

가상회사를 설립하기 위해서는 사무실, 컴퓨터, 전화를 전세로 얻고 사무직원을 몇 명 고용한다. 생산하고자 하는 제품을 설계하기 위해서는 설계전문회사와 계약을 맺고 유통과 마케팅을 위해서는 시장조사 회사와 계약을 맺는다. 설계가 완료되면 이를 생산할 제조회사를 선정한다. 다음에는 이 제품의 운송, 물류, 창고업무를 수행할 회사들과 계약을 체결한다. 이와 같이 가상회사는 시설과 종업원 없이 제품이나 서비스를 생산 · 판매할 수 있다.

이러한 가상회사는 시장이 급속히 변화하고 이에 빨리 대응할 수 있을 때는 효율적이지만 반대로 시장이 안정적인 경우에는 비용의 부담으로 전통적인 회사들과 경쟁할 수 없는 약점을 갖는다.

가상회사는 컴퓨터와 Internet의 사용을 통해 설립할 수 있다. 빠른 커뮤니케이션과 공급업체 및 계약업체에 관한 정보의 접근으로 같은 곳에 위치하지 않은 많은 사람들을 끌어 모을 수 있게 되었다. 회의는 양방 비디오 연동장치를 이용하여 진행할 수 있고 서신은 e-mail을 통하여 취급할 수 있다.

8.9 공급사슬의 수요예측

1. 수요예측의 전략적 중요성

오늘날 경쟁이 극심한 글로벌 환경에서 변동하는 고객들의 수요를 제대로 만족시키기 위해서는 제품이나 서비스의 공급이 수요에 맞추어져야 한다. 생산 · 운영관리의 기본적인 목표는 고객수요에 공급을 일치시키는 것이다. 수요의 예측이 이루어져야 이를 만족시키기 위한 시설능력이나 공급이 얼마나 필요

4 가상회사는 hollow company 또는 network company라고도 부른다.

할지 결정할 수 있는 것이다. 변동하는 수요를 관리하고 고객이 원하는 제품이나 서비스를 공급하기 위해서는 기업은 구매, 생산, 마케팅, 인적자원 계획 등을 수립해야 하는데 이들은 수요예측에 절대적으로 의존할 수밖에 없다.

예측을 잘 하면 이는 기업의 모든 측면에 아주 긍정적인 영향을 미칠 뿐만 아니라 공급사슬관리에도 큰 도움을 준다. 수요예측(demand forecasting)이란 제품과 서비스의 실제 수요를 알기 전의 수요 추정치이다. 따라서 수요예측은 많은 분야의 계획(planning)과 생산능력(capacity) 결정을 유도하고 통제 또는 관리를 하는 데 있어서 기초가 된다. 예를 들면, 생산, 재고관리, 자원배분, 전반적인 전략적 계획수립 등에 필요한 현명한 결정을 내릴 수 있다. 기업이 어떤 제품을 가지고 어느 시장에서 경쟁해야 성공할 것인가를 결정하기 위해서는 고객이 원하는 신제품이 무엇이고 얼마 정도이고 품질수준은 어느 정도인지 예측해 보아야 한다. 미래의 신제품과 그의 설계를 알게 되면 프로세스 설계, 신장비와 기술 등을 결정할 수 있다.

한 기업의 공급사슬은 모든 공급업자들로부터 고객들에 이르기 까지 제품생산과 관련된 시설, 기능, 활동 모두를 활용한다. 공급사슬 기능에는 구매, 재고, 생산, 스케줄링, 시설입지, 수송, 물류 등이 포함된다. 그런데 이러한 기능들은 단기적으로는 제품수요에 의해 영향을 받고 장기적으로는 신제품과 프로세스, 기술진보, 시장변화 등에 의하여 영향을 받는다.

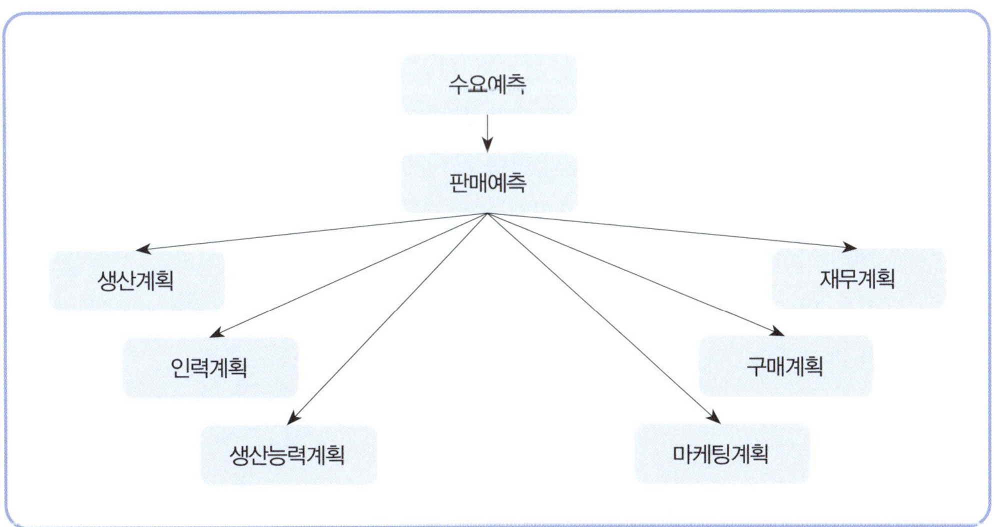

[그림 8-9] 수요예측과 각종 계획과의 관계

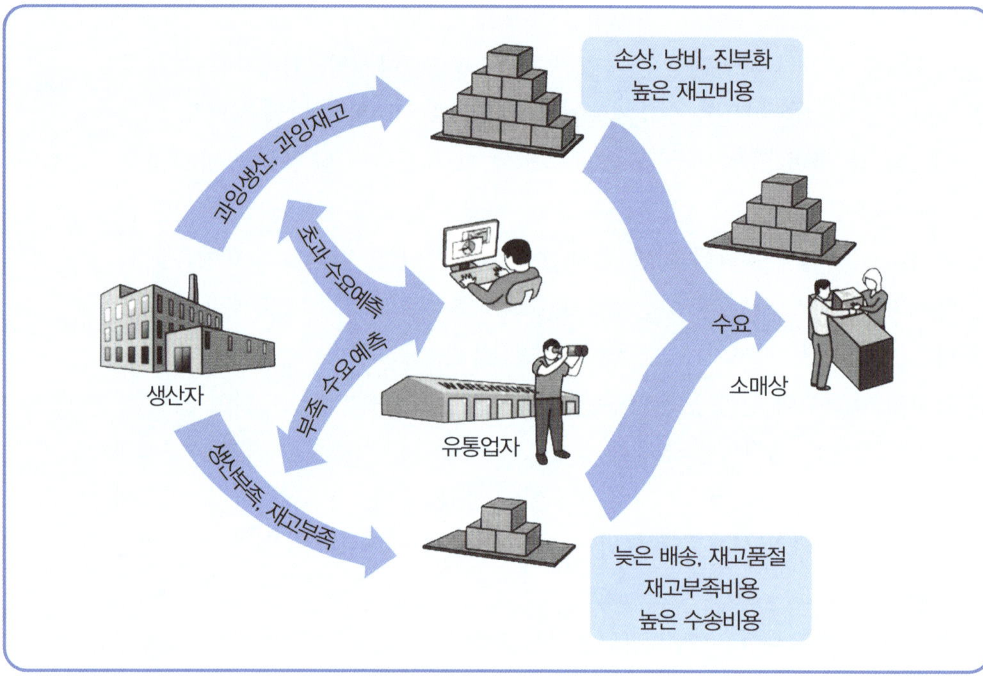

출처: R.S. Russell and B. W. Taylor Ⅲ, Operations Management, 11th. ed.(John Wiley & Sons, Inc., 2023) p.524.

[그림 8-10] 부정확한 수요예측의 영향

수요예측은 공급사슬에 걸쳐 [그림 8-9]에서 보는 바와 같이 각종 전략적 계획을 수립하는 데 필요한 기초 데이터를 제공한다. 수요예측에 입각하여 판매예측(sales forecast)이 이루어진다. 판매예측은 어느 기업의 미래 판매량을 추산하는 것으로, 그 기업의 각종 전략적 계획수립에 필요한 기초 데이터를 제공한다. 제품의 판매는 수익을 수반하기 때문에 판매예측은 현금유입(cash inflow)의 예측에 이용되어 재무계획을 수립하는 데 도움을 준다.

또한 판매예측은 인력소요량을 추산케 하여 인력을 채용하고 해고하고 훈련하는 인력계획을 수립케 하는 동시에, 필요한 원자재를 구입하고 시설을 확장하는 데 따른 현금유출(cash outflow)에 관한 재무계획의 수립에 필요한 데이터를 제공한다.

판매예측은 생산계획과 생산능력계획 등 생산 · 운영관리자의 전략적 결정에 이용된다. 예컨대 프로세스 설계 시 프로세스의 유형과 자동화의 정도를 결정하는 데 수요예측이 이용된다. 생산능력이 수요에 비하여 불충분하면 고객을 상실하고 시장점유율에 타격이 온다.

한편 제품수요로부터 원자재 혹은 부품, 노동시간, 기계시간, 에너지 등의 소요량을 계산할 수 있으므로 결국 생산 투입물들의 구매계획 및 재고계획을 수립하는 기초가 된다.

또한 정확한 수요예측은 자재와 부품을 구매하는 공급업자로 하여금 시설계획을 수립할 근거를 제시하게 된다. 제품의 수요예측은 필요한 재고량, 생산량, 공급업자로부터의 자재 구입량을 결정한다. 수요예측은 미래에 대한 불확실성을 어느 정도 감소시킨다. 그러나 수요예측이 정확하지 않으면 공급사슬의 각 단계에서 고객수요의 불확실성을 보상하기 위하여 과잉재고가 쌓이게 되고, 반대로 재고가 충분치 않으면 품절이나 늦은 납품으로 고객 서비스가 타격을 받아 글로벌 경쟁환경에서 뒤처지게 된다. [그림 8-10]은 수요예측이 부정확함에 따라 공급사슬에 미치는 부정적 영향을 나타내고 있다.

공급사슬의 각 단계에서의 수요예측이 재고수준에 미치는 영향에 관해서는 다음 절에서 자세히 공부할 것이다.

2. 전통적 수요예측 기법

전통적 수요예측 기법은 크게 3가지 방법으로 구분할 수 있다.

- 질적 방법 (주관적 방법)
  - 시장조사법
  - 위원회합의법
  - 판매원 의견종합법
  - 전문가의견법
  - 델파이법
- 양적 방법 (계량적 방법)
  - 시계열 분석방법
    - 전기수요법
    - 이동평균법
    - 지수평활법
    - 시계열분해법
  - 인과형 방법
    - 회귀분석
    - 상관분석

전통적인 수요예측 방법은 역사적인 판매 데이터에 크게 의존하고 기본적인 통계모델이나 정성적인 방법으로 미래 수요를 예측한다. 그런데 이러한 방법은 안정적인 환경에서는 유용하지만 오늘날 다이내믹하고 가변적인 시장환경에는 알맞은 방법이라고 할 수 없다. 또한 전통적인 수요예측 방법은 역사적인 판매 데이터를 이용하지만 실시간으로 업데이트하는 것이 아니고 정기적으로 업데이트한다. 전통적인 방법은 주로 판매 데이터와 같은 구조적 데이터에 아주 알맞지만 고객 논평, 소셜 미디어 포스트, 비디오 콘텐츠 같은 비구조적 데이터는 분석할 수 없는 한계를 갖는다.

전통적 통계적 모델은 변수들 사이의 선형관계를 가정한다. 즉 한 변수의 변화(예: 가격)가 수요의 비례적 변화를 초래한다는 것이다. 예를 들면, 선형회귀분석에서 독립변수(예: 광고비) X의 값이 주어질 때 종속변수 Y(예: 판매액)의 값을 예측할 때 두 변수의 과거 데이터를 이용하여 두 변수 사이의 함수적 관계를 나타내는 회귀방정식을 도출하게 된다. 회귀분석은 서로 영향을 주고받으면서 발생하는 인과관계를 갖는 두 변수 사이의 관계를 분석하게 된다.

3. 현대적 수요예측 기법

전통적 수요예측 기법은 기업에서 지금도 사용하고 있지만 4차 산업혁명 시대가 진행하면서 인공지능(AI) 기술이 생산 · 운영관리 부문에 응용되면서 수요예측의 전통적 기법에 큰 변화를 초래하고 있다. 즉 수요예측에 AI를 도입함으로써 그동안 미래 수요를 예측하는 계획을 수립하던 방식을 근본적으로 변경시키고 있다.

AI 방식도 전통적 방식과 같이 역사적 데이터를 이용한다. 그러나 다방면의 소스로부터 수집되는 엄청난 데이터를 실시간으로 분석한다. 시장조건, 경제지표, 고객정서, 계절 트렌드, 심지어 기후 패턴과 같은 외부요인을 포함한다. AI 모델은 전통적 모델과 달리 동태적 모델로서 새로운 데이터가 발생하면 그의 예측을 계속해서 업데이트한다. 이러한 실시간 가공으로 기업은 수요의 갑작스런 치솟음이나 하강 같은 시장의 변동에 급히 대응토록 해준다.

머신러닝(machine learning) 알고리즘은 역사적 데이터와 외부요인의 빅데이터를 분석함으로써 전통적 방법으로는 찾을 수 없는 패턴과 트렌드를 규명할 수 있다. 새로운 정보가 추가할 때마다 계속해서 예측을 업데이트해 간다.

AI의 괄목할 만한 혁신의 하나는 전통적인 통계적 모델이 변수들의 선형관계를 전제함에 비하여 복잡하고 비선형관계를 취급할 수 있다는 것이다. 즉 한 변수의 변화가 수요에 미치는 비례보다 훨씬 큰 영향도 분석해 낼 수 있다는 것이다. 예를 들면, AI 알고리즘은 어떤 제품에 대한 수요가 어떤 가격인상에서는 심하게 증가하다가도 특정 한계를 넘어서면 수요가 폭감하는 현상을 발견할 수 있다. 이러한 패턴을 감지할 능력으로 기업은 가격변화, 시장노력, 외부 충격에 수요가 어떻게 대응하는지 더욱 정확하게 예측할 수 있게 된다.

AI 시스템은 전통적 기법과 달리 소셜 미디어 활동, 온라인 탐색, 고객 논평과 같은 비구조적 데이터도 수요예측에 반영한다. 전통적 방법에서는 빅데이터의 분석이 분석능력의 한계로 제약을 받았지만 AI 시스템에서는 구조적 및 비구조적 빅데이터를 분석하여 복잡한 패턴이나 변수들의 관계를 찾아냄으로써 더욱 정확한 수요예측이 가능한 것이다.

수요예측에 AI 기술들을 접목함으로써 기업은 더욱 정확하고 신속하게 미래 수요를 예측할 수 있게 되었다. 빅데이터, 발전된 알고리즘, 머신러닝의 사용으로 AI 모델은 다양한 소스로부터 수집되는 빅데이터를 실시간으로 분석하여 더욱 정확한 수요를 예측하여 시장조건의 변화에 능동적으로 대응할 수 있게 되었다. 나아가 이러한 기업의 능력으로 그들의 재고수준을 적정화하고 공급사슬 전략을 조정할 수 있는 것이다.

8.10 공급사슬의 재고관리

기업에서 공급사슬을 효율적으로 관리하려는 목적의 하나는 입고하는 원자재, 부품, 구성품, 서비스 등의 상류 흐름을 생산 및 하류의 유통과 일치시킴으로써 과잉재고로 인한 비용발생 없이 고객수요의 불확실성과 변동에 대응하려는 것이다. 다시 말하면, 공급사슬의 공급부문과 수요부무을 효율적, 효과적으로 맞추려는 것이다. 이에 기업에서는 고객수요를 충족시키기 위해 충분한 재고를 보유하여 왔다.

사실 기업이 재고를 보유하는 목적은 기업 내부에서의 수요와 외부의 고객 수요를 충족시키기 위함이다. 이러한 고객 서비스 수준(level of customer service)을 높이기 위해서는 재고비용이 증가하지만 반대로 고객 상실이나 판매 상실과 같은 품질 관련 고객 서비스 비용은 감소한다. 따라서 전통적인 재고관리 방법은 재고비용과 고객 서비스 사이의 절충관계를 반영하는 재고수준을 유지하려는 것이다. 즉 언제, 얼마를 주문해야 할 것인가를 결정하는 것이다. 재고를 보충하기 위하여 새로운 주문을 발령할 때의 재주문점(reorder point)은 실시간 수요변동이나 공급사슬 차질을 고려하지 않는 관계로 정확하다고 볼 수 없다.

그러나 AI 시스템은 수요 패턴, 공급업자 리드타임, 계절 트렌드, 안전재고 요구량 등을 감안하여 자동적으로 재주문점을 결정하고 바로 발령하기 때문에 재고부족은 최소로 하면서 고객주문을 충족시킬 재고수준을 꾸준히 보유할 수 있게 된다. 앞절에서 AI의 재고관리에서의 주요한 기능은 수요예측임을 공부하였다. AI 기반 수요예측 모델은 여러 가지 요인들을 감안하여 미래 수요를 정확하게 예측한다. 이에 따라 기업에서는 재고수준을 조정하여 과잉재고와 재고부족을 막을 적정재고를 유지함으로써 유지비용은 최소로 하면서 서비스 수준을 높이는 이들 사이의 적정 균형을 유지할 수 있는 것이다.

전통적인 재고관리에서 안전재고(safety stock)는 공식을 이용하여 구한다. 그러나 AI의 예측적 분석론을 이용해서 수요 변동, 리드타임 변동, 공급업자와 관련된 리스크 요인 등을 분석한 적정 안전재고를 구할 수 있다. 이렇게 함으로써 재고비용은 최소로 하면서 기대하지 않은 고객수요를 충족시키는 데 충분한 이상적인 안전재고 수준을 유지할 수 있는 것이다.

AI 시스템은 재고 회전율, 재고 연령, 수요 패턴 등을 추적하면서 재고수준을 꾸준히 모니터한다. 이러한 꾸준한 모니터링을 통하여 재고부족이나 과잉재고가 발생하려 하면 경고를 발령하여 시정조치를 취하도록 한다.

한편 AI 시스템은 수요예측, 재고 수준의 적정화 외에도 물류 효율성, 창고관리의 자동화를 통해 공급사슬의 전반적인 운영의 최적화를 추구한다.

이제 세계의 일류기업들은 재고비용 절감을 위해 효율적인 공급사슬관리와 품질관리에 관심을 쏟고 있다. 공급사슬을 따라 모든 단계에서 불확실성을 감소시키면 재고는 상당히 줄일 수 있다고 믿는다. 공급사슬에서 수요의 불확실성이나 변동을 유발하는 요인으로서는 부정확한 수요예측, 주문의 길고 변동하는 리드타임, 늦은 배송, 제품변경, 배취(묶음)주문, 가격변동과 할인, 부풀린 주문량 등을 들 수 있다. 이런 불확실성과 변동의 부정적 영향은 늦은 배송으로 나타난다. 이로 인해 공급사슬 내 제품과 서비스의 흐름을 지연시켜 대 고객 서비스에 타격을 주는 것이다. 따라서 기업에서는 이러한 불확실성과 늦은 배송에 대처하기 위해서도 재고를 보유하려 한다.

공급사슬을 효율적으로 관리하면 고객과 공급업체 사이에 꾸준한 케뮤니케이션에 힘입어 제품이나 서비스가 한 단계에서 다음 단계로 원활하게 흐르게 된다. 이렇게 되면 지연된 배송, 비효율적인 서비스, 불량품질, 불확실한 수요를 보상하기 위하여 각 단계에서 과도한 안전재고를 보유할 필요가 없게 된다.

이와 같이 효율적 공급사슬관리는 불확실성을 감소시키고 나아가서 재고를 상당한 수준까지 낮출 수 있는 것이다.

8.11 채찍효과

1. 정 의

공급사슬에서 나타나는 비효율성의 대표적인 현상으로 채찍효과를 들 수 있다.

채찍효과(bullwhip effect)란 공급사슬 속에 있는 소매점이 고객으로부터 제품에 대한 약간의 수요증가를 경험한 후 도매점에 주문할 때 품절을 방지하기 위하여 주문량을 약간 부풀리고, 도매점은 소매점으로부터 주문량이 증가하였음을 알고 품절을 방지하기 위하여 주문량을 더욱 부풀려 공장에 주문하고, 공장

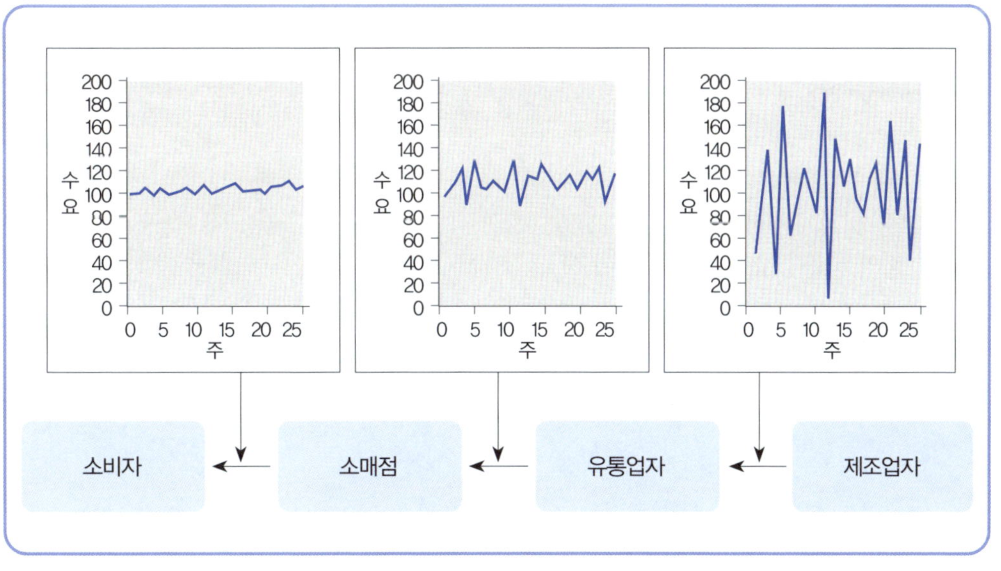

출처: G. Cachon & C. Terwiesch, *Operations Management*, 2nd ed.(MoGraw Hill, 2020), p. 334.

[그림 8-11] 채찍효과

은 제품을 만드는 원자재의 공급업자에게 상당히 많은 양의 주문을 하게 되는데 이와 같이 소매점에서의 약간의 수요변동이 공급사슬의 상류로 올라갈수록 원자재에 대한 상당한 수요증가를 초래하는 수요 정보의 왜곡현상을 말한다.

공급사슬의 각 파트너가 서로 다른 데이터에 입각하여 수요를 예측하고 하류(downstream)로부터 공급사슬을 따라 상류(upstream)로 올라갈수록 이러한 데이터는 소매점의 수요를 더욱 더 반영할 수 없기 때문에 수요의 변동이 눈덩이처럼 증폭되는 채찍효과는 이와 같은 부정확한 수요 데이터 또는 수요예측과 같은 정보의 왜곡 또는 정보의 부족 때문에 발생한다. [그림 8-11]은 이러한 채찍효과를 나타내고 있고 [그림 8-12]는 채찍효과를 유발하는 수요예측의 전통적인 방법을 나타내고 있다.

채찍효과는 공급사슬을 이루는 파트너가 자기 이익만을 생각하고 주문결정을 내리고 또한 인접 파트너로부터 정확한 수요 정보를 갖고 있지 않기 때문에 발생한다. 만일 각 파트너가 공급해 주는 하류의 다음 파트너에 대한 실제 수요가 얼마인지 정확하게 모르는 상태에서 자신의 수요예측을 하게 되면 불확실을 보상하기 위해 과도한 재고를 쌓아 두게 된다.

[그림 8-12]에서 소매점에 대한 수요는 비교적 안정적이다. 그러나 수요가 약간 변동하고 도매점이 이의 원인을 정확하게 알지 못하면 이에 과민반응하여 그의 주문량을 증대하게 된다. 이와 반대로 소매점으로부터 주문이 예상 외로 줄어들면 자신의 주문량을 더욱 감소시킨다. 이러한 현상은 상류로 올라갈수록 더욱 증폭된다. 공급사슬의 각 파트너가 직접 고객의 주문에 근거하여 수요예측을 하게 되면 상류로 올라갈수록 수요변동은 크게 나타난다. 예컨대 도매업

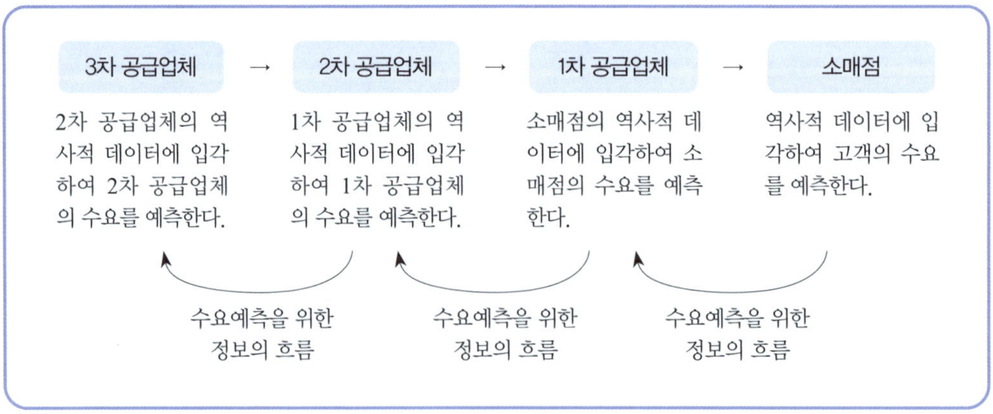

[그림 8-12] 수요예측의 전통적인 방법

자가 최종 소비자의 실제 수요가 아닌 소매업자의 주문에 근거하여 주문하게 되면 증폭하게 된다. 이는 [그림 8-12]에서 보는 바와 같다.

품절현상을 미리 방지하고자 안전재고(safety stock) 수준도 높게 책정하여 발주량의 변동폭이 더욱 더 커지게 된다. 이와 같이 안전재고가 채찍효과의 큰 원인이라고 할 수 있는데 주문의 리드타임이 긴 제품의 경우에는 수요가 더욱 불확실하여 안전재고가 더욱 증가하는데 이러한 현상이 공급사슬의 모든 단계에서 채찍효과를 더욱 확대시킨다.

이러한 채찍효과는 공급사슬의 파트너 간 투명성과 커뮤니케이션의 결여로 발생하는 흔히 있을 수 있는 현상이다. AI 기반 플랫폼은 공급사슬 네트워크 내에서 실시간 데이터 공유와 동시발생으로 협력을 증진하고 수요의 오해를 감소시킬 수 있다. 예를 들면, AI 기반 예측모델을 협력적 계획, 예측 및 보충(collaborative planning, forecasting, and replacement: CPFR) 시스템과 같은 협력적 플랫폼을 통합함으로써 파트너 간 수요예측을 동조하고 수요의 과대예측과 과소예측의 위험을 최소화한다.

전통적인 공급사슬에서 수요예측은 정기적으로 업데이트되기 때문에 수요 변화에의 대응은 늦어질 수 있다. 이러한 시간 간격으로 채찍효과는 더욱 악화된다. 즉 조그만 수요변동이 파트너로부터의 늦은 반응으로 증폭된다. 이에 비하여 AI 기반 실시간 수요예측과 자동적 조정으로 이러한 문제를 더욱 빠르고 반응적인 의사결정으로 완화할 수 있다.

결론적으로 말하면, AI에 의한 수요의 실시간 조정, 지속적인 데이터 수집과 분석, 동태적 재고관리, 주문 실행의 자동화, 파트너 간 협력 등으로 채찍효과는 상당히 완화될 수 있다.

8.12 공급사슬의 위기관리

오늘날 기업은 여러 가지 이유로 해외에 시장과 생산시설을 갖추는 글로벌 경영을 하게 된다. 이러한 글로벌화와 더불어 여러 가지 요인으로 공급사슬관리를 관리함에 있어 어려움에 봉착하는 경우가 많이 발생한다. 안전성 때문에 기업이 공급사슬관리를 함에 있어 수많은 위험과 불확실성에 노출되어 있다.

국내 공급사슬의 위험보다 글로벌 공급사슬의 위험이 훨씬 심각하다. 공급사슬의 규모가 확대되고 지리적 범위가 전 세계적으로 확장됨에 따라 글로벌 공급업자로부터의 위험(risk)과 불확실성(uncertainty)으로 인하여 국내 제조업자들의 생산상 피해가 증폭되고 있다. 여기에 공급사슬의 위험성을 관리하는 공급사슬 위기관리(risk management)의 필요성이 강조되고 있다.

공급업자들로부터의 자재 부족, 품질이상, 공장화재, 노동자 파업, 수송 지연, 정치적 불안정, 테러의 발생, 환율변동, 지진과 홍수, 쓰나미 같은 자연재해 등의 영향으로 공급사슬 전체의 운영에 차질이 발생하는 일이 종종 있어 왔다. 예를 들면, 사이버 공격으로 글로벌 공급사슬을 마비시킬 수도 있다. 중국산 전선뭉치인 '와이어링 하니스'의 공급이 중단되어 현대차, 기아차, 쌍용차 등의 가동이 중단된 적이 있었다. 최근에는 미 · 중 간 패권경쟁으로 미국의 대 중국 규제가 더욱 심화되어 우리나라의 대 중국 수출에 영향을 미치고 일부 품목에 대한 공급사슬을 재편하도록 미국으로부터 심한 압박을 받고 있다. 이러한 정치경제적 위험요인은 예측조차 불가능한 불확실성으로 인하여 대처하기 쉽지 않다.

글로벌 공급사슬의 사용이 저렴한 노무비와 자재비, 좋은 제품 품질, 넓은 시장 수요 등 유리한 장점도 결과하지만 높은 안전비용과 위험은 물론 고객 서비스에 영향을 미치는 결과도 초래하고 있다. 글로벌 경영이 확대될수록 공급사슬의 위험요소는 더욱 증대하고 공급사슬의 취약성 또한 증대하는 경향이 많다.

공급사슬을 설계할 때에는 이러한 위험과 불확실성의 기업과 고객에 미치는 영향을 고려해야 한다. 완충재고나 여유능력을 확보하거나 복수의 공급업자로부터 다중 조달(multiple sourcing)을 활용하는 방안을 강구해야 한다.

나아가서는 공식적 위기관리 프로그램을 개발하고 안전관리도 신경쓰지 않으면 안 되는 상황이 발생하기도 한다.

근래 인공지능의 예측능력 기술이 공급사슬의 위기관리에도 적용되고 있다. 역사적 데이터, 시장 트렌드, 외부요인과 같은 여러 소스로부터 데이터를 수집하고 분석하여 공급사슬 위기를 감지하고 평가할 수 있다. 즉 예측적 분석론, 머신러닝 알고리즘을 이용하여 자연재해, 지정학적 충돌, 공급업자 파산, 공급지연, 수요변동과 같은 잠재적 붕괴를 사전에 예측함으로써 수송로를 변경한다든지, 생산계획을 조정한다든지, 공급업자를 교체하는 등 위기 완화전략을 능동적으로 수립할 수 있게 되었다.

8.13 공급사슬의 품질경영

우리는 지금까지 주로 한 기업 내에서 프로세스, 제품, 서비스의 품질경영과 품질향상에 대해서 공부하여 왔다. 그러나 공급사슬의 상호 의존성으로 이제 품질경영은 한 기업의 벽을 넘어 그의 공급자에게까지 확대되고 있다.

즉 기업들은 고객을 만족시키기 위해서는 품질에 대한 자신의 공약과 함께 공급자의 지원과 자원도 필요하다는 것을 알고 있다. 특히 기업활동의 상당부분을 공급자에게 아웃소싱하는 경우에는 더욱 그렇다.

공급사슬에 함께 참여하는 기업과 그의 공급자들은 기업의 고객요구를 충족시키는 데 동참해야 한다. 공급자가 효과적으로 품질경영을 하면 기업은 공급자가 제공하는 자재, 부품, 서비스의 품질을 믿을 수가 있는데, 이런 경우 기업과 공급자 사이에는 파트너십이 존재하게 된다.

전통적으로 품질검사는 생산라인의 마지막 프로세스에서 실시되었지만 이는 품질관리 기사가 하는 일이기 때문에 시간 소요적이고 실수하는 경우가 발생한다. 그러나 AI의 컴퓨터 비전 시스템(computer vision system)으로 생산라인을 흐르는 구성품이나 부품을 꾸준히 모니터하기 때문에 제품의 불량을 사전에 발견하게 된다. 이로써 높은 품질표준을 준수하는 제품만이 생산라인을 통과하기 때문에 결국 낭비를 줄이고 재작업비용을 방지하게 된다. 공급사슬 파트너들은 이러한 현대적 품질경영 시스템을 실천해야 한다.

예를 들면, IBM Watson은 제조업에서 불량을 발견하도록 돕는 플랫폼을 가지고 있다. 거기서 사용하는 알고리즘은 시각 데이터를 사용하여 훈련하고 컴퓨터 비전을 사용하여 제품을 검사하고 이들 제품이 메모리에 저장된 시각 이미지와 어울리도록 한다. 이 시스템은 초음속 카메라를 사용하여 생산라인을 흐르는 제품을 정밀 모니터하여 불량이나 조그만 흠집도 찾아낸다. 제조 프로세스가 로봇과 자동화 기계로 운영되고 있다. AI 시스템은 제조 프로세스에서 거의 완전하게 불량 제품을 제거시키는 데 센서를 사용한다. 이러한 환경에서 품질관리 기사는 설 땅이 없어 거의 사라지고 있다.

많은 기업들은 공급자의 품질과 배송성과에 대한 직접적인 영향력을 행사하기 위하여 공급자의 수를 줄이려고 한다. 기업이 공급자 사업의 대부분을 차지하게 되면 공급자는 그 기업의 품질표준을 기꺼이 만족시키려는 노력을 경주하게 된다.

기업과 공급자 사이에 파트너십이 형성되면 공급자는 기업의 품질표준을 충족시키게 되고 기업은 공급자에게 장기적 구매를 보장하여 안정된 주문과 배송 스케줄이 가능하게 된다.

공급자가 기업의 품질표준을 준수할 수 있도록 기업은 공급자에게 자신의 품질경영시스템(quality management system: QMS)을 채택할 것을 요구한다. 아직도 어떤 기업들은 ISO 9000:2015시리즈의 인증을 획득할 것을 요구하기도 한다.

한편 기업은 자신의 고객들과 직접적인 관계를 맺고 있다. 기업은 QMS를 이용하여 고객이 무엇을 원하고 있는지 듣고, 고객만족을 측정할 능력을 보유한다. 기업은 자신의 QMS가 효과적인지 알 필요가 있다. QMS는 어떤 형태의 측정시스템으로 하여금 기업은 고객의 기대를 충족시키고 있으며 제품이나 서비스는 용도에 대한 적합성을 충족시키고 있는지 등의 질문에 답을 할 수 있도록 요구함과 동시에 고객들의 만족수준에 관한 데이터를 제공하도록 요구하고 있다.

8.14 사물인터넷, 클라우드 컴퓨팅 및 블록체인의 역할

공급사슬관리에 영향을 미치는 최신의 디지털 혁신으로 사물인터넷, 클라우드 컴퓨팅, 블록체인을 들 수 있다.

사물인터넷(internet of things: IoT)은 디지털 세계를 실체와 결합시킨다. 즉 데스크톱, 랩톱, 스마트폰, 태블릿과 같은 표준 기기와 차량이나 기계의 부속품 같은 비인터넷 실물 기기의 네트워크에 Internet을 통해 연결시키는 역할을 한다. 사물인터넷의 한 부분으로서 디지털화는 공급사슬 프로세스에 침투하고 있다. 정확성과 스피드로 디지털화는 공급사슬로 하여금 수많은 소스로부터 쏟아져 나오는 빅데이터를 관리할 수 있게 한다. 디지털 세계는 정확한 데이터에 입각하여 실시간으로 의사결정을 할 수 있다.

사물인터넷은 RFID 센서를 이용하여 적송품을 추적하고 모니터하여 위치, 온도, 징후 등 실시간 정보를 고객에게 제공할 수 있다. 이는 공급사슬 사이에서 이동의 전반적인 스피드와 신뢰성을 증진시켜 공급사슬관리에 중대한 영향을 미칠 수 있다. 사물인터넷은 사람의 관여 없이 주문하고 보충할 필요성을 자

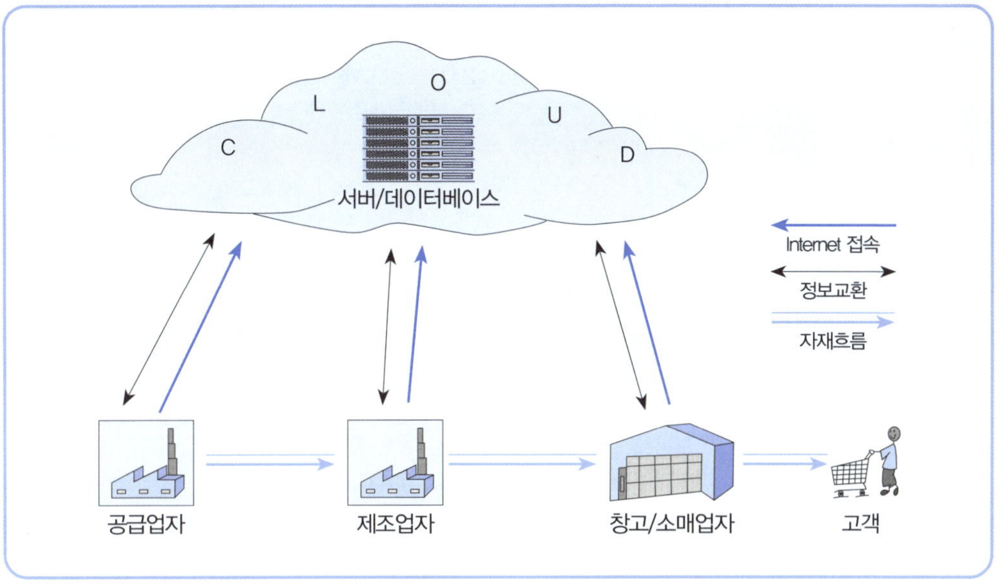

출처: L. Krajewski & M. Malhotra, 전게서, p. 601.

[그림 8-13] 클라우드 기반 플랫폼

동적으로 인식하여 준다. 예를 들면, 자동판매기는 스스로 주문할 품목을 알아차리고 제때 발주할 수 있는 능력을 갖추고 있다.

사물인터넷은 센서를 사용하여 기계의 상태를 미리 모니터하여 품질관리와 예지보전에 필요한 정보를 제공한다. 이는 자율주행자동차나 공장에서는 없어서는 안 될 중요한 정보기술이 되었다.

클라우드 컴퓨팅(cloud computing)은 공급사슬의 파트너들을 서로 연결시켜 업무를 통합하는 중요한 기술이다. 공급사슬의 파트너들은 서로의 미래수요 예측, 출하, 주문, 구매, 판매, 재고수준, 고객 수요 등에 관한 중요한 정보를 속속들이 들여다 볼 수 있기 때문에 여기에 맞춰 자신의 운영을 조정할 수 있다. [그림 8-13]은 공급사슬 파트너들의 통합을 보여주는 클라우드 기반 플랫폼이다.

클라우드 속의 공급사슬 파트너들은 각자의 재고수준과 운송비용을 낮추고 재고회전율은 높이며 리드타임은 단축시키는 효과를 공유한다.

그러나 클라우드 컴퓨팅은 비용을 감축시킬 수 있는 좋은 기술이지만 데이터의 안전과 사생활 침해에 허점이 있을 수 있다. 클라우드 속의 데이터들은 중앙집중식 데이터베이스에 저장되기 때문에 경쟁자들에 해킹당할 위험이 상존한다. 이러한 문제를 해결해 주는 기술이 블록체인이다.

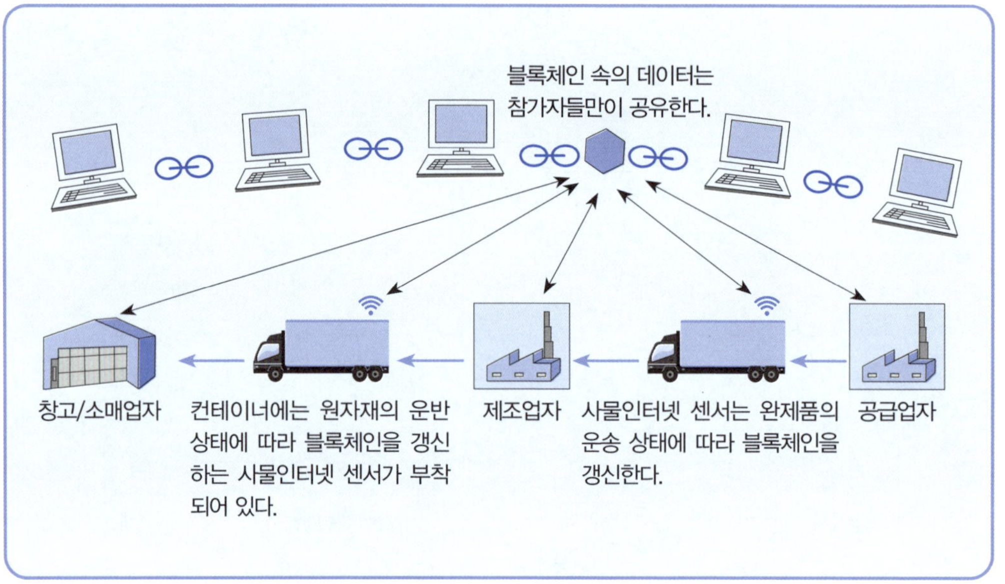

[그림 8-14] 블록체인과 사물인터넷의 통합

블록체인(block chain)이란 개인과 개인의 금융 거래 내역이 블록에 담기고 이 블록들이 사슬처럼 계속 연결되는 일종의 전자 장부를 말한다. 블록체인은 암호화된 모든 거래 장부를 네트워크 참가자들에게 공개하고 분산하여 공유하고 관리하기 때문에 강력한 보안성과 신뢰성, 익명성, 투명성을 보장할 수 있다.

블록체인은 방대한 데이터를 효율적으로 관리할 수 있기 때문에 특정한 사용자의 시스템 통제가 불가능하여 데이터의 중요성이 날로 커지는 4차 산업혁명의 대표적인 정보기술로 여겨진다. 과거에는 거래 데이터를 중앙집중형 장부에 보관하였지만 블록체인을 이용하게 되면 분산형 장부를 사용하여 거래 참가자 모두에게만 거래 정보를 공개한다.

현재 블록체인은 금융 분야에서, 특히 비트코인(bitcoin)의 거래를 위해 사용하고 있지만 사물인터넷과 인공지능 등의 기술과 융합되면 유통, 에너지, 헬스케어, 미디어, 콘텐츠, 의료, 보험업무, 정부 기록 등 많은 분야에서 활용될 것이다. 특히 블록체인 플랫폼은 [그림 8-14]에서 보는 바와 같이 수많은 사물인터넷 기기 사이에 실시간으로 공유되는 데이터 교환이 안전하게 진행될 수 있도록 할 수 있다. 블록체인은 제2의 Internet이라고 불릴 만큼 사회적 파급력은 상당하다.

공급사슬 파트너 사이에는 신뢰가 부족하여 정보 공유를 기피하려 하는데 블록체인으로 하여금 신뢰를 쌓는 것은 큰 혜택이 될 수 있다. 공급사슬에서 사용되는 블록체인은 철저히 비밀이 지켜진다. 가입한 공급사슬 파트너만이 블록체인의 소유자(예: Walmart, Apple, IBM)로부터 데이터를 열람하여 블록체인 속의 데이터 블록을 추가하거나 갱신할 허가를 받을 수 있다. 공급사슬 파트너 사이에서 이루어지는 거래 방식과 거래되는 품목들을 실시간으로 추적하는 방식에 향상을 가져올 것이다. 따라서 거래의 정확성과 보안성으로 인한 파트너 사이에서 발생하는 분쟁을 피할 수 있게 된다.

8.15 스마트 공급사슬관리

AI 기술은 공급사슬관리를 혁명화시키고 있다. 자동화와 효율화, 수요예측, 최적화, 리스크 관리, 유지가능성, 재고관리, 공급자 관리, 물류와 수송 최적화, 데이터 기반 의사결정, 창고 자동화, 수송과 루트 최적화 등을 실천하면서 전통적인 공급사슬 프로세스를 더욱 효율적이고, 민첩하고, 탄력적인 시스템으로 변형시키고 있다. 현대 공급사슬의 복잡성을 극복하면서 비용은 낮추고 고객만족은 증진하고 더욱 유지가능하고 탄력적인 공급사슬을 만들어가고 있다.

공급사슬 파트너들이 서로 연결하여 네트워크를 구성하면 모든 분야도 서로

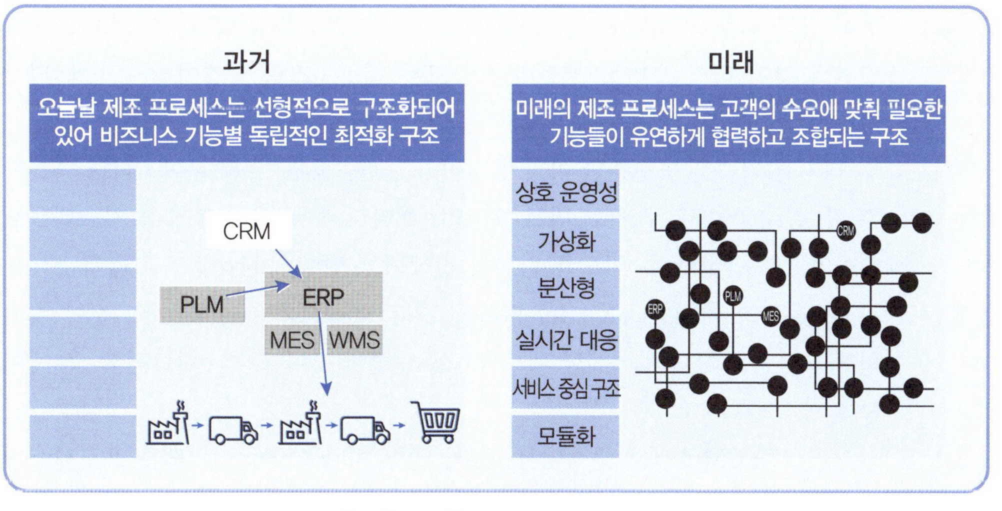

[그림 8-15] 스마트 공장의 연결

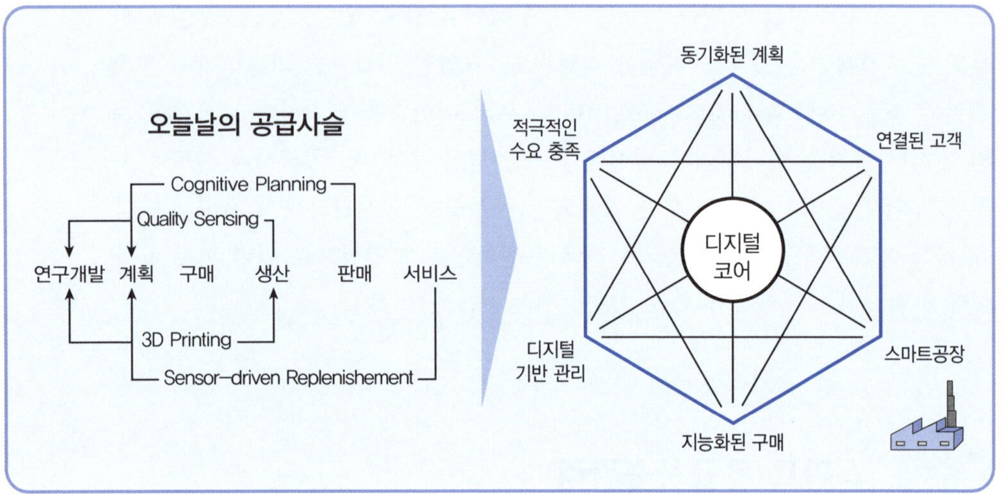

출처: 배경한 외 14인, 스마트 공장 경영과 기술, 드림 디자인(2019), p.159.

[그림 8-16] 스마트 공급사슬 연결

연결함으로써 스마트 공급사슬관리가 가능할 것이다.

제조기업의 경우 제품은 구매→생산→유통→물류의 과정을 통해 흐른다. 따라서 이러한 분야도 디지털 기술을 활용하여 서로 연결할 수 있다. 즉 스마트 물류, 스마트 팩토리, 스마트 유통, 스마트 물류 시스템들이 온라인으로 연결될 수 있다.

디지털 기술은 공급사슬 파트너 사이의 공장 간을 서로 연결시킬 수 있다. 과거에는 각각의 공장 간에 분명한 경계가 있었고 스마트 팩토리별 시스템도 완전히 달라 서로 연계할 수가 없었다. 그러나 파트너들의 공장들이 스마트화로 진전해 감에 따라 스마트 팩토리들이 모두 네트워크로 연결이 가능하게 되었다. 이는 [그림 8-15]에서 보는 바와 같다.

디지털 기술은 공장뿐만 아니라 나아가 구매, 물류, 유통 분야끼리도 연결할 수 있다. 즉 스마트 구매, 스마트 팩토리, 스마트 유통, 스마트 물류 시스템들이 온라인으로 연결할 수 있도록 혁신이 진행되고 있다. 이는 바로 미래의 스마트 공급사슬 관리(smart supply chain management: Smart SCM)이다. 이와 같이 미래의 공급사슬은 하나의 거대한 네트워크로 연결될 것이다. 이는 [그림 8-16]에서 보는 바와 같다.

스마트 SCM에서는 구매에서 생산, 물류, 유통에 이르는 모든 프로세스가 하나의 통합된 프로세스로 관리되고 데이터도 공유될 것이다. 이렇게 되면 모든 부문에서 최적화가 이루어지고 스마트 SCM 내에서 지능화, 최적화 경영이 이루어질 것이다.

스마트 SCM이 일반화되면 파트너 사이에서 공유되는 데이터에 대한 보안에 신경이 쓰일 것이다. 스마트 팩토리가 서로 연결되어 네트워크형 스마트 SCM이 되는 경우 구매, 생산, 물류, 유통 등 전체 공급사슬이 하나로 연결되는 관계로 실시간 데이터 추적 및 모니터링에 따르는 데이터에 대한 보안문제에 민감할 수밖에 없지만 앞절에서 공부한 블록체인이라는 보안 기술을 통해 보안성을 유지할 것으로 보인다.

연·습·문·제

1. 공급사슬의 품질경영을 설명하라.

2. 공급업체가 제공하는 부품 등 자재의 품질이 중요한 이유는 무엇인가?

3. 공급업체 개발의 중요성은 무엇인가?

4. 발주업체와 공급업체의 관계를 설명하라.

5. 공급업체의 선정에 있어서 항상 공급원의 수를 줄여야 하는 이유는 무엇인가?

6. 공급사슬관리에 있어 위험요인은 무엇인가?

7. 공급사슬 파트너 사이의 신뢰를 돈독히 할 방안은 무엇인가?

8. 스마트 공급사슬관리란 무엇인가?

QUALITY MANAGEMENT

제 V 편

지속적 품질개선

제9장

적합품질 개선: 원리

기업은 제품이나 서비스를 설계할 때 고객의 목소리를 들어 고객의 요구사항과 기대를 반영하면서 품질을 설계에 주입해야 함을 이미 공부하였다.

품질관리의 목적은 제품과 서비스를 생산하는 프로세스가 받아들일 수 있는 방식으로 제 기능을 수행하고 있음을 보증하려는 것이다. 이는 프로세스의 산출물을 검사하거나 통계적 기법을 사용하여 진행한다.

품질향상은 적합품질을 달성하기 위해 프로세스의 지속적 개선을 통해서도 이루어지는데, 이를 위한 데이터의 원천은 프로세스의 목소리(voice of the process)이다. 프로세스의 목소리로부터 행하는 품질개선기회는 원하는 제품과 실제로 생산하는 제품과의 차이라고 말할 수 있다.

본장에서는 프로세스에서의 적합품질 달성을 위한 지속적 품질개선 노력의 여러 가지 원리를 설명하고자 한다. 즉 프로세스 관리, 검사와 프로세스 관리를 통한 적합품질의 관리, 개선과 이노베이션과의 관계, 지속적 품질향상과 무결점, 품질개선을 위해 사용되는 Deming의 PDSA 사이클, 경쟁기업의 벤치마킹, 리엔지니어링, 표준화, ISO 9000 : 2015 등을 공부할 것이다.

9.1 프로세스 관리

1. 프로세스의 정의

프로세스(process)란 여러 가지 투입물을 제품이나 서비스라는 산출물로 변환시키는 데 필요한 부가가치 활동(value-added activities)이라고 정의할 수 있다. 어떤 프로세스도 생산 프로세스의 출발점인 투입물과 종착점인 산출물을 갖는다.

투입물을 산출물로 변환하는 과정에서 사용할 수 있는 방법으로서는

- 물리적인 변화(alter)(예: TV생산, 이발)
- 운반을 통한 변화(transport)(예: 우편물 배달, 재공품 수송)
- 저장을 통한 변화(store)(예: 창고 보관, 호텔 숙박)
- 검사를 통한 변화(inspect)(예: 품질검사, 신체검사)

등을 들 수 있다.

이 중에서 시설, 장비, 재료, 노동력, 에너지 등 여러 가지 투입물을 제품이나 서비스 등 산출물로 변환시키는 활동들을 생산이라는 맥락 속에서 생산 프로세스라 한다. 일반적으로 제조업에서 품질관리의 대상은 생산 프로세스이다.

어떤 프로세스든 고유한 목표가 있고 부서 사이를 넘나드는 작업흐름을 가지며 이를 위해 자원을 소요하게 된다.

예를 들면,

- 제품을 생산하기 위해서 어떤 원자재와 부품을 사용할 것인가?
- 여러 가지 투입물을 어떻게 혼합하여야 하는가?
- 투입물은 무엇으로 할 것인가?
- 어떤 생산방법을 사용할 것인가?
- 작업의 흐름은 어떻게 할 것인가?
- 어느 정도의 기술수준을 사용할 것인가?
- 기계와 설비는 어떤 것을 사용할 것인가?
- 시설의 배치와 직무설계는 어떻게 해야 하는가?

등 프로세스에 대한 결정을 최고경영층은 전략적으로, 장기적으로 수행하게 된다.

모든 프로세스의 평가는 투입물을 산출물로 변환하는 과정에서 창출하는 가치, 즉 시간, 품질, 비용, 유연성 등으로 한다. 효과적인 기업은 고객이 원하고 기대하는 것을 공급하기 위해서는 이들을 만드는 프로세스를 유지하고 향상시킬 필요가 있음을 인식하고 있다. 그런데 모든 프로세스는 언제나 가치를 부가하는 활동으로 구성된 것은 아니다. 가치를 부가하지 않는 활동도 있고 제품의 최종검사 같은 가치는 부가하지 않지만 필요한 활동도 있다. 여기서 가치를 부가하는 활동인가의 여부는 고객의 니즈나 기대를 만족시키느냐에 달려 있다.

프로세스는 시간이 흐름에 따라 진보한다. 기술이 발전하고 고객의 요구가 변화함에 따라 과거에는 필요하였지만 지금은 필요 없는 프로세스가 발생한다. 이러한 부가가치 없는 활동은 프로세스 지도(process map)[1]를 이용하여 발견하는 즉시 제거해야 한다. 이렇게 함으로써 프로세스에서의 낭비를 제거하고 시간 · 자금 · 노력의 절약을 가져온다.

2. 프로세스 기반 조직

과거 기업의 규모가 작을 때에는 동일한 활동을 수행하는 사람이나 기계를 한 곳으로 그룹화함으로써 분업과 전문화를 통한 대량생산을 위주로 기업의 효율성을 추구하였기 때문에 [그림 9-1]에서 보는 바와 같은 기능별 조직구조를 취하는 것이 일반적이었다. 업무의 상호 독립성 확보는 생산성 극대화의 필수

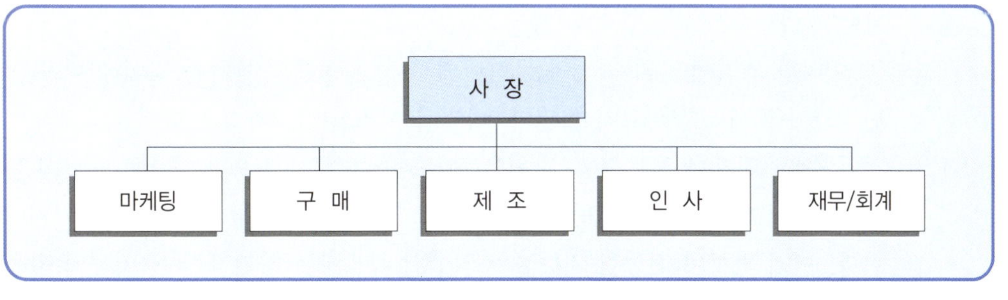

[그림 9-1] 기능별 구조

1 프로세스 지도란 몇 가지 심벌(○, ▽, □, D, →, ◇)을 사용하여 프로세스를 보기 쉽게 그림으로 나타낸 것을 말한다. 예를 들면, 흐름도(flow chart)는 여기에 속한다.

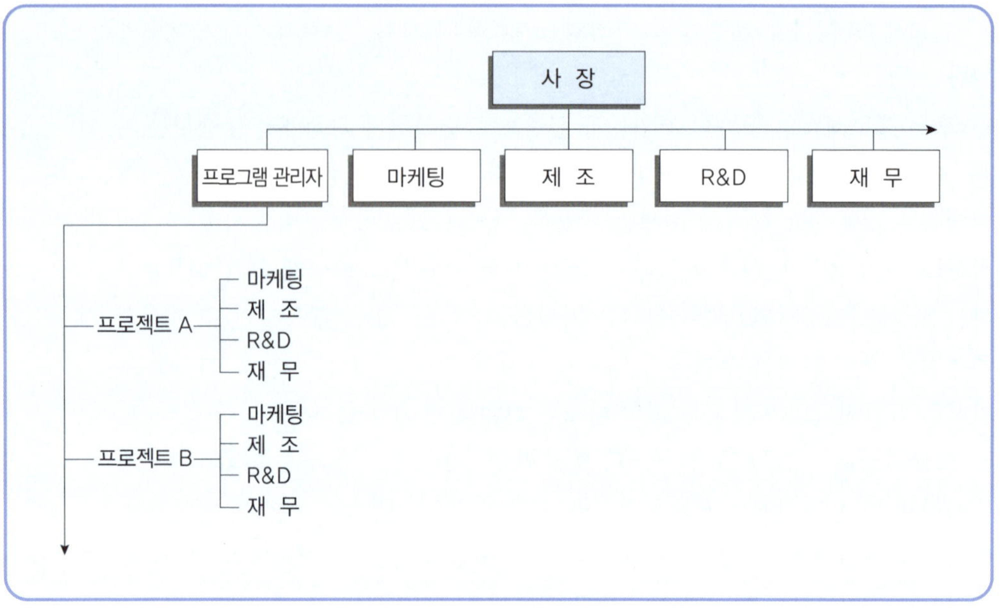

[그림 9-2] 프로젝트 조직

조건으로 여겨졌기 때문이다.

그러나 기업의 규모가 점차 확대해감에 따라 이러한 기능별 조직구조(functionally structured organization)는 업무상의 상호 독립성으로 말미암아 부서 간의 갈등과 집단 이기주의를 생성하고 순차적으로 일이 처리되는 과정에서 발생하는 지연현상이나 오류 같은 부작용을 막을 길이 없었다.

오늘날 스피드와 유연성을 위주로 경쟁하는 환경에서는 프로세스 기반 조직(process-focused organization)이 지배적이다. 프로세스 조직은 프로세스 또는 제품라인에 따라 배열된다. [그림 9-2]에서 보는 바와 같이 전통적 부서 간의 경계는 사라진다.

이러한 조직에서 각 작업자는 하나의 특정 활동을 수행하는 것이 아니고 전반적인 프로세스를 완료하게 된다. 따라서 이러한 작업자들은 다기능 작업자이어야 한다. 자재나 정보 같은 자원은 프로세스 내에서 필요한 곳으로 흐르게 된다. 프로세스 관리자는 전반적인 프로세스의 개선과 성과에 대해 책임을 져야 한다. 이에 반하여 전통적 기능별 조직에서 관리자는 자기가 맡은 기능적 활동에만 책임을 진다.

프로세스를 잘 관리하면 시간, 노력, 자재, 자금, 인력 등의 낭비를 제거하는 데 도움을 준다.

3. 프로세스의 설계

프로세스란 여러 가지 투입물을 혼합 사용해서 가장 경제적으로 제품이나 서비스를 생산하는 데 필요한 다양한 활동, 방법, 수단을 의미한다. 고객에 판매할 제품을 결정할 때 동시에 이 제품을 생산할 프로세스도 고려해야 한다.

이러한 프로세스에 관한 결정은 기업의 품질, 비용, 유연성 및 시간과 조직구조 등에 절대적인 영향을 미치기 때문에 최고경영층이 전략적으로 결정하게 된다.

기업은 제품개발 과정에서 작성한 설계도에 따라 가장 경제적으로 고객이 원하는 제품을 생산하는 데 필요한 자원과 기술 등을 결정해야 한다. 예를 들면, 원자재, 부품, 기계, 설비, 작업자, 소프트웨어 기술 등 생산의 방법과 수단을 옳게 결합해야 하는데 이러한 결정이 프로세스 설계(process design)이다.

일반적으로 프로세스 설계 시에는 생산량, 품질수준, 사용할 기술수준 등 요소들을 고려해야 한다.

기업이 생산해야 할 제품의 생산량 규모에 따라 프로세스 설계의 내용이 달라진다. 생산량은 수요예측 기법을 사용해서 비교적 정확하게 추산해야 한다. 생산량의 규모가 결정되면 생산설비와 생산방법에 대한 결정이 가능하다. 설비와 기계의 유형이 결정된다.

한편 생산량의 규모는 기업이 채택해야 할 프로세스의 형태에도 영향을 미친다. 대량생산의 경우에는 자동화된 설비를 사용하는 라인 프로세스를 선정하게 된다. 그러나 생산량이 소량인 경우에는 다양한 기능을 수행할 수 있는 범용기계를 사용하는 잡샵 프로세스의 형태를 선정할 수 있다.

제품의 품질수준 결정은 프로세스 설계에 결정적 영향을 미친다. 따라서 품질수준이 결정되면 이에 알맞은 부품의 종류와 조립방법, 기계의 유형과 가공방법 등을 결정해야 한다.

제품생산에 필요한 기계, 설비, 장비, 도구 등은 물론 기계를 운전할 기술자의 확보 등을 결정해야 한다. 기계나 기술수준은 어느 정도이면 충분할 것인지 결정하는 것은 프로세스 결정에 큰 영향을 미치게 된다.

4. 프로세스의 관리와 개선

프로세스 관리(process control)는 프로세스에서 높은 성과를 달성하고 궁극적으로는 고객만족의 향상을 꾀하기 때문에 프로세스에서 필요한 활동들을 계획하고 관리해야 한다.

프로세스 관리는 넓게는 다음과 같은 주요한 활동들로 구성되어 있다.

- **설계(design)**: 프로세스에 재료, 기술, 작업방법, 훈련된 작업자 등 투입물이 적절토록 배분하는 데 중점을 둔다.
- **통제(control)**: 성과를 평가하고 필요하면 시정조치를 취함으로써 산출물의 일관성을 유지하는 데 중점을 둔다.
- **개선(improvement)**: 변동의 감소, 고수익, 불량과 오류의 감소, 주기시간(cycle time)의 단축 등 높은 성과를 달성하고자 노력하는 데 중점을 둔다.

특히 관리는 프로세스에서 안정적이고 일관된 성과를 유지하는 것을 목표로 한다. 경영층이 고객의 요구사항을 반영하여 계획이나 설계단계에서 시전에 정한 기준 또는 목표와 결과를 비교함으로써 편차가 발생하면 통계적 프로세스 관리를 이용하여 문제를 해결하고 시정조치를 취하게 된다.

프로세스 관리방법은 효과적인 일상 관리의 기본인 동시에 프로세스가 통제된 상태에서 장기적인 개선을 할 수 있기 때문에 프로세스 관리는 아주 중요하

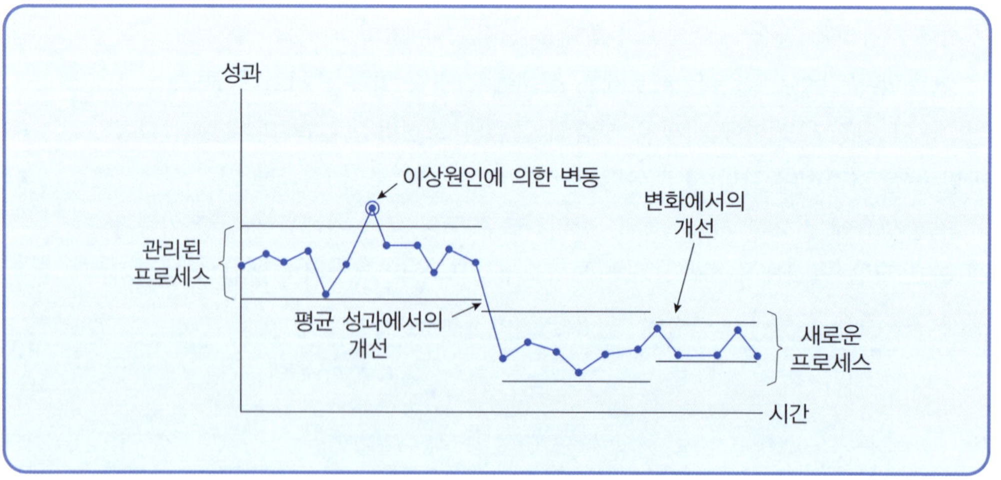

[그림 9-3] 관리와 개선의 비교

다. 관리와 개선은 [그림 8-3]과 같은 관리도(control chart)를 이용하여 설명할 수 있다.

프로세스에서 성과는 어떤 평균 수준을 중심으로 시간이 흐름에 따라 자연스럽게 위 · 아래로 변동한다. 이러한 패턴에서 벗어나는 이상원인에 의해 발생하는 특이한 변동은 비정상적인 상태이기 때문에 시정조치를 강구함으로써 안정상태로 회귀하도록 해야 한다.

이때 개선은 프로세스의 평균 성과를 높이든지 또는 평균 성과 주위의 변동을 줄이는 것을 뜻한다. 물론 새로운 평균 성과가 변동하게 되면 이를 중심으로 안정적이고 일관성 있도록 관리가 이루어져야 한다.

프로세스 관리는 관련 작업을 수행하는 작업자의 몫이지만 장기적인 개선을 설계 책임자 등 경영층의 몫이다.

개선은 점진적 개선과 혁신적 개선으로 구분할 수 있다. 점진적 개선은 작고 서서히 일어나는 지속적인 변화를 말하고 혁신적 개선이란 크고 빠른 불연속적인 변화를 말한다. 점진적이고 지속적인 개선을 일본에서는 카이젠(kaizen)이라고 부른다. 카이젠 철학의 대상은 기업의 모든 비즈니스 활동과 기업 내의 모든 구성원들이다. 예를 들면, 비용, 납기준수, 안전, 기술개방, 공급사슬관계, 신제품 개발, 생산성 등과 같은 모든 활동들이 포함된다.

지속적 개선과 대조적인 혁신적 개선은 창조적이고 혁신적인 사고로부터 유발된다. 기업의 도전적 목표 달성을 돕는 혁신적 개선 방법으로는 벤체마킹과 리엔지니어링이 있는데 이들에 관해서는 다음 절에서 공부할 것이다.

5. 프로세스 개선의 중요성

프로세스의 개선이 특히 중요한 이유는 Deming과 Juran이 말했듯이 기업에서 품질문제의 압도적인 다수가 프로세스와 관련이 있기 때문이다. 사실 근로자와 관련이 있는 품질 문제는 매우 많지는 않다. 따라서 프로세스의 설계, 관리 및 개선에 대해서는 특히 경영층이 관심을 갖고 책임지는 노력이 있어야 한다.

프로세스는 부가가치 프로세스 지도, 문제의 근본원인 분석, 문제해결 등의 방법을 통하여 개선된다. 많은 프로세스는 시간이 흐름에 따라 진보하게 되는데, 그 프로세스가 제품이나 서비스를 생산하는 데에 가장 효과적인 방법인지에 대해서는 별로 관심이 없다. 기업이 세계시장에서 경쟁력을 갖기 위해서는 낭비적인 프로세스를 찾아 개선토록 해야 한다. 낭비는 다른 가치 있는 제품을

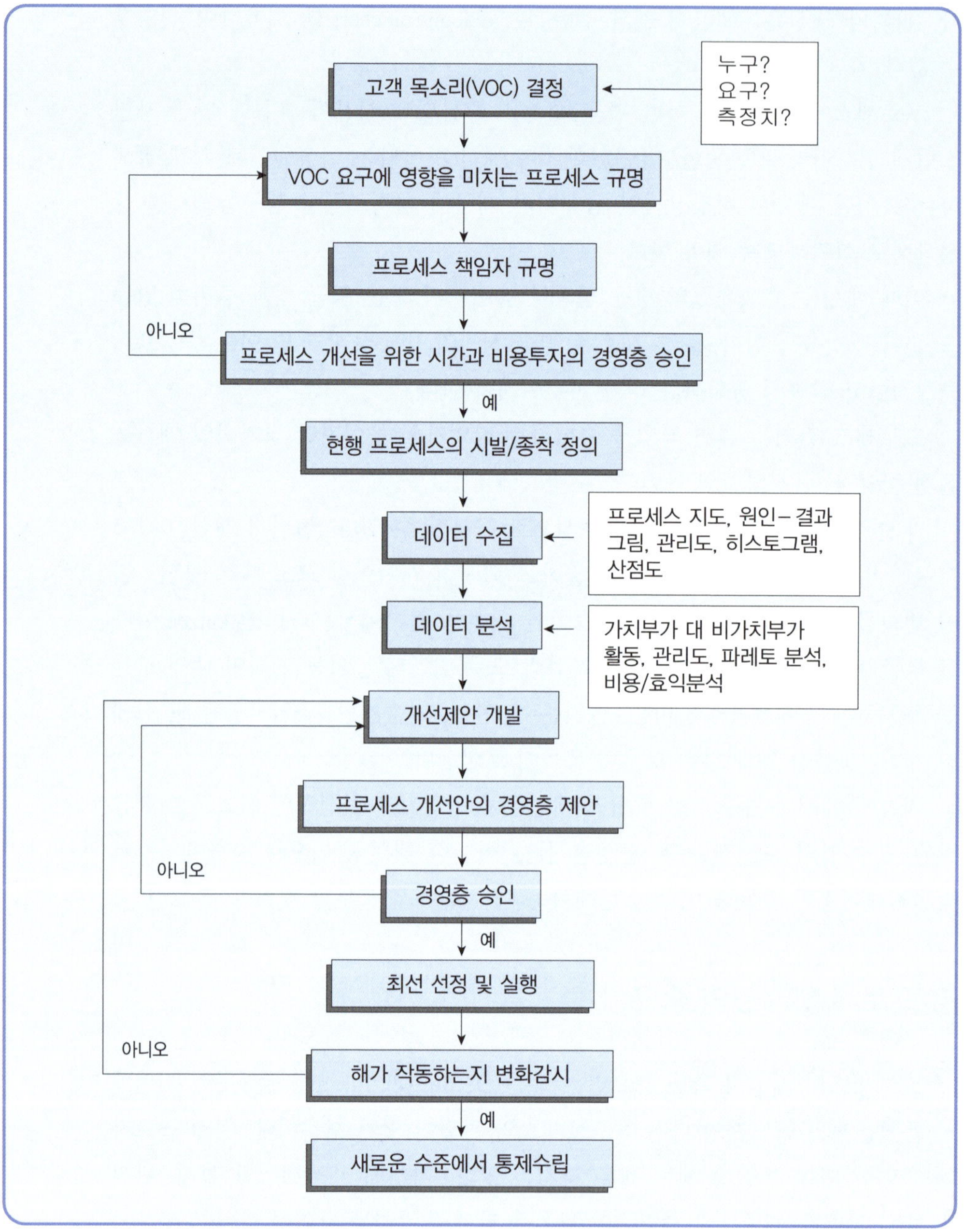

[그림 9–4] 프로세스 개선의 과정

생산하는 데 사용할 자원을 소비한다. 나쁜 품질로 인한 비용발생, 긴 프로세스 리드타임, 제품의 분산 등은 기업의 수익성에 심각한 영향을 미친다. 프로세스 관리는 낭비적인 시간, 노력, 자재, 자금, 인력 등을 제거하게 된다. 즉 제품과 서비스를 제공하는 데 관련된 프로세스는 생산성을 증가시킴과 동시에 불량을 예방하도록 개선해야 한다. 이와 같이 프로세스의 개선에 있어 핵심은 모든 고객에 가치를 부과하지 않는 활동은 철저히 제거해야 한다는 것이다.

프로세스 개선을 위해 널리 사용되는 두 가지 방법론은 Shewhart와 Deming의 PDSA 사이클과 6시그마의 DMAIC 사이클이다. DMAIC 사이클은 이미 제7장에서 설명하였지만 PDSA 사이클에 대해서는 본장에서 설명할 것이다. 이 외에도 본장과 다음 장에서 설명할 여러 가지 기법이 사용된다. 프로세스를 개선하는 과정을 그림으로 나타내면 [그림 9-4]와 같다.

9.2 검사와 프로세스 관리를 통한 적합품질의 관리

1. 검사를 통한 관리

세계적 일류기업은 제품에 품질을 설계(design quality into product)할 것을 실천함으로써 검사와 품질관리 노력의 필요성을 크게 줄이고 있다. 그러나 가장 뒤떨어진 기업에서는 아직도 검사에 크게 의존하고 있으며 많은 기업에서는 검사에도 의존하지만 주로 프로세스 관리(process control)에 크게 의존한다. 이는 [그림 9-5]에서 보는 바와 같다.

검사(inspection)란 제품과 서비스를 정해진 표준(standard)과 비교하는 평가활동이다. 검사는 제품의 어떤 특성에 대해 측정하거나, 맛을 보거나, 접촉하거

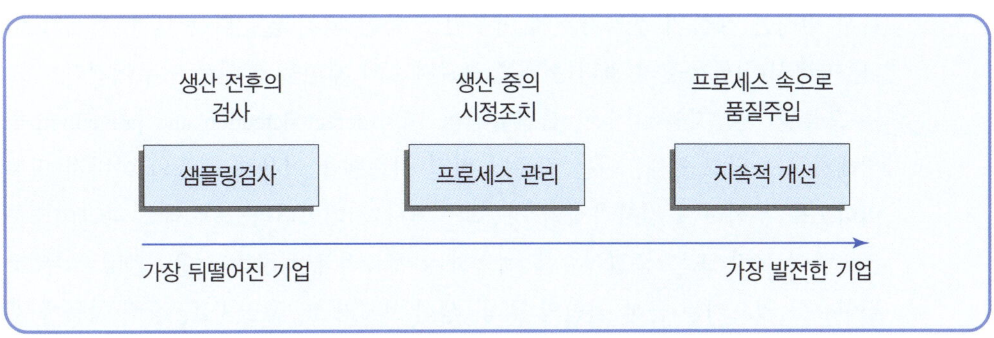

[그림 9-5] 품질보증에의 접근방법

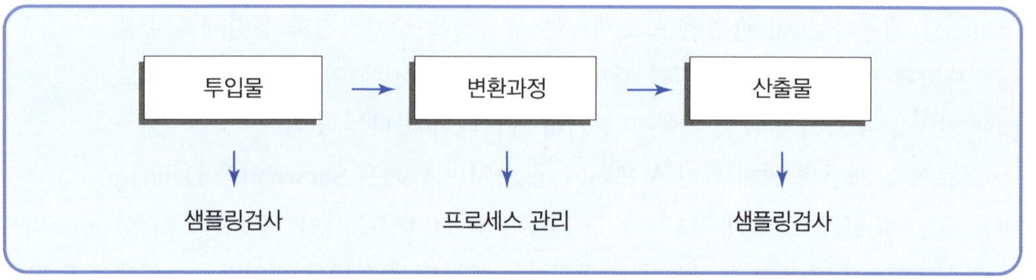

[그림 9-6] 샘플링검사와 프로세스 관리

나, 계량하거나, 테스트하는 것을 포함한다.

검사의 목적은 나쁜 프로세스를 즉시 찾아내려는 것이다. 린 시스템(lean system)의 기업에서는 제품이나 프로세스의 설계품질에 완벽함을 추구하기 때문에 검사는 오히려 낭비로 취급된다. 특히 이러한 기업에서는 작업자들이 원천적 품질관리를 실시하여 품질에 대한 책임과 소유권을 갖기 때문에 작업자들이 스스로 제품을 생산하면서 검사를 행한다.

검사는 일반적으로 생산 전에, 동안에, 후에 실시한다. 생산 전의 검사는 투입물이 받아들일 수 있는지 분명히 하는 것이고, 생산하는 동안의 검사는 변환과정이 제대로 진행하는지 밝히는 것이고, 생산 후의 검사는 제품을 고객에 출하하기 전에 최종적으로 적합한지를 분명히 밝히려는 것이다.

생산 전과 후의 검사는 샘플링검사에 의해 실시하고 생산하는 동안의 프로세스 감시는 프로세스 관리에 의해 행한다. 이러한 구분은 [그림 9-6]이 보여주고 있다.

검사는 프로세스와 제품의 결함과 불량을 시정할 수 없기 때문에 제조 프로세스의 개선을 통한 품질향상에 도움이 되지 않는다. 검사는 다만 불량품을 솎아내어 양품만을 고객에 출하하겠다는 의도는 인정하지만 검사비용은 상당하고 특히 검사는 제품의 부가가치에 아무런 도움이 되지 않는다는 데에 문제가 있다. 따라서 적합품질의 관리는 제조 프로세스의 개선을 통해서 이루어진다.

오늘날 인공지능 기술이 불량발견과 예방(defect detection and prevention)을 위해서 사용되고 있다. 이는 컴퓨터 비전 시스템을 이용해 제품의 이미지 또는 비디오를 분석하는 검사과정의 자동화, 역사적 데이터나 프로세스 파라미터를 분석하여 불량 또는 품질이슈를 예측하는 예측적 분석론의 사용, 불량 또는 품질이슈를 일으키는 근본 원인의 분석, 생산 프로세스, 품질지표, 장비 성능을 계속 모니터링함으로써 편차 또는 품질이슈를 찾아내는 실시간 모니터링, 실시간

데이터 및 역사적 성과에 기반하여 관리한계를 조정하여 불량발견 알고리즘이 프로세스의 변화에 민감하도록 변화하는 프로세스 조건에의 적응 등을 통해서 가능하다.

2. 프로세스 관리를 통한 품질관리

프로세스의 품질관리(quality control)는 제품이나 서비스가 생산되고 있는 과정에서 이들을 검사하여 품질변동의 유무를 결정하는 것이다. 이를 위해 프로세스에서 생산되고 있는 품목의 표본을 정기적으로 추출하여 검사한 후 품질특성이 변하지 않았으면 그 프로세스는 계속하고 만일 변하였으면 프로세스를 중단시키고 그 원인을 규명하여 시정조치를 취하게 된다. 이렇게 함으로써 프로세스를 안정된 상태로 유지하기 위하여 관리도라는 기법을 사용한다.

Shewhart는 프로세스에서의 품질변동을 우연원인(chance or random cause)과 이상원인(assignable or nonrandom cause)으로 구분하였다.

이상원인은 우발적이므로 어느 정도 예측할 수 없는 형태이지만 주기적으로 발생하는 문제로서 감독과 작업자에 의해서 충분히 피할 수 있는 문제이다. 이러한 변동은 시스템 밖에서 존재한다. 기계정비불량, 도구의 마멸과 조정이 필요한 장비 등 생산설비상의 이상, 불량 원자재의 사용, 작업자실수(부주의, 과로, 절차무시) 등은 이상원인 발생의 예이다. 프로세스 관리의 목적은 이러한 이상원인을 제거하여 프로세스를 안정된 상태로 유지하려는 것이다. 이를 위하여 사용되는 관리기법이 관리도(control chart)이다.

이에 반하여 우연원인은 시스템 자체와 관련된 문제로서 아무리 생산 프로세스가 잘 설계되었다 하더라도 각 제품마다 품질특성에 약간의 변화는 발생하기 마련이다. 예를 들면, 작업자의 사기와 숙련도의 차이, 구입 원자재의 고질적인 변동, 충분한 감독기술의 결여, 기계의 진동, 기계의 고장, 제품설계 불량, 작업조건의 변화(소음, 먼지, 습도, 조명, 너무 춥거나 더움) 등은 우연원인에 기인한다.

프로세스상 다만 우연변동만 존재하면 관리도에서 품질특성치가 관리한계 내에 들어 있고 이상한 패턴(pattern)을 보이지 않기 때문에 이 프로세스는 통계적으로 안정상태하에 있다(in statistical control)고 하고 이상변동도 존재하면 이 프로세스는 불안정상태하에 있다(out of control)고 한다.

따라서 프로세스 관리의 목적은 프로세스 변동이 어떠한 원인에 의하여 발생하는지 밝히고 제거할 수 있는 이상변동이 존재하면 프로세스를 중단시켜 이를 제거하는 시정조치를 취하여 프로세스가 언제나 안정상태하에 있도록 유지하려는 것이다.

9.3 개선과 이노베이션

일본의 Masaaki Imai는 그의 저서 *KAIZEN*에서 Kaizen을 지속적이고 점진적인 프로세스 개선으로 정의하고 있다. 오늘날 일본 경제의 기적 뒤에는 경영층이건 작업자건 개선의식을 가지고 품질개선을 위해 끝없는 프로그램을 실천하여 온 국민문화가 아닌 기업문화가 있었다.

새로운 표준이 달성되면 경영층은 이를 유지하도록 하며 나아가서는 더 높은 표준을 설정하고 이를 달성하려는 노력을 전개한다. Kaizen은 장기적이고 영속적인 개선이며 팀노력의 결과이다. 또한 Kaizen은 프로세스 지향적이며 실제로는 적은 투자를 요하지만 이를 유지하기 위해서는 많은 노력을 경주해야만 한다.

Kaizen은 고도의 기술을 요하는 것이 아니고 성과의 표준을 높이기 위하여 본서 제10장에서 설명하는 여러 가지 그래프와 같은 간단한 기법이나 상식을 적용하여 달성할 사람에 의존한다. 따라서 Kaizen은 인간지향적이라고도 할 수 있다. Kaizen 철학의 가장 중요한 관심은 사람의 품질이다. 사람의 품질이 향상되면 제품의 품질 또한 향상되는 것이다. 따라서 Kaizen 철학을 사람에 주입시키고 이들에 기본적 품질개선기법을 훈련시키면 이들은 작업할 때 제품에 Kaizen 철학을 주입하게 되는 것이다.

Kaizen 철학에 내재한 중요한 특성은 다음과 같다.

- 개선을 위한 끝없는 노력과 향상을 위한 점진적 변화에 대한 절박감이 있다.
- 완제품보다는 프로세스에 중점을 둔다. 즉 프로세스 지향적이다. 프로세스 속에 품질을 밀어넣는다. 완제품의 대량검사는 가치부가활동이 아니요, 품질을 향상시킬 수 없기 때문이다.

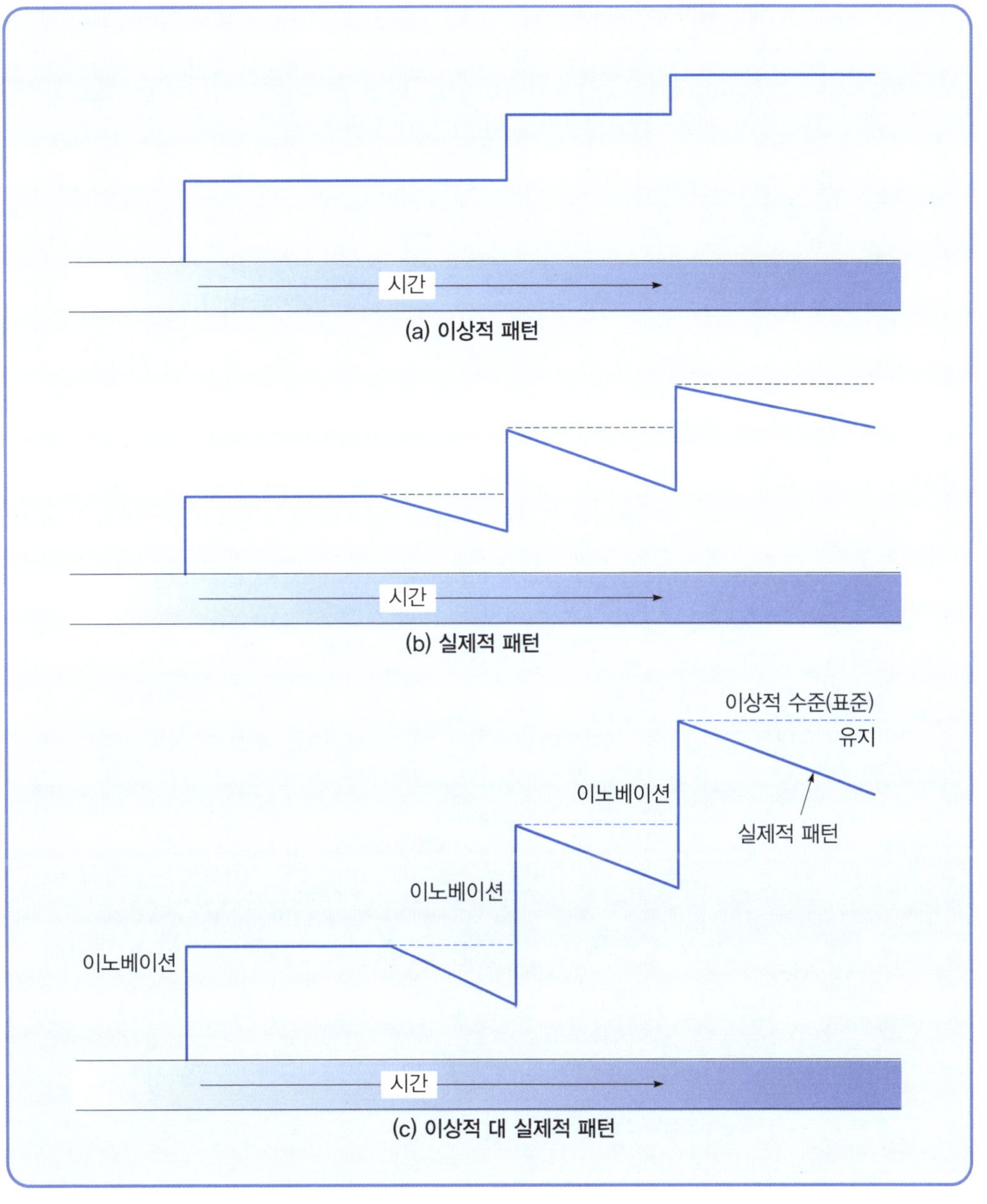

[그림 9-7] 이노베이션의 패턴과 이상적 · 실제적 패턴

Kaizen은 혁신 또는 이노베이션(innovation)의 결과인 과감한 개선과 비교된다. [그림 9-7]에서 보는 바와 같이 이노베이션은 단기적 · 극적 · 단속적 도약(jump)이며 개인의 아이디어와 노력, 새로운 기술의 개발, 첨단 생산기술의 도입 등에 기초한 기술적 약진(breakthrough)의 결과이다. 즉 결과지향적이다. 따라

| 표 9-1 | Kaizen과 이노베이션의 비교

	Kaizen	이노베이션
효 과	장기적 · 계속적이나 극적이 못 된다.	단기적 · 극적
보 폭	소 폭	대 폭
시 간	계속적 · 점진적	간헐적 · 도약적
변 화	완만하고 꾸준함.	급격하고 폭발적
참 여	전 원	일부 엘리트만 참가
접근방법	집단주의, 집단노력 및 시스템적 접근방법	철저한 개인주의, 개인적인 아이디어와 노력
방 식	유지 및 개선	폐기와 재건
원 동 력	재래의 노하우와 기존의 기술수준	기술적 비약, 신발명, 신이론
실제로 필요한 것	투자는 거의 불필요하나 그것을 유지하는 큰 노력이 필요	많은 투자가 필요하나 그것을 유지하는 노력은 적어도 된다.
노력방향	인 간	기 술
평가기준	보다 나은 결과를 위한 과정과 노력	이익면의 결과
이 점	저성장경제에 적합함.	고도성장경제에 보다 적합함.

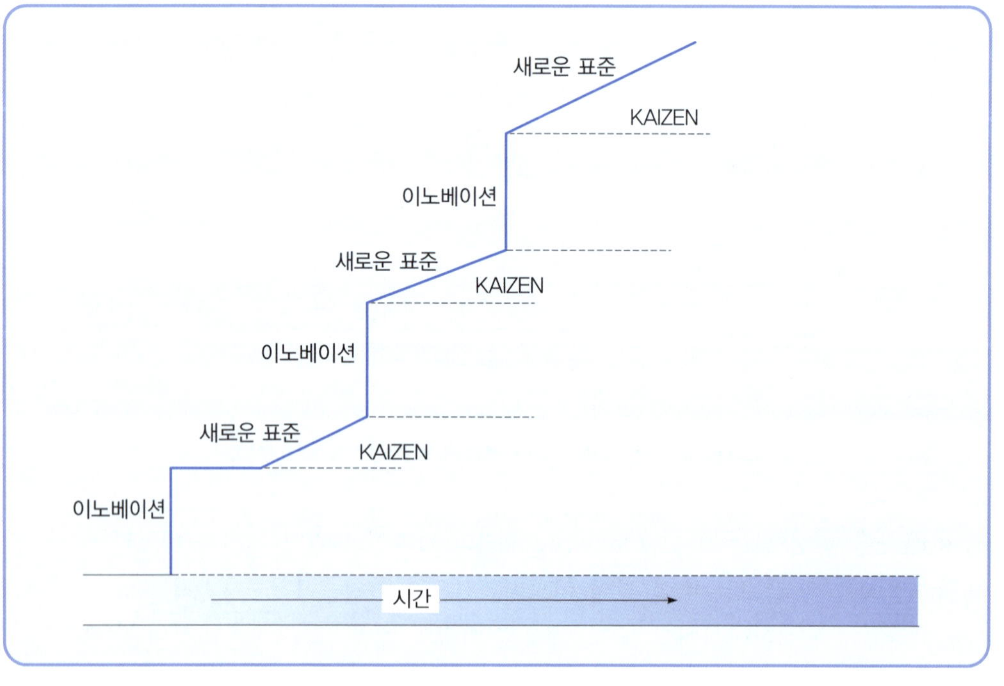

[그림 9-8] Kaizen과 이노베이션의 결합을 통한 지속적 개선

서 이노베이션은 기술 및 자본지향적이라고 할 수 있다. 이는 착수하는 데 막대한 투자를 요하지만 항상 일회성 현상이기 때문에 유지하는 데 별로 노력을 경주할 필요가 없다. 새로운 표준에 도달하면 다음의 이노베이션을 기다리는 동안 성과는 퇴보한다.

즉 이노베이션이 Kaizen 전략과 결합되지 않는 한 이노베이션을 통해서 달성되는 실제적 성과는 [그림 9-7] (a)가 아니라 [그림 9-7] (b)와 같은 패턴을 보이는 것이 보통이다. Kaizen 전략이 수반되지 않는 한 단순히 현상을 유지하는 것조차 어렵다. 따라서 비록 이노베이션에 의해 획기적인 새로운 수준이 달성되더라도 끊임 없는 향상노력이 결여되면 점차 후퇴하여 능률저하의 길을 걷게 될 것이다. 그러므로 이노베이션이 달성되는 경우에는 반드시 그것을 유지 · 향상시키기 위한 일련의 Kaizen 노력이 수반되지 않으면 안 된다. 〈표 9-1〉은 Kaizen과 이노베이션을 비교한 것이다.

가장 강력한 방식은 [그림 9-8]에서 보는 바와 같이 Kaizen과 이노베이션을 결합하는 것이다. 큰 도약 사이에는 작은 단계가 반복하여 영구적인 진보를 가능케 한다. 이러한 움직임이 지속적 개선이다.

미국 경제는 이노베이션 전략을 사용하여 왔음에 반하여, 일본 경제는 Kaizen 전략을 사용하여 왔다. 미국은 제2차 세계대전 이후 급속도로 성장하면서 늘어나는 시장수요를 충족시키기 위하여 이노베이션의 길을 선택하였다. 자원은 저렴하고, 시장은 광대하며, 국제경쟁은 심하지 않은 상황에서 이노베이션 전략은 유일한 전략이었다. 품질보다 양이 더욱 중요하고 비용절감보다 매출액증가에 더욱 관심이 컸던 것이다. 단기적 이익을 중시하다보니 장기적 품질향상을 위한 꾸준한 노력을 경시하는 풍토가 조성되었다.

그러나 일본 경영층의 정책은 프로세스의 점진적 개선을 위한 팀 노력을 지원하는 것이었다. Kaizen은 훈련, 참여, 기술개발, 사기 및 의사소통을 증진시킨다. 이러한 전략은 이노베이션과 새로운 아이디어를 위한 노력을 배제하지는 않는다. 새로운 약진이 이루어지지만 Kaizen은 이를 유지하고 개선하고자 노력한다.

Kaizen은 Deming의 철학과 공통되는 점이 많다. 사실 Kaizen은 1950년대 초 Deming이 일본 사람들에게 가르친 것에 기초하고 있다. 꾸준한 품질개선과 조직의 모든 구성원을 포함하는 원칙에 입각한 Deming의 프로세스 지향적 사고방식은 Kaizen의 중심내용이 되었다.

9.4 지속적 품질향상과 무결점

제2장에서 고찰한 Juran의 품질-비용의 전통적 경제모델에 의하면 최적 적합품질수준은 총품질비용이 최소인 수준에서 결정된다. 이는 100% 무결점수준보다 나쁜 수준으로서 어느 정도의 불량률을 허용하게 된다. 이 수준이 바로 합격품질수준(acceptable quality level: AQL)인데, 이 개념에 의하면 AQL까지는 품질개선을 위해서 노력해야 하지만 이보다 더 좋은 품질개선을 위한 노력은 경제적으로 정당화되지 않는다. 즉 관리자들이 비용에 관심이 있는 한 Juran의 품질과 비용의 균형이론은 관리자들이 보다 우수한 성과를 추구하지 않아도 되고 지속적 개선노력을 경주하지 않아도 되는 핑계를 제공한다.

이러한 품질의 비용 중심방식은 어느 정도의 불량률의 경제적 정당성을 허용하기 때문에 고객가치 중심의 지속적 품질개선과는 정반대의 개념이다. 즉 Juran의 방식은 무결점과 지속적 개선의 철학에 상치된다. Juran의 주장에는 몇 가지 결점이 따른다. 첫째, 품질을 규격에의 적합성으로만 정의함으로써 불량품이 발생할 때만 손실이 발생한다고 가정한다. 둘째, 비용곡선에 입각하여 품질과 비용 사이에는 절충관계(trade-off)가 성립한다고 가정한다. 셋째, 품질비용은 정확하게 측정 가능하다고 가정한다. 넷째, 비용을 최소화하기 위해서는 고객요

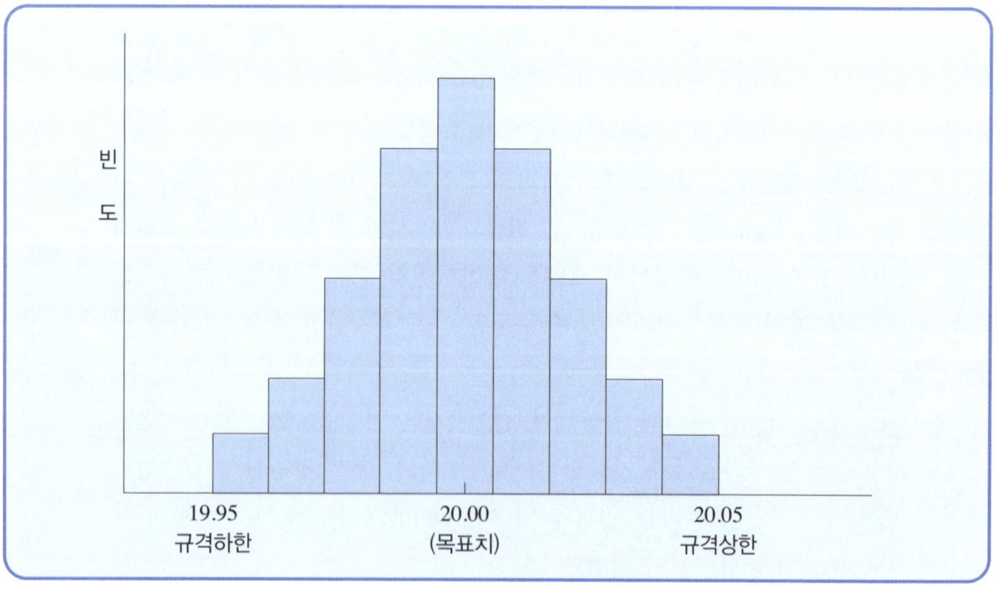

[그림 9-9] 라면봉지의 도수분포

구를 만족할 품질수준이 아니라 품질의 최대필요수준을 결정할 수 있음을 가정한다. 그런데 지속적인 품질개선이란 이러한 가정을 전혀 인정하지 않는다.

1960~1970년대의 무결점운동은 어떤 수준의 불량률도 거부함으로써 AQL 방식을 넘는 품질개념을 발전시켰다. 현대이론대로 총품질비용이 최소일 때 무결점이 가능하다고 하더라도 이러한 무결점에 만족할 수만은 없다. 작업자들로 하여금 제품을 애초부터 잘 만들라(do it right the first time)는 무결점 주장도 지속적인 개선을 위해서는 충분하지 않다. 비록 제품이 규격한계(specification limit) 내에서 만들어진다 하더라도, 즉 무결점이더라도 이에 만족치 않고 더욱 나아가 규격한계의 폭을 더욱 좁히고 규격의 중심인 목표치(target value)를 벗어나는 변동을 최소화하려는 품질향상노력이 필요하기 때문이다.

사실 무결점은 규격을 지킴으로써 달성할 수 있다. 예컨대 라면봉지 하나의 무게규격이 20.00±0.05g일 때 무게가 19.95g에서 20.05g의 범위 내에 들어가는 라면봉지는 규격에 맞으며, 따라서 이는 무게라는 품질특성에 관한 한 무결점 라면봉지라고 할 수 있다. [그림 9-9]는 이를 나타내고 있다.

그러나 Genichi Taguchi는 이러한 주장에 동의하지 않는다는 것을 우리는 제4장에서 공부하였다. 그는 목표치로부터의 변동이 증가할수록 생산자, 고객, 사회에의 손실(loss)의 정도는 점차 증가한다고 주장한다. Taguchi의 철학은 목표치로부터의 어떤 변동도 받아들일 수 없는데 왜냐하면, 손실은 그 변동에 비례하기 때문이라는 생각에 기초를 두고 있다. 지속적 품질향상은 바로 이 철학의 논리적 결과이다. 비록 제품이 규격한계를 지키면 무결점 제품으로 인정을 받지만 목표치를 지키고자 하는 지속적 품질향상 노력이 필요하다고 하겠다.

9.5 PDSA 사이클

Deming의 포인트 5는 지속적인 프로세스의 개선을 언급하고 있다. 그의 철학은 불량발견으로부터 불량예방으로의 전환이며 고객의 요구를 만족하는 것으로 끝나는 것이 아니라 이를 능가하기 위하여 꾸준히 품질변동의 감소를 통한 프로세스를 개선하는 것이다. 불량예방과 프로세스 개선은 통계적 방법의 사용을 통해서 수행된다. 프로세스 개선을 지속적으로 수행하는 데 필요한 통계적 기법은 제10장에서 자세하게 설명할 것이다.

Deming 사이클은 계속적이고 끝없는 프로세스 개선을 추구하는 데 있어 경영층을 도울 수 있는 방법이다. 즉 이는 프로세스를 대상으로 하는 과학적 방법(scientific method)이다. Deming 사이클은 원래 관리도의 창안자인 Walter A. Shewhart의 이름을 따라 Shewhart 사이클이라고 불렀으나 1950년대 일본인들이 이를 Deming 사이클로 개명하였다. Deming 사이클은 앞절에서 설명한 Kaizen의 철학적 배경이었으므로 이는 일본 품질개선 프로그램의 주요한 요소가 되었음은 미루어 짐작할 수 있다.

Deming사이클은 계획(Plan: P), 실행(Do: D), 고찰(Study: S), 조치(Act: A)의 네 단계로 구성되어 있다. 따라서 Deming 사이클은 종전에 사용하던 PDCA 대신에 1990년부터 PDSA 사이클이라고 부른다. 조치가 새로운 계획(프로세스의 변경)으로 이어지기 때문에 Deming 사이클은 [그림 9-10]에서 보는 바와 같이 끝없는 개선을 이룩하면서 개선을 누적한다. Deming 사이클은 생산시스템 내에서 진행되며 따라서 기업의 모든 시스템을 운전한다. Deming 사이클과 생산시스템과의 관계는 [그림 9-11]과 같다.

1. PDSA 사이클의 구조

∷ 단계 1: 계 획

계획단계는 개선기회를 인정하고 정의하는 것으로 시작한다. 즉 고객만족이 초점이기 때문에 고객요구와 프로세스 성과 사이의 차이의 정도, 즉 개선기회를 분석해야 한다. 이와 같이 계획단계에서는 현재의 상황을 연구하고 데이터를 수집하며 개선계획을 수립한다.

고객요구와 프로세스 성과 사이의 차이를 줄이기 위하여 무엇을 할 것인가를 결정하기 위하여 프로세스 변수에 대한 데이터의 수집이 중요하다.

고객요구에 관한 데이터는 성과품질(quality of performance)의 연구를 통하여 수집한다. 즉 시장조사와 소비자연구를 통하여 입수한다. 이들 데이터는 설계품질(quality of design) 연구기간 동안 작용할 변수로 평가 · 변형되어야 한다. 프로세스 능력에 관한 데이터는 적합품질(quality of conformance) 연구를 통하여 수집한다. 프로세스 개선조치가 취해질 변수에 관한 프로세스 데이터가 수집되어야 한다. [그림 9-12]은 프로세스의 개선기회를 나타내고 있다.

이 단계에서의 목적은 고객요구와 프로세스 성과의 차이를 극소화하는 방안을 계획하는 것이다. 프로세스의 변수들과 이들이 고객을 만족시킬 제품생산에

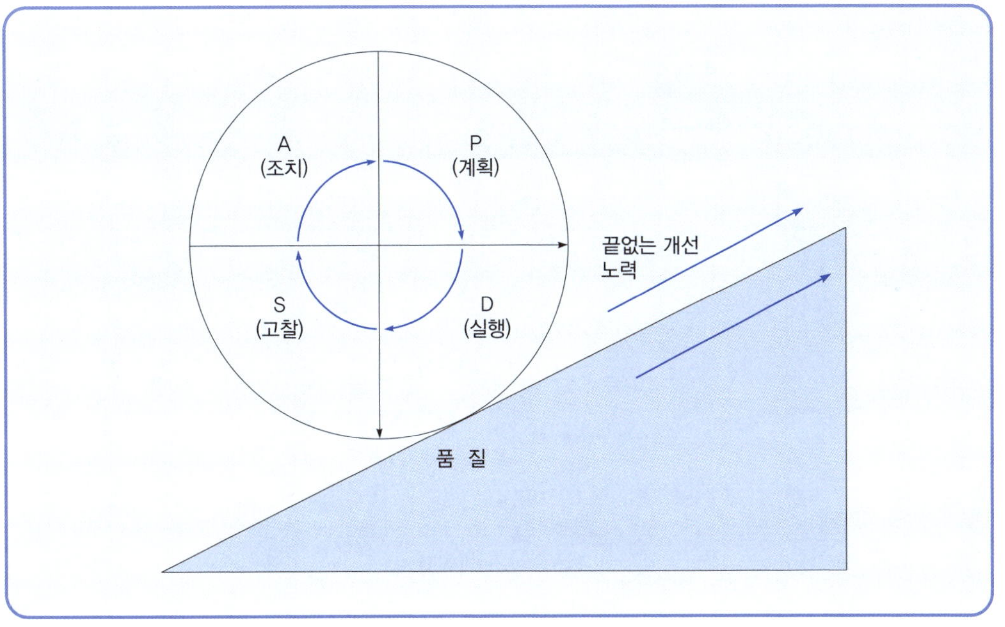

[그림 9-10] Deming 사이클

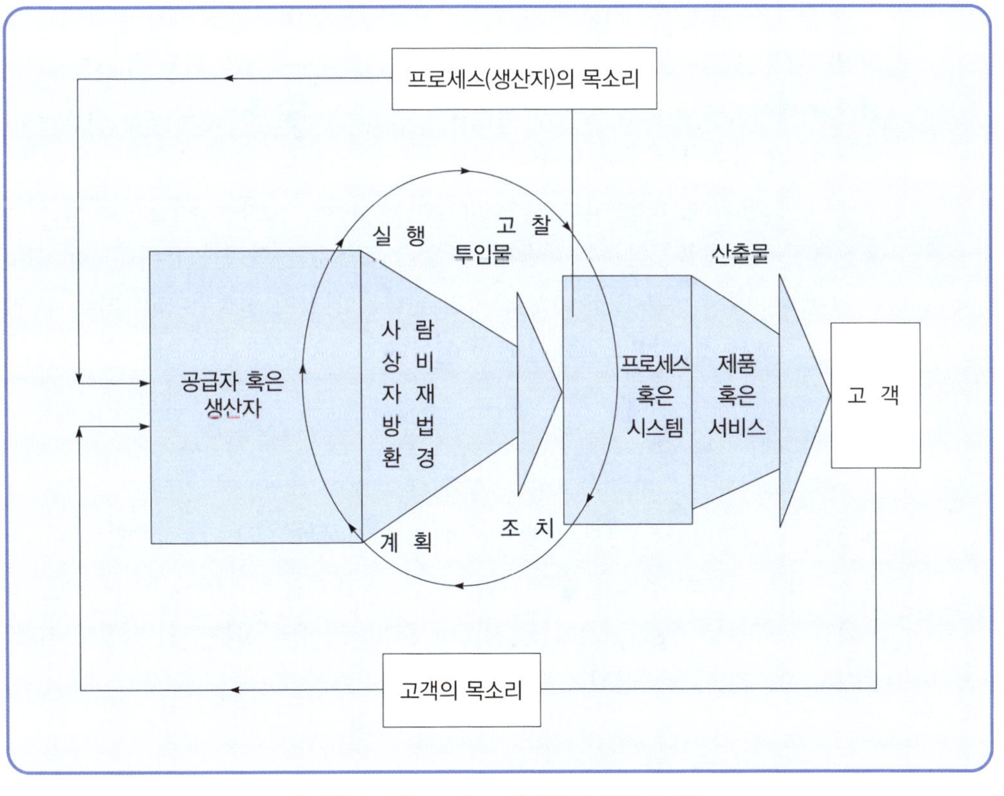

[그림 9-11] Deming 사이클과 생산시스템

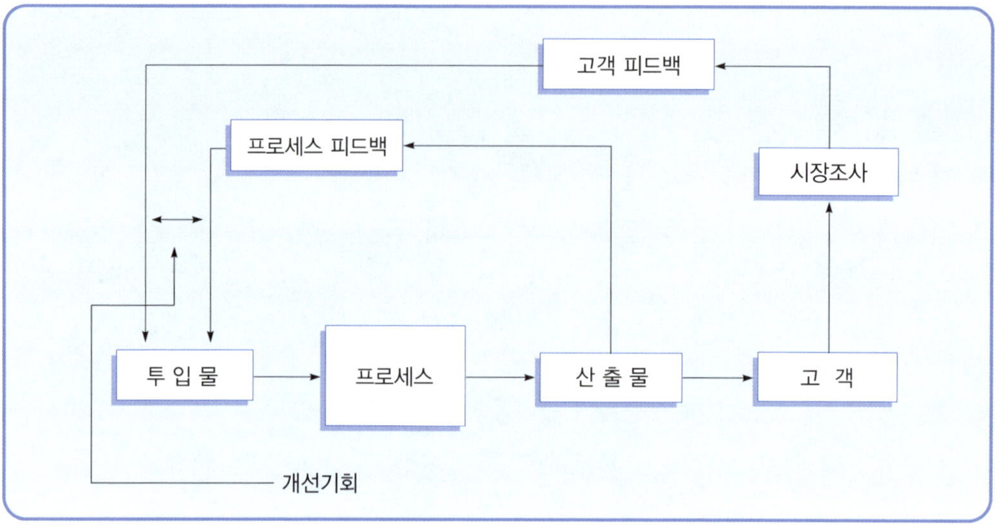

[그림 9-12] 계획단계

미칠 영향 사이의 가능한 관계에 대해 가설을 설정해야 한다.

예를 들어 페인트 제조회사가 페인트의 건조시간이 2분 이하임이 고객의 주 관심사임을 발견하였다고 하자. 프로세스의 산출물로부터의 피드백(feedback)에 입각한 데이터에 의하면 실제 건조시간이 2.5분이라고 한다. 따라서 개선의 기회는 0.5분 단축하는 것이 된다.

다음에 할 일은 0.5분을 단축할 방법을 결정하는 것이다. 이를 위해서 설계품질연구와 적합품질연구를 이용할 수 있다. 0.5분을 단축하기 위해서는 시초의 혼합과정에서 성분 B를 10% 줄이면 된다는 가설이 설정된다고 하자. 이 가설을 조사하는 것은 다음 단계에서 할 일이다.

단계 2: 실 행

계획단계에서 수립된 이론이나 계획 등 변화와 테스트를 실행에 옮기는 단계이다. 실험실에서 소규모의 시제품에 대한 실험이 실시된다. 고객과 프로세스로부터의 피드백 정보가 입수된다. 페인트 제조회사의 예에서 회사는 제안된 계획을 소규모로 실험할 것이다. 시초의 혼합과정에서 성분 B의 비율도 10% 줄여서 제품을 만들어 본다.

단계 3: 고 찰

계획을 소규모로 실시한 결과를 면밀히 검토하여 이 계획이 옳은가를 결정하는 단계이다. 이 계획을 채택함으로써 고객요구와 프로세스 성과의 차이는 어느 정도 줄어들었는가? 고객에게 중요한 다른 품질특성에 관한 어떤 결함이 발생하였는가? 이러한 질문에 대한 대답을 이 단계에서 얻을 수 있다. 새로운 문제 또는 개선기회가 발견되면 이미 제안된 해결책은 수정하든지 또는 폐기해야 한다. 새로운 해결책이 제안되면 실행단계로 되돌아가 평가를 받아야 한다.

결과를 분석하는 데 통계적 방법이 도움된다. 페인트 문제에서 표본을 추출하여 건조시간의 평균과 표준편차를 얻기 위하여 통계분석이 이용된다. 새로운 계획의 채택 전과 후의 결과를 비교하면 품질개선의 여부를 알 수 있다.

단계 4: 조 치

이 단계에서는 고객만족을 증진시키기 위하여 새로운 계획을 대규모로 실행할 것인가를 결정한다. 만일 단계 3에서의 분석결과가 긍정적이면 제안된 계획을 받아들이게 된다. 대규모로 실행한 이후 프로세스와 고객으로부터 정보를 입수하여 이 계획의 성공 여부를 측정할 수 있다.

고객의 요구는 항상 일정한 것이 아니다. 시간이 경과함에 따라, 경쟁 등 다른 요인에 따라 변한다. 따라서 제안된 계획이 변화하는 고객의 요구를 따라가고 있는지 결정해야 한다. 만일 단계 3의 결과가 고객요구를 충족시키는 데 큰 개선을 보이지 않는다면 이를 포기하고 다른 계획을 수립하여 사이클을 계속해야 한다.

페인트 문제에서 만일 성분 B의 비율을 10% 줄임으로써 페인트의 건조시간을 0.5분 단축할 수 있다는 결론을 얻으면 이러한 절차를 대규모로 실행해야 한다. 이 새로운 프로세스에 의해 생산된 페인트의 건조시간을 표본에 의하여 측정할 수 있다. 이러한 데이터를 새로운 고객요구와 비교하여 새로운 계획수립 여부를 결정한다.

9.6 경쟁기업의 벤치마킹

벤치마킹(benchmarking)이란 한 기업이 중요한 고객요구를 어느 정도 충족하고 있는가, 즉 그의 경영성과를 그 기업이 속해 있는 산업에서 가장 우수한 기업(직접 경쟁자) 또는 다른 산업에 속한 가장 우수한 기업의 성과와 지속적으로 비교 · 분석함으로써 자기 기업의 목표, 전략 및 시행에 있어 개선의 여지를 결정하는 과정이라고 정의할 수 있다. 미국 Zerox사의 사장이었던 David T. Kearns에 의하면 벤치마킹은 힘든 경쟁상대나 혹은 우수업체라고 인정되는 기업들과 비교하여 생산, 서비스, 업무 등을 평가하는 지속적인 개선과정이다.

기업에서 사용하는 벤치마킹에는 다음과 같은 세 가지 유형이 있다.

- 경쟁적 벤치마킹(competitive benchmarking)
- 프로세스 벤치마킹(process benchmarking)
- 전략적 벤치마킹(strategic benchmarking)

경쟁적 벤치마킹은 자신의 기업과 직접적 경쟁관계에 있는 기업의 제품, 서비스, 가격, 품질, 기술, 작업 프로세스, 업무방식 등에 관한 구체적인 정보를 얻어 자신의 기업과 비교함으로써 개선의 여지를 찾아내는 지속적인 과정이라고 할 수 있다.

1976년경 처음으로 경쟁적 벤치마킹을 실천한 기업은 미국의 복사기 제조업체인 Zerox사이다. 당시까지만 해도 복사기 시장의 80%를 점유하고 있던 Zerox사는 일본 Canon사의 공략을 받고 시장점유율이 30%로 격감하는 위기를 맞게 되었다.

이러한 위기에 처한 Zerox사는 경쟁기업인 Canon사를 벤치마킹 대상업체로 선정하고 그 회사제품의 디자인, 가격책정, 원가관리, 제조와 판매 등 모든 부문을 자사제품과 비교 · 분석하여 혁신대상 또는 핵심과제를 설정하고 지속적 개선을 추진한 결과 잠식당한 시장을 회복하는 데 성공하였다.

1989년부터 미국의 General Electric사에서는 이러한 벤치마킹 기법을 사용하여 큰 성과를 거둔 바 있는데, 이후 많은 기업에서 품질개선을 위해 벤치마킹 기법을 사용하기 시작하였다.

프로세스 벤치마킹은 경쟁기업에 국한하지 않고 이종 산업에서 비슷한 기능을 수행하는 기업으로부터 물류, 주문방식, 종업원훈련, 중요한 최우량 프로세스를 배우는 것을 말한다. 이는 Zerox사가 이종 산업인 L. L. Bean사로부터 창고 · 물류부문 프로세스를 벤치마킹한 이후에 많은 기업에서 활용하고 있다.

전략적 벤치마킹은 경쟁기업뿐만 아니라 전략적으로 제휴하고 있는 기업들이 시장에서 경쟁우위를 확보하고 있는 전략을 벤치마킹하는 것을 말한다. 이는 단순한 프로세스의 개선만을 추구하는 것이 아니라 기본적인 기업의 방향 또는 전략을 벤치마킹하는 것을 뜻한다.

기업들이 벤치마킹을 사용하는 데는 다음과 같은 여러 가지 목적이 있다.

- 벤치마킹은 전략적인 기획을 만드는 과정에서 경쟁, 최첨단기술, 재정적 조건, 고객 등에 대한 정보를 수집하는 데 유용한 도구이다.
- 벤치마킹은 시장상황을 이해하고 시장잠재력을 예측하는 외에 시장에서의 주요 업체들의 사업방향, 제품/서비스 개발동향, 고객의 행동양식 등

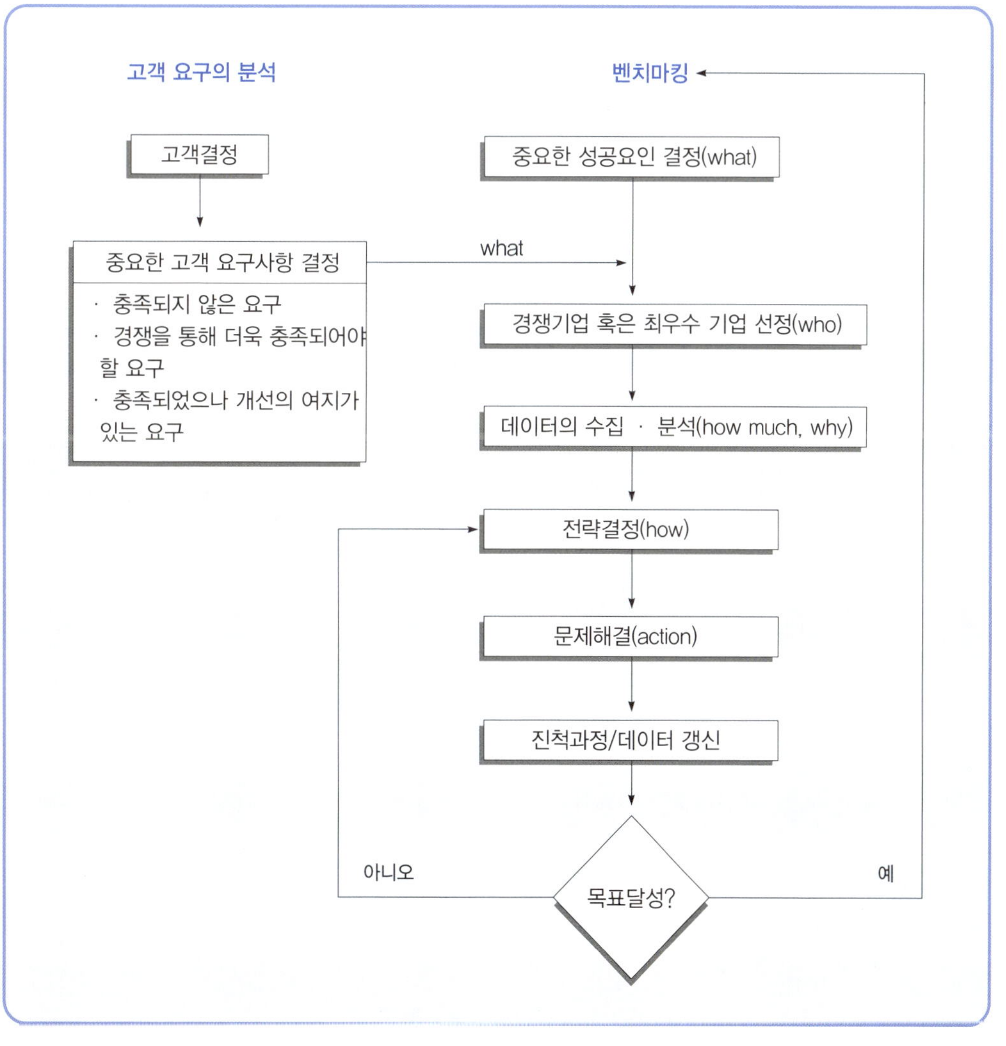

[그림 9-13] 벤치마킹 진행과정

에 대한 정보를 제공해 준다.

- 벤치마킹은 새로운 제품, 작업 프로세스, 그리고 기업의 자원관리방법 등 사업 아이디어를 제공해 준다.
- 경쟁업체나 우수한 기업의 제품이나 프로세스에 관한 정보는 자신의 제품과 특성별로 비교된다.
- 최선의 결과를 얻기 위한 목표를 설정함으로써 지속적인 향상을 위해 그들의 업무수행에 박차를 가할 수 있게 된다.

일반적으로 벤치마킹 활동의 과정은 다음과 같이 요약할 수 있다. [그림 9-13]은 경쟁적 벤치마킹의 설정 과정을 나타낸다.

- 벤치마킹 주제와 외부 혹은 내부고객의 충족되지 않은 요구사항을 결정한다. 벤치마킹은 고객의 요구에서 시작하여 이들 요구사항에 대한 해결책을 찾아가는 지속적인 변화의 과정이다. 이에 따라 경쟁에서 이길 수 있는 중요 성공요인을 작성한다.
- 벤치마킹팀을 구성한다. 특수한 역할과 의무가 팀 멤버들에게 할당된다.
- 경쟁기업 또는 우수기업을 벤치마크 파트너로 선정한다.
- 벤치마킹 정보를 수집 · 분석하여 성공 정도와 그의 원인을 밝힌다.
- 벤치마킹 주제와 고객의 요구사항을 달성할 구체적인 전략을 수립한다.
- 문제해결을 위한 실행계획을 수립하고 진척과정을 검토하고 데이터를 경신한다.
- 결과분석을 통하여 목표달성 여부를 판단한다. 만일 만족스런 결과가 아니면 구체적인 전략을 다시 수립하여 진행한다.

9.7 리엔지니어링

Hammer와 Champy는 리엔지니어링(reengineering)을 비용, 품질, 서비스, 속도와 같은 전략적으로 중요한 성과의 측정에 있어 극적인 개선을 성취하기 위하여 비즈니스 프로세스를 기본적으로 재고하고 급진적으로 재설계하는 것이라고 정의한다. 기업을 리엔지니어링한다는 것은 지금까지 존재하여 온 기업구조와 기업문화, 절차, 시스템 등을 버리고 작업을 조직하고 수행하는 새로운 모델을 고안하는 것을 말한다. 리엔지니어링은 기업이 어떻게 조직되어 어떻게 경영되었는가의 전통, 가정, 과거 룰(rule)을 무시하고 무엇이 되어야 하는가에 중점을 둔다. 성과에 있어서 비약적인 발전을 성취하는 것을 목표로 삼는다.

노동의 전문화와 관료적 구조 같은 고전적 원리가 아직도 지배하는 기업이 많은 게 현실이다. 작업은 전문화되고 세분화되어 있다. 작업은 한 프로세스에서 다른 프로세스로 흐르기 때문에 작업자는 한 작업을 모두 완료하는 것이 아니고 조그만한 과업을 수행할 따름이다. 전통적인 프로세스 평가란 프로세스를 고치는 데 중점을 두어 왔다.

지금까지 기업경영에 적용되었던 낡은 룰과 기본적 가정이 변화하지 않고는 성과에 있어서의 약진(performance breakthrough)이란 기대할 수 없는 상황이다. 기술, 사람, 조직의 목표(목적)에 대한 가정은 이제 타당하지 않게 되었다. 품질과 고객만족이 기업의 주된 관심사가 되고 있다. 고학력의 작업자들은 자율을 원하며 기업경영에 발언권을 행사하고자 한다. 이렇게 변화하는 환경에서 현행 기업 프로세스와 구조는 진부해질 수밖에 없다. 작업구조와 프로세스는 기술의 변화에 따라가지 못하고 있다. 프로세스 재설계(process redesign)라고도 하는 리엔지니어링만이 기업경영과 프로세스에 새로운 대대적인 조직변화를 가져올 수 있는 것이다.

품질 프로그램은 항상 지속적이고 점진적인 개선을 통해 프로세스를 수정하기 위하여 현행 프로세스의 틀 속에서 수행되어 왔다. 그러나 리엔지니어링은 현행 프로세스를 과감히 버리고 전혀 새로운 프로세스로 새출발함으로써 성과의 혁신을 기하고자 한다. 프로세스는 오늘날 세계적 시장에서 요구되는 품질, 서비스, 신축성, 저가, 속도 등을 충족하도록 단순해야 한다. 단순화에 대한 필요성은 프로세스의 재설계와 조직구조에 영향력을 행사하였다.

리엔지니어링은 처음부터 다시 시작함으로써 성과에 있어서 급진적 변화(quantum change)를 추구하고자 한다. 리엔지니어링은 새로운 목적을 달성하고자 새로운 기술을 이용하려고 한다. 정보기술(information technology)은 현재의 프로세스를 자동화하기 위한 것이 아니라 새로운 프로세스를 창조하기 위해 사용되어야 한다. 과거의 제한적 룰을 깨고 새로운 가능성을 여는 데 창조적인 사고 및 기술을 이용할 수 있으며 이로 인해 기술은 리엔지니어링에 있어 필수적인 요소가 되고 있다.

벤치마킹은 리엔지니어링 노력을 크게 지원한다. 벤치마킹 없이 리엔지니어링하면 5~10% 개선이 가능하지만 벤치마킹을 겸하면 50~70%로 증가시킬 수 있다. GTE 회사는 그의 전화 운용의 8개 핵심 프로세스를 재설계하면서 여러 산업으로부터 우수한 84개 기업을 벤치마크로 삼았다. 가장 좋은 관행을 연구함으로써 그 회사는 새로운 기술, 기능, 구조, 훈련, 능력 등을 수입할 수 있었다.

9.8 표준화

1. 표준과 표준화의 개념

공업국가에서 생산성 향상에 크게 공헌한 요소는 부품의 표준화이다. 표준화란 부품이 특정한 표준에 맞도록 만들어졌으므로 언제, 어디서 그 부품을 만들더라도 똑같은 형태의 다른 부품과 상호 교환하여 사용될 수 있음을 뜻한다. 다시 말하면, 표준화는 크기, 모양, 색상, 수량, 성능, 작업방법, 장비, 절차 및 프로세스 등에서 균일성을 보장하려는 과정을 문서화하는 것을 말한다. 표준화는 부품의 호환성을 통하여 대량생산을 가능케 한다. 자동차의 경우 동일한 크기와 모양을 갖는 핸들이 여러 상이한 모델의 자동차에 사용될 수 있다.

ISO와 KS에 의한 정의는 다음과 같다.

표준화(standardization)

표준화란 순서 바르게 접근할 목적으로 규칙을 작성하고 또 이것을 특정 활동에 적용하는 과정으로서 관계되는 모든 사람의 이익, 특히 전체 경제의 증진을 도모할 목적으로 이루어지는 것이다. 표준화는 과학, 기술 및 경험의 종합적인 결과이다.

표준화가 적용되는 예는 다음과 같다.

- 계량단위
- 용어 및 기호표현
- 제품 및 방법(제품특성의 정의 및 선정, 시험 및 측정의 방법, 제품의 품질규정을 위한 특성의 시방, 다양성의 제한, 호환성 등)

• 인재의 안전

∷ 표준(standard)

표준이란 관계가 있는 사람들의 사이에서 이익 또는 편의가 공정히 얻어지도록 통일화, 단순화를 도모할 목적으로 물체, 성능, 능력, 배치, 상태, 동작, 순서, 방법, 절차, 책임, 의무, 권한, 사고방식, 개념 등에 관하여 설정된 기준을 말한다. 일반적으로 문장, 그림, 표, 견본 등 구체적인 표현 형식으로 표시한다.

한편 표준이란 공적으로 제정된 측정단위의 기준, 이를테면 미터, 킬로그램, 초, 암페어, 칸델라, 캘빈도 등과 같은 기준을 말하기도 한다.

이러한 표준의 정의 속에는 부분품, 재료, 제품, 기계, 공구 등과 같이 주로 유형물에 대해 설정한 기술표준인 규격은 물론 순서, 방법, 절차, 책임, 의무, 권한, 개념 등과 같이 추상적이며 관념적인 관리표준 같은 규정이 포함된다.

∷ 규격(technical standard, specification)

표준의 설명 중 주로 물건에 직접 또는 간접적으로 관계되는 기술적 사항에 대해서 규정된 기준을 말한다.

∷ 시방(specification, spec)

재료, 제품, 공구, 설비 등에 대하여 요구하는 특정한 형상, 구조, 치수, 성분, 능력, 정밀도, 성능, 제조방법 및 시험방법에 대하여 규정한 것을 말하며, 특히 시방을 문서화한 것을 시방서라 한다. 그런데 시방은 규격일 수도, 규격의 일부일 수도 있으며 규격과 관계가 없을 수도 있다.

2. 표준화의 목적

표준화가 추구해야 할 목적을 Sanders는 다음과 같이 정리하고 있다.

∷ 단순화 및 호환성

점증하는 인간생활의 다양성 및 복잡성을 통제하는 수단으로서의 표준화를 통해 단순화(simplification)가 가능하다. 제조제품과 부품의 다양성의 제한은 단순화를 통해서 가능하다.

표준화는 호환성(interchangeability)을 허용하고 제품의 유지가능성을 단순화시킨다. 표준화가 되면 부품이나 중간조립품이 호환성으로 사용될 수 있으므로 설계업무가 줄어들고, 도구 제작비용이 감소되어 품질을 해치지 않고 생산비용을 줄일 수 있게 된다.

∷ 커뮤니케이션의 수단

표준의 주요한 기능은 생산자와 소비자 간 의사소통의 수단을 제공하는 것이다. 소비자가 표준화된 제품을 주문하면 그 제품의 품질과 신뢰도는 기대할 수 있다는 확신을 갖게 해 준다. 국제적으로 인정된 기호와 코드(code)의 사용은 상이한 언어사용으로 인한 문제를 해결해 준다.

∷ 전반적인 경제의 증진

새로운 제품을 개발하여 사회에 보급시킴으로써 인류문명의 향상을 위해 공헌하고자 하는 사람들은 생산하는 측과 소비하는 측 모두에 어떤 이익을 제공해 주지 않는 한 성공할 수 없음을 깨달을 것이다.

표준화는 이와 같이 관계되는 모든 것에 있어서 생산자와 소비자에게 경제성을 제공하고 나아가 국민경제 전반의 증진을 도모하는 역할을 수행한다.

∷ 안전, 건강 및 생명의 보호

안전 및 생명의 보호가 표준화의 주된 목적의 하나이다. 이를 위해서는 높은 신뢰도를 갖는 제품을 생산토록 해야 하며 법률로 강제할 수도 있다. 안전에 관한 한 고비용은 문제가 될 수 없다.

∷ 소비자 및 공동사회의 이익 보호

모든 규격이 소비자의 최종적 이익을 위하여 만들어지기 위해서는 소비자도 규격 작성에 관여하여야 한다. 또한 환경문제처럼 넓은 공동체의 이익이 고려되어야 한다.

∷ 무역장벽의 제거

지역 간 또는 국가 간에 측정단위 등의 표준화가 이루어져 공업제품의 국가 간 교류가 활발히 이루어지고 무역의 장벽을 제거함으로써 자원의 효율적 이용도 가능해진다.

9.9 ISO 9000 : 2015 패밀리

국제표준화기구(International Organization for Standardization: ISO)는 국제무역 및 기술교류의 촉진을 목적으로 국제규격을 제정 · 보급하도록 설립된 국제기구인데, 제품에 관한 규격, 커뮤니케이션을 원활히 하기 위한 용어 및 양식 규격, 그리고 조직을 효율적으로 통제하기 위한 관리규격 등을 제정하고 있다.

ISO 2015 표준 패밀리의 제정목적은 각국별로 또는 산업분야별로 달리 정해져 있는 품질경영시스템에 대한 요구사항을 국제적으로 통일시키기 위한 것이다. ISO 2015 패밀리는 고객의 품질에 대한 기대수준이 높아져 가는 상황에서 고객의 요구조건을 만족시키려는 구매자 중심의 규격이다. 즉 구매자가 제품을 구입할 때 제품의 품질 못지않게 이러한 품질이 체계적이고 조직적으로 유지되고 있다는 객관적인 제3자적 입증이 필요한데, 이 패밀리는 이러한 입증을 위해 생산자가 갖추어야 할 품질경영시스템이나 품질보증시스템을 규정하고 있다. 따라서 이 패밀리에 대한 인증을 받은 생산자의 입장에서 볼 때 국제적으로 제품품질의 인정을 받았음을 의미한다. 이제 구매자는 생산자의 품질경영시스템이나 품질보증활동을 인증기관을 통해 믿고 마음놓고 생산자의 제품을 구매할 수 있는 것이다.

ISO 9000 패밀리는 관리규격에 해당하는 것으로 1987년 ISO에서 제정한 품질경영에 관한 통일된 국제규격으로서 기업에서 품질경영을 위해 구비해야 할 최소한의 요구사항을 규정한 것인데, 이 요구사항을 충족시키기 위해서는 구체적으로 어떻게 해야 하는지에 대해서는 언급이 없다. 이미 201여 국가에서 ISO 9000 패밀리를 자국의 국가규격으로 채택하고 있으며 우리나라에서도 1992년 ISO 9000 패밀리 인증규격을 한국표준규격으로 채택한 바 있다. 현재 160만 인증서가 발급되었다.

ISO 9000:2015 패밀리는 이 접근법을 실시하는 기업의 수로 볼 때 그 어느 품질 표준이나 품질 인정서보다 막강한 영향력을 행사하고 있다. ISO 9000:2015의 핵심은 기업으로 하여금 그의 품질시스템을 매뉴얼로 서류화하고 이를 통해 무역을 더욱 촉진하려는 것이다. 품질시스템이 서류화되면 ISO 9000:2015 등록은 품질시스템이 발동하고 있음을 의미한다.

ISO 9000 패밀리는 1994년에 완제품의 검사 대신 예방조치를 강화하는 제1차 개정판이 발표된 이후 기존 규격의 한계점을 극복하고 고객의 요구에 부응하고자 2000년에 2차 개정, 2008년에 3차 개정, 2015년에 제4차 개정판을 발표하였다.

종전의 ISO 9000 패밀리는 제조업 중심의 규격모델이었는데, ISO 9000 : 2000에서는 호텔, 병원, 학교, 건설, 통신 등 서비스업에까지 범위를 확대하였다. 또한 종래의 품질시스템을 품질경영시스템(quality management system: QMS)으로 바꿈으로써 경영의 중요성을 강조하였다. 기업이 고객만족을 유도하기 위해서는 고객의 요구사항을 입력하고 제품과 서비스에 이를 반영하여 출력해야 한다. 이러한 입력을 출력으로 변환하는 것을 ISO에서는 프로세스(process)라고 한다. 한편 끊임 없이 변화하는 고객요구에 대응하기 위하여 프로세스를 지속적으로 개선해 나가는 것을 품질경영시스템(quality management system: QMS)이라고 한다.

ISO 9000: 2015 패밀리에서는 리스크에 기반한 사고와 성과 중심을 강조할 뿐만 아니라 리스크 관리 프로세스를 새롭게 제정하는 변화를 가져왔다.

ISO 9000 표준 패밀리는 다음과 같은 핵심 표준(core standards) 네 가지를 포함하고 있다.

- ISO 9000: 2015: 품질경영시스템의 기본 개념 및 용어의 설명
- ISO 9001: 2015: 품질경영시스템의 요구사항 규정
- ISO 9004: 2015: 품질경영시스템의 성과개선의 지침
- ISO 9011: 2015: 품질경영시스템의 감사 지침

한편 ISO 9000 패밀리는 다음과 같은 품질경영 7대 원칙(quality management principles)에 기반한다.

- 고객 중심(customer focus): 고객과 좋은 관계를 유지하고 고객의 요구사항과 기대를 충족시킨다.
- 리더십(leadership): 경영층은 조직 구성원들이 나아갈 방향을 결정하고 조직의 목표와 사명을 수행하도록 환경과 분위기를 조성토록 한다.
- 조직 구성원의 참여(engagement of people): 모든 계층의 구성원들이 목표달성에 적극 참여하고 품질개선 노력에 참여토록 유도한다.
- 프로세스 접근법(process approach): 기업의 모든 활동과 관련 자원을 프로세스로 여겨 보다 효율적인 경영을 추구하도록 한다.

- 개선(improvement): 품질성과의 지속적인 개선을 위해 조직 구성원들을 모티베이트한다.
- 증거 기반 의사결정(decision-making based on evidence): 효과적인 의사결정을 위해 가능한 정보와 데이터를 이용한다.
- 관계관리(relationship management): 공급업자를 비롯한 이해관계자들과 좋은 관계를 유지하기 위하여 정보, 기술, 자원 등을 공유한다.

1. ISO 14000

ISO는 1996년에 일련의 환경표준을 발표하였는데, ISO 14000 패밀리는 기업이 경영활동을 수행하는 전 과정에 걸쳐 환경성과를 지속적으로 개선하는 일련의 경영활동을 하도록 환경경영시스템(environmental management system: EMS)에 관한 국제규격이다.

ISO 14000은 ISO 9000:2015와 똑같은 기본적인 접근법을 사용한다. 서류화 통제, 경영시스템 감사, 운영통제, 레코드 관리, 경영정책, 훈련, 통계적 기법, 예방 및 시정조치 등을 취해야 한다. 이러한 규제 외에도 ISO 14000은 목표치, 목표설정, 응급준비, 환경정책의 발표 등을 포함한다.

기업이 인증을 획득하기 위해서는 그의 활동, 제품과 서비스가 환경에 미치는 영향을 사전에 예방하고 관리할 방안을 모색해야 하고 이러한 방안이 환경의 지속적 개선에 도움이 되도록 해야 한다.

그린 제조(green manufacturing)와 환경에의 관심 고조로 ISO 14000은 기업의 환경책임(environmental responsibility)을 고취시키는 중요한 표준이 될 것이다.

ISO 14000의 인증을 획득하게 되면 폐기물 관리비용이 감소하고, 에너지와 자원을 보존하고, 유통비용을 감축하며 기업의 이미지를 향상시키는 혜택을 갖게 된다.

연 · 습 · 문 · 제

1. 검사와 프로세스 관리를 통한 적합품질의 관리방법을 설명하라.

2. Kaizen과 이노베이션의 개념과 차이점에 대하여 설명하라.

3. 지속적 품질개선과 무결점과의 관계를 설명하라.

4. PDSA사이클의 개념을 설명하라,

5. PDSA사이클의 구조를 설명하라.

6. 경쟁적 벤치마킹의 개념을 설명하라,

7. 벤치마킹의 목적과 과정을 설명하라.

8. 표준화의 개념 및 장점을 설명하라.

9. 표준화의 목적을 설명하라.

10. ISO 9000 : 2015 패밀리를 설명하라.

11. ISO 14000 시리즈를 설명하라.

제10장

적합품질 개선: 기법

프로세스 품질(process quality)을 분석하고, 감시하고, 관리하는 데 사용되는 기본적인 통계적 도구를 사용하기 위해서는 우선 프로세스로부터 데이터를 수집하여 프로세스의 적합품질개선 기회를 규명하여야 한다. 그런데 프로세스에서 쏟아져 나오는 데이터는 굉장히 많기 때문에 랜덤 표본(random samples)을 추출하게 된다.

표본을 추출하기 전에 다음과 같은 준비단계를 거친다.

- 데이터 수집의 목적을 설정한다.
- 품질개선 기회를 정의하는 데 필요한 데이터의 형태(예컨대 기계, 장비, 작업자, 방법, 환경적 요인, 구입자재의 품질)를 결정한다.
- 데이터의 특성(예컨대 측정 가능한 데이터 또는 셀 수 있는 데이터)을 결정한다.
- 데이터 수집을 누가, 언제 할 것인가를 결정한다.

데이터들을 정리하여 분석하는 그래프 기법과 분석적 도구는 비교적 짧은 역사를 갖고 있다. 통계학을 이용한 그래프 기법은 1750년대 이후에 고안되었음에도 불구하고 분석적 그래프 기법은 지난 40년 전에야 개발되었다.

그래프를 이용하는 방법을 사용하면 프로세스의 특성, 프로세스의 상태, 그로부터 기대하는 제품의 성질 등을 알 수 있다. 이러한 방법은 이해하기 쉽고 포괄적인 정보를 제공할 수 있기 때문에 프로세스와 제품에 관한 데이터를 분석하는 도구로 널리 사용된다. 그래프 방법은 현재 생산 중에 있는 제품과 프로세스의 특성에 관한 정보를 제공하기 때문에 이러한 특성이 정상적인지 판단할 수 있게 된다. 따라서 지속적인 품질개선을 위해서는 이러한 도구를 적절히 사용해야 한다.

지속적 품질개선 활동에 사용되는 기본적인 7 QC 도구(seven QC tools)는 다음과 같다.

- 체크시트
- 히스토그램
- 파레토도
- 특성요인도
- 산점도
- 층별
- 관리도

그러나 본장에서는 이 외에도 널리 사용되는 도구인 런도와 흐름도를 설명하고 관리도에 관해서는 다음 장에서 공부하고자 한다.

기본적인 7 QC 도구는 수치적 데이터를 분석하여 프로세스 문제를 해결하려는 그래프 기법임에 반하여, 신 7 QC 기법은 결정하는 데 필요한 데이터도 별로 없고 또 잘 정의되지 않은 복잡한 성격의 문제를 정성적으로 분석하는 방법이다. 즉 이 방법은 문제를 조사하고, 아이디어를 조직하고 개념을 실행계획으로 전환시킴에 있어서 수학적으로 접근하지 않고 언어 정보를 도식적으로 나타내기 때문에 많은 아이디어를 쓸모 있는 정보로 만드는 확실한 방법을 도출할 수 없는 한계를 갖는다.

신 7 QC 도구는 다음과 같으며 본장에서 간단히 설명하고자 한다.

- 친화도법
- 연관도법
- 계통도법
- 매트릭스도법
- 매트릭스 데이터 해석법
- PDPC법
- 애로우 다이어그램법

10.1 체크시트

프로세스로부터 필요한 데이터를 수집하는 데 가장 흔하게 사용하는 도구의 하나가 체크시트(check sheet)이다. 체크시트를 사용하여 데이터를 쉽고 체계적으로 수집할 수 있을 뿐만 아니라 데이터를 유용한 정보로 쉽게 변형시킬 수 있다. 수집된 데이터는 히스토그램, 파레토도, 관리도 등을 작성하는 데 사용된다.

현실적으로 체크시트를 작성하는 양식에는 여러 가지가 있다. 왜냐하면, 사용자가 특정 문제를 해결하기 위하여 필요로 하는 데이터에 입각하여 체크시트를 작성할 수 있기 때문이다.

본서에서는

- 계수치 체크시트
- 계량치 체크시트
- 결점위치 체크시트

에 국한하여 설명하고자 한다.

프로세스에서 발생하는 결함(불량)에 관한 데이터를 수집하는 것은 프로세스의 안정, 개선, 혁신을 위해 필요하다.

계수치 체크시트를 이용하기 위해서는 결점이나 문제의 중요한 항목을 나열

결점의 형 태	1일				2일				
	8~10 오전	10~12 오전	12~2 오후	2~4 오후	8~10 오전	10~12 오전	12~2 오후	2~4 오후	합 계
A	//		///	/		///		/	10
B	/	///	/	//	/		//	//	12
C	///	/	//	/	//	//	/	/	14
D		//		//		/	/		6
합 계	6	6	6	6	3	6	4	4	42

[그림 10-1] 결점의 계수치 체크시트

| 표 10-1 | 부품의 길이

일	길 이	일	길 이	일	길 이
21	2.124	21	2.128	21	2.123
21	2.126	21	2.128	21	2.125
21	2.119	21	2.123	21	2.122
21	2.120	21	2.122	21	2.123
22	2.124	22	2.126	22	2.125
22	2.125	22	2.127	22	2.125
22	2.121	22	2.124	22	2.125
22	2.126	22	2.124	22	2.127
23	2.123	23	2.125	23	2.121
23	2.120	23	2.122	23	2.118
23	2.124	23	2.123	23	2.125
23	2.126	23	2.123	23	2.124
24	2.125	24	2.127	24	2.124
24	2.126	24	2.129	24	2.125
24	2.126	24	2.123	24	2.124
24	2.122	24	2.124	24	2.122
25	2.124	25	2.121	25	2.123
25	2.124	25	2.127	25	2.123
25	2.124	25	2.122	25	2.122
25	2.123	25	2.122	25	2.121

하고 표본을 추출하여 결점이나 문제가 발견되면 적당한 열에 마크를 해야 한다. 이와 같이 결점의 수를 기록함으로써 프로세스에서 발생하는 결점의 형태를 개관할 수 있는 것이다.

[그림 10-1]은 어떤 부품에서 발생하는 결점의 계수치 체크시트이다. 이 체크시트는 2일 간 두 시간씩 4회에 걸쳐 조사한 결점의 각 형태별 발생횟수를 나타낸다. 이러한 데이터는 경영층으로 하여금 프로세스 개선의 기초를 제시할 정보를 제공하게 된다.

크기, 길이, 무게, 직경 등과 같이 측정 가능한 계량치에 관한 정보를 수집하기 위해서는 계량치 체크시트가 이용된다.

〈표 10-1〉은 규격 2.120~2.130인치의 길이를 갖는 부품을 조사한 결과이고 [그림 10-2]는 이 데이터를 이용하여 작성한 계량치 체크시트이다. 이 그림은 각 규격의 부품이 절단되는 발생빈도를 보이고 있다. 또한 이 체크시트는 프로세스 특성의 분포와 그의 규격한계의 관계를 검토함으로써 불량의 수를 감축

길 이	일	
2.118*	13	|
2.119*	11	|
2.120	11 13	||
2.121	12 13 15 15	||||
2.122	11 11 13 14 14 15 15 15	卌 |||
2.123	11 11 11 13 13 13 14 15 15 15	卌 卌
2.124	11 12 12 12 13 13 14 14 14 15 15 15	卌 卌 ||
2.125	11 12 12 12 12 13 13 14 14	卌 ||||
2.126	11 12 12 13 14 14	卌 |
2.127	12 12 14 15	||||
2.128	11 11	||
2.129	14	|
2.130		
2.131*		
2.132*		*: 한계를 벗어남

[그림 10-2] 계량치 체크시트

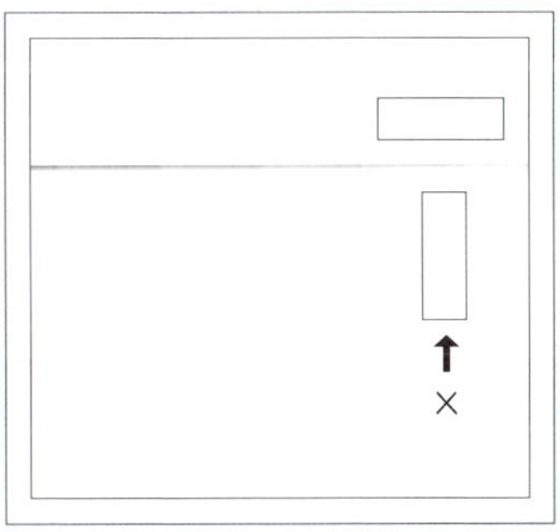

검사자: 홍길동	일자: 8/1/2015	번호: 123
소견:		

[그림 10-3] 결점위치 체크시트

시킬 수 있는 조치를 강구토록 하는 데 도움을 준다.

제품의 결점에 관한 정보를 수집하기 위하여 결점위치 체크시트가 이용된다. 이는 결점이나 문제의 위치를 규명하는 데 이용된다. 특히 이 체크시트는 기포(bubble)와 같은 제품의 외관과 관련된 데이터를 수집하는 데 효과적이다.

[그림 10-3]은 냉장고 문에서 발생하는 결점에 관한 데이터를 수집하기 위하여 사용되는 결점위치 체크시트의 한 예이다. 어떤 위치에서 결점이 자주 발견되면 이를 시정하기 위한 조치가 강구될 수 있다.

10.2 히스토그램

히스토그램(histogram)은 막대그래프(bar graph) 또는 도수분포도(frequency distribution graph)라고 하는데, 프로세스에서 랜덤으로 추출한 데이터의 분포를 빨리 알 수 있는 그림이다. 프로세스로부터 수집한 개별 데이터들은 비록 일정한 표준 내에서 생산되도록 설계되어 있지만 실제로는 모두 차이가 있기 때문에 단순히 이들을 보기만 해서는 프로세스 특성의 분포를 알 수 없다. 이러한 데이터는 많기 때문이다. 도수분포와 히스토그램은 이러한 정보를 정리하여 프로세스 상태에 관해 결론을 내릴 수 있는 양식으로 이를 표현한다.

도수분포표란 수집한 데이터를 크기의 순서로 재정리하여 품질특성을 계급(class)으로 구분하고 각 계급에 대해 발생의 빈도수를 나타내는 표를 말한다.

〈표 10-2〉는 라면 봉지의 무게를 표본크기 5개씩 20회에 걸쳐 표본을 추출한 결과이다. 이 표를 보아서는 프로세스의 변동패턴이나 평균치 등을 알 수 없다.

따라서 〈표 10-2〉의 데이터를 이용하여 〈표 10-3〉과 같은 도수분포표를 만들어야 한다. 여기서 계급의 수는 11개인데, 보통 도수분포표를 작성할 때의 계급 수는 5~20개이다. 도수분포표를 작성하는 절차에 대한 설명은 생략하고자 한다.

〈표 10-3〉은 계급구간(class interval), 중간점(midpoint), 빈도수, 상대빈도, 누적빈도 등을 나타낸다. 히스토그램은 X축에 중간점을, Y축에 각 계급의 빈도수를 표시하여 데이터를 막대그림으로 나타낸 것이다.

[그림 10-4]는 〈표 10-3〉의 데이터를 사용하여 작성한 히스토그램이다. 이

| 표 10-2 | 라면 봉지의 무게

(단위: g)

표본번호	관측치				
1	60.04	60.03	60.02	60.00	59.94
2	59.96	59.99	60.03	60.01	59.98
3	60.01	60.01	60.01	60.00	59.92
4	59.95	59.97	60.02	60.10	60.02
5	60.00	60.01	60.00	60.00	60.09
6	60.02	60.05	59.97	60.02	60.09
7	60.01	59.99	59.96	59.99	60.00
8	60.02	60.00	60.04	60.02	60.00
9	60.06	59.93	59.99	59.99	59.95
10	59.96	59.93	60.08	59.92	60.03
11	60.01	59.96	59.98	60.00	60.02
12	60.04	59.94	60.00	60.03	59.92
13	59.97	59.90	59.98	60.01	59.95
14	60.00	60.01	59.95	59.97	59.94
15	59.97	59.98	60.03	60.08	59.96
16	59.98	60.00	59.97	59.96	59.97
17	60.03	60.04	60.03	60.01	60.01
18	59.98	59.98	59.99	60.05	60.00
19	60.07	60.00	60.02	59.99	59.93
20	59.99	60.06	59.95	59.99	60.02

| 표 10-3 | 라면 봉지 무게의 도수분포표

계 급	중간점	빈 도	상대빈도	누적빈도	누적상대빈도
$59.89 \le X < 59.91$	59.90	1	0.01	1	0.01
$59.91 \le X < 59.93$	59.92	3	0.03	4	0.04
$59.93 \le X < 59.95$	59.94	6	0.06	10	0.10
$59.95 \le X < 59.97$	59.96	11	0.11	21	0.21
$59.97 \le X < 59.99$	59.98	14	0.14	35	0.35
$59.99 \le X < 60.01$	60.00	23	0.23	58	0.58
$60.01 \le X < 60.03$	60.02	21	0.21	79	0.79
$60.03 \le X < 60.05$	60.04	11	0.11	90	0.90
$60.05 \le X < 60.07$	60.06	4	0.04	94	0.94
$60.07 \le X < 60.09$	60.08	3	0.03	97	0.97
$60.09 \le X < 60.11$	60.10	3	0.03	100	1.00
		100	1.00		

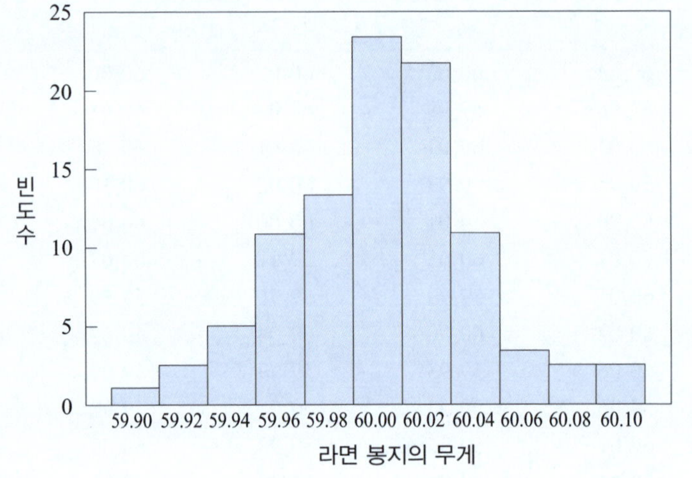

[그림 10-4] 히스토그램

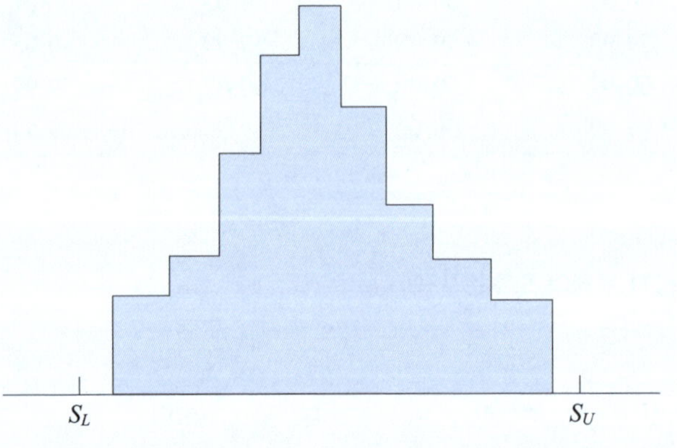

[그림 10-5] 프로세스 안정과 프로세스 능력의 경우

그림은 데이터군의 일반적 특성에 관해 정보를 제공한다. 즉 분포의 형태, 관측치의 분산 정도, 분포의 중심(프로세스 평균) 등을 알 수 있다.

프로세스의 현재 형태를 나타내는 히스토그램은 그 프로세스에서 생산되는 개별 제품에 요구되는 규격한계(specification limit)와 같이 사용함으로써 문제해결과 프로세스 능력(process capability)분석에 이용된다. 프로세스 능력이란 그 프로세스에서 생산되는 개별 제품이 이미 설정된 규격한계를 지킬 수 있는 능력을 프로세스가 갖는지를 평가하는 것을 말한다. 이에 대해서는 제13장에서 자세히 공부할 것이다.

[그림 10-5]는 프로세스 안정과 규격준수 가능한 프로세스 능력을 나타낸다. 프로세스에서 추출한 표본들의 변동이 정해진 규격상한(S_U)과 규격하한(S_L) 내에서 발생하기 때문에 히스토그램을 볼 때 이 프로세스에서는 규격을 지키는 양품만을 생산한다고 볼 수 있다. 그러나 프로세스 안정(process stability)과 관련하여 히스토그램만을 보아서는 안정 여부를 판단할 수 없다는 것이다. 프로세스 안정은 그 프로세스에서 생산되는 제품의 품질변동이 우연원인만에 의할 때, 즉 이상원인이 모두 제거되었을 때 가능하다. 이러한 프로세스의 안정 여부를 판단하기 위해서는 이 외에도 런도와 관리도를 함께 사용하여야 한다. 프로세스 데이터를 사용하여 런도를 작성할 수 있는데, 이 데이터 속에 추세가 있게 되면 히스토그램이 규격한계 내에 존재한다 하더라도 그 프로세스는 안정하다고 할 수 없다.

10.3 런 도

앞절에서 공부한 바와 같이 프로세스의 안정 여부를 히스토그램만에 의하여 판단할 수는 없다. 히스토그램 분석에서는 시간요소를 전혀 고려치 않았기 때문이다. 시간경과에 따라 측정한 데이터를 분석하면 프로세스를 통제하는 데 도움을 줄 정보를 얻을 수 있다.

품질특성이 시간의 경과에 따라 어떤 변화를 나타내는가를 보여주는 그림이 런도(run chart)이다. 런도는 X축에 시간의 경과에 따라 수집한 표본번호를, 그리고 Y축에는 그에 해당하는 측정치를 표시하여 작성한다. 런도는 가능한 추세를 발견하기 위해서 또는 작업교대조, 자재, 작업자의 변경에 따른 프로세스 변동의 영향을 평가하기 위해서 사용된다.

런도는 프로세스 안정의 지표로 사용된다. 안정된 프로세스의 경우 런도는 [그림 10-6] (a)에서와 같이 어떤 수평선을 중심으로 랜덤으로 분산되어 있음을 보인다. 그러나 프로세스가 불안정하거나 변화하는 경우에는 [그림 10-6] (b)와 (c)에서 보는 바와 같이 런도가 프로세스의 이동(shift)이나 추세를 나타내게 된다.

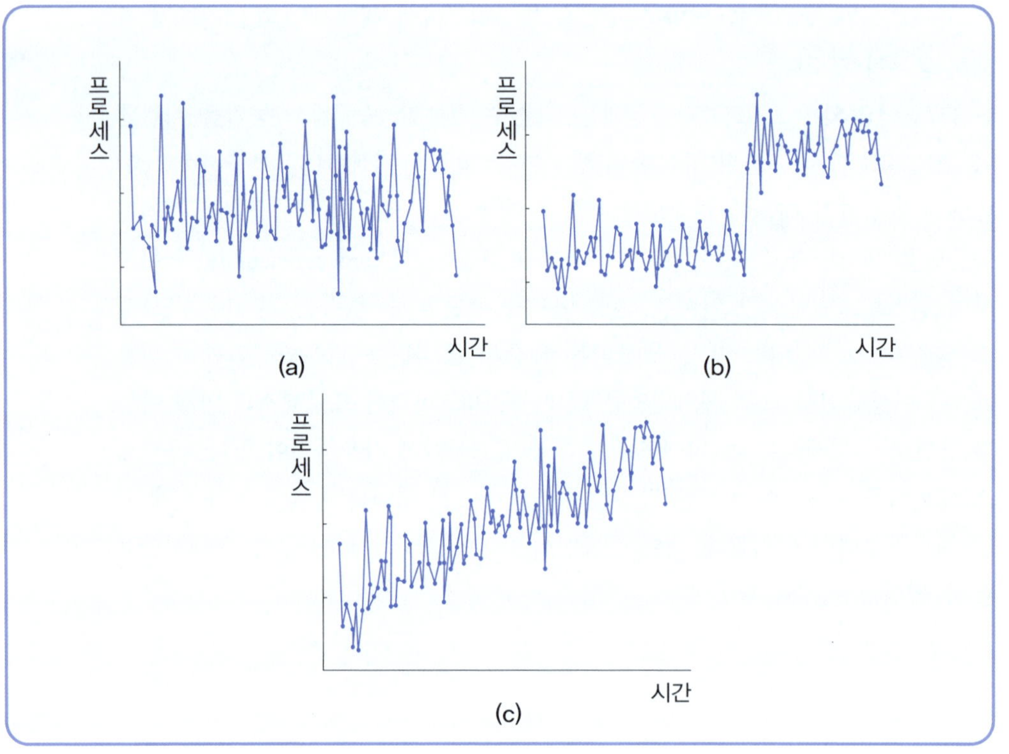

[그림 10-6] 런도의 형태

10.4 파레토도

파레토도(Pareto diagram)는 품질개선 과정에서 사용하는 중요한 도구이다. 이탈리아 경제학자 Alfred Pareto의 이름을 딴 파레토도는 J. Juran에 의하여 처음으로 품질관리 분야에 적용되었다. 스위스 국민들의 소득분포를 연구한 결과 대부분의 부(국민재산의 80%)가 소수의 사람(상위 20%의 부유층)에게 집중되어 있음을 발견한 Pareto와 같이 Juran도 이러한 원리가 품질관리 분야에도 적용될 수 있음을 발견하였다.

예를 들면, 제조업이나 서비스업의 경우 문제를 발생시키는 원인은 많더라도 대부분의 문제는 소수의 원인에 의하여 발생한다. 이러한 문제의 항목을 각각 하찮은 다수(trivial many)와 중요한 소수(vital few)라고 부를 수 있다. 그런데 중요한 소수의 문제가 하찮은 다수보다 더욱 중요하다는 것이다. 이것을 특히

| 표 10-4 | 작업자별 불량 카드의 수

작업자	불량 카드	상대빈도	누적상대빈도
C	112	0.62	0.62
A	35	0.19	0.81
F	12	0.07	0.88
B	10	0.05	0.93
D	8	0.04	0.97
E	5	0.03	1.00
	182	1.00	

80-20룰(rule)이라고 하는데, 문제의 20%가 부적합품(불량품)의 80%를 결과하기 때문이다. 이 법칙은 중요한 소수에 대한 중점관리의 필요성을 강조하기 위해 사용된다.

파레토도는 문제해결 도구는 아니고 분석도구이다. 이는 문제들을 어떤 순서로 해결해야 할 것인가를 결정하는 데 사용된다. 비용절감을 더욱 빨리 초래하는 중요한 문제를 제거하는 것은 현명한 일이다.

파레토도는 생산현장에서 문제가 되고 있는 불량품, 결점, 클레임, 사고 등과 같은 현상이나 그러한 현상에 대한 데이터를 원인별로 분류한 후 불량개수 또는 손실금액 면에서 크기 순서를 막대그래프로 나타낸 것이다.

파레토도는 히스토그램과 같이 관찰이나 측정을 계급으로 분류하고 각 관찰의 빈도를 기술하기 위하여 작성된다. 그러나 이들 그래프의 기본적 차이는 무엇을 측정하느냐에 있다. 파레토도는 프로세스에서 발견된 문제 또는 결점의 수를 측정하고 이들의 발생빈도에 따라 문제 또는 결점의 순위를 결정하는 것이다. 한편 히스토그램은 프로세스에서 랜덤으로 추출한 많은 표본측정과 그들의 발생빈도로부터 프로세스의 변동 정도를 측정하는 데 사용된다. 따라서 파레토도의 결점 수는 셀 수 있는 데이터(countable data)임에 반하여, 히스토그램에서는 측정 가능한 데이터(measurable data)를 대상으로 한다. 한편 파레토도의 X축은 범주적 척도인 반면, 히스토그램의 X축은 수치적 척도이다.

〈표 10-4〉는 한 회사에서 작업하는 6명의 작업자가 1개월 동안에 생산한 불량 카드의 수, 상대빈도, 누적상대빈도 등을 보이고 있다.

〈표 10-4〉의 데이터를 이용하여 파레토도를 작성하기 위해서는 다음과 같은 절차를 거쳐야 한다.

• 데이터를 분류할 때 문제의 원인, 불량품의 형태 등 수단을 결정한다.
• 관련된 화폐가치 또는 발생빈도 등을 기준으로 하여 상대적 중요성을 결정한다.
• 가장 중요한 항목으로부터 시작하여 차례로 순위를 결정한다.
• 순서대로 각 항목의 누적빈도를 계산한다. 가장 중요한 항목은 도표의 왼쪽에서 시작한다.
• 각 항목별로 상대적 중요성을 나타내는 막대그래프를 그린다.

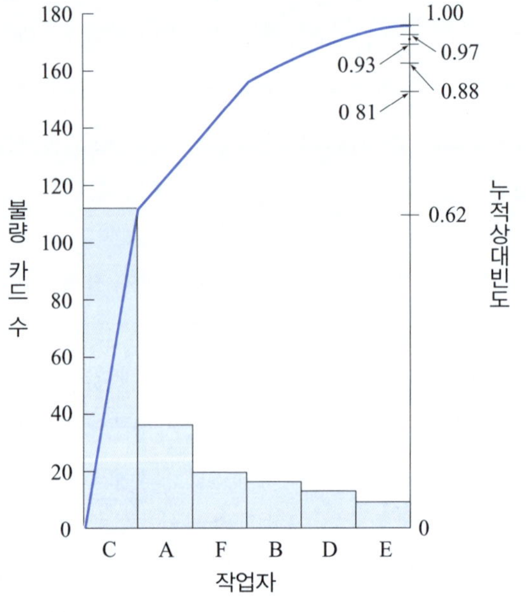

[그림 10-7] 파레토도

| 표 10-5 | 원인별 불량 카드의 수

원 인	빈 도	상대빈도	누적상대빈도
a: 숫자의 위치 바뀜	45	0.40	0.40
b: 잘못 친 글자	45	0.40	0.80
c: 비꼬인 카드	12	0.11	0.91
d: 자리를 벗어나 친 카드	6	0.05	0.96
e: 찢어진 카드	4	0.04	1.00
	112	1.00	

[그림 10-7]은 〈표 10-4〉의 데이터를 이용하여 작성한 파레토도이다. 불량품의 81%는 작업자 C와 A가 만들고 있음을 알 수 있다. 각 항목의 빈도수를 상대빈도로 빨리 변환하는 것이 바람직하기 때문에 파레토도는 두 개의 수직척도를 사용한다. 즉 왼편 척도는 원래의 측정치를 나타내고, 오른편 척도는 해당하는 상대빈도를 나타낸다. 막대의 구석을 통과하는 누적빈도선을 긋는데, 이는 계속하는 항목의 추가적 공헌을 쉽게 판단할 수 있도록 하기 위함이다.

만일 작업자 C가 생산하는 불량품의 원인을 좀 더 자세히 분석하고자 한다면 〈표 10-5〉와 같이 각 원인별 불량 카드의 수를 조사하여야 한다.

[그림 10-8]은 이 데이터를 이용하여 작성한 파레토도이다. 여기서 작업자 C가 저지르는 80%의 불량 카드 발생의 원인은 숫자의 위치 바꿈과 잘못 친 글자 때문임을 알 수 있다.

파레토도는 문제의 근본 원인(root cause)을 규명하는 데 이용된다. 파레토도의 작성을 통하여 회사의 불량 카드 생산의 주범은 작업자 C이고 그가 저지르는 불량 카드 발생의 내용은 숫자의 위치 바꿈과 잘못 친 글자임이 밝혀졌다.

파레토도는 이와 같이 문제발생의 근원만을 밝힐 수 있기 때문에 그의 구체

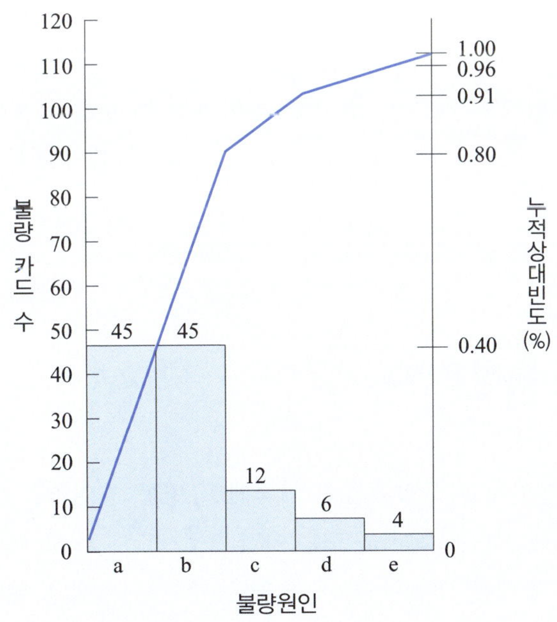

[그림 10-8] 파레토도-불량 카드 발생의 원인

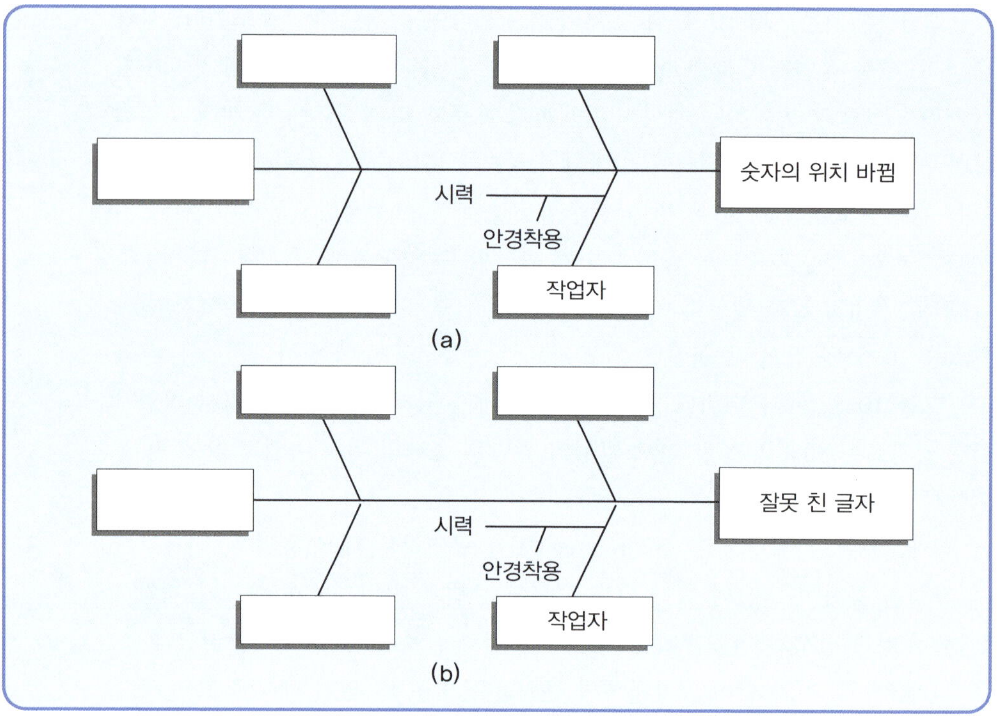

[그림 10-9] 작업자 C의 특성요인도

적 원인을 밝히고 문제를 해결하기 위해서는 또 다른 분석을 필요로 한다.

작업자 C가 저지르는 숫자의 위치 바뀜과 잘못 치는 글자의 두 가지 문제를 해결하기 위해서는 [그림 10-9]와 같이 특성요인도를 작성하여 그의 원인을 밝힐 수 있다. 그림을 보면 작업자 C는 안과에서 눈을 검진한 결과 안경착용의 필요성이 발견되었다.

10.5 특성요인도

규격 불일치와 불량제품을 어떻게 규명할 것인가? 인과분석도(cause and effect diagram) 또는 특성요인도는 어떤 프로세스에 대해서도 원인(cause)과 결과(effect)의 관계를 이해하는 데 도움을 주는 시각적 방법이다. 이는 1943년 Kaoru Ishikawa가 처음 개발하였다고 하여 Ishikawa도라고도 하고 도표의 모양이 생선뼈와 비슷하다고 하여 fishbone도라고도 한다.

이 분석은 파레토도와 함께 사용할 수 있다. 파레토도는 앞절에서 공부한 바와 같이 규격 불일치의 주요한 품질특성을 찾아내는 데 이용된다. 이러한 개선코자 하는 특성을 결과라고 할 때 이에 영향을 주는 여러 가지 요인들을 찾아내는 데 이용되는 기법이 특성요인도이다. 여러 가지 요인들이 규명되면 품질불량(결과, 특성)도 자연히 제거되는 것이다.

간단한 특성요인도는 [그림 10-10]과 같다. 개선코자 하는 품질특성(이는 문제, 또는 결과라고도 한다)을 그림의 오른쪽 화살표 끝에 있는 생선의 머리에 표시하고 화살표 반대방향으로 등뼈를 나타내는 중심선을 따라 그의 위 아래로 문제의 원인을 나타내는 뼈를 그려 나간다.

개선코자 하는 품질특성의 성격에 따라 원인의 분류는 상이하나, 보통 4M(man-power, machine, method, material)과 환경(environment)을 주요 원인으로 취급한다.

특성요인도를 작성할 때에는 고려하는 문제(결과)에 영향을 미치는 모든 가능한 원인을 열거하기 위하여 브레인스토밍(brainstorming)[1] 회의를 개최한다. 특성요인도를 작성하는 절차는 다음과 같다.

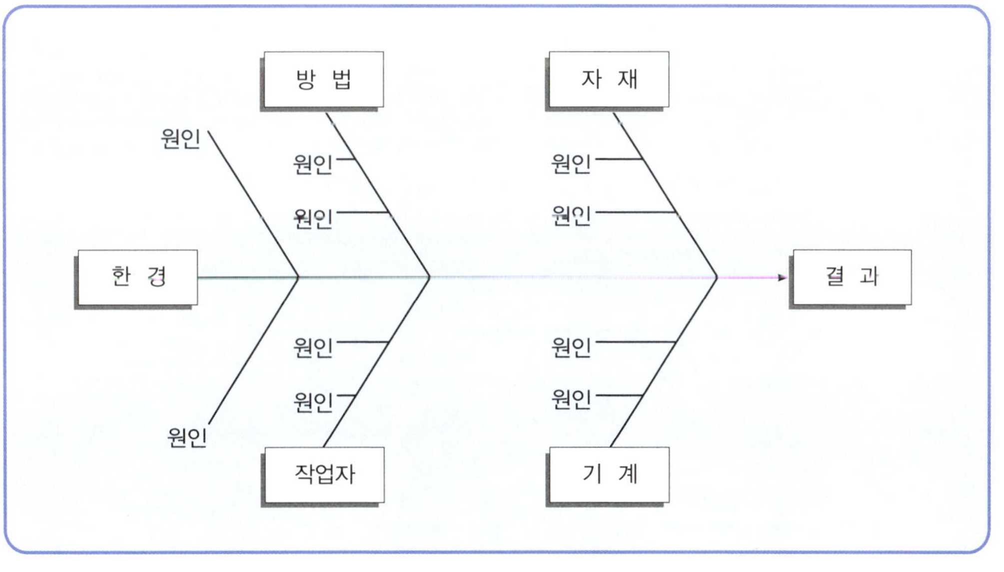

[그림 10-10] 특성요인도

1 브레인스토밍이란 회의에 참석한 모든 멤버가 차례로 허심단회하게 아이디어를 제출하여 그 중에서 최선책을 결정하는 방법을 말한다.

- **문제(결과)의 정의:** 해결코자 하는 문제 혹은 품질특성을 분명하게 정의한다. 이러한 문제는 파레토도에 나열된 문제일 수 있다. 일단 문제를 분명히 정의하면 특성요인도의 오른편에 이를 적고 이를 향하여 화살표를 그린다.

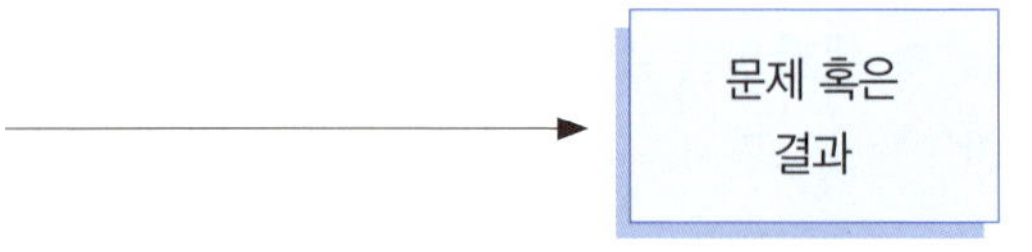

- **주요한 원인의 규명:** 문제를 일으키는 주요한 원인들을 규명해야 하는데, 예를 들면, 제조 프로세스에서 불량 부품을 생산하는 주요한 원인은 4M과 환경 등이다. 이는 [그림 10-10]과 같다.
- **세부원인(subcause)의 규명:** 문제를 일으키는 모든 가능한 세부원인을 회의에 참여한 모든 멤버의 브레인스토밍을 통하여 규명한다.
- **도표의 작성:** 일단 아이디어를 취합하면 원인별로 분류하여 이들을 주요한 원인 밑에 나열한다. 한 세부요인에 대해 또 세부요인이 있게 되면 가지(뼈)를 그어 이를 표시한다. 이러한 과정을 모든 요인의 기록이 끝날 때까지 계속한다. [그림 10-11]은 공항에서 발생하는 항공권발행의 실수에

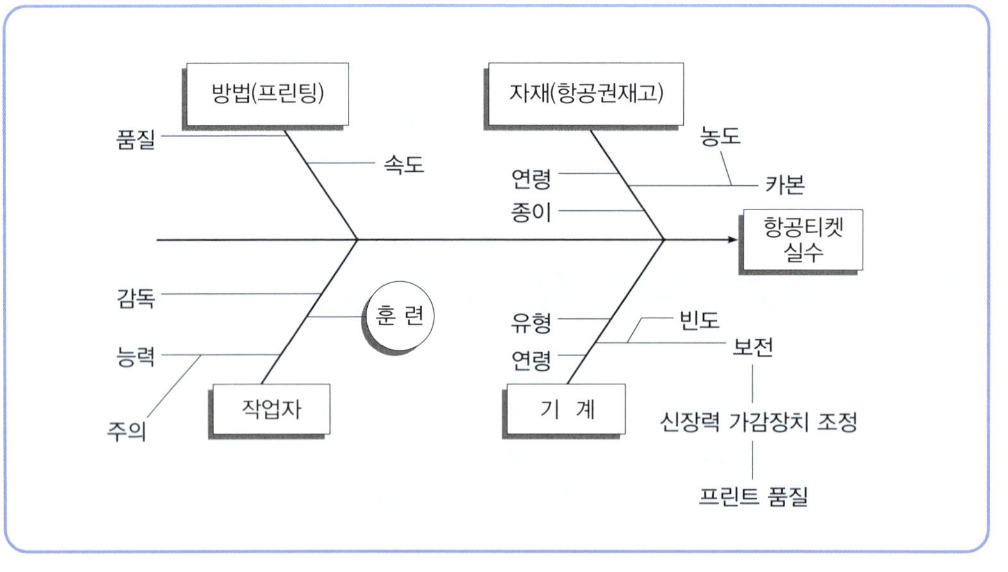

[그림 10-11] 항공권 실수의 특성요인도

대한 특성요인도이다.

- **도표의 분석:** 개선하고자 하는 문제의 원인들을 분석하여 가장 가능한 원인을 [그림 10-11]에서와 같이 원으로 표시한다. 다음에는 이러한 원인이 문제에 심각한 영향을 미치는지를 살펴보기 위하여 데이터를 수집 · 분석한다. 각 원인에 대해서는 이것이 근본 원인인지, 이 근본 원인을 제거할 해결책은 있는지, 이 해결책은 실행 가능하며 비용효과적인지 등을 따져야 한다.

특성요인도는 파레토도와 함께 사용할 때 더욱 효과적이라는 것은 이미 공부한 바이다. 최초의 파레토도는 개선할 품질특성(결과)을 제시하고 이를 해결하기 위한 특성요인도에서는 다음 파레토도를 작성하는 데 필요한 세부요인들을 만들어 낸다. 파레토도의 작성에 필요한 데이터를 수집하여 개선할 주요 원인을 밝히면 다음 특성요인도에서는 이에 대한 세부 · 세부요인(sub-sub cause)을 찾는 데 도움을 준다. 일본의 기업에서는 문제가 발생하면 왜?를 5번 계속한

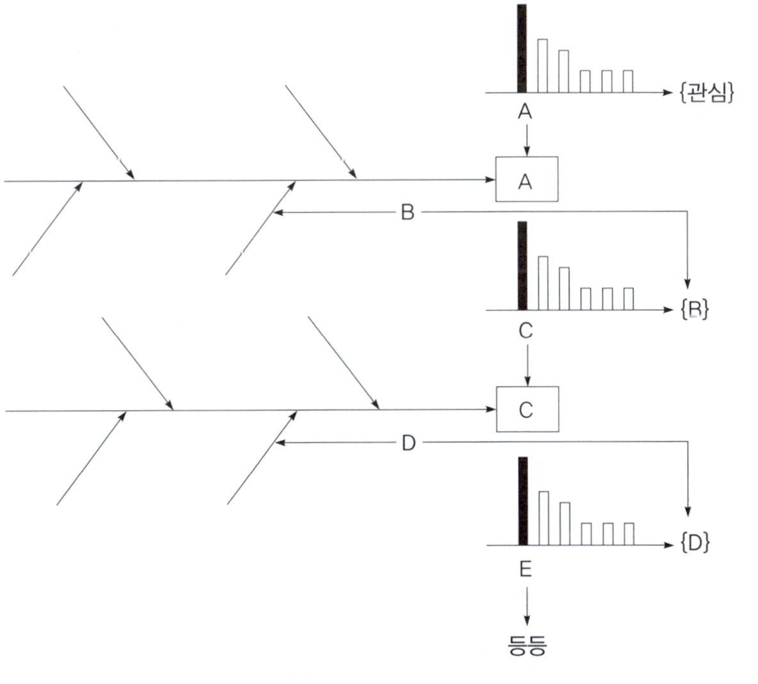

[그림 10-12] 파레토도와 특성요인도의 관계

다고 해서 5왜(five whys)라고 한다. 이러한 파레토도와 특성요인도의 반복적 사용을 나타낸 것이 [그림 10-12]이다.

10.6 산점도

특성요인도는 결과에 영향을 미치는 여러 가지의 원인을 밝힘으로써 단순히 결과와 원인의 관계만을 고려할 뿐 이러한 상관관계(correlation)의 정도(degree)는 고려의 대상이 아니다. 결과와 원인 사이의 관계가 어느 정도 강·약한가를 검토하기 위해서는 산점도(scatter diagram)가 필요하다. 이는 산포도라고도 한다.

따라서 품질문제를 해결하기 위해서는 특성요인도와 산점도를 함께 작성해야 한다. 품질문제에 영향을 미치는 가장 가능한 요인(들)을 완전히 분석하기 위해서는 특성요인도가 필요하고 품질문제와 이에 직접적으로 영향을 미치는 요인과의 사이에 존재하는 상관관계의 정도를 분석하여 시정조치를 취할 수 있도록 하기 위해서는 산점도가 필요하다.

산점도를 그리기 위해서는 첫째, 그의 관계를 검토하고자 하는 두 변수를 결정한다. 보통 결과(종속변수)와 그에 영향을 미치는 하나의 원인(독립변수)을 고려한다. 둘째, 프로세스로부터 두 변수의 데이터 짝을 수집한다. 보통 50~100개의 데이터가 필요하다. 셋째, 독립변수를 X축에, 종속변수를 Y축에 표시하고 수집한 데이터의 (X_i, Y_i) 좌표를 점으로 찍는다.

| 표 10-6 | 자동차 속도와 개스 마일리지

표본번호	속 도	마일리지	표본번호	속 도	마일리지
1	30	38	9	50	26
2	30	35	10	50	29
3	35	35	11	55	32
4	35	30	12	55	21
5	40	33	13	60	22
6	40	28	14	60	22
7	45	32	15	65	18
8	45	29	16	65	24

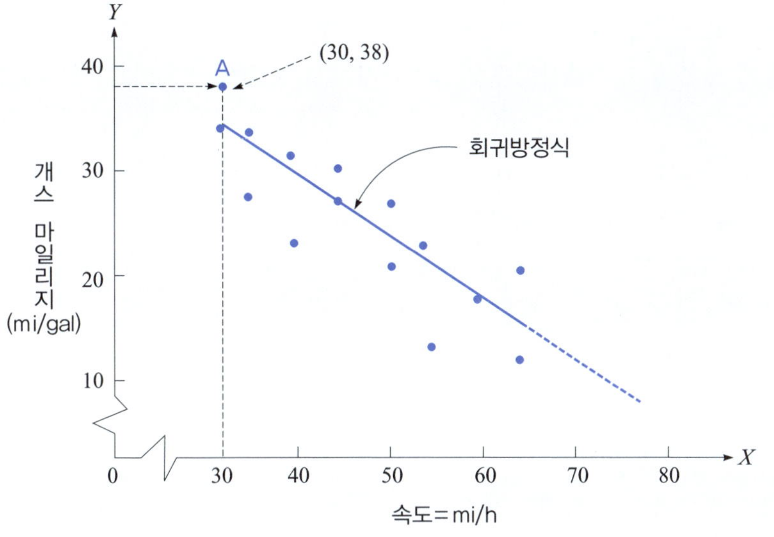

[그림 10-13] 산점도

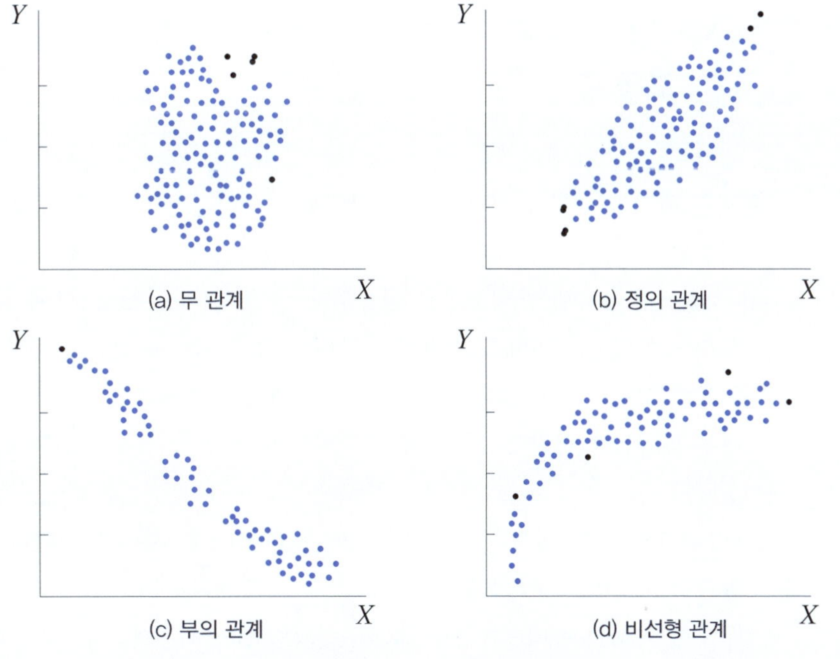

[그림 10-14] 여러 가지 형태의 산점도

〈표 10-6〉은 자동차의 속도에 따른 개스 마일리지(gas mileage)에 관한 16회의 표본결과이다. 자동차의 속도(원인)는 독립변수이며 통제가능변수이기 때문에 X축에 표시한다. 개스 마일리지(결과)는 종속변수이기 때문에 Y축에 표시한다.

[그림 10-13]은 〈표 10-6〉을 이용하여 작성한 산점도이다. 그림에서 점 A는 표본번호 1의 좌표(30, 38)를 나타낸다.

원인과 결과를 나타내는 두 변수 간의 관계는 [그림 10-14]에서 보는 바와 같이 몇 가지 형태가 있다.

일단 산점도가 작성되면 두 변수 사이의 관계 또는 상관관계를 평가할 수 있다. 두 변수 간 상호 의존관계의 강도와 방향을 측정하기 위해서는 상관계수(correlation coefficient)를 계산해야 한다. 또한 독립변수(자동차 속도)의 특정한 값에 상응하는 종속변수(개스 마일리지)의 값을 추정하기 위해서는 두 변수 사이에 존재하는 함수관계를 나타내는 회귀방정식(regression equation)을 설정하여야 한다. 그러나 본서에서는 이러한 통계적 분석방법에 대한 설명은 생략코자 한다.

10.7 흐름도

문제를 해결하는 첫 단계는 문제의 상황을 이해하는 것인데, 이를 위해 흐름도가 사용된다. 한 프로세스가 자재 또는 사람의 상당한 이동을 포함할 때 흐름도(flow chart)는 유용한 분석도구로 이용된다. 흐름도는 프로세스의 구성요소와 이들 요소 사이의 선후관계를 간략히 나타내는 그림이다. 이러한 흐름도는 프로세스를 통해 사람, 장비, 혹은 자재가 흐르는 과정을 추적한다. 즉 제조 프로세스의 경우 투입물로 시작하여 산출물로 변형될 때까지 각 가치부가 단계를 통과하는 장비와 자재 등을 관찰함으로써 프로세스를 시각적으로 추적하는 것이다.

[그림 9-15]는 한 회사가 쇠막대를 구입하여 일정한 길이로 절단하고 둥그렇게 만들어 포장하고 출하하는 프로세스의 흐름도이다.

흐름도를 작성하는 데 쓰이는 기호들은 [그림 10-16]에서 보는 바와 같다.

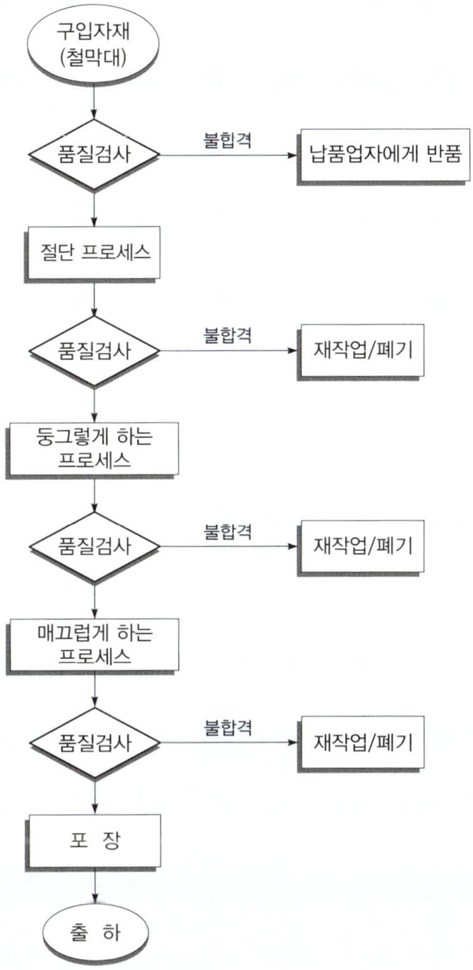

[그림 10-15] 흐름도의 예

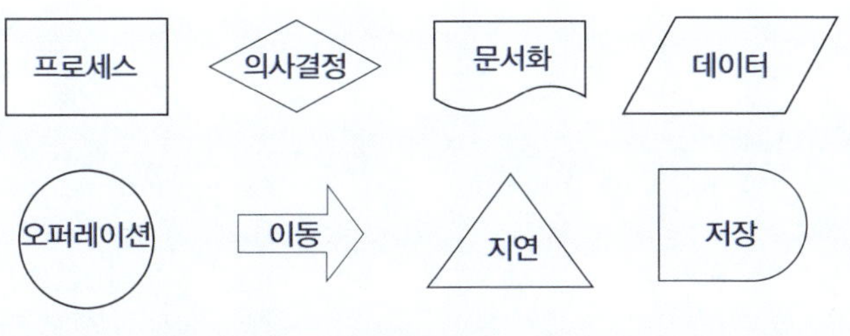

[그림 10-16] 흐름도에 작성에 쓰는 기호

10.8 층 별

층별(stratification)이란 전체 데이터를 두 개 이상의 관련 있는 부분집단(sub group)으로 나누어 분석함으로써 문제의 가능한 원인을 규명하려는 기법이다. 이때 부분집단을 층이라 하고 층으로 나누는 것을 층별 또는 층별화라고 한다.

데이터에는 반드시 산포가 있기 마련인데, 이 산포를 발생시키는 인자에 관하여 층별화를 하면 산포의 원인을 쉽게 발견할 수 있고 따라서 산포를 줄이거나 프로세스 평균을 좋은 방향으로 개선하는 데 도움을 줄 수 있다.

데이터를 층별화하는 절차는 다음과 같다.

- 층별할 변수를 선정한다.
- 전체 품질의 분포를 파악한다.

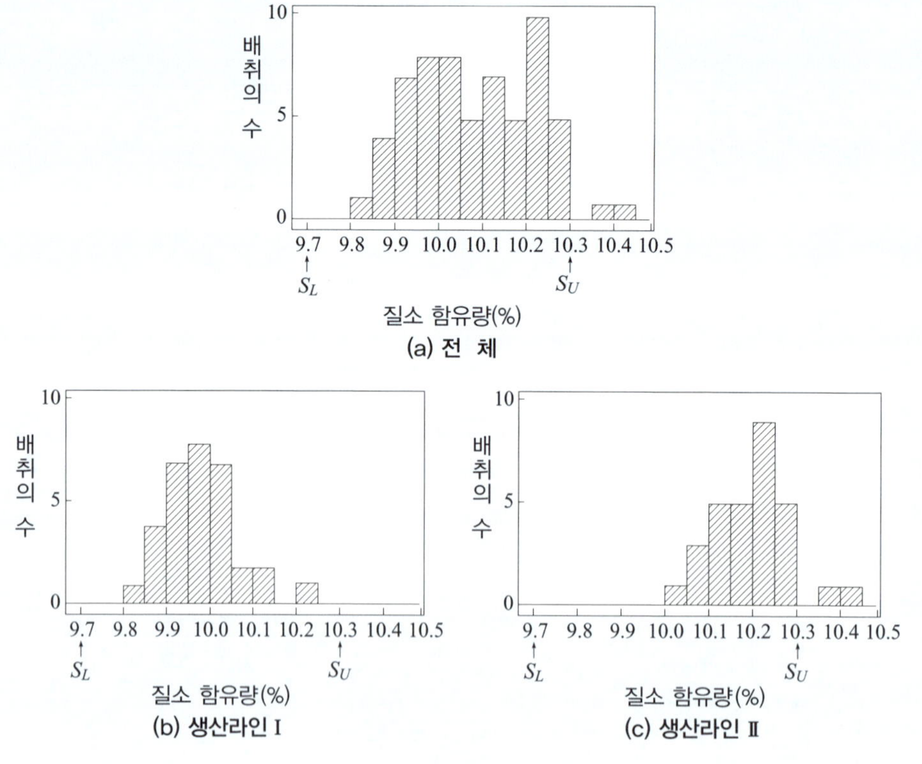

[그림 10-17] 층별화의 예

- 산포의 원인을 살핀다.
- 산포의 원인이라고 생각되는 여러 개의 부분집단으로 층별한다.
- 각 부분집단에 따라 관측치를 센다.
- 결과를 그래프로 나타내고 품질의 분포를 살핀다.
- 전체 품질의 분포와 층별한 작은 그룹의 분포를 비교함으로써 문제의 원인을 규명한다.

[그림 10-17] (a)는 어느 회사가 생산한 비료 62개의 배취(batch)에 포함된 질소함유량(%)과 함께 규격한계(10±0.3%)를 보이고 있다. 이 중 몇 개의 배취는 규격한계를 벗어나고 있다. 비료는 서로 다른 두 개의 생산라인에서 생산되기 때문에 생산라인에 따라 층별화하여 히스토그램을 그린 결과가 [그림 10-17] (b)와 (c)이다. 그림들을 잘 살펴볼 때 규격을 지키지 못하는 문제를 일으키는 생산라인은 Ⅱ임을 알 수 있기 때문에 여기서 원인을 규명하도록 해야 한다. 필요하면 생산라인 Ⅱ의 작업자별로 다시 층별화하고 분석함으로써 문제발생의 원인을 더욱 구체적으로 밝힐 수 있다.

10.9 친화도

친화도(affinity diagram)는 사실, 의견, 아이디어 등을 수집하고 조직하는 데 사용된다. 이는 사실과 의견을 자유스럽게 발표하도록 창의력을 조장하고 이러한 브레인스토밍(brainstorming) 방법에 의해 수집한 언어 데이터를 상호의 친화성(유사성 또는 연관성)에 따라 그룹화함으로써 문제를 명확히 하는 방법이다.

친화도는 아이디어나 문제 사이의 관계 또는 상대적 중요성을 이해하는 데 도움을 준다. 또한 요인 사이의 관계를 체크함으로써 요인분석을 하는 데도 도움을 준다. [그림 10-18]과 같은 친화도는 문제에 관한 사실, 의견, 개념에 있어 서로 관련된 것들을 그룹화한 것이다.

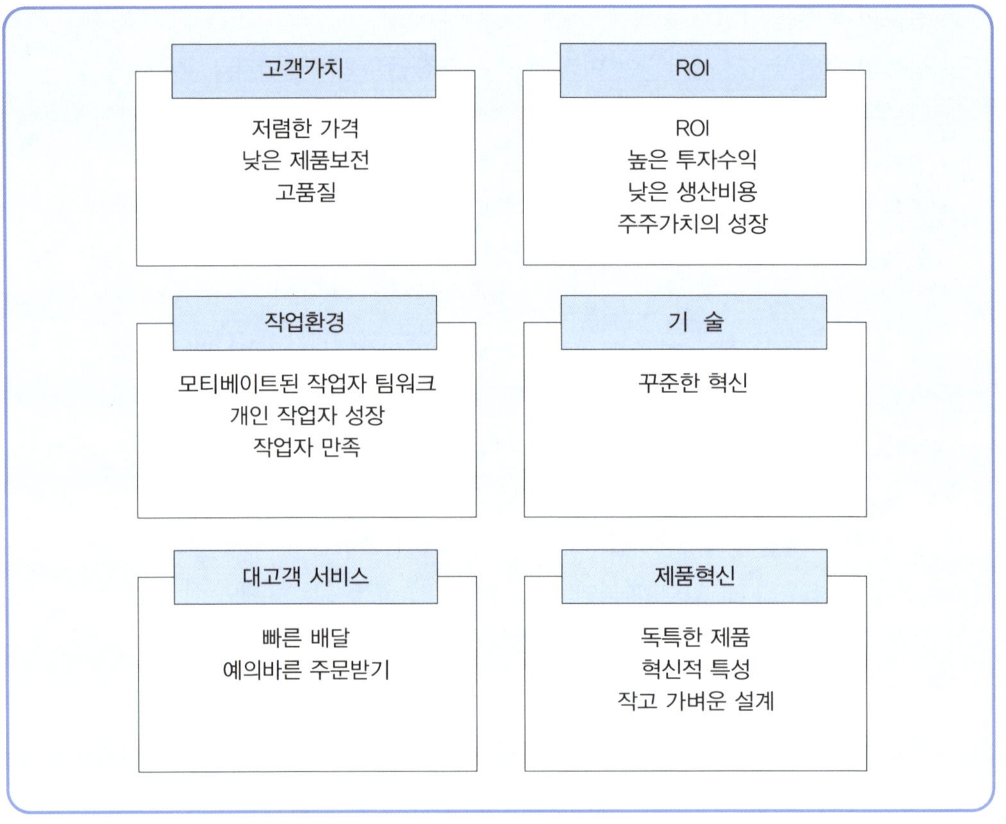

[그림 10-18] 친화도

10.10 연관도

연관도(relationship diagram)는 가끔 친화도가 문제나 이슈를 분명히 밝힌 이후에 관련된 개념이나 아이디어 사이에 존재하는 원인과 결과 관계를 밝히는 데 사용된다. 즉 문제가 되는 결과에 대하여 원인이 복잡하게 엉켜 있을 경우에 그 인과관계나 원인의 상호관계를 밝힘으로써 문제해결을 꾀하고자 하는 방법이다. 연관도는 특성요인도를 좀 더 자유스럽고 폭넓게 개정한 것이라고 할 수 있다.

이 도구를 사용하기 위해서는 우선 팀으로 하여금 동그라미 속에 각 아이디어를 적도록 한 후 이들을 서로 가까이 놓게 한다. 다음에는 각 아이디어 사이에 영향을 미치는 관계를 분석한 후 화살표를 사용하여 영향의 방향을 나타낸

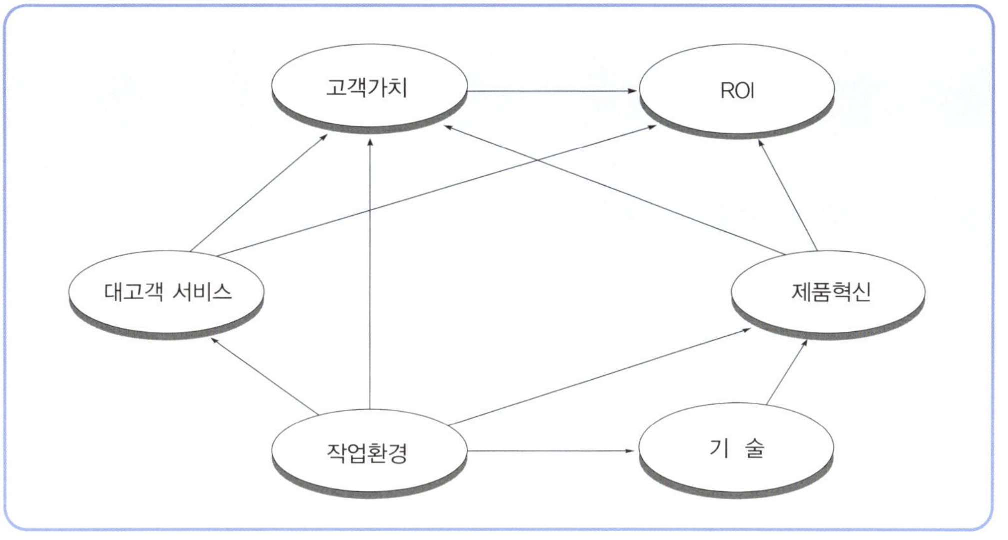

[그림 10-19] 연관도

다. 들어오는 화살표의 수를 감안하여 나가는 화살표가 가장 많은 아이디어가 주요한 원인이 되기 때문에 이 아이디어를 개선하도록 해야 한다. [그림 10-19]는 [그림 10-18]을 이용한 연관도인데, 이 예에서 작업환경이 주요한 아이디어이다.

10.11 계통도

친화도는 이슈 또는 문제를 밝히고 연관도는 그들의 상호관계를 밝히는 데 이용되지만, 계통도(tree diagram)는 이렇게 파악된 문제를 해결하거나 목표(목적)를 달성하기 위한 최적의 수단과 방법을 계통적으로 추구하는 데 이용된다. 설정된 목표를 달성하기 위해 목적과 수단의 연결관계를 계통적으로 전개하여 최적의 목적달성 수단을 찾아나가는 방법이다. 계통도는 문제에 영향을 미치는 원인은 밝혀졌지만 이 문제를 해결할 계획이나 방법은 아직 개발되지 않은 경우에 사용된다.

계통도는 특정 문제 또는 목표를 해결하는 데 해야 할 일(task)은 무엇이며 이들의 선후관계는 어떤가 하는 질문을 반복함으로써 작성할 수 있다. [그림 10-20]은 계통의 예이다.

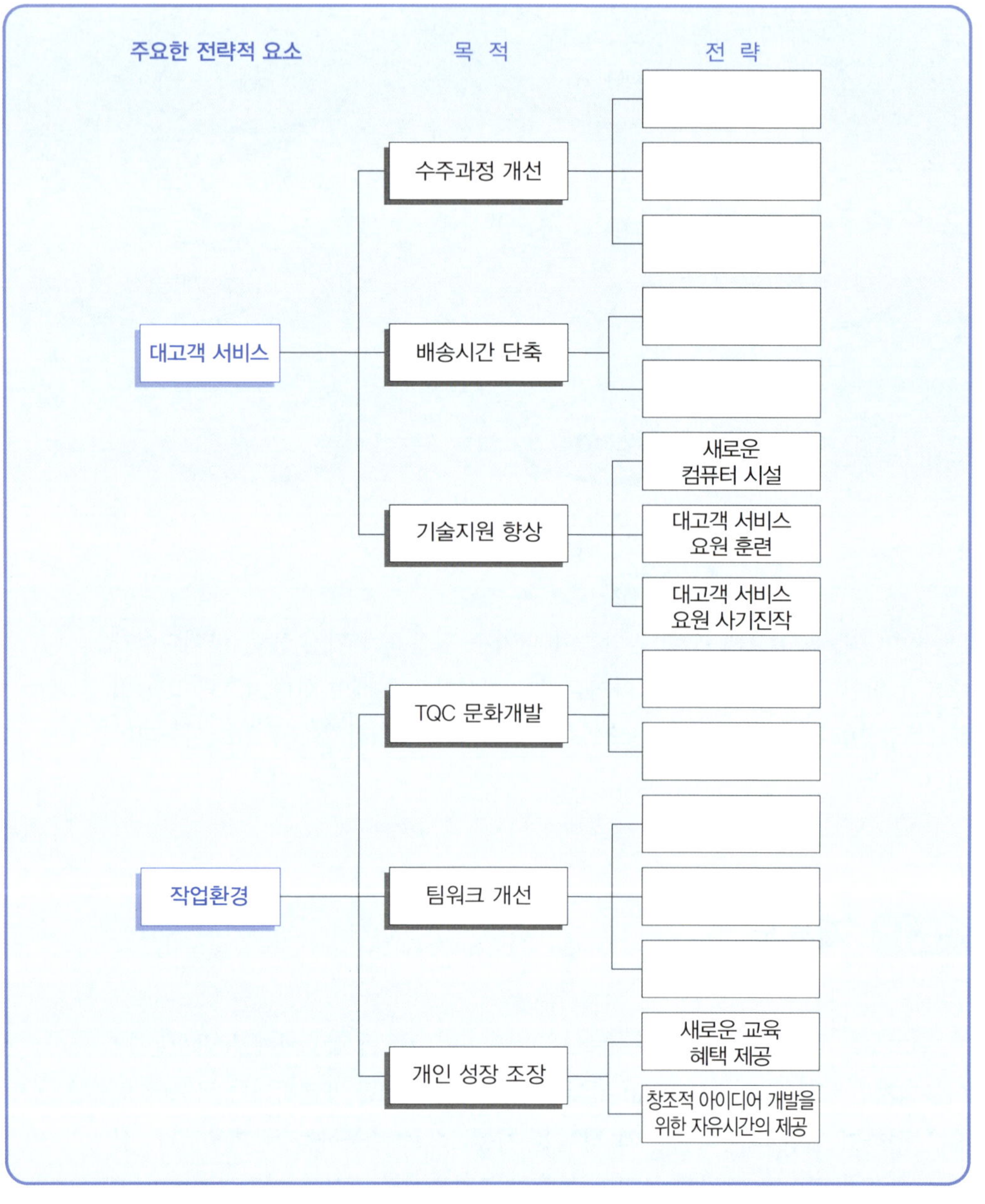
주요한 전략적 요소
목 적
전 략
대고객 서비스
수주과정 개선
배송시간 단축
기술지원 향상
새로운 컴퓨터 시설
대고객 서비스 요원 훈련
대고객 서비스 요원 사기진작
작업환경
TQC 문화개발
팀워크 개선
개인 성장 조장
새로운 교육 혜택 제공
창조적 아이디어 개발을 위한 자유시간의 제공

[그림 10-20] 계통도

10.12 매트릭스도

매트릭스도(matrix diagram)는 위에서 설명한 도구들에 의해서 얻은 정보, 즉 아이디어, 활동, 책임, 기능 등 사이에 존재하는 논리적 연관유무나 관련 정도를 행렬 형태로 표시함으로써 문제의 소재나 문제해결의 착상을 얻기 위해 사용하는 도구이다. 즉 원인과 결과 사이의 관계, 목표와 방법 사이의 관계를 밝히고 나아가 이들 관계의 상대적 중요도를 나타내기 위하여 사용된다. 이 도법은 일련의 요소를 행과 열에 나열하고 그 교점에 숫자, 문자 또는 부호를 사용하여 관계의 정도를 나타낸다. 매트릭스도는 L형, T형, Y형 등 여러 가지 형태가 있다.

매트릭스도는 품질계획에서 많이 이용되는데, 특히 품질기능전개(QFD)에서 what과 how의 관계를 나타낼 때 이용된다.

[그림 10-21]은 매트릭스도의 예이다. 이 그림에서 세 개의 기본적인 목적은 행에 표시하고 이를 달성할 조치는 열에 표시하였다. 매트릭스도는 열과 행에 배치된 요소 간의 관계를 나타내는데, 만일 많은 관계를 나타내지 않는 행이 있다면 이는 제안된 조치로서는 그 행이 나타내는 목적을 달성할 수 없음을 의미한다. 이러한 그림은 또한 계획과 조치의 우선순위를 결정하는 데 도움을 준다.

조치 / 목적	작업환경개선	제조기술향상	새로운 제품개발
비용효과성	●	○	
고품질	●	●	
주주가치		△	●

● 강한 관계 ○ 중간 관계 △ 약한 관계

[그림 10-21] 매트릭스도

10.13 매트릭스 데이터 해석

매트릭스 데이터 해석(matrix data analysis)은 매트릭스도에 나타낸 여러 요인 간에 존재하는 관계의 정도를 수량화하는 데 이용된다. 각 요인에 대해 주관적인 가중치가 주어지고 요인의 우선순위를 결정할 점수제가 필요하다.

[그림 10-22]는 매트릭스 데이터 해석의 예를 보여주고 있다. 이 예에서 시장조사의 결과 가장 중요한 네 개의 소비자 요구가 결정되었고 이들 각각에 대한 중요도가 가중치로 주어졌다. 또한 자사와 경쟁자에 있어 각 요구별 점수로 평가되었다. 이러한 분석의 결과 기업은 고객요구를 충족시키기 위하여 어떤 조치를 취해야 하고 품질개선을 위해 어떤 부문을 공략해야 할지 알게 된다.

요 구	중요도 가중치	경쟁자 평가	자사 평가	차 이
가 격	.2	6	8	+2
신 뢰 도	.4	7	8	+1
납 기	.1	8	5	–3
기술지원	.3	7	5	–2

[그림 10-22] 고객요구를 위한 매트릭스 데이터 해석

10.14 PDPC

PDPC(process decision program chart)란 불확실성이 큰 문제의 시초부터 해결까지 이르는 과정에서 발생할 수 있는 모든 가능한 사상(event)과 중대사태(우발적인 상황)를 상정하고 이에 대처할 수 있는 대응책을 마련하기 위해 사용되는 방법이다. 이 방법은 아직 문제의 개발단계에 있으면서도 사상의 미래를 예측할 수 있도록 하고, 따라서 바람직한 결과에 이르는 가장 좋은 과정을 선정하는 데 도움을 준다. 한편 이 방법은 바람직하지 않은 결과에 이르는 사상의 과정을 모의실험(simulation)함으로써 바람직하지 않은 상황을 피할 대책을 제공한다.

[그림 10-23]은 새로운 컴퓨터 시스템을 사용할 모든 종업원들을 교육 · 훈련시킬 전략을 실행하는 데 이용되는 PDPC의 예이다.

10.15 애로우 다이어그램

애로우 다이어그램(arrow diagram)은 네트워크도 또는 화살도라고 하는데 문제를 해결하는 활동에 필요한 시간과 어떤 활동을 동시에 수행할 수 있는가를 나타내는 방법인데, 프로젝트의 일정계획을 수립하는 데 이용되는 단순한 PERT/CPM 기법이라고 할 수 있다.

[그림10-24]는 새로운 컴퓨터 시스템을 설치하는 프로젝트의 일정계획을 수

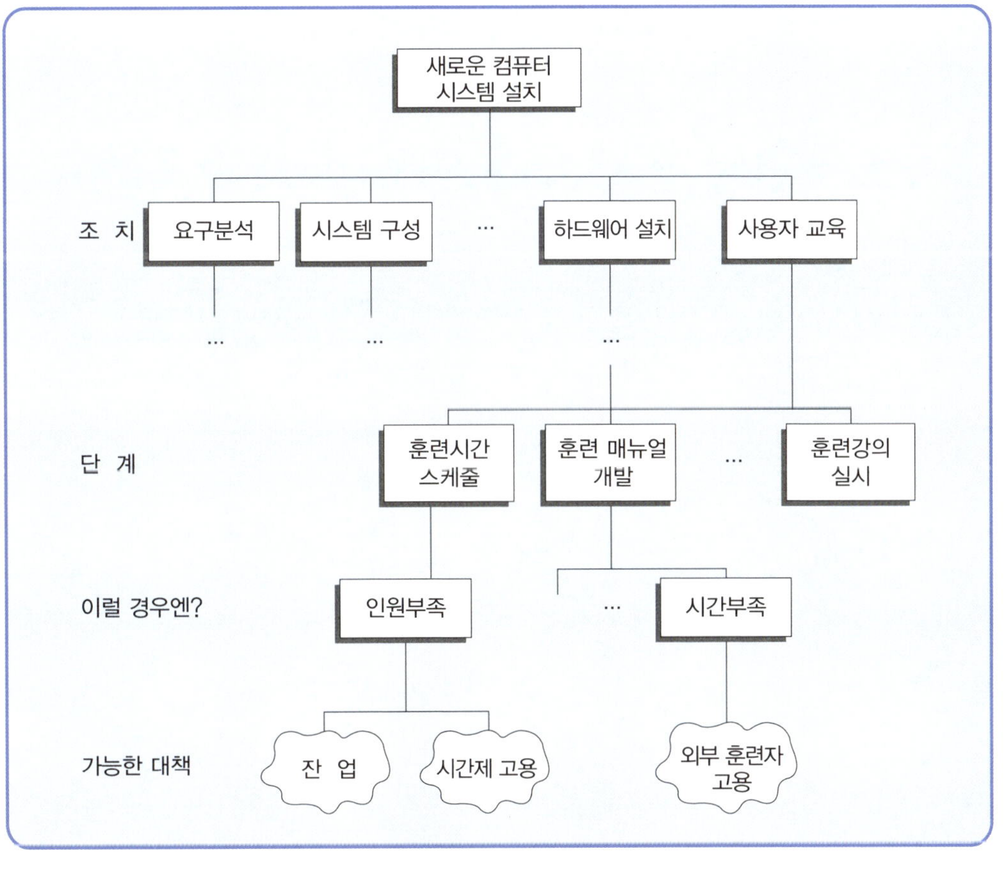

[그림 10-23] PDPC

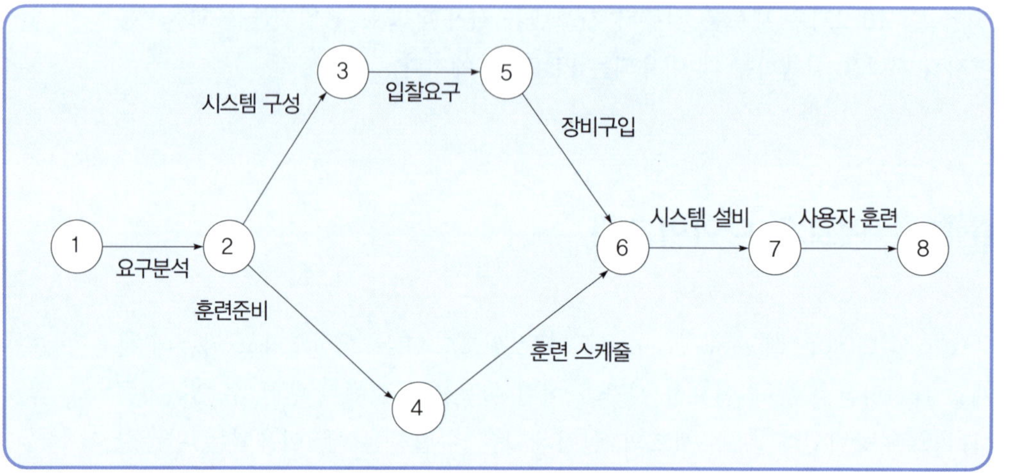

[그림 10-24] 애로우 다이어그램

립하는 데 이용되는 애로우 다이어그램법의 예이다. 그림에서 동그라미는 사상의 완료를 의미하고 화살표는 사상의 완료시간을 의미한다.

연 · 습 · 문 · 제

1. 품질개선을 위해 그래프 기법을 사용하는 이유는 무엇인가?

2. 체크시트의 작성목적은 무엇인가?

3. 히스토그램 작성의 목적은 무엇인가?

4. 히스토그램과 파레토도의 차이점은 무엇인가?

5. 프로세스 안정의 여부를 판단하기 위하여는 히스토그램 외에 런도와 관리도를 함께 사용해야 하는 이유는 무엇인가?

6. 런도의 작성목적은 무엇인가?

7. 파레토도의 작성목적은 무엇인가?

8. 파레토도의 작성절차를 설명하라.

9. 파레토도와 특성요인도를 함께 사용하는 이유는 무엇인가?

10. 특성요인도의 작성목적은 무엇인가?

11. 특성요인도의 작성절차를 설명하라.

12. 산점도의 작성목적은 무엇인가?

13. 산점도와 특성요인도를 함께 사용해야 하는 이유는 무엇인가?

14. 흐름도의 작성목적은 무엇인가?

15. 층별이란 무엇인가?

16. 친화도란 무엇인가?

17. 연관도에 대해 간단히 설명하라.

18. 계통도에 대해 간단히 설명하라.

19. 매트릭스도에 대해 간단히 설명하라.

20. 매트릭스 데이터 해석에 대해 간단히 설명하라.

21. PDPC란 무엇인가?

22. 애로우 다이어그램이란 무엇인가?

23. 다음은 서울제철에서 생산하는 한 철판의 두께를 시간의 경과에 따라 50회 측정한 결과이다.

표 본	두 께	표 본	두 께	표 본	두 께
1	1.00125	18	1.00170	35	1.00245
2	1.00110	19	1.00255	36	1.00335
3	1.00170	20	1.00155	37	1.00195
4	1.00235	21	1.00295	38	1.00205
5	1.00100	22	1.00240	39	1.00295
6	1.00110	23	1.00255	40	1.00320
7	1.00025	24	1.00225	41	1.00415
8	1.00135	25	1.00205	42	1.00350
9	1.00205	26	1.00155	43	1.00395
10	1.00300	27	1.00230	44	1.00400
11	1.00115	28	1.00315	45	1.00320
12	1.00275	29	1.00280	46	1.00345
13	1.00255	30	1.00185	47	1.00395
14	1.00210	31	1.00300	48	1.00475
15	1.00210	32	1.00270	49	1.00360
16	1.00260	33	1.00310	50	1.00350
17	1.00245	34	1.00290		

(1) 중간점을 1.0003, 1.0006, …으로 하여 도수분포표를 작성하라.

(2) 히스토그램을 그리고 규격한계 $S_L=1.001$, $S_U=1.005$와 목표치 1.003을 표시하라.

(3) 런도를 그려라.

(4) 이 프로세스는 안정적인지 판단하라.

24. 다음의 데이터를 사용하여 물음에 답하라.

11.1	32.4	21.0	11.2	4.4	27.4	18.5	15.1	10.7	25.0	12.2	4.7	14.8	
16.0	7.4	10.0	3.5	14.5	8.2	19.1	12.5	7.8	16.4	22.3	6.1	32.8	
16.4	6.0	15.8	18.2	12.6	23.5	22.6	19.1	9.2	26.2	16.2	3.2	12.9	13.7

(1) 계급의 수를 6개로 하여 도수분포표와 히스토그램을 작성하라.

(2) 데이터 분포의 형태는 정규분포에 비슷한가?

(3) 만일 프로세스의 규격한계가 8~23이라고 할 때 이 프로세스의 데이터는 규격을 지키고 있는가?

(4) 규격상한과 규격하한을 벗어나는 측정치는 각각 얼마인가?

25. 화학 프로세스에서 직물염색에 사용되는 원료의 산도는 중요한 관심사이다. 프로세스에서 추출한 표본의 pH치는 다음과 같다. 런도를 작성하라.

표본번호	pH치	표본번호	pH치
1	16.5	11	15.8
2	13.5	12	16.7
3	15.9	13	16.6
4	15.5	14	16.8
5	17.3	15	17.0
6	16.1	16	16.6
7	16.5	17	15.5
8	15.2	18	15.2
9	15.8	19	15.2
10	16.0	20	14.8

26. 한 프로세스에서 생산되는 제품의 결점수 분석결과 다음과 같은 데이터를 얻었다.

결점의 유형	빈 도	원화가치(백만 원)
직경 부적합	20	10
표면처리	60	5
내부 부적합	15	5
기 타	5	10

(1) 파레토도를 작성하라.

(2) 예산 20백만 원을 투자할 때 어떤 문제를 먼저 해결토록 해야 하는가?

27. 다음의 데이터를 사용하여 내적 실패비용의 분석을 위한 파레토도를 그려라.

항 목	비용(천 원)
구매 - 반품	2,500
설계 - 폐기물	1,700
프로세스 - 재작업	4,100
구매 - 재작업	75
기 타	100

28. 한 보험회사에서는 생명보험보전액과 가처분소득과의 관계를 조사하기 위하여 다음과 같이 20가계의 표본을 랜덤으로 추출하였다. 산점도를 작성하고 결론을 말해 보라.

가처분소득 (백만 원)	생명보험보전액 (백만 원)	가처분소득 (백만 원)	생명보험보전액 (백만 원)
55	70	75	90
50	68	70	100
75	100	55	60
60	60	50	60
80	130	65	80
90	110	65	70
80	90	70	90
50	60	85	110
60	80	55	60
55	70	75	80

제11장

적합품질 개선: 관리도

생산 프로세스의 목표는 이미 결정된 설계품질(quality of design)에 부합하는 제품을 생산하는 것이다. 그러나 똑같은 프로세스에서 생산하는 제품도 어떤 품질특성에 있어서는 시간의 경과에 따라 서로 다른 경우가 일반적이다. 기계나 공구가 시간의 흐름에 따라 마모되어 균일한 제품을 생산할 수 없기 때문이다. 한 프로세스에서 생산하는 모든 제품에는 장비, 자재, 환경, 그리고 작업자의 복합적 요인에 의하여 품질변동이 상존한다.

생산시스템에 의하여 발생하는 변동(산포)은 낭비의 근원이다. 바람직하지 않은 변동을 제거하기 위하여 사용하는 시간과 자원은 제품의 가치창조에 아무런 도움이 되지 않으며 오히려 사회에 손실을 초래할 뿐이다.

품질변동을 감소시키는 데 이용되는 중요한 접근방법에는 통계적 프로세스 관리(통계적 공정관리)와 Taguchi 방법이 있다. 통계적 프로세스 관리를 위해서는 관리도와 프로세스 능력분석 등의 도구가 사용되고 있지만 관리도는 통계적 품질관리(statistical quality control: SQC)의 중추적 역할을 담당하고 있다.

프로세스의 안정 여부를 규명하기 위하여 사용하는 관리도에 관한 일반이론은 본장에서 공부하고 각 품질특성에 대해 사용하는 계량형 관리도와 계수형 관리도는 제12장에서, 그리고 프로세스의 능력 여부를 규명하기 위하여 사용하는 프로세스 능력분석은 제13장에서 공부할 것이다.

11.1 품질변동의 출처

품질변동은 모든 프로세스에서 언제나 발생한다. 이러한 품질변동의 출처(source)는 다음과 같이 요약할 수 있다.

- 제조변동
- 사용변동
- 진부화에 따른 변동

제조변동(manufacturing variation)은 프로세스에서 쉽게 목격할 수 있는 변동으로서 프로세스 파라미터의 변동, 자재에 있어서의 비균일성, 기계 및 도구의 마모와 변화, 작업자, 작업방법 및 작업환경의 변화 등으로 결과한다. 제조변동은 제품이 고객에 인도될 때까지의 변동을 의미한다. 따라서 이러한 제조변동은 제품의 저장과 반송에 따르는 변동도 포함한다.

통계적 프로세스 관리(statistical process control: SPC)는 바로 이 제조변동을 목표로 한다. 제조변동은 줄여야 하는데, 그 목적은 다음을 위한 것이다.

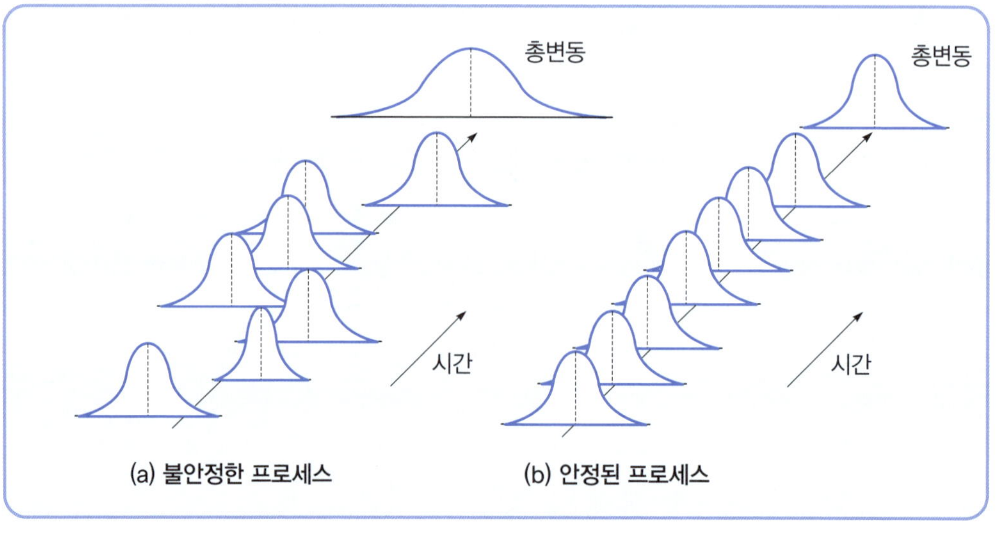

[그림 11-1] 프로세스의 안정성

• 프로세스 안정의 달성
• 프로세스 능력의 달성

[그림 11-1](a)는 예측 불가능하고 불안정한 프로세스(unstable process)를, 그리고 [그림 11-1](b)는 안정된 프로세스(stable process)를 각각 나타낸다.

프로세스가 안정되면 변동이 감소하여 시간의 경과에도 똑같이 보인다. 이러한 프로세스는 예측 가능하고 통제하기가 훨씬 용이하다. 불안정한 프로세스를 안정되게 하기 위해서는 변동을 줄여야 한다.

안정된 프로세스가 언제나 꼭 능력 있는 프로세스는 아니다. 관리상태에서도 불량이 발생할 수 있다. 안정된 프로세스의 경우에는 변동의 행태가 지속적(consistent)일 뿐이다. 안정된 프로세스가 동시에 능력 있는 프로세스(capable process)가 되기 위해서는 그의 변동이 지속적이면서 그 프로세스에서 생산되는 모든 개별 제품의 품질특성이 시간의 경과에도 설계부가 결정한 규격한계 내에 들어와야 한다. 이는 [그림 11-2]의 윗부분과 같다.

만일 프로세스가 안정되어 있지만 그의 변동이 규격한계를 벗어날 경우에는 그 프로세스는 능력 있다고 할 수 없다. 능력이 없는 프로세스에서 생산되는 제품은 그의 일부가 부적합품이기 때문에 양, 불량을 구분하기 위해서는 100%의 전수검사가 필요하다.

안정되고 능력 있는 프로세스를 유지하기 위하여 SPC가 사용되는데, 이의

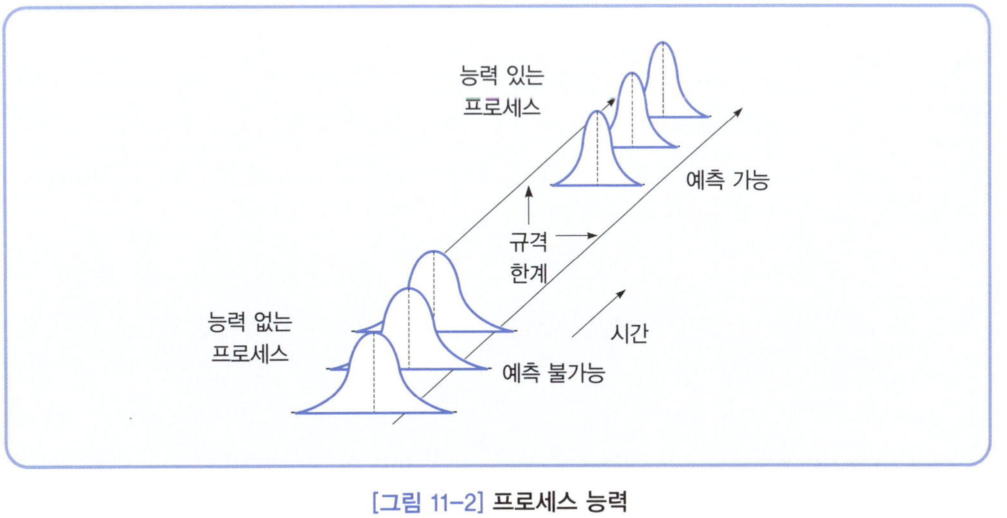

[그림 11-2] 프로세스 능력

중요한 도구로서 관리도와 프로세스 능력 연구가 있다. 사실 애초부터 프로세스가 안정되고 능력이 있도록 하기 위해서는 제품과 프로세스를 이에 맞도록 설계하는 것이다.

제조변동의 감소만으로는 충분하지 않다. 사용변동(usage variation)은 제품사용의 방식과 조건 때문에 발생하는 제품성과에 있어서의 변동을 말하는데, 이는 제조 프로세스의 통제권 밖에서 연유한다.

고객이 경험하는 총품질변동에는 이상의 제조변동과 사용변동 외에도 제품진부화(product deterioration)에 따른 변동이 있다. 내구재의 경우 고객이 제품을 인수하면서부터 닳고 진부화해 간다.

제품을 설계하고 프로세스를 개발 · 개선하려는 것은 모든 제품을 가능한 한 이상적인 목표치(target value)에 근접하도록 하기 위함이다.

11.2 품질변동의 원인

프로세스의 품질통제는 제품이나 서비스가 생산되고 있는 과정에서 이들을 검사하여 품질변동의 유무를 결정하는 것이다. 이를 위해 프로세스에서 생산되고 있는 품목의 일부를 정기적으로 랜덤하게 추출하여 검사한 후 품질특성이 변하지 않았으면 그 프로세스는 계속하고, 만일 변하였으면 프로세스를 중단시키고 그 원인을 규명하여 시정조치를 취하게 된다.

Shewhart는 프로세스에서의 품질변동을 우연원인(chance or random cause)과 이상원인(assignable or nonrandom cause)으로 구분하였고 Deming은 이를 보통원인(common cause/system fault)과 특별원인(special cause/local fault)으로 구분하였으며, Juran은 만성적인 문제(chronic problem)와 간헐적인 문제(sporadic problem)로 구분하였다.

이상원인은 만성적으로 발생하는 것이 아니고 우발적(돌발적)이므로 어느 정도 예측할 수 없는 형태이지만 산발적으로 발생하는 문제로서 감독과 작업자에 의해서 충분히 피할 수 있는 문제이다. 즉 이상원인에 의한 변동의 발견과 회피 및 제거는 프로세스에 직접 관여하는 사람의 책임이다. 이러한 변동은 시스템 밖에 존재한다. 기계 정비불량, 도구의 마멸과 조정이 필요한 장비 등 생산설비상의 이상, 불량 원자재의 사용, 작업자실수(부주의, 과로, 절차무시), 측정 오차 등은 이상원인 발생의 원인이다. SPC 개념과 방법은 이러한 이상원인의 존재를 밝혀 이상원인을 우선적으로 제거하여 프로세스를 안정된 상태로 유지하려는 목적을 갖는다. 이를 위하여 사용되는 관리기법이 관리도(control chart)이다.

이에 반하여 우연원인은 시스템 자체와 관련된 문제로서 언제나 일상적으로 프로세스에 존재하며 기존의 관리수준으로는 제거할 수 없어 모든 제조품에 영향을 미친다. Deming은 모든 품질문제의 80~85%는 이러한 우연원인에 기인한다고 주장한다. 예를 들면, 작업자의 숙련도의 차이, 구입 원자재의 고질적인 변동, 충분한 감독기술의 결여, 기계의 진동, 기계의 고장, 제품설계 불량, 작업조건의 변화(소음, 먼지, 습도, 조명, 너무 춥거나 더움) 등은 우연원인에 기인한다. 이러한 우연원인에 의한 문제는 전적으로 경영층이 책임을 지고 해결해야 하는 문제이다. 우연원인은 피할 수 없고 완전히 제거할 수 없기 때문에 프로세스 관리의 대상이 아니다.

프로세스 관리는 기본적으로 두 가지의 가정에 입각하고 있다. 첫째는 품질변동은 어떠한 제조 프로세스에도 있게 마련이라는 것이다. 아무리 프로세스가 완전하게 설계되었다 하더라도 그 프로세스로부터 생산되는 품목마다 품질특성에 변동이 있는 것이다. 예를 들면, 한 회사에서 생산되는 봉지 속에 든 라면의 무게는 모든 봉지마다 똑같지 않고 평균치 주위로 변동한다.

이러한 자연적이고 고유한 변동(natural or inherent variation)은 감소시킬 수 없기 때문에 어쩔 수 없이 받아들여야 한다. 이는 우연변동이라고도 한다.

둘째는 제조 프로세스가 항상 안정상태에 있는 것은 아니라는 것이다. 이러한 변동은 피할 수 있는 원인에 의하여 발생하기 때문에 이상원인은 경영층과 작업자가 비용과 노력을 투입하면 제거할 수 있다. 따라서 프로세스 관리의 관심대상은 바로 이 이상변동인데, 이로 인한 부적합품의 생산을 막아보자는 것이다.

프로세스상 다만 우연변동만 존재하면 [그림 11-3]에서 보는 관리도에서 품질 특성치가 관리한계 내에 들어 있고 [그림 11-4]에서 보는 바와 같이 이상한 패턴(pattern)을 보이지 않기 때문에 이 프로세스는 통계적으로 안정상태(관리상태)하에 있다(in statistical control)고 하고, 이상변동도 존재하면 이 프로세스는 불안정상태하에 있다(out of control)고 한다. 따라서 품질관리의 목적은 프로세스 변동이 어떠한 원인에 의하여 발생하는지 밝히고, 제거할 수 있는 이상변동이 존

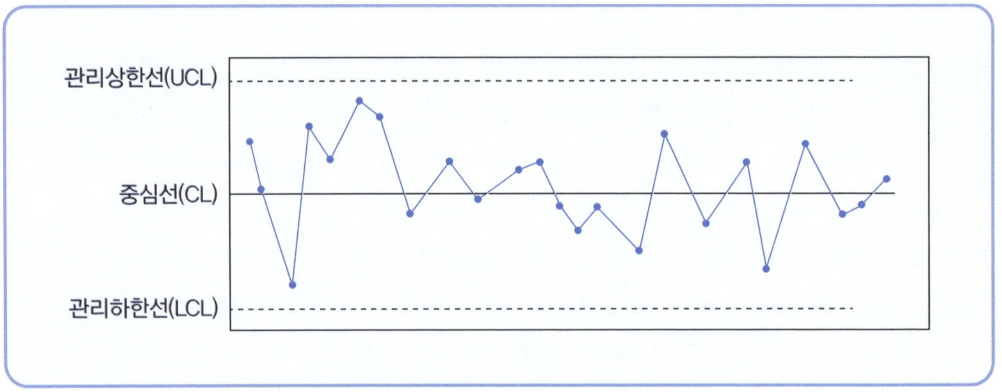

[그림 11-3] 안정상태하의 관리도의 구조

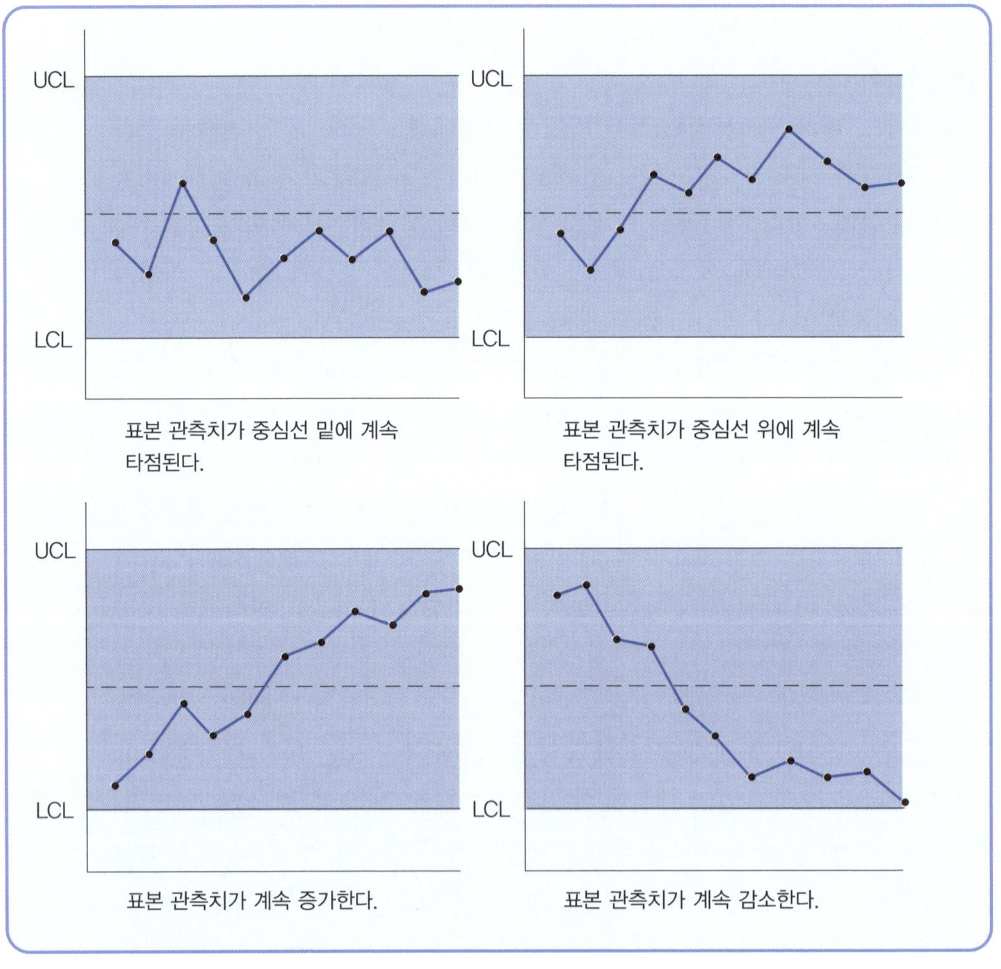

[그림 11-4] 패턴의 예

재하면 프로세스를 중단시켜 이를 제거하는 시정조치를 취하여 프로세스가 언제나 안정상태하에 있도록 유지하는 것이다. 그러나 프로세스의 안정에 만족하지 않고 나아가 추진하는 프로세스의 관리상태를 더욱 높은 수준으로 끌어올리는 지속적인 개선은 전통적으로 어쩔 수 없다고 인정해 온 우연원인의 감소를 통해 달성된다. 이를 위하여 생산설비의 개선, 작업방법의 개선, 작업환경의 개선, 작업자의 훈련과 교육 등에 관심을 기울여야 한다.

11.3 프로세스 관리와 관리도

프로세스 관리도는 프로세스의 관리와 프로세스의 해석을 위해 사용된다. 프로세스가 안정되어 있는지 또는 불안정한지를 판정하기 위해서는 그 프로세스에서 생산하는 제품의 품질특성에 대한 평균과 표준편차가 시간의 경과에 따라 어떤 행태를 보이는가를 관찰하여야 한다. 평균수준과 동시에 프로세스 변동수준이 사전에 정한 한계(관리한계) 내에서 움직이고 어떤 패턴을 보이지 않으면 이 프로세스는 우연원인에 의한 변동만이 존재하여 통계적으로 안정되어 있다고 한다는 점은 이미 앞절에서 설명한 바와 같다.

평균수준과 변동수준 둘 가운데 하나라도 관리한계를 벗어나는 경우에는 이상원인이 발생하여 프로세스가 불안정하기 때문에 그 원인을 제거하기 위한 조치가 강구됨으로써 다시 프로세스를 안정상태로 복귀시켜 다시는 이러한 일이 재발하지 않도록 하여야 한다.

이상원인에 의한 품질변동의 발생 여부를 조사하는 데 사용되는 도구가 Shewhart가 맨 먼저 고안한 관리도이다. 관리도 및 관리한계의 작성에 대해서는 후절에서 설명하기로 하고 본절에서는 이러한 관리한계가 이미 작성되었을 경우 프로세스 관리는 어떻게 하는가를 공부하고자 한다.

이를 위해서는 시간의 경과에 따라 프로세스로부터 주기적으로 랜덤하게 표본군(subgroup)을 추출하여야 한다. 여기서는 표본크기 5인 자동차 개스킷을 다음과 같이 추출하였다고 가정하자.

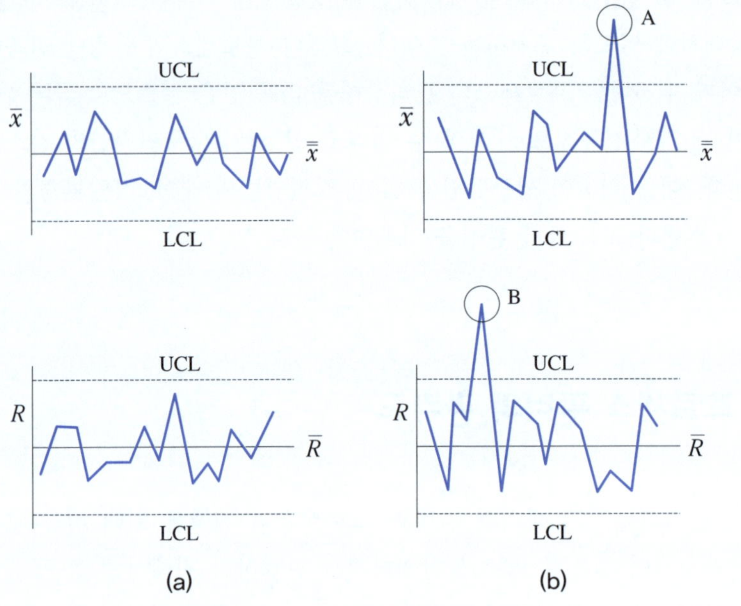

[그림 11-5] 이상원인만의 발생

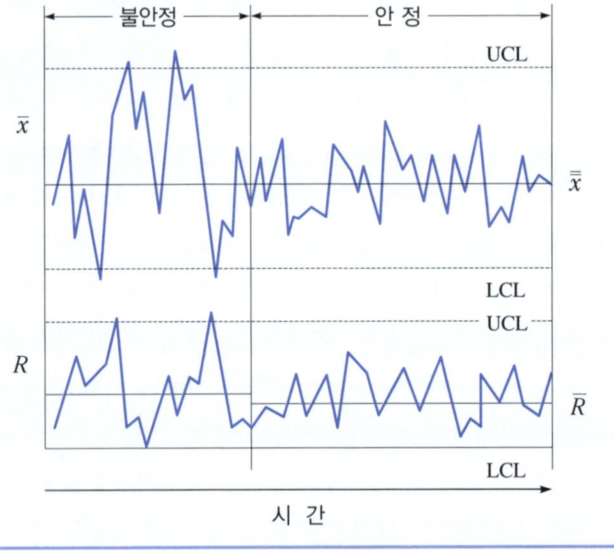

[그림 11-6] 통계적 안정상태로 복귀

		10:00 AM		9:30 AM		9:00 AM	
		0.044inch		0.046inch		0.043inch	
		0.043		0.044		0.044	
프로세스	···	0.045	···	0.045	···	0.044	···
		0.044		0.045		0.042	
		0.044		0.047		0.047	
		$\bar{x}=0.044$		$\bar{x}=0.0454$		$\bar{x}=0.044$	
		$R=0.002$		$R=0.003$		$R=0.005$	

각 표본군은 일정한 시점에 그의 평균수준과 변동수준에 입각하여 프로세스의 행태가 어떠하였는가를 보여준다. 프로세스의 두 파라미터인 평균과 표준편차의 측정치로 표본군의 평균과 범위(range)를 사용한다.

표본군의 평균치 $\bar{x}$들을 $\bar{x}$관리도에 타점하고, 표본군의 범위 R들을 R관리도에 타점하면 프로세스의 행태가 시간에 따라, 즉 표본군에 따라 변하고 있는지를 알 수 있다. 만일 프로세스에 우연원인에 의한 변동만이 발생한다면 모든 표본군의 $\bar{x}$와 R들은 관리한계 내에서 랜덤으로 변동할 것이다. [그림 11-5] (a)는 이를 보여주고 있다. 그림에서 $\bar{\bar{x}}$는 표본평균 $\bar{x}$들의 평균으로서 프로세스(모집단) 평균 μ의 추정치인데 관리도의 중심선이 된다.

그러나 프로세스는 이상원인의 발생으로 그의 평균수준 또는 변동수준이 이동하게 되어 $\bar{x}$ 또는 R이 관리한계를 벗어나게 되는 경우가 있다. [그림 11-5] (b)는 이를 보여주고 있다. 그림에서 점 A와 B는 프로세스상 국부적 결함의 발견이므로 이러한 이상원인 발생의 근본 이유를 찾아 이를 제거해야 한다. 물론 이러한 일은 작업자가 할 수 있다.

[그림 11-6]은 불안정한 프로세스가 안정된 프로세스로 변환하는 과정을 보여주고 있다. 작업자의 노력으로 이상원인이 제거되어 프로세스는 다시 정상상태로 복귀하였다.

이와 같이 프로세스가 통계적으로 안정상태에 있는지 밝히기 위하여 사용되는 도구가 관리도인데, 관리도를 정의한다면 이상원인으로 인한 변동(산포)과 우연원인으로 인한 변동을 구분할 수 있는 중심선과 관리한계를 결정한 다음, 여기에 프로세스에서 추출한 품질특성치(평균 또는 표본범위)를 타점하여 프로세스의 안정여부를 시간의 경과에 따라 판별할 수 있는 일종의 그래프라고 하겠다.

11.4 프로세스 안정과 프로세스 개선

프로세스로부터 이상원인의 발생이유를 근본적으로 제거함으로써 프로세스를 안정된 상태로 유지하는 것은 그 프로세스가 의도된 대로 진행하고 있음을 의미할 뿐 프로세스 개선을 의미하지는 않는다. 프로세스가 안정되어 있다 하더라도 우연원인에 의한 변동은 상존할 수가 있기 때문이다.

프로세스 안정을 넘은 프로세스의 지속적 개선은 바로 이 우연원인의 근원을 공격함으로써 가능하다. 프로세스 개선은 경영층의 개입을 통해서만 수행될 수 있다. 작업자는 비록 우연원인의 발생에 관한 진단과정에 참여할 수는 있으나 우연원인의 감소를 위한 시스템의 변경 등 조치의 강구는 경영층이 수행한다.

우연원인의 발생에 의한 만성적인 문제의 해결이 프로세스에 미치는 효과를 보기 위하여 [그림 11-7]을 예로 보자. 프로세스가 안정상태로 진행하고 있지만 프로세스 능력평가상 프로세스에 능력이 조금 부족한 경우, 즉 안정된 프로세스로부터 생산되는 많은 제품의 품질특성치가 설계규격한계를 벗어나는 경우가 있을 수 있다.

[그림 11-7]의 왼쪽 부분은 이를 나타내고 있다. 즉 T_1에서 T_2까지의 기간에 프로세스는 안정상태에서 진행하고 있으나 프로세스 제품은 규격한계를 벗어나 프로세스 능력에 문제가 있음을 보여주고 있다. 프로세스 분석결과 설비물에 문제가 있음을 발견하고 이의 재설계를 통하여 이 문제를 T_2 시점에 개선하였다고 가정하자.

이러한 프로세스 시스템의 변경으로 우연원인에 의한 고질적인 변동이 상당히 줄어들어 T_2에서 T_3까지의 기간에 수집된 데이터에 입각할 때 프로세스 능력이 상당히 개선되었음을 볼 수 있다. 이제 경영층에 의해 가능한 프로세스 시스템의 큰 변경만이 지속적인 프로세스 개선을 추진할 수 있다. [그림 11-8]은 프로세스가 불안정상태에서 안정상태로, 다시 개선된 상태로 호전되어 가는 과정을 보여주고 있다.

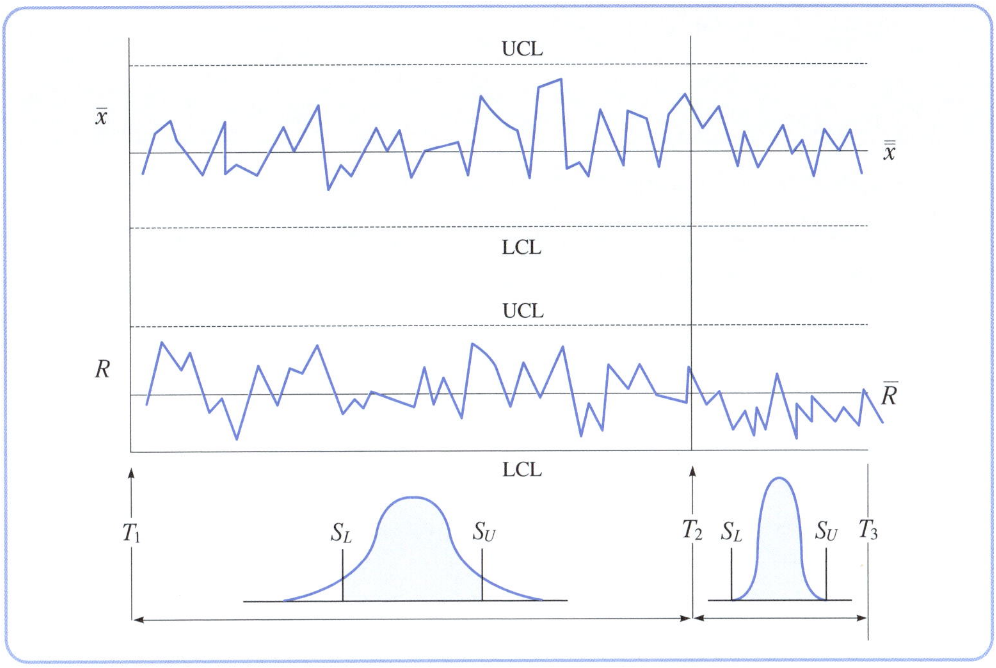

[그림 11-7] 우연원인 감소를 통한 프로세스 개선

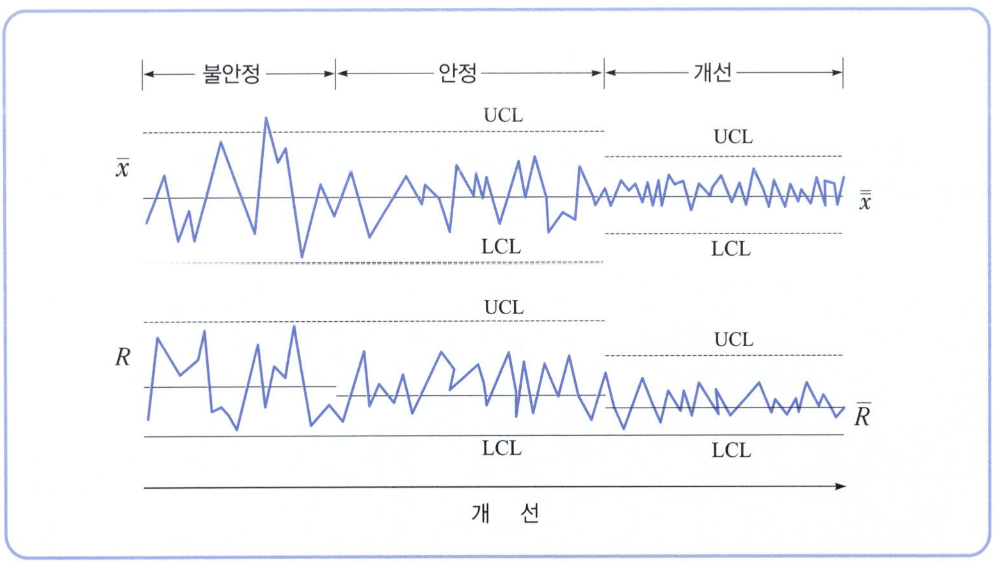

[그림 11-8] 프로세스의 불안정 → 안정 → 개선으로의 호전과정

11.5 관리도의 종류

관리도(control chart)는 사용되는 측정치(데이터)의 종류에 따라 계량형 관리도와 계수형 관리도로 대별하며 또한 사용용도에 따라 프로세스 해석용 관리도와 프로세스 관리용 관리도로 나눌 수 있다. 계량형 데이터란 무게나 길이처럼 연속적인 값을 갖는 연속변수에 대한 측정치를 말하고 계수형 데이터란 불량개수처럼 하나하나 이산점을 갖는 이산변수에 대한 측정치를 말한다.

계량형 관리도

- 평균($\bar{x}$)관리도
- 범위(R)관리도
- 개별치(x)관리도
- 표준편차(σ)관리도
- 이동범위(R_S)관리도
- 메디안($\tilde{x}$)관리도
- 누적합계(cusum)관리도
- 이동평균관리도
- 추세관리도

계수형 관리도

- 불량률(p)관리도
- 불량개수(np)관리도
- 결점수(c)관리도
- 단위당 결점수(u)관리도
- 단위당 평점(U)관리도

11.6 관리도의 통계적 기초

1. 기본 원리

프로세스의 우연변동과 이상변동을 구별하고 프로세스를 안정상태하에 유지하고자 사용하는 통계적 도구가 관리도이다. 관리도는 중심선(center line)과 상 · 하한을 나타내는 관리한계(control limit)로 구성되어 있다. 중심선은 안정상태에 있는 프로세스의 평균 품질특성을 의미하고, 관리한계는 우연변동의 범위를 의미한다. 따라서 관리상한(upper control limit: UCL)은 프로세스의 안정상태가 존재할 때의 최대허용 우연변동을, 그리고 관리하한(lower control limit: LCL)은 최소허용 우연변동을 나타낸다. [그림 11-9]는 전형적인 관리도의 한 예이다.

관리도에 타점하는 한 통계량(statistic), 예컨대 어느 부품의 평균직경은 정규분포를 한다고 가정한다. 프로세스(모집단)가 정규분포를 이룰 때에는 표본분포는 언제나 정규분포를 이루지만 프로세스 분포가 정규분포가 아니더라도 표본크기 n이 30 이상으로 클수록 정규분포에 접근한다. 이를 중심극한정리(central limit theorem)라 한다.

한 프로세스가 제품을 생산할 때 그 제품들의 한 품질특성치의 분포는 정규분포를 하고, 그 분포의 평균은 μ이며 표준편차는 σ라고 가정할 수 있다. 이때 개별 제품의 품질특성치 x가 그 분포의 $\mu+1\sigma$와 $\mu-1\sigma$ 사이에 들어갈 확률은 약 68.2%, $\mu\pm2\sigma$에 들어갈 확률은 약 95.5%이고, $\mu\pm3\sigma$에 들어갈 확률은 약 99.7%라고 할 수 있다. [그림 11-10]의 왼쪽 그림은 프로세스 분포(모집단 분포)를 나타내고 있다.

표본크기 n개의 x가 모집단인 프로세스로부터 랜덤으로 추출되어 그들의 평균을 구하여 얻은 값을 $\bar{x}$라고 한다면, k번째 표본까지 구한 평균들을 $\bar{x}_1$, $\bar{x}_2$, ⋯, $\bar{x}_k$로 표시할 수 있다.

그러면 이들 평균들의 분포는 무엇일까? 이들 평균들의 확률분포를 표본분포(sampling distribution)라고 하는데, 이는 또한 정규분포를 한다. [그림 11-10]의 오른쪽 그림은 표본분포를 나타내고 있다. 표본분포의 평균 $\mu_{\bar{X}}$($\bar{\bar{x}}$로 표시하기도 함)와 표준편차 $\sigma_{\bar{X}}$는 모집단의 평균과 표준편차와의 관계를 다음과 같이 표현할 수 있다.

$$\mu_{\overline{X}} = u = \bar{\bar{x}}$$
$$\sigma_{\overline{X}} = \sigma / \sqrt{n}$$

표본분포가 정규분포를 하기 때문에 어느 표본의 평균 $\bar{x}_i$가 $\mu_{\overline{X}} \pm 3\sigma_{\overline{X}}$ 속에 들어갈 확률은 99.73%이다. 일반적으로 관리도의 상 · 하한은 평균치 $\bar{\bar{x}}$로부터 $\pm 3\sigma_{\overline{X}}$로 결정된다. 만일 정규분포가 가정되면 관찰된 우연변동의 99.73%가 이 관리한계 내에 들어가게 된다. 즉 프로세스가 안정되어 있으면 표본통계량이 $\pm 3\sigma_{\overline{X}}$ 한계 내에 타점될 확률이 99.73%이다. 따라서 관리한계를 벗어날 확률은 0.27%이고, 관리한계를 벗어나는 경우에는 이상변동의 발생으로 간주하기 때문에 시정조치가 필요하게 된다.

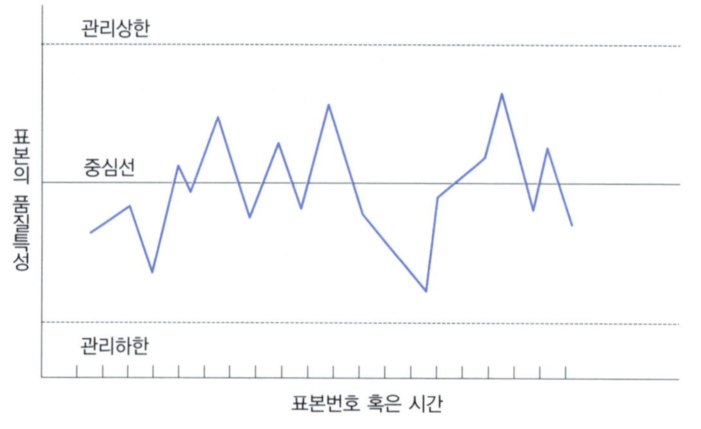

[그림 11-9] 전형적인 관리도

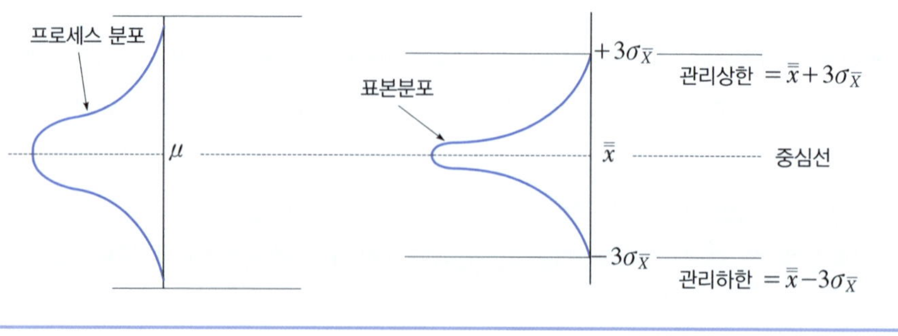

[그림 11-10] 프로세스(모집단)와 관리도의 관계

[그림 11-10]은 모집단과 관리도의 관계를 보이고 있는데, 오른편의 관리도에서 Y축은 관리되고 있는 품질특성을 나타내고, X축은 시간의 경과에 따라 추출한 표본번호를 나타낸다. 프로세스가 안정상태로 들어가면 정기적으로 표본을 추출하여 필요한 표본통계량(sample statistic), 예컨대 표본평균 또는 표본범위 등을 계산하여 관리도에 타점하여야 한다.

모든 타점이 [그림 11-11]처럼 관리한계 내에 들어오게 되면 그 프로세스 상태는 안정되어 있다고 하고, 하나 이상의 타점이 [그림 11-12]처럼 관리한계상에 또는 그 밖에 놓이게 되면 그 프로세스는 불안정상태에 있다고 한다. 만일

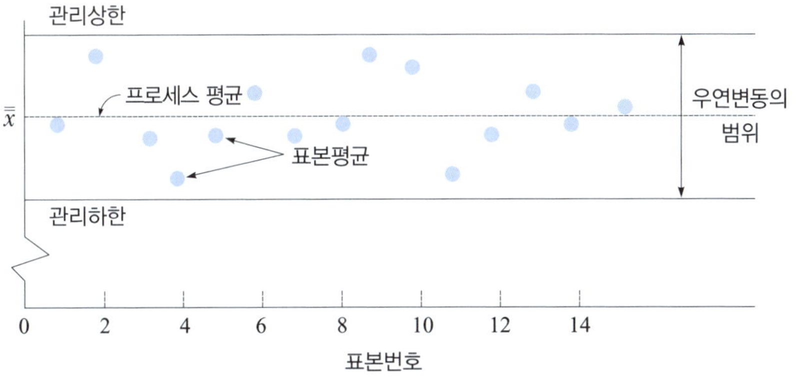

[그림 11-11] 안정상태의 프로세스

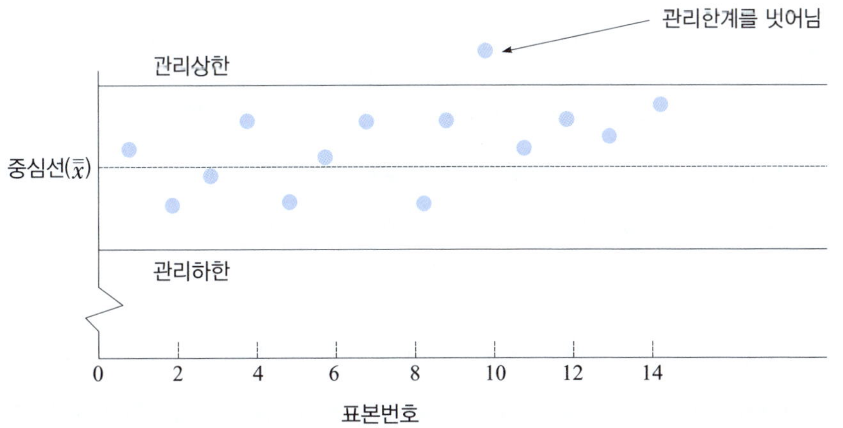

[그림 11-12] 불안정상태의 프로세스

프로세스가 불안정상태에 있음이 발견되면 프로세스는 중단되고 이상원인을 제거하기 위한 조치가 강구되어야 한다. 이러한 절차를 거쳐 프로세스는 결국 안정상태를 유지하고 프로세스의 제품 속에는 우연변동만이 존재하게 된다.

2. 제Ⅰ종 오류와 제Ⅱ종 오류

관리도를 이용하여 프로세스의 안정성을 추정하는 데는 제Ⅰ종 오류와 제Ⅱ종 오류의 두 가지 오류를 범할 수 있다.

제Ⅰ종 오류

제Ⅰ종 오류(type Ⅰ error)는 프로세스가 실제로 안정되어 관리상태를 유지하고 있음에도 불구하고 관리한계선 밖에 타점이 있다고 해서 불안정하다고, 즉 이상상태라고 추정함으로써 범하는 오류이다. 제Ⅰ종 오류를 범할 확률은 α로 표시한다. 프로세스가 안정되어 우연원인만이 존재할 때 관리한계 밖에 타점이 되면 이 프로세스는 불안정하다고 단정한다. 그러나 관리한계가 프로세스 평균으로부터 $\pm 3\sigma$ 떨어져 있기 때문에 표본통계량이 관리한계 밖에 타점이 될 제Ⅰ종 오류의 크기는 약 0.26%로 아주 작다고 할 수 있다. 이런 경우 프로세스가 불안정하다고 추정하는 것은 잘못된 결론이다. [그림 11-13]은 제Ⅰ종 오류의 확률을 보이고 있다.

제Ⅱ종 오류

제Ⅱ종 오류(type Ⅱ error)는 프로세스가 실제로 불안정상태임에도 불구하고 타점이 모두 관리한계 안에 있기 때문에 안정하다고 추정함으로써 범하는 오류이다. 관리한계 밖에 타점이 되지 않으면 프로세스는 안정되어 있다고 결론한다. 그러나 프로세스는 실제로 불안정하다고 가정하자. 이는 작업자의 부주의 또는 새로운 협력업체로부터 구입하는 원자재의 품질수준의 변화로 인한 프로세스 평균(프로세스 중심)의 이동 때문에 가능하다. 혹은 새로운 작업자로 인한 프로세스 산포의 변화로 인해 프로세스가 불안정할 수 있다.

이러한 경우 표본통계량이 관리한계 내에 타점이 될 가능성은 있으나 프로세스가 안정되어 있다고 결론짓는 것은 제Ⅱ종 오류이다. [그림 11-14]에서 프로세스 평균이 점 A에서 점 B로 이동하므로 이 프로세스는 불안정되어 가고 있다. 그러나 표본통계량이 관리한계 내에 타점될 가능성은 높아 프로세스는 안

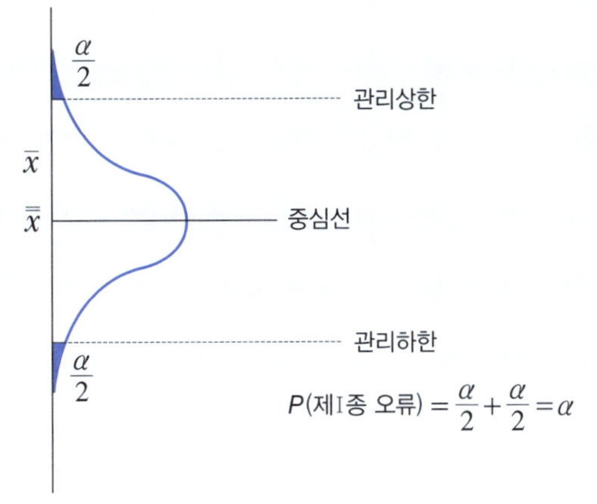

[그림 11-13] 제 I 종 오류

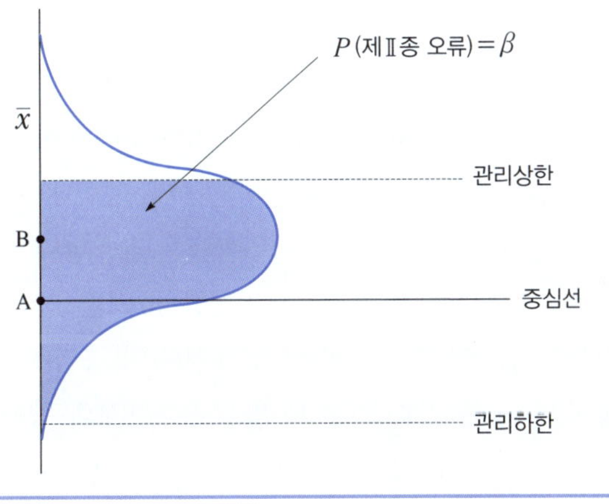

[그림 11-14] 제 II 종 오류

정되어 있다고 결론지을 위험(제 II 종 오류)이 있다. [그림 11-14]에서 제 II 종 오류를 범할 확률은 관리한계 사이의 넓이, 즉 색칠한 부분이다.

3. 오류에 대한 관리한계의 영향

관리한계의 폭은 제 I 종 오류와 동시에 제 II 종 오류의 발생 가능성을 내포한다. 관리한계가 중심선으로부터 멀어지면 제 I 종 오류의 확률은 감소한다. 관리한계가 중심선으로부터 3σ에 놓이면 제 I 종 오류(α)의 발생확률은 0.26%이다.

만일 프로세스가 안정상태에 놓이면 표본통계량이 관리한계 밖에 나갈 확률

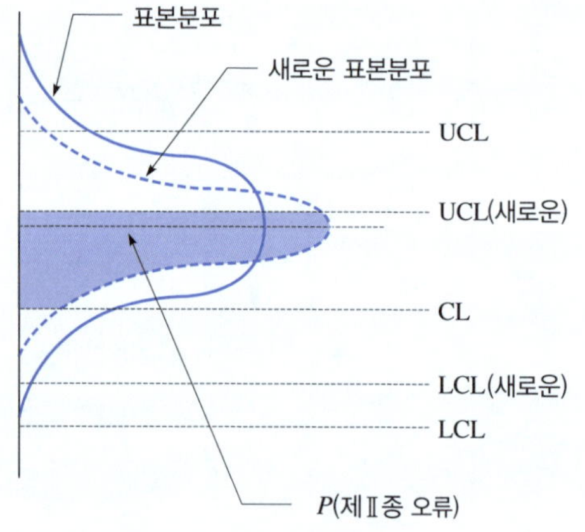

[그림 11-15] 표본크기 증가의 영향

은 관리한계의 폭이 확대될 때 감소한다. 따라서 제Ⅰ종 오류를 범할 가능성도 감소한다. 그러나 관리한계의 폭이 확대되면 반대로 제Ⅱ종 오류(β)를 범할 가능성은 증가한다. 즉 검출력(test power) $1-\beta$가 충분히 크지 못하다는 결점이 있다.

제Ⅰ종 오류와 제Ⅱ종 오류의 관계는 서로 정반대의 관계이다. 즉 제Ⅰ종 오류의 확률이 증가하면 제Ⅱ종 오류의 확률은 감소한다.

만일 모든 프로세스 파라미터가 일정할 때 표본크기 n이 증가할수록 제Ⅱ종 오류의 확률은 감소한다. $\sigma_{\overline{X}} = \sigma / \sqrt{n}$에서 n이 증가하면 표본평균 $\bar{x}$의 표본분포의 표준편차 $\sigma_{\overline{X}}$는 감소한다. 따라서 관리한계의 폭은 감소하고 제Ⅱ종 오류의 확률 또한 감소한다. [그림 11-15]는 이를 설명한다.

제Ⅰ종 오류와 제Ⅱ종 오류는 정반대의 관계를 갖기 때문에 관리한계의 신중한 결정이 요구된다. 대부분의 경우 관리한계는 중심선으로부터 3σ에 놓여 제Ⅰ종 오류의 확률을 0.26%에 제한시키는 기준을 적용한다.

4. 관리도와 가설검정

프로세스의 안정 여부를 판별하기 위하여 관리도를 작성하는데 이는 프로세스가 안정되어 있다는 귀무가설(null hypothesis)에 대한 가설검정(hypothesis testing)을 실시하기 위하여 사용되는 도구에 불과하다는 것이다.

예컨대 9.5inch×12inch의 노트북 종이를 생산한다고 가정하자. 종이의 길이가 관심 특성이기 때문에 $\bar{x}$관리도를 이용해야 한다. 종이가 과연 12inch인지 확인하기 위하여 표본을 추출하여 검사해야 한다. 종이의 길이가 실제로 12inch인지 결정하기 위하여 다음과 같이 가설검정을 할 수 있다.

H_0: $\mu = 12$inch
H_1: $\mu \neq 12$inch

표본분포의 표준오차가 0.001inch이고 유의수준이 5%(Z=1.96)라고 할 때 표본크기 $n = 10$인 경우 임계치는 다음과 같이 계산한다.

$12 \pm 1.96(0.001) = \{11.99804,\ 12.00196\}$

이제 가설검정을 위해 정규분포를 따르는 모집단으로부터 $n = 10$의 종이를 랜덤으로 추출하여 그의 길이를 측정하여 다음과 같은 데이터를 얻었다고 가정하자.

12.0001	11.9999	11.9998	12.0002	12.0004
12.0020	11.9980	11.9999	11.9870	12.0004

표본평균 11.99877은 [그림 11-16]의 기각역에 들어가지 않으므로 귀무가설을 기각할 수 없다. 종이 생산 프로세스를 모니터하기 위하여 관리도를 이용할 수 있다. [그림 11-17]에서 보는 바와 같이 표본평균이 관리한계 내에 타점이 되기 때문에 종이 생산 프로세스는 관리상태하에 있다고 결론 내릴 수 있다.

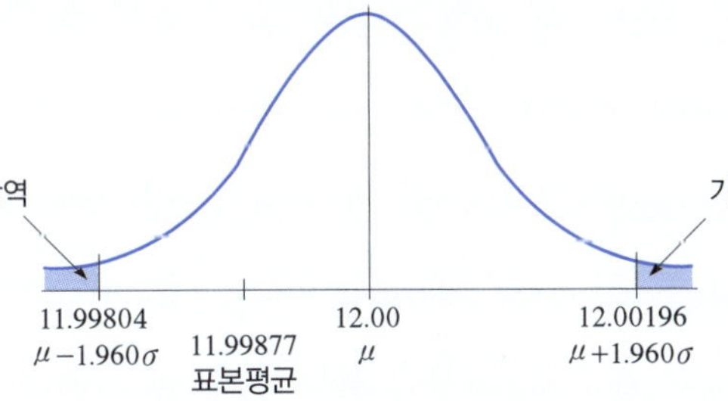

[그림 11-16] 가설검정

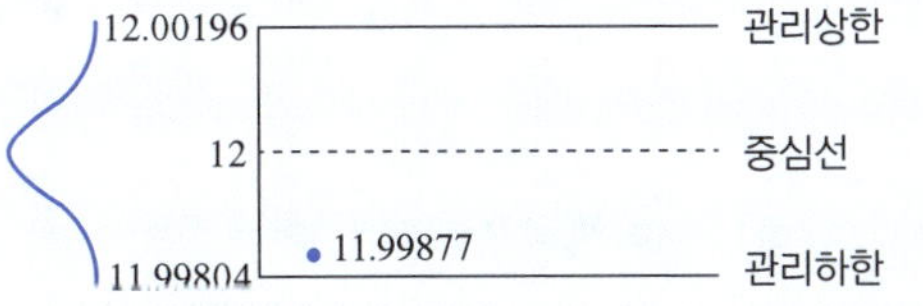

[그림 11-17] 관리도

5. 관리한계와 규격한계의 관계

프로세스의 현재 상태를 판별하는 기준이 관리한계이다. 관리한계 내에 모든 타점이 가능하다는 것은 그 프로세스는 현재 관리상태임을 의미한다. 그런데 프로세스가 관리상태라는 것은 평균과 표준편차(산포) 관리 수준이 유지되고 있다는 것을 의미한다. 그러면 관리상태하의 프로세스에서는 언제나 양품만을 생산하는 것인가? 물론 그것은 아니다. 관리상태하에서도 프로세스는 불량품을 생산할 수 있다.

관리한계와 규격한계는 분명히 다르다. 규격한계는 고객의 요구조건을 반영하여 설계 엔지니어가 결정한다. 규격상한은 설계 목표치＋허용오차이고 규격하한은 설계 목표치-허용오차로 구한다. 즉 규격한계란 불량품과 양품을 구분하기 위한 품질 특성치의 경계치를 말한다. 따라서 생산되고 있는 제품의 품질 특성치가 규격하한(S_L)과 규격상한(S_U) 사이에 들어가면 양품으로 판정되고 이를 벗어나면 불량품으로 판정한다.

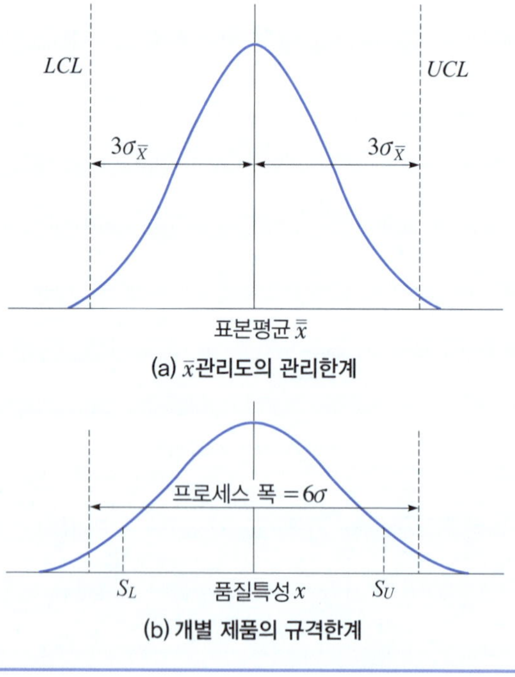

[그림 11-18] 관리한계(a)와 규격한계(b)의 차이

한편 관리한계란 평상시에 생산되는 품질 특성치의 99.7%가 포함되는 한계선을 뜻한다. 따라서 프로세스의 관리상태가 유지되고 있다는 것은 품질 특정치가 관리하한(LCL)과 관리상한(UCL) 사이에 거의 대부분 들어간다는 것을 말한다. 만약 산포관리 수준이 변동하여 산포가 크면 비록 관리한계가 안정상태를 유지한다고 해도 규격범위를 벗어난 불량품을 생산하게 된다.

규격한계와 관리한계의 차이를 뚜렷이 하기 위하여 프로세스는 안정상태를 유지하고 있으나 규격한계를 지키지 못하여 불량품 생산이 불가피한 상황을 [그림 11-18]은 보여주고 있다. 규격한계와 관리한계에 관해서는 제13장에서 다시 공부할 것이다.

11.7 관리도의 검사특성곡선(*OC*곡선)

프로세스는 그의 평균, 불량률, 또는 표준편차가 변화할 때 이상이 발생한다. 관리도가 이러한 프로세스의 변화를 얼마만큼 정확히 발견할 수 있는가 하는 관리도의 성능을 평가하는 방법으로 *OC*곡선(operating characteristic curve), 즉 검출력 곡선이 있다.

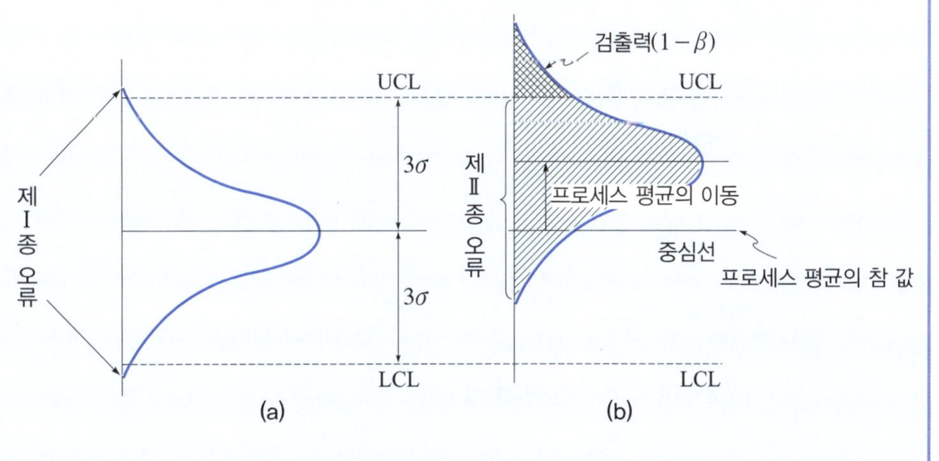

[그림 11-19] 관리도의 *OC*곡선

관리도의 성능은 일반적으로 [그림 11-15]에 표시된 것과 같이 프로세스의 변동을 탐지하지 못하는 제Ⅱ종 오류 β 또는 이러한 변동을 발견해 낼 수 있는 확률 $1-\beta$로 나타낸다. [그림 11-19](b)에서 프로세스의 변동사실을 발견하지 못할 확률 β는 UCL과 LCL 사이에 있는 정규곡선 밑의 빗금친 넓이이다.

OC곡선은 프로세스 파라미터(프로세스 평균 또는 프로세스 표준편차)가 안정된 값으로부터 벗어난 변동된 값(X축)에 대응하는 제Ⅱ종 오류의 확률(Y축)을 점으로 연결하여 구한다. OC곡선은 프로세스 파라미터의 변동사실을 발견치 못할 가능성을 관리도를 통해서 결정해 준다.

프로세스 파라미터가 조금 변동하면 이를 발견치 못할 확률은 높고, 반대로 많이 변동하면 이를 쉽게 발견하게 된다. OC곡선을 그리기 위한 계산은 다름 아닌 제Ⅱ종 오류의 확률을 구하는 것과 같다.

예제 11-1

방앗간에서 도정하는 쌀 한 가마니의 평균무게에 대해 관리도를 작성하려고 한다. 프로세스 평균 130kg, 표준편차 8kg인 프로세스에서 크기 5의 표본을 랜덤으로 추출하였다.

① 프로세스 평균으로부터 $\pm 3\sigma$인 관리한계를 설정할 때 제Ⅰ종 오류를 범할 확률은 얼마인가?

② 프로세스 평균이 135kg으로 이동하였다고 가정할 때 그 프로세스가 아직도 안정되어 있다고 결론짓고, 따라서 이동 후 추출한 첫 표본군에 대해 이 이동사실을 발견하지 못하고 제Ⅱ종 오류를 범할 확률은 얼마인가?

③ 프로세스 평균이 120kg으로부터 임의의 값으로 증가하는 경우의 OC곡선을 그려라.

해 답

① $UCL = 130 + 3\left(\frac{8}{\sqrt{5}}\right) = 140.733$

$LCL = 130 - 3\left(\frac{8}{\sqrt{5}}\right) = 119.267$

정규분포의 표준정규변수(standard normal variable) Z값을 관리상한에 대하여 구하면 다음과 같다.

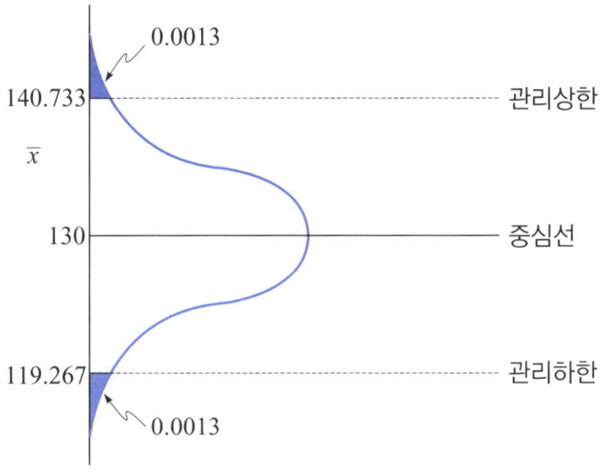

[그림 11-20] 제 I 종 오류의 확률

$$Z = \frac{\bar{x}-\mu}{\sigma_{\bar{x}}} = \frac{140.733-130}{8/\sqrt{5}} = 3.00$$

Z값을 관리하한에 대하여 구하면 $Z=-3.00$이다. 부표 I의 정규분포표에 의하면 $Z=3.00$일 때 $\alpha/2=0.0013$이므로 제I종 오류가 발생할 확률은 [그림 11-20]에서 보는 바와 같이 $\alpha=2(0.0013)=0.0026$이다.

② 프로세스 표준편차가 전과 같다고 가정하면 표본분포는 [그림 11-21]과 같다. 프로세스가 안정되어 있다고 결론짓고 제II종 오류를 범할 확률(β)은 관리한계 사이에 있는 정규곡선 밑의 색칠한 부분의 넓이와 같다. 관리상한에서의 Z값은

$$Z_1 = \frac{140.733-135}{8/\sqrt{5}} = 1.60$$

이다. 또한 정규분포표로부터 관리상한 위의 꼬리면적(tail area)은 0.0548이다. 관리하한에서의 Z값은

$$Z_2 = \frac{119.267-135}{8/\sqrt{5}} = -4.40$$

이다. 정규분포표로부터 관리하한 밑의 꼬리면적은 0.0000이다. 따라서 관리한계 사이의 면적, 즉 제II종 오류를 범할 확률은 $1-(0.0548+0.0000)=0.9452$이다. 따라서 프로세스 평균의 이동을 발견할 확률, 즉 검출력 $1-\beta=0.0548$이다.

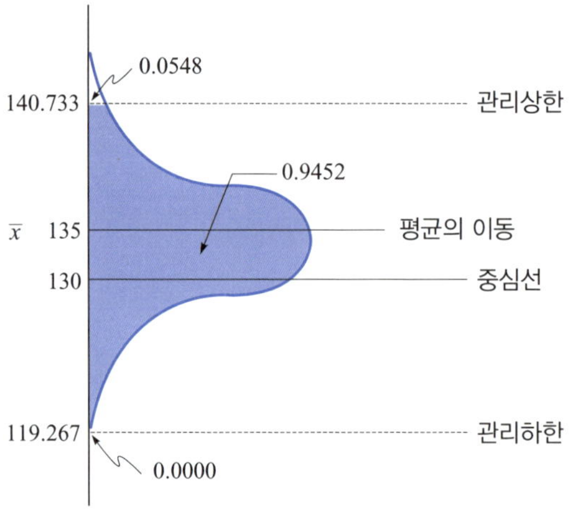

[그림 11-21] 제Ⅱ종 오류의 확률

③

프로세스 평균	*UCL*에서의 *Z*값, Z_1	UCL 위의 면적	LCL에서의 *Z*값, Z_2	LCL밑의 면적	발견 못할 확률(β)
133.578	2.00	0.0228	−4.00	0.0000	0.9772
137.156	1.00	0.1587	−5.00	0.0000	0.8413
140.733	0.00	0.5000	−6.00	0.0000	0.5000
144.311	−1.00	0.8413	−7.00	0.0000	0.1587
147.888	−2.00	0.9772	−8.00	0.0000	0.0228
151.466	−3.00	0.9987	−9.00	0.0000	0.0013

$$130+1\left(\frac{8}{\sqrt{5}}\right)=133.578 \qquad 130+2\left(\frac{8}{\sqrt{5}}\right)=137.156$$

$$Z_1=\frac{140.733-133.578}{8/\sqrt{5}}=2.00 \qquad Z_2=\frac{119.267-133.578}{8/\sqrt{5}}=-4.00$$

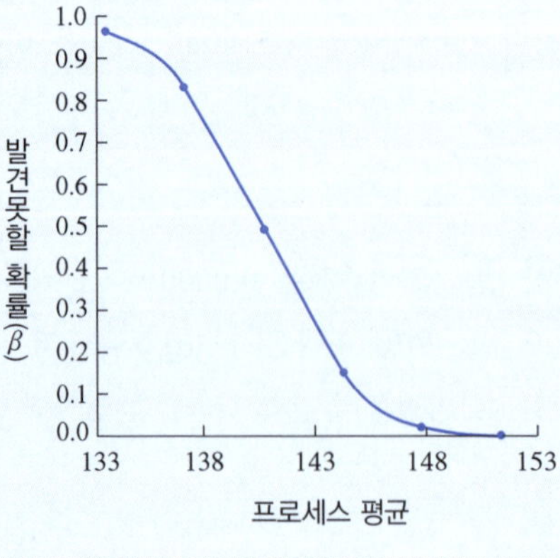

11.8 표본군과 표본크기

1. 합리적 표본군

관리도의 사용에 있어 기본적인 아이디어는 Shewhart가 말하는 합리적 표본군[1](rational subgroup)의 개념에 따른 표본 데이터의 수집이다. 크기 n의 표본이 k조 있을 때 표본군의 수는 k개라고 한다. 크기 n의 표본군 하나 하나는 관리도를 작성하는 데 사용되기 때문에 프로세스로부터 아무렇게나 n개의 표본을 선정하는 문제가 아니다. n개로 구성되는 하나의 표본군을 형성하는 방법은 관리도의 사용으로 프로세스 변화를 발견할 수 있음에 직접 영향을 미친다. 따라서 관리도를 작성할 때 표본군을 정확하게 선정하는 것은 아주 중요한 일이다.

합리적 표본군이란 다만 우연원인만을 내포하는 표본군을 말한다. 따라서 어떤 합리적 표본군 내에는 우연원인에 의한 변동만 있을 뿐 이상원인에 의한 변동은 없는 것이다. 다만 이상원인의 문제는 [그림 11-22]에서 보는 바와 같이 한 표본군과 다른 표본군 간의 변동에 들어가도록 표본군을 형성하도록 해야 한다.

합리적 표본군을 추출하게 되면 다음과 같은 이점이 있다.

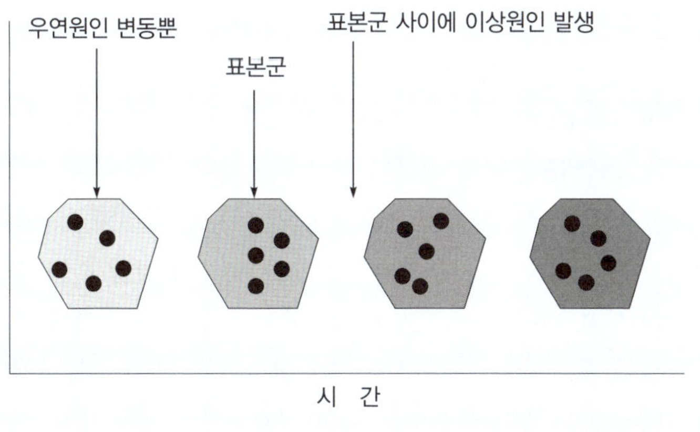

[그림 11-22] 합리적 표본군의 선정

1 표본군을 부분군, 서브그룹, 시료군이라고도 한다.

- 표본군 내의 변동은 프로세스 변동의 측정을 위한 좋은 지표가 된다.
- 이상원인의 존재를 쉽게 발견할 수 있는데, 이는 표본군 사이의 어떤 큰 변동을 초래하기 때문이다.

일반적으로 관리도를 위한 표본군의 선정은 꼭 랜덤 표본으로부터 오는 것은 아니다. 합리적 표본군을 형성할 표본을 추출함으로써 이를 이용하여 만든 관리도가 프로세스 문제를 효과적으로 찾아내도록 하는 것이 중요하다. 그럼에도 불구하고 관리한계는 다만 우연원인만이 존재하고 어떤 표본도 랜덤 표본이라고 생각하는 가정에 입각한다. 다시 말하면, 만일 프로세스가 안정상태에 놓여 있다면 계속 생산되는 제품의 변동은 우연원인 때문이며 또한 표본 사이의 독립성을 가정하는 $\frac{\sigma}{\sqrt{n}}$ 같은 공식을 사용하여 관리도를 작성하게 된다.

2. 표본크기와 표본추출의 빈도

관리도를 설계함에 있어서 사용할 표본크기 n과 표본추출의 빈도를 결정해야 한다. 필요한 표본크기는 프로세스 분산 σ의 크기와 표본(들)으로부터 도출하고자 하는 정확도에 의존한다.

프로세스 분산이 작아 생산되는 각 제품이 다음 제품과 거의 동일하면 작은 표본크기가 필요하지만 프로세스 분산이 큰 경우에는 큰 표본크기가 필요하다.

프로세스로부터 생산되는 제품의 품질특성치가 정규분포를 이루지 않는다면 중심극한정리에 따라 큰 표본크기가 필요한데, 이는 관리도 통계량의 정규분포를 보장하기 위해서이다.

일반적으로 4~6의 표본크기를 사용한다. $n=5$가 가장 일반적으로 사용되는데, 이는 표본군 평균의 계산이 쉽기 때문이다. 그러나 컴퓨터가 개발된 현대에는 표본크기는 크게 문제가 없으나 다만 비용을 고려해 이를 결정해야 한다.

표본크기 외에 표본군 추출의 빈도도 관리도의 작성 전에 결정되어야 할 요인이다. 이상적으로는 큰 표본크기를 자주 추출하는 것이 좋겠지만 이에는 막대한 자원이 필요하다. 따라서 작은 표본크기를 자주 추출하거나 큰 표본크기를 가끔 추출하는 방안이 있겠는데, 산업계에서는 특히 대량생산 프로세스에서는 전자의 방안을 선호하고 있다.

연·습·문·제

1. 품질변동은 피할 수 없는가?

2. 품질변동을 감소시키기 위하여 사용하는 방법에는 무엇이 있는가?

3. 품질변동을 일으키는 출처를 말하라.

4. 프로세스의 안정과 불안정의 차이점을 설명하라.

5. 프로세스 안정과 프로세스 능력과의 관계를 설명하라.

6. 프로세스 능력이란 무엇인가?

7. 품질변동의 감소가 중요한 이유는 무엇인가?

8. 품질향상노력을 지속적으로 추구해야 하는 이유는 무엇인가?

9. 평균치를 목표치에 근접시키는 꾸준한 노력의 결과는 무엇인가?

10. 품질변동의 이상원인과 우연원인을 비교 설명하라.

11. 프로세스 통제의 기본적인 가정은 무엇인가?

12. 프로세스 통제를 위하여 $\bar{x}$관리도와 R관리도가 어떻게 이용되는지를 설명하라.

13. 프로세스 안정과 프로세스 개선의 차이점을 설명하라.

14. 프로세스의 안정과 제 I 종 오류의 관계를 설명하라.

15. 프로세스의 안정과 제 II 종 오류의 관계를 설명하라.

16. 관리한계가 오류에 미치는 영향을 설명하라.

17. 합리적 표본군에 대하여 설명하라.

18. 자동기계로 생산하는 부품의 직경에 대한 데이터를 분석한 결과 프로세스 평균직경은 30mm이고 표준편차는 1.6mm이다. 만일 표본크기 4의 표본군을 프로세스로부터 랜덤으로 추출한다고 할 때

(1) 평균직경에 대한 3σ관리한계를 구하라.

(2) 제 I 종 오류를 범할 확률은 얼마인가?

(3) 만일 프로세스 평균이 31.12mm로 이동한다고 할 때(프로세스 표준편차는 일정하다고 가정함) 이동 후 첫 표본군에 대해 이 이동사실을 발견하지 못하고 제 II 종 오류를 범할 확률은 얼마인가?

19. 다음 관리도에서 패턴이 랜덤하다고 할 수 있는가?

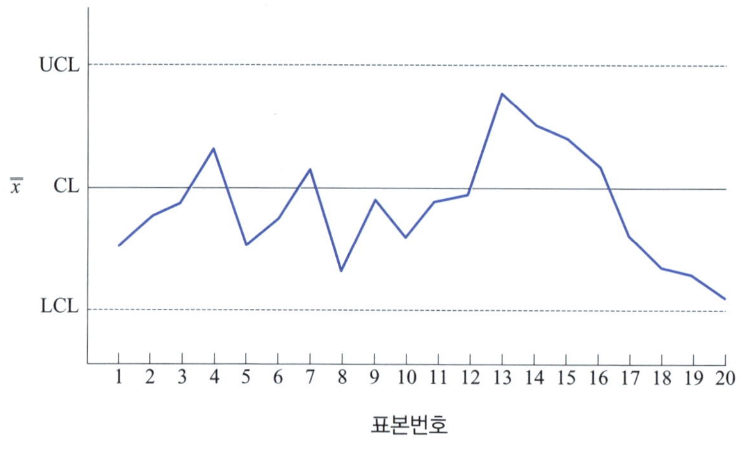

제12장

계량형 관리도와 계수형 관리도

모든 제품은 용도의 적합성을 함께 나타낼 여러 요소들을 갖는데, 이러한 각 요소를 품질특성(quality characteristic)이라 한다.

품질특성은 계량치(variable)와 계수치(attribute)로 구분할 수 있다. 측정 가능하고 수치로 나타낼 수 있는 특성을 계량치라 하는데 예를 들면, 두께, 직경, 온도, 산성도, 점도, 길이, 무게처럼 연속변량의 성격을 갖는다. 계량치 데이터는 구체적으로 그 크기를 단위로 측정할 수 있고 비교할 수 있다.

반면에 사전에 정한 규격요건에 일치한다든가 또는 불일치한다고 구분할 수 있다면 그 품질특성은 계수치라 한다. 계수치 데이터란 불량률, 불량개수 등과 같이 품질특성의 기준을 충족시키는 품목의 비율이라든가 면적당 흠집수와 같은 데이터를 말한다. 이는 주로 시각적 검사를 통해 수집한다.

계수치 데이터는 간단한 검사나 셈으로 빨리 평가할 수 있는 반면에 계량치 데이터는 특정 형태의 측정도구를 사용해야 하기 때문에 계수치 데이터 수집이 더욱 쉽다. 그러나 계량치 데이터 측정은 계수치 데이터 측정보다 훨씬 적은 표본을 추출하기 때문에 더 효율적이라고 할 수 있다.

계량형 관리도(control chart for variables)는 계수형 관리도(control chart for attributes)보다 더욱 효율적인 통제절차이며 프로세스 성과에 대한 중심경향과 분산 등에 대한 더욱 많은 정보를 제공하기 때문에 품질관리에 널리 이용된다. 이들 관리도는 일반적으로 정규분포의 적용을 받는다.

계량치 품질특성을 취급할 때는 그 특성의 평균치와 분산을 통제하는 것이 일반적인데, 평균치와 표준편차를 동시에 관리하게 되면 품질특성의 분포를 관리하는 결과가 되기 때문이다.

본장에서는 계량형 관리도로서 $\bar{x}$관리도(평균관리도)와 R관리도(범위관리도) 그리고 계수치 관리도로서 p관리도, np관리도, c관리도에 대하여 설명하고자 한다.

12.1 계량형 관리도

1. $\bar{x}$관리도의 통계적 기초

프로세스의 한 품질특성이 평균 μ와 표준편차 σ로 정규분포를 하며 μ와 σ는 알고 있다고 가정하자. 만일 x_1, x_2, ⋯, x_n이 정규분포를 하는 프로세스(모집단)로부터 추출한 표본크기 n의 개별치라고 하면 이 표본의 평균은

$$\bar{x} = \frac{\sum_{i=1}^{n} x_i}{n} = \frac{x_1 + x_2 + \cdots + x_n}{n}$$

이다. 중심극한정리로부터 $\bar{x}$는 평균 μ와 표준편차 $\sigma/\sqrt{n}$로 정규분포를 함을 알고 있다. 또한

$$P(u - Z_{\alpha/2}\sigma_{\bar{X}} \leq \bar{x} \leq u + Z_{\alpha/2}\sigma_{\bar{X}}) = 1 - \alpha$$

가 성립하여 어떤 표본평균도 다음의 한계 내에 놓일 확률은 $1-\alpha$이다.

$$UCL = \mu + Z_{\alpha/2}\sigma_{\bar{X}} = \mu + Z_{\alpha/2}\frac{\sigma}{\sqrt{n}} \qquad (12.\ 1\ a)$$

$$LCL = \mu - Z_{\alpha/2}\sigma_{\bar{X}} = \mu - Z_{\alpha/2}\frac{\sigma}{\sqrt{n}} \qquad (12.\ 1\ b)$$

그러므로 만일 프로세스의 μ와 σ를 알고 있다면 식 (12. 1 a)와 (12. 1 b)

는 표본평균의 관리도에 있어 관리상한과 관리하한으로 사용할 수 있다. 즉 3σ 한계를 사용한다면 $Z_{\alpha/2}$ 대신에 3을 사용할 수 있다. 만일 표본평균 $\bar{x}$가 UCL의 위로, 그리고 LCL의 아래로 벗어나게 되면 표본평균은 관리불능상태라고 한다. 즉 프로세스 평균이 μ와 같지 않게 된다.

품질특성 x가 정규분포(모집단이 정규분포를 함)를 한다고 가정하였지만 정규분포가 아니더라도 표본크기 n이 상당히 크면 중심극한정리에 의하여 표본분포는 정규분포를 하기 때문에 위의 관리한계는 거의 옳다고 인정할 수 있다.

그런데 실제로 프로세스 평균 μ와 프로세스 표준편차 σ를 사전에 알 수는 없다. 따라서 이들의 값은 안정된 프로세스에서 표본을 추출하여 예측하는 수밖에 없다. 이를 위해 표본크기 n을 적어도 20~25회 추출한다. 즉 표본군은 k개, 각 표본군은 품질특성에 대해 n개의 관측치를 필요로 한다. 표본크기 n은 보통 4, 5, 또는 6인데, 이는 합리적 표본군의 설정과 측정에 따르는 비용을 감안하여 결정한다.

$\bar{x}_1$, $\bar{x}_2$, ⋯, $\bar{x}_k$를 각 표본(군)의 평균이라 하면 프로세스 평균 μ의 가장 좋은 예측치 $\bar{\bar{x}}$는 다음과 같이 구한다.

$$\bar{\bar{x}} = \frac{\sum_{i=1}^{k} \bar{x}_i}{k} = \frac{\bar{x}_1 + \bar{x}_2 + \cdots + \bar{x}_k}{k}$$

프로세스 평균 μ의 예측치 $\bar{\bar{x}}$는 $\bar{x}$관리도의 중심선으로 이용된다. 즉

$$CL = \bar{\bar{x}}$$

이다.

관리한계를 설정하기 위해서는 프로세스 표준편차 σ의 예측치가 필요하다. 이를 위해서는 표본표준편차 s 또는 각 표본군의 범위를 이용할 수가 있는데, 범위를 이용하는 것이 일반적이다. 개별 관측치 x_1, x_2, ⋯, x_n으로 구성되는 표본크기 n의 표본군에 대해 표본범위(sample range) R은 다음과 같이 구한다.

$$R = x_{최대} - x_{최소}$$

정규분포를 이루는 프로세스로부터 추출하는 표본범위와 이 분포의 프로세

스 표준편차 σ 사이에는 중요한 관계가 성립하는데, 확률변수 $W=R/\sigma$로 표현할 수 있다. 이는 상대적 범위(relative range)라고 부른다. 정규분포를 하는 모집단으로부터 표본을 추출할 때 W의 분포는 표본크기 n에 의존한다. W의 평균(기대값)은 d_2인데, 이의 값은 부표Ⅱ 관리한계 계수표에서 표본크기 n에 따라 결정된다.

$W=R/\sigma$로부터

$$\sigma = R/W$$

이고

$$E(\sigma)=\hat{\sigma}=E\left(\frac{R}{W}\right)=\frac{E(R)}{E(W)}=\frac{E(R)}{d_2}$$

이다. 그런데 $E(R)=\overline{R}=\frac{\sum_{i=1}^{k}R_i}{k}$이므로 프로세스 표준편차 σ의 예측치 $\hat{\sigma}$은 다음과 같다.

$$\hat{\sigma}=\frac{\overline{R}}{d_2} \tag{12. 2}$$

프로세스 평균 μ의 예측치로 $\bar{\bar{x}}$를, 프로세스 표준편차 σ의 예측치로 $\frac{\overline{R}}{d_2}$를 사용하고 $Z_{\alpha/2}$를 3으로 놓으면 $\bar{x}$관리도의 파라미터들은 다음과 같다.

$$\begin{aligned} UCL &= \bar{\bar{x}}+(3)\frac{\overline{R}/d_2}{\sqrt{n}} \\ CL &= \bar{\bar{x}} \\ LCL &= \bar{\bar{x}}-(3)\frac{\overline{R}/d_2}{\sqrt{n}} \end{aligned} \tag{12. 3}$$

그런데

$$A_2=\frac{3/d_2}{\sqrt{n}}=\frac{3}{d_2\sqrt{n}}$$

은 표본크기 n의 함수이므로 식 (12. 3)은 다음과 같이 정리할 수 있다. 즉 $\bar{x}$관리도의 관리한계와 중심선은 다음의 식 (12. 4)를 이용하여 구한다.

$$
\begin{aligned}
UCL &= \bar{\bar{x}} + A_2 \bar{R} \\
CL &= \bar{\bar{x}} \\
LCL &= \bar{\bar{x}} - A_2 \bar{R}
\end{aligned}
\tag{12. 4}
$$

표본크기 n에 따른 상수 A_2의 값은 〈표 12-1〉에서와 같이 주어져 있다.

| 표 12-1 | $\bar{x}-R$관리도 관리한계 계수표

표본크기 n	$\bar{x}$ 관리도의 계수치 A_2	R 관리도의 계수치	
		하 한 D_3	상 한 D_4
2	1.88	0	3.27
3	1.02	0	2.57
4	0.73	0	2.28
5	0.58	0	2.11
6	0.48	0	2.00
7	0.42	0.08	1.92
8	0.37	0.14	1.86
9	0.34	0.18	1.82
10	0.31	0.22	1.78
11	0.29	0.26	1.74
12	0.27	0.28	1.72
13	0.25	0.31	1.69
14	0.24	0.33	1.67
15	0.22	0.35	1.65
16	0.21	0.36	1.64
17	0.20	0.38	1.62
18	0.19	0.39	1.61
19	0.19	0.40	1.60
20	0.18	0.42	1.59

2. R관리도의 통계적 기초

표본범위 R은 프로세스 표준편차 σ와 관련이 있다. 그러므로 프로세스 분산은 관리도에 R의 값들을 차례로 타점함으로써 관리할 수 있다. 이 관리도가 R관리도인데, R관리도의 중심선과 관리한계는 다음과 같다.

$$UCL = \overline{R} + 3\sigma_R$$
$$CL = \overline{R}$$
$$LCL = \overline{R} - 3\sigma_R$$

관리한계를 결정하기 위해서는 표본범위 R의 분포에서 표준편차 σ_R의 예측치 $\widehat{\sigma}_R$을 필요로 한다. 품질특성이 정규분포를 한다고 가정하면 $\widehat{\sigma}_R$은 상대적 범위 $W = R/\sigma$의 분포로부터 구할 수 있다. W의 표준편차를 d_3이라 하면 이는 표본크기 n에 의존한다. 이와 같이

$$R = W\sigma$$

이므로 다음 관계가 성립한다.

$$\text{분산}(R) = \text{분산}(W\sigma) = \sigma^2\text{분산}(W)$$

그러므로 $\sigma_R = \sigma_W \sigma$ 이다.

그런데 부표Ⅱ에서 σ_W는 d_3로 계산되어 있으므로 다음 식이 성립한다.

$$\sigma_R = d_3\sigma$$

그런데 σ는 모르므로 그의 추정치로 $\widehat{\sigma}$을 사용하여야 한다. 즉 $\widehat{\sigma}_R = d_3\widehat{\sigma}$이다. σ_R의 추정치 $\widehat{\sigma}_R$은 식 (12. 5)를 이용하여 구한다.

$$\widehat{\sigma}_R = d_3\frac{\overline{R}}{d_2} \qquad (12.\ 5)$$

3σ 관리한계를 사용하는 R관리도의 파라미터는 다음과 같다.

$$UCL = \overline{R} + 3\hat{\sigma}_R = \overline{R} + (3)\, d_3 \frac{\overline{R}}{d_2}$$

$$CL = \overline{R} \qquad (12.\ 6)$$

$$LCL = \overline{R} - 3\hat{\sigma}_R = \overline{R} - (3)\, d_3 \frac{\overline{R}}{d_2}$$

만일

$$D_3 = 1 - 3\frac{d_3}{d_2}$$

$$D_4 = 1 + 3\frac{d_3}{d_2}$$

라 하면 식 (12. 6)은 다음과 같이 정리할 수 있다. 즉 R관리도의 관리한계와 중심선은 식 (12. 7)을 이용하여 구한다.

$$UCL = D_4\overline{R}$$

$$CL = \overline{R} \qquad (12.\ 7)$$

$$LCL = D_3\overline{R}$$

표본크기 n에 따른 상수 D_3와 D_4의 값은 〈표 12-1〉에서와 같이 주어져 있다.

12.2 $\bar{x}-R$관리도 작성

$\bar{x}$관리도와 R관리도를 함께 작성하기 위해서는 다음의 절차를 거치게 된다.

- 품질특성치의 선정
- 합리적 표본군의 결정
- 데이터의 수집
- 예비 중심선과 관리한계의 설정
- 수정 중심선과 관리한계의 설정
- 관리도의 실행

단계 1: 품질특성치의 선정

$\bar{x}$관리도와 R관리도를 위해 선정되는 품질특성은 측정 가능하고 수치로 표현할 수 있어야 한다. 제품을 구성하는 품질특성의 수는 수없이 많기 때문에 생산 프로세스와 비용면에서 애로가 되는 특성의 선정에 우선순위를 두어야 한다.

본절에서는 오렌지주스 캔의 무게를 관심의 특성으로 선정하려고 한다.

단계 2: 합리적 표본군의 선정

합리적 표본군이란 같은 군 내의 관측치 사이에는 변동이 최소가 되도록 하고 서로 다른 군 사이의 변동은 최대가 되도록 선정된 표본군을 말한다. 이를 위해서는 일반적으로 거의 같은 시간대에 관측치 n개를 프로세스에서 추출한다.

본절에서는 오렌지주스 캔의 무게를 측정하기 위하여 표본크기를 5개로 하고 표본군은 25개로 하기로 한다.

단계 3: 데이터의 수집

합리적 표본군 계획이 선정되면 실제로 프로세스로부터 검사자는 표본을 추출한다. 데이터의 측정결과를 기록하는 양식은 꼭 정해진 바가 없기 때문에 〈표 12-2〉와 같이 기록하였다고 가정한다. 검사자는 거의 같은 시간대에 랜덤으로 5개의 표본군을 추출하였고 하루에 5회씩 5일간 수집하였다.

단계 4: 예비한계선의 설정

$\bar{x}$관리도와 R관리도를 작성할 때는 R관리도를 먼저 시작해야 한다. $\bar{x}$관리도의 관리한계는 프로세스 분산에 의존하므로 프로세스 분산이 안정되어 있지 않으면 이들 한계는 무의미하기 때문이다.

〈표 12-2〉의 데이터를 이용하여 R관리도의 중심선을 구하면

$$\bar{R} = \sum_{i=1}^{k} R_i = \frac{14.50}{25} = 0.58$$

이다.

〈표 12-1〉로부터 표본크기 5일 때 $D_4 = 2.11$이고 $D_3 = 0$이기 때문에 식 (12. 7)을 이용하여 R관리도의 상 · 하한을 계산하면 다음과 같다.

$$UCL = D_4\overline{R} = (2.11)(0.58) = 1.22$$

$$CL = 0.58$$

$$LCL = D_3\overline{R} = (0)(0.58) = 0$$

| 표 12-2 | 오렌지주스 캔의 무게

표본 번호	일	시간	관측치					$\bar{x}_i$ (표본평균)	R_i (표본범위)
1	1/23	8:50	111.20	110.40	110.30	109.90	110.20	110.40	1.30
2		11:30	109.98	110.25	110.05	110.23	110.33	110.17	.35
3		1:45	109.85	109.90	110.20	110.25	110.15	110.07	.40
4		3:45	110.20	110.10	110.30	109.90	109.95	110.09	.40
5		4:20	110.30	110.20	110.24	110.50	110.30	110.31	.30
6	1/27	8:35	110.10	110.30	110.20	110.30	109.90	110.16	.40
7		9:00	109.98	109.90	110.20	110.40	110.10	110.12	.50
8		9:40	110.10	110.30	110.40	110.24	110.30	110.27	.30
9		1:30	110.30	110.20	110.60	110.50	110.10	110.34	.50
10		2:50	110.30	110.40	110.50	110.10	110.20	110.30	.40
11	1/28	8:30	109.90	109.50	110.20	110.30	110.35	110.05	.85
12		1:35	110.10	110.36	110.50	109.80	109.95	110.14	.70
13		2:25	110.20	110.50	110.70	110.10	109.90	110.28	.80
14		2:35	110.20	110.60	110.50	110.30	110.40	110.40	.40
15		3:35	110.54	110.30	110.40	110.55	110.00	110.36	.55
16	1/29	8:25	110.20	110.60	110.15	110.00	110.50	110.29	.60
17		9:25	110.20	110.40	110.60	110.80	110.10	110.42	.70
18		11:00	109.90	109.50	109.90	110.50	110.00	109.96	1.00
19		2:35	110.60	110.30	110.50	109.90	109.80	110.22	.80
20		3:15	110.60	110.40	110.30	110.40	110.20	110.38	.40
21	1/30	9:35	109.60	109.60	110.50	110.10	110.60	110.14	1.00
22		10:20	109.95	110.20	110.50	110.30	110.20	110.23	.55
23		11:35	110.20	109.50	109.60	109.80	110.30	109.88	.80
24		2:00	110.45	110.50	110.60	110.60	110.60	110.55	.15
25		4:25	109.90	109.80	109.75	109.50	109.55	109.70	.35
							합계	2,755.23	14.50
							$\bar{\bar{x}}$	110.21	
							$\overline{R}$		0.58

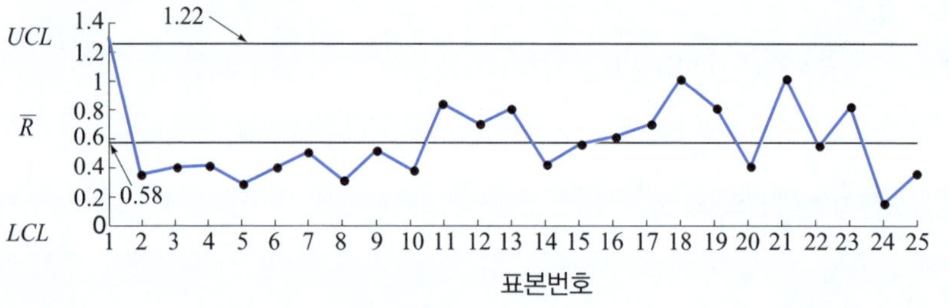

[그림 12-1] R관리도

[그림 12-1]은 중심선과 관리한계를 나타내는 R관리도에 표본범위들을 타점한 결과이다. 그림에서 표본번호 1의 범위는 1.30이므로 관리상한 1.22 밖에 타점이 되어 이 시점의 프로세스는 불안정하다고 할 수 있다. 따라서 이의 원인을 밝혀 적절한 조치를 강구하여야 한다.

이와 같이 R관리도에 관한 한 현재의 프로세스가 불안정하기 때문에 지금은 $\bar{x}$관리도의 예비한계선을 계산할 필요는 없다. 우선 안정된 프로세스의 R관리도의 한계선을 계산하여야 한다.

단계 5: 수정한계선의 설정

R관리도의 한계는 표본번호 1의 데이터를 모두 버린 후 다시 수정된 한계를 계산하여야 한다. 수정된 중심선과 관리한계는 다음과 같이 결정한다.

$$\bar{R} = \frac{14.50 - 1.30}{25 - 1} = \frac{13.20}{24} = 0.55$$

$$UCL = D_4\bar{R} = (2.11)(0.55) = 1.16$$

$$CL = 0.55$$

$$LCL = D_3\bar{R} = (0)(0.55) = 0$$

표본번호 1의 모든 데이터를 버렸기 때문에 이제 다른 모든 타점도 새로운 관리한계 내에 들어올 것이 틀림없다. 안정된 프로세스에 대하여 R관리도의 수정 한계선이 결정되었으므로 이제 $\bar{x}$관리도의 한계선을 계산할 수 있다.

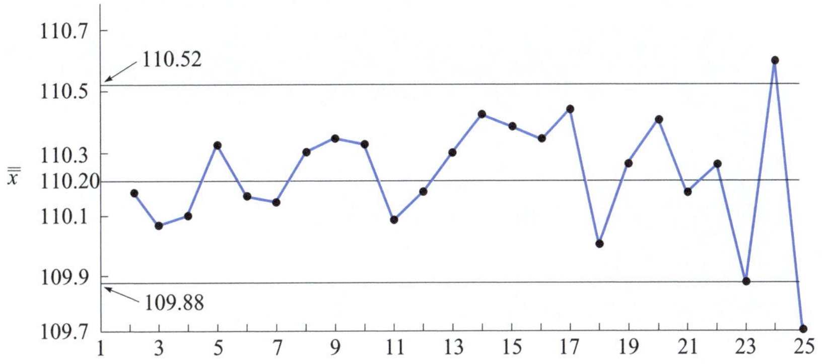

[그림 12-2] $\bar{x}$관리도

이제 표본번호 1의 데이터를 제외한 후의 $\bar{x}$관리도의 중심선과 관리한계를 설정해야 한다. 〈표 12-1〉에서 표본크기 5일 때의 A_2는 0.58임을 알 수 있다.

$$\bar{\bar{x}} = \frac{2,755.23 - 110.4}{25 - 1} = \frac{2,644.83}{24} = 110.20$$

$$UCL = \bar{\bar{x}} + A_2\bar{R} = 110.20 + (0.58)(0.55) = 110.52$$

$$CL = 110.20$$

$$LCL = \bar{\bar{x}} - A_2\bar{R} = 110.20 - (0.58)(0.55) = 109.88$$

[그림 12-2]는 표본평균을 타점한 $\bar{x}$관리도이다. 표본번호 23의 표본평균은 관리하한 위에 있고 표본번호 24와 25는 상한과 하한을 각각 벗어났으므로 이 프로세스는 불안정하다고 할 수 있다. 이상원인의 발생을 제거할 조치가 강구되어야 한다.

이제 표본번호 23, 24, 25의 모든 데이터를 제거하고 수정된 $\bar{x}$관리도를 작성한다.

$$\bar{\bar{x}} = \frac{2,644.83 - 109.88 - 110.55 - 109.70}{24 - 3} = 110.22$$

$$\bar{R} = \frac{13.20 - 0.80 - 0.15 - 0.35}{24 - 3} = 0.57$$

$$UCL = \bar{\bar{x}} + A_2\bar{R} = 110.22 + (0.58)(0.57) = 110.55$$
$$CL = 110.22$$
$$LCL = \bar{\bar{x}} - A_2\bar{R} = 110.22 - (0.58)(0.57) = 109.89$$

이제 모든 표본평균이 관리한계 내에 있기 때문에 이 프로세스는 안정상태하에 있다고 볼 수 있다.

이에 따라 수정된 R관리도를 작성하면 다음과 같다.

$$UCL = D_4\bar{R} = (2.11)(0.57) = 1.20$$
$$CL = 0.57$$
$$LCL = D_3\bar{R} = (0)(0.57) = 0$$

수정된 관리한계 내에 모든 타점이 들어올 것이 확실하므로 이제 모든 타점이 어떤 체계적 패턴을 이루지 않는 한 프로세스는 안정되어 있다고 말할 수 있다. 이와 같이 모든 타점이 $\bar{x}$관리도와 R관리도의 관리한계 내에 들어오고 타점이 랜덤 패턴을 하기 때문에 프로세스에는 우연원인만이 존재하고 프로세스는 안정되어 있다고 결론지을 수 있다.

표본번호 1, 23, 24, 25의 데이터를 제거하고 프로세스가 안정상태하에 있을 때의 $\bar{x}$관리도는 [그림 12-3]과 같고 R관리도는 [그림 12-4]와 같다.

단계 6: 관리도의 실행

표본번호 1, 23, 24, 25의 데이터를 제거하고 새로이 작성한 $\bar{x}$관리도와 R관리도는 미래의 관측을 위하여 실행하여야 한다. 이러한 관리도는 눈에 띄는 장소에 전시하여 작업자, 감독관, 관리자가 잘 볼 수 있도록 하여야 한다.

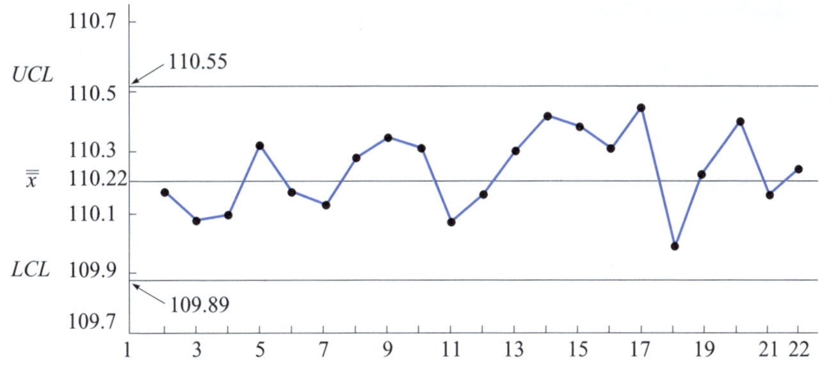

[그림 12-3] 수정된 $\bar{x}$관리도

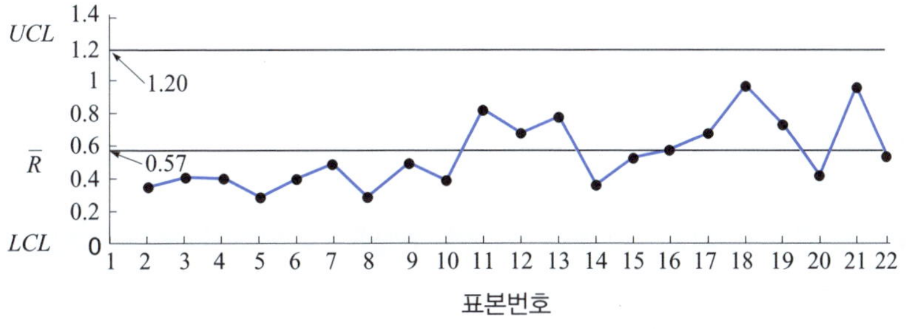

[그림 12-4] 수정된 R관리도

예제 12-1

〈표 12-2〉의 데이터를 이용하여 수정한 $\bar{x}$관리도의 중심선은 110.22였고 추정한 프로세스 표준편차 $\hat{\sigma} = \frac{\bar{R}}{d_2} = \frac{0.57}{2.326} = 0.25$이다. 만일 제품의 규격이 110±0.5라고 할 때

① 오렌지주스 캔의 무게가 정규분포를 한다고 가정할 때 규격한계를 벗어나는 부적합품의 비율을 계산하라.

② 규격상한을 벗어나는 캔을 재작업한다고 가정하자. 하루 10,000캔을 생산하고 1캔의 재작업비용이 50원이라고 할 때 하루의 비용은 얼마인가?

③ 규격하한을 벗어나는 캔은 폐기한다고 가정하자. 하루 10,000캔을 생산하고 1캔의 폐기비용이 10원이라고 할 때 하루의 비용은 얼마인가?

④ 프로세스 평균이 목표치와 일치하게 되면(σ불변) 불량률은 얼마로 감소하는가?

해 답

① [그림 12-5]는 부적합품의 비율을 나타내고 있다. 규격상한에 해당하는 표준정규변수 Z값을 구하면 다음과 같다.

$Z_1 = (110.5 - 110.22)/0.25 = 1.12$

부표 I의 정규분포표에 의하면 규격상한을 벗어나는 부적합품 발생의 확률은 0.1314이다. 한편 규격하한에 해당하는 표준정규변수 Z값을 구하면 다음과 같다.

$Z_2 = (109.5 - 110.22)/0.25 = -2.88$

부표 I의 정규분포표에 의하면 규격하한을 벗어나는 부적합품 발생의 확률은 0.0020이다. 따라서 규격한계를 벗어나는 부적합품의 발생확률은 0.1314 + 0.0020 = 0.1334이다.

② 하루의 재작업비용은 다음과 같다.

(10,000)(0.1314)(50) = 65,700원

③ 하루의 폐기비용은 다음과 같다.

(10,000)(0.0020)(10) = 200원

④ $Z_U = \frac{110.5 - 110}{0.25} = 2$

불량률= 2(0.0228) = 0.0456

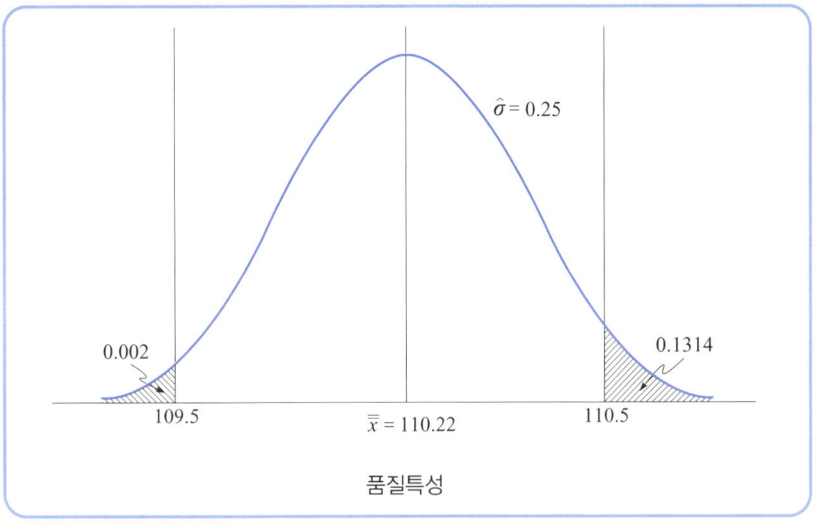

[그림 12-5] 부적합품의 비율

12.3 $\bar{x}-R$ 관리도의 OC 곡선

관리대상인 품질특성의 평균 또는 표준편차가 이동(shift)할 때 이를 감지할 $\bar{x}-R$ 관리도의 능력은 검사특성곡선(OC 곡선)에 의하여 결정된다.

1. $\bar{x}$ 관리도의 OC 곡선

$\bar{x}$ 관리도의 OC 곡선은 프로세스 평균 μ와 프로세스 표준편차 σ의 변화에 따라 결정된다. 그러나 여기서는 σ가 일정한 경우 μ의 변화(이동)에 따른 OC 곡선만을 공부하기로 한다.

프로세스의 평균이 μ, 프로세스의 표준편차가 σ인 모집단 분포에서 표본크기 n을 추출할 때 그의 분포는 평균$=\mu$, 표준편차$=\dfrac{\sigma}{\sqrt{n}}$인 정규분포를 하게 된다. 따라서 $\bar{x}$가 관리한계 내에 포함될 확률 β는

$$\beta = P(LCL \le \bar{x} \le UCL)$$
$$= P\left(\frac{LCL-\mu}{\sigma/\sqrt{n}} \le \frac{\bar{x}-\mu}{\sigma/\sqrt{n}} \le \frac{UCL-\mu}{\sigma/\sqrt{n}}\right)$$
$$= P\left(\frac{LCL-\mu}{\sigma/\sqrt{n}} \le Z \le \frac{UCL-\mu}{\sigma/\sqrt{n}}\right) \qquad (12.\ 8)$$

이다.

식 (12. 8)에서 μ를 이동시켜 가며 확률 β를 구하고 X축에 변화하는 μ를, Y축에 β를 나타내는 그래프를 그리면 $\bar{x}$관리도의 OC곡선이 된다.

예제 12-2

12. 2절에서 구한 수정된 $\bar{x}$관리도의 $UCL = 110.55, CL = 110.22$, $LCL = 109.89$이었고 $\bar{R} = 0.57$이었다.

이 수정된 $\bar{x}$관리도에 대한 OC 곡선을 그려라.

해 답

$$\hat{\sigma} = \frac{\bar{R}}{d_2} = \frac{0.57}{2.326} = 0.25$$

μ의 값이 110.22로부터 110.40으로 이동하였다고 할 때 $\bar{x}$가 관리한계 내에 포함될 확률 β는

$$\beta = P\left(\frac{109.89-110.40}{0.25/\sqrt{5}} \le Z \le \frac{110.55-110.40}{0.25/\sqrt{5}}\right)$$
$$= P(-4.64 \le Z \le 1.36)$$
$$= 0.9131$$

이다. 따라서 프로세스 평균의 이동사실을 발견할 확률은 $\alpha = 1-\beta = 0.0869$ 이다. 이를 그림으로 나타내면 [그림 12-6]과 같다. 그림에서 β값은 $\mu = 110.22$를 중심으로 대칭을 이루고 있다. 식 (12. 8)을 이용하여 μ를 다음 표에서와 같이 이동시켜 가며 확률 β를 구하고 그래프를 그리면 [그림 12-7]과 같은 $\bar{x}$관리도의 OC곡선이 된다.

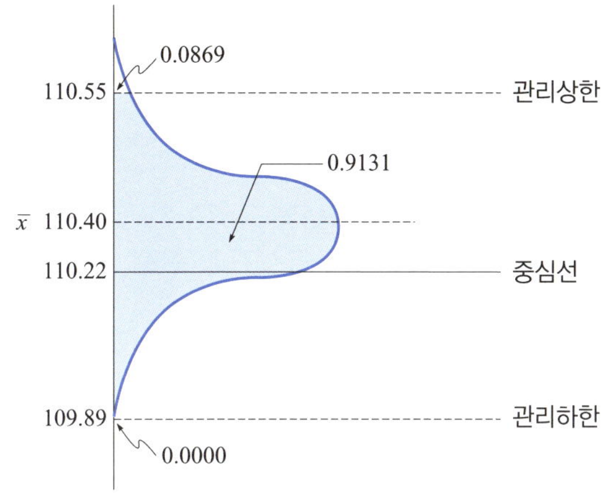

[그림 12-6] 프로세스 평균의 이동

μ	$\dfrac{LCL-\mu}{\sigma/\sqrt{n}}$	$\dfrac{UCL-\mu}{\sigma/\sqrt{n}}$	β
109.62	2.45	8.45	0.0071
109.72	1.55	7.55	0.0606
109.82	0.64	6.64	0.2611
109.92	−0.27	5.73	0.6064
110.02	−1.18	4.82	0.8810
110.12	−2.09	3.91	0.9817
110.22	−3.00	3.00	0.9973
110.32	−3.91	2.09	0.9817
110.42	−4.82	1.18	0.8810
110.52	−5.73	0.27	0.6064
110.62	−6.64	−0.64	0.2611
110.72	−7.55	−1.55	0.0606
110.82	−8.45	−2.45	0.0071

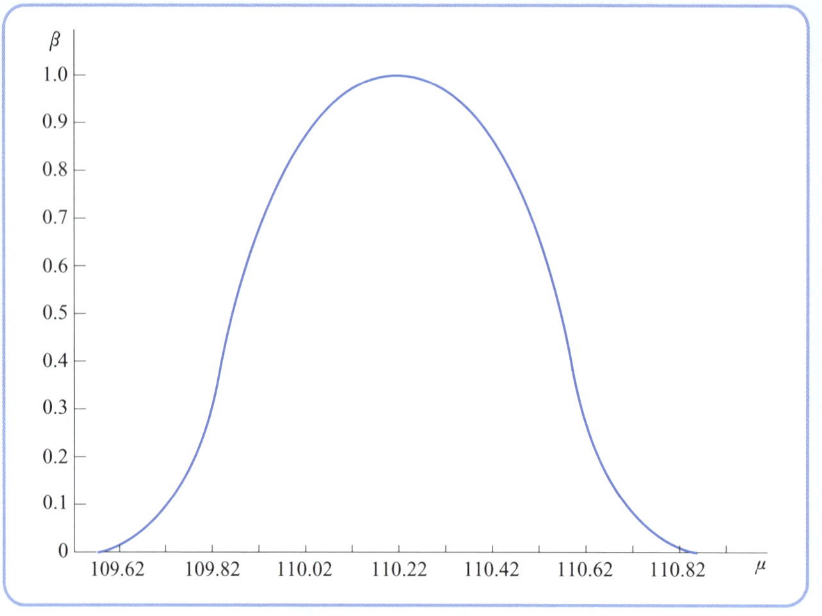

[그림 12-7] $\bar{x}$관리도의 OC곡선

2. R관리도의 OC 곡선

$2 \leq n \leq 6$이고 $3\hat{\sigma}_R$의 상한을 가지는 R관리도에 대한 OC곡선을 작성하기 위해서는 상대범위 $W = R/\sigma$의 분포가 사용된다. 표준편차가 σ_0에서 σ_1로 변동하였을 때 이 사실을 감지하지 못할 확률 β는 다음과 같다.

$$\beta = P[R \leq UCL \mid \sigma_0 = \sigma_1]$$

위 부등식의 양변에 $1/\sigma$을 곱하면

$$\begin{aligned}\beta &= P\left[\frac{R}{\sigma} \leq \frac{UCL}{\sigma}\right] \\ &= P\left[W \leq \frac{UCL}{\sigma}\right]\end{aligned}$$

이 된다. 원하는 확률을 구하기 위해서는 〈표 12-3〉을 이용한다.

| 표 12-3 | 상대범위 분포의 백분위수

n	확률($W \leq$ 표의 값)									
	0.001	0.005	0.010	0.025	0.050	0.950	0.975	0.990	0.995	0.999
2	0.00	0.01	0.02	0.04	0.09	2.77	3.17	3.64	3.97	4.65
3	0.06	0.13	0.19	0.30	0.43	3.31	3.68	4.12	4.42	5.06
4	0.20	0.35	0.43	0.59	0.76	3.63	3.98	4.40	4.69	5.31
5	0.37	0.55	0.66	0.85	1.03	3.86	4.20	4.60	4.89	5.48
6	0.54	0.75	0.87	1.06	1.25	4.03	4.36	4.76	5.03	5.62
7	0.69	0.92	1.05	1.25	1.44	4.17	4.49	4.88	5.15	5.73
8	0.83	1.08	1.20	1.41	1.60	4.29	4.61	4.99	5.26	5.82
9	0.96	1.21	1.34	1.55	1.74	4.39	4.70	5.08	5.34	5.90
10	1.08	1.33	1.47	1.67	1.86	4.47	4.79	5.16	5.42	5.97
11	1.20	1.45	1.58	1.78	1.97	4.55	4.86	5.23	5.49	6.04
12	1.30	1.55	1.68	1.88	2.07	4.62	4.92	5.29	5.54	6.09

예제 12-3

12. 2절에서 구한 수정된 R관리도의 $UCL=1.20$이었고 $n=5$에 대해

$$\sigma = \frac{\overline{R}}{d_2} = \frac{0.57}{2.326} = 0.25$$

이었다. 이 수정된 R관리도에 대한 OC곡선을 그려라.

해 답

$$\frac{UCL}{\sigma} = \frac{1.20}{0.25} = 4.80$$

이다. 〈표 12-3〉으로부터

$$\beta = P[W \leq 4.80] = 0.990$$

임을 알 수 있다. 이는 OC곡선의 한 점이다.

$\sigma_0 = 0.25$이므로 만일 $\lambda = \frac{\sigma_1}{\sigma_0} = 1.20$이라면 $\sigma_1 = 0.25(1.20) = 0.3$이고 다음과 같은 결과를 얻는다.

$$\frac{UCL}{\sigma} = \frac{1.20}{0.3} = 4$$

〈표 12-3〉에서 $\beta = P(W \leq 4) = 0.950 \sim 0.975$ 사이이다. [그림 12-8]은 이러한 경우 λ에 대한 β를 쉽게 구하는 데 이용된다. 예컨대 $n=5$, $\lambda=2$일 때 $\beta=0.60$이고 $n=5$, $\lambda=3$일 때 $\beta=0.23$이다. 즉 표준편차가 원래의 값보다 2배 변동할 때 이러한 변동사실을 다음 표본군에서 감지할 확률은 $1-\beta = 1-0.6 = 0.4$이다.

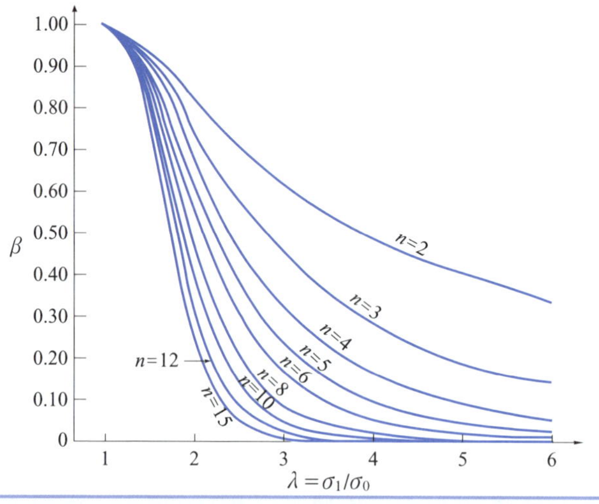

[그림 12-8] *R*관리도에 대한 *OC*곡선

12.4 계량형 관리도의 안정상태

프로세스로부터 이상원인이 제거되어 관리도상의 모든 타점이 관리한계 내에 존재하게 되고 동시에 타점이 랜덤(random) 패턴을 보이면 그 프로세스는 안정상태 또는 관리상태하에 있다고 한다. [그림 12-9]에서 보는 바와 같이 프로세스 변동에 자연적 패턴이 있게 되면 다음과 같은 특징을 갖는다.

- 중심선을 중심으로 위 아래로 1σ 내에 모든 타점의 약 68%가 존재한다.
- 중심선을 중심으로 1σ와 2σ 내에 약 27%가 존재한다.
- 중심선을 중심으로 2σ와 3σ 내에 약 5%가 존재한다.

자연스런 패턴을 이루는 타점들은 스스로 도수분포를 이루어 정규곡선을 그리게 된다. [그림 12-9]의 왼쪽 끝에 그려진 정규곡선은 프로세스가 안정상태에 있을 때 타점의 분포를 나타낸 것이다.

관리한계는 중심선으로부터 보통 3σ 수준에서 결정되며 이는 제 I 종 오류와

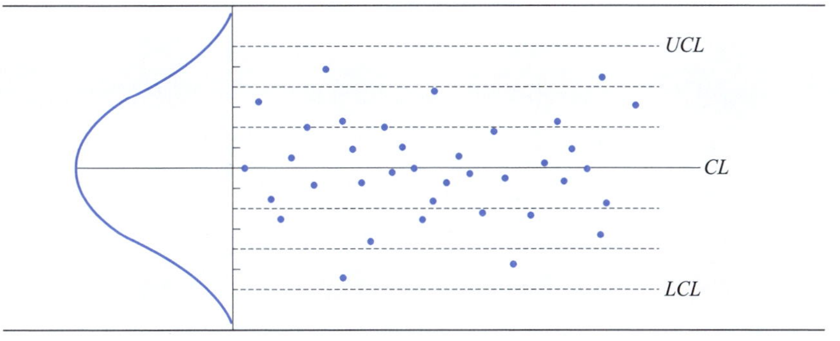

[그림 12-9] 자연적 패턴

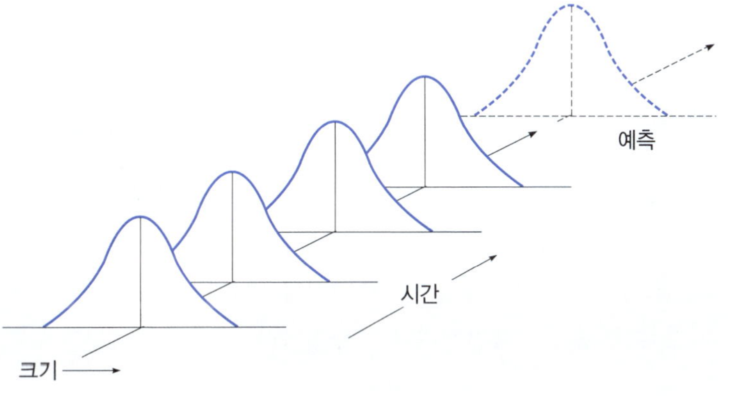

[그림 12-10] 우연원인의 존재

제Ⅱ종 오류를 감안한 결과라는 것은 이미 제10장에서 설명한 바와 같다.

프로세스가 안정되어 다만 우연원인만 존재하게 되면 [그림 12-10]에서 보는 바와 같이 시간이 경과한 후의 프로세스를 예측할 수가 있다. 그림에서 점선으로 표시한 미래의 변동은 이상원인의 발생으로 인한 프로세스 변화가 없는 한 현재의 프로세스와 똑같으리라고 예측할 수 있다.

12.5 계량형 관리도의 불안정상태

품질변동의 이상원인이 발생하면 그 프로세스는 관리되지 않고 있다라든가 불안정상태에 있다고 말한다. [그림 12-11]은 이상원인의 존재가 품질변동을 일으키는 것을 보여주고 있다. 바꾸어 말하면, 관리도의 관리한계 내에 모든 타점이 존재하면 그 프로세스는 안정상태에 있다고 말한다. 그러나 사실은 관리한계 내에 모든 타점이 존재하더라도 프로세스가 불안정상태인 경우가 있다. 즉 모든 타점이 관리한계 내에 존재한다 하더라도 타점을 서로 연결했을 때 그의 패턴이 랜덤하지 않거나 어떤 체계적 행태를 보일 때는 그 프로세스는 불안정하다고 판정할 수 있다. 따라서 프로세스가 안정되어 있다고 판정하기 위해서는 모든 타점이 관리한계 내에 존재하여야 하고 동시에 타점의 패턴이 랜덤하여 어떤 체계적 이상패턴을 보이지 않아야 된다.

1. 불안정 프로세스의 판정규칙

- **규칙 1:** 한 타점이 관리한계를 벗어나면 그 프로세스는 불안정하다고 판정한다. [그림 12-12]는 규칙 1을 나타낸 것이다.
- **규칙 2:** 연속적인 타점 3개 중 2개가 중심선 한쪽의 2σ 한계를 벗어날 때 그 프로세스는 불안정하다고 판정한다. [그림 12-13]은 규칙 2를 나타낸

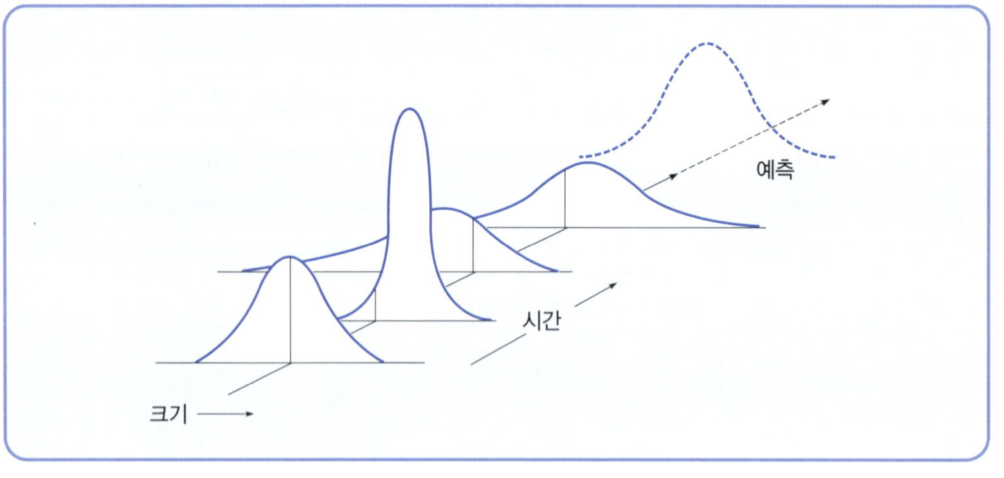

[그림 12-11] 이상원인의 존재

것이다.

- **규칙 3:** 연속적인 타점 5개 중 4개가 중심선 한쪽의 1σ 한계를 벗어날 때 그 프로세스는 불안정하다고 판정한다. [그림 12-14]는 이를 나타낸 것이다.
- **규칙 4:** 연속적인 타점 8개 이상이 중심선의 한쪽에 존재하면 이 프로세스는 불안정하다고 판정한다. [그림 12-15]는 이를 나타낸 것이다.

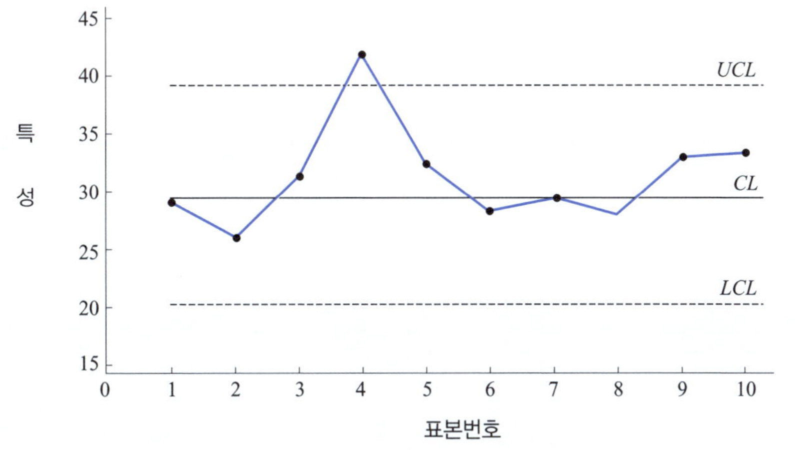

[그림 12-12] 규칙 1

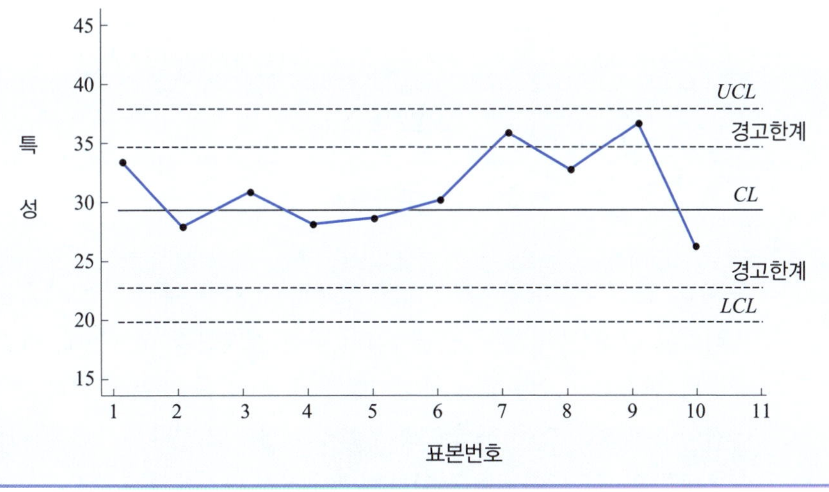

[그림 12-13] 규칙 2

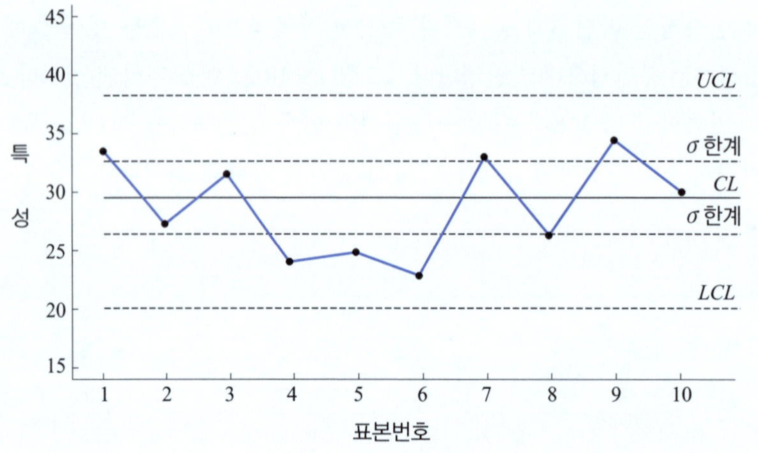

[그림 12-14] 규칙 3

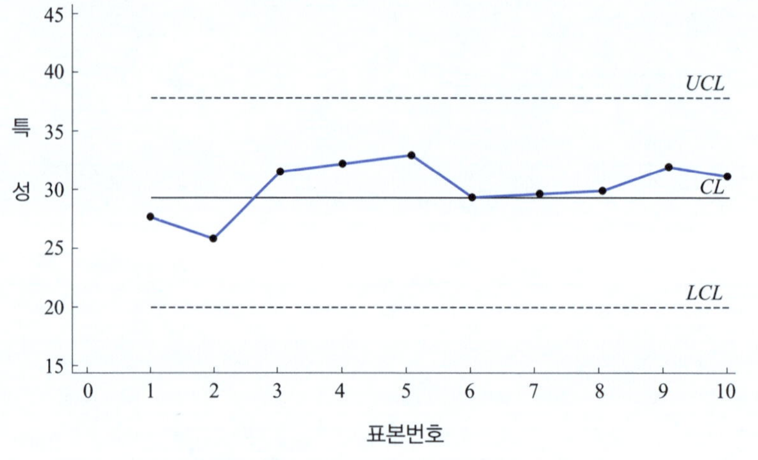

[그림 12-15] 규칙 4

- **규칙 5:** 연속적인 타점 8개 이상이 런(run)을 이룰 때 그 프로세스는 불안정하다고 판정한다. 런이란 연속적인 타점의 배열을 말하는데, 타점이 중심선의 한쪽으로 연속해서 배열되는 경우도 있을 뿐만 아니라 연속적인 타점이 상향으로 또는 하향으로 배열되는 경우도 있다. [그림 12-16]에서 표본번호 8부터 12까지에 해당하는 연속적인 타점 5개는 중심선 아래에서

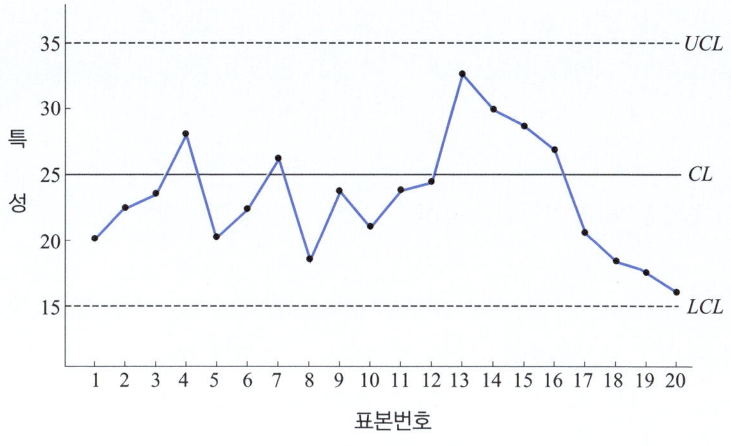

[그림 12-16] 규칙 5

런을 이루고 있으며 표본번호 13부터 20까지에 해당하는 연속적인 타점 8개는 중심선을 통과하면서 하향으로 런을 이루고 있다.

12.6 계수형 관리도의 장 · 단점

계수형 관리도는 계량형 관리도와 비교할 때 장 · 단점을 갖는다. 어떤 품질특성은 계수치로서만 관찰할 수 있다. 예컨대 음식의 맛은 합격 또는 불합격으로 규정할 수 있다. 어떤 품질특성은 계량치로 측정 가능하지만 시간, 비용, 작업자, 또는 다른 자원의 제약으로 계수치로 측정하는 경우가 있다. 예를 들면, 한 파이프의 내부직경은 측미척(micrometer)으로 측정할 수 있으나 규격에 대한 적합 여부를 결정하기 위하여 합격/불합격 계기를 사용하면 더욱 편리할 것이다.

제조업과 서비스업에 있어 분석해야 할 많은 품질특성을 갖는 경우에 이들 각각에 대하여 계량형 관리도를 작성 · 유지하는 데는 많은 비용과 어려움이 따른다. 이와 같이 한 제품이 여러 개의 구성품을 갖는 경우에는 하나의 p관리도를 작성함으로써 모든 특성에 대한 정보를 요약할 수 있는 장점을 갖는다.

계수치는 회사, 공장, 부, 작업장, 기계(또는 작업자) 등 모든 계층에서 발생한다. 계수형 관리도는 원래 기계 또는 작업자 수준에서 이용된다. 그러나 문제의 근원을 찾기 위해서는 높은 수준의 계수형 관리도를 이용할 수 있다. 예컨대 높은 불량품이 회사 차원에서 발견되면 어느 공장에 문제가 있는지를 밝히기 위하여 공장수준의 계수형 관리도를 작성할 수 있다. 이와 같이 문제의 원인을 밝히기 위하여 수준을 낮추고 좀 더 초점을 맞추어 나가 결국 기계 또는 작업자 수준이 결정되면 이제 계량형 관리도를 사용하여 프로세스의 안정 여부를 밝히도록 한다.

계수형 정보는 어떤 품질특성이 규격한계 내에 있는지를 밝혀 줄 뿐 규격이 지켜지는 정도는 말해 주지 않는다. 예컨대 규격이 10±0.1mm일 때 9.8mm와 11.0mm의 길이를 갖는 두 부품은 똑같이 불량품으로 분류될 뿐 어느 부품이 규격에 좀 더 가까운지는 밝히지 않는다.

그러나 계량형 정보는 품질특성치의 수준을 밝혀 준다. 따라서 계량형 관리도는 계수형 관리도에 비해 프로세스 성과에 관해 더 많은 정보를 제공한다. 즉 프로세스 평균과 프로세스 분산에 관한 특정 정보를 얻을 수 있다. 프로세스가 불안정상태일 때 계량형 관리도는 그의 원인과 시정조치에 대해 더 많은 정보를 제공할 수 있다.

계수형 관리도의 또 다른 결점은 계량형 관리도에 비해 표본크기가 커야 한다는 것이다. 따라서 측정비용이 크다든지 파괴검사를 하는 경우에는 문제일 수밖에 없다.

12.7 계수형 관리도: 불량률 관리도

계량치 데이터는 측정기구를 사용하여 얻을 수 있지만 계수치는 사전에 정한 표준에 맞느냐 또는 맞지 않느냐 하고, 맞는 것과 맞지 않는 것의 수는 세는 과정을 통하여 얻을 수 있다. 자동차 몸체에 있을 수 있는 흠집의 수는 계수치의 한 예이다.

사전에 정한 표준(혹은 규격)에 맞지 않는 품질특성을 부적합(혹은 불량)이라고 한다. 하나 이상의 부적합(nonconformity)을 갖는 제품을 부적합품(nonconformity item) 혹은 불량품이라고 하는데, 한 제품이 부적합품이라고 분류되지는 않지만 몇몇 불일치를 가질 수는 있다.

본장에서 공부할 계수형 관리도는 다음과 같다.

- p관리도: 불량률에 관한 관리도(KS A 3201)
- np관리도: 불량개수에 관한 관리도(KS A 3201)
- c관리도: 결점수에 관한 관리도(KS A 3201)

이 가운데서 p관리도와 np관리도는 이항분포에 기초하고 c관리도는 포아송분포에 기초한다.

1. p관리도의 통계적 기초

불량품 생산을 유발하는 문제의 근원에 관한 과거의 정보가 없으면 계수형 관리도로 시작한다. 문제의 근원이 밝혀지면 계수형 관리도 대신에 계량형 관리도를 사용할 수 있다.

계수형 관리도를 사용할 때 표본크기의 선정은 매우 중요하다. 불량 또는 불량품이 표본에서 관찰될 수 있도록 충분히 커야 한다. 예컨대 프로세스의 불량률이 2.5%라고 할 때 표본크기가 100으로 커야만 각 표본군에서 관찰될 불량품의 평균 수가 2.5일 것이다.

안정된 제조 프로세스에서 생산되는 제품 중 규격한계를 벗어나는 불량품 수의 비율을 불량률이라고 하는데, 불량률 관리도(chart for fraction nonconforming; p관리도)는 이항분포(binomial distribution)에 근거를 두고 있다. n을 표본크기, x를 표본에서 발견되는 불량품의 수라 하면 표본불량률 $\hat{p}$은

$$\hat{p} = \frac{x}{n}$$

이다. 이항분포는 불량품의 발생확률이 모든 표본에서 일정함을 전제로 한다. 일정한 확률이 보장되기 위해서는 연속적으로 추출되는 제품이 서로 독립해야 한다. 즉 하나의 관찰 결과가 다른 관찰 결과에 영향을 미쳐서는 안 된다.

X를 불량품의 개수를 나타내는 확률변수라 하면 이는 다음과 같이 표본크기 n과 프로세스 불량률 p로 이항분포를 한다.

$$P(X=x)=\binom{n}{x}p^{x}(1-p)^{n-x} \qquad x=0,\ 1,\ \cdots,\ n$$

확률변수 X의 평균은 $E(X)=np$이고 분산은 $Var(X)=np(1-p)$이다. X의 평균과 표준편차가 주어지면 $\hat{p}$의 분포는 이항분포로부터 얻을 수 있다. $\hat{p}$의 기대치 $E(\hat{p})$은 다음과 같다.

$$E(\hat{p})=p$$

한편 $\hat{p}$의 분산은 다음과 같다.

$$Var(\hat{p})=\frac{p(1-p)}{n}$$

Shewhart 관리도의 일반 모델로부터 관리도의 중심선과 관리한계는 다음과 같이 구한다.

$$\begin{aligned}
&UCL=E(\hat{\theta})+k\cdot SD(\hat{\theta})\\
&CL=E(\hat{\theta})\\
&LCL=E(\hat{\theta})-k\cdot SD(\hat{\theta})
\end{aligned}$$

생산 프로세스에서 발견되는 불량률의 참값(프로세스 불량률) p를 알고 있다든가 또는 경영층에 의하여 표준치가 주어졌을 때의 p관리도의 중심선과 관리한계는 다음과 같이 구한다.

$$\begin{aligned}
&UCL=p+(3)\sqrt{\frac{p(1-p)}{n}}\\
&CL=p\\
&LCL=p-(3)\sqrt{\frac{p(1-p)}{n}}
\end{aligned} \qquad (12.\ 9)$$

이 p관리도를 실제로 운영하기 위해서는 충분한 크기 n의 표본을 추출하여 표본불량률 $\hat{p}$을 계산하고 관리도에 이를 타점한다. 만일 모든 $\hat{p}$의 타점이 관리한계 내에 있고 타점의 연속이 어떤 체계적 패턴을 보이지 않는 한 그 프로세스는 안정상태라고 할 수 있다.

만일 프로세스 불량률 p를 사전에 알 수 없는 경우에는 관측 데이터로부터 이를 추정할 수밖에 없다. 이를 위해서는 표본크기 n의 표본군 k개를 사전에 추출한다. 각 표본 i에 x개의 불량품이 있다면 표본불량률 $\widehat{p}$은 다음과 같이 구한다.

$$\widehat{p} = \frac{x}{n}$$

이들 표본 k개의 표본불량률의 평균 $\overline{p}$는 다음과 같이 구한다.

$$\overline{p} = \frac{\sum_{i=1}^{k} x_i}{kn} = \frac{\sum_{i=1}^{k} \widehat{p}}{k} = \frac{\text{검사에서 발견된 총불량품 수}}{\text{총검사개수}} \qquad (12.\ 10)$$

여기서 통계량 $\overline{p}$는 알고 있지 않은 프로세스 불량률 p의 추정치이다.

프로세스 불량률 p를 사전에 알고 있지 않은 경우의 p관리도의 중심선과 관리한계는 다음과 같다.

$$\begin{aligned} UCL &= \overline{p} + (3)\sqrt{\frac{\overline{p}(1-\overline{p})}{n}} \\ CL &= \overline{p} \\ LCL &= \overline{p} - (3)\sqrt{\frac{\overline{p}(1-\overline{p})}{n}} \end{aligned} \qquad (12.\ 11)$$

2. p관리도의 작성

계량형 관리도의 작성을 위해 거쳤던 절차를 표본크기(검사개수)가 일정한 경우 p관리도의 작성에도 그대로 적용한다.

단계 1: 품질특성의 선정

p관리도는 한 품질특성, 많은 품질특성, 한 부품, 한 제품, 많은 제품의 경우 불량률을 통제하기 위하여 사용된다. 또한 p관리도는 작업자, 작업장, 부, 공장, 기업의 성과를 통제하기 위하여 사용된다. 비용과 시간의 제약을 고려하여 이들을 결정해야 한다.

| 표 12-4 | p관리도를 위한 데이터 시트의 예

표본번호	일	시 간	표본크기 n	불량개수 x	불량률 $\hat{p}=x/n$	비 고
1	10/15	9:00 am	400	12	0.030	
2	10/15	9:30 am	400	10	0.025	
3	10/15	10:00 am	400	14	0.035	새로운 공급자
⋮	⋮	⋮	⋮	⋮	⋮	⋮

∷ 단계 2: 표본크기 n과 표본군의 수 k의 결정

표본크기는 불량률의 함수이다. 표본크기는 불량률이 낮은 경우 각 표본군에서 불량품이 관찰될 수 있도록 상당히 커야 한다. 보통 n은 50~100이다. 표본군의 수는 생산율과 표본비용의 함수이다.

∷ 단계 3: 데이터의 수집

사용할 측정도구를 결정하고 필요한 데이터를 〈표 12-4〉와 같은 시트(sheet)에 기록한다.

∷ 단계 4: 예비중심선과 관리한계의 설정

식 (12. 9)과 식 (12. 11)을 이용하여 설정하는 관리한계는 예비 관리한계인데, 이를 이용하여 과거의 프로세스가 안정적이었는지를 우선 결정해야 한다. 과거 프로세스가 안정적이었다는 가설을 검증하기 위하여 각 표본불량률을 타점한다. 모든 타점이 관리한계 내에 있고 체계적 패턴을 보이지 않으면 이 프로세스는 안정적이므로 현재 또는 미래 생산 프로세스를 위해 이 관리한계를 그대로 사용한다.

∷ 단계 5: 수정 중심선과 관리한계의 설정

타점한 결과 프로세스가 불안정이었음이 밝혀지면 이상원인을 제거할 조치를 강구하고 그 데이터를 제거한 나머지 데이터를 이용하여 수정 관리한계를 설정하여야 한다.

수정된 프로세스 평균불량률을 $\bar{p}_r$이라 하면 새로운 중심선과 관리한계는 다음과 같이 구한다.

$$
\begin{aligned}
UCL &= \bar{p}_r + (3)\sqrt{\frac{\bar{p}_r(1-\bar{p}_r)}{n}} \\
CL &= \bar{p}_r \\
LCL &= \bar{p}_r - (3)\sqrt{\frac{\bar{p}_r(1-\bar{p}_r)}{n}}
\end{aligned} \tag{12. 12}
$$

단계 6: 관리도의 실행

수정된 중심선과 관리한계는 미래의 관측을 위해 사용되어야 한다.

예제 12-4

〈표 12-4〉는 어느 전기회사가 제조하는 머리 드라이어의 모터 불량률에 관한 데이터이다. 이 데이터를 이용하여 p관리도의 중심선과 관리한계를 설정한 후 이 프로세스의 안정성 여부를 결정하고 불안정한 경우에는 수정된 관리한계를 설정하라.

| 표 12-4 | 모터 불량률

표본번호	일	시 간	표본크기 n	불량개수 x	불량률 $\hat{p}$	비 고
1	10/6	8:40	100	8	0.08	
2	10/6	9:20	100	4	0.04	
3	10/6	10:10	100	10	0.10	
4	10/6	10:30	100	6	0.06	
5	10/7	8:40	100	4	0.04	
6	10/7	9:50	100	2	0.02	
7	10/7	10:10	100	6	0.06	
8	10/7	10:50	100	4	0.04	
9	10/8	9:10	100	10	0.10	
10	10/8	9:40	100	8	0.08	
11	10/8	10:40	100	6	0.06	
12	10/8	11:20	100	10	0.10	
13	10/9	8:20	100	10	0.10	
14	10/9	9:10	100	4	0.04	새로운 작업자`
15	10/9	9:50	100	6	0.06	
16	10/9	10:20	100	4	0.04	
17	10/10	8:40	100	8	0.08	
18	10/10	9:30	100	20	0.20	
19	10/10	10:10	100	8	0.08	
20	10/10	11:30	100	6	0.06	

21	10/11	8:20	100	4	0.04
22	10/11	9:10	100	10	0.10
23	10/11	9:50	100	8	0.08
24	10/11	10:20	100	6	0.06
25	10/11	11:30	100	8	0.08
		합 계	2,500	180	1.80

해 답

표본불량률의 평균 $\bar{p}$는 다음과 같다.

$$\bar{p} = \frac{\sum x}{\sum n} = \frac{180}{2,500} = 0.072$$

p관리도의 중심선 및 관리한계는 식 (12. 10)과 식 (12. 11)을 이용하여 다음과 같이 구한다.

$$UCL = 0.072 + (3)\sqrt{\frac{(0.072)(1-0.072)}{100}}$$
$$= 0.150$$
$$CL = 0.072$$
$$LCL = 0.072 - (3)\sqrt{\frac{(0.072)(1-0.072)}{100}}$$
$$= -0.006 \to 0$$

관리하한이 음수이므로 이를 0으로 놓는다. p관리도는 [그림 12-17]과 같다.

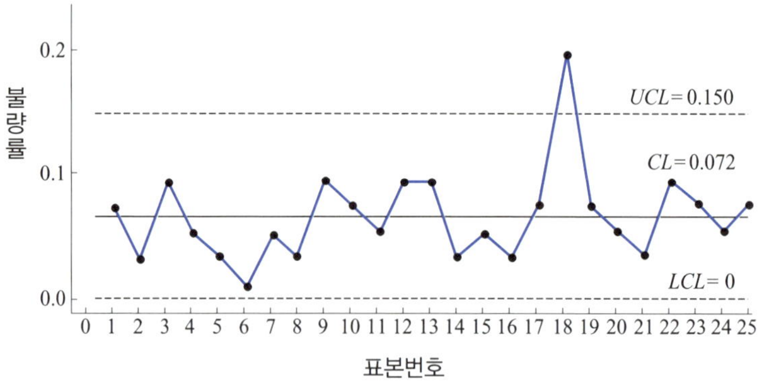

[그림 12-17] p관리도

표본번호 18 때문에 프로세스가 불안정하므로 그의 이상원인을 제거할 시정조치를 강구하고 이의 데이터를 제거한 후 새로운 관리도를 작성하여야 한다.

$$CL = \frac{180-20}{2,500-100} = 0.067$$

$$UCL = 0.067 + (3)\sqrt{\frac{(0.067)(1-0.067)}{100}}$$

$$= 0.142$$

$$= -0.008 \rightarrow 0$$

모든 타점이 관리한계 내에 있으므로 이제 프로세스는 안정적이다.

3. p 관리도의 OC 곡선

p관리도의 OC곡선은 미지의 프로세스 불량률 p에 대응하여, 표본불량률 $\hat{p}$이 관리한계 내에 포함되는 확률 β를 그래프로 나타낸 것이다. 즉

$$\beta = P(LCL \le \frac{x}{n} \le UCL) \qquad (12.\ 13)$$

을 p의 변화에 대응하여 그래프로 그린 것이다.

OC곡선은 어떤 $\overline{p}$에서 다른 p로 이동(shift)하여 프로세스에 변화가 발생하였음에도 불구하고 표본불량률이 관리한계 내에 타점이 된다고 해서 이러한 이동사실을 감지하지 못할 제Ⅱ종 오류(β)를 각각의 p에 대하여 구한 후 이들 점을 연결하여 구한다.

식 (12. 13)은 다음과 같이 변형할 수 있다.

$$\begin{aligned}\beta &= P(nLCL \le x \le nUCL)\\ &= P(nLCL - np \le x - np \le nUCL - np)\\ &= P\left(\frac{nLCL-np}{\sqrt{np(1-p)}} \le \frac{x-np}{\sqrt{np(1-p)}} \le \frac{nUCL-np}{\sqrt{np(1-p)}}\right)\end{aligned} \qquad (12.\ 14)$$

식 (12. 14)에서 np는 확률변수 X의 평균이고 $\sqrt{np(1-p)}$는 그의 표준편차이므로 $\frac{x-np}{\sqrt{np(1-p)}}$는 대략적으로 정규분포를 따르므로 식 (12. 14)는 다음과 같이 정리할 수 있다.

$$\beta = P\left(\frac{nLCL-np}{\sqrt{np(1-p)}} \le Z \le \frac{nUCL-np}{\sqrt{np(1-p)}}\right) \qquad (12.\ 15)$$

이제 여러 가지 p의 값에 대하여 β를 구하고 그래프를 그리면 OC곡선이 된다.

예제 12-5

프로세스 평균불량률 $\bar{p}=0.20$, 표본크기 $n=100$이고 3σ 관리한계를 사용하는 p관리도의 OC곡선을 그려라.

해 답

$$UCL = 0.20 + (3)\sqrt{\frac{0.20(0.80)}{100}} = 0.32$$

$$LCL = 0.20 - (3)\sqrt{\frac{0.20(0.80)}{100}} = 0.08$$

$nLCL = 100(0.08) = 8$, $nUCL = 100(0.32) = 32$

이므로 식 (12. 7)은 다음과 같다.

$$\beta = P\left(\frac{8-np}{\sqrt{np(1-p)}} \le Z \le \frac{32-np}{\sqrt{np(1-p)}}\right) \qquad (12.\ 16)$$

예컨대 $p=0.2$일 때 $np=100(0.2)=20$이므로 식 (12. 16)은 다음과 같다.

$$\beta = P\left(\frac{8-20}{\sqrt{20(0.8)}} \le Z \le \frac{32-20}{\sqrt{20(0.8)}}\right)$$
$$= P(-3 \le Z \le 3)$$
$$= 0.9974$$

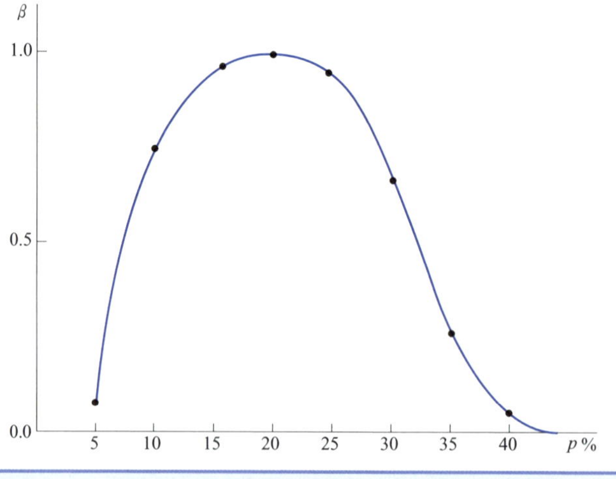

[그림 12-18] p관리도의 OC곡선

똑같은 방식으로 여러 가지 p의 값에 대하여 β를 구하면 다음의 표와 같으며 이를 그래프에 그린 [그림 12-18]은 OC곡선이 된다. 이 OC곡선은 $p=0.20$에서 가장 큰 β값을 갖는다.

p	$\beta = P\left(\frac{8-np}{\sqrt{np(1-p)}} \le Z \le \frac{32-np}{\sqrt{np(1-p)}}\right)$
0.05	$P(1.38 \le Z \le 12.39) = 0.0838$
0.10	$P(-0.67 \le Z \le 6.67) = 0.7486$
0.15	$P(-1.96 \le Z \le 4.76) = 0.9750$
0.20	$P(-3.00 \le Z \le 3.00) = 0.9974$
0.25	$P(-3.93 \le Z \le 1.62) = 0.9474$
0.30	$P(-4.80 \le Z \le 0.44) = 0.6700$
0.35	$P(-5.66 \le Z \le -0.63) = 0.2643$
0.40	$P(-6.53 \le Z \le -1.63) = 0.0516$

12.8 계수형 관리도: 불량개수 관리도

불량률 대신에 표본을 추출할 때 직접 관찰 가능한 불량개수가 관리도 작성의 기초가 될 수 있다. 이러한 불량개수 관리도(chart for number of nonconforming items; np관리도)는 계산상의 편리함 때문에 생산현장의 작업자에게는 이해하기 쉬운 관리도이다.

불량률 관리도의 작성을 위하여 취했던 가정이 np관리도에도 그대로 적용된다. 표본에서 발견되는 불량개수는 이항분포를 한다고 가정한다.

np관리도는 하나의 중요한 결점을 갖는다. 즉 np관리도는 표본크기가 변하는 경우에는 사용할 수 없다. 표본크기가 일정하지 않으면 중심선과 관리한계가 또한 변하기 때문이다. np관리도를 작성하는 절차는 p관리도 작성의 절차와 같기 때문에 여기서 반복하지는 않고자 한다.

np관리도는 p관리도와 수학적으로 같기 때문에 np관리도의 중심선과 관리한계는 p관리도에 비하여 n만큼 변한다.

$$CL = n\bar{p} = \frac{\sum np}{k} = \frac{\text{총불량개수}}{\text{표본군의 수}}$$

np = 각 표본군의 불량개수

k = 표본군의 수

n = 표본크기

$\overline{p}$ = 표본군의 평균불량률

만일 프로세스의 불량률 p를 알 수 없는 경우에는 데이터를 수집하여 p의 추정치로서 $\overline{p}$를 결정해야 한다. np관리도의 중심선 및 관리한계는 다음과 같다.

$$\begin{aligned} UCL &= n\overline{p} + (3)\sqrt{n\overline{p}(1-\overline{p})} \\ CL &= n\overline{p} \\ LCL &= n\overline{p} - (3)\sqrt{n\overline{p}(1-\overline{p})} \end{aligned} \qquad (12.\ 17)$$

예제 12-6

〈표 12-4〉는 어느 전기회사가 제조하는 머리 드라이어의 모터 불량품 수에 관한 데이터이다. 이 데이터를 이용하여 np관리도의 중심선과 관리한계를 설정한 후 이 프로세스의 안정성 여부를 결정하라.

해 답

$$CL = \frac{180}{25} = 7.2$$

$$UCL = 7.2 + (3)\sqrt{7.2(1-0.072)} = 15$$

$$LCL = 7.2 - (3)\sqrt{7.2(1-0.072)} = 0$$

[그림 12-19]는 np관리도이다. 이 프로세스는 불안정하다. 따라서 표본번호 18이 발생하게 된 이상원인을 제거하고 새로운 관리도를 작성해야 한다. [그림 12-19]를 [그림 12-17]의 p관리도와 비교할 때 중심선과 관리한계가 n의 크기만큼 증가하였다.

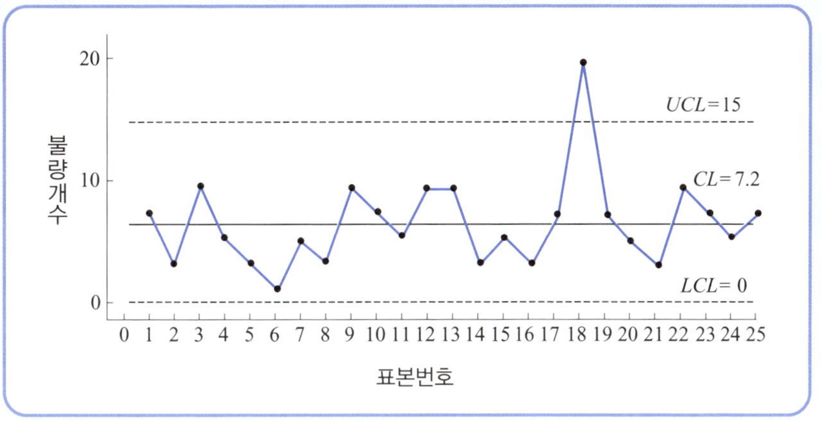

[그림 12-19] *np*관리도

12.9 계수형 관리도: 결점수 관리도

1. *c* 관리도의 작성

결점(defect) 또는 부적합이란 사전에 정한 규격을 지키지 않는 품질특성을 말한다. 불량품은 하나 이상의 결점을 가진다. 한 제품이 하나 이상의 결점을 갖더라도 규격에 맞을 수도 있다. 예를 들면, 비행기의 몇몇 의자가 눕지 않는 결점을 가지더라도 비행기는 불량품이라고 할 수 없다.

*p*관리도와 *np*관리도는 불량품 관리의 기법이다. 결점수 관리도(chart for number of nonconformities; *c*관리도)는 일정한 크기를 갖는 표본에서 발생하는 총결점수를 관리하기 위하여 사용된다.

표본크기는 한 제품, 한 세트의 제품, 직물과 종이 같은 경우의 m^2 등이 될 수 있다. *p*관리도에서와 같이 표본크기를 신중하게 결정해야 한다. 즉 결점이 관찰될 수 있도록 상당히 큰 n을 결정해야 한다.

일정 단위당 결점수는 포아송분포를 한다고 가정한다. 이를 위해서는 세 조건이 충족되어야 한다.

첫째, 결점발생의 가능성은 크지만 단위당 평균결점수는 작아야 한다. 예를 들면, 직물 200m²에서 발견되는 흠집의 수이다. 이론적으로 보면 이 수는 아주 크겠지만 평균결점수는 그렇게 크지 않다.

둘째, 결점발생은 서로 독립적이어야 한다. 즉 한 결점발생이 다음 결점발생의 가능성에 영향을 미쳐서는 안 된다.

셋째, 각 표본은 결점발생의 가능성에 있어서 똑같아야 한다.

c관리도의 작성을 위한 절차는 p관리도의 작성절차와 같다. 만일 결점수 c를 사전에 알고 있지 않으면 이는 데이터를 수집하여 추정치를 얻을 수밖에 없다.

모든 표본군에 대한 평균결점수를 $\bar{c}$ 라고 하면 이는 c관리도의 중심선이 되는데, 다음과 같이 구한다.

$$\bar{c} = \frac{\sum c}{k} = \frac{\text{검사에서 발견된 총결점수}}{\text{검사한 총단위제품의 수}}$$

c관리도의 관리한계는 다음과 같이 구한다.

$$\begin{aligned} UCL &= \bar{c} + 3\sqrt{\bar{c}} \\ CL &= \bar{c} \\ LCL &= \bar{c} - 3\sqrt{\bar{c}} \end{aligned} \qquad (12.18)$$

예제 12-7

〈표 12-5〉는 어느 방직회사에서 한 직물 100m²를 25회 표본으로 추출하여 결점을 조사한 결과이다. 이 데이터를 이용하여 c관리도를 작성하고 이상원인이 발생하였을 경우 이를 제거하였다고 가정하고 새로운 관리한계를 설정하라.

| 표 12-5 | **결점수**

표본번호	결점수	표본번호	결점수
1	4	14	11
2	5	15	9
3	7	16	5

4	6	17	7
5	8	18	6
6	5	19	10
7	6	20	8
8	5	21	9
9	16	22	9
10	10	23	7
11	9	24	7
12	8	25	5
13	7		189

해 답

$$CL = \bar{c} = \frac{189}{25} = 7.56$$

$$UCL = 7.56 + (3)\sqrt{7.56} = 15.809$$

$$LCL = 7.56 - (3)\sqrt{7.56} = -0.689 \rightarrow 0$$

[그림 12-20]은 c관리도이다. 표본번호 9가 관리한계를 벗어나므로 이상원인을 제거한 후 다음과 같이 새로운 관리한계를 설정한다.

$$CL = \bar{c} = \frac{189-16}{25-1} = 7.208$$

$$UCL = 7.208 + (3)\sqrt{7.208} = 15.262$$

$$LCL = 7.208 - (3)\sqrt{7.208} = -0.846 \rightarrow 0$$

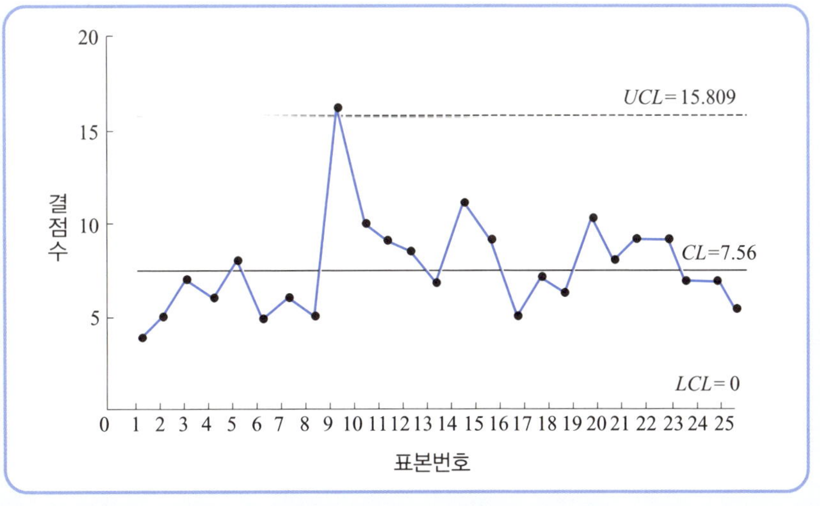

[그림 12-20] c관리도

2. c 관리도의 OC 곡선

c관리도의 OC곡선은 프로세스 평균결점수 c가 어떤 범위 속에서 변화할 때 관찰치가 관리한계 내에 떨어질 확률을 나타낸다.

x를 결점수라 할 때 이 점이 관리한계 내에 들어갈 확률 β는 다음과 같다.

$$\beta = P(LCL \le x < UCL)$$
$$= P(x < UCL) - P(x \le LCL)$$

확률변수 X는 평균치 c를 갖는 포아송분포를 하므로 c의 변화에 따른 확률은 부표 Ⅳ를 이용하여 구한다. 이와 같이 c에 상응하는 β를 구하고 이를 그래프로 그리면 OC곡선이 얻어진다.

예제 12-8

영동우체국은 매일 우편물 배달에 대한 불평을 접수한다. 다음 데이터는 20일 동안 매일의 불평이 포아송분포를 이룬다고 가정하고 3σ 한계를 갖는 c관리도의 관리한계를 구하고 이 관리도에 대한 OC곡선을 그려라.

표본번호	불평수	표본번호	불평수
1	12	11	21
2	6	12	14
3	14	13	15
4	11	14	13
5	16	15	9
6	9	16	10
7	11	17	14
8	17	18	11
9	8	19	13
10	13	20	16
		합 계	253

해 답

$\bar{c} = \frac{253}{20} = 12.65$

$UCL = 12.65 + (3)\sqrt{12.65} = 23.32$

$LCL = 12.65 - (3)\sqrt{12.65} = 1.98$

결점수 x가 관리한계 내에 포함될 확률은

$\beta = P(1.98 \leq x < 23.32)$

인데, 결점수는 정수(integer)이어야 하므로 이는 다음과 같이 표현할 수 있다.

$\beta = P(2 \leq x \leq 23)$

$\quad = P(x \leq 23) - P(x \leq 2)$

c의 변화에 따른 확률은 포아송분포표를 이용하여 계산한다.

c	$P(x \leq 23)$	$P(x \leq 2)$	$\beta = P(x \leq 23) - P(x \leq 2)$
1	1.000	0.919	0.081
2	1.000	0.676	0.324
3	1.000	0.423	0.577
5	1.000	0.124	0.876
7	1.000	0.029	0.971
10	0.999	0.002	0.997
15	0.980	0.000	0.980
20	0.787	0.000	0.787
23	0.555	0.000	0.555
25	0.394	0.000	0.394

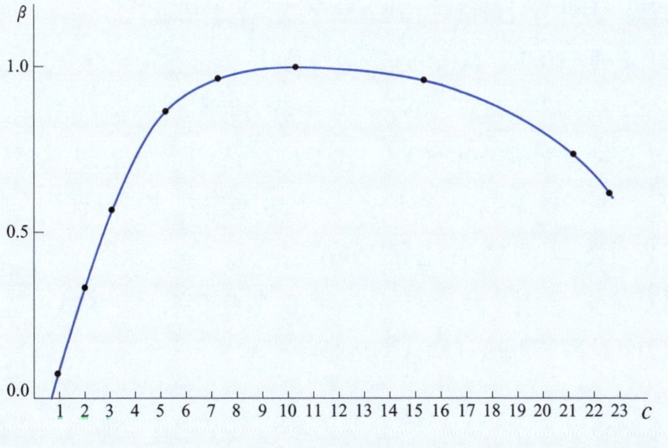

12.10 Excel 활용

(1) 〈표 12-2〉, [그림 12-3]

① 표본번호 1, 23, 24, 25의 데이터를 제거한 나머지 데이터를 입력한다.

② 다음과 같이 수식을 입력한다.

셀주소	수 식	비 고
G4	=AVERAGE(B4:F4)	G24까지 복사
G25	=AVERAGE(G4:G24)	H25까지 복사
H4	=MAX(B4:F4)−MIN(B4:F4)	H24까지 복사
I4	=$G$25+0.58*$H$25	I24까지 복사
J4	=$G$25	J24까지 복사
K4	=$G$25−0.58*$H$25	K24까지 복사

③ A4:A24를 블록으로 지정한 후 Ctrl 키를 누른 채 G4:G24, I4:I24, J4:J24, K4:K24를 블록으로 지정한다.

④ 「삽입」-「분산형」-「직선이 있는 분산형」을 선택한다.

⑤ 마우스 포인터를 그림의 오른쪽에 있는 「계열」 부근에 놓고 마우스 오른쪽 버튼을 클릭한다.

⑥ 「삭제」를 클릭한다.

⑦ 「삽입」-「텍스트 상자」를 선택한다.

⑧ 「가로 텍스트 상자」의 왼쪽에 있는 버튼을 클릭한 후 UCL의 오른쪽 끝부분에 마우스 포인터를 놓고 마우스 오른쪽 버튼을 클릭한다.

⑨ 조그만 상자가 나타나면 「텍스트 편집」을 선택한다.

⑩ 상자 속에 「UCL=110.55」를 입력한다.

⑪ 마우스 포인터를 그림 밖에 놓고 마우스 왼쪽 버튼을 한 번 클릭한다.

⑫ 위의 절차를 반복하여 「CL=110.22」와 「LCL=109.89」를 입력한다.

⑬ 마우스 포인터를 그림 속에 놓고 한 번 클릭한 후 「삽입」-「레이아웃」-「차트제목」-「차트 위」를 선택한다.

⑭ 「차트제목」을 지우고 「평균관리도」를 입력한다.

⑮ 다음과 같은 「평균관리도」를 얻는다.

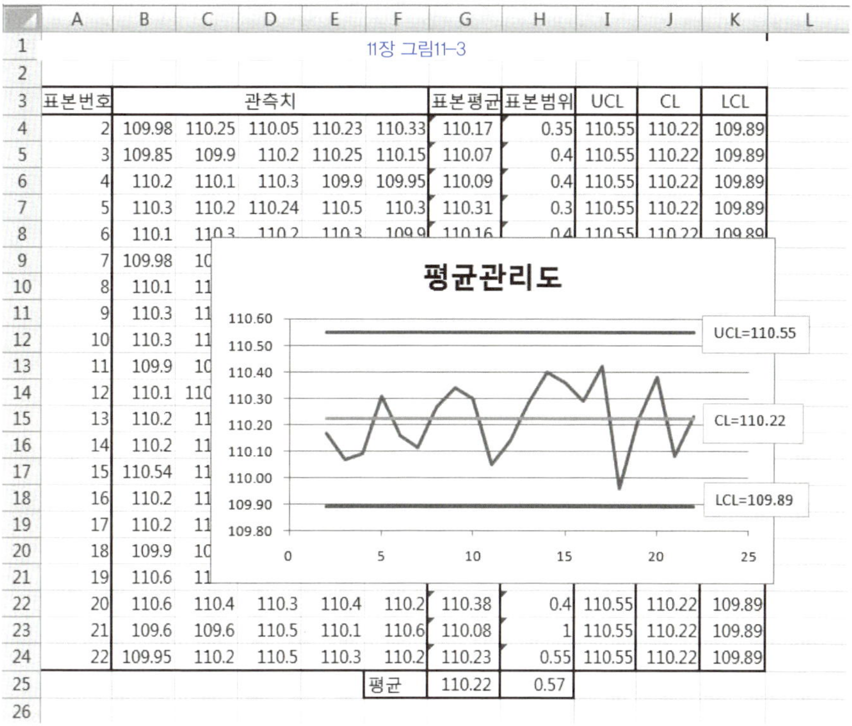

(2) 〈표 12-2〉, [그림 12-4]

① 표본번호 1, 23, 24, 25의 데이터를 제거한 나머지 데이터를 입력한다.

② 다음과 같이 수식을 입력한다.

셀주소	수 식	비 고
H4	=MAX(B4:F4)−MIN(B4:F4)	H24까지 복사
H25	=AVERAGE(H4:H24)	
I4	=2.11 * $H$25	I24까지 복사
J4	=$H$25	J24까지 복사
K4	=0 * $H$25	K24까지 복사

③ A4:A24를 블록으로 지정하고 Ctrl 키를 누른 채 H4:H24, I4:I24, J4:J24, K4:K24를 블록으로 지정한 후 「평균관리도」를 작성할 때 거친 절차를 따른다.

④ 다음과 같은 「범위관리도」를 얻는다.

(3) [예제 12-4]

① 〈표 12-4〉에서 표본번호 18을 제외한 나머지 데이터를 입력한다.

② 다음과 같이 수식을 입력한다.

셀주소	수 식	비 고
D4	=C4/B4	D27까지 복사
D28	=AVERAGE(D4:D27)	
E4	=$D$28+3*SQRT($D$28*(1−$D$28)/50)	E27까지 복사
F4	=$D$28	F27까지 복사
G4	=IF($D$28−3*SQRT($D$28*(1−$D$28)/50)<0, 0)	G27까지 복사

③ A4:A27을 블록으로 지정한 후 Ctrl 키를 누른 채 D4:D27, E4:E27, F4:F27, G4:G27을 블록으로 지정한다.

④ 「평균관리도」와 「범위관리도」를 작성하기 위하여 취한 절차를 따른다.

⑤ 다음과 같은 「p관리도」를 얻는다.

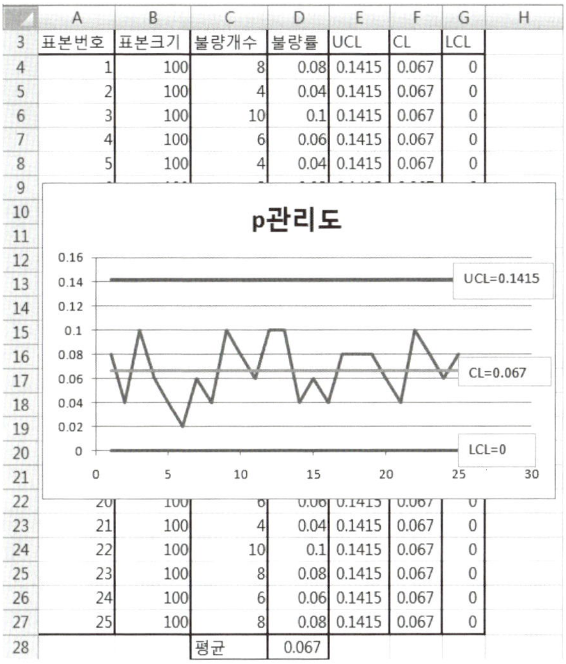

표본번호	표본크기	불량개수	불량률	UCL	CL	LCL
1	100	8	0.08	0.1415	0.067	0
2	100	4	0.04	0.1415	0.067	0
3	100	10	0.1	0.1415	0.067	0
4	100	6	0.06	0.1415	0.067	0
5	100	4	0.04	0.1415	0.067	0
20	100	6	0.06	0.1415	0.067	0
21	100	4	0.04	0.1415	0.067	0
22	100	10	0.1	0.1415	0.067	0
23	100	8	0.08	0.1415	0.067	0
24	100	6	0.06	0.1415	0.067	0
25	100	8	0.08	0.1415	0.067	0
		평균	0.067			

(4) [예제 12-7]

① 데이터를 입력한 후 다음과 같이 수식을 입력한다.

셀주소	수 식	비 고
B29	=AVERAGE(B4:B28)	
C4	=$B$28+3*SQRT($B$28)	C28까지 복사
D4	=$B$28	D28까지 복사
E4	=IF($B$28-3*SQRT($B$28)<0, 0)	E28까지 복사

② A4:A28을 블록으로 지정한 후 Ctrl 키를 누른 채 B4:B28, C4:C28, D4:D28, E4:E28을 블록으로 지정한다.

③ 「평균관리도」, 「범위관리도」, 「*p*관리도」를 작성하기 위하여 취한 절차를 따른다.

④ 다음과 같은 「*c*관리도」를 얻는다.

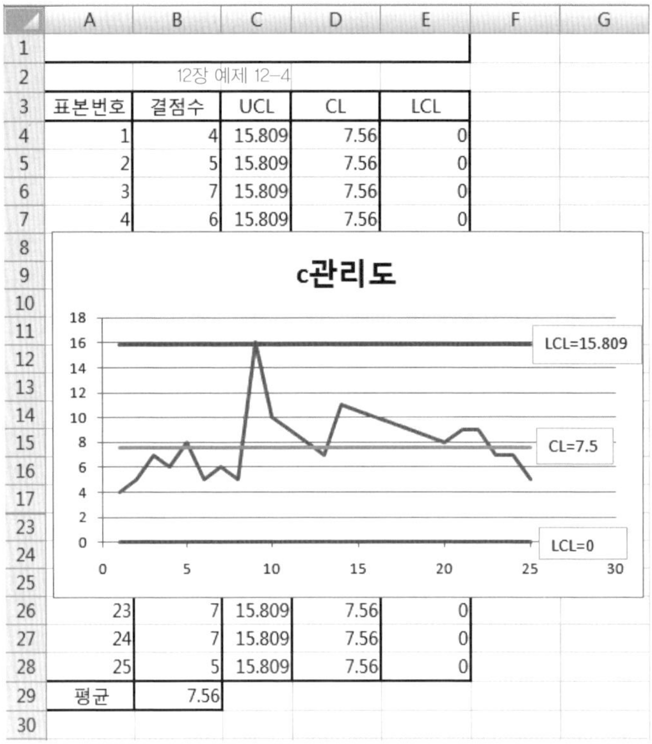
12장 예제 12-4

표본번호	결점수	UCL	CL	LCL
1	4	15.809	7.56	0
2	5	15.809	7.56	0
3	7	15.809	7.56	0
4	6	15.809	7.56	0
23	7	15.809	7.56	0
24	7	15.809	7.56	0
25	5	15.809	7.56	0
평균	7.56			

연·습·문·제

계량형 관리도

1. 품질특성이란 무엇인가?

2. 계량치와 계수치를 비교하라.

3. 프로세스 평균을 관리하는 데 이용되는 관리도는 무엇인가?

4. 프로세스 분산을 관리하는 데 이용되는 관리도는 무엇인가?

5. 한 품질특성의 평균 μ와 표준편차 σ를 알고 있을 때 $\bar{x}$관리도의 관리상한과 관리하한은 통계적으로 어떻게 결정하는가?

6. 한 품질특성의 평균 μ와 표준편차 σ를 알 수 없을 때 $\bar{x}$관리도의 관리상한과 관리하한은 통계적으로 어떻게 결정하는가?

7. R관리도의 관리상한과 관리하한은 어떻게 결정하는가?

8. $\bar{x}$관리도와 R관리도를 작성하기 위한 절차를 설명하라.

9. 표준편차가 주어진 경우 $\bar{x}$관리도의 관리한계는 어떻게 결정하는가?

10. 표준편차가 주어진 경우 R관리도의 관리한계는 어떻게 결정하는가?

11. 프로세스가 안정상태일 조건은 무엇인가?

12. 프로세스 변동이 랜덤패턴을 할 때의 특징은 무엇인가?

13. 프로세스가 불안정상태일 조건은 무엇인가?

14. 프로세스가 불안정상태라고 판정할 규칙들을 설명하라.

15. $\bar{x}$관리도와 R관리도를 사용할 때 불안정 프로세스라고 판단할 수 있는 패턴의 형태를 설명하라.

16. 프로세스에서 접속기 핀의 길이를 관리하기 위하여 표본크기 5의 표본군 30을 랜덤으로 추출한 결과 아래와 같은 결과를 얻었다. 길이의 규격은 50±3.5mm이다. 매일 10,000개씩 생산하는 데 단위당 폐기비용은 20원이고 재작업비용은 5원이다. 규격상한을 벗어나면 재작업을 한다.

표본번호	평균길이	범 위	표본번호	평균길이	범 위
1	50.3	4	16	49.3	6
2	48.4	2	17	53.3	3
3	48.5	5	18	52.1	4
4	49.1	4	19	50.2	5
5	52.6	3	20	51.9	4
6	46.2	4	21	52.1	2
7	50.8	3	22	49.5	3
8	52.2	4	23	50.7	4
9	49.5	5	24	52.6	5
10	51.7	4	25	52.3	6
11	52.5	5	26	48.6	5
12	47.8	3	27	51.0	4
13	49.6	5	28	52.3	3
14	50.8	9	29	50.6	2
15	48.5	4	30	51.5	4
				1,516.5	124

(1) $\bar{x}$관리도와 R관리도의 예비관리한계를 계산하라.

(2) 관리한계 밖에 타점되는 표본번호에 대해서는 이상원인이 발생했기 때문에 이를 제거하고 수정된 관리한계를 계산하라.

(3) 제 I 종 오류를 범할 확률은 얼마인가?

(4) 매일의 폐기비용과 재작업비용을 계산하라.

(5) 만일 프로세스 평균이 50mm로 이동된다면(프로세스 분산이 일정하다고 가정할 때) 불량률은 얼마인가?

17. 다음 데이터를 이용하여 $\bar{x}$관리도와 R관리도를 작성하라. 이 프로세스는 통계적으로 안정되어 있는가?

표본 번호	x_1	x_2	x_3	x_4	표본 번호	x_1	x_2	x_3	x_4
1	6	9	10	15	11	8	12	14	16
2	10	4	6	11	12	6	13	9	11
3	7	8	10	5	13	16	9	13	15
4	8	9	6	13	14	7	13	10	12
5	9	10	7	13	15	11	7	10	16
6	12	11	10	10	16	15	10	11	14
7	16	10	8	9	17	9	8	12	10
8	7	5	10	4	18	15	7	10	11
9	9	7	8	12	19	8	6	9	12
10	15	16	10	13	20	14	15	12	16

18. 프로세스로부터 $n=8$인 표본을 50회 추출한 결과 $\bar{x}$와 R의 값은 다음과 같다. 품질특성은 정규분포를 한다고 가정한다.

$$\sum_{i=1}^{50} \bar{x}_i = 2{,}000 \qquad \sum_{i=1}^{50} R_i = 250$$

(1) $\bar{x}$관리도와 R관리도의 관리한계를 계산하라.

(2) 규격한계가 41 ± 4.0일 때 이 프로세스에서 생산하는 제품의 불량률은 얼마인가?

(3) 폐기율과 재작업률은 얼마인가?

(4) 제품의 불량률을 최소화하기 위해서는 프로세스 평균을 41로 이동시켜야 하는데(프로세스 분산이 일정하다고 가정할 때), 이렇게 할 경우 원래보다 불량률은 얼마나 감소하는가?

19. 정규분포를 따르는 품질특성 X의 계량형 관리도를 작성하기 위하여 크기 4의 20 표본군을 추출한 결과 다음과 같은 데이터를 얻었다.

$$\bar{\bar{x}} = 0.53816 \quad \bar{R} = 0.01205$$

(1) $\bar{x}$관리도와 R관리도의 관리한계를 구하라.

(2) 규격한계가 0.530~0.560이라고 할 때 이 프로세스에서 현재 생산되고 있는 불량률은 얼마인가?

(3) σ는 불변이지만 프로세스 평균이 0.5345로 이동한다면 불량률은 얼마인가?

(4) (3)에서 프로세스 평균이 이동한 후 첫 표본에서 이동한 사실을 관리도에서 발견할 확률은 얼마인가?

20. 한 부품의 평균두께에 대한 관리도를 작성하려고 프로세스로부터 크기 5의 표본을 랜덤으로 추출하였다. 프로세스 평균은 120mm이고 프로세스 표준편차는 8mm이다. 관리한계가 프로세스 평균±3σ로 설정될 때 제 I 종 오류를 범할 확률을 구하라.

21. 어떤 프로세스는 $\bar{\bar{x}}$=39.7, $\bar{R}$=2.5로 안정되어 있다. 이때 사용한 n=2이다. 제품의 규격은 40±5이고 품질특성은 정규분포를 따른다고 한다.

(1) 프로세스의 잠재능력을 계산하라.

(2) 프로세스의 실제능력을 계산하라.

(3) 프로세스 평균을 목표치에 일치시키면 프로세스 성과에 있어서 향상은 얼마만큼 이루어지는가?

계수형 관리도

1. 계수형 관리도를 정의하고 그의 종류를 설명하라.

2. 계수형 관리도의 장 · 단점을 설명하라.

3. 계수형 관리도를 사용할 때 표본크기가 큰 이유는 무엇인가?

4. 프로세스 불량률 p를 알고 있지 않은 경우 p관리도의 관리한계는 어떻게 결정하는가?

5. p관리도의 작성절차를 설명하라.

6. np관리도는 어떤 경우에 사용하는가?

7. c관리도는 어떤 경우에 사용하는가?

8. 자동기계로 생산하는 부품의 표본크기 100, 표본군 20에 대한 랜덤 표본추출 결과 다음과 같은 불량개수를 발견하였다.

(1) p관리도를 작성하고 이상원인이 발생한 경우에는 수정된 관리한계를 다시 계산하라.

(2) np관리도를 작성하라.

표본번호	불량품 수	표본번호	불량품 수
1	4	11	10
2	10	12	8
3	8	13	4
4	6	14	10
5	8	15	6
6	4	16	24
7	6	17	6
8	4	18	4
9	8	19	10
10	22	20	4

9. 무궁화 자동차를 생산하는 회사에서 차체에 발생하는 페인트 흠을 관리하기 위하여 랜덤으로 10대씩의 자동차를 30회 추출하여 그들의 흠을 조사하였다. 다음 표를 이용하여 c관리도를 작성하고 이상원인이 발생하였으면 새로운 관리한계를 계산하라.

표본번호	흠의 수	표본번호	흠의 수
1	8	16	8
2	10	17	28
3	6	18	16
4	16	19	6
5	12	20	30
6	14	21	14
7	10	22	8
8	14	23	12
9	18	24	8
10	8	25	10
11	10	26	18
12	12	27	12
13	6	28	6
14	4	29	16
15	10	30	14

10. n=30, UCL=0.551, LCL=0.049일 때 p관리도에 대한 OC곡선을 작성하라.

11. 불량률 관리도를 사용하여 프로세스를 관리하고 있다. 프로세스 불량률은 0.07이고 매일 400개의 품목을 표본으로 추출한다.
3σ 한계를 사용하는 관리한계를 구하라.

12. 다음은 전화 케이블 1,000m당 결점수를 나타내는 데이터이다.

표본번호	결점수	표본번호	결점수
1	7	12	6
2	3	13	9
3	1	14	11
4	1	15	15
5	5	16	8
6	8	17	3
7	10	18	6

8	0	19	7
9	19	20	9
10	24	21	4
11	13	22	20

(1) 관리도의 중심선과 관리한계를 구하고 이 프로세스는 통계적으로 안정되어 있는지 말하라.

(2) 미래 생산을 위해서 사용해야 할 중심선과 관리한계를 구하라.

13. 다음은 Excel 백화점에서 n=300명씩 19군의 표본을 랜덤으로 추출하여 불만족스런 고객의 수를 조사한 데이터이다. 불만족스런 고객의 수에 대한 np관리도를 작성하라.

표본번호	표본크기	불만족스런 고객의 수	표본번호	표본크기	불만족스런 고객의 수
1	300	8	12	300	10
2	300	9	13	300	7
3	300	10	14	300	8
4	300	12	15	300	11
5	300	11	16	300	4
6	300	6	17	300	7
7	300	10	18	300	10
8	300	13	19	300	6
9	300	8		합계	165
10	300	9			
11	300	6			

14. 컨테이너를 생산하는 어떤 기계에 대해 표본크기 =50, 표본군 25의 표본을 랜덤으로 추출하여 검사한 결과 불합격 수와 불량률이 다음 표와 같았다. 기계의 불합격 수에 대한 관리도를 작성하라. 만일 이상원인에 의한 프로세스의 불안정 상태가 발견되면 시정조치를 강구하고 새로운 관리한계를 구하라.

표본군	검사 수(n)	불합격품 수(x)	불합격률($\hat{p}$)
1	50	4	0.08
2	50	2	0.04
3	50	5	0.10
4	50	3	0.06

5	50	2	0.04
6	50	1	0.02
7	50	3	0.06
8	50	2	0.04
9	50	5	0.10
10	50	4	0.08
11	50	3	0.06
12	50	5	0.10
13	50	5	0.10
14	50	2	0.04
15	50	3	0.06
16	50	2	0.04
17	50	4	0.08
18	50	11	0.22
19	50	4	0.08
20	50	3	0.06
21	50	2	0.04
22	50	5	0.10
23	50	4	0.08
24	50	3	0.06
25	50	4	0.08
	1250	91	

제13장

통계적 프로세스 능력분석

어떤 품목을 제조할 때 설계, 제조, 검사라는 3단계를 거친다. 규격(specification)은 항상 설계단계에서 고객의 요구에 따라 설정되고 제조단계에서는 이렇게 설정된 규격에 맞도록 제조하고자 하는 노력이 진행된다. 검사단계에서는 제품이 규격에 어느 정도 적합한지를 결정한다.

프로세스로부터 이상원인에 의한 변동이 모두 제거되면 그 프로세스는 통계적 안정상태에 있다고 한다. 프로세스가 안정되면 프로세스를 예측할 수 있고 프로세스가 그에 부과되는 요구를 만족시킬 능력이 있는지 평가할 수 있다. 만일 프로세스가 안정되지 않으면 프로세스 평균과 프로세스 표준편차가 불안정하여 이러한 프로세스로부터 얻는 데이터에 입각한 어떤 계산도 신뢰할 수 없게 된다.

프로세스 안정(process stability:공정안정)과 프로세스 능력(process capability: 공정능력)은 언제나 일치하는 것은 아니다. 프로세스가 불안정하더라도 프로세스 능력은 충분한 경우도 있다. 그러나 프로세스가 안정상태를 유지할 때 프로세스 능력분석을 실시할 수 있다. 프로세스 능력은 안정된 프로세스를 전제로 생산되는 개별 제품들이 규격을 준수하는지를 평가하기 위하여 사용된다. 프로세스는 언제나 안정되어야 하며 동시에 규격을 준수하는 제품을 생산할 프로세스 능력을 갖도록 해야 한다. 이와 같이 안정된 프로세스에서 생산된 산출물이 규격과 어느 정도 일치하는가로 그 프로세스의 품질성과를 평가한다.

규격한계를 준수하는 것이 가장 기본적인 요구이기 때문에 본장에서는 프로세스 능력분석을 위해 규격한계와 관리한계와의 관계, 규격과 프로세스 능력과의 관계, 프로세스 능력분석절차 등에 관하여 공부하고자 한다.

13.1 프로세스 요소와 프로세스 관리

어떤 생산 프로세스에서 제조되는 제품의 품질도 언제나 균일성을 유지할 수는 없다. 이는 프로세스를 이루는 4M이라고 하는 인간(man), 설비(machine), 원재료(material), 제조방법(method) 등이 복합적으로 품질에 영향을 미치기 때문이다. 그러나 이러한 변동도 목표치를 중심으로 일정한 범위 안에서 발생하게 된다. 이와 같이 제품의 어떤 특성도 산포를 가지고 있는 확률변수이며 어떤 확률분포(random distribution)를 하게 된다.

통계적 프로세스 관리(statistical process control: SPC)란 프로세스를 관리상태로 유지함과 동시에 관리된 프로세스로부터 생산되는 제품들이 고객의 요구조건인 규격을 만족하도록 품질특성의 확률분포를 조정하는 관리활동을 말한다. 따라서 프로세스로부터 생산되는 제품의 품질변동을 일으키는 이상원인을 우선 찾아내서 근원적으로 이를 제거하고 안정된 프로세스에서 생산되는 제품이 규격을 준수하도록 관리하기 위해서는 프로세스 파악, 프로세스의 해석, 자재관리, 설비관리, 계측기관리, 검사기준의 설정, 프로세스 관리의 실시와 검토 등과 같은 통계적 기법을 사용하여 프로세스 관리를 철저하게 해야 한다. SPC의 근본적인 목적은 프로세스가 효율적으로 작동하고, 품질표준을 준수하는 제품이나 서비스를 생산하고, 시간의 경과에도 일관성을 유지토록 하는 것이다.

AI 기반 SPC는 생산 프로세스의 실시간 모니터링, 데이터 분석론과 예측적 분석론을 사용해 패턴, 트렌드, 이상 징후의 발견, 관리도 및 관리한계의 사용을 통한 생산 프로세스의 트렌드, 이동, 통제불능상태의 발견, 프로세스 변동이나 품질문제의 근본 원인 분석, 지속적인 개선노력을 통해 프로세스 안정, 변동의 감소, 운영상의 우수성을 달성하여 제품품질을 향상시키고, 고객 요구조건을 만족시키도록 한다.

13.2 규격과 공차

한국공업규격 KS A 3001에 의하면 규격이란 "표준 중 주로 물건에 직접 또는 간접으로 관계되는 기술적 사항에 관하여 규정된 기준"으로 정의한다. 따라서 광의의 규격에는 자재와 최종제품, 프로세스, 시험방법, 검사방법, 제품의 사용방법 등이 포함된다. 광의의 규격을 시방(specification)이라고도 하는데, 이를 문서화한 것을 시방서라고 한다. 그러나 본절에서는 협의의 규격을 의미하는 제품의 치수에 한정한 기술규격(technical specification)에 대하여 공부하고자 한다.

규격은 두 가지 요소, 즉 목표치(공칭치수, 기준치, target value)와 허용오차(tolerance) 로 이루어진다. 목표치는 생산이 성취하려는 이상적인 차원 또는 명목치(nominal value)이고 허용오차란 목표가 정확하게 달성하는 것이 어렵기 때문에 허용되는 편차를 말한다. 이는 5M, 즉 사람(men), 자재(material), 기계설비(machine), 방법(method), 측정(measurement)에 의해 생산과정에서 발생하는 자연적 편차 때문이다. 규격은 상한과 하한의 양쪽 한계를 갖기도 하고 상한 또는 하한의 한쪽 한계를 갖기도 한다. 20±0.5g은 양쪽 한계의 예이며 (100−10) kg은 하한이 90kg인 한쪽 한계의 예이다.

규격한계는 생산기술능력을 고려하여 고객의 요구에 따라 결정된다. 규격한계는 제품이 충분한 기능을 수행하고 있음을 보증하기 위하여 개별 제품의 품질특성에 대해 설계엔지니어가 설정하는 품질변동의 한계이다. 즉 규격은 개별 부품이나 제품의 품질특성의 크기에 허용할 수 있는 변동을 의미하기 때문에 개별치를 위한 것이며 프로세스의 폭(spread), 즉 프로세스 한계와는 관련이 없다.

목표치는 위의 예 20±0.5g에서 20g인데, 이는 확인의 목적으로 쓰인다. 공차는 품질특성의 허용한계 사이의 규격폭을 말한다. 위의 예에서 품질특성의 치

수는 19.5g에서 20.5g까지 산포할 수 있으며, 이때 규격상한 20.5g과 규격하한 19.5g의 차이인 1g(=2×0.5)이 공차이다. 한편 목표치와 규격한계와의 차이를 허용 오차라고 하는데, 예에서 0.5g을 의미한다. 그런데 공차를 허용오차와 같은 의미로 사용하기도 한다. 위의 그림은 규격과 공차의 관계를 나타내고 있다.

13.3 규격한계와 관리한계

관리한계는 표본군 사이에 존재하는 변동을 규명하는 데 이용한다. 관리한계는 프로세스의 변동, 즉 프로세스 평균과 프로세스 분산을 관리하기 위한 것이다. $\bar{x}-R$관리도의 관리한계는 프로세스의 평균과 분산을 반영하는 것이기 때문에 고객요구를 충족시키기 위해 설정되는 프로세스 제품의 규격한계와 아무런 관계를 갖지 않는다.

규격한계(specification limit)와 관리한계(control limit)의 차이를 더욱 뚜렷이

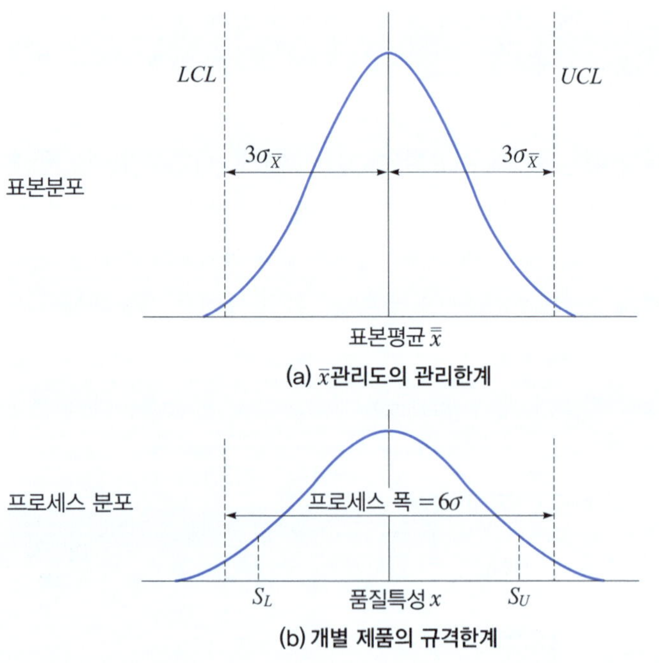

[그림 13-1] 관리한계(a)와 규격한계(b)의 차이

하기 위하여 프로세스는 안정되어 있으나 규격을 지키지 못해 불량품 생산이 진행되고 있는 상황을 고려하자.

정규분포를 따르는 품질특성 x에 대해 $\bar{x}$관리도와 R관리도를 이용하여 그의 프로세스가 안정상태를 유지하고 있다고 가정하자. [그림 13-1] (a)는 $\bar{x}$관리도의 관리한계를 보이고 있다. 관리한계는 $\bar{\bar{x}} \pm 3\sigma_{\bar{X}}$이다. 중심극한정리에 의하여 $\sigma_{\bar{X}} = \dfrac{\sigma}{\sqrt{n}}$이다. 즉 $\sigma = \sqrt{n} \times \sigma_{\bar{X}}$이다. 여기서 $\bar{\bar{x}}$는 표본평균 $\bar{x}$들의 평균으로서 관리도의 중심선이다.

[그림 13-1] (b)는 개별 제품의 품질특성치 x의 분포가 정규분포임을 보여주고 있다. 이는 프로세스가 안정되어 있을 때 개별 제품의 품질특성의 변동 정도를 나타낸다. 프로세스 능력(폭)은 6σ이다. 정규분포 가정은 개별 제품의 99.74%는 $\mu \pm 3\sigma$ 범위 내에 들어갈 것임을 의미한다. 즉 거의 대부분의 제품이 평균 μ를 중심으로 6σ 범위 내에 포함된다는 것을 의미한다.

이 그림에 규격상한(S_U)과 규격하한(S_L)을 추가하면 개별 제품의 일부는 불량품일 가능성이 있다. 프로세스가 비록 안정되어 있다 하더라도 프로세스 폭(process spread)이 규격폭보다 크면 규격을 지키지 못하는 불량품 생산이 불가피하다. 이와 같이 관리도는 프로세스 폭에 따라 영향을 받지만 규격한계와는 아무런 관계가 없다. [그림 13-1] (a)의 $\bar{x}$관리도에 규격한계를 추가해서는 안 된다. $\bar{x}$관리도의 한계는 표본평균들의 변동을 측정하는 것이고 규격한계는 개별 제품에 대한 품질특성이 받아들일 변동한계를 의미한다.

13.4 프로세스 능력분석

설계과정에서 설정한 규격대로 생산할 능력이 있는가를 분석하기 위해서는 프로세스 능력을 평가해야 하는데, 프로세스 능력은 이상원인을 모두 제거한 안정상태하의 프로세스에서 생산되는 모든 개별 제품들이 규격을 지키는지를 평가한다. 즉 프로세스 능력은 시스템에 존재하는 모든 우연원인의 결과로 발생하는 품질의 총변동(6σ)에 대한 규격폭의 비율로 결정된다.

프로세스 능력은 품질특성이 작은 범위에서 변동하는 제품을 생산하는 프로세스의 균일성(uniformity)을 측정하는 것으로 볼 수 있다. 따라서 이는 제품의 균일성의 지수를 반영하는데, 보통 6σ로 측정한다.

안정된 프로세스에서 생산된 제품들이 얼마나 규격을 지키는가, 그렇지 않을 경우 규격을 지키도록 프로세스를 어떻게 조정하는가 하는 문제들이 프로세스 능력분석의 영역에 포함된다. 즉 제품의 개발 및 제조단계에서 제품의 품질 변동 정도를 측정하고 이를 규격과 비교하여 변동의 폭을 감소시키기 위하여 여러 가지 통계적 기법들을 이용하는 것을 프로세스 능력분석이라 한다.

품질향상 프로그램은 프로세스 파라미터의 지속적인 측정을 요한다. 파라미터의 추적은 프로세스로 하여금 최상의 능력을 갖도록 해 준다. 프로세스로부터 생산되는 모든 개별 제품이 규격을 준수하지 않으면 다음과 같은 조치를 강구해야 한다.

첫째, 목표치로 프로세스 평균을 중심이동하든가,
둘째, 새로운 장비 또는 고급 원자재를 구입하여 프로세스 폭을 감소시키든가,
셋째, 고객요구를 규명하여 규격을 변경시킬 신축성을 연구하는 것이다.

프로세스 능력분석의 혜택은 다음과 같다.

- 제품의 균일성을 강화한다. 프로세스 능력분석을 실시하고 프로세스 파라미터의 필요한 조정을 통해서 변동의 폭이 좁게 통제된다.
- 품질수준이 유지 또는 향상된다. 프로세스 능력분석은 새로운 장비의 필요성을 밝혀 준다. 이러한 변화가 발생하면 새로운 능력을 결정할 수 있다.
- 제품과 프로세스 설계를 조장한다. 프로세스 능력분석의 결과 얻는 정보는 제품의 공차를 설계하는 데 도움이 된다.
- 공급업체 선정과 통제에 도움을 준다. 공급업체로 하여금 프로세스 능력 정보를 제공토록 요구할 수 있으며 이러한 정보는 공급업체의 품질수준을 개선시킬 수단이 된다.
- 내적 및 외적 실패비용을 감소시킨다. 프로세스 파라미터에 주의를 경주함으로써 불량품 발생을 줄일 수 있다.

13.5 프로세스 능력

프로세스 능력한계(process capability limit)는 프로세스에 의하여 영향을 받는다. 이는 안정된 프로세스에서 생산되는 개별 제품의 품질특성이 갖는 우연원

인에 의한 총변동을 의미한다. 이들은 개별치의 모집단에 입각하여 추정하지만 보통 큰 표본군으로부터 추정한다.

품질특성 x의 정규분포를 가정하고 프로세스 평균을 μ, 프로세스 표준편차를 σ라 하면 프로세스 능력상한(upper process capability limit: UPCL)과 프로세스 능력하한(lower process capability limit: LPCL)은 다음과 같다.

$$UPCL = \mu + 3\sigma \qquad (13.1)$$
$$LPCL = \mu - 3\sigma$$

[그림 13-2]는 프로세스 능력한계를 보이고 있다. 품질특성 x의 분포가 정규분포를 한다는 가정은 프로세스에서 생산되는 제품의 99.74%의 특성이 프로세스 능력한계 내에 들어온다는 것을 의미한다. 따라서 프로세스 능력한계는 안정된 프로세스에 존재하는 우연원인에 의한 변동의 정도를 나타낸다.

프로세스 평균 μ는 표본평균 $\bar{x}$로부터 추정하고 프로세스 표준편차 σ는 표본표준편차 s로부터 추정하여 프로세스 능력한계를 구하는 데 이용된다.

$$s = \sqrt{\frac{\sum(x_i - \bar{x})^2}{n-1}}$$

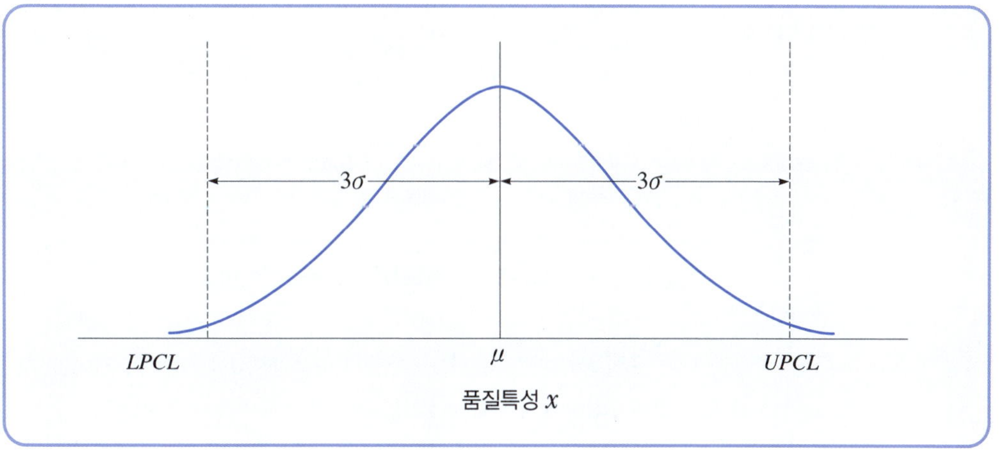

[그림 13-2] 프로세스 능력한계

예제 13-1

프로세스에서 생산하는 한 부품의 직경에 대한 규격은 6±0.015cm이다. 안정된 프로세스에서 추출한 표본의 평균은 5.99cm이고 표준편차 s는 0.004cm이다. 이 프로세스의 프로세스 능력한계를 구하고 프로세스 중심을 조정할 필요가 있는지 밝혀라.

해 답

식 (13. 1)을 이용하여 다음을 구한다.

$UPCL = 5.99 + 3(0.004) = 6.002$

$LPCL = 5.99 - 3(0.004) = 5.978$

직경의 정규분포를 가정할 때 [그림 13-3]은 프로세스 능력한계를 나타낸다. 프로세스 폭은 $6\sigma = 6(0.004) = 0.024$인데, 이는 프로세스 능력한계 사이의 차이(6.002 −5.978)와도 같다. 현 프로세스에서 생산되는 부품의 직경은 5.978cm에서 6.002cm 안에 들어온다.

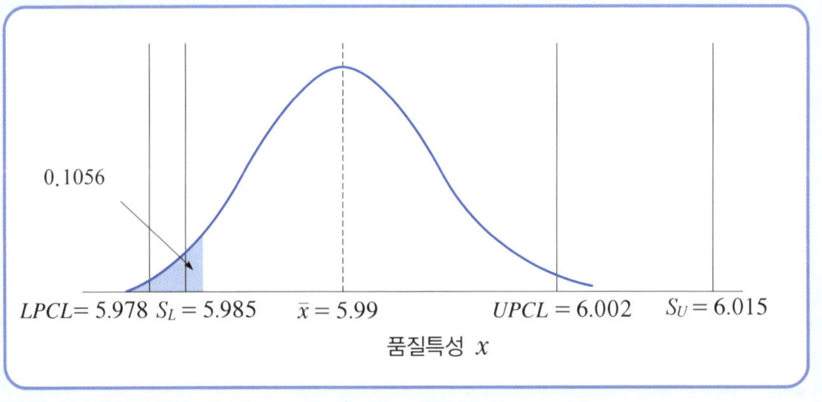

[그림 13-3] 프로세스 능력한계와 규격한계의 비교

그림에서 보는 바와 같이 부품의 일정 비율은 규격하한 5.985를 벗어난다. 이 비율을 계산하기 위해서 규격하한에서의 표준정규변수의 값 Z를 다음과 같이 구한다.

$$Z = \frac{S_L - \bar{x}}{s} = \frac{5.985 - 5.99}{0.004} = -1.25$$

부표 I 로부터 이 Z값에 해당하는 면적, 즉 규격하한을 벗어나는 불량률은 0.1056임을 알 수 있다. 따라서 프로세스 평균을 목표치 6cm에 일치하도록 조정할 필요가 있다. 이렇게 하면 프로세스 폭이 0.024cm이고 규격한계 사이의 차이(규격폭)가 0.03cm이므로 모든 부품이 규격한계 내에 들어와 양품만을 생산하고 프로세스는 능력을 갖게 된다.

이와 같이 많은 경우에 프로세스 표준편차의 변경 없이 프로세스 평균만을 목표치에 이동시킴으로써 불량률을 최소화할 수 있다. 이 비율을 계산하기 위하여 규격상한 또는 규격하한에서의 Z값을 다음과 같이 구한다.

$$Z = \frac{5.985 - 6}{0.004} = -3.75$$

부표 I 로부터 규격상한 또는 규격하한을 벗어나는 불량률은 0%이므로 결국 이 프로세스로부터 생산되는 부품의 불량률은 2(0)=0%로 최소화된다.

13.6 규격한계와 프로세스 능력의 관계

프로세스 능력한계와 규격한계 사이에는 아무런 수학적 관계가 존재하지 않는다. 왜냐하면, 프로세스 능력한계는 프로세스의 상태와 그 프로세스에서 발생하는 우연원인에 의한 품질변동에 의하여 결정되고 규격한계는 고객의 요구에 의하여 영향을 받기 때문이다. 그러나 이들 한계 사이에는 바람직한 관계는 존재한다. 규격한계가 프로세스 능력한계 밖에 있으면 대부분이 생산제품이 합격될 것이다. 이들 한계 사이에는 세 가지 경우가 있을 수 있다. 프로세스 능력(프로세스 폭) 6σ가 규격폭보다 작거나, 같거나, 혹은 큰 경우이다.

경우 I : $6\sigma < S_U - S_L$

이는 프로세스 폭이 규격폭보다 작은 경우로서 프로세스가 아주 능력 있기 때문에 가장 바람직한 경우이다. [그림 13-4] (a)는 개별 특성치 x의 분포, $\bar{x}$관리도의 한계, 표본평균($\bar{x}$들)의 분포, 규격한계 사이의 관계를 보이고 있다. 프로세스가 안정되어 있고 프로세스 평균 μ가 목표치와 일치하면 모든 생산제품이 규격한계보다 훨씬 안쪽에 존재하여 모두 양품으로 인정된다. 규격폭이 프로세스 능력보다 상당히 크면 프로세스 평균이 약간 이동하여 프로세스가 불안정하더라도 개별 특성치의 분포가 규격상한을 벗어나지 않기 때문에 생산제품이 아직 규격을 지킨다고 볼 수 있다. 이는 [그림 13-4] (b)가 보여주고 있다. 그러나 프로세스를 안정상태로 회복시키기 위한 조치는 강구되어야 함은 말할 필요도 없다.

:: 경우 II: $6\sigma = S_U - S_L$

이는 프로세스 폭과 규격폭이 일치하는 경우이다. 만일 품질특성이 정규분포를 하고 프로세스가 안정되어 있다면 생산되는 제품의 99.74%는 규격 안에 있을 것이다. [그림 13-5] (a)는 이를 나타내고 있다.

[그림 13-5] (b)에서처럼 프로세스 평균이 이동하여 프로세스가 불안정하면 개별치가 규격한계를 벗어나기 때문에 제품 중 어느 정도의 불량품이 생산된다. 따라서 품질변동의 이상원인을 제거할 조치가 강구되어야 한다.

:: 경우 III: $6\sigma > S_U - S_L$

이는 프로세스 폭이 규격폭보다 크기 때문에 바람직하지 않은 경우이다. 이런 경우에는 비록 프로세스가 안정되어 있다 하더라도 [그림 13-6] (a)에서 보는 바와 같이 생산되는 제품의 상당한 율이 규격을 지키지 못할 것이다. [그림 13-6] (b)의 경우에는 문제가 더욱 심각하다. 프로세스는 불안정상태이고 많은

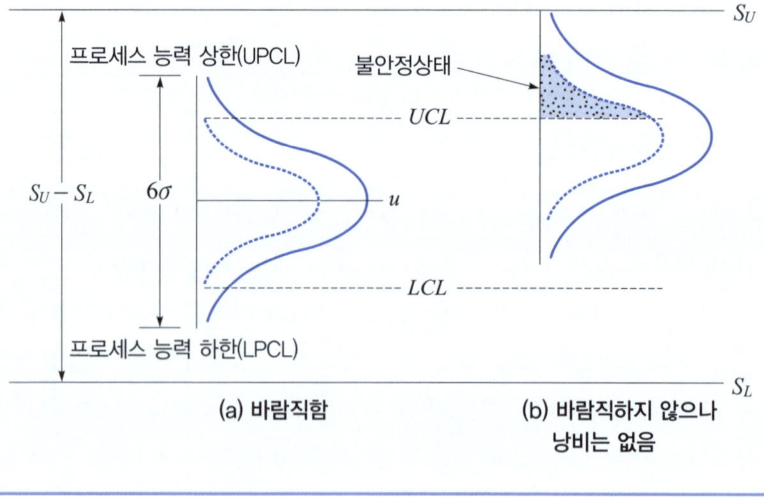

[그림 13-4] $6\sigma < S_U - S_L$인 경우

불량품을 생산하기 때문이다. 이러한 문제를 해결하기 위해서 취할 수 있는 방안은 다음과 같다.

- 규격한계를 더욱 넓히는 것이다. 그러나 규격한계는 고객의 요구를 반영하는 것이기 때문에 심사숙고해야 한다.
- 프로세스 폭을 더욱 좁히는 것이다. 이를 위해서는 새로운 시설, 좋은 원자재, 경험 많은 작업자 등에 대한 투자가 필요하다.

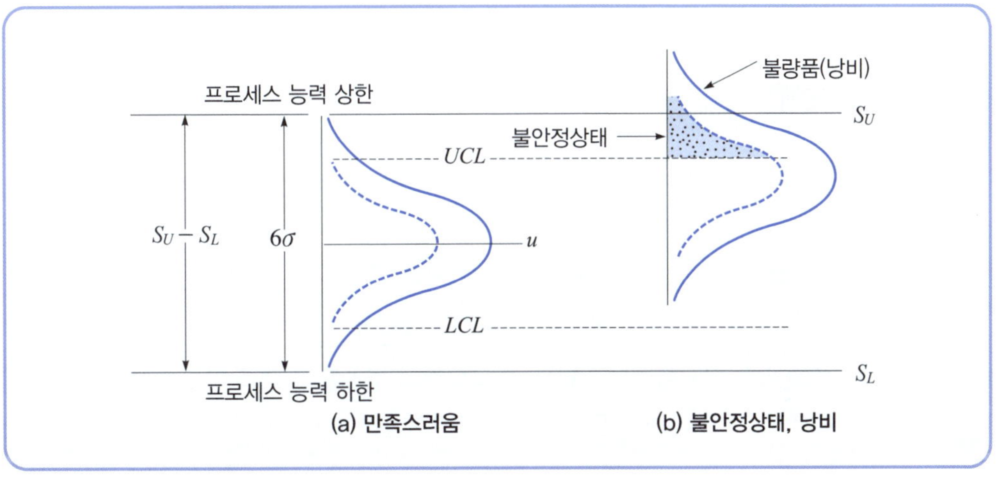

[그림 13-5] $6\sigma = S_U - S_L$인 경우

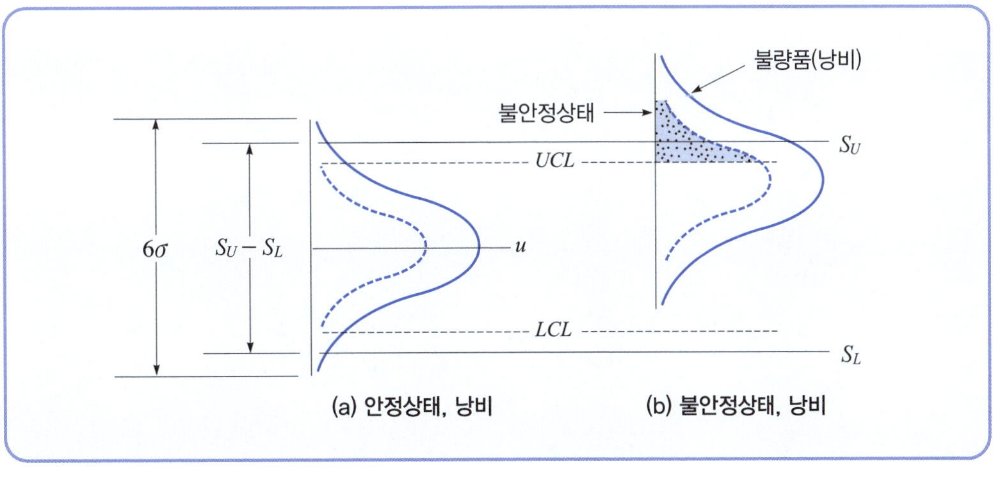

[그림 13-6] $6\sigma > S_U - S_L$인 경우

- 프로세스와 규격은 그대로 두고 생산되는 불량품 제거를 위해 100% 전수 검사를 실시하는 것이다. 이는 이상적인 해결책이 아니다. 검사는 문제의 원인을 분석하는 데 이용할 수 없다.
- 프로세스 평균을 [그림 13-6] (b)와 같이 이동시켜 모든 불량품이 품질특성의 도수분포의 한쪽 꼬리부분에서 발생하도록 하는 것이다. 이렇게 함으로써 폐기물의 비율과 재작업의 비율을 균형화할 수 있다. 단위당 폐기물비용이 재작업비용보다 비싸기 때문에 폐기물은 적게, 그리고 재작업은 많게 하는 것은 단기적 처방이 될 수 있다. 물론 장기적으로는 이들의 발생을 막아야 한다.

예제 13-2

공장에서 생산하는 한 부품의 직경에 대한 규격은 13.50±0.05mm이다. 만일 프로세스 평균이 목표치 13.50mm에 일치하고 표준편차 σ가 0.02mm라고 할 때

① 제품의 몇 %가 폐기되고 몇 %가 재작업되어야 하는가?

② 폐기물을 제거하기 위해서는 프로세스 중심이 어디로 이동해야 하는가?

③ 이 경우 제품의 몇 %가 재작업되어야 하는가?

해 답

① $S_U = 13.50 + 0.05 = 13.55$

$S_L = 13.50 - 0.05 = 13.45$

$$Z = \frac{S_L - \mu}{\sigma} = \frac{13.45 - 13.50}{0.02} = -2.50$$

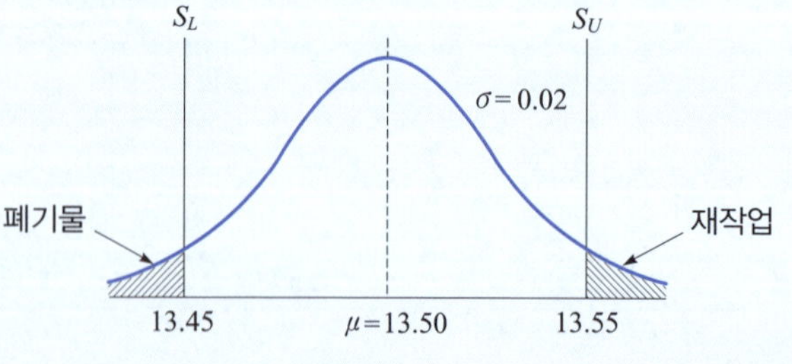

부표 Ⅰ로부터 Z값 -2.50에 해당하는 면적은 0.0062로서 폐기물 비율은 0.62%이다. 그런데 프로세스 중심이 목표치에 있고 좌우 대칭적인 분포를 가정하므로 재작업 비율도 똑같이 0.62%이다.

② 폐기물을 완전 제거하면 아래 그림에서 $면적_1=0$이 된다. 부표 Ⅰ에서 0에 가까운 숫자는 0.00017이고 이는 Z값 -3.59에 해당한다.

$$Z=\frac{S_L-\mu}{\sigma}$$

$$-3.59=\frac{13.45-\mu}{0.02}$$

$$\mu=13.52\text{mm}$$

즉 프로세스 중심을 목표치의 오른편으로 약간 이동시켜야 한다.

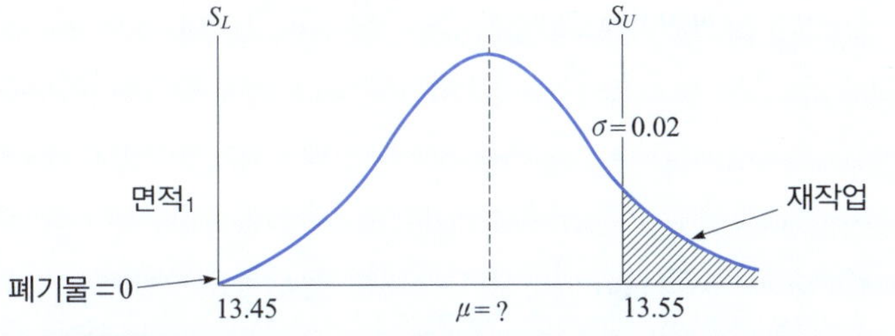

③ $Z=\dfrac{S_U-\mu}{\sigma}=\dfrac{13.55-13.52}{0.02}=1.50$

부표 Ⅰ로부터 Z값 1.50에 해당하는 면적은 0.9332이다. 따라서 재작업비율=1−0.9332=0.0668, 즉 6.68%이다.

13.7 프로세스 능력지수

프로세스로부터 이상원인이 제거되어 안정상태가 계속될 때 규격한계를 지키는 모든 개별 제품을 생산할 프로세스 능력을 측정하는 것은 의미 있는 일이다. 만일 품질특성의 분포가 정규적이라고 가정하면 생산되는 부적합품의 비율을 예측할 수 있다.

프로세스 능력은 통계적 분석을 통해 측정할 수도 있지만 프로세스 능력지수(process capability index)로서 C_p, C_{pk}, CPL 및 CPU 등을 이용할 수도 있다. 프로세스 능력지수란 프로세스가 규격한계를 지키는 제품을 생산할 능력을 지표로 나타낸 것이다. 이러한 프로세스 능력지수는 프로세스 성과가 좋은지의 총체적 측정을 가능케 한다. 프로세스의 양호함을 측정하는 기준은 프로세스가 규격을 지키는 제품을 생산할 능력이다. 본절에서는 프로세스 능력의 평가를 위해 사용되는 몇 가지 지수에 관해 설명하고자 한다.

1. 프로세스 능력비율 또는 C_p 지수

규격을 지킬 프로세스의 잠재력을 측정하기 위해 사용되는 지수로 보통 프로세스 능력비율(process capability ratio: PCR) 혹은 C_p 지수가 사용된다. 이는 프로세스 평균이 목표치와 일치할 뿐만 아니라 양쪽 규격한계를 사용하는 경우에는 프로세스 폭에 대한 규격폭(규격한계 사이의 간격)의 비율로 나타낸다. 즉

$$C_p = \frac{S_U - S_L}{6\sigma} \tag{13. 2}$$

여기서 S_U는 규격상한, S_L은 규격하한, 그리고 σ는 프로세스 표준편차를 의미한다. 만일 σ를 알 수 없는 경우에는 그의 추정치 $\hat{\sigma}$로 표본표준편차 s를 사용할 수 있다. 또는 그의 추정치 $\hat{\sigma}$로 범위관리도(range chart)로부터 얻는 정보를 이용할 수 있다.

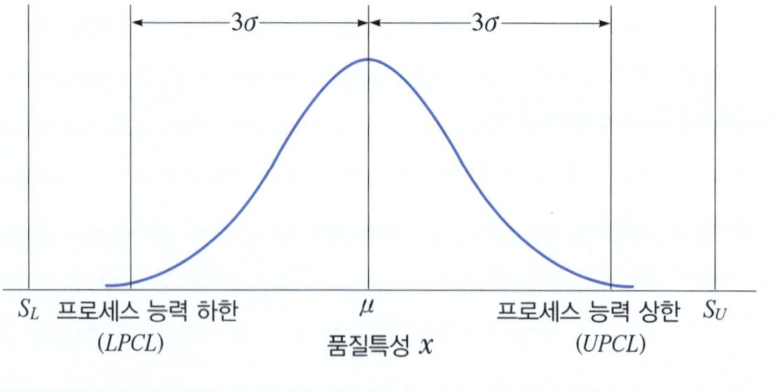

[그림 13-7] $C_p>1$인 경우

$\overline{R}$를 범위들의 평균, d_2를 부표 Ⅱ로부터 얻을 수 있는 관리도 작성을 위한 계수(factor)라고 하면 프로세스 표준편차 σ의 추정치 $\hat{\sigma}$는 다음과 같이 구한다.

$$\hat{\sigma} = \frac{\overline{R}}{d_2}$$

프로세스 평균이 목표치에 일치하면 프로세스 능력이 충분하여 규격한계를 벗어나는 불량품 생산의 비율은 거의 없음을 의미한다. 이러한 경우에는 $C_p > 1$이 되며 이는 프로세스가 규격을 지키는 제품을 생산할 능력이 큼을 의미한다. [그림 13-7]은 $C_p > 1$인 프로세스 능력을 나타낸다. 따라서 $C_p \geq 1$인 경우가 가장 바람직스럽다고 할 수 있다.

$C_p = 1$인 경우에는 $(S_U - S_L) = 6\sigma$이기 때문에 프로세스는 겨우 능력이 있다고 말할 수 있다. 만일 프로세스 평균이 목표치와 일치하고 품질특성이 정규분포를 한다면 생산되는 제품의 0.26%가 규격한계를 벗어날 것이다. 이러한 경우는 앞절에서 공부한 경우 Ⅱ에 해당되며 [그림 13-5]가 이를 나타내고 있다.

C_p 값은 프로세스의 잠재력을 나타내는 지수이다. 만일 프로세스 평균이 목표치에 일치하지 않으면 비록 $C_p > 1$인 프로세스에서도 불량품 생산이 가능하다.

만일 $C_p < 1$이면 $6\sigma > (S_U - S_L)$이기 때문에 프로세스가 안정되어 있더라도 프로세스 능력이 불충분하여 규격을 지킬 수는 없게 된다. 이는 앞절에서 공부한 경우 Ⅲ에 해당하며 [그림 13-6]이 보여주고 있다.

일반적으로 프로세스 능력의 등급을 프로세스 능력지수에 따라 다음과 같이 분류한다.

프로세스 능력의 범위	프로세스 능력의 등급(판정)	공정능력의 평가	조 치
$C_p \geq 1.33$	A급(합격)	공정능력 충분	프로세스의 유지
$1.33 > C_p \geq 1$	B급(경계)	공정능력 있음	프로세스 수시 체크
$1 > C_p \geq 0.67$	C급(불합격)	공정능력 부족	프로세스 개선조치
$0.67 > C_p$	D급(불합격)	공정능력 없음	프로세스 개선조치

등급 C와 D는 프로세스 능력이 매우 부족하기 때문에 다음과 같은 어떤 조치를 강구해야 한다.

- 능력을 가진 프로세스로 옮길 것
- 프로세스 능력개선을 위한 투자를 할 것

- 현재의 규격을 조정할 것
- 특별한 관리 · 가공법을 고안하여 프로세스 능력을 향상시킬 것

일반적으로 기업에서는 양쪽 규격한계를 사용하는 경우 $C_p \geq 1.33$을 선호한다. 이는 프로세스 표준편차 σ가 규격폭의 1/8을 넘지 않는다는 것을 의미한다. 6시그마 품질을 애용하는 기업은 C_p 값으로 2를 사용한다.

예제 13-3

고양(주)의 최 부장은 다음과 같이 주어진 기계 셋 중에서 능력 있는 기계를 사용하려고 한다. 프로세스와 그의 표준편차가 다음과 같다고 한다. 한편 규격은 10.00mm와 10.80mm라고 할 때 어떤 기계가 능력있는가?

프로세스	표준편차
A	0.14
B	0.09
C	0.17

해 답

프로세스	표준편차	프로세스 폭(6σ)
A	0.14	0.84
B	0.09	0.54
C	0.17	1.02

$$C_p = \frac{\text{규격 폭}}{\text{프로세스 폭}} = \frac{S_U - S_L}{6\sigma}$$

프로세스	표준편차	프로세스 폭	C_p
A	0.14	0.84	0.80/0.84 = 0.95
B	0.09	0.54	0.80/0.54 = 1.48
C	0.17	1.02	0.80/1.02 = 0.78

프로세스 B의 $C_p = 1.48 > 1.33$이므로 프로세스 B를 선정해야 한다.

2. 상한(하한) 프로세스 능력지수

프로세스 평균이 목표치에 일치하지만 규격상한 또는 규격하한과 같이 한쪽에만 규격한계가 주어지는 경우에 프로세스 능력지수는 프로세스 폭에 대한 프로세스 평균 μ의 이동을 측정한다.

규격상한만이 주어지는 경우 상한 프로세스 능력지수(upper capability index: CPU)는 다음과 같이 구한다.

$$CPU = \frac{S_U - \mu}{3\sigma} \tag{13. 3}$$

$CPU \geq 1$인 경우가 가장 바람직스럽다. 식 (13. 3)에서 분모는 프로세스 폭의 1/2이다. 제품의 품질특성치가 S_U를 벗어나면 불량품이 발생하기 때문에 S_U가 프로세스 평균 μ로부터 멀어질수록 불량품 생산의 가능성은 적어진다. [그림 13-8]은 $CPU > 1$인 경우를 나타낸다. 만일 정규분포를 가정할 때 $CPU = 1$이면 제품의 0.13%가 S_U를 벗어나 불량품일 것이다.

만일 규격하한만이 주어진다면 그의 하한 프로세스 능력지수(lower capability index: CPL)는 다음과 같이 구한다.

$$CPL = \frac{\mu - S_L}{3\sigma} \tag{13. 4}$$

말할 필요도 없이 $CPL \geq 1$인 경우가 가장 바람직스럽다. 식 (13. 3)과 식

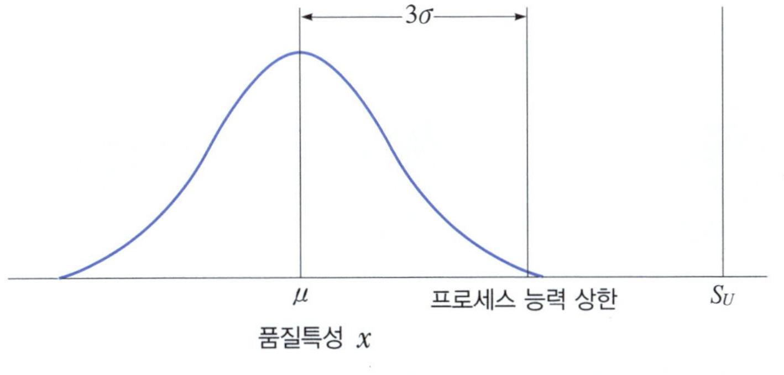

[그림 13-8] $CPU > 1$인 경우

(13. 4)에서 프로세스 파라미터인 σ와 μ를 모르는 경우에는 각각 표본표준편차 s와 표본평균 $\bar{x}$를 그의 추정치로 사용할 수 있다.

지금까지 설명한 지수 C_p, CPU, CPL 등은 규격한계와 비교한 프로세스 성과를 평가하는 데 유용하다. 즉 프로세스 능력비율은 규격에 맞는 제품을 생산할 프로세스의 능력을 측정하는 것이다. 〈표 13-1〉은 특정 프로세스 능력비율에 따른 백만 개당 불량품수(parts per million: ppm)를 보여주고 있다. 이러한 계산은 품질특성치가 정규분포를 하고 프로세스 평균이 목표치에 일치한다는 가정을 필요로 한다.

| 표 13-1 | 프로세스 능력비율과 불량품수

	불량품 수(ppm)	
C_p	한쪽 규격한계	양쪽 규격한계
0.50	66,800	133,600
0.75	12,200	24,400
1.00	1,350	2,700
1.10	483	966
1.20	159	318
1.30	48	96
1.40	13	26
1.50	3.40	6.80
1.60	0.80	1.60
1.70	1.17	0.34
1.80	0.03	0.06
2.00	0.0009	0.0018

예제 13-4

〈표 13-1〉에서 양쪽 규격한계가 주어졌을 때 $C_p = 0.5$인 경우 ppm = 133,600임을 증명하라.

해 답

$$C_p = \frac{S_U - S_L}{6\sigma} = 0.5$$

$$S_U - S_L = 3\sigma$$

$$Z = \frac{1.5\sigma}{\sigma} = 1.5$$

부표 Ⅰ로부터 Z값 1.5에 해당하는 면적은 0.9332이다. 불량품 수 = $(1 - 0.9332) \times 2 = 0.1336$이다. 따라서 ppm = 133,600이다.

예제 13-5

한 그린하우스 내의 습도는 70∼85%이어야 한다. 일주일 동안 랜덤으로 표본 10개를 추출한 결과는 75, 88, 60, 85, 80, 81, 84, 70, 78, 60이었다. C_p를 구하고 이를 해석하라. 만일 70%라는 규격하한만 요구된다고 가정할 때 CPL은 얼마인가?

해 답

$S_U = 85\%$이고 $S_L = 70\%$이다.

표본평균 $\bar{x}$는 다음과 같이 구한다.

$$\bar{x} = \frac{\sum x_i}{n} = \frac{(75+88+60+85+80+81+84+70+78+60)}{10} = 76.1$$

표본표준편차 s는 다음과 같이 구한다.

$$s = \sqrt{\frac{\sum (x_i - \bar{x})^2}{n-1}} = 9.905$$

$$C_p = \frac{S_U - S_L}{6s} = \frac{85 - 70}{6(9.905)} = 0.252$$

$C_p = 0.252 < 1$ 이기 때문에 이는 프로세스가 규격을 준수할 능력이 없음을 뜻한다. 따라서 프로세스 폭을 감소시킬 방안이 강구되어야 한다.

$$CPL = \frac{\bar{x} - S_L}{3s} = \frac{76.1 - 70}{3(9.905)} < 1$$

이는 바람직하지 않은 결과이다. 만일 프로세스 변동(분산)을 감소시킬 수 없다면 프로세스 평균(평균습도)을 70%인 S_L보다 훨씬 높게 인상하는 것이다.
CPL을 1로 증가시키기 위하여 필요한 프로세스 평균의 목표치는 다음과 같다.
$\mu = S_L + 3s = 70 + 3(9.905) = 99.715\%$

3. C_{pk} 지수

프로세스 능력지수 C_p는 규격을 지킬 프로세스 능력을 계산할 때 프로세스 평균의 위치는 고려하지 않았다. 사실은 양품을 생산할 프로세스 능력에 영향을 미치는 파라미터로서는 프로세스 분산(프로세스 폭) 외에도 프로세스 평균의 위치를 들 수 있다. 즉 프로세스 평균(공정중심)의 위치도 프로세스 능력에 영향을 미친다.

프로세스 평균이 목표치와 일치하지 않고 한쪽으로 치우칠 때 프로세스 평균의 위치가 중요하다. C_{pk}지수는 이러한 경우에 다음과 같이 구한다.

$$\begin{aligned} C_{pk} &= \min\left(\frac{S_U - \mu}{3\sigma}, \frac{\mu - S_L}{3\sigma}\right) \qquad (13.\ 5) \\ &= \min(CPU, CPL) \end{aligned}$$

$C_{pk} \geq 1$인 경우가 가장 바람직스럽다. 프로세스의 평균 μ가 목표치 m과 일치함으로써 항상 양품만을 생산한다. C_p 지수는 프로세스의 잠재능력을 나타내지만 C_{pk}는 프로세스의 실제능력을 나타낸다.

[그림 13-9]는 $C_{pk} < 1$인 능력 없는 프로세스에서 생산되는 제품의 품질특성치 x의 분포를 보이고 있다. [그림 13-10]은 C_{pk}의 값에 따른 프로세스 평균과 3σ 규격의 관계를 보여주고 있다.

프로세스 폭이 규격 폭보다 훨씬 작다. 따라서 $C_p > 1$이 되어 그 프로세스는 규격을 준수할 가능성이 높음을 의미한다. 그러나 프로세스 평균 μ가 오른쪽으로 이동하여 S_U와의 간격이 3σ보다 작기 때문에 제품의 일부분이 S_U를 벗어나 불량품을 생산하게 된다. 이러한 경우에는 프로세스 평균 μ를 목표치 m에 가깝도록 이동시킴으로써 양품만을 생산할 수 있게 된다.

C_p와 C_{pk}를 비교할 때 C_p 지수는 프로세스의 잠재능력을 측정하기 때문에

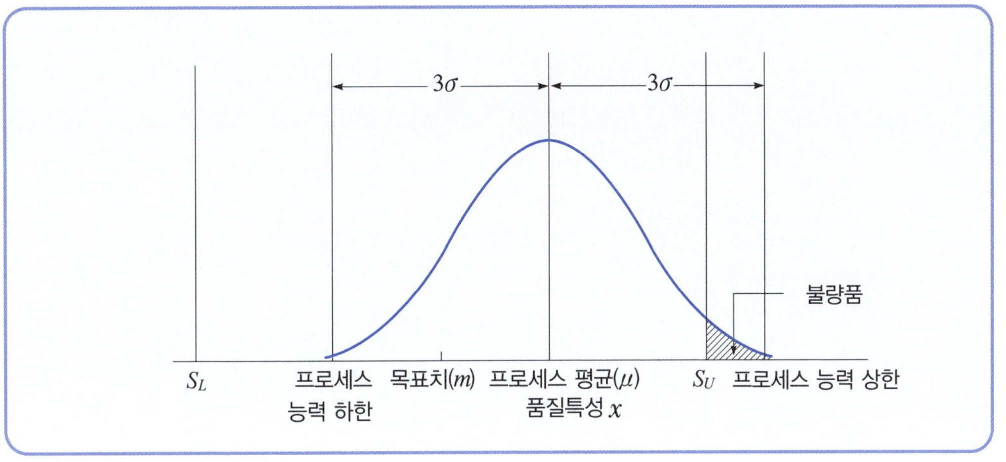

[그림 13-9] $C_{pk} < 1$ 인 경우

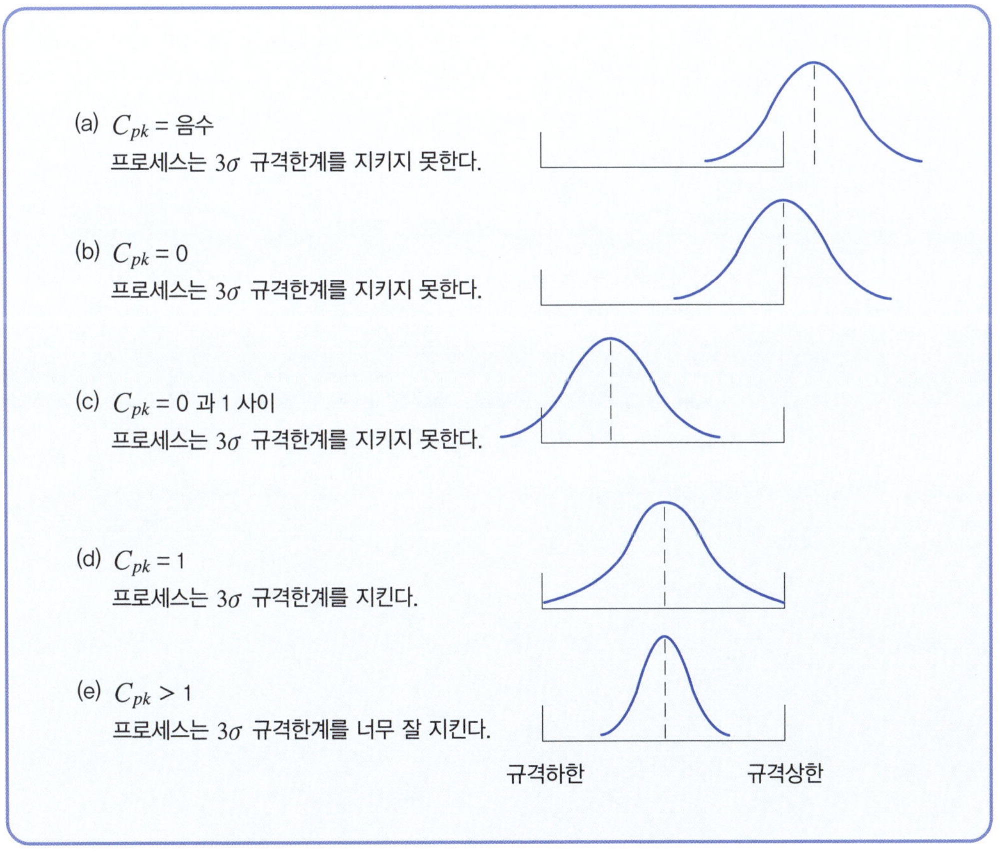

[그림 13-10] C_{pk} 의 값에 따른 프로세스와 3σ 규격한계와의 관계

프로세스 평균이 이동하더라도 이는 변하지 않으며 $C_p \geq 1$인 경우가 바람직스럽다. 이에 반하여 C_{pk}는 프로세스의 실제능력을 측정하기 때문에 프로세스 평균과 프로세스 표준편차를 고려한다. $C_{pk} \geq 1$인 경우가 바람직스럽다. 만일 프로세스 중심이 목표치와 일치하면 $C_p = C_{pk}$이다. C_{pk}의 값은 항상 C_p의 값보다 작거나 같은 것이다.

예제 13-6

한 부품의 직경에 대한 규격은 42.5±7.5mm이다. 25개의 표본을 추출한 결과 평균은 40mm, 표준표차는 4mm이었다.

① 프로세스 능력지수 C_{pk}를 계산하고 그 결과에 대해 코멘트하라.

② 프로세스가 능력 없다면 불량률은 몇 %일까?

해 답

① 부품의 직경이 정규분포한다고 가정할 때 C_{pk}는 다음과 같이 구한다.

$$
\begin{aligned}
C_{pk} &= \min\left(\frac{S_U-\mu}{3\sigma}, \frac{\mu-S_L}{3\sigma}\right) \\
&= \min\left(\frac{S_U-\mu}{3s}, \frac{\mu-S_L}{3s}\right) \\
&= \min\left(\frac{50-40}{3(4)}, \frac{40-35}{3(4)}\right) \\
&= 0.417
\end{aligned}
$$

C_{pk}의 값이 1보다 작기 때문에 현재의 프로세스는 모두 양품만을 생산할 수 없다. 따라서 프로세스 평균을 목표치 42.5mm에 접근시키든지 또는 프로세스 분산을 감소할 조치를 강구해야 한다.

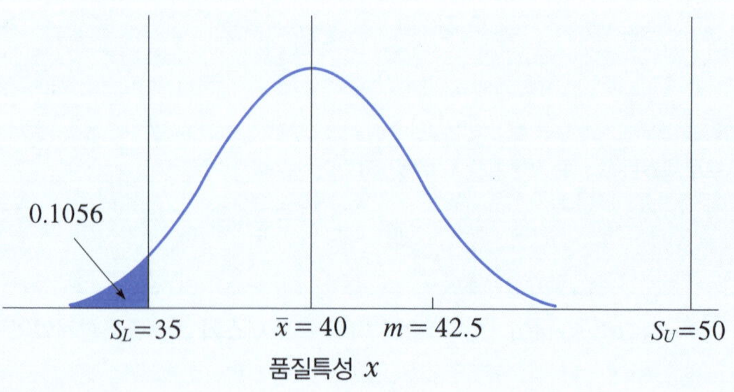

② S_L에서의 표준정규변수 Z의 값은 다음과 같이 구한다.

$$Z_A = \frac{35-40}{4} = -1.25$$

S_U에서의 Z값은 다음과 같이 구한다.

$$Z_B = \frac{50-40}{4} = 2.5$$

부표 I 로부터 S_L 밑의 면적은 0.1056이고 S_U 위의 면적은 $(1-0.9938)=0.0062$이다. 따라서 생산되는 제품의 불량률은 11.18%이다.

만일 프로세스 평균을 목표치 42.5mm에 일치시킨다면 S_L에서의 Z값은 $Z_A = \frac{35-42.5}{4} = -1.875$로서 S_L 밑의 면적은 0.0304이다. S_U를 벗어날 제품의 불량률도 0.0304이므로 제품의 불량률은 6.08%가 된다.

13.8 프로세스 능력분석을 위한 프로세스 평균의 추정

지금까지 프로세스 능력지수를 계산하기 위하여 프로세스 평균 μ와 프로세스 표준편차 σ를 사용하여 왔다. 그러나 실제로는 이들을 알 수 없기 때문에 그의 추정치를 사용할 수밖에 없다.

본절에서는 프로세스 평균 μ와 프로세스 표준편차 σ를 추정하기 위하여 표본통계량과 관리도를 이용하는 방법을 공부하고자 한다.

1. 표본통계량의 이용

품질특성의 개별 관측치로 보통 50개 이상의 표본이 추출되어야 한다. 그러면 프로세스 평균 μ는 다음과 같이 표본평균 $\bar{x}$로 추정된다.

$$\bar{x} = \frac{\sum_{i=1}^{n} x_i}{n} \qquad (13.\ 6)$$

프로세스 표준편차 σ는 나음 공식을 이용하여 구하는 표본표준편차 s로 추정한다.

$$s = \sqrt{\frac{\sum_{i=1}^{n}(x_i - \bar{x})^2}{n-1}} \tag{13. 7}$$

혹은

$$s = \sqrt{\frac{\sum_{i=1}^{n} x_i^2 - \frac{\sum_{i=1}^{n}(x_i)^2}{n}}{n-1}} = \sqrt{\frac{\sum_{i=1}^{n} x_i^2 - n\bar{x}^2}{n-1}} \tag{13. 8}$$

만일 품질특성의 분포가 정규분포에 가깝다고 한다면 프로세스 능력(프로세스 폭) PS는 다음과 같다.

$$PS = 6s \tag{13. 9}$$

따라서 프로세스 능력한계의 추정치는 다음과 같다.

$$\bar{x} \pm 3s \tag{13. 10}$$

만일 프로세스 평균이 목표치와 일치한다면 프로세스 능력을 측정하기 위하여 C_p지수는 다음과 같이 구한다.

$$C_p = \frac{S_U - S_L}{6s} \tag{13. 11}$$

만일 프로세스 평균이 목표치와 일치하지 않을 때에는 C_{pk}지수를 사용한다. 만일 품질특성의 분포가 정규분포라고 가정한다면 이는 불량률을 추정하는 데 이용된다.

예제 13-7

〈표 13-2〉는 엔진을 정밀검사하는 데 소요되는 시간의 관측치이다. 소요시간의 규격은 85시간부터 115시간까지이다.

① 프로세스 능력과 프로세스 능력한계를 구하라.

② 현 상태의 제조 프로세스를 그대로 사용할 때 규격에서 벗어나는 제품의 비율을 구하라.

③ C_p 지수와 C_{pk} 지수를 계산하라.

④ C_p를 1.33으로 유지하기 위해서는 S_U와 S_L은 어떻게 변해야 하는가?

| 표 13-2 | 정밀검사 소요시간

표본번호	1	2	3	4	5
1	101.35	100.42	95.36	90.33	99.75
2	104.71	99.58	99.83	99.46	109.21
3	111.32	95.30	101.58	104.35	108.57
4	97.85	96.26	110.32	97.62	109.95
5	108.88	108.12	109.08	100.80	89.79
6	91.97	100.57	104.13	97.94	94.51
7	102.08	102.61	99.02	103.96	109.03
8	96.17	104.45	105.19	98.62	100.39
9	93.21	95.40	105.59	101.61	109.09
10	105.13	99.51	100.43	113.56	106.94
11	103.89	104.58	102.90	95.03	96.94
12	104.47	102.67	94.59	104.13	103.40
13	96.58	94.18	105.91	96.66	114.12
14	97.05	89.60	97.79	87.11	97.35
15	88.77	101.27	95.89	100.57	94.95
16	100.38	101.46	100.91	107.41	96.68
17	97.54	106.81	107.00	101.10	100.12
18	99.69	102.73	98.75	104.29	99.04
19	90.45	108.25	97.74	102.13	102.37
20	102.02	97.17	111.51	95.71	97.92

해 답

① 식 (13. 6)을 사용하여 표본평균 $\bar{x}$를 계산한다.

$$\bar{x} = \frac{\sum_{i=1}^{n} x_i}{n} = \frac{10,090.48}{100} = 100.9048$$

식 (13. 8)을 사용하여 표본표준편차 s를 계산한다.

$$s = \frac{\sum_{i=1}^{n} x_i^2 - n\bar{x}^2}{n-1}$$

$$= \sqrt{\frac{1,021,321.065 - 100(100.9048)^2}{100-1}} = 5.6347$$

프로세스 능력은 다음과 같다.

$$6\sigma = 6s = 6(5.6347) = 33.8082$$

프로세스 능력한계는 다음과 같이 구한다.

$$\bar{x} \pm 3s = 100.9048 \pm 3(5.6347) = (84.0007, 117.8089)$$

② S_U과 S_L을 표준정규확률변수 Z로 나타내면 다음과 같다.

$$Z_{S_U} = \frac{S_U - \bar{x}}{S} = \frac{115-100.9048}{5.634} = 2.50$$

$$Z_{S_L} = \frac{S_L - \bar{x}}{S} = \frac{85-100.9048}{5.634} = 2.82$$

규격을 벗어난 제품의 비율은 다음과 같다.

$$P(Z \geq 2.50) + P(Z \leq -2.82) = 0.0062 + 0.0024 = 0.0086$$

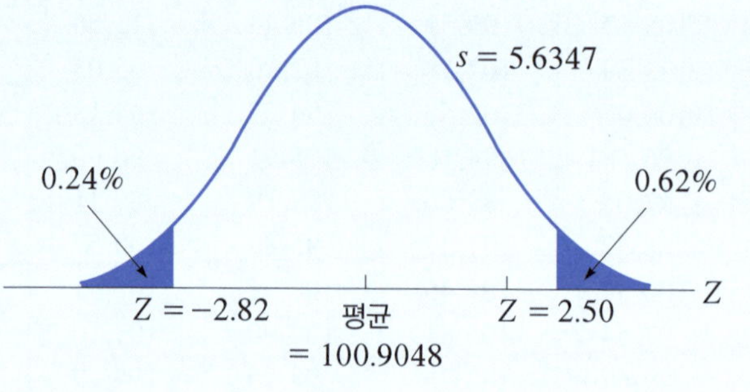

③ 프로세스 능력비율은 다음과 같이 구한다.

$$C_p = \frac{S_U - S_L}{6s} = \frac{115-85}{6(5.6347)} = 0.887$$

$C_p = 0.887 < 1$이므로 이 프로세스는 능력이 없다고 결론지을 수 있다.

$$C_{pk} = \min\left(\frac{115-100.9048}{3(5.6347)}, \frac{100.9048-85}{3(5.6347)}\right) = 0.834$$

$C_{pk} = 0.834 < 1$이므로 이 프로세스는 불량품을 생산하고 있다. 따라서 프로세스 분산을 감소시킬 방안을 강구해야 한다.

④ $C_p = \dfrac{S_U - S_L}{6(5.6347)} = 1.33$

$S_U - S_L = 45$

$S_U = 100.9048 + 22.5 = 123.4$

$S_L = 100.9048 - 22.5 = 78.4$

2. 관리도의 이용

프로세스 능력분석은 프로세스가 안정상태로 유지될 때 실시한다. 관리도는 프로세스를 안정상태로 회복시키는 데 이용되는 기법이다. 따라서 프로세스 능력분석을 위해서 관리도로부터의 정보를 이용하는 것은 당연하다.

개별 관측치를 이용하게 되면 이들은 프로세스의 안정 여부를 밝혀 주지 못하지만 관리도를 이용하게 되면 프로세스에 이상원인에 의한 품질변동이 있는지를 밝혀 준다.

어떤 품질특성에 대해 $\bar{x}$관리도와 R관리도를 사용하게 되면 프로세스 평균과 프로세스 표준편차는 다음과 같이 추정된다.

$$\hat{\mu} = \bar{\bar{x}}$$

$$\hat{\sigma} = \frac{\bar{R}}{d_2}$$

여기서 d_2는 부표 Ⅱ에 있는 계수이고, $\bar{\bar{x}}$는 $\bar{x}$관리도의 중심선이며, $\bar{R}$는 R관리도의 중심선이다.

예제 13-8

〈표 13-2〉 엔진의 정밀검사 소요시간에 관한 데이터를 사용하여 $\bar{x}$관리한계와 R관리한계를 계산한 후 프로세스의 안정성 여부를 확인하라. 이 결과를 이용하여 C_{pk} 지수를 계산하고 코멘트하라. 불량률을 계산하고 이를 줄이기 위한 방안을 말하라.

해 답

〈표 13-3〉은 각 표본군에 대한 표본평균 $\bar{x}$와 범위 R이다.

| 표 13-3 | 표본평균과 범위

표본번호	$\bar{x}$	R	표본번호	$\bar{x}$	R
1	97.442	11.02	11	100.688	9.55
2	102.558	9.75	12	101.852	9.88

3	104.224	16.02	13	101.490	19.94
4	102.400	14.06	14	93.780	10.68
5	103.334	19.29	15	96.290	12.50
6	97.824	12.16	16	101.368	10.73
7	103.340	10.01	17	102.514	9.46
8	100.964	9.02	18	100.900	5.54
9	100.980	15.88	19	100.188	17.80
10	105.114	14.05	20	101.866	15.80
					253.14

$\overline{R} = \dfrac{253.14}{20} = 12.657$

R관리도의 관리한계는 다음과 같이 구한다.

$UCL = D_4\overline{R} = (2.114)(12.657) = 26.757$

$LCL = D_3\overline{R} = (0)(12.657) = 0$

〈표 13-3〉에 있는 각 표본의 범위가 위 관리한계 내에 들어가므로 R관리도에 관한 한 이 프로세스는 안정되어 있다.

$\overline{x}$관리도의 관리한계는 다음과 같이 구한다.

$\overline{\overline{x}} = 100.9048$

$UCL = \overline{\overline{x}} + A_2\overline{R} = 100.9048 + (0.577)(12.657) = 108.208$

$LCL = \overline{\overline{x}} - A_2\overline{R} = 100.9048 - (0.577)(12.657) = 93.602$

〈표 13-3〉에 있는 각 표본의 평균이 위 관리한계 내에 들어가므로 $\overline{x}$관리도에 관한 한 이 프로세스는 안정되어 있다.

이제 프로세스가 안정되어 있으므로 프로세스 평균과 프로세스 표준편차는 다음과 같이 추정할 수 있다.

$\hat{\mu} = \overline{\overline{x}} = 100.9048$

$\hat{\sigma} = \dfrac{\overline{R}}{d_2} = \dfrac{12.657}{2.326} = 5.442$

프로세스 능력지수 C_{pk}는 다음과 같다.

$$C_{pk} = \min\left(\frac{115 - 100.9048}{3(5.442)}, \frac{100.9048 - 85}{3(5.442)}\right)$$

$$= 0.863$$

$C_{pk} = 0.863 < 1$이므로 제품의 일부분은 불량품이다. [그림 13-11]에서 S_U에 해당하는 Z값은 다음과 같다.

$$Z_A = \frac{115 - 100.9048}{5.442} = 2.59$$

부표 I 로부터 S_U를 벗어나는 지역의 면적은 $(1 - 0.9952) = 0.0048$임을 알 수 있다.

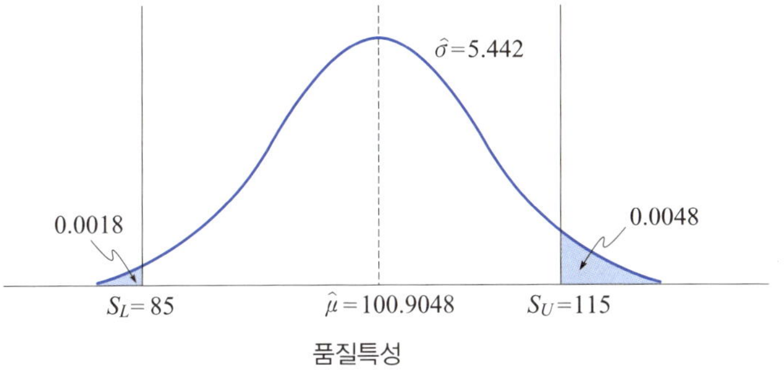

[그림 13-11] 불량률

[그림 13-11]에서 S_L에 해당하는 Z값은 다음과 같다.

$$Z_B=\frac{85-100.9048}{5.442}=-2.92$$

부표 I 로부터 S_L을 벗어나는 지역의 면적은 0.0018임을 알 수 있다.

따라서 현 프로세스의 불량률은 0.0048+0.0018=0.0066, 즉 0.66%이다.

불량률을 줄이기 위해서는 프로세스 평균을 목표치 100으로 조정해야 한다. 이 경우의 불량률을 계산하기로 하자.

$$Z_A=\frac{115-100}{5.442}=2.76$$

이 경우 불량률은 (1−0.9971)=0.0029, 즉 0.29%이다.

$$Z_B=\frac{85-100}{5.442}=-2.76$$

이 경우 불량률은 0.29%이다. 따라서 총불량률은 0.58%이다. 이와 같이 프로세스 평균을 목표치로 이동시킴으로써 불량률은 0.66−0.58=0.08% 줄일 수 있다. 불량률을 더욱 줄이기 위해서는 프로세스 분산을 감소시킬 프로세스 개선방안을 강구해야 한다.

연 · 습 · 문 · 제

1. 프로세스 능력분석을 실시하기 위한 전제조건은 무엇인가?

2. 규격한계와 관리한계를 비교 설명하라.

3. 프로세스 능력의 개념을 설명하라.

4. 프로세스 능력분석의 혜택은 무엇인가?

5. 프로세스 능력한계를 설명하라.

6. 프로세스 능력한계와 규격한계의 관계를 설명하라.

7. 프로세스 능력지수란 무엇인가?

8. 비타민 캡슐을 생산하는 제약회사에서 칼슘의 비율은 40에서 55ppm 사이여야 한다. 안정된 프로세스에서 20개의 캡슐을 랜덤으로 추출한 결과 칼슘함유의 표본평균은 44ppm이고 표준편차는 3ppm이었다.
   (1) 프로세스의 능력한계를 구하라.
   (2) 프로세스가 현재대로 안정되어 있다고 할 때 제품생산의 불량률을 계산하라(품질특성은 정규분포를 한다).
   (3) 프로세스 능력지수 C_p를 구하라.
   (4) 불량품비율을 최소화하기 위하여 프로세스 평균을 이동시키고자 한다면 어떤 값으로 일치시켜야 하는가?

9. 자동기계에서 생산하는 부품의 직경에 대한 규격은 120±5cm이다. 프로세스로부터 25개의 부품을 추출하여 측정한 결과 표본평균은 122cm이고 표준편차는 2cm이었다. 규격하한을 벗어나는 직경을 갖는 부품의 폐기비용은 50원/개이고 규격상한을 벗어나는 부품의 재작업비용은 100원/개라고 한다.
   (1) 프로세스 능력지수 C_{pk}를 구하라.
   (2) 부품의 불량률은 얼마인가?

(3) 매일 생산량이 10,000개일 경우 폐기비용과 재작업비용은 얼마인가?

(4) 만일 프로세스 평균을 목표치에 일치시킨다면 매일 총불량비용은 얼마로 감소하는가?

10. 국제우체국에 용무가 있어 도착하는 사람 50명을 랜덤으로 선정하여 그들의 대기시간을 측정한 결과 아래 표와 같았다.

대기시간				
3.1	1.5	4.6	2.4	3.0
1.8	1.4	5.2	4.5	3.5
5.8	3.8	2.9	2.2	4.2
2.6	3.5	3.4	2.9	3.0
4.5	6.2	4.1	2.6	2.5
2.9	3.4	3.7	3.1	2.8
5.6	4.8	2.5	5.5	4.9
6.5	3.5	4.8	6.0	5.6
3.1	3.8	2.6	4.8	5.2
4.5	6.2	5.8	4.9	3.6

(1) 대기시간의 평균과 표준편차를 구하라.

(2) 우체국의 목표가 5분 이상 기다리지 않도록 하는 것이라고 할 때 CPU와 C_{pk}를 구하고 이의 결과에 대해 코멘트하라.

(3) 대기시간의 정규분포를 가정할 때 5분 이상 기다리는 고객의 비율은 몇 %인가?

11. 종로제조주식회사에서는 규격이 185~325인 제품을 생산한다. $n=5$인 표본을 20회 추출하여 계산한 $\bar{x}$와 R은 다음과 같다.

표본번호	$\bar{x}$	R	표본번호	$\bar{x}$	R
1	273.4	49	11	263.4	71
2	252.0	102	12	272.6	73
3	266.2	93	13	261.0	128
4	255.2	84	14	266.8	55
5	246.2	89	15	227.8	87
6	269.0	104	16	286.8	69
7	287.8	104	17	268.8	56
8	246.0	113	18	270.4	34

9	253.4	70	19	276.0	89
10	272.2	48	20	266.2	28
				$\bar{\bar{x}}=264.06$	$\bar{R}=77.3$

(1) $\bar{x}$관리도와 R관리도를 사용하여 프로세스의 안정성 여부를 말하라.

(2) C_p와 C_{pk} 지수를 계산하라.

12. 차축을 생산하는 김 사장은 고객으로부터 주문을 받았는데, 고객은 25±0.02㎝의 직경을 원한다. 김 사장은 프로세스 평균이 25㎝이고 표준편차가 0.006㎝인 차축을 생산할 수 있다. 김 사장은 고객의 니즈를 만족시킬 수 있는가?

13. 종로직물주식회사의 엔지니어는 염색 프로세스의 규격을 다음과 같이 결정하였다.

목표치 = 140°
규격상한 = 149°
규격하한 = 131°

현재 프로세스의 평균은 139.8°이고 표준편차는 2.14°라고 한다. 프로세스는 규격을 지킬 능력이 있는가?

14. 김 씨는 병을 채우는 프로세스에서 작업하고 있다. 프로세스의 평균은 64온스이고 표준편차는 7온스이다. 규격상한은 72온스이고 규격하한은 56온스라고 할 때

(1) C_p 지수를 계산하라.

(2) 프로세스가 규격을 지키기 위해서는 표준편차가 얼마 이하로 줄어야 하는가?

15. 위 문제 [14]에서 프로세스의 표준편차가 7에서 1.5로 낮아졌다.

(1) C_p 지수를 계산하라.

(2) 프로세스는 6시그마 품질수준을 만족시키는가?

16. 다음 세 프로세스 중 능력 있는 것은 무엇인가?

프로세스	평균	표준편차	규격하한	규격상한
A	7.5	10	7.0	8.0
B	4.6	12	4.3	4.9
C	6.0	14	5.5	6.7

17. 김 사장이 생산하는 코일의 저항력 데이터는 다음과 같다.

표본번호	관측치	$\bar{x}$	R
1	20, 22, 21, 23, 22	21.60	3
2	19, 18, 22, 20, 20	19.80	4
3	20, 21, 22, 21, 21	21.00	2
4	19, 24, 23, 22, 20	21.60	5
5	22, 20, 18, 18, 19	19.40	4
6	18, 20, 19, 18, 20	19.00	2
7	20, 18, 23, 20, 21	20.40	5
8	21, 20, 24, 23, 22	22.00	4
9	21, 19, 20, 20, 20	20.00	2
10	20, 20, 23, 22, 20	21.00	3
11	22, 21, 20, 22, 23	21.60	3
12	19, 22, 19, 18, 19	19.40	4
13	20, 21, 22, 21, 22	21.20	2
14	20, 24, 24, 23, 23	22.80	4
15	21, 20, 24, 20, 21	21.20	4
16	20, 18, 18, 20, 20	19.20	2
17	20, 24, 22, 23, 23	22.40	4
18	20, 19, 23, 20, 19	20.20	4
19	22, 21, 21, 24, 22	22.00	3
20	23, 22, 22, 20, 22	21.80	3
21	20, 22, 21, 21, 20	20.80	2
22	19, 20, 21, 21, 22	20.60	3
		합계 = 459	합계 = 77

(1) R관리도의 관리한계를 구하라. 프로세스는 안정한가?

(2) $\bar{x}$관리도의 관리한계를 구하라. 프로세스는 안정한가?

(3) 프로세스 평균과 프로세스 표준편차를 구하라.

(4) 코일 저항력의 규격은 20±4ohm이다.

C_{pk}를 계산하라. 제품의 일부는 부적합품인가?

(5) 규격을 벗어나는 불량률을 계산하라.

(6) 불량률을 감소하기 위해서는 어떤 조치가 필요한가?

18. Excel 주식회사의 생산 프로세스에서 생산하는 한 부품 치수의 규격은 5.00±0.2cm이다. 이 프로세스에서 랜덤으로 40개의 데이터를 다음과 같이 수집하였다.

5.08	4.93	5.14	4.81	4.98	5.08	5.01	4.93
5.02	4.85	5.01	5.11	5.08	4.95	5.04	4.87
5.07	5.06	5.03	4.81	4.88	4.92	5.01	4.91
4.98	5.09	5.04	4.94	5.05	4.96	5.02	4.89
5.04	5.14	4.81	4.95	5.02	5.05	4.95	4.86

(1) C_p를 계산하라.

(2) 위에서 구한 C_p의 의미를 설명하라.

(3) 불량률을 계산하라.

제 14 장

샘플링검사

통계적 품질관리란 생산하는 제품의 만족스러운 품질을 보증하기 위하여 통계적 기법을 적용하는 것을 말한다. 전통적으로 두 가지 형태의 통계적 방법이 사용되어 왔다. 첫째는 제 9, 10, 11, 12장에서 공부한 바 있는 프로세스 관리로서 현재 제품이 제조되고 있는 프로세스상의 자재, 작업자, 혹은 기계에 의한 이상원인의 발생에 의하여 결점이 발생하는지를 정기적인 표본추출에 입각하여 결정하는 방법이다.

둘째는 본장에서 공부하고자 하는 샘플링검사(sampling inspection)로서 원자재나 완제품의 로트(lot)로부터 미리 정해진 수의 표본을 랜덤으로 추출하여 이를 검사하고 이 검사결과를 정해진 표준과 비교하여 그 로트를 수락(accept)할 것인지 또는 거부(reject)할 것인지, 즉 로트의 품질을 추정하는 방법이다.

이러한 샘플링검사는 공급업체가 품질규격을 준수하고 있는지 밝히기 위하여 고객이 사용할 수도 있고, 공급업체 스스로 제품출하 전에 품질수준이 지켜지고 있는지 밝히기 위하여 사용하기도 한다.

본장에서는 검사가 불량품개수 또는 결점수 등과 같은 계수치에 행해지는 계수형 샘플링검사법(sampling plans for attributes)과 길이, 넓이, 두께, 농도 등과 같은 품질특성치에 의한 계량형 검사법 중 일반이론에 대해서 공부하고자 한다.

14.1 예방과 검사

제조 프로세스에서 실시하는 품질관리의 전통적 방법은 100% 전수검사와 샘플링검사였다. 이러한 방법은 프로세스의 최종 산출물에 중점을 두었다. 제품의 안전성이 중요하거나 소량으로 생산되는 경우에는 전수검사를 실시하게 된다.

그러나 비용과 시간의 제약으로 전수검사를 실시할 수 없는 경우에는 샘플링검사법에 의존할 수밖에 없다.

어떤 샘플링검사법을 실시하건 검사는 불량품 발생의 예방법은 아니다. 검사에 의존하는 것은 불량품 발생의 계속을 보장하는 것이다. 아무리 전수검사를 한다 하더라도 모든 불량품을 근절할 수는 없다. 검사는 로트의 불량품을 발견하고 제거함으로써 로트의 품질수준을 조금 향상시키고자 할 뿐이다.

예방모델(prevention model)은 낭비와 불량품을 줄이고 프로세스를 개선하며 결국 비용을 절감시킨다. 예방과 검사의 차이는 [그림 14-1]에서 보는 바와 같다.

불량발견모델(detection model)은 많은 생산단계에서 제품을 체크하고 불량품을 솎아내는 시스템이다. 분석이나 프로세스에 대한 충분한 조치를 강구하지

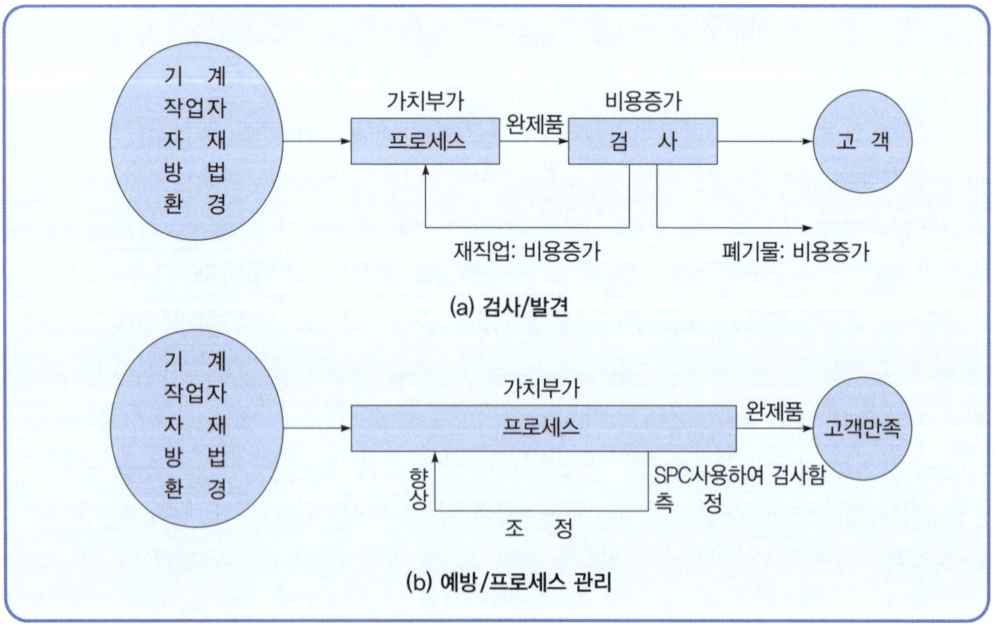

[그림 14-1] 예방과 검사의 비교

않는 검사와 불량발견 노력은 제품품질을 향상시키지 않는 비경제적이요, 낭비적인 활동이다.

검사에 대한 한 대안은 통계적 프로세스 관리(SPC)의 사용인데, 이의 목적은 완제품이 아니라 생산 프로세스에 초점을 둠으로써 프로세스를 분석할 효율적인 방법을 제시하고 불량품의 생산을 미연에 방지하고 생산제품의 품질을 향상시키고자 하는 것이다. 생산 프로세스에서 무결점 제품을 생산하게 되면 검사는 사실상 불필요하게 된다.

샘플링검사는 제품이 생산된 이후 불량품을 발견하고자 하는 평가절차이므로 결코 품질개선 노력이라고는 할 수 없다. 프로세스 관리 기법의 성공적 사용은 샘플링검사의 필요성을 없애는 데 효과적이다.

14.2 샘플링검사

1. 샘플링검사의 필요성

로트의 일부를 표본으로 추출하여 이 표본 속의 정보에 입각하여 이 로트의 수락 또는 거부에 대한 결정을 내리게 되는데, 이를 로트 선고(lot sentencing)라고 한다. 로트 선고를 위해 사용하는 방법에는 다음 세 가지가 있다.

- 무검사
- 100% 전수검사
- 샘플링검사

무검사방법은 공급업체의 프로세스가 아주 좋아서 불량품이 절대로 발생하지 않는 상황이라든가 불량품을 발견해야 할 경제적 정당성이 없는 상황에서는 아주 효과적이다. 예를 들면, 공급업체의 프로세스 능력지수가 3 혹은 4이면 샘플링검사를 하더라도 불량품을 전혀 발견할 수 없다.

구성품이 극도로 인체의 안전과 관련이 있다든지, 어떤 불량품을 통과시킬 경우 받아들일 수 없는 막대한 실패비용을 결과한다든지 또는 공급업체의 프로세스 능력이 규격을 충분히 만족시킬 수 없는 상황에서는 100% 전수검사(total inspection)를 실시할 수 있다.

샘플링검사방법은 다음과 같은 상황에서는 전수검사에 대신해서 사용할 수 있는 아주 효과적인 방법이다.

- 파괴검사일 때
- 전수검사에 소요되는 비용이 막대할 때
- 전수검사가 기술적으로 불가능하거나, 장시간을 요하여 생산계획에 영향을 미칠 때
- 검사할 품목이 많고 검사 실수율(inspection error rate)이 높아 전수검사를 하게 되면 많은 불량품이 통과될 우려가 있을 때
- 공급업체의 품질수준이 우수하여 전수검사를 실시하지 않아도 될 때
- 공급업체의 프로세스가 만족스럽더라도 심각한 제조물책임 위험이 따르게 되어 제품의 계속적 감시활동이 필요한 때
- 검사의 자동화시설이 없을 때

한편 샘플링검사법은 다음과 같은 결점을 갖는다.

- 품질수준이 아주 좋은 로트를 거부할 위험이나 아주 나쁜 로트를 수락할 위험을 가질 때
- 제품에 관한 로트의 일부만 검사하기 때문에 100% 전수검사에 의해 얻는 정보보다 적은 정보를 얻을 수밖에 없을 때
- 샘플링검사법의 선정을 위해서는 계획에 있어 더 많은 시간과 노력을 요할 때

샘플링검사는 다음과 같은 전제조건이 구비된 상태에서 실시할 수 있다.

제품이 로트로서 처리가능할 것

샘플링검사의 대상은 로트이지 로트를 구성하는 개별 품목이 아니다. 따라서 제품은 로트를 구성할 수 있어야 한다. 로트가 어떻게 구성되느냐는 샘플링검사법의 효과에 영향을 미치므로 로트를 구성할 때는 다음과 같은 중요한 고려사항을 지키도록 해야 한다.

- 로트는 동질적이어야 한다.
- 가능한 한 로트는 커야 한다.
- 로트는 생산자와 소비자가 사용하는 자재관리시스템(materials handling system)에 알맞아야 한다.

표본을 랜덤하게 추출할 수 있을 것

검사를 위해 로트로부터 추출하는 제품들은 랜덤으로 선정되어야 하고, 로트 속에 있는 모든 제품을 대표할 수 있어야 한다. 이러한 랜덤 표본추출 또는 랜덤 샘플링(random sampling)은 샘플링검사에서 아주 중요한 개념이다.

판정기준이 명백할 것

로트의 합격 · 불합격을 판정할 품질기준이 객관적이고 명확히 제시되어야 하며 정확한 계기(gauge)와 측정방법을 사용함으로써 누가, 언제 검사하더라도 똑같은 결과를 초래하도록 해야 한다.

로트의 품질특성치 분포가 정규분포이어야 할 것

계량형 샘플링검사에서는 로트를 구성하는 품목들의 품질특성치 분포가 정규분포에 근사하다는 전제조건이 만족되어야 한다.

2. 샘플링검사의 분류

샘플링검사는 품질의 판정방법, 검사의 실시방식, 또는 검사횟수 등에 따라 〈표 14-1〉과 같이 분류된다.

| 표 14-1 | 샘플링검사의 분류

품질의 판정방법	검사의 실시방식	검사횟수
• 계수형 샘플링검사 • 계량형 샘플링검사	• 규준형 샘플링검사 • 선별형 샘플링검사 • 조정형 샘플링검사 • 연속생산형 샘플링검사	• 1회 샘플링검사 • 2회 샘플링검사 • 다회 샘플링검사 • 축차 샘플링검사

품질의 판정방법에 따른 분류

검사단위의 품질표시방법은 불량개수, 결점수, 또는 길이, 넓이, 두께, 농도 등과 같은 특성치로 분류되는데, 이에 따라 샘플링검사는 다음과 같이 분류된다.

- 계수형 샘플링검사
  - 불량개수에 의한 샘플링검사
  - 결점수에 의한 샘플링검사
- 계량형 샘플링검사
  - 특성치에 의한 샘플링검사

계수형 검사법은 추출된 표본 속에 섞여 있는 불량품수 또는 결점수를 이용하여 그 로트 전체의 품질을 추정하려는 방법이고, 계량형 검사법은 길이, 넓이, 두께, 농도 등과 같은 품질특성치를 측정하고 이의 평균치를 기초로 하여 그 로트의 품질을 판단하는 방법이다.

검사의 실시방식에 따른 분류

계수형 검사법과 계량형 검사법은 표본크기, 합격판정개수의 결정방법, 그리고 불합격된 로트의 처리방식에 따라 규준형, 선별형, 조정형, 연속생산형 샘플링검사법으로 분류할 수 있다.

규준형 샘플링검사(sampling inspection based on OC curve)는 주어진 로트 자체의 합격 여부를 판정하는 데 사용되는 검사방식으로 생산자에 대한 보호와 소비자에 대한 보호를 각각 규정하고 양자의 요구가 모두 만족되도록 짜여진 검사법이다. 즉 OC곡선상에 불량률 p_0와 같은 좋은 로트가 불합격될 확률을 보통 5%(생산자 위험)로 정하여 생산자를 보호하고 불량률 p_1과 같은 나쁜 로트가 합격될 확률을 보통 10%(소비자 위험)로 정하여 소비자를 보호하고자 한다. 즉 생산자와 소비자 간에 합의한 (p_0, α)와 (p_1, β)를 충족시키는 표본크기 n과 합격판정수 c를 결정함으로써 이루어진다.

선별형 샘플링검사(sampling inspection with screening)는 로트로부터 추출한 표본 중에서 발견된 불량품수가 합격판정수 이하이면 그 로트는 합격시키지만 합격판정수보다 많으면 로트의 나머지에 대해 전수 선별한 후 불량품을 양품으로 교체하여 로트를 합격시키는 검사법이다. 따라서 전수 선별을 받지 않고 통과된 로트들과 전수 선별을 받은 로트들의 평균출검품질(average outgoing quality: AOQ)은 검사받기 전의 로트들의 불량률에 비하여 낮아진다.

조정형 샘플링검사(sampling inspection with adjustment)는 소비자가 샘플링검사를 실시할 때 합격품질수준(*AQL*)보다 나쁜 품질의 로트를 불합격시킬 수 있도록 까다로운 검사(엄격검사), 보통검사, 수월한 검사(약식검사) 중에서 필요에 따라 조정하여 실시하는 검사이다. 즉 품질이 좋은 로트에 대해서는 약식검사를 적용함으로써 로트의 품질수준에 따라 검사의 엄격도를 조정한다.

연속생산형 샘플링검사(sampling inspection for continuous production)는 이미 형성된 로트를 대상으로 하는 것이 아니고 연속생산시스템에서 제품이 연속적으로 생산되고 있는 상태에서 적용하는 검사이다. 즉 최초에 1개씩 전수검사해서 양품이 일정한 개수가 계속되면 일정개수 간격으로 샘플링검사하고 불량품이 발견되는 즉시 다시 1개씩의 전수검사로 되돌아 가는 방식이다.

3. 샘플링검사법의 유형

샘플링검사법에는 1회, 2회 및 다회 샘플링검사법의 세 가지 유형이 있다.

1회 샘플링검사법(single sampling plan)에서는 로트크기(lot size) N, 표본크기(sample size) n, 그리고 합격판정수(acceptance number) c를 규정한다. 1회 샘플링검사법이란 로트로부터 표본크기 n을 1회만 추출하여 그 속에서 발견되는 불량품의 개수 x와 합격판정수 c를 비교한다. 1회 샘플링검사법에서 로트의 합격판정을 위한 결정규칙은 다음과 같다.

만일

$x \leq c$ 이면 합격이고,

$x > c$ 이면 불합격

이다.

만일 품질수준이 아주 좋으면 1회 샘플링검사로 수락되고 품질이 아주 나쁘면 1회 검사로 거부된다. 1회의 검사결과 불확정적이면 다시 한 번 더 표본을 추출하여 그의 결과로 합격·불합격을 판정하는 방법이 2회 샘플링검사법(double sampling plan)이다.

14.3 샘플링검사와 관리도

제품검사로부터 프로세스 관리로의 이동은 현대 품질철학의 기본적 주의이다. 프로세스에 대한 관리는 가급적 일찍 시작하고, 검사는 생산의 초기단계에서 실시하며, 불량품 예방에 기초한 기법이 그의 발견에 기초한 기법을 대신해야 한다는 것이 오늘날 품질관리의 특색이다.

샘플링검사는 관리도를 적용할 수 없다든지 이상원인이 많은 상황에 사용할 수 있다. 특히 샘플링검사는 아직 안정되어 있지 않으므로 많은 불량률의 제품을 생산하는 프로세스를 위해서 사용할 수 있다. 최근에는 불량률을 제품 100개당 불량품의 수로 나타내는 퍼센트로 표시하지 않고 백만 개당 몇 개(parts per million: ppm)로 표시한다. 그러나 샘플링검사도 ppm 범위로 표시하는 품질수준을 달성할 수 없다. 예컨대 신뢰수준 95%와 1ppm을 달성하기 위해서는 2,995,729개의 표본크기를 추출하고 검사해야 하는데, 이는 현실적으로 불가능하다.

아주 낮은 ppm의 불량률을 발생시키는 프로세스를 추적하기 위해서는 계량형 관리도의 사용이 바람직스럽다. 따라서 샘플링검사는 관리도 사용이 비효과적인 경우에 대신 사용해야 한다.

14.4 샘플링검사의 위험

샘플링검사는 언제나 위험을 수반한다. 제품의 로트 전체를 검사하는 것이 아니고 그로부터 추출하는 표본에 대해서만 알 뿐이다. 따라서 로트를 대표할 수 있는 표본을 추출하지 못하게 되면 샘플링오차로 인하여 결과는 엉뚱하게 될 수 있다. 그래서 로트의 합격 · 불합격 판정에 있어 두 가지 유형의 오류를 저지를 위험을 항상 갖게 된다.

일반적으로 품질수준이 높은 로트는 받아들여져야 한다. 그런데 제품의 품질수준에 대한 입장은 생산자측이냐 또는 소비자측이냐에 따라 차이가 있다. 생산자측은 자기들이 만든 높은 수준의 로트가 합격으로 판정되기를 희망하고, 소비자측은 낮은 수준의 로트가 불합격으로 판정되기를 희망한다. 품질수준이 아주 높아서 소비자가 꼭 수락해야 할 로트를 거부할 수도 있는데, 이렇게 할 위험을 생산자 위험(producer's risk)이라고 한다. 일반적으로 생산자 위험은 α로 나타내는 확률 또는 위험수준으로 표현한다. 생산자들의 입장에서 좋은 로트이므로 가능한 한 합격시키고 싶은 불량률의 상한을 합격품질수준(acceptable quality level: AQL)이라 하고 p_0으로 표시한다.[1] 생산자가 샘플링검사를 사용하는 소비자에게 *AQL* 이하의 좋은 로트를 보낼 때 이 로트가 수락되어야 함에도 불구하고 사실 생산자는 그 로트가 거부될 위험을 갖는다. 이와 같이 좋은 로트가 샘플링오차 때문에 거부되는 것을 제 I 종 오류(type I error)라 하고, 이러한 일이 발생할 확률을 생산자 위험이라고 한다.

한편 품질수준이 아주 나빠 거부해야 할 로트를 소비자들이 수락할 수도 있는데, 이렇게 할 위험을 소비자 위험(consumer's risk)이라고 한다. β로 나타내는 소비자 위험은 로트의 품질이 어떤 받아들일 수 없는 수준임에도 불구하고 샘플링오차 때문에 이 로트를 수락할 확률이다. 소비자들의 입장에서 나쁜 로트이므로 가능한 한 불합격시키고 싶은 불량률의 하한을 로트허용불량률(lot tolerance percent defective: LTPD) 또는 불합격품질수준(rejectable quality level: RQL)이라 하고 p_1로 표시한다. 소비자들은 *LTPD* 이상의 나쁜 로트를 거부해야 함에도

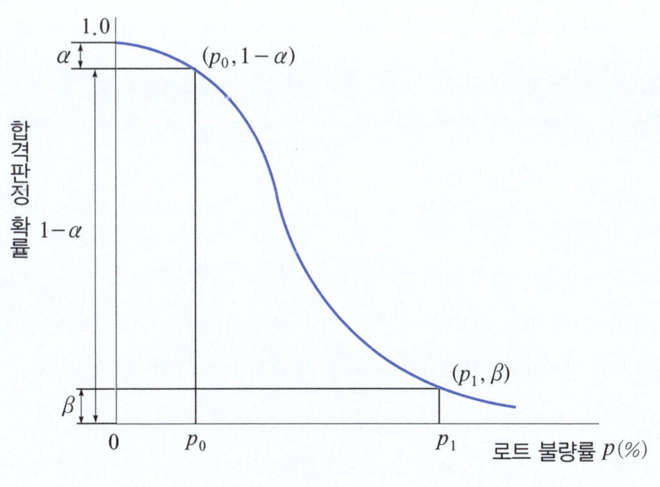

[그림 14-2] p_0, p_1, α, β의 관계

---

1 *AQL*과 P_0는 유사한 개념이지만 엄격하게 따지면 P_0는 개개의 로트를 대상으로 하는 반면에, *AQL*은 당사자 간 계속적인 거래를 전제로 한 프로세스 평균을 대상으로 한다. 즉 생산자는 보통 이 수준을 품질의 목표로 설정하고 소비자는 이를 계약서에 기술한다.

불구하고 이를 수락할 위험을 갖는데, 이와 같이 나쁜 로트를 좋은 로트인 것처럼 수락하는 것을 제Ⅱ종 오류(type Ⅱ error)라 하고, 이러한 일이 발생할 확률을 소비자 위험이라고 한다. 로트의 불량률 p와 로트의 합격으로 판정할 확률 사이의 관계를 그림으로 나타내면 [그림 14-2]와 같다.

샘플링검사법을 적용할 때 *AQL*과 *LTPD* 사이의 불량률을 갖는 로트는 어떻게 합격 또는 불합격으로 처리할 것인가? 이럴 경우 분명한 해결책은 없다. 다만 *AQL*에 가까운 로트는 합격의 가능성이 높고 *LTPD*에 가까운 로트는 불합격 처리할 가능성이 높다고 말할 수 있을 뿐이다.

이상에서 설명한 바와 같이 생산자와 소비자가 위험부담을 줄이는 수준에서 보증품질을 정하고 이에 따라 샘플링검사법을 설계하게 된다. 이때 보증품질은 *AQL*과 *LTPD*라는 품질지표(quality index)로 보통 표시한다.

14.5 검사특성곡선(*OC* 곡선)

1. 검사특성곡선의 원리

샘플링검사는 로트로부터 일부의 표본을 추출하여 검사하고 이를 근거로 그 로트의 합격 여부를 판정한다. 좋은 품질의 로트와 나쁜 품질의 로트를 구별하기 위하여 표본크기 n과 합격판정수 c를 효과적으로 결정하는 샘플링검사법을 사용하면 높은 품질의 로트를 합격시킬 확률도 높아지고 또한 나쁜 품질의 로트를 거부할 확률도 높아진다.

이러한 샘플링검사를 평가하는 기법이 검사특성곡선(operating characteristic curve: OC곡선)이다. *OC*곡선은 n과 c가 주어졌을 때 샘플링검사의 결과 여러 가지 상이한 불량률을 갖는 로트가 합격품으로 판정될 확률들을 점으로 연결한 곡선이다. 따라서 이 곡선을 보면 어떤 불량률을 갖는 로트가 합격 또는 불합격될 확률을 알 수 있다. n과 c로 결정되는 한 샘플링검사에 대해서 하나의 *OC* 곡선을 그릴 수 있기 때문에 이로부터 여러 가지 품질수준에 따른 로트의 합격 확률을 읽을 수 있다.

샘플링검사를 하게 되면 제품이나 서비스를 생산하는 생산자와 이들을 사용하는 소비자 사이에 로트에 대해 이해관계가 상충한다. 이들은 표본검사를 함

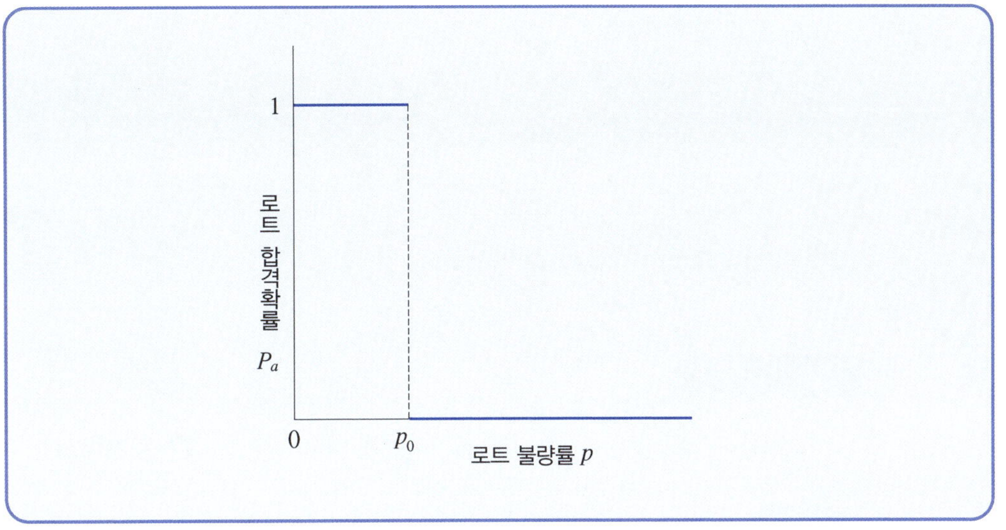

[그림 14-3] 이상적인 곡선

으로써 발생할지 모르는 손실을 피하려 하기 때문이다. 생산자는 좋은 로트는 합격되기를 원하고 소비자는 나쁜 로트는 거부되기를 원한다. 다만 이상적인 *OC*곡선만이 생산자와 소비자를 동시에 만족시킨다.

이상적인 *OC*곡선은 [그림 14-3]과 같다. 만일 로트가 p_0 이하의 불량률을 가질 때 이 로트는 좋은 로트이기 때문에 합격해야 한다고 하자. 반대로 p_0보다 높은 불량률을 갖는 로트는 나쁜 로트이기 때문에 거부해야 한다고 하자. 이럴 경우 불량률 p가 p_0 이하이면($p \leq p_0$) 그 로트의 **합격확률**(acceptance probability: P_a)은 1이다. 반대로 $p > p_0$이면 P_a는 0이다. 여기서 소비자는 로트의 합격 · 불합격 판정수준으로 p_0을 사전에 결정하였음을 전제로 한다.

그러나 실제로 샘플링검사법을 위한 *OC*곡선은 이상적 형태를 취하지 않는다. 1회 샘플링검사법의 *OC*곡선은 로트와 표본크기에 따라 A형과 B형으로 나눌 수 있다.

A형 *OC*곡선

유한한 크기(finite size)의 독립된 로트로부터 표본을 추출한다고 가정하면 A형 *OC*곡선을 그릴 수 있다. 로트의 합격확률은 초기하분포에 입각하여 산정한다.

추출한 표본에서 x개의 불량품을 발견할 확률은 다음과 같이 구한다.

$$P(x) = \frac{\binom{X}{x}\binom{N-X}{n-x}}{\binom{N}{n}} \qquad (14.\ 1)$$

X = 로트 속의 불량품수

$= pN$

로트의 합격확률은 다음과 같이 구한다.

예제 14-1

$N=65,\ n=25,\ c=0$인 샘플링검사법에 대한 A형 OC곡선을 그려라.

해 답

$X=0$일 때 어떤 로트를 검사하더라도 이 로트는 언제나 합격한다. 즉 $P_a=1$이다. 이는 식 (14. 2)를 이용하여 계산한 결과와 같다.

$$P_a = \frac{\binom{0}{0}\binom{65}{25}}{\binom{65}{25}} = 1.00$$

$X=1$일 때 로트의 합격확률 P_a는 식 (14. 2)를 이용하여 다음과 같이 계산한다.

$$P_a = \frac{\binom{1}{0}\binom{64}{25}}{\binom{64}{25}} = 0.62$$

| 표 14-2 | 합격확률

로트 속의 불량품수(X)	불량률(p)	로트의 합격확률(P_a)
0	0.000	1.00
1	0.015	0.62
2	0.031	0.38
3	0.046	0.23
4	0.062	0.14
5	0.077	0.08
6	0.092	0.05
7	0.108	0.03
8	0.123	0.02

〈표 14-2〉는 로트 속의 불량품수 X의 크기에 따른 로트의 합격확률을 나타낸다.

[그림 14-4]는 이 샘플링검사법의 A형 OC곡선이다.

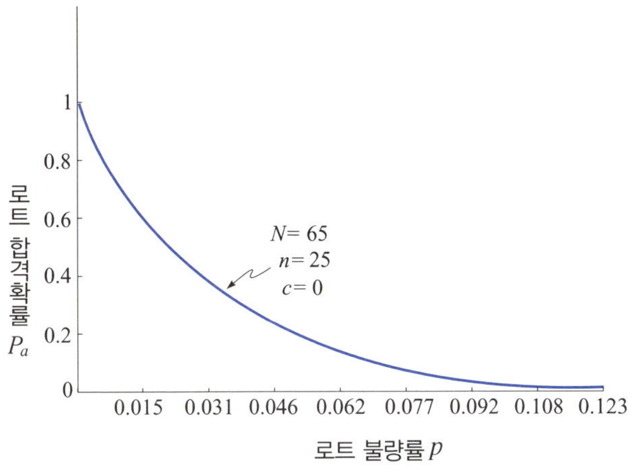

[그림 14-4] A형 OC 곡선

$$P_a = P(x \le c) = \sum_{x=0}^{c} P(x) \qquad (14.\ 2)$$

$P(x)$ = 식 (14. 1)

B형 OC 곡선

프로세스로부터 로트가 계속해서 생산되는 무한한 로트의 경우 로트크기가 표본크기보다 10배 이상이고 로트 불량률 $p \le 0.1$인 경우에는 B형 OC곡선을 그릴 수 있다. 로트의 합격확률 산정에는 이항분포가 사용되나 근사치로 포아송분포가 이용된다.

표본에서 x개의 불량품이 발견될 확률은 다음과 같이 구한다.

$$P(x) = \frac{\lambda^x e^{-\lambda}}{x!} \qquad (14.\ 3)$$

$\lambda = np$ = 표본의 평균 불량품수

로트의 합격확률 P_a는 다음과 같이 구한다.

$$P_a = P(x \le c) = \sum_{x=0}^{c} P(x) \qquad (14.\ 4)$$

$P(x)$ = 식 (14. 3)

로트의 평균 불량률 p의 크기에 따른 로트의 합격확률은 부표 Ⅳ의 누적포아송분포표를 이용한다.

예제 14-2

$N=5{,}000$, $n=25$, $c=0$인 샘플링검사법에 대한 B형 OC곡선을 그려라.

해 답

로트의 평균 불량률 $p=0.01$ 일 때 $\lambda=np=25(0.01)=0.25$이다. 따라서 로트의 합격확률 P_a는 식 (14. 4)를 이용하여 다음과 같이 구한다.

$$P_a=\frac{0.25^0 e^{-0.25}}{0!}=0.7788$$

$p=0.02$일 때 $\lambda=np=25(0.02)=0.5$이다. 따라서 로트의 합격확률은 식 (14. 4)를 이용하여 구할 수도 있지만 부표 Ⅳ를 이용하면 쉽게 0.607임을 알 수 있다. 〈표 14-3〉은 로트의 불량률에 따른 합격확률이며 [그림 14-5]는 이의 B형 OC곡선이다.

| 표 14-3 | 합격확률

불량률(p)	np	합격확률(P_a)
0.00	0.00	1.000
0.01	0.25	0.779
0.02	0.50	0.607
0.03	0.75	0.472
0.04	1.00	0.368
0.05	1.25	0.287
0.06	1.50	0.223
0.07	1.75	0.174
0.08	2.00	0.135
0.09	2.25	0.105
0.10	2.50	0.082
0.11	2.75	0.064
0.12	3.00	0.050

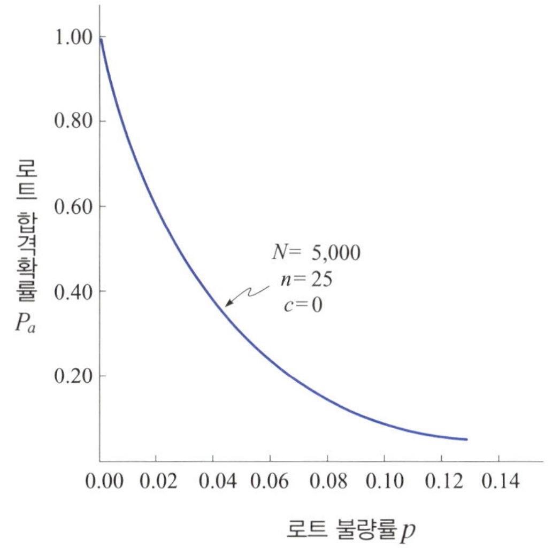

[그림 14-5] B형 곡선

OC곡선을 보면 로트의 품질이 나쁠수록 그 로트가 합격할 확률은 점점 낮아진다. 그런데 로트 품질이 나빠질 때 로트의 합격확률의 낙폭이 가파르게 되면 검사법의 변별력은 더욱 강화된다.

생산자 위험과 소비자 위험이라는 개념도 OC곡선을 통해서 설명할 수 있다. 좋은 품질이라고 할 수 있는 AQL이 0.01이고 나쁜 품질이라고 할 수 있는 $LTPD$가 0.08이라고 가정하자. 그러면 1% 불량률인 로트는 좋다고 말할 수 있다.

[예제 14-2]의 샘플링검사법에 의하면 불량률 1%인 로트의 거부 확률은 1-0.779=0.221이다. 이는 생산자 위험이다. 한편 불량률 8%인 로트가 합격할 확률은 13.5%이다. 즉 소비자 위험은 13.5%라는 것을 의미한다.

2. OC곡선에의 영향

샘플링검사법의 피라미터 n과 c가 OC곡선의 형태를 결정한다. 로트크기 N이 표본크기 n에 비하여 굉장히 크면 로트크기는 OC곡선의 형태에 영향을 미치지 않는다. 로트크기 N과 합격판정계수 c가 일정하다고 할 때 표본크기 n이

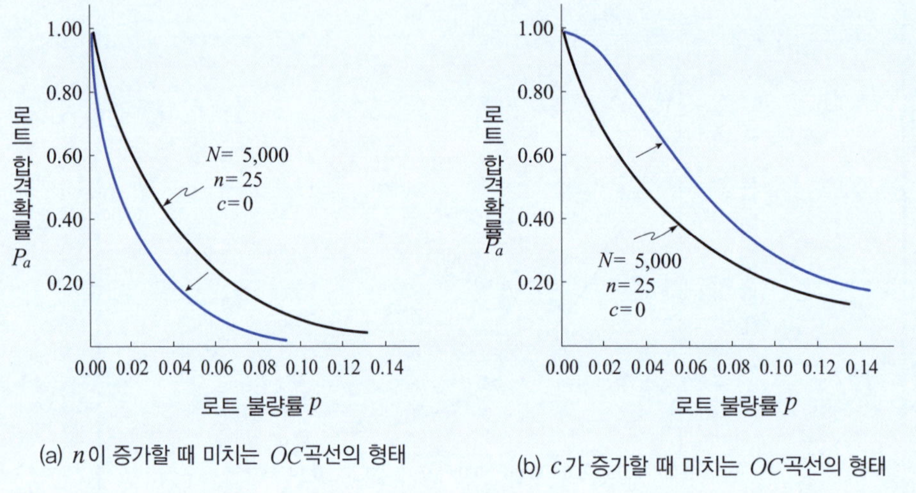

[그림 14-6] *OC* **곡선에의 영향**

증가할수록 *OC*곡선의 형태는 점점 가파르게 되어 변별력은 더욱 증가하게 된다. 이는 [그림 14-6] (a)에서 보는 바와 같다.

한편 로트크기 N과 표본크기 n이 일정할 때 합격판정계수 c가 증가할수록 *OC*곡선의 형태는 가파르지 않게 된다(물론 c가 감소할수록 *OC*곡선은 가파르게 된다). 이는 [그림 14-6] (b)에서 보는 바와 같다.

3. *OC*곡선의 작성: n과 c를 모를 경우

앞에서는 표본크기 n과 합격판정수 c를 알고 있는 경우에 *OC*곡선 작성요령을 공부하였다. 그러나 n과 c를 사전에 알지 못하는 경우에는 *OC*곡선을 어떻게 작성하며 사후에 어떻게 n과 c의 검사계획을 알 수 있는가?

[그림 14-7]은 *AQL*, α, *LTPD*, β 등의 값이 주어졌을 때의 *OC*곡선이다. 그림에서처럼 *AQL*과 α는 *OC*곡선상의 점 A를 결정하고 *LTPD*와 β는 점 B를 결정한다. 또한 극단적으로 무결점인 $p = 0.00$의 로트는 항상 합격하므로 $P_a = 1.00$이고, $p = 1.00$의 로트는 항상 거부되므로 $P_a = 0.00$이 된다. 이와 같이 합격확률과 로트의 품질과의 관계는 선형은 아니지만 하향관계를 나타낸다.

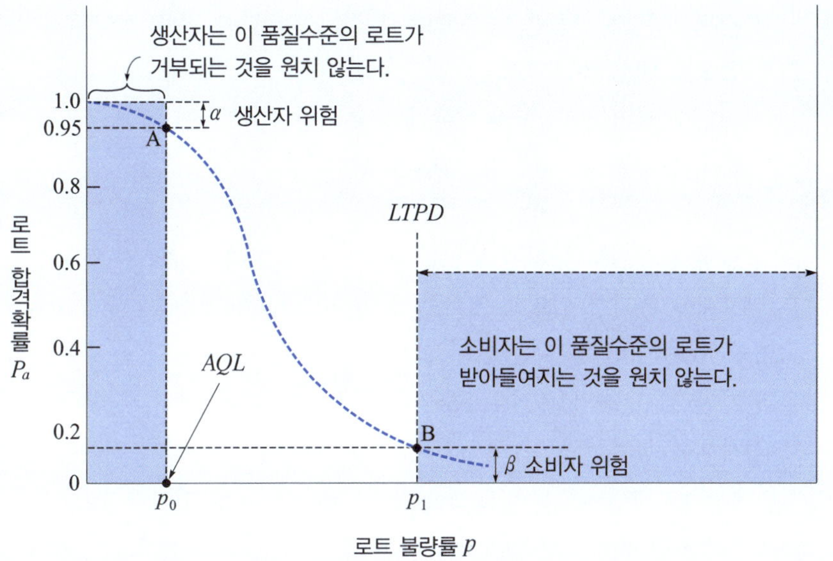

[그림 14-7] *OC* 곡선과 *AQL*, α, *LTPD*, β와의 관계

이러한 네 점이 결정되면 *OC*곡선을 작성할 수 있을 뿐만 아니라 n과 c값을 나타내는 특정 샘플링검사법을 규정할 수 있다. *AQL*, α, *LTPD*, β의 값들은 상황에 따라서 결정된다. 만일 *AQL* 이하의 좋은 로트를 거부하는 비용이 높으면 낮은 α값을 택하여 제 I 종 오류를 통제해야 한다. 만일 나쁜 로트를 받아들일 비용이 높으면 낮은 β값을 택하여 제 II 종 오류를 통제해야 한다.

AQL, α 및 *LTPD*, β가 주어졌을 때 샘플링검사법을 결정하는 n과 c는 어떻게 찾을 것인가? 이에 대한 설명은 생략하고자 한다.

14.6 선별형 1회 검사

계수규준형 샘플링검사에서는 합격된 로트는 받아들이지만 불합격된 로트는 바로 생산자에게 되돌려 준다. 그러나 계수선별형 샘플링검사법(rectifying inspection by attributes)에서는

- 어떤 로트가 $x \le c$이기 때문에 받아들여지더라도 검사된 표본 속에서 발견된 모든 불량품은 양품으로 대체하지만 표본 속에 포함되지 않는 불량품은 그대로 통과되고
- 어떤 로트가 $x > c$이기 때문에 거부되면 이 로트에 대해 전수검사를 실시하여 불량품은 양품으로 모두 대체한다.

선별형 검사에서 합격된 로트를 포함해서 불합격된 로트가 전수검사를 받은 후 검사대를 통과한 일련의 로트들의 평균품질을 평균출검품질(average outgoing quality: AOQ)이라 하는데, 이는 검사대에 들어오는 로트의 품질수준 p에 영향을 받지만 검사 전의 품질수준보다는 더욱 향상되는 것이 사실이다. 일반적으로 검사대를 통과한 모든 로트의 평균검사개수는 증가하게 되는데, 선별형 검사법에서는 이를 평균검사량(average total inspection: ATI)이라 하여 규준형 검사에서의 평균검사개수(ASN)와 구별하고 있다.

계수선별형 샘플링검사에서의 품질보증은 로트 품질보증과 평균품질보증의 두 가지 방법이 있다. 로트품질보증(lot-by-lot quality protection)이란 소비자의 입장에서 가능한 한 불합격시키고 싶은 불량품의 하한인 로트허용불량률과 소비자 위험(β)을 지킬 것을 보증하면서 평균검사량을 최소로 하고자 하는 방법이다.

평균품질보증(average quality protection)이란 다수의 로트가 선별형 검사를 받고 검사대를 통과한 로트들의 평균품질을 보증하면서 평균검사량을 최소로 하고자 하는 방법이다. 평균품질을 보증하는 경우에는 소비자가 $AOQL$을 미리 지정하여 $AOQL$이 이를 넘지 않도록 하면 된다. 예컨대 $AOQL=5\%$라면 이에 알맞은 샘플링검사법 (n, c)를 사용하여 검사를 실시하면 된다.

1. 평균검사량

불합격된 로트에 대해 선별검사를 실시하게 되면 검사개수는 증가하게 되는데, 검사대를 통과한 모든 로트의 로트당 평균검사개수를 평균검사량이라 함은 전술한 바와 같다.

만일 로트 속에 불량품이 전혀 포함되어 있지 않으면 이 로트에 대해서는 n개의 표본만을 검사하게 될 것이고 로트 속에 100% 불량품이 포함되어 있다면 로트당 검사개수는 로트크기 N이 될 것이다. 일반적으로 평균검사량은 n과 N 사이에서 변동하게 된다.

검사대에 들어오는 품질수준(프로세스 불량률)이 p일 때의 ATI는 다음 공식을 이용하여 구한다.

$$ATI = n + (1 - P_a)(N - n)$$

P_a: 품질수준 p인 로트를 합격시킬 확률

여러 가지 품질수준 p에 대응하는 ATI를 선으로 연결한 그래프를 ATI곡선이라 한다.

예제 14-3

$N=2{,}000$, $n=50$, $c=2$인 계수선별형 샘플링검사법에 대한 ATI곡선을 그려라.

해 답

로트 불량률 $p = 0.02$에 대하여 고려하자. $\lambda = np = 50(0.02) = 1$이므로 부표 Ⅳ를 이용하여 〈표 14-4〉에서 보는 바와 같이 $P_a = 0.920$을 찾는다. 따라서

$ATI = 50 + (1 - 0.920)(2{,}000 - 50) = 206$

이다.

똑같은 방식으로 다른 불량률에 대해서도 ATI를 계산할 수 있으며 이를 그래프로 나타낸 것이 [그림 14-8]이다. 검사의 단위당 비용을 알 수 있다면 ATI는 로트당 평균검사비용을 예측하는 데 이용할 수 있다.

| 표 14-4 | ATI 계산결과

로트 불량률 p	$\lambda = np$	합격확률 P_a	평균검사량 ATI
0.01	0.50	0.986	77.30
0.02	1.00	0.920	206.00
0.03	1.50	0.809	422.45
0.04	2.00	0.677	679.85
0.05	2.50	0.544	939.20
0.06	3.00	0.423	1,175.15
0.07	3.50	0.321	1,374.05
0.08	4.00	0.238	1,535.90
0.09	4.50	0.174	1,660.70
0.10	5.00	0.123	1,756.25

0.11	5.50	0.088	1,828.40
0.12	6.00	0.062	1,879.10
0.13	6.50	0.043	1,916.15
0.14	7.00	0.030	1,941.50
0.15	7.50	0.020	1,961.00

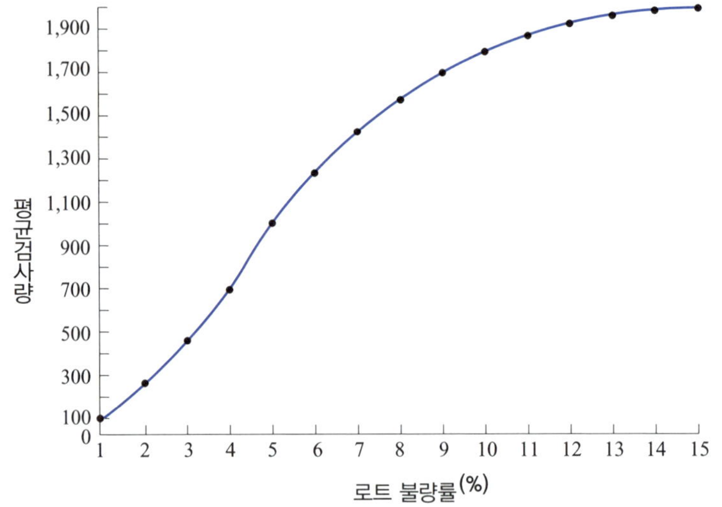

[그림 14-8] *ATI* 곡선

2. 평균출검품질

검사대를 떠나 검사를 마친 일련의 로트들의 평균불량률을 평균출검품질(average outgoing quality: AOQ)이라 한다. 검사과정에서 로트로부터 발견된 불량품을 양품으로 대체할 때의 AOQ는 다음과 같이 계산한다.

$$AOQ = \frac{P_a p(N-n)}{N}$$

그러나 로트크기 N이 표본크기 n보다 굉장히 크면 $(N-n)/N \approx 1.0$이므로 AOQ는 다음과 같이 계산한다.

$$AOQ \approx P_a p$$

예제 14-4

$N=10,000$, $n=40$, $c=2$인 샘플링검사법에서 선별검사를 실시할 때의 AOQ곡선을 그려라.

해 답

검사대에서 불량 로트로 판정되어 그 로트를 100% 검사하여 불량품을 모두 양품으로 교체하는 선별검사를 실시하는 경우 검사대에 들어오는 로트들의 각 품질수준 p에 따른 AOQ를 계산하면 〈표 14-5〉와 같다. 합격확률 P_a는 부표 Ⅳ의 누적 포아송분포표에서 구한다. 예를 들면, 로트 불량률이 4%일 때의 $AOQ=3.13\%$로 개선된다. 이는 [그림 14-9]를 이용하여 다른 방법으로 계산할 수 있다. 불량률 4%의 로트 18개가 검사대에 들어올 때 합격확률 P_a는 0.783이므로 14개는 그대로 통과되어 소비자에 넘어갈 것이고 4개는 불량 로트로 판정되어 선별검사를 받은 후 100% 양품으로 소비자에게 넘어갈 것이다. 이때의 AOQ는 3.11%로서 부표 Ⅳ에서 구한 3.13%와 거의 같은 값이다.

| 표 14-5 | AOQ의 계산

품질수준 (로트 불량률) p	표본크기 n	포아송평균 (불량품수) $\mu=np$	합격확률 P_a	$AOQ=P_a p$	
0.01	40	0.4	0.992	0.0099	
0.02	40	0.8	0.952	0.0191	
0.03	40	1.2	0.879	0.0264	
0.04	40	1.6	0.783	0.0313	
0.05	40	2.0	0.677	0.0339	
0.06	40	2.4	0.570	0.0342	$AOQL$
0.07	40	2.8	0.469	0.0329	
0.08	40	3.2	0.380	0.0304	
0.09	40	3.6	0.302	0.0273	

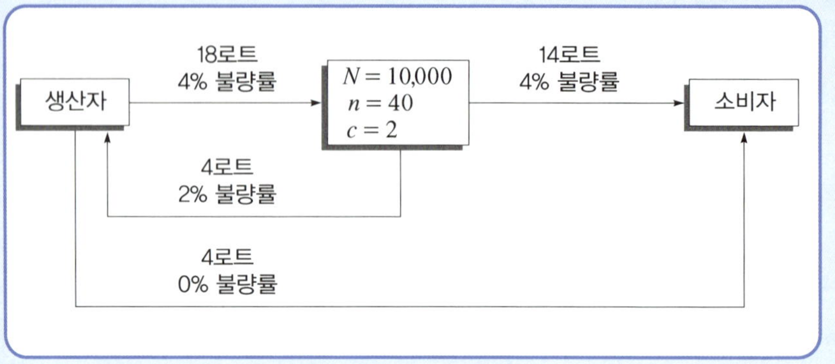

[그림 14-9] 불량률 4%

	전체 제품수	불량품수
14로트: 4% 불량률	14(10,000) = 140,000	140,000(0.04) = 5,600
4로트: 0% 불량률	4(10,000) = 40,000	
	180,000	

$$\text{불량률}(AOQ) = \frac{5{,}600}{180{,}000} \times 100 = 3.11\%$$

〈표 14-5〉를 그림으로 나타낸 것이 [그림 14-10]이다. [그림 14-10]에서 보는 바와 같이 AOQ곡선은 $p = 0.0$일 때 0에서 시작하여 품질수준이 나빠짐에 따라 최대수준에 이르다가 다시 감소하기 시작하여 0에 접근한다. AOQ의 최대수준을 평균출검품질한계(average outgoing quality limit: AOQL)라고 한다. AOQ와 로트 불량률 p는 함수관계이다. AOQ곡선은 검사 전의 로트의 품질수준이 아주 좋으면 검사 후의 AOQ도 당연히 낮아진다. 또한 검사 전의 품질수준이 아주 나쁘면 대부분의 로트는 전수검사를 받게 되어 당연히 AOQ는 낮아진다. 그러나 불량률이 낮지도 높지도 않은 경우에는 상당수의 로트가 샘플링검사에서 합격되고, 따라서 합격된 로트에 포함된 불량품으로 인하여 AOQ가 높아진다.

[그림 14-10]에서 검사 전 로트의 품질수준 $p = 0.06$일 때 검사 후의 AOQ(또는 $AOQL$) = 0.0342로서 최악의 품질수준이다. $N = 10{,}000$, $n = 40$, $c = 2$인 검사계획의 경우, 생산자로부터 소비자에게 전달된 최악의 평균품질은 0.0342를 넘지 않는다.

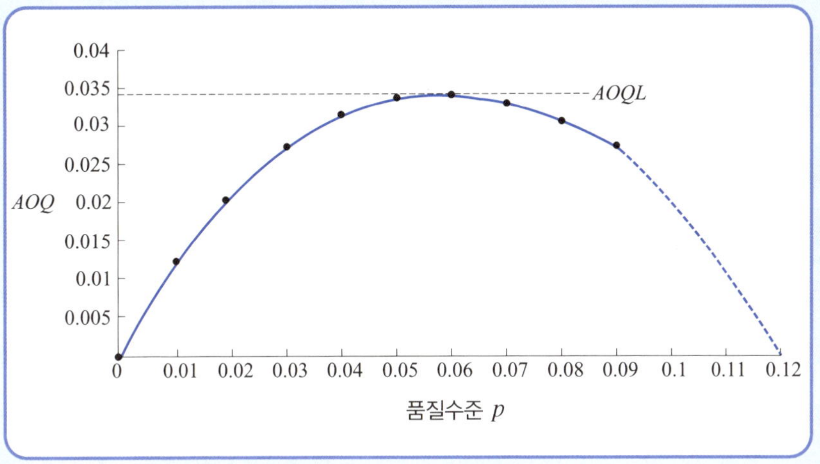

[그림 14-10] *AOQ*곡선

14.7 계량형 샘플링검사

계량형 샘플링검사(sampling plan for variable)는 어떤 품질특성에 대한 측정 데이터가 수집되었을 때 추출할 표본크기와 로트의 합격판정기준을 명시한다. 즉 추출한 표본의 평균 또는 불량률을 합격판정치와 비교하여 로트의 합격 여부를 판정한다. 계수형 샘플링검사법이 샘플링검사의 가장 전형적인 유형이기는 하지만 계량형 검사법이 요구되는 경우가 있다. 만일 파괴검사라든지 비용이 큰 검사의 경우에는 표본크기가 작을 필요가 있다. 이런 경우에는 계량형 샘플링검사가 계수형 검사보다 더욱 효과적이다.

계량형 검사에는 두 가지 유형이 있다. 첫째는 제품의 평균이나 표준편차 같은 프로세스 파라미터를 규정된 수준에 맞추어 통제하는 것이다. 이 검사법은 규격한계가 한쪽에만 주어지는 경우는 물론 양쪽에 주어지는 경우와, 그리고 프로세스 표준편차를 알고 있는 경우는 물론 알지 못하는 경우에도 설계할 수 있다. 이러한 유형의 검사법에는 검사관리도(acceptance control chart), 계량형 축차샘플링검사법(sequential sampling plan for variable), 프로세스 파라미터에 대한 가설검정(hypothesis testing) 등이 있다.

둘째는 불량률검사이다. 불량품은 규격을 지키지 못하는 제품이다. 이 검사법에서도 규격한계가 한쪽에 또는 양쪽에 주어지는 경우와, 그리고 프로세스 분산이 알려져 있거나 모르는 경우가 적용된다.

14.8 계량형 샘플링검사법의 장 · 단점

계량형 검사법의 주요한 장점은 계수형 검사법이 요구하는 것보다 더욱 적은 표본크기로 똑같은 *OC*곡선을 그릴 수 있다는 것이다. 즉 생산자 위험(α), 합격품질수준(*AOQ*), 소비자 위험(β), 로트허용불량률(*LTPD*)로 규정되는 보호수준에 대한 표본크기가 적어도 된다. 파괴검사의 경우에는 검사비용을 절감하기 위하여 계량형 검사법이 사용된다.

계량형 검사법에 있어 측정 데이터는 제조 프로세스나 로트에 관해 더 많은 정보를 제공한다. 계수형 검사법에 있어서는 제품의 양 · 불량만을 판정하면 되지만 계량형 검사법에 있어서는 품질특성을 계량적으로 측정할 수가 있으므로 품질특성에 대해 불량의 정도에 대한 정보까지 보다 많은 정보를 얻을 수 있다.

계량형 검사법은 품질개선이 필요한 영역을 식별해 줄 수 있는 장점을 갖는다. 계량형 검사법으로부터 프로세스 품질개선을 위한 조치를 강구하는 데 필요한 정보를 얻을 수 있다.

합격품질수준이 아주 낮을 때에는 계수형 검사법이 요구하는 표본크기가 아주 크다. 따라서 이러한 경우에는 계량형 검사법으로의 전환이 유리하다.

계량형 검사법의 가장 큰 단점은 품질특성이 정규분포를 한다고 가정하는 것이다. 따라서 정규분포를 실제로 하지 않는 경우에는 주어진 품질의 로트를 합격 또는 불합격시킬 위험에 큰 괴리가 발생한다.

제품은 여러 개의 품질특성을 갖는데, 각 품질특성에 대해 따로따로 검사법을 설계할 수 있으며 이러한 경우에 계수형 검사법을 적용한다면 하나의 검사법이면 충분하다.

계량형 검사법의 사용은 검사한 표본 속에 전혀 불량품이 없더라도 그 로트를 거부할 위험성을 갖는다.

끝으로 계량형 검사법을 사용하면 관리비용과 검사비용이 더욱 많이 소요되는 단점이 있다.

연 · 습 · 문 · 제

1. 샘플링검사의 성격을 설명하라.

2. 프로세스 관리에 있어 예방과 검사를 비교 설명하라.

3. 샘플링검사는 왜 필요한가?

4. 로트의 구성시 고려할 사항은 무엇인가?

5. 로트로부터 표본을 선정할 때 어떻게 하는가?

6. 샘플링검사는 관리도와 함께 사용해야 하는가?

7. 다음 용어를 설명하라.

(1) 생산자 위험 (2) 소비자 위험

(3) *AQL* (4) *LTPD*

8. *OC*곡선의 원리를 설명하라.

9. A형 *OC*곡선과 B형 *OC*곡선의 차이점을 설명하라.

10. 평균출검품질을 설명하라.

11. 계량형 샘플링검사가 효과적인 경우는 언제인가?

12. 계량형 검사법의 장 · 단점을 요약하라.

13. 로트크기 2,000, 표본크기 200, 합격판정수 4인 1회 샘플링검사법을 사용한다.

(1) *OC*곡선을 그려라.

(2) *AQL*이 0.02일 때 로트의 합격확률은 얼마인가?

(3) *LTPD*가 0.10일 때 로트의 합격확률은 얼마인가?

(4) *AOQ*곡선을 그려라. *AOQL*은 얼마인가?

(5) *ATI*곡선을 그려라.

14. 로트크기 2,000, 표본크기 250, 합격판정수 4인 1회 샘플링검사법에 대하여 [연습문제 13]의 질문에 답하라.

15. 4,000개 들이 로트의 부품이 양호한지 검사하기 위하여 $n = 25$의 표본을 랜덤으로 추출하여 만일 불량품이 1개 이상 포함되면 그 로트를 100% 전수검사하려고 한다.

(1) 이 샘플링검사법에 대한 OC곡선을 작성하라.

(2) 100% 전수검사하여 불량품이 발견되면 이들을 모두 양품으로 교체할 때 이 검사법에 대한 AOQ곡선을 작성하고 $AOQL$은 얼마인지 말하라.

QUALITY MANAGEMENT

제 VI 편

사용품질의 평가

제15 장 신뢰도

제15장

신뢰도

신뢰도란 장기간에 걸쳐 제품의 품질을 측정하는 것이다. 제품은 특정 기간 동안 기대에 부응하여 기능을 발휘할 것으로 간주하는데, 신뢰도는 이와 같이 제품의 장기적인 사용기간과 관계가 있다. 제품사용에서 고객만족을 보장하기 위하여 제품의 설계단계에서 신뢰도를 향상시키기 위한 조치들이 고려된다. 고객을 염두에 둘 때 한 제품이 적어도 특정 기간 동안 기능을 성공적으로 수행할 것인가를 예측하는 것은 기업으로 하여금 보증정책(warranty policy)을 수립하는 데 필요한 정보가 될 수 있다.

본장에서는 신뢰도의 개념, 신뢰도 제고방안, 신뢰도와 관련된 확률분포, 신뢰도 및 수명검사계획 등에 관하여 공부하고자 한다.

15.1 신뢰도의 개념

단순히 말한다면, 신뢰도(정성적 용어인 신뢰성보다 정량적 척도인 신뢰도를 사용하는 것이 적절함)란 장기적인 제품의 품질이다. 품질은 제조 중의 혹은 그 직후의 제품의 상태인 반면, 신뢰도는 제품이 어떤 기간 동안 의도하는 기능을 수행하는 능력이다. 오랫동안 작동하는 제품이 신뢰도 높은 제품이다. 어떤 제품의 구성단위들이 각기 언제 고장날지 알 수 없으므로 신뢰도란 확률 개념이 된다.

신뢰도(reliability)란 어떤 제품이 어떤 특정한 규정된 환경조건 아래서 의도된 수명기간 동안 의도된 기능을 만족스럽게 수행할 확률이다. 이 정의로부터 신뢰도에 관련한 4개의 요인이 나온다. 즉

- 확률
- 의도된 기능
- 수명
- 환경조건

이다.

확률이란 제품의 고장이 특정 시간 동안 일어나지 않을 확률이다. 확률은 0과 1 사이의 값이다. 여기서 고장(failure) 또는 실패라는 말은 제한된 기술적 의미에서의 고장이라는 뜻이며 사용보다는 검사활동에 관련된다. 예를 들어 0.93이라는 확률은 어떤 규정된 환경과 기간에 100개의 제품 중에 93개가 의도된 기능을 다할 것이며 7개는 고장날 것이라는 의미를 나타낸다.

둘째 요인은 제품의 의도된 고유 기능에 관련된다. 제품들은 특별한 용도를 위해 설계되었으며 이 용도를 수행할 수 있을 것이 기대된다. 예를 들어 전기 호이스트(hoist)는 어떤 하중을 들어올릴 것으로 기대되며, 그 설계규격을 초과하는 하중을 들어올릴 것으로는 기대되지 않는다.

신뢰도 정의에서의 셋째 요인은 제품의 의도된 수명이다. 즉 그 제품이 얼마나 오래 지속될 것으로 기대되는가이다. 자동차 타이어의 수명은 어떤 값들에 의해 명시되는데, 타이어의 구조에 따라 예컨대 36개월 혹은 48,000km 등이다. 제품수명은 사용량과 시간의 함수로 표시된다.

정의에서의 마지막 요인은 환경조건이다. 예를 들어 직물 소파와 같이 실내에서 기능하도록 설계된 제품이라면 실외의 햇빛, 바람이나 비 아래서는 신뢰도 높게 기능할 것으로 기대할 수 없다. 환경조건은 또한 제품의 사용방식과 저장이나 수송 측면도 포함한다. 만일 나일론 줄이 건조한 조건에서 실내에서 이용되도록 명시되었다면 그런 조건에서 성공적으로 성취되도록 기대할 것이다.

나일론 줄의 신뢰도는 이러한 네 차원에서 기술될 것인데 예를 들면, 건조한 조건에서 2년간 1,000kg을 지탱할 확률이 0.92라고 기술될 것이다.

15.2 설계를 통한 신뢰도의 제고방안

제품 신뢰도에 대한 관심이 증가되고 있다. 그 한 가지 이유는 소비자 보호운동 때문이다. 또 하나의 이유는 제품들이 더욱 더 복잡해지기 때문이다. 예를 들어 원래 세탁기는 세탁물을 뜨거운 비눗물에 흔들어 주는 단순한 장치였다. 오늘날의 세탁기는 여러 가지의 흔드는 속도, 여러 가지의 헹구는 속도, 다양한 주기시간, 다양한 물 온도, 다양한 급수수준, 주기의 특정 시점들에 공급되는 세탁재료 등의 특성을 지니고 있다.

신뢰도가 더욱 강조되고 있는 또 다른 이유는 자동화 때문이다. 많은 경우에 소비자들은 제품의 자동화된 요소가 실패하면 그 제품을 수동으로 운영할 수가 없다.

제품은 규정된 기간 동안 어떤 기대대로 작동되어야 한다. 고객의 만족을 보장하기 위하여 신뢰도를 개선하려는 노력이 설계단계에서 주어져야 한다.

제품이 어떤 기간 동안 성공적으로 운영될 기회에 대해 아는 것은 중요하다. 그래야만 생산자는 보증정책에 이를 반영할 수 있을 것이기 때문이다. 제품의 구조가 더욱 복잡해짐에 따라, 즉 더 많은 부품을 가짐에 따라 고장날 가능성은 증가한다.

부품들을 배열하는 방법은 전체 시스템의 신뢰도에 영향을 미친다. 부품들의 배열방법으로는 직렬(series), 병렬(parallel), 혼합(combination)이 있다.

부품들이 직렬로 배열되었을 때 시스템의 신뢰도은 개별 부품들의 곱이다. 따라서 [그림 15-1]의 배열의 경우, 곱셈정리에 의해 시스템의 신뢰도 R_S는 다음과 같이 계산된다.

$$
\begin{aligned}
R_S &= (R_A)(R_B)(R_C) \\
&= (0.95)(0.80)(0.99) = 0.7524
\end{aligned}
$$

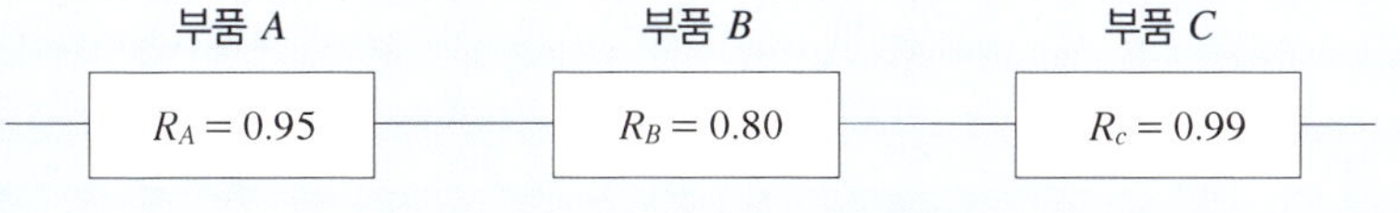

[그림 15-1] 직렬 배열

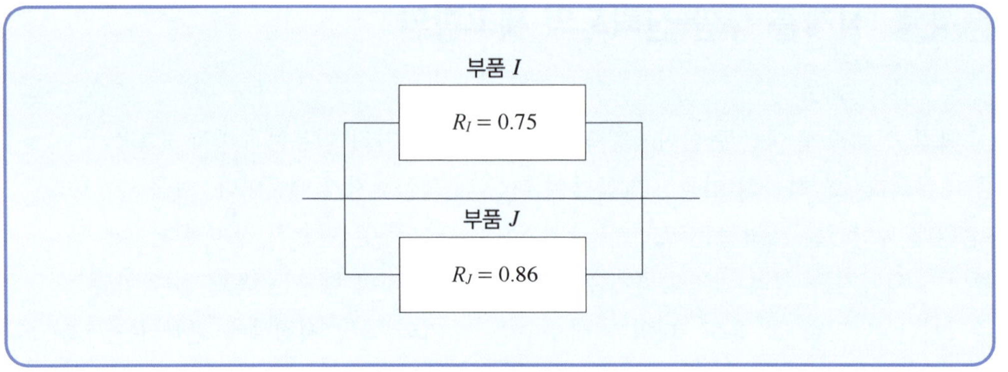

[그림 15-2] 병렬 배열

부품들이 직렬로 추가되면 시스템의 신뢰도는 저하된다. 또한 신뢰도는 부품들의 가장 낮은 값보다도 항상 작다. 부품들이 직렬로 배열되면 어느 한 부품의 고장은 시스템 전체의 고장으로 나타난다.

부품들이 병렬로 배열되었을 때는 어느 한 부품의 고장이 전체 시스템의 고장으로 나타나지는 않는다. 한 부품이 고장나더라도 제품은 다른 부품을 이용하여 계속 기능하며 이것은 모든 병렬 부품들이 고장날 때까지 계속될 수 있다. 따라서 [그림 15-2]의 병렬 배열에서 시스템의 신뢰도 R_S는 다음과 같이 계산된다.

$$
\begin{aligned}
R_S &= 1-(1-R_I)(1-R_J) \\
&= 1-(1-0.75)(1-0.86) = 0.965
\end{aligned}
$$

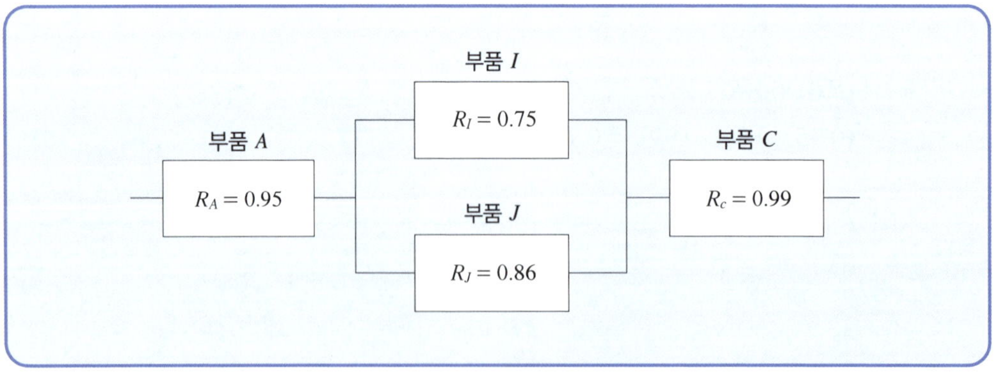

[그림 15-3] 혼합 배열

병렬 부품들의 수가 증가하면 신뢰도는 증가한다. 부품들의 병렬 배열의 신뢰도는 개별 부품의 신뢰도보다 크다.

대부분의 복잡한 제품들은 직렬 및 병렬 배열들의 혼합이다. 하나의 예가 [그림 15-3]에 묘사되어 있는데, [그림 15-1]에 있는 직렬 배열에서의 부품 B가 병렬 부품들 I와 J로 대치되어 있는 모양이다. 이 혼합 배열의 경우 시스템의 신뢰도 R_S는 다음과 같이 계산된다.

$$\begin{aligned} R_S &= (R_A)(R_{I,J})(R_C) \\ &= (0.95)(0.965)(0.99) = 0.9076 \end{aligned}$$

혼합 배열의 또 하나의 경우를 보자. [그림 15-4]에 나온 시스템은 총 8개의 부품으로 되어 있는데, 직렬과 병렬이 혼합되어 있다. 각 부품들의 신뢰도는 다음과 같다. $R_{A1} = 0.92$, $R_{A2} = 0.90$, $R_{A3} = 0.88$, $R_{A4} = 0.96$, $R_{B1} = 0.95$, $R_{B2} = 0.90$, $R_{B3} = 0.92$, $R_{C1} = 0.94$이다. 이러한 경우 시스템 신뢰도를 구해 보자.

먼저 각 하위시스템들의 신뢰도를 구해야 한다. 부품 A_1, A_2, A_3, A_4로 구성된 하위시스템을 고려하자. 이 하위시스템의 신뢰도는

$$\begin{aligned} R_1 &= 1 - (1 - R_{A1}R_{A2})(1 - R_{A3}R_{A4}) \\ &= 1 - (1 - 0.92 \times 0.90)(1 - 0.88 \times 0.96) = 0.9733 \end{aligned}$$

이다.

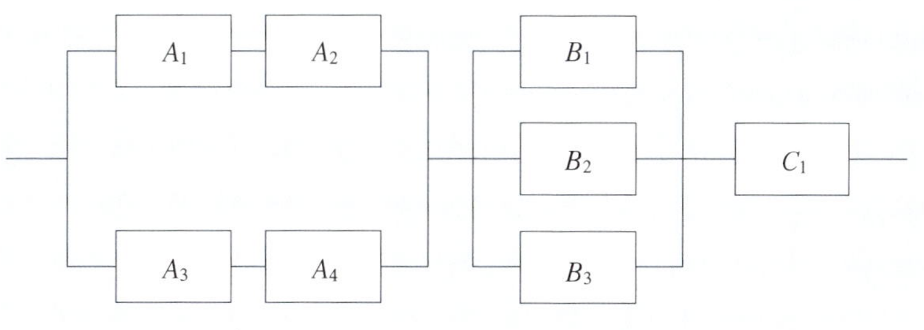

[그림 15-4] 혼합 배열

같은 요령으로 계산하면, 부품 B_1, B_2, B_3로 구성된 하위시스템의 신뢰도는

$$R_2 = 1-(1-R_{B1})(1-R_{B2})(1-R_{B3})$$
$$= 1-(1-0.95)(1-0.90)(1-0.92) = 0.9996$$

이다. 따라서 [그림 15-4]의 전체 시스템 신뢰도는 다음과 같다.

$$R_S = R_1 \times R_2 \times R_3$$
$$= 0.9733 \times 0.9996 \times 0.94 = 0.9145$$

신뢰도의 가장 중요한 측면은 설계다. 설계는 가능한 한 단순해야 한다. 이미 지적되었듯이 부품의 개수가 증가할수록 제품이 고장날 가능성은 커진다. 만일 시스템이 직렬로 50개의 부품으로 되어 있고 각 부품들의 신뢰도가 0.95라면 시스템의 신뢰도는

$$R_S = R^n = 0.95^{50} = 0.08$$

로 격감한다.

신뢰도를 제고하는 다른 방안은 비상용 혹은 중복부품(redundancy)을 두는 것이다. 주 부품이 고장나면 다른 부품이 작동한다. 이 개념은 부품의 병렬 배열에 의해 예시되었다. 목표로 하는 신뢰도에 달하기 위해서는 하나의 비싼 부품을 쓰는 것보다는 값싼 중복 부품을 두는 것이 더 싸게 먹힌다.

신뢰도는 또한 과잉설계(overdesign)에 의해 성취될 수 있다. 안전요인을 크게 잡는 것이 제품의 신뢰도를 증가시킬 수 있다. 예를 들어 케이블카(cable car)를 매다는 데 1/2인치의 강선으로도 충분하지만 신뢰도를 증가시키기 위해 1인치 강선을 이용하는 경우다.

시스템의 보전은 신뢰도에 있어 또 하나의 중요한 요인이다. 더 잘 보전되기 위하여 제품이 보전되기 쉬워야 함은 물론이다. 어떤 경우에는 보전의 필요성 자체를 제거하는 것이 더 실용적이다. 예를 들어 석유 주유기의 베어링은 제품 수명기간 전체에 걸쳐 윤활유를 필요로 하지 않는다.

환경조건들, 즉 먼지, 온도, 습기, 진동 등은 고장의 원인이 될 수 있다. 설계자는 이런 조건들로부터 제품을 보호해야 한다. 열 방패, 고무 진동판, 필터

등이 절대적인 환경조건 아래서 신뢰도를 증가시키기 위해 이용된다.

신뢰도에의 투자(비용)와 신뢰도 사이에는 확실한 관계가 있다. 그러나 어떤 한계 이후에는 제품비용에 큰 투자를 하더라도 신뢰도가 아주 조금만 개선된다. 예를 들어 5만 원짜리 부품이 0.75의 신뢰도를 가진다고 하자. 비용이 10만 원으로 증가된다면 신뢰도는 0.90이 된다. 만일 비용이 15만 원으로 증가하면 신뢰도는 0.94가 된다. 만일 비용이 20만 원으로 증가하면 신뢰도는 0.96이 된다. 이 가상적인 예에서 알 수 있듯이 투자금액에 비해 신뢰도 증가율은 점차 감소한다.

15.3 기타의 신뢰도 제고방안

제품 신뢰도를 높이기 위한 다른 측면들은 제조, 수송 및 보전이다.

제조 프로세스는 설계에 이어 신뢰도의 두 번째로 중요한 측면이다. 기본적인 품질관리기법들이 제품고장의 위험을 극소화시킬 것이다. 가장 덜 신뢰가 가는 부품들에 유의해야 할 것이다.

제조부문의 종사자들은 사용하는 장비가 직무에 적합한 것인지를 점검해야 하며 새로운 장비가 도입된다면 이를 조사해야 한다. 또한 어떤 조건하에서 가장 신뢰도 높은 제품이 생산되는지를 알아보기 위해 프로세스 조건들을 실험해 볼 수도 있다.

신뢰도의 또 다른 측면은 고객으로의 제품 수송이다. 얼마나 잘 설계했는지 혹은 얼마나 주의 깊게 제조했는지에 관계 없이 고객에 의한 제품의 실제 성과가 최종판단이 된다. 사용시점에서의 제품의 신뢰도는 제품 운송 중의 취급에 의해 크게 영향받을 수 있다. 포장을 좋게 하고 수송에 대한 평가를 하는 것이 필수적이다.

설계자들은 고객이 보전해야 할 필요성을 제거하려고 노력하기는 하지만 그것이 실제적이거나 가능하지 않은 경우가 많다. 그런 경우에 고객은 충분한 경고를 받아야만 한다. 예를 들어 어떤 부품에 윤활유가 필요한 경우에 경고등 혹은 경음기가 작동하게 할 수 있다. 보전은 시행하기 간단하고 쉬워야 한다.

15.4 신뢰도 기법

1. FMEA

제품의 제조업자는 사용자들의 안전을 최우선 고려해야 한다. 제조물이 제조하는 과정에, 판매 및 서비스하는 과정에, 설계상에, 결함이 발생하여 사용자들이 생명, 신체 또는 재산상 손해가 발생할 경우에는 그 제조물의 제조자나 판매자가 손해를 배상토록 법으로 규정하고 있다.

이러한 규정은 제조업자들로 하여금 안전한 제품을 제공하고 소비자들을 보호하기 위한 조치로서 제조업자는 제조물의 설계시에 위험한 요소가 개입되지 않도록 주의할 필요를 느낄 것이다. 이와 같이 결함이 직 · 간접적으로 존재하는 제품은 애초부터 설계하거나 판매해서는 안 된다.

제품의 안전성을 보장하고 위험성을 적극적으로 배제하기 위하여 고안된 도구가 고장모드와 영향분석(failure mode and effects analysis: FMEA)이다. 이는 제품을 구성하는 모든 개별 구성품을 대상으로 발생 가능한 고장 유형(failure mode)들을 찾아내어 각각의 고장 유형이 제품 전체에 미치는 영향도와 심각도를 분석하여 이러한 고장의 발생을 미연에 방지하거나 그 영향력을 최소화하고자 하는 조치를 강구하고자 하는 것이다. 다시 말하면, FMEA는 잠재적인 고장의 영향을 체계적으로 평가하여 그러한 고장의 발생 가능성을 줄이려는 가능한 조치들의 우선순위를 결정하려는 것이다. FMEA는 시스템 차원에, 제품이나 서비스의 설계 차원에, 제조나 서비스의 프로세스 차원에, 구성품의 기능적 차원에 적용할 수 있다.

예컨대 자동차의 브레이크 장치의 안전문제에 있어서는 다양한 정밀분석을 통해 고장 유형을 도출하고 각각의 고장 유형이 사용자의 안전에 미치는 총체적인 영향은 심각도, 발생도, 검출도가 결정한다. 여기서 심각도(severity)란 소비자가 제품을 사용할 때 겪는 잠재적 위험의 심각한 정도와 발생원인을 규명하고 발생도(occurrence)란 위험의 발생 가능성을 말한다. 한편 검출도(detection)란 위험의 사전 감지 가능성을 말한다.

각 고장 유형에 대해 고장으로 인한 영향력은 위험우선순위점수(risk priority number: RPN)에 의해 결정되는데 다음 공식을 사용하여 계산한다.

$$RPN = 심각도(S) \times 발생도(O) \times 검출도(D)$$

RPN이 크면 우선순위가 높아 위험도가 높다는 것을 말한다. 따라서 이러한 고장 유형에 대해서는 적절한 조치가 강구되어야 한다.

여기서 각 요소는 10점 척도로 평가하는데, 계량적으로 분석한 결과가 아니고 주관적으로 그 크기를 결정한다. 한편 모든 구성품을 대상으로 한 여러 고장 현상이 복합적으로 발생하는 경우에는 RPN 계산이 매우 복잡하다는 문제점을 갖는다. 그러함에도 불구하고 FMEA는 제품의 품질과 신뢰도를 높이고 기능과 안전성을 향상시키며 고객만족을 향상시키면서 비용과 제품 개발기간은 축소하는 장점도 갖는다.

2. FTA

고장나무분석(failure tree analysis: FTA)은 안전성 분석과 신뢰성 분석을 위해 사용되는 기법이다. 이 기법은 시스템이나 제품 사용시 고장을 일으키는 사상(event)에 대한 인과관계를 나무 모양으로 표현하고 이를 근거로 시스템과 제품의 고장 원인을 규명하려 한다.

FTA는 제품 사용에 고장을 유발하는 가장 영향력이 큰 원인을 규명하고 개선 조치를 취함으로써 신뢰성을 높이고자 하는 기법이다. FTA는 FMEA와 함께 신뢰성 평가방법으로 널리 이용되는데 사용하는 목적은 다르다. 즉 FMEA는 구성품의 고장 유형이 시스템이나 제품에 어떤 영향을 미치는가를 평가하려는 것이지만, FTA는 시스템이나 제품에 발생하는 결함이나 고장의 원인을 체계적으로 규명하여 시정조치를 강구하려는 것이다.

FTA는 또는(or), 그리고(and)와 같은 논리 기호와 사상 기호를 사용하여 고장과 원인의 인과관계를 계속 나무 아래로 고장이 더 이상 발견할 수 없을 때까지 추적해 나간다.

15.5 신뢰도에 적용되는 확률분포

신뢰도 연구에 이용되는 확률밀도함수에는 지수분포, 정규분포, 와이블(Weibull)분포 등이 있다. 시간의 함수 $f(t)$로의 이 분포들이 [그림 15-5]에 그려져 있다. 그런데 사용하는 분포에 따라 분석에 사용되는 신뢰도 곡선(reliability curve), 고장률 곡선(failure-rate curve), 제품수명곡선(life-history curve)의 형태가 다르게 된다.

신뢰도 곡선

신뢰도 곡선으로서의 지수, 정규, 와이블분포가 [그림 15-6]에 그려져 있다.

신뢰도 함수란 제품이 t시간 이상 의도된 기능을 수행할 확률을 시간 t의 함수로 나타낸 분포를 말한다. 따라서 t시간 만에 제품이 고장날 확률을 $f(t)$로 나타내면 $f(t)$가 각 확률분포를 따를 때의 신뢰도 곡선 $R(t)$는 다음과 같이 표현할 수 있다.

지수분포: $R(t) = \int_0^t f(t)\,dt = e^{-\frac{t}{\theta}}$

정규분포: $R(t) = 1 - \int_0^t f(t)\,dt$

와블분포: $R(t) = e^{-\alpha t^{\beta}}$

신뢰도 분석에서 사용하는 부호는 다음과 같다.

λ	제품의 고장률(failure rate)
$f(t)$	고장까지의 시간(time to failure)에 대한 확률밀도함수
$F(t)$	고장까지의 시간에 대한 확률분포함수
$R(t)$	시간 t에 있어서의 신뢰도 함수
$r(t)$	고장률 함수
P_a	로트의 합격확률
θ	제품의 평균수명
n	표본크기
r	불합격판정 개수
T	미리 규정한 검사시간
α	생산자 위험
θ_0	생산자 위험에 관련한 평균수명
β	소비자 위험
θ_1	소비자 위험에 관련한 평균수명

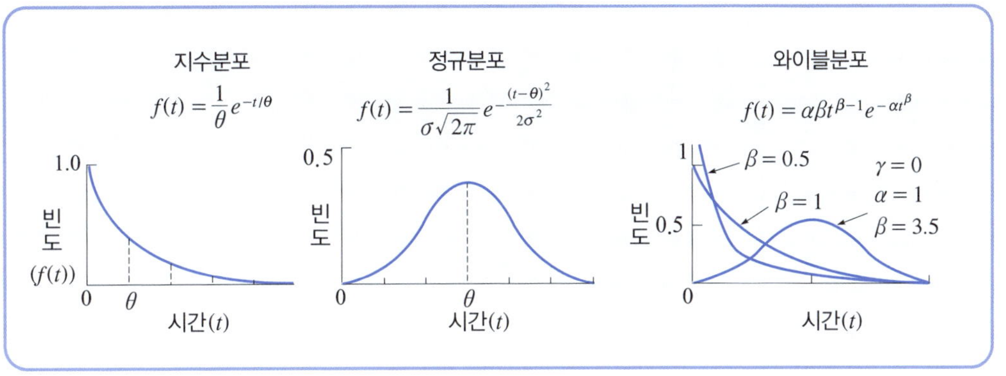

[그림 15-5] 확률밀도함수

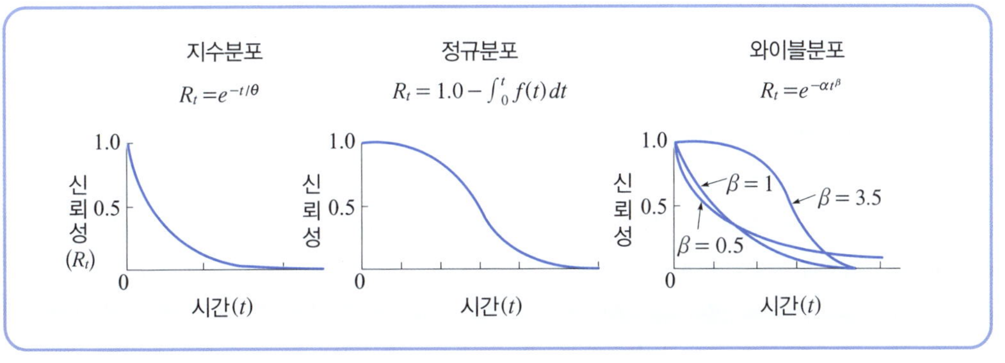

[그림 15-6] 신뢰도 곡선

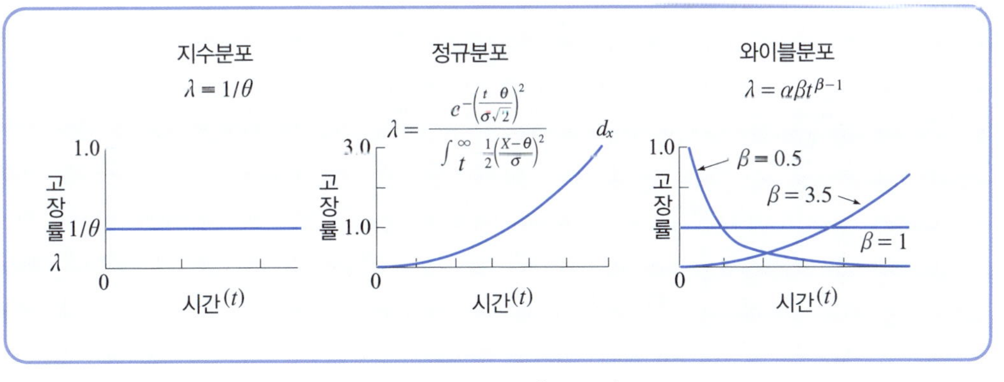

[그림 15-7] 고장률 곡선

고장률 곡선

고장률 곡선으로서의 지수, 정규, 와이블분포가 [그림 15-7]에 나타나 있다.

고장률(failure rate)이란 일정한 기간 동안에 발생하는 평균고장횟수를 말한다. 고장률은 다음 공식을 사용하여 구한다.

$$\text{고장률}(\%) = \frac{\text{고장개수}}{\text{시험개수}} \times 100\%$$

$$\text{고장률}(\text{개수}) = \frac{\text{고장개수}}{\text{작동시간(operating time)}}$$

$$\text{평균작동시간} = \frac{1}{\text{고장률(개수)}}$$

예제 15-1

실험실에서 100개의 인공심장 밸브를 20,000시간 동안 테스트하였다. 밸브 6개가 테스트 도중에 고장이 났다.

(1) 고장률은 몇 %인가?

(2) 연간 고장개수는 얼마인가?

(3) 100개씩 인공심장 밸브 50묶음의 설치에 대해 연간 예상되는 고장개수는 얼마인가?

(4) 고장 간 평균작동시간은 얼마인가?

해 답

(1) $\text{고장률} = \frac{6}{100} = 0.06 = 6\%$

(2) $\text{작동시간} = \text{총시간} - \text{비작동시간} = 100(20,000) - 6(20,000)/2$

$= 1,940,000\text{시간}$

$\text{고장률} = \frac{6}{1,940,000} = 0.000003\text{연/시간}$

$0.000003(24\text{시간/일})(365\text{일/연}) = 0.026\text{개/연}$

(3) $(0.026\text{개/연})(50\text{개}) = 1.355\text{개/연}$

(4) $\text{MTBF} = \frac{1,940,000}{6} = 323.333\text{시간/개}$

그러면 지수분포와 와이블분포를 이용한 신뢰도, 확률밀도함수, 확률분포함수, 고장률 함수에 대해 공부하기로 하자.

지수분포

고장률의 변동은 시간의 함수로 묘사될 수 있다. 우연고장 단계에서, 즉 제품의 유용한 기간 중에서 고장률은 일정하다. 따라서 이 단계 중에서 제품고장까지의 시간을 묘사하는 데 지수분포가 이용될 수 있다. 지수분포의 확률밀도함수(probability density function: *PDF*)는 다음과 같다.

$$f(t) = \lambda e^{-\lambda t} \qquad t \geq 0$$

λ = 고장률

고장까지 제품의 평균수명(mean time to failure: *MTTF*) θ은 지수함수에서 다음 공식으로 주어진다.

$$MTTF = \theta = 1/\lambda$$

따라서 만일 고장률이 일정하다면 고장까지의 평균시간(즉 제품의 평균수명)은 고장률의 역수가 된다. 이것은 전구와 같이 고장나면 수리하지 않고 버리는 경우에 사용한다. 그러나 기계와 같이 고장나면 수리해서 사용하는 경우에는 고장과 고장 사이의 평균작동시간(mean time between failures: *MTBF*)을 사용한다. 고장 사이의 평균작동시간은 다음 공식을 사용하여 구한다.

$$MTBF = \frac{\text{총 작동시간}}{\text{고장횟수}}$$

기계나 시설이 고장나는 경우에는 이를 최소의 비용과 시간으로 수리를 하여 사용 가능한 상태로 회복시켜야 한다. 이러한 보전성(maintainability)은 평균수리시간(mean time to repair: *MTTR*)으로 측정할 수 있다. 신뢰성을 측정하는 *MTBF*와 이를 결합하여 시스템 가동률 또는 이용률(system availability: *SA*)을 다음과 같이 구한다.

$$\text{시스템 가동률} = \frac{\text{신뢰성}}{\text{신뢰성 + 보전성}} = \frac{MTBF}{MTBF + MTTR}$$

예제 15-2

(1) 어떤 제품은 200시간 동안 계속해서 작동하는 동안 1%의 고장률을 넘지 않도록 설계되었다. 이 제품이 저지르는 시간당 고장횟수와 MTTF를 구하라.

(2) 어떤 제품이 20,000시간 작동하는 동안 4번 고장을 일으켰다. MTBF를 구하라.

해 답

(1) $0.99 = e^{-\lambda(200)}$

$\log 0.99 = -200\lambda$

$\lambda = -(\log 0.99)/200$

$= 0.01005/200$

$= 0.00005$

$$MTTF = \frac{1}{0.00005} = 20{,}000$$

이 제품의 고장으로 버릴 때까지의 평균시간은 20,000시간이다.

(2) $MTBF = 20{,}000/4 = 5{,}000$시간

고장률 $\lambda = \dfrac{1}{5{,}000} = 0.0002$회/시간

예제 15-3

김 사장은 회사의 전자상거래 사이트를 위한 서비스 제공자를 선택하려고 한다. 다른 조건이 모두 동일하다면 서버 가동률을 기준으로 결정하려고 한다.

다음과 같은 서버의 성과 데이터가 주어질 때 어떤 제공자를 선택해야 하는가?

제공자	*MTBF*(시간)	*MTTR*(시간)
A	70	5
B	40	3
C	25	2

해 답

$$SA_A = \frac{70}{70+5} = 0.933$$

$$SA_B = \frac{40}{40+3} = 0.930$$

$$SA_C = \frac{25}{25+2} = 0.926$$

제공자 A를 선택한다.

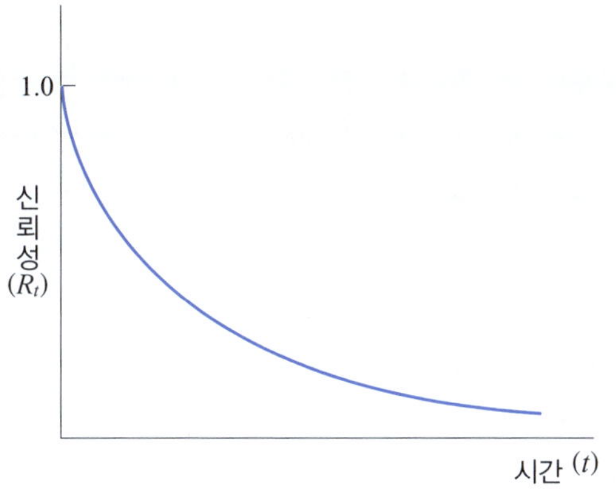

[그림 15-8] 고장까지 시간의 지수분포를 위한 신뢰도 함수

시간 t에서의 신뢰도 $R(t)$는 제품의 수명이 최소한 시간 t까지 지속될 확률이다. 즉

$$\begin{aligned} R(t) &= 1 - F(t) \\ &= 1 - \int_0^t e^{-\lambda t} dt = e^{-\lambda t} \end{aligned}$$

이다. 여기에서 $F(t)$는 시간 t에서의 누적분포함수이다. [그림 15-8]은 지수고장분포의 신뢰도 함수 $R(t)$를 보여준다. 시간 0에서는 당연히 신뢰도는 1이다. 신뢰도는 시간에 따라 지수적으로 감소한다.

일반적으로 고장률 함수 $r(t)$는 고장까지의 시간 확률밀도함수와 신뢰도 함수의 비율로 주어진다. 즉

$$r(t) = \frac{f(t)}{R(t)}$$

이다. 지수고장분포에서

$$r(t) = \frac{\lambda e^{-\lambda t}}{e^{-\lambda t}} = \lambda$$

이다. 이것은 이미 지적한 바와 같이 일정한 고장률 λ이다.

예제 15-4

어떤 앰프(amplifier)는 고장까지의 시간이 지수분포이고 고장률은 10%/1,000시간이다. 4,000시간에서의 앰프의 신뢰도는 얼마인가? 고장까지의 평균수명을 구하라.

해 답

일정한 고장률 λ는 다음과 같이 얻어진다.

$\lambda = 0.10/1,000$시간

$= 0.0001/$시간

4,000시간에서의 신뢰도는 다음과 같다.

$R(t) = e^{-\lambda t} = e^{-(0.0001)(4,000)} = e^{-0.4} = 0.6703$

고장까지의 평균수명은 다음과 같다.

$MTTF = 1/\lambda = 1/0.0001 = 10,000$시간

예제 15-5

어떤 제품의 최고 고장률을 구하라. 이 제품은 4,000시간에서 95%의 생존(즉 성공적인 운영) 확률을 가지고 있다. 고장까지의 시간이 지수분포를 따르고 있다고 가정하라.

해 답

4,000시간에서의 신뢰도가 0.95로 주어졌다. 일정한 고장률을 λ라고 한다면

$R(t) = e^{-\lambda t}$

$0.95 = e^{-\lambda 4,000}$

이다. 따라서

$4,000\lambda = 0.05129$

$\lambda = 0.0000128/$시간$= 12.8/10^6$시간

이다. 따라서 최고의 고장률은 $12.8/10^6$시간이다.

와이블분포

와이블분포(Weibull distribution)는 제품의 고장률이 일정하지 않은 경우에 고장까지의 시간을 모델화하는 데 적당하다. 따라서 이것은 고장률이 시간에 따라 감소하는 초기단계 혹은 고장률이 시간에 따라 증가하는 마모단계를 모델화하는 데 이용될 수 있다(그림 15-10 참고). 와이블분포는 세 개의 파라미터를 가지고 있으며 확률밀도함수는 다음과 같다.

$$f(t) = \frac{\beta}{\alpha}\left(\frac{t-\gamma}{\alpha}\right)^{\beta-1} exp\left[-\left(\frac{t-\gamma}{\alpha}\right)^{\beta}\right] \qquad t \geq \gamma$$

파라미터들은 위치 파라미터(location parameter) $\gamma(-\infty < \gamma < \infty)$, 스케일 파라미터(scale parameter) $\alpha(\alpha > 0)$ 및 모양 파라미터(shape parameter) $\beta(\beta > 0)$이다.

파라미터 값들을 적절히 이용한다면 다양한 상황의 모델로 활용할 수 있다. 만일 $\gamma = 0$이고 $\beta = 1$이면 와이블분포는 지수분포가 된다. 신뢰도 모델에서 위치파라미터 γ는 0이 될 것이다. 만일 $\alpha = 1$이고 $\beta = 0.5$이면 고장률은 시간에 따라 감소하며 따라서 초기단계의 제품에 적용할 수 있다. 만일 $\alpha = 1$이고 $\beta = 3.5$이면 고장률은 시간에 따라 증가하며, 따라서 마모단계의 제품에 적용될 수 있다. 이 경우에 와이블분포는 정규분포에 비슷해진다.

와이블분포의 신뢰도 함수는 다음과 같이 주어진다.

$$R(t) = exp[-(t/\alpha)^{\beta}]$$

고장까지의 평균시간은

$$MTTF - \alpha\Gamma(1/\beta + 1)$$

이다. 와이블 고장까지의 시간 확률분포의 고장률 함수 $r(t)$는

$$r(t) = \frac{f(t)}{R(t)} = \frac{\beta t^{\beta-1}}{\alpha^{\beta}}$$

이다. [그림 15-9]는 파라미터 β가 0.5, 1, 3.5인 경우의 고장률 함수의 모양을 보여준다.

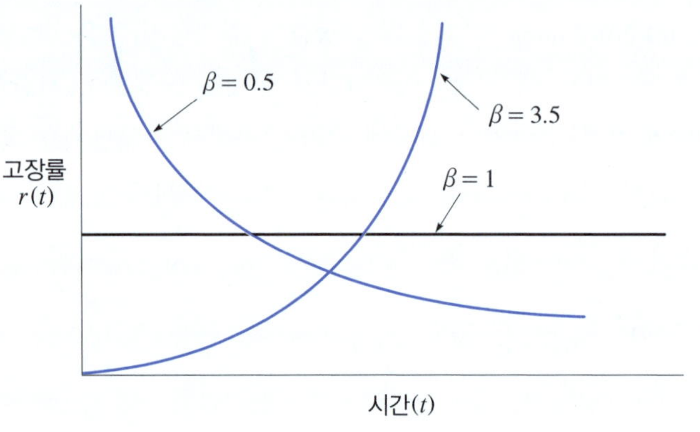

[그림 15-9] 파라미터 β가 0.5, 1, 3.5인 경우의 와이블 고장률 함수

예제 15-6

어떤 전기회로의 커패시터(capacitor)의 고장까지의 시간분포는 스케일 파라미터 400시간이고 모양 파라미터가 0.2인 와이블분포로 모델화할 수 있다. 600시간 운영 후의 커패시터의 신뢰도는 얼마인가? 고장까지의 평균시간을 구하라. 고장률은 시간에 따라 증가하는가, 감소하는가?

해 답

와이블분포의 파라미터는 $\alpha=400$시간이고 $\beta=0.2$이다. 이런 신뢰도 문제의 위치 파라미터 $\gamma=0$이다. 600시간 운영 후의 신뢰도는

$$R(t) = exp[-(t/\alpha)^{\beta}] = exp[-(600/400)^{0.2}] = 0.3381$$

이다. 고장까지의 평균시간은

$$MTTF = \alpha\Gamma(1/\beta+1) = 400\Gamma(1/0.2+1) = 48{,}000\text{시간}$$

이다. 고장률 함수 $r(t)$는

$$r(t) = \frac{\beta t^{\beta-1}}{\alpha^{\beta}} = \frac{0.2t^{0.2-1}}{400^{0.2}} = 0.0603t^{-0.8}$$

이다. 이 함수는 시간에 따라 감소한다. 이것은 초기단계에 적절하다.

15.6 수명-역사 곡선

K씨는 새 자동차를 구입했다. 나흘 동안 자동차는 정비공장을 다녀야 했다. 주요 문제는 전기시스템이었는데, 배터리가 방전되어 차가 움직이질 않았다. 결국 문제들은 해결되었고 자동차는 다음 2년 간 잘 운행되었다. 한편 새 자동차를 구입하는 이유를 생각해 보면 지금 타고 있는 헌 자동차는 언제 시동이 안 걸리거나 주 고장이 발생할지 모른다는 것, 그리고 매월 수리비가 엄청나게 든다는 것 때문이다.

이 예는 흔히 발생되는 상황을 보인다. 처음에는 고장의 율이 높고 이어서 고장의 율이 낮은 상태가 계속되다가 마모 고장이 높은 율로 발생하는 시기가 온다. 이처럼 제품의 고장률은 그 수명 역사에 있어서 달라지게 되는 것이 보통이다.

이를 수명-역사 곡선(life-history curve)으로 표현할 수 있다. 제품수명곡선이란 많은 부품으로 구성된 제품의 고장률을 시간의 함수로 나타낸 곡선을 일컫는다. 수명-역사 곡선은 횡축에 시간(t), 종축에 고장률(λ)을 기재한 좌표에 표현된다.

[그림 15-10]은 수많은 개수의 품목들로 된 복잡한 제품, 즉 일반적인 제품에 대한 전형적인 수명-역사 곡선을 보인다.

[그림 15-10]의 곡선은 때로 욕조 곡선(bathtub curve)이라고 불리는데, 시간에 따른 고장률의 추이를 한눈에 볼 수 있다. 이것은 3개의 구별된 단계를 가지는데, 초기단계(debugging phase), 우연고장단계(chance-failure phase) 및 마모단

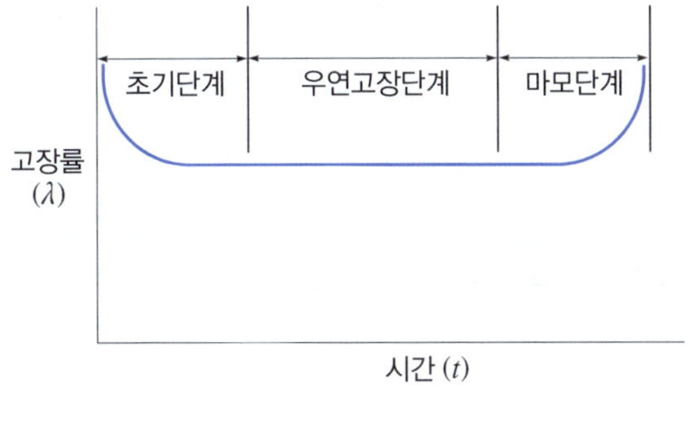

[그림 15-10] 전형적인 수명-역사 곡선

계(wear-out phase)이다.

초기단계는 또한 태우기(burn-in) 혹은 유아사망(infant-mortality)단계로 불리는데, 고장률의 급격한 감소를 야기하는 한계적인 및 짧은 수명의 부품들로 특징을 이룬다. 곡선의 모양은 제품의 유형에 따라 다르기는 하지만 모양 파라미터 β가 1보다 작은 와이블분포가 고장의 발생을 묘사하기 위해 이용된다. 초기단계는 어떤 제품들의 경우에는 출하 전의 검사활동의 부분이 되기도 한다. 다른 제품들의 경우에는 이 단계는 보증기간으로 규정된다. 어떤 경우든 막대한 품질비용이 소요된다.

우연고장단계는 그림에서 수평선으로 나타나는데, 고장률이 일정하다. 일정한 고장률이므로 고장은 랜덤하게 발생한다. 대부분 제품들에서 일정한 고장률이라는 가정은 옳긴 하지만 어떤 제품들에서는 고장률이 시간에 따라 증가하기도 한다. 사실 어떤 소수의 제품들에서는 약간의 감소를 보이기도 하는데, 이것은 제품이 시간에 따라 개선된다는 의미이다.

지수분포 및 모양 파라미터가 1인 와이블분포가 수명 역사의 이 단계를 묘사하기 위해 이용된다. 곡선이 증가하거나 감소하면 와이블 모양 파라미터는 1보다 크거나 작은 값이 이용된다. 신뢰도 연구 및 샘플링 계획은 대부분 우연고장단계에 관련된다. 고장률이 낮을수록 좋은 제품임은 물론이다.

셋째 단계는 마모단계인데, 고장률의 급격한 증가로 특징지어진다. 보통 정규분포가 마모단계를 가장 잘 묘사하는 것이다. 하지만 마모분포에 따라서는 모양 파라미터가 3.5보다 크거나 작은 와이블분포가 이용될 수 있다.

[그림 15-10]의 곡선은 대부분의 제품들에서 나타나는 고장의 유형이다. 하지만 이 곡선과 다르게 나타나는 제품들도 있을 것이다. 고장유형을 아는 것은 중요한데, 그래야만 제품 신뢰도의 분석 및 예측을 위해 알려진 확률분포가 이용될 수 있기 때문이다. 샘플로부터의 검사결과들이 적절한 확률분포를 결정하기 위해 이용될 수 있다.

15.7 검사특성곡선(*OC*곡선)

로트의 불량에 관련하여 로트를 합격 혹은 불합격시키기 위한 샘플링검사계획법은 독자에게 친숙할 것이다. 신뢰도와 관련하여서도 마찬가지의 샘플링검사계획법을 세울 수 있다.

제14장에서 샘플링검사법을 위해 검사특성곡선을 공부하였다. 수명 및 신뢰도 검사를 위해서도 검사특성곡선(operating characteristic curve: OC 곡선)을 작성할 수 있다.

전형적인 수명검사(life test) 계획은 어떤 로트에서 품목들로 이루어진 표본을 선정하여 미리 정한 시간 동안 그 운영을 관찰하는 것이다. 만일 고장의 개수가 규정된 불합격판정개수(r) 이상이면, 즉 합격판정개수(c)보다 많으면 로트는 불합격된다. 만일 고장의 개수가 규정된 합격판정개수 이하이면, 즉 불합격판정개수 이하이면 로트는 합격된다.

이 계획에서 두 가지 선택이 가능하다. 첫째는 만일 어떤 품목이 고장나면 이를 즉시 동일한 다른 품목으로 대체하는 것이다. 둘째는 고장난 품목은 대체되지 않는다.

OC 곡선의 계산에 있어 각 단위가 소요하는 고장까지의 시간은 일정한 고장률 λ로 지수적으로 분포한다고 가정하자. 수명검사 계획의 파라미터는 예컨대 검사시간 T, 표본크기 n, 불합격판정개수 r이다.

| 표 15-1 | 샘플링검사법 $n=10$, $T=1{,}000$시간, $r=3$, $c=2$일 때의 OC 곡선 계산

평균수명 θ	고장률 $\lambda=1/\theta$	기대 고장횟수 $nT\lambda$	합격확률 P_a
1,000	0.001	10	0.003
2,000	0.0005	5	0.125
3,000	0.00033	3.3	0.360
4,000	0.00025	2.5	0.543
5,000	0.0002	2	0.677
6,000	0.00017	1.7	0.757
7,000	0.00014	1.4	0.833
8,000	0.000125	1.25	0.868
9,000	0.00011	1.1	0.900
10,000	0.0001	1	0.920
12,000	0.000083	0.83	0.948
14,000	0.000071	0.71	0.965
16,000	0.0000625	0.625	0.974
20,000	0.00005	0.5	0.986
30,000	0.000033	0.33	0.995

주: 필요한 곳에서는 보간법을 사용하여 계산하였음.

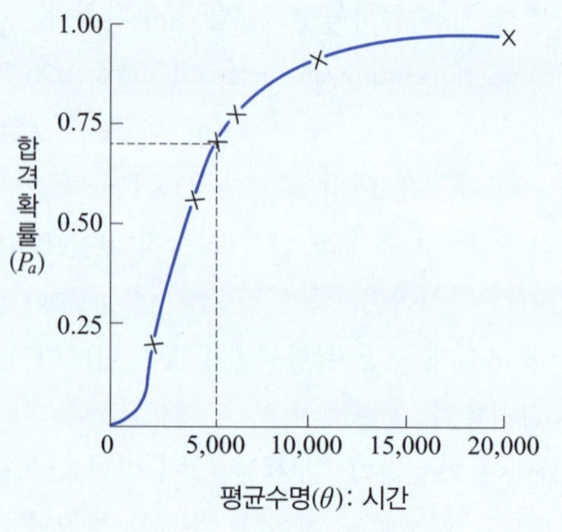

[그림 15-11] 샘플링검사법 $n=10$, $T=1{,}000$시간, $r=3$, $c=2$의 OC곡선

OC 곡선은 로트의 합격확률 P_a를 로트 품질의 함수로 나타내는데, 로트 품질은 평균수명(θ) 혹은 어떤 품목의 고장까지의 평균시간으로 표시된다.

특정한 기간 내의 고장개수는 포아송분포로 가정된다. 포아송분포는 로트 합격확률을 계산하기 위해 이용된다.

예를 들어 $n=10$, $T=1{,}000$시간, $r=3$, $c=2$의 샘플링검사법이 사용된다고 하자. 〈표 15-1〉의 결과 얻는 [그림 15-11]에 하나의 OC 곡선이 그려져 있다. 만일 로트의 평균수명이 5,000시간이면 합격확률은 이 샘플링검사법의 곡선에서는 0.677이 된다.

로트의 합격확률 값은 부표 Ⅳ에서 $c=2$인 경우로 구할 수 있다. 예컨대 $\theta=5{,}000$인 경우 다음과 같이 계산한다.

$$\lambda = 1/\theta = 1/5{,}000 = 0.0002$$
$$nT\lambda = (10)(1{,}000)(0.0002) = 2$$

$nT\lambda$가 계산되면 이를 포아송분포의 평균(mean)으로 설정하고 부표 Ⅳ 누적포아송분포표를 이용하여

$$P(x \le c = 2 \mid nT\lambda = 2) = 0.677$$

을 구한다.

$$즉\ P_a = 0.677$$

이다. OC 곡선이 일정한 고장률을 가정하므로, 지수분포를 적용하는 것이 가능하다. 포아송분포가 지수분포의 근사치를 알려주므로 OC곡선의 작성에 포아송분포를 이용할 수도 있다.

수명검사법에서도 생산자 위험(α)과 소비자 위험(β)이라는 개념이 사용된다. 좋은 로트, 즉 만족스런 평균수명 θ_0를 갖는 제품들을 거부할 위험이 생산자 위험이다. 나쁜 로트, 즉 만족스럽지 못한 평균수명 θ_1을 갖는 제품들을 수락할 위험이 소비자 위험이다. 이들 위험은 [그림 15-11]에 나타나 있다.

평균수명 $\theta_0 = 20{,}000$시간인 제품이 만족스럽다고 가정하자. 그러면 생산자 위험 α는 다음과 같다.

$$\alpha = 1 - 0.986 = 0.014$$

반면 평균수명 $\theta = 1{,}000$시간인 제품이 만족스럽지 못하다고 가정하자. 그러면 소비자 위험 β는 0.003이다.

OC 곡선을 작성할 때 X축에 평균수명 θ 대신에 θ/θ_0, 즉 좋은 로트와 관련된 바람직한 평균수명(θ_0)에 대한 실제의 평균수명(θ)의 비율을 사용할 수 있다. 평균수명 θ_0을 갖는 로트에 대해 로트를 거부할 확률이 생산자 위험 α이다. 따라서 모든 OC곡선은 $P_a = 1 - \alpha$와 $\theta/\theta_0 = 1$로 결정되는 점을 통과할 것이다.

15.8 신뢰도 및 수명검사 계획

신뢰도 및 수명검사는 성격상 보통 파괴적이다. 예컨대 표본의 품목들을 어떤 개수가 고장날 때까지 관찰한다든지 어떤 기간 동안 발생하는 고장개수를 기록하는 것이다. 검사는 보통 원형단계에서 행해지기는 하지만 품목의 비용에 따라 비싼 것일 수도 있다. 제품의 신뢰도 혹은 평균수명의 정확한 추정을 위하여는 오랫동안의 검사시간이 바람직하지만 관련된 비용이 검사계획의 선정에 주요한 영향요인이 된다.

어떤 신뢰도 및 수명검사는 제품을 사용하거나 파괴하기도 하므로, 경제적인 검사의 유형과 범위를 결정해야 할 것이다. 검사는 보통 완제품을 대상으로 하지만 만일 문제가 있다면 부품이나 구성품도 검사대상이 될 수 있다. 검사는 대개 실험실에서 수행되므로 통제된 조건 아래서의 실제 환경을 모의실험하기 위한 모든 노력이 있어야 한다.

신뢰도 및 수명검사는 다음과 같은 세 가지 유형이 있다.

- 고장–종료(failure–terminated): 이 수명검사 샘플링계획은 미리 지정한 개수의 고장이 표본에서 발생되면 끝난다. 로트의 합격기준은 실험이 끝날 때의 누적품목 검사시간에 근거한다.
- 시간–종료(time–terminated): 이 수명검사 샘플링계획은 표본이 미리 지정한 검사시간을 달성하면 끝난다. 로트의 합격기준은 검사시간 동안의 표본의 고장개수에 근거한다.
- 축차(sequential): 셋째 유형의 수명검사 계획은 고장의 개수나 결정에 요하는 시간이 미리 지정되지 않은 축차샘플링계획이다. 수명검사의 누적결과에 의하여 결정이 내려진다. 축차적 수명검사 계획의 장점은 로트 합격결정에 필요한 기대 검사시간 및 기대 고장개수가 고장-종료 유형이나 시간-종료 유형의 계획보다 작다는 것이다.

검사의 수행시에 고장난 단위가 대체될 수도 있고 혹은 그렇지 않을 수도 있다. 대체하는 경우에는 고장난 단위가 다른 단위로 대체된다. 검사시간은 새 표본단위에 누적되어 계속된다. 이런 상황은 고장률이 일정하고 대체된 단위가 같은 고장률을 가질 때 가능하다. 대체하지 않는 경우에는 고장난 것이 대체되지 않는다.

검사는 다음의 특성들 중 하나 혹은 그 이상에 기초한다.

- 평균수명: 제품의 평균수명
- 고장률: 단위시간 혹은 주기 동안의 고장비율
- 위험률(hazard rate): 특정한 시간에서의 즉각적인 고장률. 이것은 연령에 따라 다양하지만, 고장률과 위험률이 같은 일정한 고장률의 경우는 예외이다. 와이블분포를 이용할 수 있는데, 만일 모양 파라미터 β가 1보다 큰 경우는 위험률이 증가하며 모양 파라미터 β가 1보다 작은 경우는 위험률이 감소한다.

- 신뢰수명(reliable life): 로트에서 품목들의 어떤 특정한 부분이 생존하는 수명. 와이블분포 및 정규분포 이용

〈표 15-2〉는 신뢰도 및 수명검사 계획의 일부를 요약한 것이다. 평균수명 기준에 의한 시간-종료 검사가 가장 보편적으로 이용된다.

| 표 15-2 | 신뢰도 및 수명검사 계획

기 록	기본 분포 및 계획의 유형	평균수명	위험률	신뢰수명	고장률	고장종료	시간종료	축 차
H108	지수 로트별	×			×	×	×	×
MIL-STD 690B	지수 로트별				×		×	
MIL-STD 781C	지수 샘플링계획	×					×	×
TR-3	와이블 로트별	×					×	
TR-4	와이블 로트별		×				×	
TR-6	와이블 로트별			×			×	
TR-7	와이블 로트별	×	×	×			×	

연·습·문·제

1. 신뢰도의 의미를 설명하라.

2. 신뢰도에 관련한 4개의 요인을 설명하라.

3. 제품 신뢰도에 대한 관심이 증가하는 이유는 무엇인가?

4. 신뢰도를 제고하는 방안들을 간단히 설명하라.

5. 수명-역사 곡선을 설명하라.

6. 신뢰도에 적용되는 확률분포에 관해 설명하라.

7. 아래 그림의 시스템은 총 8개의 부품으로 되어 있는데, 직렬과 병렬이 혼합되어 있다. 각 부품들의 신뢰도는 다음과 같다.

$$A_1 = A_2 = A_3 = 0.73$$
$$B = 0.96$$
$$C_1 = C_2 = 0.87$$
$$C_3 = C_4 = 0.91$$

시스템 신뢰도를 구하라.

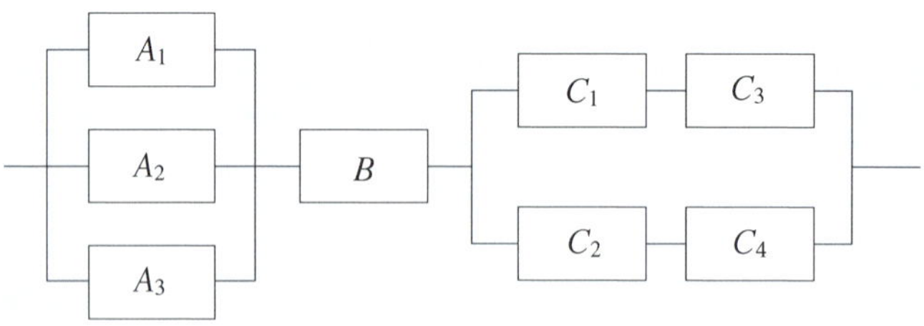

8. 어떤 시스템이 4개의 부품 A, B, C, D로 되어 있는데, 신뢰도계수는 각각 0.97, 0.88, 0.95, 0.96이다. 만일 부품들이 직렬로 구성되어 있다면 시스템 신뢰도는 얼마인가?

9. 어떤 시스템이 직렬로 연결된 4개의 부분품 A, B, C, D로 되어 있다. A, B, D의 신뢰도 계수는 각각 0.97, 0.88, 0.96이다. C는 병렬로 된 3개의 부품 $C1, C2, C3$로(신뢰도계수는 모두 0.95임) 되어 있다. 시스템 신뢰도는 얼마인가?

10. 품목 9개를 160시간 동안 검사했더니 3개의 품목이 각각 6시간, 75시간, 136시간 만에 고장났다. 평균수명은 얼마인가?

11. 평균수명이 54시간이면 고장률은 얼마인가?

12. 한 미사일 시스템은 4,000개의 부품으로 구성되어 있다. 각 부품의 신뢰도는 매우 높아서 다음과 같다.

$$R_i = 0.9999 \quad i = 1, 2, \cdots, 4{,}000$$

(1) 미사일 시스템이 잘 작동될 확률을 구하라.
(2) 부품의 수가 2,000개로 감소할 때의 확률을 구하라.

13. 한 구성품은 1,000시간당 0.06의 고장률을 갖는다. 이 구성품이 적어도 8,000시간에서도 작동할 확률을 구하라.

14. 한 시스템은 4개의 구성품이 직렬로 만들어졌다. 각 구성품의 고장률은 0.051, 0.058, 0.043, 0.048이다.
(1) 이 시스템이 적어도 4,000시간에서도 작동할 확률을 구하라.
(2) $MTBF$를 구하라.

15. 수명검사 계획의 파라미터가 다음과 같다. $T = 800$시간, $n = 12$, $r = 2$. 각 단위는 지수적인 고장분포를 따른다고 한다. 도중에 고장나면 즉시 동일한 것으로 대체한다고 한다. 이 검사계획에 대한 OC곡선을 그려라.

16. 한 건물에 설치할 20대의 에어콘 시스템이 1,000시간 동안 작동하였다. 테스트 도중 한 대는 200시간 만에, 그리고 다른 한 대는 600시간 만에 고장이 났다. 고장률(%), 고장률(개수), 평균작동시간을 구하라.

17. 남산전구주식회사에서는 전구 200개를 시험하였다. 2,000시간이 지난 후 4개가 고장을 일으켰다. 나머지는 4,000시간 동안 시험하는 중 제대로 기능을 발휘하였다.

(1) 고장률(%)을 구하라.

(2) 개-시간당 고장개수를 구하라.

(3) 개-연당 고장개수를 구하라.

(4) 전구 500개를 판매할 때 1년 기간 내에 고장날 전구는 몇 개일까?

18. 고양주식회사는 생산하는 제품 200개를 각각 100시간 동안 테스트하였다. 테스트하는 동안 12회의 고장이 발생하였다. 시간당 고장횟수와 MTBF를 구하라.

19. 한 제품이 3% 고장률로 10,000시간 동안 기능하도록 설계되었다. 시간당 평균 고장횟수와 MTTF를 구하라.

20. 한 제품이 5,000시간 동안 사용되면서 1번 고장을 일으켰다. MTBF와 λ를 구하라.

21.

공급자	*MTBF*(시간)	*MTTR*(시간)
1	45	2
2	90	2
3	120	6
4	200	6

위와 같은 데이터가 주어졌을 때 가장 유리한 시스템 가동률을 제공할 공급자는 누구일까?

22. 20개의 에어컨 시스템을 각 1,000시간씩 테스트하였다. 그런데 테스트 도중 1개는 200시간, 다른 1개는 600시간 만에 고장이 났다.

(1) 고장률(%)과 고장률(개수)을 구하라.

(2) MTBF를 구하라.

QUALITY MANAGEMENT

부 표

Ⅰ. 표준정규분포표

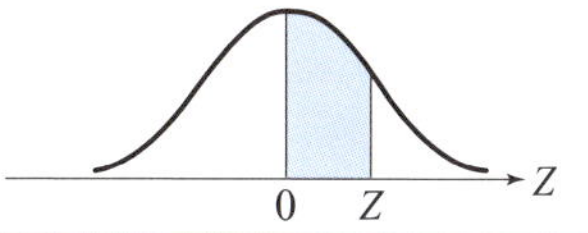

Z	0.00	0.01	0.02	0.03	0.04	0.05	0.06	0.07	0.08	0.09
0.0	0.0000	0.0040	0.0080	0.0120	0.0160	0.0199	0.0239	0.0279	0.0319	0.0359
0.1	0.0398	0.0438	0.0478	0.0517	0.0557	0.0596	0.0636	0.0675	0.0714	0.0753
0.2	0.0793	0.0832	0.0871	0.0910	0.0948	0.0987	0.1026	0.1064	0.1103	0.1141
0.3	0.1179	0.1217	0.1255	0.1293	0.1331	0.1368	0.1406	0.1443	0.1480	0.1517
0.4	0.1554	0.1591	0.1628	0.1664	0.1700	0.1736	0.1772	0.1808	0.1844	0.1879
0.5	0.1915	0.1950	0.1985	0.2019	0.2054	0.2088	0.2123	0.2157	0.2190	0.2224
0.6	0.2257	0.2291	0.2324	0.2357	0.2389	0.2422	0.2454	0.2486	0.2517	0.2549
0.7	0.2580	0.2611	0.2642	0.2673	0.2704	0.2734	0.2764	0.2794	0.2823	0.2852
0.8	0.2881	0.2910	0.2939	0.2967	0.2995	0.3023	0.3051	0.3078	0.3106	0.3133
0.9	0.3159	0.3186	0.3212	0.3238	0.3264	0.3289	0.3315	0.3340	0.3365	0.3389
1.0	0.3413	0.3438	0.3461	0.3485	0.3508	0.3531	0.3554	0.3577	0.3599	0.3621
1.1	0.3643	0.3665	0.3686	0.3708	0.3729	0.3749	0.3770	0.3790	0.3810	0.3830
1.2	0.3849	0.3869	0.3888	0.3907	0.3925	0.3944	0.3962	0.3980	0.3997	0.4015
1.3	0.4032	0.4049	0.4066	0.4082	0.4099	0.4115	0.4131	0.4147	0.4162	0.4177
1.4	0.4192	0.4207	0.4222	0.4236	0.4251	0.4265	0.4279	0.4292	0.4306	0.4319
1.5	0.4332	0.4345	0.4357	0.4370	0.4382	0.4394	0.4406	0.4418	0.4429	0.4441
1.6	0.4452	0.4463	0.4474	0.4484	0.4495	0.4505	0.4515	0.4525	0.4535	0.4545
1.7	0.4554	0.4564	0.4573	0.4582	0.4591	0.4599	0.4608	0.4616	0.4625	0.4633
1.8	0.4641	0.4649	0.4656	0.4664	0.4671	0.4678	0.4686	0.4693	0.4699	0.4706
1.9	0.4713	0.4719	0.4726	0.4732	0.4738	0.4744	0.4750	0.4756	0.4761	0.4767
2.0	0.4772	0.4778	0.4783	0.4788	0.4793	0.4798	0.4803	0.4808	0.4812	0.4817
2.1	0.4821	0.4826	0.4830	0.4834	0.4838	0.4842	0.4846	0.4850	0.4854	0.4857
2.2	0.4861	0.4864	0.4868	0.4871	0.4875	0.4878	0.4881	0.4884	0.4887	0.4890
2.3	0.4893	0.4896	0.4898	0.4901	0.4904	0.4906	0.4909	0.4911	0.4913	0.4916
2.4	0.4918	0.4920	0.4922	0.4925	0.4927	0.4929	0.4931	0.4932	0.4934	0.4936
2.5	0.4938	0.4940	0.4941	0.4943	0.4945	0.4946	0.4948	0.4949	0.4951	0.4952
2.6	0.4953	0.4955	0.4956	0.4957	0.4959	0.4960	0.4961	0.4962	0.4963	0.4974
2.7	0.4965	0.4966	0.4967	0.4968	0.4969	0.4970	0.4971	0.4972	0.4973	0.4974
2.8	0.4974	0.4975	0.4976	0.4977	0.4977	0.4978	0.4979	0.4979	0.4980	0.4981
2.9	0.4981	0.4982	0.4982	0.4983	0.4984	0.4984	0.4985	0.4985	0.4986	0.4986
3.0	0.4987	0.4987	0.4987	0.4988	0.4988	0.4989	0.4989	0.4989	0.4990	0.4990
3.1	0.4990	0.4991	0.4991	0.4991	0.4992	0.4992	0.4992	0.4992	0.4993	0.4993
3.2	0.4993	0.4993	0.4994	0.4994	0.4994	0.4994	0.4994	0.4995	0.4995	0.4995
3.3	0.4995	0.4995	0.4995	0.4996	0.4996	0.4996	0.4996	0.4996	0.4996	0.4997
3.4	0.4997	0.4997	0.4997	0.4997	0.4997	0.4997	0.4997	0.4997	0.4997	0.4998
3.5	0.4998									
4.0	0.49997									
4.5	0.499997									
5.0	0.4999997									

Ⅱ. 관리도 관리한계 계수표

샘플크기 n	$\bar{x}$ 관리도			σ 관리도						R 관리도						
	관리한계			중심선		관리한계				중심선			관리한계			
2	2.121	1.880	2.659	0.7979	1.2533	0	3.267	0	2.606	1.128	0.8865	0.853	0	3.686	0	3.267
3	1.732	1.023	1.954	0.8862	1.1284	0	2.568	0	2.276	1.693	0.5907	0.888	0	4.358	0	2.574
4	1.500	0.729	1.628	0.9213	1.0854	0	2.266	0	2.088	2.059	0.4857	0.880	0	4.698	0	2.282
5	1.342	0.577	1.427	0.9400	1.0638	0	2.089	0	1.964	2.326	0.4299	0.864	0	4.918	0	2.114
6	1.225	0.483	1.287	0.9515	1.0510	0.030	1.970	0.029	1.874	2.534	0.3946	0.848	0	5.078	0	2.004
7	1.134	0.419	1.182	0.9594	1.0423	0.118	1.882	0.113	1.806	2.704	0.3698	0.833	0.204	5.204	0.076	1.924
8	1.061	0.373	1.099	0.9650	1.0363	0.185	1.815	0.179	1.751	2.847	0.3512	0.820	0.388	5.306	0.136	1.864
9	1.000	0.337	1.032	0.9693	1.0317	0.239	1.761	0.232	1.707	2.970	0.3367	0.808	0.547	5.393	0.184	1.816
10	0.949	0.308	0.975	0.9727	1.0281	0.284	1.716	0.276	1.669	3.078	0.3249	0.797	0.687	5.469	0.223	1.777
11	0.905	0.285	0.927	0.9754	1.0252	0.321	0.679	0.313	1.637	3.173	0.3152	0.787	0.811	5.535	0.256	1.744
12	0.866	0.266	0.886	0.9776	1.0229	0.354	0.646	0.346	1.610	3.258	0.3069	0.778	0.922	5.594	0.283	1.717
13	0.832	0.249	0.850	0.9794	1.0210	0.382	1.618	0.374	1.585	3.336	0.2998	0.770	1.025	5.647	0.307	1.693
14	0.802	0.235	0.817	0.9810	1.0194	0.406	1.594	0.399	1.563	3.407	0.2935	0.763	1.118	5.696	0.328	1.672
15	0.775	0.223	0.789	0.9823	1.0180	0.428	1.572	0.421	1.544	3.472	0.2880	0.756	1.203	5.741	0.347	1.653
16	0.750	0.212	0.763	0.9835	1.0168	0.448	1.552	0.440	1.526	3.532	0.2831	0.750	1.282	5.782	0.363	1.637
17	0.728	0.203	0.739	0.9845	1.0157	0.446	1.534	0.458	1.511	3.588	0.2787	0.744	1.356	5.820	0.378	1.622
18	0.707	0.194	0.718	0.9854	1.0148	0.482	1.518	0.475	1.496	3.640	0.2747	0.739	1.424	5.856	0.391	1.608
19	0.688	0.187	0.698	0.9862	1.0140	0.497	1.503	0.490	1.483	3.689	0.2711	0.734	1.487	5.891	0.403	1.597
20	0.671	0.180	0.680	0.9869	1.0133	0.510	1.490	0.504	1.470	3.735	0.2677	0.729	1.549	5.921	0.415	1.585
21	0.655	0.173	0.663	0.9876	1.0126	0.523	1.477	0.516	1.459	3.778	0.2647	0.724	1.605	5.951	0.425	1.575
22	0.640	0.167	0.647	0.9882	1.0119	0.534	1.466	0.528	1.448	3.819	0.2618	0.720	1.659	5.979	0.434	1.566
23	0 626	0.162	0.633	0.9887	1.0114	0.545	1.455	0.539	1.438	3.858	0.2592	0.716	1.710	6.006	0.443	1.557
24	0.612	0.157	0.619	0.9892	1.0109	0.555	1.445	0.549	1.429	3.895	0.2567	0.712	1.759	6.031	0.451	1.548
25	0.600	0.153	0.606	0.9896	1.0105	0.565	1.435	0.559	1.420	3.931	0.2544	0.708	1.806	6.056	0.459	1.541

Ⅲ. 누적이항분포표

$$P[X \le c] = \sum_{x=0}^{c} \binom{n}{x} p^{x} (1-p)^{n-x}$$

		p										
	c	0.05	0.10	0.20	0.30	0.40	0.50	0.60	0.70	0.80	0.90	0.95
n = 1	0	0.950	0.900	0.800	0.700	0.600	0.500	0.400	0.300	0.200	0.100	0.050
	1	1.000	1.000	1.000	1.000	1.000	1.000	1.000	1.000	1.000	1.000	1.000
n = 2	0	0.903	0.810	0.640	0.490	0.360	0.250	0.160	0.090	0.040	0.010	0.003
	1	0.998	0.990	0.960	0.910	0.840	0.750	0.640	0.510	0.360	0.190	0.098
	2	1.000	1.000	1.000	1.000	1.000	1.000	1.000	1.000	1.000	1.000	1.000
n = 3	0	0.857	0.729	0.512	0.343	0.216	0.125	0.064	0.027	0.008	0.001	0.000
	1	0.993	0.972	0.896	0.784	0.648	0.500	0.352	0.216	0.104	0.028	0.007
	2	1.000	0.999	0.992	0.973	0.936	0.875	0.784	0.657	0.488	0.271	0.143
	3	1.000	1.000	1.000	1.000	1.000	1.000	1.000	1.000	1.000	1.000	1.000
n = 4	0	0.815	0.656	0.410	0.240	0.130	0.063	0.026	0.008	0.002	0.000	0.000
	1	0.986	0.948	0.819	0.652	0.475	0.313	0.179	0.084	0.027	0.004	0.000
	2	1.000	0.996	0.973	0.916	0.821	0.688	0.525	0.348	0.181	0.052	0.014
	3	1.000	1.000	0.998	0.992	0.974	0.938	0.870	0.760	0.590	0.344	0.185
	4	1.000	1.000	1.000	1.000	1.000	1.000	1.000	1.000	1.000	1.000	1.000
n = 5	0	0.774	0.590	0.328	0.168	0.078	0.031	0.010	0.002	0.000	0.000	0.000
	1	0.977	0.919	0.737	0.528	0.337	0.188	0.087	0.031	0.007	0.000	0.000
	2	0.999	0.991	0.942	0.837	0.683	0.500	0.317	0.163	0.058	0.009	0.001
	3	1.000	1.000	0.993	0.969	0.913	0.813	0.663	0.472	0.263	0.081	0.023
	4	1.000	1.000	1.000	0.998	0.990	0.969	0.922	0.832	0.672	0.410	0.226
	5	1.000	1.000	1.000	1.000	1.000	1.000	1.000	1.000	1.000	1.000	1.000
n = 6	0	0.735	0.531	0.262	0.118	0.047	0.016	0.004	0.001	0.000	0.000	0.000
	1	0.967	0.886	0.655	0.420	0.233	0.109	0.041	0.011	0.002	0.000	0.000
	2	0.998	0.984	0.901	0.744	0.544	0.344	0.179	0.070	0.017	0.001	0.000
	3	1.000	0.999	0.983	0.930	0.821	0.656	0.456	0.256	0.099	0.016	0.002
	4	1.000	1.000	0.998	0.989	0.959	0.891	0.767	0.580	0.345	0.114	0.033
	5	1.000	1.000	1.000	0.999	0.996	0.984	0.953	0.882	0.738	0.469	0.265
	6	1.000	1.000	1.000	1.000	1.000	1.000	1.000	1.000	1.000	1.000	1.000
n = 7	0	0.698	0.478	0.210	0.082	0.028	0.008	0.002	0.000	0.000	0.000	0.000
	1	0.956	0.850	0.577	0.329	0.159	0.063	0.019	0.004	0.000	0.000	0.000
	2	0.996	0.974	0.852	0.647	0.420	0.227	0.096	0.029	0.005	0.000	0.000
	3	1.000	0.997	0.967	0.874	0.710	0.500	0.290	0.126	0.033	0.003	0.000
	4	1.000	1.000	0.995	0.971	0.904	0.773	0.580	0.353	0.148	0.026	0.004
	5	1.000	1.000	1.000	0.996	0.981	0.938	0.841	0.671	0.423	0.150	0.044
	6	1.000	1.000	1.000	1.000	0.998	0.992	0.972	0.918	0.790	0.522	0.302
	7	1.000	1.000	1.000	1.000	1.000	1.000	1.000	1.000	1.000	1.000	1.000

Ⅲ. (계속)

		p										
	c	0.05	0.10	0.20	0.30	0.40	0.50	0.60	0.70	0.80	0.90	0.95
n = 8	0	0.663	0.430	0.168	0.058	0.017	0.004	0.001	0.000	0.000	0.000	0.000
	1	0.943	0.813	0.503	0.255	0.106	0.035	0.009	0.001	0.000	0.000	0.000
	2	0.994	0.962	0.797	0.552	0.315	0.145	0.050	0.011	0.001	0.000	0.000
	3	1.000	0.995	0.944	0.806	0.594	0.363	0.174	0.058	0.010	0.000	0.000
	4	1.000	1.000	0.990	0.942	0.826	0.637	0.406	0.194	0.056	0.005	0.000
	5	1.000	1.000	0.999	0.989	0.950	0.855	0.685	0.448	0.203	0.038	0.006
	6	1.000	1.000	1.000	0.999	0.991	0.965	0.894	0.745	0.497	0.187	0.057
	7	1.000	1.000	1.000	1.000	0.999	0.996	0.983	0.942	0.832	0.570	0.337
	8	1.000	1.000	1.000	1.000	1.000	1.000	1.000	1.000	1.000	1.000	1.000
n = 9	0	0.630	0.387	0.134	0.040	0.010	0.002	0.000	0.000	0.000	0.000	0.000
	1	0.929	0.775	0.436	0.196	0.071	0.020	0.004	0.000	0.000	0.000	0.000
	2	0.992	0.947	0.738	0.463	0.232	0.090	0.025	0.004	0.000	0.000	0.000
	3	0.999	0.992	0.914	0.730	0.483	0.254	0.099	0.025	0.003	0.000	0.000
	4	1.000	0.999	0.980	0.901	0.733	0.500	0.267	0.099	0.020	0.001	0.000
	5	1.000	1.000	0.997	0.975	0.901	0.746	0.517	0.270	0.086	0.008	0.001
	6	1.000	1.000	1.000	0.996	0.975	0.910	0.768	0.537	0.262	0.053	0.008
	7	1.000	1.000	1.000	1.000	0.996	0.980	0.929	0.804	0.564	0.225	0.071
	8	1.000	1.000	1.000	1.000	1.000	0.998	0.990	0.960	0.866	0.613	0.370
	9	1.000	1.000	1.000	1.000	1.000	1.000	1.000	1.000	1.000	1.000	1.000
n = 10	0	0.599	0.349	0.107	0.028	0.006	0.001	0.000	0.000	0.000	0.000	0.000
	1	0.914	0.736	0.376	0.149	0.046	0.011	0.002	0.000	0.000	0.000	0.000
	2	0.988	0.930	0.678	0.383	0.167	0.055	0.012	0.002	0.000	0.000	0.000
	3	0.999	0.987	0.879	0.650	0.382	0.172	0.055	0.011	0.001	0.000	0.000
	4	1.000	0.998	0.967	0.850	0.633	0.377	0.166	0.047	0.006	0.000	0.000
	5	1.000	1.000	0.994	0.953	0.834	0.623	0.367	0.150	0.033	0.002	0.000
	6	1.000	1.000	0.999	0.989	0.945	0.828	0.618	0.350	0.121	0.013	0.001
	7	1.000	1.000	1.000	0.998	0.988	0.945	0.833	0.617	0.322	0.070	0.012
	8	1.000	1.000	1.000	1.000	0.998	0.989	0.954	0.851	0.624	0.264	0.086
	9	1.000	1.000	1.000	1.000	1.000	0.999	0.994	0.972	0.893	0.651	0.401
	10	1.000	1.000	1.000	1.000	1.000	1.000	1.000	1.000	1.000	1.000	1.000
n = 11	0	0.569	0.314	0.086	0.020	0.004	0.000	0.000	0.000	0.000	0.000	0.000
	1	0.898	0.697	0.322	0.113	0.030	0.006	0.001	0.000	0.000	0.000	0.000
	2	0.985	0.910	0.617	0.313	0.119	0.033	0.006	0.001	0.000	0.000	0.000
	3	0.998	0.981	0.839	0.570	0.296	0.113	0.029	0.004	0.000	0.000	0.000
	4	1.000	0.997	0.950	0.790	0.533	0.274	0.099	0.022	0.002	0.000	0.000
	5	1.000	1.000	0.988	0.922	0.753	0.500	0.247	0.078	0.012	0.000	0.000
	6	1.000	1.000	0.998	0.978	0.901	0.726	0.467	0.210	0.050	0.003	0.000
	7	1.000	1.000	1.000	0.996	0.971	0.887	0.704	0.430	0.161	0.019	0.002
	8	1.000	1.000	1.000	0.999	0.994	0.967	0.881	0.687	0.383	0.090	0.015
	9	1.000	1.000	1.000	1.000	0.999	0.994	0.970	0.887	0.678	0.303	0.102
	10	1.000	1.000	1.000	1.000	1.000	1.000	0.996	0.980	0.914	0.686	0.431
	11	1.000	1.000	1.000	1.000	1.000	1.000	1.000	1.000	1.000	1.000	1.000

Ⅲ. (계속)

	c	p 0.05	0.10	0.20	0.30	0.40	0.50	0.60	0.70	0.80	0.90	0.95
n = 12	0	0.540	0.282	0.069	0.014	0.002	0.000	0.000	0.000	0.000	0.000	0.000
	1	0.882	0.659	0.275	0.085	0.020	0.003	0.000	0.000	0.000	0.000	0.000
	2	0.980	0.889	0.558	0.253	0.083	0.019	0.003	0.000	0.000	0.000	0.000
	3	0.998	0.974	0.795	0.493	0.225	0.073	0.015	0.002	0.000	0.000	0.000
	4	1.000	0.996	0.927	0.724	0.438	0.194	0.057	0.009	0.001	0.000	0.000
	5	1.000	0.999	0.981	0.882	0.665	0.387	0.158	0.039	0.004	0.000	0.000
	6	1.000	1.000	0.996	0.961	0.842	0.613	0.335	0.118	0.019	0.001	0.000
	7	1.000	1.000	0.999	0.991	0.943	0.806	0.562	0.276	0.073	0.004	0.000
	8	1.000	1.000	1.000	0.998	0.985	0.927	0.775	0.507	0.205	0.026	0.002
	9	1.000	1.000	1.000	1.000	0.997	0.981	0.917	0.747	0.442	0.111	0.020
	10	1.000	1.000	1.000	1.000	1.000	0.997	0.980	0.915	0.725	0.341	0.118
	11	1.000	1.000	1.000	1.000	1.000	1.000	0.998	0.986	0.931	0.718	0.460
	12	1.000	1.000	1.000	1.000	1.000	1.000	1.000	1.000	1.000	1.000	1.000
n = 13	0	0.513	0.254	0.055	0.010	0.001	0.000	0.000	0.000	0.000	0.000	0.000
	1	0.865	0.621	0.234	0.064	0.013	0.002	0.000	0.000	0.000	0.000	0.000
	2	0.975	0.866	0.502	0.202	0.058	0.011	0.001	0.000	0.000	0.000	0.000
	3	0.997	0.966	0.747	0.421	0.169	0.046	0.008	0.001	0.000	0.000	0.000
	4	1.000	0.994	0.901	0.654	0.353	0.133	0.032	0.004	0.000	0.000	0.000
	5	1.000	0.999	0.970	0.835	0.574	0.291	0.098	0.018	0.001	0.000	0.000
	6	1.000	1.000	0.993	0.938	0.771	0.500	0.229	0.062	0.007	0.000	0.000
	7	1.000	1.000	0.999	0.982	0.902	0.709	0.426	0.165	0.030	0.001	0.000
	8	1.000	1.000	1.000	0.996	0.968	0.867	0.647	0.346	0.099	0.006	0.000
	9	1.000	1.000	1.000	0.999	0.992	0.954	0.831	0.579	0.253	0.034	0.003
	10	1.000	1.000	1.000	1.000	0.999	0.989	0.942	0.798	0.498	0.134	0.025
	11	1.000	1.000	1.000	1.000	1.000	0.998	0.987	0.936	0.766	0.379	0.135
	12	1.000	1.000	1.000	1.000	1.000	1.000	0.999	0.990	0.945	0.746	0.487
	13	1.000	1.000	1.000	1.000	1.000	1.000	1.000	1.000	1.000	1.000	1.000
n = 14	0	0.488	0.229	0.044	0.007	0.001	0.000	0.000	0.000	0.000	0.000	0.000
	1	0.847	0.585	0.198	0.047	0.008	0.001	0.000	0.000	0.000	0.000	0.000
	2	0.970	0.842	0.448	0.161	0.040	0.006	0.001	0.000	0.000	0.000	0.000
	3	0.996	0.956	0.698	0.355	0.124	0.029	0.004	0.000	0.000	0.000	0.000
	4	1.000	0.991	0.870	0.584	0.279	0.090	0.018	0.002	0.000	0.000	0.000
	5	1.000	0.999	0.956	0.781	0.486	0.212	0.058	0.008	0.000	0.000	0.000
	6	1.000	1.000	0.988	0.907	0.692	0.395	0.150	0.031	0.002	0.000	0.000
	7	1.000	1.000	0.998	0.969	0.850	0.605	0.308	0.093	0.012	0.000	0.000
	8	1.000	1.000	1.000	0.992	0.942	0.788	0.514	0.219	0.044	0.001	0.000
	9	1.000	1.000	1.000	0.998	0.982	0.910	0.721	0.416	0.130	0.009	0.000
	10	1.000	1.000	1.000	1.000	0.996	0.971	0.876	0.645	0.302	0.044	0.004
	11	1.000	1.000	1.000	1.000	0.999	0.994	0.960	0.839	0.552	0.158	0.030
	12	1.000	1.000	1.000	1.000	1.000	0.999	0.992	0.953	0.802	0.415	0.153
	13	1.000	1.000	1.000	1.000	1.000	1.000	0.999	0.993	0.956	0.771	0.512
	14	1.000	1.000	1.000	1.000	1.000	1.000	1.000	1.000	1.000	1.000	1.000

Ⅲ. (계속)

		p										
	c	0.05	0.10	0.20	0.30	0.40	0.50	0.60	0.70	0.80	0.90	0.95
n = 15	0	0.463	0.206	0.035	0.005	0.000	0.000	0.000	0.000	0.000	0.000	0.000
	1	0.829	0.549	0.167	0.035	0.005	0.000	0.000	0.000	0.000	0.000	0.000
	2	0.964	0.816	0.398	0.127	0.027	0.004	0.000	0.000	0.000	0.000	0.000
	3	0.995	0.944	0.648	0.297	0.091	0.018	0.002	0.000	0.000	0.000	0.000
	4	0.999	0.987	0.836	0.515	0.217	0.059	0.009	0.001	0.000	0.000	0.000
	5	1.000	0.998	0.939	0.722	0.403	0.151	0.034	0.004	0.000	0.000	0.000
	6	1.000	1.000	0.982	0.869	0.610	0.304	0.095	0.015	0.001	0.000	0.000
	7	1.000	1.000	0.996	0.950	0.787	0.500	0.213	0.050	0.004	0.000	0.000
	8	1.000	1.000	0.999	0.985	0.905	0.696	0.390	0.131	0.018	0.000	0.000
	9	1.000	1.000	1.000	0.996	0.966	0.849	0.597	0.278	0.061	0.002	0.000
	10	1.000	1.000	1.000	0.999	0.991	0.941	0.783	0.485	0.164	0.013	0.001
	11	1.000	1.000	1.000	1.000	0.998	0.982	0.909	0.703	0.352	0.056	0.005
	12	1.000	1.000	1.000	1.000	1.000	0.996	0.973	0.873	0.602	0.184	0.036
	13	1.000	1.000	1.000	1.000	1.000	1.000	0.995	0.965	0.833	0.451	0.171
	14	1.000	1.000	1.000	1.000	1.000	1.000	1.000	0.995	0.965	0.794	0.537
	15	1.000	1.000	1.000	1.000	1.000	1.000	1.000	1.000	1.000	1.000	1.000
n = 16	0	0.440	0.185	0.028	0.003	0.000	0.000	0.000	0.000	0.000	0.000	0.000
	1	0.811	0.515	0.141	0.026	0.003	0.000	0.000	0.000	0.000	0.000	0.000
	2	0.957	0.789	0.352	0.099	0.018	0.002	0.000	0.000	0.000	0.000	0.000
	3	0.993	0.932	0.598	0.246	0.065	0.011	0.001	0.000	0.000	0.000	0.000
	4	0.999	0.983	0.798	0.450	0.167	0.038	0.005	0.000	0.000	0.000	0.000
	5	1.000	0.997	0.918	0.660	0.329	0.105	0.019	0.002	0.000	0.000	0.000
	6	1.000	0.999	0.973	0.825	0.527	0.227	0.058	0.007	0.000	0.000	0.000
	7	1.000	1.000	0.993	0.926	0.716	0.402	0.142	0.026	0.001	0.000	0.000
	8	1.000	1.000	0.999	0.974	0.858	0.598	0.284	0.074	0.007	0.000	0.000
	9	1.000	1.000	1.000	0.993	0.942	0.773	0.473	0.175	0.027	0.001	0.000
	10	1.000	1.000	1.000	0.998	0.981	0.895	0.671	0.340	0.082	0.003	0.000
	11	1.000	1.000	1.000	1.000	0.995	0.962	0.833	0.550	0.202	0.017	0.001
	12	1.000	1.000	1.000	1.000	0.999	0.989	0.935	0.754	0.402	0.068	0.007
	13	1.000	1.000	1.000	1.000	1.000	0.998	0.982	0.901	0.648	0.211	0.043
	14	1.000	1.000	1.000	1.000	1.000	1.000	0.997	0.974	0.859	0.485	0.189
	15	1.000	1.000	1.000	1.000	1.000	1.000	1.000	0.997	0.972	0.815	0.560
	16	1.000	1.000	1.000	1.000	1.000	1.000	1.000	1.000	1.000	1.000	1.000

Ⅲ. (계속)

	c	p 0.05	0.10	0.20	0.30	0.40	0.50	0.60	0.70	0.80	0.90	0.95
n = 17	0	0.418	0.167	0.023	0.002	0.000	0.000	0.000	0.000	0.000	0.000	0.000
	1	0.792	0.482	0.118	0.019	0.002	0.000	0.000	0.000	0.000	0.000	0.000
	2	0.950	0.762	0.310	0.077	0.012	0.001	0.000	0.000	0.000	0.000	0.000
	3	0.991	0.917	0.549	0.202	0.046	0.006	0.000	0.000	0.000	0.000	0.000
	4	0.999	0.978	0.758	0.389	0.126	0.025	0.003	0.000	0.000	0.000	0.000
	5	1.000	0.995	0.894	0.597	0.264	0.072	0.011	0.001	0.000	0.000	0.000
	6	1.000	0.999	0.962	0.775	0.448	0.166	0.035	0.003	0.000	0.000	0.000
	7	1.000	1.000	0.989	0.895	0.641	0.315	0.092	0.013	0.000	0.000	0.000
	8	1.000	1.000	0.997	0.960	0.801	0.500	0.199	0.040	0.003	0.000	0.000
	9	1.000	1.000	1.000	0.987	0.908	0.685	0.359	0.105	0.011	0.000	0.000
	10	1.000	1.000	1.000	0.997	0.965	0.834	0.552	0.225	0.038	0.001	0.000
	11	1.000	1.000	1.000	0.999	0.989	0.928	0.736	0.403	0.106	0.005	0.000
	12	1.000	1.000	1.000	1.000	0.997	0.975	0.874	0.611	0.242	0.022	0.001
	13	1.000	1.000	1.000	1.000	1.000	0.994	0.954	0.798	0.451	0.083	0.009
	14	1.000	1.000	1.000	1.000	1.000	0.999	0.988	0.923	0.690	0.238	0.050
	15	1.000	1.000	1.000	1.000	1.000	1.000	0.998	0.981	0.882	0.518	0.208
	16	1.000	1.000	1.000	1.000	1.000	1.000	1.000	0.998	0.977	0.833	0.582
	17	1.000	1.000	1.000	1.000	1.000	1.000	1.000	1.000	1.000	1.000	1.000
n = 18	0	0.397	0.150	0.018	0.002	0.000	0.000	0.000	0.000	0.000	0.000	0.000
	1	0.774	0.450	0.099	0.014	0.001	0.000	0.000	0.000	0.000	0.000	0.000
	2	0.942	0.734	0.271	0.060	0.008	0.001	0.000	0.000	0.000	0.000	0.000
	3	0.989	0.902	0.501	0.165	0.033	0.004	0.000	0.000	0.000	0.000	0.000
	4	0.998	0.972	0.716	0.333	0.094	0.015	0.001	0.000	0.000	0.000	0.000
	5	1.000	0.994	0.867	0.534	0.209	0.048	0.006	0.000	0.000	0.000	0.000
	6	1.000	0.999	0.949	0.722	0.374	0.119	0.020	0.001	0.000	0.000	0.000
	7	1.000	1.000	0.984	0.859	0.563	0.240	0.058	0.006	0.000	0.000	0.000
	8	1.000	1.000	0.996	0.940	0.737	0.407	0.135	0.021	0.001	0.000	0.000
	9	1.000	1.000	0.999	0.979	0.865	0.593	0.263	0.060	0.004	0.000	0.000
	10	1.000	1.000	1.000	0.994	0.942	0.760	0.437	0.141	0.016	0.000	0.000
	11	1.000	1.000	1.000	0.999	0.980	0.881	0.626	0.278	0.051	0.001	0.000
	12	1.000	1.000	1.000	1.000	0.994	0.952	0.791	0.466	0.133	0.006	0.000
	13	1.000	1.000	1.000	1.000	0.999	0.985	0.906	0.667	0.284	0.028	0.002
	14	1.000	1.000	1.000	1.000	1.000	0.996	0.967	0.835	0.499	0.098	0.011
	15	1.000	1.000	1.000	1.000	1.000	0.999	0.992	0.940	0.729	0.266	0.058
	16	1.000	1.000	1.000	1.000	1.000	1.000	0.999	0.986	0.901	0.550	0.226
	17	1.000	1.000	1.000	1.000	1.000	1.000	1.000	0.998	0.982	0.850	0.603
	18	1.000	1.000	1.000	1.000	1.000	1.000	1.000	1.000	1.000	1.000	1.000

Ⅲ. (계속)

		p										
	c	0.05	0.10	0.20	0.30	0.40	0.50	0.60	0.70	0.80	0.90	0.95
n = 19	0	0.377	0.135	0.014	0.001	0.000	0.000	0.000	0.000	0.000	0.000	0.000
	1	0.755	0.420	0.083	0.010	0.001	0.000	0.000	0.000	0.000	0.000	0.000
	2	0.933	0.705	0.237	0.046	0.005	0.000	0.000	0.000	0.000	0.000	0.000
	3	0.987	0.885	0.455	0.133	0.023	0.002	0.000	0.000	0.000	0.000	0.000
	4	0.998	0.965	0.673	0.282	0.070	0.010	0.001	0.000	0.000	0.000	0.000
	5	1.000	0.991	0.837	0.474	0.163	0.032	0.003	0.000	0.000	0.000	0.000
	6	1.000	0.998	0.932	0.666	0.308	0.084	0.012	0.001	0.000	0.000	0.000
	7	1.000	1.000	0.977	0.818	0.488	0.180	0.035	0.003	0.000	0.000	0.000
	8	1.000	1.000	0.993	0.916	0.667	0.324	0.088	0.011	0.000	0.000	0.000
	9	1.000	1.000	0.998	0.967	0.814	0.500	0.186	0.033	0.002	0.000	0.000
	10	1.000	1.000	1.000	0.989	0.912	0.676	0.333	0.084	0.007	0.000	0.000
	11	1.000	1.000	1.000	0.997	0.965	0.820	0.512	0.182	0.023	0.000	0.000
	12	1.000	1.000	1.000	0.999	0.988	0.916	0.692	0.334	0.068	0.002	0.000
	13	1.000	1.000	1.000	1.000	0.997	0.968	0.837	0.526	0.163	0.009	0.000
	14	1.000	1.000	1.000	1.000	0.999	0.990	0.930	0.718	0.327	0.035	0.002
	15	1.000	1.000	1.000	1.000	1.000	0.998	0.977	0.867	0.545	0.115	0.013
	16	1.000	1.000	1.000	1.000	1.000	1.000	0.995	0.954	0.763	0.295	0.067
	17	1.000	1.000	1.000	1.000	1.000	1.000	0.999	0.990	0.917	0.580	0.245
	18	1.000	1.000	1.000	1.000	1.000	1.000	1.000	0.999	0.986	0.865	0.623
	19	1.000	1.000	1.000	1.000	1.000	1.000	1.000	1.000	1.000	1.000	1.000
n = 20	0	0.358	0.122	0.012	0.001	0.000	0.000	0.000	0.000	0.000	0.000	0.000
	1	0.736	0.392	0.069	0.008	0.001	0.000	0.000	0.000	0.000	0.000	0.000
	2	0.925	0.677	0.206	0.035	0.004	0.000	0.000	0.000	0.000	0.000	0.000
	3	0.984	0.867	0.411	0.107	0.016	0.001	0.000	0.000	0.000	0.000	0.000
	4	0.997	0.957	0.630	0.238	0.051	0.006	0.000	0.000	0.000	0.000	0.000
	5	1.000	0.989	0.804	0.416	0.126	0.021	0.002	0.000	0.000	0.000	0.000
	6	1.000	0.998	0.913	0.608	0.250	0.058	0.006	0.000	0.000	0.000	0.000
	7	1.000	1.000	0.968	0.772	0.416	0.132	0.021	0.001	0.000	0.000	0.000
	8	1.000	1.000	0.990	0.887	0.596	0.252	0.057	0.005	0.000	0.000	0.000
	9	1.000	1.000	0.997	0.952	0.755	0.412	0.128	0.017	0.001	0.000	0.000
	10	1.000	1.000	0.999	0.983	0.872	0.588	0.245	0.048	0.003	0.000	0.000
	11	1.000	1.000	1.000	0.995	0.943	0.748	0.404	0.113	0.010	0.000	0.000
	12	1.000	1.000	1.000	0.999	0.979	0.868	0.584	0.228	0.032	0.000	0.000
	13	1.000	1.000	1.000	1.000	0.994	0.942	0.750	0.392	0.087	0.002	0.000
	14	1.000	1.000	1.000	1.000	0.998	0.979	0.874	0.584	0.196	0.011	0.000
	15	1.000	1.000	1.000	1.000	1.000	0.994	0.949	0.762	0.370	0.043	0.003
	16	1.000	1.000	1.000	1.000	1.000	0.999	0.984	0.893	0.589	0.133	0.016
	17	1.000	1.000	1.000	1.000	1.000	1.000	0.996	0.965	0.794	0.323	0.075
	18	1.000	1.000	1.000	1.000	1.000	1.000	0.999	0.992	0.931	0.608	0.264
	19	1.000	1.000	1.000	1.000	1.000	1.000	1.000	0.999	0.988	0.878	0.642
	20	1.000	1.000	1.000	1.000	1.000	1.000	1.000	1.000	1.000	1.000	1.000

Ⅲ. (계속)

	c	p 0.05	0.10	0.20	0.30	0.40	0.50	0.60	0.70	0.80	0.90	0.95
n = 25	0	0.277	0.072	0.004	0.000	0.000	0.000	0.000	0.000	0.000	0.000	0.000
	1	0.642	0.271	0.027	0.002	0.000	0.000	0.000	0.000	0.000	0.000	0.000
	2	0.873	0.537	0.098	0.009	0.000	0.000	0.000	0.000	0.000	0.000	0.000
	3	0.966	0.764	0.234	0.033	0.002	0.000	0.000	0.000	0.000	0.000	0.000
	4	0.993	0.902	0.421	0.090	0.009	0.000	0.000	0.000	0.000	0.000	0.000
	5	0.999	0.967	0.617	0.193	0.029	0.002	0.000	0.000	0.000	0.000	0.000
	6	1.000	0.991	0.780	0.341	0.074	0.007	0.000	0.000	0.000	0.000	0.000
	7	1.000	0.998	0.891	0.512	0.154	0.022	0.001	0.000	0.000	0.000	0.000
	8	1.000	1.000	0.953	0.677	0.274	0.054	0.004	0.000	0.000	0.000	0.000
	9	1.000	1.000	0.983	0.811	0.425	0.115	0.013	0.000	0.000	0.000	0.000
	10	1.000	1.000	0.994	0.902	0.586	0.212	0.034	0.002	0.000	0.000	0.000
	11	1.000	1.000	0.998	0.956	0.732	0.345	0.078	0.006	0.000	0.000	0.000
	12	1.000	1.000	1.000	0.983	0.846	0.500	0.154	0.017	0.000	0.000	0.000
	13	1.000	1.000	1.000	0.994	0.922	0.655	0.268	0.044	0.002	0.000	0.000
	14	1.000	1.000	1.000	0.998	0.966	0.788	0.414	0.098	0.006	0.000	0.000
	15	1.000	1.000	1.000	1.000	0.987	0.885	0.575	0.189	0.017	0.000	0.000
	16	1.000	1.000	1.000	1.000	0.996	0.946	0.726	0.323	0.047	0.000	0.000
	17	1.000	1.000	1.000	1.000	0.999	0.978	0.846	0.488	0.109	0.002	0.000
	18	1.000	1.000	1.000	1.000	1.000	0.993	0.926	0.659	0.220	0.009	0.000
	19	1.000	1.000	1.000	1.000	1.000	0.998	0.971	0.807	0.383	0.033	0.001
	20	1.000	1.000	1.000	1.000	1.000	1.000	0.991	0.910	0.579	0.098	0.007
	21	1.000	1.000	1.000	1.000	1.000	1.000	0.998	0.967	0.766	0.236	0.034
	22	1.000	1.000	1.000	1.000	1.000	1.000	1.000	0.991	0.902	0.463	0.127
	23	1.000	1.000	1.000	1.000	1.000	1.000	1.000	0.998	0.973	0.729	0.358
	24	1.000	1.000	1.000	1.000	1.000	1.000	1.000	1.000	0.996	0.928	0.723
	25	1.000	1.000	1.000	1.000	1.000	1.000	1.000	1.000	1.000	1.000	1.000

Ⅳ. 누적포아송분포표

λ = Mean

x	.01	.05	.1	.2	.3	.4	.5	.6	.7	.8	.9
0	.990	.951	.905	.819	.741	.670	.607	.549	.497	.449	.407
1	1.000	.999	.995	.982	.963	.938	.910	.878	.844	.809	.772
2		1.000	1.000	.999	.996	.992	.986	.977	.966	.953	.937
3				1.000	1.000	.999	.998	.997	.994	.991	.987
4						1.000	1.000	1.000	.999	.999	.998
5									1.000	1.000	1.000

x	1.0	1.1	1.2	1.3	1.4	1.5	1.6	1.7	1.8	1.9	2.0
0	.368	.333	.301	.273	.247	.223	.202	.183	.165	.150	.135
1	.736	.699	.663	.627	.592	.558	.525	.493	.463	.434	.406
2	.920	.900	.879	.857	.833	.809	.783	.757	.731	.704	.677
3	.981	.974	.966	.957	.946	.934	.921	.907	.891	.875	.857
4	.996	.995	.992	.989	.986	.981	.976	.970	.964	.956	.947
5	.999	.999	.998	.998	.997	.996	.994	.992	.990	.987	.983
6	1.000	1.000	1.000	1.000	.999	.999	.999	.998	.997	.997	.995
7					1.000	1.000	1.000	1.000	.999	.999	.999
8									1.000	1.000	1.000

x	2.2	2.4	2.6	2.8	3.0	3.5	4.0	4.5	5.0	5.5	6.0
0	.111	.091	.074	.061	.050	.030	.018	.011	.007	.004	.002
1	.355	.308	.267	.231	.199	.136	.092	.061	.040	.027	.017
2	.623	.570	.518	.469	.423	.321	.238	.174	.125	.088	.062
3	.819	.779	.736	.692	.647	.537	.433	.342	.265	.202	.151
4	.928	.904	.877	.848	.815	.725	.629	.532	.440	.358	.285
5	.975	.964	.951	.935	.916	.858	.875	.703	.616	.529	.446
6	.993	.988	.983	.976	.966	.935	.889	.831	.762	.686	.606
7	.998	.997	.995	.992	.988	.973	.949	.913	.867	.809	.744
8	1.000	.999	.999	.998	.996	.990	.979	.960	.932	.894	.847
9		1.000	1.000	.999	.999	.997	.992	.983	.968	.946	.916
10				1.000	1.000	.999	.997	.993	.986	.975	.957
11						1.000	.999	.998	.995	.989	.980
12							1.000	.999	.998	.996	.991
13								1.000	.999	.998	.996
14									1.000	.999	.999
15										1.000	.999
16											1.000

Ⅳ. (계속)

					λ=Mean						
x	6.5	7.0	7.5	8.0	9.0	10.0	12.0	14.0	16.0	18.0	20.0
0	.002	.001	.001								
1	.011	.007	.005	.003	.001						
2	.043	.030	.020	.014	.006	.003	.001				
3	.112	.082	.059	.042	.021	.010	.002				
4	.224	.173	.132	.100	.055	.029	.008	.002			
5	.369	.301	.241	.191	.116	.067	.020	.006	.001		
6	.527	.450	.378	.313	.207	.130	.046	.014	.004	.001	
7	.673	.599	.525	.453	.324	.220	.090	.032	.010	.003	.001
8	.792	.729	.662	.593	.456	.333	.155	.062	.022	.007	.002
9	.877	.830	.776	.717	.587	.458	.242	.109	.043	.015	.005
10	.933	.901	.862	.816	.706	.583	.347	.176	.077	.030	.011
11	.966	.947	.921	.888	.803	.697	.462	0.260	.127	.055	.021
12	.984	.973	.957	.936	.876	.792	.576	.358	.193	.092	.039
13	.993	.987	.978	.966	.926	.864	.682	.464	.275	.143	.066
14	.997	.994	.990	.983	.959	.917	.772	.570	.368	.208	.105
15	.999	.998	.995	.992	.978	.951	.844	.669	.467	.287	.157
16	1.000	.999	.998	.996	.989	.973	.899	.756	.566	.375	.221
17		1.000	.999	.998	.995	.986	.937	.827	.659	.469	.297
18			1.000	.999	.998	.993	.963	.883	.742	.562	.381
19				1.000	.999	.997	.979	.923	.812	.651	.470
20					1.000	.998	.988	.952	.868	.731	.559
21						.999	.994	.971	.911	.799	.644
22						1.000	.997	.983	.942	.855	.721
23							.999	.991	.963	.899	.787
24							.999	.995	.978	.932	843
25							1.000	.997	.987	.955	.888
26								.999	.993	.972	.922
27								.999	.996	.983	.948
28								1.000	.998	.990	.966
29									.999	.994	.978
30									.999	.997	.987
31									1.000	.998	.992
32										.999	.995
33										1.000	.997
34											.999
35											999
36											1.000

Ⅴ. $e^{-\lambda}$의 값

λ	$e^{-\lambda}$	λ	$e^{-\lambda}$	λ	$e^{-\lambda}$	λ	$e^{-\lambda}$
0.0	1.0000	3.0	0.0498	6.0	0.00248	9.0	0.00012
0.1	0.9048	3.1	0.0450	6.1	0.00224	9.1	0.00011
0.2	0.8187	3.2	0.0408	6.2	0.00203	9.2	0.00010
0.3	0.7408	3.3	0.0369	6.3	0.00184	9.3	0.00009
0.4	0.6703	3.4	0.0334	6.4	0.00166	9.4	0.00008
0.5	0.6065	3.5	0.0302	6.5	0.00150	9.5	0.00007
0.6	0.5488	3.6	0.0273	6.6	0.00136	9.6	0.00007
0.7	0.4966	3.7	0.0247	6.7	0.00123	9.7	0.00006
0.8	0.4493	3.8	0.0224	6.8	0.00111	9.8	0.00006
0.9	0.4066	3.9	0.0202	6.9	0.00101	9.9	0.00005
1.0	0.3679	4.0	0.0183	7.0	0.00091	10.0	0.00005
1.1	0.3329	4.1	0.0166	7.1	0.00083		
1.2	0.3012	4.2	0.0150	7.2	0.00075		
1.3	0.2725	4.3	0.0136	7.3	0.00068		
1.4	0.2466	4.4	0.0123	7.4	0.00061		
1.5	0.2231	4.5	0.0111	7.5	0.00055		
1.6	0.2019	4.6	0.0101	7.6	0.00050		
1.7	0.1827	4.7	0.0091	7.7	0.00045		
1.8	0.1653	4.8	0.0082	7.8	0.00041		
1.9	0.1496	4.9	0.0074	7.9	0.00037		
2.0	0.1353	5.0	0.0067	8.0	0.00034		
2.1	0.1225	5.1	0.0061	8.1	0.00030		
2.2	0.1108	5.2	0.0055	8.2	0.00027		
2.3	0.1003	5.3	0.0050	8.3	0.00025		
2.4	0.0907	5.4	0.0045	8.4	0.00022		
2.5	0.0821	5.5	0.0041	8.5	0.00020		
2.6	0.0743	5.6	0.0037	8.6	0.00018		
2.7	0.0672	5.7	0.0033	8.7	0.00017		
2.8	0.0608	5.8	0.0030	8.8	0.00015		
2.9	0.0550	5.9	0.0027	8.9	0.00014		

연습문제 해답

제 2 장

[13]

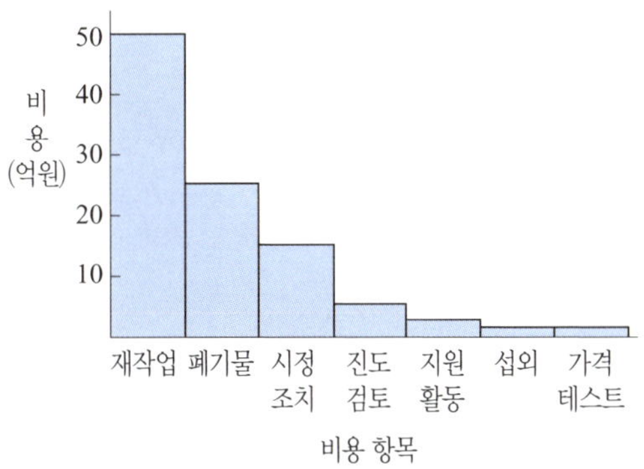

[14] (A) 품질-매출액지수= $\frac{566.9}{3,880.7}(100) = 14.6\%$ (B) $= \frac{380}{1,500} = 0.253$

품질-비용지수= $\frac{566.9}{435.5}(100) = 132\%$ $= \frac{380}{1,200} = 0.317$

[15] 생략

[16] 외적 실패비용 28,000 (28)
내적 실패비용 615,000 (28 + 39 + 210 + 285 + 53)
평가비용 542,000 (500 + 42)
예방비용 21,000 (14 + 7)
1,206,000

[17] 예방비용 = 100 + 130 + 35 + 150 + 15 + 25 + 170 = 625
평가비용 = 200 + 125 + 75 + 50 = 450
내적 실패비용 = 250 + 350 + 90 + 40 + 60 + 225 = 1,015
외적 실패비용 = 170 + 140 + 70 + 300 + 70 = 750

[18]

예방비용		내적 실패비용	
품질계획 및 엔지니어링	100	폐기물	250

신제품 검토	50
제품/프로세스 설계	75
프로세스 관리	200
훈련	45
품질자료 수집 및 분석	50
	520

재작업	150
연속(재) 테스트	105
실패분석	50
작업중지시간	100
	655

평가비용	
수입자재의 검사	50
제품검사 및 테스트	75
자재 및 서비스 소비	85
시험장비의 정확성 유지	75
	285

외적 실패비용	
불평조정	125
제품/자재 반품	125
보증비용	175
책임비용	150
간접비용	55
	630

제 4장

[20] (1) $k=1{,}000/(0.0004)^2=6{,}250{,}000{,}000$

$L(y)=6{,}250{,}000{,}000(y-0.003)^2$

$E[L(y)]=6{,}250{,}000{,}000E(y-0.003)^2$

$$\frac{\sum_{i=1}^{10}(y_i-0.003)^2}{10}=\frac{1}{10}[(0.0028-0.003)^2+(0.0033-0.003)^2+\cdots+(0.0032-0.003)^2]$$

$$=\frac{1}{10}(0.0000005)$$

$$=0.00000005$$

단위당 평균손실 $=6{,}250{,}000{,}000(0.00000005)$

$=312.5$원

(2) $L(y)=6{,}250{,}000{,}000(y-0.003)^2$

$$\frac{\sum_{i=1}^{8}(y_i-0.003)^2}{8}=\frac{1}{8}[(0.0031-0.003)^2+\cdots+(0.0029-0.003)^2]$$

$$=\frac{1}{8}(0.00000016)=0.00000002$$

단위당 기대손실 $=6{,}250{,}000{,}000(0.00000002)$

$=125$원

단위당 순절약 $=312.5-125-600=-412.5$원

연간 순손실 $=20{,}000(412.5)=8{,}250{,}000$원

[21] $40{,}000=k(10)^2$

$k=400$

$E[L(y)]=400(2^2+0^2)=1{,}600$원

[22] $22{,}500=k(0.15)^2$

$k=1{,}000{,}000$

$L(y)=1{,}000{,}000(y-m)^2$

[23] (1) $10{,}000-k(5)^2$

$k=400$

$L(y)=400(y-m)^2$

(2) $E[L(y)]=400(2^2+0^2)=1{,}600$원

[24] $k=3{,}000/0.5^2=1{,}200{,}000$

손실함수 $L(y)=1{,}200{,}000(y-m)^2$

손실 $L(\frac{1}{6})=1{,}200{,}000\times(\frac{1}{6})^2=33.400$원/단위

[25] $k=50/0.25^2=800$

손실함수 $L(y)=800(y-m)^2$

손실 $L(\frac{1}{2})-800\times(\frac{1}{2})^2-200$달리/딘위

[26] 생략

[23] (1)

구 간	중간점	도 수
1.00015[이상] ~1.00045[미만]	1.00030	1
1.00045 ~1.00075	1.00060	0
1.00075 ~1.00105	1.00090	1
1.00105 ~1.00135	1.00120	4
1.00135 ~1.00165	1.00150	3
1.00165 ~1.00195	1.00180	3
1.00195 ~1.00225	1.00210	6
1.00225 ~1.00255	1.00240	6
1.00255 ~1.00285	1.00270	7
1.00285 ~1.00315	1.00300	6
1.00315 ~1.00345	1.00330	4
1.00345 ~1.00375	1.00360	4
1.00375 ~1.00405	1.00390	3
1.00405 ~1.00435	1.00420	1
1.00435 ~1.00465	1.00450	0
1.00465 ~1.00495	1.00480	1
		50

(2)

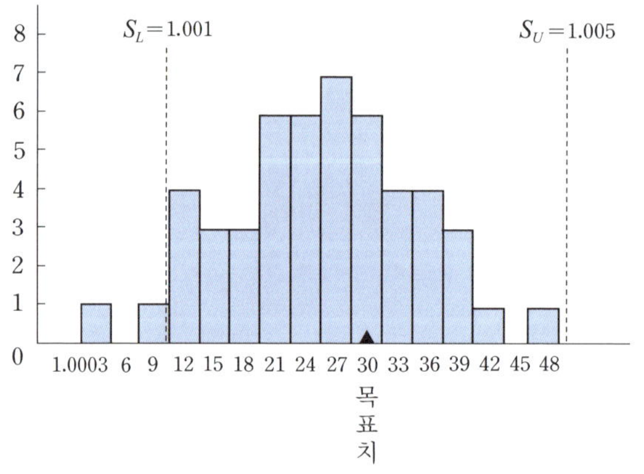

(3)

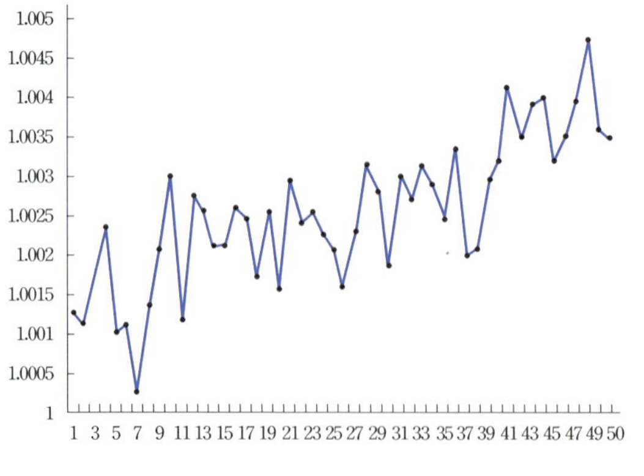

(4) 점진적으로 상향추세이므로 불안정적임

[24] 생략

[25] 생략

[26] (1)

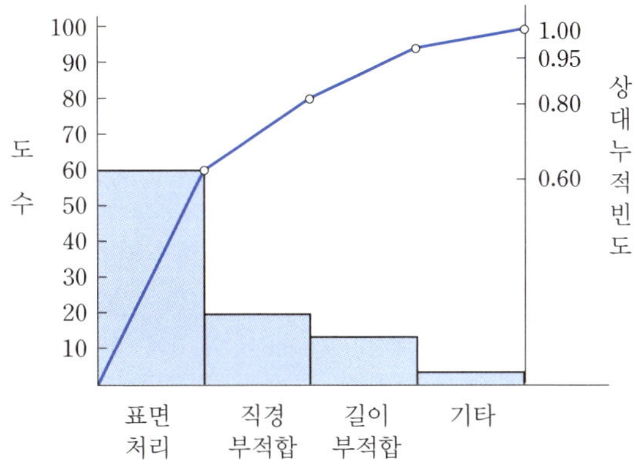

(2) 표면처리(5), 직경 부적합(10), 길이 부적합(5)

[27] 생략

[28] 생략

[18] (1) $UCL = 30 + 3\left(\frac{1.6}{\sqrt{4}}\right) = 32.4$

$LCL = 30 - 3\left(\frac{1.6}{\sqrt{4}}\right) = 27.6$

(2) $Z = \frac{\bar{x} - \mu}{\sigma \bar{x}} = \frac{32.4 - 30}{\frac{1.6}{\sqrt{4}}} = 3$

관리하한에서의 Z값은 -3임

$\alpha = 2(0.0013) = 0.0026$

(3) 관리상한에서의 Z값 $= \frac{32.4 - 31.12}{\frac{1.6}{\sqrt{4}}} = 1.60$

관리상한 위의 꼬리면적은 0.0548임

관리하한에서의 Z값 $= \frac{27.6 - 31.12}{\frac{1.6}{\sqrt{4}}} = -4.4$

관리하한 밑의 꼬리면적은 0.0000임

$\beta = 1 - (0.0548 + 0.0000) = 0.9452$

$1 - \beta = 0.0548$

[19] 아니오. 20개 가운데 14개가 CL 밑에 타점되고 또한 마지막 5개가 연속하여 CL 밑에 타점되었다.

[16] (1) $\bar{R}=\frac{124}{30}=4.13$ $\bar{\bar{x}}=\frac{1,516.5}{30}=50.55$

$\bar{x}$관리도: $UCL=50.55+0.58(4.13)=52.95$

$LCL=50.55-0.58(4.13)=48.15$

R관리도: $UCL=2.11(4.13)=8.71$

$LCL=0(4.13)=0$

(2) 표본번호 14는 R관리도의 관리한계를 벗어났으므로 이를 제외해야 한다.

$\bar{R}=\frac{124-9}{30-1}=4.0$

R관리도: $UCL=2.11(4)=8.44$

$LCL=0(4)=0$

$\bar{\bar{x}}=\frac{1,516.5-50.8}{30-1}=50.54$

$\bar{x}$관리도: $UCL=50.54+0.58(4)=52.86$

$LCL=50.54-0.58(4)=48.22$

표본번호 6, 12, 17은 $\bar{x}$관리도의 관리한계를 벗어났으므로 이들을 제외해야 한다.

$\bar{R}=\frac{124-4-3-9-3}{30-4}=4.04$

$\bar{\bar{x}}=\frac{1,516.5-46.2-47.8-50.8-53.3}{30-4}=50.71$

수정된 관리한계

$\bar{x}$관리도: $UCL=50.71+0.58(4.04)=53.05$

$LCL=50.71-0.58(4.04)=48.37$

R관리도: $UCL=2.11(4.04)=8.52$

$LCL=0(4.04)=0$

(3) 추정한 프로세스 표준편차 $\hat{\sigma}=\frac{4.04}{2.326}=1.74$

$Z=\frac{53.05-50.71}{\frac{1.74}{\sqrt{5}}}=3$

$\frac{\alpha}{2}=0.0013$

$\alpha=0.0013(2)=0.0026$

(4) $Z=\frac{46.5-50.71}{1.74}=-2.42$

하루의 폐기비용 $=10,000(0.0078)(20)=1,560$원

$Z=\frac{53.5-50.71}{1.74}=1.60$

하루의 재작업비용 $=10,000(0.9452)(5)=47,260$원

(5) $Z=\frac{46.5-50}{1.74}=-2.01$

$Z=\frac{53.5-50}{1.74}=2.01$

불량률 $=2(1-0.9778)=0.044$

[17]

표본번호	$\bar{x}$		표본번호	$\bar{x}$	R
1	10	9	11	12.5	8
2	7.75	7	12	9.75	7
3	7.5	5	13	13.25	7
4	9	7	14	10.5	6
5	9.75	2	15	11	9
6	10.75	2	16	12.5	5
7	10.75	8	17	9.75	4
8	7.25	6	18	10.75	8
9	9	5	19	8.75	6
10	13.5	6	20	14.25	4
				208.25	125

$\bar{R} = \dfrac{125}{20} = 6.25$

$\bar{\bar{x}} = \dfrac{208.25}{20} = 10.41$

R관리도: $UCL = 2.28(6.25) = 14.25$

$LCL = 0(6.25) = 0$

$\bar{x}$관리도: $UCL = 10.41 + 0.73(6.25) = 14.97$

$LCL = 10.41 - 0.73(6.25) = 5.85$

관리한계를 벗어나는 점이 없으므로 안정적임

[18] (1) $\bar{R} = 5$

$\bar{\bar{x}} = 40$

R관리도: $UCL = 1.86(5) = 9.3$

$LCL = 0.14(5) = 0.7$

$\bar{x}$관리도: $UCL = 40 + 0.37(5) = 41.85$

$LCL = 40 - 0.37(5) = 38.15$

(2) 추정한 프로세스 표준편차 $\hat{\sigma} = \dfrac{5}{2.847} = 1.756$

$Z = \dfrac{45 - 40}{1.756} = 2.85$

$Z = \dfrac{37 - 40}{1.756} = -1.71_R$

$0.0022 + 0.0436 = 0.0458$

(3) 폐기율 $= 0.0436$

재작업률 $= 0.0022$

(4) $Z = \dfrac{45 - 41}{1.756} = 2.28$

$Z = \dfrac{37 - 41}{1.756} = -2.28$

$2(0.0113) = 0.0226$

$\therefore\ 0.0458 - 0.0226 = 0.0232$

[19] (1) $UCL = \bar{\bar{x}} + A_2\bar{R} = 0.53816 + 0.73(0.01205) = 0.54696$

$LCL = 0.53816 - 0.73(0.01205) = 0.52936$

$UCL = D_4\bar{R} = 2.28(0.01205) = 0.02747$

$LCL = 0$

(2) $\hat{\sigma} = \dfrac{\bar{R}}{d_2} = \dfrac{0.01205}{2.059} = 0.0059$

$Z = \dfrac{0.530 - 0.53816}{0.0059} = -1.38$

불량률 = 8.38%

(3) $Z = \dfrac{0.530 - 0.5345}{0.0059} = -0.76$

불량률 = 22.36%

(4) $Z = \dfrac{0.54696 - 0.5345}{\dfrac{0.0059}{\sqrt{4}}} = 4.22$

$Z = \dfrac{0.52936 - 0.5345}{\dfrac{0.0059}{\sqrt{4}}} = -1.74$

$1 - \beta = 0.0498$

[20] $UCL = 120 + 3\left(\dfrac{8}{\sqrt{5}}\right) = 130.733$

$LCL = 120 - 3\left(\dfrac{8}{\sqrt{5}}\right) = 109.267$

$Z = \dfrac{130.733 - 120}{\dfrac{8}{\sqrt{5}}} = 3.00$

제 I 종 오류를 범할 확률 = 2(0.0013) = 0.0026

[21] (1) $C_p = 0.75$

(2) $C_{pk} = 0.71$

(3) 불량률 0.0238 감소

[8] (1) $\bar{p} = \dfrac{166}{2,000} = 0.083$

$$UCL = 0.083 + (3)\sqrt{\frac{0.083(1-0.083)}{100}} = 0.166$$

$$LCL = 0.083 - (3)\sqrt{\frac{0.083(1-0.083)}{100}} = 0$$

표본번호 10, 16 제외

$$\bar{p} = \frac{166-22-24}{2,000-200} = \frac{120}{1,800} = 0.067$$

$$UCL = 0.067 + (3)\sqrt{\frac{0.067(1-0.067)}{100}} = 0.142$$

$$LCL = 0.067 - (3)\sqrt{\frac{0.067(1-0.067)}{100}} = -0.008 \rightarrow 0$$

(2) $\dfrac{120}{18} = 6.67$

$$UCL = 6.67 + (3)\sqrt{6.67(1-0.067)} = 14.15$$

$$LCL = 6.67 - (3)\sqrt{6.67(1-0.067)} = 0$$

[9] 표본번호 17, 20 제외

$$\bar{c} = \frac{306}{28} = 10.93$$

$$UCL = 10.93 + (3)\sqrt{10.93} = 20.848$$

$$LCL = 10.93 - (3)\sqrt{10.93} = -1.012 \rightarrow 0$$

[10]

p	β	p	β
0.01	0.0361	0.35	0.9876
0.02	0.1205	0.40	0.9519
0.05	0.4465	0.45	0.8644
0.10	0.8163	0.50	0.7077
0.15	0.9520	0.55	0.4975
0.20	0.9895	0.60	0.2855
0.25	0.9978	0.65	0.1263
0.30	0.9976	0.70	0.0401
		0.75	0.0082

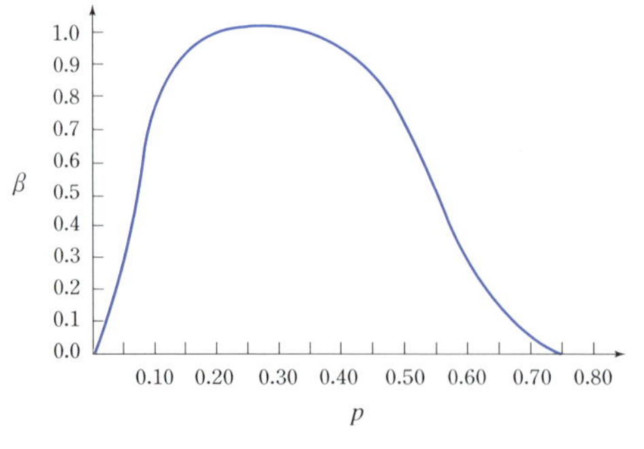

[11] $UCL=0.108 \quad \bar{p}=0.07 \quad LCL=0.032$

[12] (1) c관리도 $CL=8.59 \quad UCL=17.38 \quad LCL=0$

• 안정되어 있지 않다.

(2) 표본번호 9, 10, 22 제외 $CL=6.63 \quad UCL=14.35 \quad LCL=0$

[13] np관리도 $CL=\frac{165}{19}=8.684$

$UCL=17.396$

$LCL=0$

[14] $\bar{p}=\frac{91}{1,250}=0.0728$

$CL=0.0728$

$UCL=0.0728+3\sqrt{\frac{0.0728(1-0.0728)}{50}}=0.01830$

$LCL=0.0728-3\sqrt{\frac{0.0728(1-0.0728)}{50}}=-0.0370$

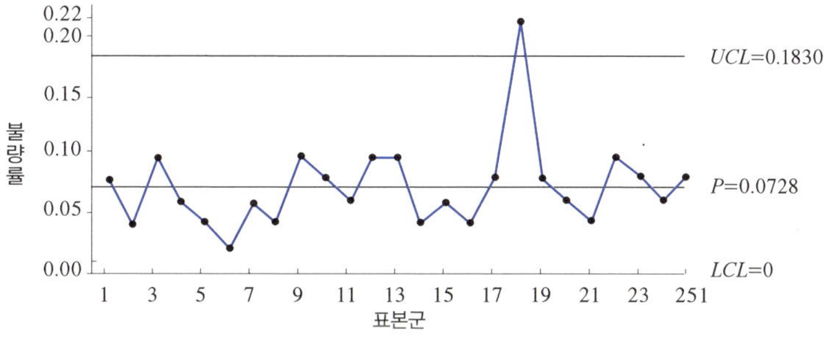

*표본군 18을 제외한 수정 관리한계는 생략함.

[8] (1) $UPCL = 44 + 3(3) = 53$

$LPCL = 44 - 3(3) = 35$

(2) $Z = \dfrac{55-44}{3} = 3.67$

$Z = \dfrac{40-44}{3} = -1.33$

$0 + 0.0082 = 0.0082$

(3) $C_p = \dfrac{55-40}{6(3)} = 0.83$

(4) 목표치인 47.5로

[9] (1) $C_{pk} = \min\left(\dfrac{125-122}{3(2)}, \dfrac{122-115}{3(2)}\right) = 0.5$

(2) $Z = \dfrac{125-122}{2} = 1.5$

$Z = \dfrac{115-122}{2} = -3.5$

$0.0668 + 0 = 0.0668$

(3) 재작업비용 = 10,000(0.0668)(100) = 66,800원

폐기비용 = 0

(4) $Z = \dfrac{125-120}{2} = 2.5$

$Z = \dfrac{115-120}{2} = -2.5$

$2(0.0062) = 0.0124$

재작업비용 = 10,000(0.0062)(100) = 6,200원

폐기비용 = 10,000(0.0062)(50) = 3,100원

[10] 생략

[11] (1) $\bar{x}$관리도 $UCL = 308.66$

$LCL = 219.46$

R관리도 $UCL = 163.49$

$LCL = 0$

통계적으로 안정되어 있다.

(2) $\bar{\bar{x}} = 264.06$

$\hat{\sigma} = \dfrac{\bar{R}}{d_2} = \dfrac{77.3}{2.326} = 33.23$

$C_p = \dfrac{325-185}{6(33.23)} = 0.70$

$C_{pk} = \min(0.61,\ 0.79) = 0.61$

[12] $C_p = \dfrac{S_U - S_L}{6\sigma} = \dfrac{25.02-24.98}{6(0.006)} = 1.1$

만족시킬 수 있다.

[13] $C_{pk} = 최소\left(\frac{\mu - S_L}{3\sigma}, \frac{S_U - \mu}{3\sigma}\right)$

$= 최소\left(\frac{139.8 - 131}{3(2.14)}, \frac{149 - 139.8}{3(2.14)}\right)$

$= 최소(1.4)$

만족시킬 수 있다.

[14] (1) $C_p = \frac{S_U - S_L}{6\sigma} = \frac{72 - 56}{6(7)} = 0.4$

(2) $16 = 6\sigma \quad \sigma = 2.7$

[15] (1) $C_p = \frac{S_U - S_L}{6\sigma} = \frac{72 - 56}{6(1.5)} = 1.8$

(2) $C_P > 1$이므로 만족시킨다.

[16] 프로세스 A와 B의 평균은 규격한계의 중심이기 때문에 C_p를 구한다.

프로세스 C의 평균은 중심이 아니기 때문에 C_{pk}를 구한다.

프로세스 A:

$$C_p = \frac{8.0 - 7.0}{6(10)} = 1.69 > 1.33 \quad \therefore 능력\ 있다.$$

프로세스 B:

$$C_p = \frac{4.9 - 4.3}{6(12)} = 0.83 \quad \therefore 능력\ 없다.$$

프로세스 C:

$$C_{pk} = \min\left(\frac{6.7 - 6.0}{3(0.14)}, \frac{6.0 - 5.5}{3(0.14)}\right) = 1.19 \quad \therefore 능력\ 없다.$$

정답은 프로세스 A이다.

[17] (1) $\overline{R} = \frac{77}{22} = 3.5$

$UCL = D_4\overline{R} = (2.114)(3.5) = 7.399$

$LCL = D_3\overline{R} = (0)(3.5) = 0$

프로세스 안정

(2) $\overline{\overline{x}} = \frac{459}{22} = 20.864$

$UCL = \overline{\overline{x}} + A_2\overline{R} = 20.864 + (0.577)(3.5) = 22.884$

$LCL = \overline{\overline{x}} - A_2\overline{R} = 20.864 - (0.577)(3.5) = 18.844$

프로세스 안정

(3) $\widehat{\mu} = \overline{\overline{x}} = 20.864$

$\widehat{\sigma} = \frac{\overline{R}}{d_2} = \frac{3.5}{2.326} = 1.505$

(4) $C_{pk} = \min\left\{\frac{24 - 20.864}{3(1.505)}, \frac{20.864 - 16}{3(1.505)}\right\}$

$= 0.695$

그렇다.

(5) $Z_A = \dfrac{24-20.864}{1.505} = 2.08$

$Z_B = \dfrac{16-20.864}{1.505} = -3.23$

$0.0188 + 0.0006 = 0.0194$

(6) 프로세스 평균을 목표치 20ohm에 일치시킨다.

$Z_A = \dfrac{24-20}{1.505} = 2.66$

$Z_B = \dfrac{16-20}{1.505} = -2.66$

$0.0039(2) = 0.0078$

더 이상의 불량률을 줄이기 위해서는 프로세스 분산을 줄이기 위한 향상노력이 필요하다.

[18] (1) 평균 = 4.9843

표준편차 = 0.0907

평균 + 3σ = 5.2564

평균-3σ = 4.7121

총변동 = 0.5443

$$C_p = \frac{\text{규격상한} - \text{규격하한}}{\text{총변동}} = \frac{0.4}{0.5443} = 0.73$$

(2) $C_p < 1.00$이므로 프로세스 능력은 불합격이다. 프로세스의 변동이 규격한계보다 넓으므로 부품의 일부는 불량품이다.

(3) $\dfrac{4}{40} = 0.1$

제14장

[13] (1)

불량률(p)	np	P_a	AOQ	ATI
0.00	0.00	1.000	0	200
0.01	2	0.947	0.0095	295.4
0.02	4	0.629	0.0126	869.6
0.03	6	0.285	0.0086	1,487
0.04	8	0.100	0.0040	1,821.8
0.05	10	0.029	0.0015	1,947.8
0.06	12	0.008	0.0005	1,985.6
0.07	14	0.002	0.0001	1,996.4

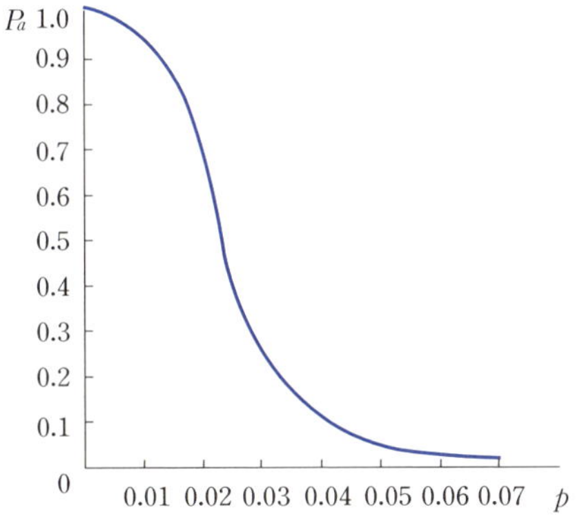

(2) 0.629

(3) 0

(4) $AOQL = 0.0126$

(5) 생략

[14] (1)

p	np	P_a	AOQ	ATI
0.00	0.00	1.000	0	250
0.01	2.5	0.891	0.0089	440.75
0.02	5	0.04	0.0088	1,180
0.03	7.5	0.132	0.0040	1,769
0.04	10	0.029	0.0012	1,949.25

(2) 생략

(3) 생략

(4) 생략

(5) 생략

[15] $N=4,000$ $n=25$ $c=0$

p	np	P_a	AOQ	
0.00	0	1.000	1.0078	
0.01	0.25	0.799	0.0078	
0.02	0.50	0.607	0.0121	
0.03	0.75	0.472	0.0142	
0.04	1.00	0.368	0.0147	$AOQL$
0.05	1.25	0.287	0.0144	
0.06	1.50	0.223	0.0134	
0.07	1.75	0.174	0.0122	
0.08	2.00	0.135	0.0108	
0.09	2.25	0.105	0.0095	
0.10	2.50	0.082	0.0082	

제15장

[7] [1-(1-0.73)(1-0.73)(1-0.73)](0.96)[1-(1-(0.87)(0.87))(1-(0.91)(0.91))]
$=(0.9803)(0.96)(0.9582)=0.9018$

[8] 0.78

[9] $(0.97)(0.88)(0.9999)(0.96)=0.8194$

[10] $\lambda=\dfrac{3}{6+75+136+6(160)}=0.0025$

$\theta=\dfrac{1}{\lambda}=400$시간

[11] $\lambda=\dfrac{1}{54}=0.0185$

[12] (1) $(0.9999)^{4,000}=0.67$

(2) $(0.9999)^{2,000}=0.82$

[13] $R(8)=e^{-0.06(8)}=0.619$

[14] (1) $e^{-0.2(4)}=0.449$

(2) $MTBF=[0.051+\cdots+0.048]^{-1}=(0.2)^{-1}=5$

5,000시간

[15]

θ	$\lambda=1/\theta$	$nT\lambda$	P_a
1,000	0.001	9.6	0.0042
2,000	0.0005	4.8	0.1446
3,000	0.00033	3.2	0.3822
4,000	0.00025	2.4	0.5700
5,000	0.00002	1.92	0.6986
6,000	0.00017	1.6	0.7830
7,000	0.00014	1.37	0.8402
8,000	0.000125	1.2	0.8790
9,000	0.00011	1.07	0.9060
10,000	0.0001	1.96	0.9268
11,000	0.000083	0.8	0.9530
12,000	0.000071	0.69	0.9671
16,000	0.0000625	0.6	0.9770
20,000	0.00005	0.48	0.9872
30,000	0.000033	0.32	0.9952

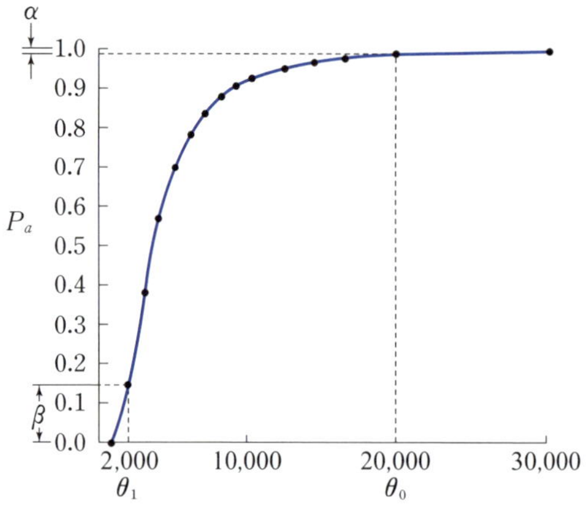

[16] 고장률(%)$=\frac{2}{20}\times 100\% = 10\%$

고장률(개수)$= \frac{2}{(1{,}000\text{시간})(20\text{개})-(800\text{시간}+400\text{시간})}$

$= \frac{2}{18{,}800} = 0.000106$고장/개-시간

평균작동시간$= \frac{1}{0.000106} = 9{,}434$시간

[17] 생략

[18] 생략

[19] 생략

[20] 생략

[21] 생략

[22] (1) 고장률(%)$= \frac{\text{고장개수}}{\text{테스트 개수}} = \frac{2}{20}(100\%) = 10\%$

고장률(개수)$= \frac{\text{고장개수}}{\text{총작동시간}}$

총시간$=1{,}000(20)=20{,}000$개-시간

비작동시간 $=$ 800시간$+400$시간$=1{,}200$개-시간

총작동시간$=20{,}000-1{,}200=18{,}800$개-시간

고장률(개수)$= \frac{2}{18{,}800} = 0.000106$고장개수-시간

(2) $MTBF = \frac{1}{\text{고장률(개수)}} = \frac{1}{0.00016} = 9.4$시간

영문색인

[Q]

[R]

[S]

[T]

[V]

[W]

[Z]

국문색인

[ㅇ]

[ㅈ]

[ㅊ]

[ㅋ]

[ㅌ]

[ㅍ]

[ㅎ]

[기타]

강금식

서울대학교 상과대학 경제학과 졸업
한국산업은행 조사부 근무
University of Nebraska 대학원 졸업(경제학석사)
University of Nebraska 대학원 졸업(경영학박사, Ph.D.)
아주대학교 경영대학 부교수
한국경영학회 이사
한국경영과학회 이사
성균관대학교 경영학부 교수 역임

저서

EXCEL 경영학연습(형설출판사, 1999)
알기쉬운 생산 · 운영관리(도서출판 오래, 2011, 공저)
품질경영(박영사, 제4판, 2011)
알기쉬운 통계학(도서출판 오래, 제2개정판 2012, 공저)
고객만족을 위한 의료서비스의 실천(도서출판 오래, 2014, 공저)
글로벌시대의 경영학(도서출판 오래, 2014, 공저)
비즈니스 분석론(박영사, 2020)
EXCEL경영과학(박영사, 제6판, 2022)
4차 산업혁명 시대의 생산운영관리(박영사, 제5개정판, 2023)
4차 산업혁명 시대의 EXCEL 활용 통계학(박영사, 제5판, 2023)

인공지능 시대의
품질경영

초판발행 2025년 7월 30일

지은이 강금식
펴낸이 안종만 · 안상준

편 집 전채린
기획/마케팅 정연환
표지디자인 BEN STORY
제 작 고철민 · 김원표

펴낸곳 (주) 박영사
서울특별시 금천구 가산디지털2로 53, 210호(가산동, 한라시그마밸리)
등록 1959. 3. 11. 제300-1959-1호(倫)
전 화 02)733-6771
f a x 02)736-4818
e-mail pys@pybook.co.kr
homepage www.pybook.co.kr
ISBN 979-11-303-2307-7 93320

정 가 35,000원